Filmfestivals
Krisen, Chancen, Perspektiven

Dieses Buch wurde ermöglicht mit freundlicher Unterstützung von

Filmfestivals

Krisen, Chancen, Perspektiven

Herausgegeben von
Tanja C. Krainhöfer und Joachim Kurz

et+k
edition text + kritik

Bibliografische Information der Deutschen Nationalbibliothek
Die Deutsche Nationalbibliothek verzeichnet diese Publikation in der Deutschen Nationalbibliografie; detaillierte bibliografische Daten sind im Internet über www.dnb.de abrufbar.

ISBN 978-3-96707-725-4

Das Werk einschließlich aller seiner Teile ist urheberrechtlich geschützt. Jede Verwertung, die nicht ausdrücklich vom Urheberrechtsgesetz zugelassen ist, bedarf der vorherigen Zustimmung des Verlages. Dies gilt insbesondere für Vervielfältigungen, Bearbeitungen, Übersetzungen, Mikroverfilmungen und die Einspeicherung und Verarbeitung in elektronischen Systemen.

Wir danken allen, die uns Fotos zur Verfügung gestellt haben, für ihre großzügige Hilfe. Nicht immer war es möglich, die Rechteinhaber der Abbildungen ausfindig zu machen. Berechtigte Ansprüche werden selbstverständlich im Rahmen der üblichen Vereinbarungen abgegolten.

© edition text + kritik im Richard Boorberg Verlag GmbH & Co KG, München 2022
Levelingstraße 6a, 81673 München
www.etk-muenchen.de

Umschlag- und Bildgestaltung: Alex Curtius / Isaraufwärts
Satz und Bildbearbeitung: Christiane Zay, Passau
Druck und Buchbinder: Esser printSolutions GmbH, Westliche Gewerbestraße 6, 75015 Bretten

Inhalt

Georg Seeßlen
Vorwort. Transformationen der Filmkultur – und was Festivals damit
zu tun haben   8

Tanja C. Krainhöfer und Joachim Kurz
Einleitung. Bewegungen auf dem Markt der Bewegtbilder   20

Tanja C. Krainhöfer und Tobias H. Petri
Die deutsche Filmfestivallandschaft. Analyse eines Sektors
im Wandel   37

Tanja C. Krainhöfer und Joachim Kurz
Fortschritt statt Stillstand. Filmfestivals als Innovationstreiber   60

Andrea Wink
Solidarität statt Konkurrenz. Die neue Kultur des Miteinander
von Filmfestivals   80
exground filmfest

Hanne Homrighausen und Joachim Post im Gespräch mit Jan Künemund
„Tanzen und weiterdiskutieren!"   94
Hamburg International Queer Film Festival

Volker Kufahl
Jahr 2022 … die überleben wollen   102
Filmkunstfest Mecklenburg-Vorpommern

Matthias Helwig im Gespräch mit Joachim Kurz
„Es ist definitiv einfacher, ein Filmfestival im urbanen Raum
zu etablieren"   120
Fünf Seen Filmfestival

Nicola Jones und Barbara Felsmann
Digitaler Wandel braucht nachhaltige Strukturen 132
Deutsches Kinder Medien Festival Goldener Spatz

Sascha Keilholz und Frédéric Jaeger
Festivals als Organismus - physische Dynamiken, digitale Reize 152
Internationales Filmfestival Mannheim-Heidelberg

Oliver Baumgarten und Svenja Böttger
Virale Filmfestivals. Zwei pandemiebedingte Metamorphosen eines Filmfestivals 174
Filmfestival Max Ophüls Preis

Albert Wiederspiel und Kathrin Kohlstedde im Gespräch mit Tanja C. Krainhöfer
„Filmfestivals mit einer klassischen Kinoauswertung gleichzusetzen, so weit scheint die Politik leider noch nicht zu sein" 194
Filmfest Hamburg

Ulrich Wegenast
Die Transformation des ITFS vom Schlossplatz in den VR-Hub 210
Internationales Trickfilm Festival Stuttgart

Martina Richter und Johannes Hensen im Gespräch mit Tanja C. Krainhöfer
„Die Menschen wünschen sich bei der zunehmenden Inhalte-Flut Orientierungshilfe" 230
Film Festival Cologne

Joachim Kurz
Heimat! Film! Festival! Über die Entstehung eines Festivals des neuen Heimatfilms 242
Biennale Bavaria International – Festival des neuen Heimatfilms

Sebastian Brose im Gespräch mit Joachim Kurz
„Wenn du zuhörst, lernst du etwas Neues, wenn du sprichst, wiederholst du nur, was du schon weißt." 260
achtung berlin Filmfestival

Inhalt

Daniel Sponsel
Im Kino. Zuhause. Duale Filmfestivals als Avantgarde: Paradigmenwechsel oder Strukturwandel?   272
DOK.fest München

Lars Henrik Gass im Gespräch mit Tanja C. Krainhöfer
„Unsere Vision von den Kurzfilmtagen ist etwas, das wir noch nicht kennen"   284
Internationale Kurzfilmtage Oberhausen

Sarnt Utamachote, Rosalia Namsai Engchuan, Malve Lippmann und Can Sungu
Transnationale Verflechtungen jenseits von eurozentrischer Dominanz und nationalstaatlichen Konzepten   298
un.thaitled Film Festival/bi'bak und SINEMA TRANSTOPIA

Christoph Terhechte, Angela Seidel und Katharina Franck im Gespräch mit Tanja C. Krainhöfer und Joachim Kurz
Ein Filmkunsthaus für Leipzig und das Verhältnis von Kinos und Festivals   320
DOK Leipzig/Cinémathéque Leipzig

Gregor Maria Schubert, Johanna Süß, Kenneth Hujer und Pauline Klink
Zukunft Deutscher Film. Eine Kongress-Gründung   340
LICHTER Filmfest Frankfurt International

Tanja C. Krainhöfer und Joachim Kurz
Eine vorläufige Bilanz   362

Autor:innen- und Herausgeber:innen-Verzeichnis   378

Dank   386

Georg Seeßlen

Vorwort

Transformationen der Filmkultur – und was Festivals damit zu tun haben

I

Als ich vor Jahr und Tag in meine neue Heimatstadt kam, ein etwas abseits vom Badetourismus gelegenes Städtchen in der Provinz Savona, gab es noch drei Kinos an den Schnittstellen zwischen Altstadt und Bahnhofsgegend, bald darauf waren es nur noch zwei. Die Zeit der heiß geliebten Freiluft-Kinos mit ihren Gartenstühlen auf Kiesgrund, bei dem die meisten Zuschauer:innen erst zum „secondo tempo" kamen, um dann im Anschluss die Reprise des ersten Teils zu sehen, was weder dem Verständnis noch dem Unterhaltungswert sonderlich schadete, war da schon längst vorbei. Und dann entstand, weit draußen im Industrieviertel, das hochmoderne, 7-sälige Multiplex. Eine Welt für sich, eingebunden in Bars, Süßwaren- und Spielzeugläden. Im selben gigantischen Gebäude ein Elektromarkt, komplett mit CD- und DVD-Angeboten für den erweiterten Konsum audiovisueller Erzeugnisse. Und nun? Die Hälfte der Geschäfte in diesem Komplex hat ihre Pforten geschlossen, Gras und Löwenzahn wachsen aus den Ritzen der maroden Bepflasterung, ganze Areale wirken wie gespenstische Labyrinthe. Der Elektromarkt führt keine DVDs mehr, das lohnt nicht. Von den sieben Kino-Sälen werden nur noch vier bespielt, die Zukunft ist ungewiss. Die Pandemie hat das gewaltige Kinosterben, das über das Land geht, nur beschleunigt. Die Ursachen liegen woanders.

Dem Kino kann es immer nur so gut gehen wie dem kulturellen, räumlichen und sozialen Umfeld. Mit den großen Sommerritualen verschwanden die Freiluftkinos, mit den hunderten von kleinen, manchmal seltsamen Geschäften in der Innenstadt die Kinos (von denen eines ein wahres Prachtexemplar von Glasarchitektur war), und mit den Shopping Malls die Cineplexe. Kinos müssen da sein, wo auch sonst was los ist.

Vorwort | Georg Seeßlen

Das macht die Lebendigkeit von Kiez-Kinos aus. Kinos folgen den Bewegungen der Gesellschaft, nicht nur in dem, was sie im Inneren zu bieten haben, sondern auch in der Form ihrer Vermittlung. In toten Städten gibt es keine Kinos, und in sterbenden Städten sterben auch sie. Sie geraten in die paradoxe Falle zwischen Verelendung und Gentrifizierung. Sie verfallen oder sie werden von den Immobilienpreisen erstickt. Und was nun?

Natürlich werden ja nicht weniger Filme geguckt. Im Gegenteil, man kann längst an jedem Ort und unter beinahe allen Umständen Filme sehen, und die Größe der Flachbildschirme und der technische Standard von Beamern lässt auch die Frage nach der „großen Leinwand" mehr und mehr eine Angelegenheit von besonderen Enthusiasten und Nostalgikern werden. Auch die Ritualität, das ‚Besondere' des Kino-Besuchs, die Freude an Aufbruch und Rückkehr, am Woanders-Sein, kann schwerlich gegen die Veränderungen des medialen Alltags verteidigt werden.

Etwas ganz anderes aber ist es, wenn wir Filme nicht nur als kulturellen Konsum, als Symptom, Widerspiegelung, Ventil und Subversion ansehen, nicht als Kulturfolger, sondern als utopisches Darüber hinaus, als besondere Form von Debatte, Verständigung und Kritik. Wenn in Filmen, durch Filme und anhand von Filmen die Frage erörtert wird, wie wir leben und wie wir leben wollen, dann bedürfen sie einer Art von realer, menschlicher und in gewissem Sinn politischer Öffentlichkeit. Und sie brauchen Leute, die sie herstellen.

Eine dieser Arten von cineastischer Öffentlichkeit ist das Festival. Ein Begriff, der höchst unterschiedliche Zusammenkünfte von Filmen, Filmemacher:innen, Kritiker:innen und Publikum beschreibt, vom Glamour der großen Ereignisse, über die alle Welt berichtet, und bei denen sich alle Welt ablichten lassen möchte, bis zum Enthusiasmus regionaler und spezifischer Festtage, die an sehr bestimmten Orten sehr bestimmte Arten von Filmen einem sehr bestimmten Publikum nahebringen wollen. Vom ökonomisch-ästhetischen Groß-Ereignis zur leidenschaftlichen Do-it-yourself-Veranstaltung, vom Super-Wettbewerb zur kuratorischen Detailarbeit: Das Wort ‚Festival' füllt einen großen Raum der Realisierungen. Aber es gibt etwas Gemeinsames. Den kritischen Eingriff in einen Markt des Audiovisuellen, eine gemeinschaftliche Suche nach dem, was zwischen Wirklichkeit und Wahrheit etwas zu sagen hat.

II

Bei aller Weite und Vielfalt gilt es doch, den Festivals, die womöglich zur entscheidenden Kraft bei der Rettung cineastischer Öffentlichkeit werden, eine Art der inneren Verfassung, eine demokratisch-humanistische Idee abzuverlangen, auch und gerade, wenn wir Filmfestivals auch unter schwierigen äußeren Bedingungen und in Ländern, die selber von demokratischen und humanistischen Grundlagen weit entfernt sind, in unsere Überlegungen mit einbeziehen. Was sind Festivals, was können sie sein – und was sollen sie sein? Um diese Frage überhaupt stellen zu können, muss ein Minimum an Autonomie der Veranstalter und Veranstalterinnen garantiert sein, ein Minimum an Freiheit von politischen und ökonomischen Interessen. Das ist viel leichter gesagt als realisiert. Aber zweifellos gibt es Elemente der ‚Indienstnahme', die Solidarität und kritische Teilhabe in Frage stellen, ebenso wie es möglicherweise Einladungen und Repräsentationen gibt, die aus der besagten demokratisch-humanistischen Sicht nicht zu akzeptieren sind.

Vielleicht können wir uns eine internationale Charta der Filmfestivals vorstellen, die ihre äußeren wie inneren Bedingungen betrifft, und die Solidarität und kritische Aufmerksamkeit vom Glamour- und Event-Charakter auf die Herstellung von cineastischer Öffentlichkeit lenkt.

Filmfestivals haben Verantwortung nicht nur gegenüber Filmen und ihren Produzenten, sondern auch gegenüber den eigenen inneren Mini-Soziologien und gegenüber der durch sie erzeugten Öffentlichkeit, die nie eine ausschließlich cineastische ist. Ein ‚unpolitisches' Filmfestival gibt es nicht.

Im Übrigen ist ein Festival stets eine merkwürdige Gemengelage. Einerseits bildet es ein ästhetisch-organisatorisch-politisches Ganzes, und andererseits ist es auch ein Rahmen für ein Bild aus sehr unterschiedlichen Elementen. So könnte man sich vorstellen, dass immer mehr Akzente in der Festival-Förderung neben den cineastischen Angeboten und dem Design der Veranstaltung auch auf kulturelle Nebenaspekte gesetzt werden, wie zum Beispiel den internationalen Austausch oder die Bildung von Netzwerken für Produktion, Ausbildung und Kommunikation. Festivals können als Schnittstellen der internationalen Koproduktionen und der Netzwerke dienen, nicht nur zwischen einzelnen Ländern, sondern sogar über die Grenzen von Kontinenten hinweg. Nur zum Beispiel können sich auf einem Festival Origin-Produktionen mit Diaspora-Produktionen vernetzen zu einer universalen post-kolonialistischen Geste.

III

Man könnte, um eine Grundformel für ein berechtigtes Da-Sein zu finden, von der Frage des französischen Philosophen Jean Baudrillard ausgehen: „Warum ist noch nicht alles verschwunden?" Eine von vielen Antworten ist: „Es ist nicht verschwunden, weil es Film geworden ist". Film ist eine Kunst, den Dingen dabei zu helfen, nicht zu ver-

Vorwort | Georg Seeßlen

schwinden. Und Festivals sind Ereignisse oder Instanzen, die den Filmen dabei helfen, nicht zu verschwinden. So könnte man sich behutsam den Fragen nähern: Was ist ein Film? Und: Was ist ein Filmfestival?

Film bedeutet bewegte Bilder, Bilder von Bewegung, bewegende Bilder. So ist die Frage für mich als Zuschauer: Welche Bilder (der Bewegung) werden wohin bewegt, und was bewegen sie? Wie bewegen sie mich – intellektuell, emotional, fantastisch oder utopisch? Welche Rolle spielen Filme in meinem eigenen Kampf darum, nicht zu verschwinden? So wie der Kopf der Zuschauerin oder des Zuschauers eine weitere wichtige Stufe der Produktion sind, so kann das Festival eine weitere wichtige Stufe der Bewegung von Bildern sein. Eine Bewegung zueinander hin, zum Beispiel. Als Medium des Nicht-Verschwindens (eine erheiternde Revision des Konzepts von der „Errettung der äußeren Wirklichkeit") kann ich (der Zuschauer, die Zuschauerin als Adressaten) vom Film einiges verlangen:

Ein Film muss hilfreich sein. Das heißt, er muss etwas mit mir und meinem Leben, mit der unendlichen Suggestion zwischen Ich und Welt zu tun haben. Er muss mit meinen Ideen, mit meinen Träumen, meinen Vorstellungen, meinen Einstellungen zu tun haben, nicht im Sinne einer Lösung oder gar einer Verdrängung, sondern im Sinne der Hilfe zur Schärfung der Sprache. In der Theorie der Kritik (zum Beispiel bei Luc Boltanski) würde man Film wohl in den Bereich der „Künstlerkritik" legen, der im Gegensatz zur „Sozialkritik" die Aufgabe zukommt, statt der Dysfunktion des Systems (sagen wir: des Neoliberalismus) das aufzuzeigen, was es in subjektiven Lebensumständen anrichtet.

Ein Film muss ehrlich sein. Nicht dass er nicht seine Spiele mit der *Dispersion of disbelief* treiben dürfte, aber er muss seine Einstellungen und Haltungen klar definieren, natürlich nicht als ideologisches Dogma, sondern als ein wahres Mit-Teilen von Erfahrungen und Schlüssen. Zwischen mir und dem Film muss eine bewusste Form von Vertrauen entstehen. Der Film muss ehrlich zu den Dingen sein, die er daran hindert, zu verschwinden.

Ein Film muss schön sein. Natürlich ist ‚Schönheit' wiederum ein höchst subjektiver Begriff; sie liegt, wie man so sagt, im Auge des Betrachters. Aber es gibt einen zweiten Grad von Schönheit. Schönheit als ein Raum der Kommunikation und einem utopischen Verlangen danach. Ein Raum der Begegnung zwischen der persönlichen Wahrnehmung und kollektivem Wissen.

Film ist eine kollektive Kunst. Für den Zeitraum seiner Projektion bringt er die verschiedensten Impulse der Produktion wie der Rezeption zusammen (die sogleich wieder zerfallen, wenn wir beginnen, über den Film zu sprechen). Was zu verschwinden droht, mit dieser Fähigkeit oder Notwendigkeit, die Dialektik zwischen persönlicher Zutat und kollektivem Empfinden zu bearbeiten, ist eben das Kollektiv des Publikums. Natürlich entstehen in Streaming und ‚privatem' Konsum auch neue Formen von digitaler Öffentlichkeit, aber sie unterscheidet sich grundlegend von einer Begegnung im öffentlichen Raum – vielleicht auf eine Weise, die wir kulturell und psychosozial noch gar nicht richtig verstanden haben. Das Filmfestival also rettet den dritten Raum des Films (nach Blick- und Handlungsraum) vor dem Verschwinden.

Seit mehr als 100 Jahren setzt man sich nicht nur mit Filmen, sondern auch mit den Räumen, Zeiten und Ritualen auseinander, in denen sie gezeigt und gesehen werden. Die Geschichte der Kinos (und ihrer Substitute) ist nicht weniger spannend als die der Filme selber. Kinopaläste, Filmclubs, Vorstadtkinos, Multiplexe, Museen, Schulen, öffentliche Plätze ... Stets ändert sich mit dem Sehen auch das Gesehene, auch wenn es sich ‚technisch' um die gleichen Bilder und die gleichen Bewegungen handelt. Und seit dem Jahr 1932, der Gründung der *Mostra internazionale d'arte cinematografica di Venezia*, wissen wir, wie Filme auch politisch in den Dienst genommen werden. In dieser dritten Filmgeschichte, der Geschichte der Filmfestivals, kann nicht vollständig vergessen werden, wie eng Absichten und Formen mit dem Faschismus verknüpft waren, und ganz ist dieses Gespenst einer ‚faschistischen' Präsentation von Glamour und Masse auch nicht gebannt. Bei der Rebellion gegen die Gestalt und Missgestalt des Festivals von Cannes ging es seinerzeit auch nicht nur um Machtstrukturen und Filmauswahl, sondern ebenso um die äußere Form, das ‚mise en scène' der Veranstaltung. Immer waren Auseinandersetzungen um Filmfestivals auch Auseinandersetzungen um Demokratie und Transparenz. Die Revolution der großen Filmfestivals wurde, wie so manche andere Revolution, abgewehrt, seitdem gibt es eine Geschichte der Reformen und Erweiterungen, und Filmfestivals drücken politische Macht und ökonomischen Einfluss einer Kultur und einer Zeit weit über die eigene Szenerie hinaus aus. Sie können gar nicht anders als neben dem Stand der Filmkunst auch den der Systeme auszudrücken, die sie sich zu eigen machen. (Filmkünstler:innen und Kurator:innen neigen gelegentlich dazu, diese Macht zu unterschätzen, oder, anders herum, die eigene zu überschätzen.)

Das Design eines Festivals verändert meinen Blick – nicht nur auf Filme. Und jeder Film verändert meinen Blick – nicht nur auf seine ‚Stätte' (das Festival selbst als Beispiel). Daher sind zwei sehr pragmatische Fragen zu stellen: Was tut ein Festival für einen Film? Und was tut ein Film für ein Festival? (Und dies impliziert, dass es Filme gibt, die einem Festival nicht guttun, und Festivals, die einem Film nicht guttun.)

All das wird umso dringlicher, als wir den weltweiten Trend vor allem für Filme mit kritischem Potenzial sehen, weg von den ‚normalen' Spielstätten und hin zu Festivals

Vorwort | Georg Seeßlen

oder Festival-verwandten Installationen. Es gibt in Europa schon eine Reihe von Filmen, die mehr Aufmerksamkeit, mehr kritische Reflexion, mehr Publikum und sogar mehr Einkommen auf Festivals generieren als im regulären Einsatz (zu schweigen vom ‚Verkauf' an TV-Anstalten oder Streaming-Dienste). Die Zukunft des Films als kritische Kunst ist mehr und mehr abhängig von der entsprechenden Organisation von Festivals, also dem Zusammenspiel von Festival-Design, Programmarbeit und Kultur der Nachhaltigkeit. Und das bezieht sich keineswegs vorwiegend auf die ‚Flaggschiffe' wie Berlin, Cannes oder Venedig, sondern beinahe mehr noch auf die große Zahl der Festivals von regionaler und lokaler Bedeutung, und auf die der spezialisierten Festivals, die einen konkreten Ausschnitt aus dem filmischen Geschehen repräsentieren, sei es der territoriale oder kulturelle, der thematische oder handwerkliche Ausschnitt (wie zum Beispiel ein Festival, das insbesondere der Kunst des Schnitts gewidmet ist). Wir können von einer ‚Festivalisierung' der Filmkultur sprechen. Dem Argwohn gegenüber einer Subsumierung unter die Eventkultur und das Spektakel steht dabei eine soziologische Aufmerksamkeit für ein Freizeit- und Kulturverhalten im Wandel gegenüber.

Es geht nun also um ein Modell für die Beziehung von Film, Festival, Publikum und Kritik, pathetisch gesprochen vielleicht sogar um eine ‚Theorie des Filmfestivals'. Man mag sich erlauben, sie mit drei wesentlichen Grundforderungen an das Festival in einer demokratisch-zivilgesellschaftlichen Umwelt aus der Sicht eines kritischen Besuchers zu beginnen.

IV

Ein Filmfestival muss einen Grund haben. Es ist nicht ausreichend, dass Smallville noch kein Filmfestival hat und das ökonomische Interesse auf ein lokales Kulturereignis zur Füllung von Hotels und Gaststätten drängt. Der primäre Grund für ein Filmfestival sind die Filme, die es vor dem Verschwinden bewahren will, der sekundäre Grund ein potenzielles Publikum, das sich nicht bloß am Glamour- und Unterhaltungswert, sondern an diesem Projekt der Bewahrung der Welt im Film beteiligen will. Und der tertiäre Grund ist die Möglichkeit der Kontextualisierung. Es gibt keinen Film; es gibt immer nur ‚Film und …' Der Grund des Festivals ist die nähere Darstellung dieses ‚und'.

Ein Filmfestival muss ein Design haben. Das Design bestimmt nicht nur (wie ich oben behauptet habe) den ‚bestimmten Blick' auf die Filme und den Kontext, in dem gesehen und gesprochen werden kann, es ist für einen bestimmten Zeitraum auch so etwas wie eine cineastische ‚Heimat', eine soziale und semiotische Insel. Das heißt, es ist zugleich Abbild und Gegenbild zur Gesellschaft, in der es stattfindet. Und so sind zunächst alle Fragen, die ich an eine Gesellschaft stelle, auch Fragen, die ich an ein Festival stelle: Wie demokratisch, transparent und offen sind die Entscheidungswege? Welche Kultur von Inklusion und Diversität herrscht hier? Werden, zum Beispiel, alle Mitarbeiter:innen gerecht bezahlt, oder etabliert sich ein System von Ausbeutung und Selbst-Ausbeutung? Welche Möglichkeiten der Korrekturen und Reflexionen gibt es? Wie werden die mannigfachen Elemente behandelt, die von außen Einfluss nehmen? Welche Beziehungen gibt es zwischen Finanzierung und politischer Ökonomie? Was tut ein Festival für die internationale Solidarität insbesondere in Bezug auf antidemokratische und unterdrückende Verhältnisse?

Eine nächste Frage ist die nach der Beziehung des Festivals mit seiner direkten Umwelt. Einer meiner Kollegen in Italien beginnt seine Festivalberichterstattung konsequent mit der Wiedergabe der Preise für eine Tasse Kaffee oder ein Glas Bier in Festivalnähe – vorher, währenddessen, nachher. Das ist natürlich nur ein Aperçu zur Frage, welche Rolle Festivals in urbanistischen und mikro-soziologischen Umfeldern spielen. Auch Festivals müssen ihre Rolle bei den Zyklen von Gentrifizierung und Verelendung reflektieren. Eine Forderung wäre demnach, dass sich Festival-Organisationen auch mit urbanistischen und ökologischen Aktivist:innen vor Ort zusammentun.

Dazu wiederum gehört auch die öffentliche Präsenz. Nicht selten haben wir es mit einer Inszenierung von ‚Inbesitznahme' zu tun, und große Festivals neigen zu einer ‚triumphalistischen' Selbstdarstellung, als hätte man sich immer noch nicht vom Riefenstahlismus des öffentlichen Ornaments befreit. Ein Festival, auch eines der bescheideneren Art, generiert Inszenierungen und Zeichen, und sie gilt es ebenso achtsam einzusetzen wie die Beziehungsformen der Mikro-Organisation. Ein Festival ist ein ‚Rahmen' für Bilder in Bewegung und Bilder der Bewegung, es ist aber zugleich selbst ein Bild der Bewegung. Es ist Ausdruck der Beziehung zwischen Film und Gesellschaft, und der Freiheit, die es dabei für sich in Anspruch nehmen darf, steht auch eine entsprechende Verantwortung gegenüber. Das Festival muss nicht nur nach dem beurteilt werden, was es bietet, sondern auch nach dem, was es hinterlässt.

Ein Festival muss ein Ziel haben. Das Ziel eines Festivals ist die Verwandlung bewegter Bilder in eine bildhafte Bewegung. Man fragt nach der Fähigkeit der Filme, etwas zu bewegen, und wird zugleich zum Medium einer solchen Bewegung – andernfalls verwandelt sich ein Festival von einer Kraft gegen das Verschwinden zu einem Agenten des Verschwindens. Man kann dies den utopischen Kern eines jeden Filmfestivals nennen: die Bewegung von Film in die Bewegung von Menschen zu übersetzen. Aus der gemeinschaftlichen Arbeit an und mit Filmen eine gesellschaftliche und kulturelle Gemeinschaftlichkeit zu erzeugen. Es geht nicht um die äußere Hülle, den Glamour, die Star-Power, die Spannungen des Wettbewerbs, die Aufmerksamkeit, den

Effekt, sondern um diesen utopischen Kern des Festivals. Das freilich soll keineswegs heißen, dass die äußere Hülle zu vernachlässigen oder gar abzuwerfen wäre. Es darf ihr nur nicht erlaubt werden, den utopischen Kern zu ersticken.

In diesem Modell des Filmfestivals geht es um die ‚trialektische' Beziehung von Film als kulturelles Gesamtereignis, Publikum und Kritik – nicht unbedingt beschränkt auf den Kreis der professionellen Filmkritik. (Nicht zuletzt, nebenbei, setzen sich Filmemacher:innen auf Festivals ja auch der Kritik durch ihre Kolleginnen und Kollegen aus.) Der Kreis um diese ‚trialektische' Beziehung ist die äußere Hülle, das Design, und innerhalb ihrer liegt der heiße Kern des utopischen Entwurfs: Film als Ausdruck der Kritik am Bestehenden und an der Öffnung eines Raums der Möglichkeiten. Das Verborgene sichtbar machen, das Mögliche formen, die Blicke schärfen, eine ‚otherness' umarmen, auf das noch Unsichtbare verweisen, die Aufnahme dessen, für das es noch keine Begriffe und keine Ordnungen gibt … Sowohl die Menschennähe als auch die ‚Andersheit' des Filmischen gerät an die Grenzen der Diskurse. Es ist, wieder riskieren wir ein wenig Pathos: BEFREIUNG.

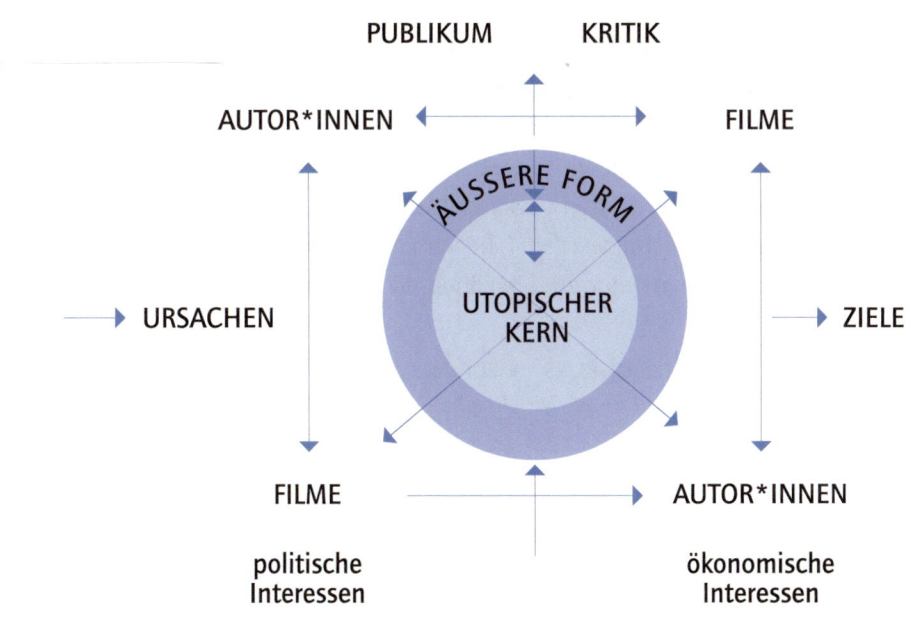

© Georg Seeßlen

Das Grundmodell eines Filmfestivals können wir uns also vielleicht so vorstellen wie in der Abbildung. Es geht um die Veränderung der Welt. Und Filme können Teil dieser Veränderung sein; es liegt einerseits an und in ihnen selbst, und andererseits in dem

Kontext, in den wir sie zu stellen vermögen. (Im ‚richtigen' Kontext ist auch ein ‚falscher' Film erkenntnisstiftend.)

Wenn ein Filmfestival keinen utopischen Kern enthält, ist es den Besuch nicht wert. Umgekehrt besteht die Hoffnung darauf, dass aus diesem Kern Impulse auch weit über das Design und die temporäre Soziologie eines Festivals hinausreichen.

V

Jedes Festival ist auch eine Filmschule oder allgemeiner gesprochen eine Schule des Sehens. Das ist umso wichtiger, als es keinen Menschen auf dieser Welt gibt, der über die Welt als Bild und Zeichen genug gelernt hat. (Filmemachen ist immer Lernen.) Und ein Festival ist nicht zuletzt deshalb so bedeutend, weil wir an diesem Ort lernen, über Film zu sprechen. Daher ist jedes Filmfestival auch ein Prüfstand der Gesprächskultur. Wie sprechen wir über Film, wer spricht mit wem, und welche Regeln und Konventionen gibt es dabei? Wer ist in das Gespräch involviert, und wie wird es archiviert? In der Gesprächskultur eines Festivals begegnen sich auf besonders heftige Weise utopischer Kern und äußeres Design.

Was also das Festival für den Film tut: Kontextualisierung, aufmerksame Kritik und semantische Kultivierung. Das Festival ist einer der entscheidenden Orte dafür, dass aus Filmen Filmkultur wird. Aber jeder einzelne Film setzt sich auf einem Festival auch einer großen Gefahr aus, nicht nur der, im Wettbewerb unterzugehen, ‚schlechte Kritiken' zu ernten oder im Schatten cineastischer Großereignisse zu verkümmern. Er stellt im erwähnten Dreieck auch in gewisser Weise einen Aufnahmeantrag in einen Kanon. Und der kann abgelehnt werden. Gelegentlich verwandelt sich dabei auch eine Aufführung in ein ‚Tribunal' oder gar eine öffentliche ‚Hinrichtung'. Auch das Publi-

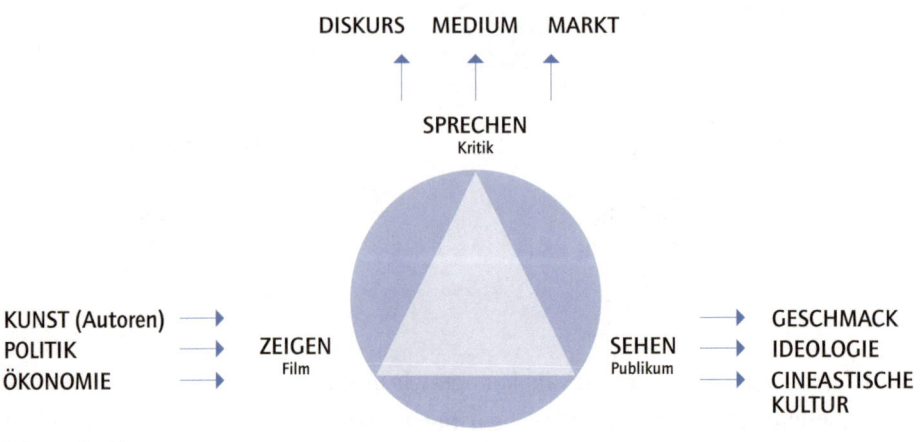

DISKURS   MEDIUM   MARKT
   ↑   ↑   ↑

SPRECHEN
Kritik

KUNST (Autoren) →   → GESCHMACK
POLITIK →   ZEIGEN   SEHEN   →   IDEOLOGIE
ÖKONOMIE →   Film   Publikum →   CINEASTISCHE
                                               KULTUR

© Georg Seeßlen

Vorwort | Georg Seeßlen

kum eines Festivals ist keine neutrale Masse oder ein populistischer Resonanzkörper, es ist aktiver und mitverantwortlicher Teil der gemeinschaftlich erarbeiteten Kultur. Jede Zuschauerin, jeder Zuschauer ist im Kontext der Kommunikation sowohl Empfänger als auch Sender. Das heißt: Auch wir als Publikum, professionell, passioniert oder beides, haben unseren Anteil am Gelingen und tragen unseren Teil dazu bei, wie sich Grund und Ziel, utopischer Kern und äußere Hülle zueinander verhalten.

Entscheidend ist also die prinzipielle Gleichberechtigung im Dreieck Film, Publikum und Kritik oder allgemeiner gesagt: Zeigen, Sehen und Sprechen. Und die Filmkultur offenbart sich unter vielem anderen auf der Bühne des Festivals in der Kultur dieser Kommunikation. So kann im nächsten Schritt ein Modell der internen Beteiligten und der äußeren Interessen aufgestellt werden.

Eine Unzahl von Beziehungen, Abhängigkeiten und nicht zuletzt Konflikten, von denen viele der Gewohnheit gemäß ‚inoffiziell', in subjektiver Vernetzung oder, wie man so sagt, auf persönlicher Ebene gelöst (aber auch verdrängt) werden. Eine Theorie des Filmfestivals wird nun den Teufel tun und alle persönlichen Beziehungen, die zum Gelingen beitragen, verdammen. Es geht vielmehr darum, sich dieser Beziehungen bewusst zu sein und sie vor Versteinerung oder auch einer ‚mafiösen' Struktur zu bewahren. Ein Filmfestival ist auch eine Demokratie im Kleinen (und wie die große Demokratie ist auch diese Institution in Gefahr, von un- und anti-demokratischen Elementen im Inneren zersetzt zu werden – als ‚Feigenblatt' oder sogar als Propagandainstrument).

Was also dürfen wir von einem ‚guten' Filmfestival erwarten?
› DEMOKRATIE (eine offene Struktur der Entscheidungen und der Mikro-Organisationen basierend auf den Prinzipien von Freiheit, Gerechtigkeit und Solidarität)
› BEWUSSTSEIN UND INTEGRITÄT (nach den Prinzipien von Inklusion, Diversität und Gleichberechtigung)
› GUTE GRÜNDE (neue Filme und Filme in neuem Kontext)
› GUTE ZIELE (neues Sehen und neues Sprechen)
› DIALOG (auch mit anderen Feldern wie Kunst, Urbanistik, Design, Politik und Ökologie)
› DIVERSITÄT (nicht nach Maßgabe von ‚politischer Korrektheit, sondern als Teil des utopischen Kerns)
› DESIGN (das Publikum nicht als Masse oder Resonanz, sondern als Partner in der Gestaltung einer äußeren Hülle, die nicht zum Selbstzweck werden soll)
› NACHHALTIGKEIT (das Festival als Beispiel einer ökologischen Kultur und das Festival als Institution, die das, was sie zeigt, auch bewahrt und ‚pflegt')

› FAIR WORKING (jedes Filmfestival ist auch ein ‚Arbeitgeber', der nach den Bedingungen beurteilt wird, die er seinen Mitarbeitern und Mitarbeiterinnen offeriert)
› POLITISCHE UND ÖKONOMISCHE UNABHÄNGIGKEIT (einschließlich einer Reflexion der Grenzen einer solchen Unabhängigkeit und der Bedingungen von Abhängigkeiten)
› EINE KURATORISCHE KULTUR (einschließlich der Ausbildung)
› BEREITSCHAFT ZUR VERÄNDERUNG (Festivals sind Works in Progress, die sich beständig aus Kritik und Erfahrung erneuern müssen)

Wer mag, kann aus diesen Punkten einen Rating-Plan erstellen, Anleitungen oder Kontrollkriterien. Aber wichtiger erscheint mir, über eine Grundlage der Diskussion zu verfügen.

V

Ein Filmfestival zeigt Filme, aber es produziert Bewertungen, Narrative, Historien, kritische Diskurse, Theorien. Mit anderen Worten: Es produziert ‚Kriterien' der Filmkultur. Es ist, je nach Einstellung, ein lebendes System oder eine Maschine, die Maßstäbe erzeugt, auch wenn es nicht allein um Wettbewerb und damit Marktvorteile (vermeintlich oder tatsächlich) geht. Diese sekundäre Produktion kann kreativ, aber auch destruktiv sein. (Die Parodie solcher Destruktion ist das Entstehen des „typischen Festival-Films".) Man muss sich indes der Gatekeeper oder Filter-Funktion genau bewusst sein – vielleicht müsste sogar, wie wir es in der Geschichte der Bildenden Kunst kennen, jedes Festival sein Gegen-Festival erzeugen, in dem die Ablehnung durch den einen Filter gerade zum Qualitätsmaßstab wird. Dramatisch wird dies im Übrigen bei interkulturellen Installationen: Was in Smallville vom Kino aus Neverland gezeigt wird, repräsentiert nicht das Kino von Neverland, sondern einen Ausschnitt daraus, der wiederum auf Kriterien beruht, die möglicherweise für Smallville bedeutender sind als für Neverland. Wir werden also fordern, dass Neverland in den kuratorischen Prozess einbezogen wird, was indes neue organisatorische Herausforderungen bedeutet. (Niemand behauptet, dass die Organisation eines Filmfestivals eine leichte Arbeit ist.)

Auf eine implizite Weise bedeutet das alles auch, dass ein Filmfestival an der Theorie des Films mitarbeitet, an Ideen dazu, was Filme können, dürfen, sollen, müssen und wie sie das tun. Ein Filmfestival wendet nicht nur Kriterien an, sondern es ist auch an ihrer Erzeugung beteiligt. Es erweitert oder verengt, präzisiert oder manipuliert die Grundlagen. In einem ‚schlechten' Festival versuchen sich Kritik, Film, Kurator und

Vorwort | Georg Seeßlen

Publikum wechselseitig ‚gefügig' zu machen, was unter anderem mit dem Angebot eines kleinsten gemeinsamen Nenners zu machen ist. Das ‚gute' Festival hingegen ermöglicht den Dialog, der nicht immer bequem sein muss.

Das Festival-Machen ist ein bedeutender Teil der Filmkultur. Wie andere Teile dieser Kultur muss auch dieses erlernt, erarbeitet und reflektiert werden. Deshalb ist es nötig, mehr darüber nachzudenken, Erfahrungen zu Modellen und Modelle zu Theorien zu verdichten und das Festival auch als Gegenstand der Ausbildung mit und für den Film zu betrachten. Filme sind ja nicht nur das, worüber wir reden, Filme sind auch das, was über uns spricht. Und umso wichtiger ist der soziale, kulturelle, ästhetische und organisatorische Raum, in dem das geschieht.

Tanja C. Krainhöfer und Joachim Kurz

Einleitung
Bewegungen auf dem Markt der Bewegtbilder

Jeder Tag ein Festivaltag! – unter diesem Motto präsentiert das Netzwerk des Berliner Filmfestivals *Festiwelt* seit dem Jahr 2009 die vielfältige Filmfestivallandschaft der Bundeshauptstadt: Mit mehr als 70 Filmfestivals ist Berlin einzigartig unter den Metropolen und dennoch beispielhaft für ein diverses und sich stetig erweiterndes Angebot der Filmkultur, präsentiert durch einen lebendigen und aufstrebenden deutschen Filmfestivalsektor. Neben den *Internationalen Filmfestspielen Berlin*, einem der wichtigsten Akteure im jährlichen internationalen Filmfestivalkalender, bietet die Stadt eine Reihe weiterer Fixtermine wie *achtung Berlin* – Plattform von Produktionen aus oder über Berlin und Brandenburg –, die *Genrenale* – Forum für deutsches Genre-Kino – oder das *Female Filmmakers Film Festival* – Ort der Vorstellung herausragender Filmwerke und des Austauschs von Regisseurinnen. Sie alle dienen der Präsentation neuester Filmhighlights genauso wie der Diskussion aktueller Entwicklungen des Filmschaffens. Ergänzend zu diesen Showcases nationaler Filmproduktionen eröffnen Veranstaltungen wie *Unknown Pleasures* den Zugang zum US-amerikanischen Independentkino, gibt *filmPolska* als größtes polnisches Filmfestival außerhalb seines Heimatlandes Einblicke in das Filmschaffen unseres Nachbarn und ermöglicht *Around the World in 14 Films* einen Überblick über exzeptionelle filmische Positionen aus der ganzen Welt. Filmfeste wie das *Black international Cinema*, das *Un.Thai.Tled Filmfestival* oder der Roma-Filmevent *Ake Dikhea?* geben Raum, diasporische Perspektiven vorzustellen und einzunehmen, während Veranstaltungen wie das *Jüdische Filmfestival Berlin | Potsdam* auf größeres gegenseitiges Verständnis und sozialen Zusammenhalt zielen. Das *Berlin Lesbian Non-Binary Filmfest (BLN)*, das *TransFormations – Trans Film Festival Berlin* und das *Soura Film Fest* für queere Filme aus dem Mittleren Osten vermögen weiteren marginalisierten Gruppen eine Stimme zu geben und dabei gleichzeitig für einzelne Communities alljährlich Orte der Begegnung zu schaffen. Während

Einleitung | Tanja C. Krainhöfer und Joachim Kurz

Events wie das *Soundwatch Music Film Festival, Pool – Internationales TanzFilmFestival* und das *11mm – Internationales Fußballfilmfestival* gezielt Spezialinteressen bedienen, behandeln die *Berlin Feminist Film Week*, das *Kinderrechte Filmfest*, das *HumanRights Film Festival* und das *InEx. – Filmfestival zu Inklusion und Exklusion* dringliche Gegenwartsthemen. Gleichzeitig bilden die zahlreichen Kurzfilmfestivals, allen voran das *Interfilm – Internationales Kurzfilmfestival Berlin*, aber ebenso das *Festival of Animation Berlin* und das *Fracto Experimental Film Encounter Filmfestival* die letzten Bastionen einer ansonsten weitgehend verdrängten Filmkultur. Ausblicke auf eine mediale Welt von morgen geben darüber hinaus Festivals wie die *Transmediale* für Medienkunst und digitale Kultur, die neue Verbindungen zwischen Kunst, Kultur und Technologie in den Fokus nimmt.

So unterschiedlich die Filmfestivals in ihrem Profil, ihrer programmatischen Umsetzung und in ihrer organisationalen Struktur sind, so eint sie alle ein Ziel: die Filmkultur in ihrer Vielfalt zu präsentieren und zu feiern und dabei selbst bei kinofernen Publikumsgruppen das Interesse an der siebten Kunstform zu wecken.

Filmkultur im Zeitalter des globalen Medienwandels

Während der Filmfestivalsektor seit Ende des letzten Jahrhunderts ein rasantes Wachstum verzeichnet, steckt die Filmkultur auf anderen Feldern zunehmend in der Krise: im Kino, im Home-Entertainment, im Pay-TV sowie in den frei zugänglichen Fernsehsendern – deutlich sichtbar vor allem am deutschen und europäischen Filmschaffen, aber genauso am so genannten Weltkino, also an außereuropäischen Filmwerken abseits der Produktionen US-amerikanischer Major Studios. Gleichzeitig liest man seit Jahren besorgniserregende Meldungen über den Zustand der Kinolandschaft in Deutschland. Es vergeht kaum eine Woche, in der nicht vom Kinosterben die Rede ist: vom Verschwinden der konkreten Orte genauso wie vom Tod des Kinos als Kulturpraxis. Dabei ist der Tod des Kinos wahrlich kein neues Phänomen: Er ist vielmehr elementarer Teil der Geschichte des Films und des Kinos. André Gaudreault und Philippe Marion haben in ihrem überaus lesenswerten Buch *The End of Cinema – A Medium in Crisis in the Digital Age* sage und schreibe acht Zeitpunkte identifiziert, die sich als Endpunkte des Kinos markieren lassen. Jedem dieser Tode folgte bisher unweigerlich eine neuartige Wiedergeburt.

Dennoch lässt sich nicht mehr übersehen, dass die Zahlen der Lichtspielhäuser und deren Besucher:innen seit Jahrzehnten permanent nach unten weisen – ein Abwärtstrend, zunächst angestoßen durch den Siegeszug des Fernsehens, dann befeuert durch die neue Freiheit eines non-linearen Filmkonsums sowie den Zugang zu Filmwerken der Nischengenres und aus weniger bekannten Produktionsländern durch das so genannte Heimkino. Teil dieser unumkehrbaren Entwicklung war zudem die Verbreitung der Multiplexe, die nicht nur den Verlust zahlreicher alteingesessener, oftmals inhabergeführter kleiner Kinos zumeist im ländlichen Raum bedingte, sondern zu einem regelrechten Kahlschlag der Kinostruktur in den neuen Bundesländern führte. In der vorerst letzten Phase dieses disruptiven Wandels gerät die Kinolandschaft nun zusätzlich durch global agierende Streaming-Giganten wie *Netflix*, *Amazon Prime Video* und *Apple TV+* nebst den vermehrten VoD-Angeboten der Major Studios wie *Disney+*, *HBO Max* und *Peacock* unter massiven Druck. „(...) das Kino als magischen Ort wird es noch zehn, 20 Jahre geben"[1], prognostiziert Boxoffice-Garant Roland Emmerich, während der langjährige Feuilletonchef der *Frankfurter Allgemeinen Sonntagszeitung* und Filmkritiker Claudius Seidl ein noch verheerenderes Szenario zeichnet: „Möglicherweise wird das Kino in fünf Jahren in der Form nicht mehr existent sein."[2] Die Auflösung von Filmredaktionen und der Rückgang von Filmbesprechungen zum Kinostart selbst in den überregionalen Zeitungen scheinen diesen Trend bereits vorwegzunehmen.

Lichtspielhäuser verschwinden schon heute längst nicht nur in ländlichen Regionen. Zusätzlich zu den Wettbewerbsentwicklungen auf dem audiovisuellen Markt sehen sich Kinos seit einigen Jahren mit einer gänzlich anders gelagerten Konkurrenzsituation konfrontiert: Im Kampf um Premiumlagen in den Innenstädten haben Konzerne der Drogerie- und Modebranche in den vergangenen Jahren eine Schneise in die Kinolandschaft der Großstädte geschlagen. Deutlich wird dies exemplarisch an den weitreichenden Verlusten des Münchner Kinoangebots durch die Schließung einer ganzen Reihe traditionsreicher Lichtspielhäuser wie *Türkendolch* (2001), *Stachus Kinocenter* (2001), *Elisenhofkinos* (2001), *Karlstor Kinocenter* (2004), *Inselkinos* (2005), *Lupe 2* (2005), *Marmorhaus Schwabing* (2006), *Forumkinos* (2010), *Tivoli Theater* (2011), *Filmcasino* (2011), *Atlantis* (2012), *Eldorado* (2016), *Neues Gabriel Filmtheater* (2019), einem der ältesten Kinos der Welt, und zuletzt die *Kinos Münchner Freiheit* (2019)[3]. Auch in anderen Metropolen wie etwa Berlin sieht die Lage nicht viel besser aus: Hier ging die Zahl der Kinobetriebe von 97 im Jahr 2009 auf 81 im Jahr 2022 zurück – ein Einbruch um fast 20 Prozent in kaum mehr als zehn Jahren.[4]

Weiteren Anlass zur Sorge um den Fortbestand des uns heute noch bekannten Kinos gibt der Abwärtstrend der Kinoreichweite. Wie von Wilfried Berauer, Leiter der Abteilung Statistik & Marktforschung bei der *Spitzenorganisation der Filmwirtschaft* (*SPIO*)

---

[1] Ulf Lippitz, „Das Kino gibt es noch zehn, 20 Jahren", Interview mit Roland Emmerich, in: *Der Tagesspiegel*, 5.2.2022.
[2] Claudius Seidl im Gespräch mit Micky Beisenherz, *Schuld und Bühne*, in: *Apokalypse und Filterkaffee*, 12.2.2022.
[3] Vgl. Klaus Weber, *Filmtheatergeschichte in Deutschland, Österreich und der Schweiz*, www.allekinos.com (letzter Zugriff am 29.5.2022).
[4] Vgl. Christian Kitter/Benjamin Kohzer, *Kinos nach Bezirken*, www.kinokompendium.de (letzter Zugriff am 29.5.2022).

dargestellt, ist der Anteil der Bevölkerung, der überhaupt noch ins Kino geht, seit 2001 anhaltend rückläufig.[5] Zudem machen die jährlichen Marktanalysen der Filmförderungsanstalt *FFA* deutlich, dass sich die ehemals größte Gruppe unter den Kinogästen, die jungen Erwachsenen, immer seltener für einen Kinobesuch entscheidet. Mit einem Anteil von gerade noch 15 Prozent bildeten die 20- bis 29-Jährigen gemeinsam mit den Über-60-Jährigen im Jahr 2019 – also noch vor der Corona-Pandemie – bereits die kleinste Gruppe in der Gesamtheit der Kinobesucher:innen und bescheinigten damit erneut einen anhaltenden Rückgang.[6] Diese Zahlen verstärken die Befürchtungen um den Fortbestand des Kinos. Denn sie belegen nicht nur, dass sich das junge Publikum zusehends vom Kino abwendet: Es scheint auch überhaupt keine Generation jüngerer Kinofans mehr nachzuwachsen.

Nicht weniger bedenklich zeigen sich die deutlichen Verschiebungen auf dem Home-Video-Markt. Lag das Verhältnis zwischen physischen (DVD, Blu-ray/VHS) und digitalen Angeboten (EST, TVoD, SVoD)[7] im Jahr 2015 noch bei Marktumsätzen von 77 Prozent zu 23 Prozent, so hat sich das Verhältnis 2021 mit 14 Prozent zu 86 Prozent für EST, TVoD, SVoD weit mehr als umgekehrt.[8] Und dabei ist es insbesondere die bereits seit Jahren im Kino vermisste Zielgruppe der 20- bis 29-Jährigen, die im Jahr 2021 mit Ausgaben in Höhe von 83 Prozent für die SVoD-Angebote gegenüber sieben Prozent für DVDs oder Blu-rays auch dem physischen Home-Video eine deutliche Abfuhr erteilte.[9] Abgesehen davon, dass die Twens die größte *Netflix*-Nutzergruppe stellen,[10] löste das im Zuge der Pandemie weiter veränderte Mediennutzungsverhalten bei allen Altersgruppen einen Boom auf dem digitalen Home-Entertainment-Markt aus, angeführt von den abonnementbasierten Streamingdiensten (SVoD)[11]. So „zählen die Pay-VoD-Anbieter zu den Profiteuren der Krise: Ihr Umsatz von 3,0 Mrd. Euro im Jahr 2020 entspricht einem Wachstum von 28 Prozent gegenüber dem Vorjahr 2019"[12] und liegt damit rund zwei Milliarden über dem Jahres-Kino-Umsatz im Jahr 2019.[13]

---

[5] Wilfried Berauer, E-Mail-Korrespondenz mit Tanja C. Krainhöfer vom 23.11.2021.
[6] Vgl. FFA, *Kinobesucher 2019, Strukturen und Entwicklungen auf Basis des GfK-Panels*, Berlin 2020, S. 10.
[7] EST meint „Electronic Sell Through" und bezeichnet den Online-Kauf von Videos, TVoD meint „Transactional-Video-on-Demand" und bezeichnet einzeln zu bezahlende Filmangebote, also eine Pay-per-view-Option, SVoD meint „Subscription-Video-on-Demand" und bezeichnet Streaming-Angebote auf Basis eines Abonnements.
[8] Vgl. FFA, *Der Home-Video-Markt im Jahr 2021*, Berlin 2022, S. 12.
[9] Vgl. ebd., S. 17.
[10] Vgl. Victoria Pawlik, *Umfrage unter Netflix-Nutzern in Deutschland zur Altersverteilung 2021*, in: Statista, 9.12.2021.
[11] Vgl. FFA, *Der Home-Video-Markt im Jahr 2021*, Berlin 2022, S. 39.
[12] Goldmedia: *Umsätze im deutschen Pay-VoD-Markt haben 2020 die 3-Mrd.-Euro-Grenze geknackt*, Pressemitteilung, 18.2.2021.
[13] Vgl. FFA, *Programmkinos in der Bundesrepublik Deutschland und das Publikum von Arthouse-Filmen im Jahr 2019, Analyse zu Auslastung, Bestand, Besuch und Eintrittspreis sowie zu soziodemografischen, kino- und filmspezifischen Merkmalen*, Berlin 2020, S. 25.

Und auch das Fernsehen – nach Kino und Home-Entertainment die dritte klassische Auswertungsstufe – vermittelt kein positiveres Bild: Bereits im Jahr 2011 hatten die öffentlich-rechtlichen Fernsehanstalten mit einem Durchschnittsalter ihrer Zuschauer:innen von 56 (*ARTE*) bis 60 Jahren (*ARD* und *ZDF*) die Jugend als Zielgruppe längst verloren. Selbst bei den privaten Fernsehsendern vermochte mit *ProSieben* nur ein einziger Anbieter ein mit durchschnittlich 35 Jahren halbwegs jüngeres Publikum für sich zu gewinnen (*RTL*: 46 Jahre, *SAT.1*: 51 Jahre).[14]

Filmfestivals: führende Akteure der Filmkultur

Vor diesem Hintergrund mag es verwundern, dass sich ein Sektor der Filmkultur national wie international anhaltend im Aufwärtstrend befindet: die Filmfestivals. Allein in Deutschland stieg ihre Zahl von 344 im Jahr 2013 auf 431 im Jahr 2019 – ein Wachstum um mehr als 25 Prozent innerhalb von nur sechs Jahren.[15] Dabei nimmt auch die Zahl der Filmwerke zu, die ihren Zugang zum Publikum nur noch über Filmfestivals finden. Parallel dazu weist die bisher einzige Studie im deutschsprachigen Raum, die nicht nur einzelne Filmfestivals berücksichtigt, sondern die Entwicklung aller 22 Mitglieder des *Forums der österreichischen Filmfestivals* analysiert, einen Anstieg der Festivalbesucher um 19 Prozent zwischen 2011 und 2015 aus. Während die Kinos in Österreich in diesem Zeitraum eine Auslastung von 45 Prozent erzielten, waren es bei den Filmfestivals 68 Prozent. Und selbst die ansonsten so schwer erreichbare jüngere Zielgruppe der 20- bis 29-Jährigen bildete einen Anteil von 40 Prozent unter allen Besucher:innen.[16]

Eine Studie des Schweizer Bundesamtes für Statistik aus dem Jahr 2013 belegt zudem den Beitrag der Filmfestivals zur kinokulturellen Angebotsvielfalt in der Schweiz: Die zehn Filmfestivals, vereint in der *Conférence des Festivals*, eröffnen abseits des regulären Kinoprogramms den Markt insbesondere für Kurzfilme, Dokumentarfilme sowie Spielfilme mit einer großen Ländervielfalt und unterstützen Filme bei ihrer Kinokarriere.[17]

Für Nils Klevjer Aas, ehemaliger Executive Director des *European Audiovisual Observatory*, war es bereits 1997 offensichtlich, dass die Filmfestivals zunehmend jene Lücken schließen, die das Kinosterben vor allem im Bereich der Arthouse-Kinos zurückließen:

---

[14] Vgl. Statista Research Department, *Durchschnittsalter der Zuschauer der einzelnen Fernsehsender in Deutschland von April 2010 bis März 2011*, in: *Statista*, 18.4.2011.
[15] Siehe hierzu Tanja C. Krainhöfer/Tobias Petri, *Die deutsche Filmfestivallandschaft. Analyse eines Sektors im Wandel*, im vorliegenden Band.
[16] Vgl. Gerald Zachar/Michael Paul, *Zur Situation österreichischer Filmfestivals. Finanzierung, Effekte & strategische Aussichten*, Filmfestivalreport Österreich, Wien 2016, S. 4 f.
[17] Bundesamt für Statistik, *Filmfestivals: Beitrag zur Angebotsvielfalt 2011. Studie im Auftrag der Conférence des Festivals – erste Resultate*, Locarno 2013, S. 12.

> Over the past decade, the number of events going under the label 'film festival' has literally exploded across all European countries. From being confined to a fairly limited number of professional events with a specific function for the introducing films and new talents to the commercial distribution sector, festivals have virtually developed into a distribution circuit of its own. Festivals may indeed be taking over the fundamental role of introducing audiences to foreign cinematographies and to the European film heritage, previously performed by the arthouse cinemas.[18]

So hat sich parallel zur Ausdünnung der Kinolandschaft die Ausbreitung der Filmfestivals förmlich multipliziert. Es gibt zahlreiche Gründe, die dieses anhaltende Wachstum befördern. Erklärungen, gestützt auf Hinweise zur Eventisierung der Gesellschaft und zu einem veränderten Freizeitverhalten, greifen wohl ebenso zu kurz wie die sich zusehends verengende Vielfalt der Programme der Kinos vor dem Hintergrund einer wachsenden Marktmacht einiger weniger internationaler Player. Ein genauerer Blick auf die deutsche Filmfestivallandschaft verweist nicht allein auf die blinden Flecken auf der kinematografischen Landkarte, sondern vor allem auf die zahlreichen Funktionen, die Filmfestivals im Laufe der Jahre angenommen und auch übertragen bekommen haben.

Fraglos ist der Wesenskern eines jeden Filmfestivals die Präsentation einer Auswahl vorwiegend neuer, exzeptioneller Filmwerke, abgestimmt auf das individuelle Festivalprofil wie von der jeweiligen künstlerischen Schwerpunktsetzung und Handschrift der Kurator:innen. Ungeachtet dessen zeigt allein die weiter oben beschriebene Berliner Filmfestivallandschaft, dass Filmfestivals neben ihrer besonderen kulturellen Rolle und ihrer rasant wachsenden Bedeutung als Akteur der Filmwirtschaft zunehmend Wirkung in gesamtwirtschaftlicher, gesellschaftlicher und politischer Hinsicht entfalten.

Filmfestivals: Impulsgeber für Kultur und Gesellschaft, Politik und Wirtschaft

Im Gegensatz zu anderen Kultursparten wie Theater, Tanz oder Literatur, die sich nicht allen Menschen gleichermaßen erschließen, genießt der Film in der gesamten Bevölkerung höchste Popularität[19]. Niedrige Zugangsbarrieren ermöglichen (meist) eine breite

---

[18] Nils Klevjer Aas, *Flickering Shadow. Quantifying the European Film Festival Phenomenon*, Valladolid 1997.
[19] In einer repräsentativen Bevölkerungsbefragung gaben im Jahr 2019 82 Prozent der Berliner:innen an, in den letzten zwölf Monaten ein- oder mehrmals eine Filmvorführung oder ein Kino besucht zu haben – weit vor Rock-/Pop-Konzerten (55 Prozent), Theater (41 Prozent) und Oper/Ballett/Tanztheater (30 Prozent). Vgl. Vera Allmanritter et al., *Kulturelle Teilhabe in Berlin 2019, Soziodemografie und Lebensstile*, Schriftenreihe Kultursoziologie des Instituts für Kulturelle Teilhabeforschung, Nr. 1, Berlin 2020, S. 16.

kulturelle Teilhabe über Generationen, ethnische Hintergründe und soziale Milieus hinweg. Fachkundige Kurationen und auf eine vielfältige Filmkultur abgestimmte Programme abseits der das Kino dominierenden (US-amerikanischen) Mainstream-Produktionen präsentieren künstlerisch herausragende Positionen sowie Trends und Strömungen nicht nur begrenzt auf das aktuelle heimische Filmschaffen, sondern weit über europäische Produktionsländer hinaus. Dabei gelingt es den Filmfestivals einerseits, auch marginalisierten Gruppen eine Bühne zu geben sowie die zunehmend fragmentierten Publikumsinteressen abzubilden, gleichzeitig aber auch die einzelnen Zielgruppen differenziert anzusprechen. Andererseits verstehen sie es, vor dem Hintergrund einer sich allseits verstärkenden Konkurrenz um Aufmerksamkeit die Vorzüge des Events als Gestaltungform zu nutzen.

Infolge des drastischen Rückgangs der Kinostandorte in Deutschland, genauer gesagt, der Orte mit mindestens einem Lichtspieltheater von 1.071 Orten im Jahr 2000 auf 905 im Jahr 2018[20], bilden Filmfestivals heute oftmals das wesentliche, wenn nicht einzige kinokulturelle Angebot an einem Ort und seinem Umkreis. Damit leisten sie – selbst wenn heute insbesondere im Norden Deutschlands vermehrt Wanderkinos zahlreiche lokale Kulturangebote beleben – vor allem in ländlichen Räumen oftmals eine kulturelle Grundversorgung.

Filmwirtschaftlich nicht minder relevant ist die Tatsache, dass sich unter den Filmwerken des jährlichen nationalen Produktionsoutputs immer mehr Festivalhits finden, die eine größere Anzahl an Zuschauer:innen erreichen als bei ihrer regulären Kinoauswertung. Verstärkt wird diese Schieflage dadurch, dass sich die Kosten für einen deutschlandweiten Kinostart – selbst bei einer begrenzten Anzahl an Orten zum oder nach dem Kinostart – durch die Einspielergebnisse nicht mehr refinanzieren lassen. Gemessen an so genannten *Screening Fees*, Beteiligungen an den Eintritten und an monetarisierbaren Werten wie einer verstärkten Medienberichterstattung, erweisen sich Filmfestivals oft als deutlich veritabler. Eine hohe Relevanz besitzen diese wirtschaftlichen Vorteile vor allem auch für einen Großteil der alljährlich rund 2.000 neuen Produktionen aus dem europäischen Ausland.

Einen weiteren Bedeutungszuwachs erfährt der Filmfestivalsektor neben seiner Qualität als eigenständiges Auswertungsfenster zusehends als Impulsgeber entlang der gesamten Wertschöpfungskette einer Kinofilmproduktion und damit als Beförderer der Filmwirtschaft als solche. Denn längst sind Filmfestivals ihrer Rolle entwachsen, Filmen nur eine Startrampe für die klassische Verwertung zu bieten. Heute verfolgen viele Festivals den Anspruch, mit passgenauen Formaten selbst aktiv mitzuwirken an

---

[20] Vgl. FFA, *Standorte, Spielstätten, Kinosäle in den einzelnen Bundesländern – 3 Jahre im Vergleich*, Berlin 2000-2018.

Projektentwicklungen mittels Stoffbörsen, Pitching-Foren und Artist-in-Residence-Programmen; an der Finanzierung über Ko-Finanzierungs- und Ko-Produktions-Märkten oder sogar über eigene Fonds; an der Optimierung mittels Projektbetreuungen sowie Fachberatungen; und an der Auswertung im Rahmen der Festivalprogrammierung sowie anschließenden Verwertungsformen. Filmfestivals übernehmen so zunehmend die Rolle von Verleihern, VoD-Anbietern, TV-Programmern oder erweitern ihr Portfolio durch eigene Archive und Forschungskooperationen.

Dass Filmfestivals zusätzlich hierzu eine erhebliche wirtschaftliche Wirkung erzielen – sei es durch direkte, induzierte oder indirekte Effekte –, ist in Deutschland spätestens seit der Untersuchung der *Berlinale* durch die Investitionsbank Berlin bekannt. Gemäß dieser Analyse aus dem Jahr 2010 erzielte die *Berlinale* allein an Einnahmen in Form von Steuern und Abgaben für die Stadt je nach zugrunde gelegtem Szenario zwischen 4,9 und 10,6 Millionen Euro sowie eine zusätzliche Wertschöpfung von insgesamt zwischen 39,8 und 84,9 Millionen Euro.[21] Gleichzeitig machen Analysen wie zur „Fragestellung nach wirtschaftlichen Impulsen und des kulturwirtschaftlichen Nutzens"[22] der *Internationalen Kurzfilmtage Oberhausen* aus dem Jahr 2001 und 2007 oder zu den ökonomischen Effekten des *Filmfestival Max Ophüls Preis* für den Veranstaltungsort Saarbrücken[23] deutlich, dass die ökonomischen Effekte nicht allein bei den so genannten A-Filmfestivals einen erheblichen Faktor bilden.

Durch die föderale Struktur Deutschlands und die damit verbundene Konkurrenz von Medienstandorten leisten Filmfestivals einen nicht unwesentlichen Beitrag zu deren individueller Profilierung. So präsentieren sie nicht allein das Filmschaffen in den Regionen und das dort ansässige kreative Potenzial, sondern legen ebenso die jeweiligen Vorzüge der einzelnen Zentren der Filmwirtschaft offen und demonstrieren damit deren Attraktivität als Arbeits- und Lebensraum.

Nicht nur in Großstädten, auch in kleinstädtischen oder ländlichen Räumen stimulieren Filmfestivals direkt und indirekt die lokale Wirtschaft und Beschäftigung. Wesentliche Effekte erzielen sie zudem dadurch, dass sie die Bekanntheit eines Ortes oder einer Region steigern, gegebenenfalls auch dessen Attraktivität als touristisches Ziel. In Zeiten fortschreitender Urbanisierungs- und Abwanderungs-Tendenzen gewinnen sie zudem als herausragendes Ereignis und Ausdruck von Lebensqualität immer mehr an Bedeutung.

---

[21] Hartmut Mertens, *Berlin aktuell. 60. Internationale Filmfestspiele Berlin. Vom Wirtschaftsfaktor zum Wachstumsmarkt*, Investitionsbank Berlin, Berlin 2010, S. 7.
[22] Mareike Vorbeck, *Überlegungen zum kulturwirtschaftlichen Nutzen der Internationalen Kurzfilmtage Oberhausen gGmbH*, 2. aktualisierte Fassung, Oberhausen 2007, S. i.
[23] Vgl. Johanna Attar, *Die wirtschaftlichen Auswirkungen des Filmfestival Max Ophüls Preis auf die Landeshauptstadt Saarbrücken*, Studie an der Fakultät für Wirtschaftswissenschaften der Hochschule für Technik und Wirtschaft des Saarlandes, Saarbrücken 2019.

Aufgrund ihrer Eigenschaft als Seismograf von Entwicklungen und als Resonanzraum von Diskursen und Werteinstellungen kommt Filmen eine außerordentliche Bedeutung für die Gesellschaft zu. Dabei gelingt es ihnen, unterschiedliche, auch unbekannte Lebenskonzepte und Wirklichkeitskonstruktionen darzustellen und erfahrbar zu machen. Filmfestivals fordern ihr Publikum gezielt heraus, sich Neuem zu öffnen, unbekannte Positionen einzunehmen und damit Verständnis und Empathie zu entwickeln. Unterstützt werden diese Qualitäten durch zahlreiche Begegnungs- und Diskussionsformate, die in besonderer Weise eine Verständigung in Gang setzen und somit Offenheit, Toleranz und Wertschätzung befördern. Das Medium Film übernimmt heute eine zentrale Rolle bei der Auseinandersetzung mit gesellschaftspolitischen Herausforderungen wie Inklusion, sozialem Zusammenhalt oder Nachhaltigkeit. Dabei sind es in großem Maße auch Filmfestivals, die durch eigens kuratierte Reihen, Vermittlungsformate und umfangreiche Rahmenprogramme gegenwärtige gesellschaftliche Transformationsprozesse begleiten und befördern.

Betrachtet man die Hintergründe zur Gründung der zumeist als Initialveranstaltung aller Filmfestivals betrachteten *Internationalen Filmfestspiele von Venedig* durch Benito Mussolini im Jahr 1932, den Impuls für die Gründung der *Internationalen Filmfestspiele von Cannes* als Gegenposition zu Venedig durch Frankreich, England und Amerika sowie die Installation der *Internationalen Filmfestspiele Berlin* als Schaufenster der freien Welt durch die Westalliierten, so wird die Bedeutung von Filmfestivals als politisches Mittel mehr als deutlich. Dass dies auch heute weiterhin gilt, zeigt sich unmissverständlich durch den weitgehenden Ausschluss der russischen Filmindustrie einschließlich der Filmwerke und deren Macher seitens der europäischen Filmfestivalgemeinschaft als Reaktion auf den russischen Angriffskrieg gegen die Ukraine. Filmfestivals als wertvolles Instrument außenpolitischen Agierens nutzen auch Akteure wie das *Goethe-Institut*: Der jüngst installierte Förderfonds *de*[+] rückt Filmfestivals in den Mittelpunkt, um auch über diesen Weg „die internationale kulturelle Zusammenarbeit"[24] gezielt auszubauen, während sich die Organisation parallel dazu selbst an der Veranstaltung von weltweit rund 150 *Festivals des deutschen Films* aktiv beteiligt. Dass auch die Volksrepublik China in Filmfestivals hilfreiche Instrumente erkennt, seine Strategie zur Entwicklung einer globalen Infrastruktur zu verfolgen, wird offensichtlich in der 2018 durch das *Shanghai International Film Festival* initiierten *Belt and Road Film Festival Alliance*, einem Verbund, dem sich bis heute 55 Partnerfestivals aus 48 Ländern angeschlossen haben.[25] Doch nicht allein in außen- und geopolitischen Zusammenhängen zeigen sich Filmfestivals heute wirkungsvoll. Wie zahlreiche För-

---
[24] Goethe-Institut, *Aufgaben und Ziele*, www.goethe.de (letzter Zugriff am 29.5.2022).
[25] Vgl. Shanghai International Film Festival, *Alliance Members*, www.siff.com (letzter Zugriff am 29.5.2022).

derprogramme darstellen, erweisen sie sich in unterschiedlichsten Politikfeldern als dienlich. Förder:innen finden sich nicht allein seitens der Ministerien für Kultur und Medien[26], sondern ebenso auf Bundes- und Länderebene in Bereichen wie Bildung und Forschung (u. a. *Filmfest Dresden, Foresight Filmfestival, Bettermakers Filmfestival, FiSH – Filmfestival, NaturVision Filmfest*), Familie, Senioren, Frauen und Jugend (u. a. *Internationales Frauenfilmfestival Dortmund | Köln, Transit Filmfest, Utopinale, Europäisches Filmfest der Generationen*), Umwelt, Naturschutz, nukleare Sicherheit und Verbraucherschutz (u. a. *Internationales Uranium Film Festival*), Ernährung und Landwirtschaft (u. a. *Jedermann Filmfestival, Formula Mundi Filmfest*) sowie wirtschaftliche Zusammenarbeit und Entwicklung (u. a. *Film Festival Cologne, DOK. fest München, Deepwave Filmfestival, Alfilm – Arabisches Filmfestival*).

Auch wenn ein Großteil der deutschen Filmfestivals entstanden ist aus der Begeisterung für die Filmkultur und dem Bestreben, diese zu präsentieren wie auch deren Verbreitung zu unterstützen, rücken viele von ihnen heute angesichts all ihrer Wirkungspotenziale zunehmend als erfolgversprechende Lösungsansätze bei verschiedensten Mangel- oder Problemlagen in das Bewusstsein unterschiedlicher Interessensgruppen. Folglich üben Filmfestivals heute nicht nur eine Vielzahl an Funktionen aus, sondern erfüllen selbstredend auch klar definierte Aufgaben, die mit konkreten Ansprüchen einhergehen und entsprechend über die Zugänge zu den benötigten Ressourcen entscheiden. Resilient neuen Herausforderungen zu begegnen und sich kreativ wie innovativ neuen Anforderungen zu stellen, wurde so zu einer wesentlichen Eigenschaft des Filmfestivalsektors – ein Vermögen, das mit Sicherheit die Basis für den erfolgreichen Umgang mit den regelmäßig neuen Hürden und Schwierigkeiten bietet, aber ebenso erklärt, weshalb es Filmfestivals gelingt, selbst existenzbedrohende Krisen nicht nur zu überstehen, sondern diese mit zukunftsweisenden Ideen und Konzepten zu beantworten.

Filmfestivals: Zukunftslabore der Kino- und Filmwirtschaft

Der Gedanke, die individuellen Perspektiven, Strategien und Handlungsweisen einer Auswahl an Filmfestivals verschiedenster Profile aus der gesamten Bundesrepublik in

---

[26] Wie seitens der *Beauftragten der Bundesregierung für Kultur und Medien (BKM)* eine regelmäßige Förderung vergeben wird u. a. an das *Deutsche Kinder Medien Festival Goldener Spatz, Filmfest Braunschweig, Filmfest Cottbus - Festival des osteuropäischen Films, Filmfest Max Ophüls Preis, Filmfest Türkei Deutschland, Internationales Filmfest Mannheim-Heidelberg, Internationales Filmfestival SCHLINGEL, Internationales Frauen* Film Fest Dortmund+Köln, Internationale Hofer Filmtage, Internationale Kurzfilmtage Oberhausen, Internationales Leipziger Festival für Dokumentar- und Animationsfilm, LUCAS - Internationales Festival für junge Filmfans* und zudem *QueerScope* – eine Kooperation von 21 unabhängigen queeren Filmfestivals in Deutschland und der Schweiz sowie den *Dresdner Schmalfilmtagen* aufgrund eines Beschlusses des Deutschen Bundestages.

einem Sammelband vorzustellen, reifte in der Zeit der Pandemie, getragen von der Begeisterung der Herausgeber:innen für einen Sektor, der nach einer kurzen Phase des Innehaltens binnen weniger Wochen einer fundamentalen Krise mit der Umsetzung erster zukunftsweisender Antworten trotzte. So hatten sich gerade einmal fünf Wochen nach der Schließung der Kinos am 16. März 2020 das *LICHTER Filmfest Frankfurt International*, die *Internationalen Kurzfilmtage Oberhausen*, das *DOK. fest München*, das *Internationale Trickfilm-Festival Stuttgart (ITFS)* und das *Filmkunstfest Mecklenburg-Vorpommern* im Netz neu erfunden und bildeten damit den Anfang einer ganzen Reihe an Filmangeboten, die über Monate hinweg eine Grundversorgung in einer weitgehend zum Erliegen gekommenen Kulturlandschaft leisteten. Zahlreiche Festivals folgten und präsentierten nicht nur Kinokultur in beachtlicher Vielfalt, sondern beschritten dabei oftmals auch ganz andere Wege. Dabei bildeten sich im Laufe der Monate vermehrt Lösungsansätze heraus, die selbst drängende Zukunftsfragen mitbedachten. Die intensiven Auseinandersetzungen der Herausgeber:innen sowohl bei Treffen im größeren Kreis als auch bei konzentrierten Gesprächen mit den Verantwortlichen einzelner Festivals zum Status Quo der Filmfestivallandschaft, zu drohenden Nöten und möglichen Optionen zeigten schnell, dass die Beiträge nicht nur eine Bestandsaufnahme verschiedener Ansätze der aktuellen Krisenbewältigung widerspiegeln würden. Dieser Sammelband ist vielmehr ein Abbild eines vielseitigen wie vielschichtigen Zukunftslabors eines höchst innovativen Sektors, der wertvolle Einblicke, Ansätze und Lösungen für Kolleg:innen, aber ebenso für Akteur:innen der weiteren Kino- und Filmwirtschaft bereithält.

Im Folgenden geben Tanja C. Krainhöfer und Tobias H. Petri mit einer empirischen Analyse einen detaillierten Einblick in die Entwicklung und die Ausprägungen der deutschen Filmfestivallandschaft. Beachtung finden zunächst die Verteilung der Filmfestivals im Bundesgebiet sowie Zuwachsraten und Verschiebungen im vergangenen Jahrzehnt. Eine Gegenüberstellung des Filmfestivalaufkommens des Jahres 2019 mit 2021 legt ein bemerkenswertes Spektrum von Filmfestivalangeboten im zweiten Jahr der Pandemie offen und facettenreiche Ausprägungen sowohl im realen als auch im virtuellen Raum.

Belege für diese Ergebnisse liefern Tanja C. Krainhöfer und Joachim Kurz im folgenden Kapitel unter dem Titel *Fortschritt statt Stillstand* mit einer differenzierten Darstellung kreativer Lösungsansätze und innovativer Neueinführungen seitens der Filmfestivallandschaft in den letzten zwei Jahren: von der Erschließung neuer Veranstaltungsorte bis hin zur Eroberung neuer Welten, der Nutzung neuer Instrumente, der Entwicklung neuer Konzepte und der Einführung selbst neuer Formate, die die Grenzen des Bewegtbilds ausloten. Ergänzend werden neue Programme, Sektionen und Wettbewerbe vorgestellt, die sich auch bisher selten angesprochenen Bevölkerungsgruppen oder aber drängenden gesellschaftlichen Themen widmen. Neuerungen in der Zusammenarbeit wie eine Intensivierung des Erfahrungs- und Wissensaustauschs ergeben sich nicht allein durch die enge Vernetzung der über 100 Akteure in der jungen Vereinigung *AG Filmfestival*. Diese Basis ermöglicht neben einer Reihe neuartiger, inhaltlich getragener Partnerschaften mit dem dritten wie dem öffentlichen Sektor das erfolgreiche Agieren dieses resilienten Sektors.

Als Mitinitiatorin des *exground filmfest* und damit eines der ältesten deutschen Filmfestivals für unabhängiges Filmschaffen hatte Andrea Wink bereits mehrfach Kooperationen als zentrale Handlungslogik von Filmfestivals dargestellt[27]. In ihrem Beitrag beschreibt sie anhand der weitreichenden Unterstützung für das infolge der Pandemie bedrohte *goEast Filmfestival*, wie Kooperationsbereitschaft und Solidarität heute zu einer grundlegenden Haltung im Filmfestivalsektor werden. Zusammenhalt als Maxime steht ebenfalls im Mittelpunkt des *International Queer Film Festival Hamburg*, des ältesten Filmfestivals von und für die queere Community in Deutschland. Im Gespräch mit Jan Künemund erzählen Hanne Homrighausen und Joachim Post vom Balanceakt zwischen der Freiheit offener, ehrenamtlicher Strukturen und der Notwendigkeit einer organisationalen Professionalisierung, von der Kraft der Gemeinschaft und dem Streben nach mehr Sichtbarkeit einer Filmkultur, die gezielt die queere Bevölkerung in den Blick nimmt.

Aufgrund ihrer Charakteristik als Insel-Veranstaltung sind Filmfestivals mehr als ganzjährig agierende Kulturorganisationen gezwungen, Schwierigkeiten mit einem hohen Maß an Flexibilität, Kreativität und Wandlungsfähigkeit zu meistern. Es sind diese Eigenschaften, die Filmfestivals das Überleben selbst in existenziellen Krisen ermöglichen. Volker Kufahls Beitrag skizziert am Beispiel des von ihm geleiteten *Filmkunstfests MV* in Form einer Chronik der Jahre 2020 bis 2022 das mehrfache radikale Umdenken eines Filmfestivals, das trotz vielfacher neuartiger Entwicklungsoptionen seinen Wesenskern nie aus dem Blick verliert. Parallel dazu eröffnet Matthias Hellwig, ebenfalls Kinobetreiber und Festivalleiter, einen differenzierten Blick auf das *Fünf Seen Filmfestival* und damit auf ein Festival nahe München, das dennoch fern von den Bedingungen in einer Metropole agiert. Im Gespräch mit Joachim Kurz schildert er die besonderen Herausforderungen der Kino- und Festivalarbeit für die Region, die Hürden der Zielgruppenarbeit und seine Wünsche für das Kino und die Festivals der Zukunft.

Eine langjährige Tradition einerseits und große Zäsuren andererseits zeichnen die Historie der beiden folgenden Filmfestivals aus. Krisenerfahren durch eine drohende

---

[27] Andrea Wink, zitiert nach Tanja C. Krainhöfer, *Research for the European Commission – Mapping of Collaboration Models among Film Festivals. A qualitative analysis to identify and assess collaboration models in the context of the multiple functions and objectives of film festivals*, Brüssel 2018, S. 29.

Abwicklung infolge der Wiedervereinigung begegnet das seit 1979 bestehende *Kinder Medien Festival Goldener Spatz* immerwährenden Unsicherheiten mit Mut und Innovationsgeist. In einem Essay beschreiben Nicola Jones und Barbara Felsmann die konsequente Weiterentwicklung eines Filmfestivals, das sich seiner Verantwortung für ein junges Publikum nicht nur in Krisentagen, sondern vor allem im Kontext des digitalen Wandels mehr als bewusst ist. Strategien und Konzepte zur Überführung eines der ältesten und traditionsreichsten Filmfestivals Deutschlands in ein neues Zeitalter stehen auch im Mittelpunkt des Beitrags über das *Internationale Filmfestival Mannheim-Heidelberg (IFFMH)*. Im Gespräch zwischen Sascha Keilholz und Frédéric Jaeger wird diese anspruchsvolle Aufgabe zwischen Innovation und Bewahrung, zwischen Erneuerung und Rekonzeption vor dem Hintergrund der Einflüsse einer globalen Krise sowie den unkalkulierbaren Auswirkungen des voranschreitenden fundamentalen Medienwandels beleuchtet.

Unterschiedliche Profile von Filmfestivals erfordern unterschiedliche Ansätze in ihrer Umsetzung. In Zeiten des *social distancing* verlieren Festivals, die sich mit ihrer Einladung, gemeinsam die Filmkultur zu feiern, in erster Linie an die lokale Bevölkerung wenden, förmlich die Existenzgrundlage. In einem Essay erläutern Oliver Baumgarten und Svenja Böttger ihr Selbstverständnis und damit die Handlungsgrundlage für zwei fundamentale Neukonzeptionen, die einerseits den Transfer der Publikumsansprache in den digitalen Raum eröffnet und andererseits auch den Filmemacher:innen von morgen (erstmals) die Begegnung und den Austausch mit ihrem Publikum ermöglicht. Vor dem Hintergrund vergleichbarer Hindernisse stellen Albert Wiederspiel und Kathrin Kohlstedde ihre Vorgehensweisen bei der Durchführung der letzten *Filmfest-Hamburg*-Ausgaben vor. In zwei Interviews mit Tanja C. Krainhöfer verweisen sie dabei auch auf die Auswirkungen des weit ausdifferenzierten internationalen Filmfestivalsektors auf die Programmarbeit eines Festivals und erläutern die Rolle des Festivals als alternative Kinoauswertung sowie seine Verantwortung für Filmemacher:innen sowie für das Publikum.

Die zunehmende Verbreitung von Bewegtbildern in unterschiedlichsten Ausgestaltungen führt dazu, dass auch Filmfestivals ihre Aktions- und Präsentationsräume mehr und mehr ausdehnen. Mit an der Spitze dieses Trends bewegt sich schon seit Jahren das *Internationale Trickfilm-Festival Stuttgart (ITFS)* als Plattform für *Expanded Animation* an den Schnittstellen zu Kunst, Theater, Architektur und Games im realen wie im virtuellen Raum. In einem Essay beschreibt Ulrich Wegenast diese stetige Entwicklung, die zuletzt in die virtuelle Transformation des Festivals in ein VR-Hub mündete und von dort aus neue Perspektiven auf die Zukunft von Filmfestivals ergründet. Transformation ist ebenso der treibende Motor des *Film Festival Cologne (FFCGN)*.

Einleitung | Tanja C. Krainhöfer und Joachim Kurz

Martina Richter und Johannes Hensen zeichnen im Gespräch mit Tanja C. Krainhöfer nicht nur den spannenden, 30-jährigen Wandel von der *Cologne Conference* zum heutigen Festival nach, sondern geben dabei auch fundierte Einblicke in die Entwicklung der deutschen Medienlandschaft bis heute. Vom Bewegtbild ausgehend zeigt sich das *FFCGN* als konsequentes transmediales Experimentierfeld, das in den städtischen Raum ebenso wie ins Netz wirkt.

Neben ihrer Funktion, Zugänge zu einer lebendigen Filmkultur zu ermöglichen, zeichnen sich Filmfestivals insbesondere durch ihre Eigenschaft aus, am Ort ihrer Veranstaltung eine beachtliche identitätsstiftende Wirkung zu entfalten. Dies gilt dann umso mehr, wenn sich ein Festival wie die *Biennale Bavaria International* die filmische Auseinandersetzung mit dem Phänomen Heimat zum Ziel macht und mittels eines umfangreichen Rahmenprogramms eine ganze Region einlädt, sich an dieser Heimat-Diskussion zu beteiligen. In seinem Beitrag skizziert dessen Kurator Joachim Kurz den Weg dieses Festivals vom Gründungsimpuls als gesellschaftspolitische Initiative bis zu seiner Premiere. Eine andere Perspektive auf das Phänomen Heimat wirft das Filmfest *achtung berlin*, indem es sich auf Filme fokussiert, die in Berlin und Umgebung gedreht und/oder von Berliner Filmemacher:innen realisiert werden. Im Gespräch mit Joachim Kurz erzählt der Festivalleiter Sebastian Brose von der Lücke, die zu der Initiierung des Filmfestivals führte, dessen Entwicklung hin zu einem lokalen Branchentreff und dem Aufkommen einer neuen Generation an Kosmopoliten, die sich mit *achtung Berlin* vor Ort einerseits und mit *achtung Berlin@LA* andererseits in das lebendige Treiben der Hauptstadt filmisch entführen lassen.

Dass Filmfestivals heute ihre Aufgabe nicht allein auf die Präsentation herausragender Filmwerke beschränken, demonstrieren alle Beiträge in diesem Buch. Gleichzeitig wird deutlich, dass sie längst ihre Verantwortung für den Erhalt, die Präsentation, die Vermittlung und die Beförderung einer vielfältigen Filmkultur sehen und dieser nachkommen. Mit die größten Anstrengungen beweisen hierbei seit Jahren die *Internationalen Kurzfilmtage Oberhausen*, das älteste Kurzfilmfestival der Welt, sowie das *DOK.fest München*, als größtes Festival für den dokumentarischen Film in Deutschland. In seinem Essay beleuchtet Daniel Sponsel, Leiter des *DOK.fest* aus der Perspektive eines Festivalmachers die einzelnen Schritte des anhaltenden disruptiven Wandels in der Filmbranche, die damit verbundene strukturelle Krise des Kinos sowie die zu erwartenden Auswirkungen der voranschreitenden Digitalisierung. Als Ergebnis fordert er ein dringend gebotenes Umdenken bei Präsentation und Auswertung der Filmkultur und weist auf Basis der Erkenntnisse der Filmfestivals den Weg in eine duale Kino-Zukunft. Ort und Form für die öffentliche Vermittlung des Films völlig neu zu denken, ist auch ein zentraler Antrieb von Lars Henrik Gass, Leiter der *Oberhausener Kurzfilmtage*. In einem Gespräch mit Tanja C. Krainhöfer beschreibt er die wachsende Rolle der Filmfestivals vor dem Hintergrund des zunehmenden Bedeutungsverlustes von Kino und Fernsehen. Im Dienst für den Film und die Festivallandschaft und überzeugt von der Kraft des kollaborativen Handelns brachten die *Oberhausener Kurzfilmtage* über die Jahre zahlreiche Innovationen hervor. Und auch heute stehen der Erhalt der öffentlichen Auseinandersetzung mit und über den Film sowie der Kampf um eine vom Markt abgekoppelte, nicht kommerzielle Auswertungsform der Filmkultur im Zentrum des Engagements.

Visionen neuer Formen des Kinos als Rezeptionsform wie als Kulturort vermitteln in den folgenden zwei Beiträgen die differenzierten Auseinandersetzungen zwischen Festival- und Kinomacher:innen. Mit Konzepten wie dem *Un.Thai.Tled Filmfestival* stellen Sarnt Utamachote und Rosalia Namsai Engchuan Möglichkeitsräume vor, die sich mit transnationalen, (post-)migrantischen und postkolonialen Erzählungen gezielt dem vorherrschenden weißen, eurozentrischen Blick audiovisueller Welten entgegenstellen. Hierfür finden sie in dem von Malve Lippman und Can Sungu initiierten Räumen *bi'bak/SİNEMA TRANSTOPIA* nicht nur einen Ort und Strukturen, sondern ein kollaboratives Umfeld, das marginalisierte Künstler:innen ins Zentrum stellt und deren Positionen und Arbeiten zu Sichtbarkeit verhilft. Räume, bespielt mit filmkulturellen Inhalten, kontextualisiert und partizipativ gestaltet, stehen ebenso im Zentrum der langjährigen Zusammenarbeit des *DOK Leipzig* und der *Cinémathèque Leipzig* und damit zweier höchst politischer und dabei stark in ihrer Stadt verwurzelter Institutionen. In einem Werkstattgespräch erläutern der Leiter des *DOK Leipzig*, Christoph Terhechte, und die Geschäftsführerin der *Cinémathèque*, Angela Seidel, sowie Programmleiterin Katharina Franck die Hintergründe, Bedingungen und Erfolge ihres gemeinsamen Einsatzes für den Film als siebte Kunst, für die Sicherstellung der Kulturpraxis Kino und für ihre gemeinsame Forderung nach einem Filmkunsthaus in Leipzig sowie im gesamten Bundesgebiet.

Die Notwendigkeit eines weitreichenden Neudenkens in vielen Bereichen der Filmbranche – Förderung und Finanzierung, Ausbildung und Filmbildung, Vertrieb und Kinokultur – waren Anlass für die beiden Macher:innen des *LICHTER Filmfest* in Frankfurt, über regelmäßige Diskussionsrunden auf Festivals hinaus im Jahr 2018 den Kongress *Zukunft Deutscher Film* zu initiieren. Dieser Vorstoß, dargestellt von seinen Ursprüngen bis zu den zahlreichen Ergebnissen von den beiden Köpfen der *LICHTER*, Gregor Maria Schubert und Johanna Süß gemeinsam mit Kenneth Hujer und Pauline Klink, macht deutlich, welche Wirkungskraft Filmfestivals nicht nur als Akteur der Filmwirtschaft, sondern auch als gezielter Impulsgeber entfalten können.

Filmfestivals haben in den vergangenen Jahren als Orte der Filmkultur, aber ebenso als Motoren der Filmwirtschaft in zahlreichen Bereichen eine wesentliche Rolle übernommen. Gleichzeitig ist es unverkennbar, dass die Bedeutung der Kinos für die Herausbringung von Filmen in Zukunft noch weiter schwinden wird. Filmfestivals werden somit zukünftig noch stärker in der Verantwortung stehen, für die Sichtbarkeit wie auch die Programmvielfalt und damit für die Struktur der Filmkultur insgesamt, einschließlich der filmkulturellen Versorgung in Städten wie in ländlichen Räumen, zu sorgen. Die damit verbundenen Leistungen und Aufgaben erfordern eine grundlegende Neubewertung des Filmfestivalsektors und eine wesentliche Neugestaltung von dessen Rahmenbedingungen. In einer vorläufigen Bilanz beleuchten die Herausgeber:innen abschließend die gegenwärtig größten Bedarfe des Filmfestivalsektors und formulieren zehn konkrete Handlungsempfehlungen für die Verantwortlichen auf der Ebene des Bundes, der Länder und der Kommunen. Diese nehmen nicht nur eine nachhaltige Fortführung und Verstetigung der Erfolge und Entwicklungen der letzten Monate in den Blick, sondern fokussieren im Kontext der aktuellen existenziellen Problemlage Voraussetzungen für eine Stabilisierung der strukturellen Basis der Filmkultur wie auch der Filmwirtschaft.

Das weitreichende Neu- wie Umdenken der globalen Filmfestivallandschaft fand bereits ab März 2020 Ausdruck in zahlreichen journalistischen Einschätzungen im In- und Ausland. Neue Talkformate der internationalen Branchenmagazine wie *Screen-Daily Talks*[28], *IndieWire Screen Talk*[29] oder *Variety Streaming Room*[30] ermöglichten unmittelbar, den strategischen Überlegungen der Protagonist:innen der weltweit bedeutendsten Filmfestivals bei regelmäßigen öffentlichen Gesprächsrunden zu folgen.

Vertiefende Einblicke zu Situation und Entwicklung der Filmfestivals in Deutschland eröffneten neben vereinzelten Veröffentlichungen von Vertreter:innen der Festivalszene[31] auch gelegentliche Diskussionen, veranstaltet auf oder durch die Festivals selbst, so auch der *AG Filmfestival*[32]. Die Positionen und differenzierten Sichtweisen, präsentiert zudem bei Podcasts, Clubhouse-Diskussionen oder halböffentlichen Zoom-Gesprächen, bildeten nicht nur einen längst überfälligen Raum für den Diskurs zu Bedeutung und Leistungen des internationalen Filmfestivalsektors, sondern führten erstmals auch zu einer gänzlich neuen öffentlichen Wahrnehmung.

Zwischenzeitlich ergänzen eine Reihe wissenschaftlicher Arbeiten wie die Publikation *film festivals and the first wave of COVID-19: Challenges, opportunities, and reflections on festivals' relations to crises* von Marijke de Valck und Antoine Damiens (2020)

---

[28] Vgl. ScreenDaily Talks, www.screendaily.com (letzter Zugriff am 29.5.2022).
[29] Vgl. Screen Talk, www.indiewire.com/vcategory/screen-talk (letzter Zugriff am 29.5.2022).
[30] Vgl. Variety Streaming Room, www.variety.com (letzter Zugriff am 29.5.2022).
[31] Vgl. Daniel Sponsel, „Die Zukunft des Kinos passiert jetzt!", in: *Blickpunkt: Film*, 26.5.2020; Lars Henrik Gass, *Lars Henrik Gass über Strukturwandel bei Filmfestivals*, in: *Unicato, MDR*, 21.1.2021.
[32] AG Filmfestival, *Das Kino nach Corona – Festivals als Labore für die Zukunft der Filmkultur?*, Panel auf dem Filmfest München, 4.7.2021.

sowie *European Film Festivals in Transition. Film Festival Formats in Times of COVID* von Roderik Smits (2021) das sich wandelnde Bild.[33] Darüber hinaus finden sich einige Beiträge, die wertvolle Ergebnisse zu den Strategien und Maßnahmen zur Bewältigung der Krise durch die Pandemie speziell seitens deutscher Filmfestivals darstellen, wie etwa die Analysen von Clemens Meyer (2021), Nastassja Kreft (2021) und Sophia Zimmermann (2022).[34]

Der vorliegende Sammelband versteht sich als Einladung der Herausgeber:innen, Filmfestivals in ihrem Wandel zu begleiten und damit den Vordenker:innen unter den Filmfestivalleitungen zu folgen, die sich nicht erst jüngst bei der Fortentwicklung des Festivalsektors hervorgetan haben, sondern sich grundsätzlich als Gestalter:innen verstehen und sich als innovative, risikofreudige, durchsetzungsstarke und kooperative Vorreiter:innen zeigen. Dabei war es den Herausgeber:innen wichtig, bei dem Kreis an präsentierten Filmfestivals das gesamte Bundesgebiet in den Blick zu nehmen und unterschiedlichste Profile sowie verschiedene organisationale Strukturen abzubilden. Dass dieser Blick trotz der präsentierten Vielfalt an Positionen zahlreiche Errungenschaften und Erfolge unberücksichtigt lässt, ist unvermeidbar bei einem Sektor, der sich in vielen Kontexten als stetiger Innovationstreiber erweist. Dennoch werden die folgenden Positionen zahlreiche Aspekte eines Umdenkens im Kontext einer sich radikal wandelnden Medienlandschaft offenlegen, verbunden mit der Verantwortung für die Zukunftsfähigkeit der Filmwirtschaft und deren verschiedene Akteure sowie gleichermaßen für ein weltoffenes Publikum und dessen Zugang zu einer vielfältigen Filmkultur.

---

[33] Vgl. *Marijke de Valck*/Antoine Damiens, "F*ilm festivals and the first wave of COVID-19: Challenges, opportunities, and reflections on festivals' relations to crises*", in: *NECSUS*, 6.12.2020; Roderik Smits, European Film Festivals in Transition. *Film Festival Formats in Times of COVID*, Thessaloniki International Filmfestival, Thessaloniki 2021.

[34] Vgl. Nastassja Kreft, *Filmfestivals im Kontext einer globalen Pandemie. Herausforderungen und Potenziale digitaler Screenings und sozialer Interaktion im virtuellen Raum*, Master-Arbeit, Filmuniversität Babelsberg Konrad Wolf, Potsdam 2021; Clemens Meyer, *Strategien von Filmfestivals in Deutschland im Umgang mit den durch die COVID-19 Pandemie geltenden Einschränkungen unter dem Gesichtspunkt der wirtschaftlichen Bedeutung der Festivals für den deutschen Film*, Bachelor-Arbeit, Hochschule für Musik, Theater und Medien Hannover, Institut für Journalistik und Kommunikationsforschung, Hannover 2021; Sophia Zimmermann, *Hybrid – Das Beste aus zwei Welten? Analyse der Potentiale, Herausforderungen und Voraussetzungen einer hybriden Umsetzung des Filmprogramms von Dokumentarfilmfestivals*, Master-Arbeit, Hochschule für Musik und Theater Hamburg, Institut für Kultur- und Medienmanagement, Hamburg 2022.

Tanja C. Krainhöfer und Tobias H. Petri

Die deutsche Filmfestivallandschaft
Analyse eines Sektors im Wandel

In dem Geleitwort der Kinobetriebsstudie von Oliver Castendyk aus dem Jahr 2015 beschreibt der Leiter der statistischen Abteilung der *Spitzenorganisation der Filmwirtschaft (SPIO)*, Wilfried Berauer, die Datenlage rund um die Film- und Kinowirtschaft mit den Worten:

> Es besteht ein langjährig aufgebautes, verlässliches System und Datennetzwerk, welches von verschiedenen Partnern wie der *Filmförderungsanstalt (FFA)*, dem Verband der Filmverleiher *(VdF)*, der Europäischen Audiovisuellen Informationsstelle in Straßburg und der *Spitzenorganisation der Filmwirtschaft (SPIO)* selbst, um einige der wichtigsten zu nennen, gepflegt und zur Verfügung gestellt wird. Zoomt man allerdings näher heran, um tiefere Erkenntnisse über die Strukturen und Zusammenhänge der einzelnen Branchensektoren zu gewinnen, stößt man sehr schnell an die Grenzen der Datenverfügbarkeit.[1]

Auf deutliche Grenzen der Datenverfügbarkeit trifft man auch in Bezug auf den deutschen Filmfestivalsektor. Von öffentlicher Seite finden Filmfestivals als Gegenstand von Analysen seit 2013 lediglich seitens der *FFA* Berücksichtigung, der zentralen Stelle, die „exklusiv über aktuelle und relevante Marktdaten der deutschen Film- und Kinowirtschaft (verfügt)"[2]. Seither werden unter der Bezeichnung „Kino-Sonderformen" Auswertungen zur Entwicklung der Leinwände, der Besucher, der Ticketpreise und der Umsätze von Autokinos, Open-Air-Kinos, kommunalen Kinos sowie einer sehr begrenzten Anzahl an Filmfestivals (sieben Festivals im Jahr 2021) durchgeführt und zur Verfügung gestellt.[3]

---

[1] Wilfried Berauer, zitiert nach Oliver Castendyk, *Kinobetriebsstudie. Daten zur Kinowirtschaft in Deutschland*, hg. von HDF KINO e.V. (Hauptverband Deutscher Filmtheater) und Arbeitsgemeinschaft Kino – Gilde deutscher Filmkunsttheater e.V., Berlin 2015.
[2] www.ffa.de/marktforschung.html (letzter Zugriff am 4.7.2022).
[3] Vgl. FFA, *Kino-Sonderformen 2016 – 2021. Kinoergebnisse nach Kinoformen – 5 Jahre im Vergleich*, Berlin 2022, S. 1.

Aufgrund der Tatsache, dass „Kino-Sonderformen (u. a. Filmfeste, Open-Air- und kommunale Kinos) im letzten Jahr [2018, Anm. d. Verf.] sowohl bei Umsatz und Tickets als auch im Bestand kräftiger zugelegt (haben) als der Kinomarkt insgesamt"[4], verwundert es zudem, dass Filmfestivals bis heute keine größere Beachtung finden. Von Seiten der Bundesländer wiederum hatte sich bis dato allein die *Nordmedia* im Zusammenhang mit einer Neujustierung der Strategie der Filmfestivalförderung im Jahr 2003 differenzierter mit der Filmfestivallandschaft in Niedersachsen und Bremen beschäftigt.[5]

Und so betont auch das *Statistische Bundesamt* im Rahmen des im Auftrag der Beauftragten der Bundesregierung für Kultur und Medien sowie der Kulturministerkonferenz seit 2014 durchgeführten Projekts „Bundesweite Kulturstatistik":

> Eine weitere Datenlücke ist für die Filmfestivals in Deutschland zu konstatieren. Die Initiative zur Untersuchung der Filmfestivals in Deutschland ist die einzige Quelle für Daten zur deutschen Filmfestivallandschaft. (...) Hier wären weitere Anstrengungen nötig, um mehr Informationen zu dem künstlerisch sowie ökonomisch bedeutenden Bereich der Filmfestivals zu erhalten.[6]

Dass dieses Desideratum auch andernorts in Europa und darüber hinaus vorherrscht, demonstrieren vereinzelte Momentaufnahmen zum Filmfestivalaufkommen wie beispielsweise die von Christel Taillibert in Frankreich im Jahr 2009 durchgeführte Erhebung.[7] Weitere Erkenntnisse legen die seit 2015 von Harry van Vliet in regelmäßigen Abständen zur Festivallandschaft insgesamt und im Jahr 2019 speziell zur Filmfestivallandschaft in den Niederlanden durchgeführten Untersuchungen offen.[8] Und eine bisher einmalig im Jahr 2021 durch den Filmfestivalverband *Associazione Festival Italiani di Cinema* (*AFIC*) beauftragte Studie zu den umgesetzten Veranstaltungskonzepten infolge der Covid-19-Pandemie bietet Informationen zu 142 Festivals in Italien.[9]

Datenerhebung zur deutschen Filmfestivallandschaft

Vor diesem Hintergrund legte die Autorin im Jahr 2013 den Grundstein für eine Analyse der deutschen Filmfestivallandschaft. Seither ermöglichen eine systematische Erfassung von Stammdaten einzelner Filmfestivals und die Erhebung eines eingegrenzten

---

[4] www.ffa.de/kino-sonderformen-ergebnisse-der-jahre-2013-bis-2017.html (letzter Zugriff am 4.7.2022).
[5] Vgl. Jochen Coldewey et al., *Ergebnisbericht zur Evaluationsstudie der Filmfestivalförderung in Niedersachsen/Bremen*, Hannover 2003.
[6] Statistisches Bundesamt, *Spartenbericht Film und Fernsehen, Hörfunk*, Wiesbaden 2019, S. 69.
[7] Vgl. Christel Taillibert, *Tribulations festivalières. Les festivals de cinéma et audiovisuel en France*, Paris 2009.
[8] Vgl. Harry van Vliet, *Film Festival Atlas 2019*, www.festivalatlas.nl (letzter Zugriff am 4.7.2022).
[9] Associazione Festival Italiani di Cinema (AFIC), *Festival Platform – Survey on the future of film*, Rom 2021, www.aficfestival.it (letzter Zugriff am 4.7.2022).

Merkmalskatalogs jährliche deskriptive und vergleichende Analysen des Filmfestivalsektors. Zunächst in Zusammenarbeit mit Konrad Schreiber und seit 2017 mit Tobias H. Petri werden regelmäßig kurierte Datensätze für grundsätzliche Statistiken wie Gründungen und kumulatives Wachstum erarbeitet. Im Lichte neuer Fragestellungen gibt das Team auch detaillierte Analysen komplexer Merkmale heraus. Betrachtet werden beispielsweise die räumliche und zeitliche Aufteilung über das Bundesgebiet in unterschiedlichen Granularitäten bis hin zur Einordnung in einen europäischen Kontext oder anhand von inhaltlichen Aspekten.

In Ermangelung einer in der Wissenschaft (und Praxis) letztgültig verbindlichen Filmfestival-Definition und folglich einer ebensolchen dezidierten Abgrenzung des Filmfestival-Begriffs wurde zur Eingrenzung des Untersuchungsgegenstands „Filmfestival" ein Merkmalskatalog entwickelt, der heute auch in weiteren wissenschaftlichen wie kulturpolitischen und filmwirtschaftlichen Kontexten Anwendung findet. Definiert werden deutsche Filmfestivals als periodische, in der Regel jährlich oder biennal in Deutschland stattfindende, mindestens zweitägige Veranstaltungen, konzipiert für die Durchführung an einem realen Ort, an einem Hauptstandort sowie gegebenenfalls an einem oder mehreren Satellitenveranstaltungsorten und/oder im virtuellen Raum[10], die verschiedene, überwiegend aktuelle Filme in einem kuratierten und abgeschlossenen Programm präsentieren. Dabei können die öffentlich beworbenen und vorgeführten Filmwerke von unterschiedlicher Lauflänge sein und verschiedenste Gattungen wie Genres repräsentieren, wohingegen solche Festivals, die sich auf PR-, Image-, Werbefilme oder Amateurproduktionen konzentrieren, ausgeschlossen sind, ebenso wie diejenigen, die von Wirtschaftsunternehmen oder im Rahmen von Messen oder aber im Ausland veranstaltet werden.

Um eine einheitliche Datenbasis der einzelnen Untersuchungseinheiten gewährleisten zu können, werden mittels Sekundärdatenanalysen mithilfe von Online- sowie Printpublikationen zunächst die einzelnen Untersuchungseinheiten identifiziert und im Anschluss daran die jeweiligen Merkmalsausprägungen gezielt recherchiert. Hierzu werden täglich durch Google-Alert generierte Verweise zu Online-Veröffentlichungen entsprechend den Begriffen „Filmfestival" und „Filmfest" Veranstaltungen ermittelt und anhand der gebildeten Definition überprüft. Darüber hinaus dienen Filmfest(ival)-Online-Datensammlungen wie beispielsweise von *German Films* oder *shortfilm.de*, Pressemitteilungen und Newsletter von Förderanstalten sowie von Filmfestivals und vereinzelten Netzwerken sowie Verbänden von Filmfestivals der Identifikation neuer Akteure. Als weitere Quellen werden Festivalkataloge (hierbei insbe-

---

[10] Festivals zeichnen sich dann aus als ein für die Durchführung an einem realen Ort konzipiertes Filmfest, sofern einer rein virtuellen Veranstaltung im Realen veranstaltete Festivals vorausgingen und/oder sich die Kommunikation und Publikumsansprache auf einen realen Ort oder eine reale Region fokussieren.

sondere Anzeigen zu Partnerfestivals) und Publikumspublikationen sowie Online- und Printausgaben von Fachpublikationen ausgewertet.

Die manuell erfassten Daten werden zur weiteren Verarbeitung maschinell auf Konsistenz geprüft, in einem Versionierungs-System erfasst und für die Analyse durch unsere hierfür entwickelte Software-Pipeline aufbereitet. Dies ermöglicht eine Normalisierung und Standardisierung, aber auch die Anreicherung mit sekundären Datenquellen zu Standortinformationen, Postleitzahlen, Koordinaten, demografischen Kontexten und eröffnet unter anderem Möglichkeiten zur räumlichen Auswertung oder der Einbettung in spezifische Kontexte für forschungs- und filmpolitische Fragestellungen.

Die Prozessierung wird anwendungsspezifisch mit Python oder R durchgeführt, um sowohl eine visuelle (Histogramme, Streudiagramme, Dichteverteilungen, Korrelationen) als auch eine numerisch-statistische Betrachtung zu ermöglichen. Auch komplexe Filter und Analysen können so algorithmisch umgesetzt werden.

Für die vorliegende Analyse wurde von den Autor:innen ein Merkmalskatalog mit speziellem Fokus auf Covid-19-bedingte Auswirkungen entwickelt. Zunächst wurden mögliche definitorische Unschärfen im Rahmen von Testannotationen ausgeräumt. Die weitere Datenerfassung erfolgte auf dieser Basis durch die Medienkulturforscherin Cora Curtius in enger Zusammenarbeit mit der Autorin.

Der Katalog umfasst 21 Merkmale, darunter 18 Merkmale, die konkreten Fragen entsprechen, die mit ja/nein/unbekannt zu beantworten waren, wie beispielsweise: „Wurde das Festival aufgrund von Corona verschoben?" oder „Wurde das Festival online durchgeführt?". Zudem erfasst wurden Veranstaltungsbeginn und -ende.

Der Pool der Daten umfasst alle Festivals, die im Jahr 2021 stattgefunden haben. Eine Besonderheit bilden biennal angelegte Festivals, die regulär 2021 nicht durchgeführt wurden. Da diese keinem Zeitraum in 2021 zugeordnet werden konnten, wurden sie der Grundgesamtheit zugerechnet, jedoch bei entsprechenden Analysen zur Festivalaktivität im Jahresverlauf ausgeklammert. Zudem wurden virtuelle oder physische Satelliten-Veranstaltungen eines Filmfestes erfasst, sofern diese nicht zeitgleich mit dem Filmfestival am Hauptstandort stattfanden.

Auf Grundlage der Primärdaten wurden weiterführende abgeleitete Merkmale definiert. So bezeichnen wir ein Festival als *physisch*, wenn es entweder im Kino, als Open Air oder in einer alternativen Spielstätte, also an einem realen Ort durchgeführt wurde. Ein Festival bezeichnen wir als *online*, wenn es zumindest einen Teil seines Filmprogramms online bereitstellte.

Ein Festival ist *dual*, wenn es sowohl (in Teilen) physisch als auch (in Teilen) online stattfand. Dies gilt auch, wenn ein Festival 2021 zeitlich versetzt ein Programm physisch und online (auch als virtuelle oder physische Satelliten-Veranstaltung) anbot.

Beispielsweise fand das *Nuremberg Human Rights Filmfestival* im September/Oktober zeitgleich sowohl in Präsenz als auch virtuell statt; das *Open Eyes Filmfestival* veranstaltete hingegen im Juli eine physische Edition mittels Open-Air-Vorführungen und präsentierte sein Filmprogramm neben einem VR Hub im August online. Als *nur physisch* bzw. *nur virtuell* bezeichnen wir physische bzw. virtuelle Filmfestivals, die nicht als Teil eines dualen Filmfestivals stattfanden.

Hybride Festivals bieten ihren Besuchern neben dem eigentlichen Filmprogramm sowie gegebenenfalls einem Rahmenprogramm an einem physischen Ort ergänzend auch zuvor definierte Online-Zusatzprogramme wie Onlineübertragungen von Eröffnungsveranstaltungen oder Preisverleihungen, virtuelle Foren zum Austausch mit Vertreter:innen des Filmteams oder anderen Festivalbesuchern:innen sowie ergänzende Programmangebote (z. B. Online-Vorträge).

Der Übersichtlichkeit halber wird von der Darstellung nicht-bestätigter Merkmale (nein/unbekannt) abgesehen; diese spiegeln sich in einer entsprechend verringerten Gesamtanzahl entsprechender Festivals wider.

Zur Auswertung von Veranstaltungszeiten im Monatskontext werden Festivaltage demjenigen Monat zugeordnet, der anteilsmäßig die meisten Spieltage aufweist, bei gleichen Anteilen dem ersten Spielmonat. Die Analyse von Spieltagen betrachtet die Zahl der aktiven Festivals an jedem Tag in 2021, die physisch oder virtuell stattfanden.

Anhand bestehender Stammdaten aus 2013, 2019 und 2021 wird zudem eine differentielle Analyse der Auffächerung von Filmfestivals über das Bundesgebiet anhand der Zuordnung des Hauptveranstaltungsortes durchgeführt. Auch hier werden zudem Einschränkungen auf Untergruppen vorgenommen. So ist es möglich, regionale Anreicherungen von verschiedenen Veranstaltungsformen zu betrachten.

Weiterhin wurden den aktuellen Stammdaten Gründungsdaten entnommen, um kumulative und jährliche Zuwachsraten im Festivalsektor nachzuzeichnen.

Die Entwicklung der deutschen Filmfestivallandschaft

Bis heute ist die historische Perspektive auf Filmfestivals weder international[11] noch in Deutschland erforscht. So erklärt sich, dass immer wieder Funde, wie etwa „creation of the *Berliner Filmfestwochen* in 1934"[12] eine Korrektur der Geschichtsschreibung der Filmfestivals in Deutschland erfordern. Gleichzeitig verweisen Festivalkataloge und

---

[11] Vgl. Dorota Ostrowska, "Introduction to the special issue 'Film Festivals and History'", in: *Studies in European Cinema* 17 (2020), Nr. 2, S. 79–80, hier S. 79.
[12] Christel Taillibert/John Wäfler, "Groundwork for a (pre)history of film festivals", in: *New Review of Film and Television Studies* 14 (2016), Nr. 1, S. 5–21, hier S. 18.

Programmhefte[13] wie auch die Publikationen zu den *Ausgaben der Länder für Film und Filmförderung* auf eine bunte Landschaft an längst vergessenen Akteuren.[14]

Der föderalen Struktur Deutschlands ist es geschuldet, dass die Entstehungsgeschichte der Filmfestivals sowie deren heutige Verbreitung in den einzelnen Bundesländern stark voneinander abweicht. Die Ausgangssituation hierfür ist grundsätzlich in den variierenden standortspezifischen Bedingungen zu finden sowie auf abweichende kulturpolitische oder filmwirtschaftliche Zielsetzungen oder auf zivilgesellschaftliche Interessen wie eine kollektive Begeisterung für die siebte Kunst zurückzuführen, die die Gründung einzelner Filmfestivals gezielt vorantrieb.

So beschränkte sich aufgrund des engen Netzes an Filmtheatern und Filmclubs, die regelmäßig nationale Filmproduktionen wie Filmwerke aus sozialistischen Bruderstaaten zur Aufführung brachten, das Angebot an Filmfestivals in der ehemaligen DDR auf jährlich fünf Veranstaltungen.[15] Zeitgleich entwickelten sich in Westdeutschland in den einzelnen Bundesländern zum Teil beachtliche Filmfestivallandschaften. So verfügte Niedersachsen beispielsweise noch vor dem Millennium über ein vielfältiges und umfangreiches Filmfestivalaufkommen, auch wenn es heute im Umfang deutlich hinter dem Bundesdurchschnitt zurückliegt. Dabei werfen gerade auch die Liquidationen renommierter Filmfestivals wie das 1979 von Michael und Rainer Kölmel[16] initiierte *Filmfest Göttingen*, das von 1990 bis 1992 veranstaltete *Kölner Filmfest NRW*[17], das 1994 eingeführte *Filmfest Ludwigsburg*[18] oder aber die 2002 von Wim Wenders zu einem internationalen Filmfestival ausgebaute *Filmschau* in Frankfurt am Main zahlreiche Fragen zu den Einflussfaktoren der Entwicklung des Festivalsektors auf.[19]

---

[13] U. a. *Hamburger Filmschau* (gegr. 1968), *Sportfilmtage Oberhausen* (gegr. 1968), *Filmzwerge Münster* (gegr. 1981), *Filmtage Salzgitter* (gegr. 1985), *Tage des Unabhängigen Films Augsburg* (gegr. 1990).
[14] Sekretariat der Ständigen Konferenz der Kulturminister der Länder in der Bundesrepublik Deutschland, *Ausgaben der Länder für Film und Filmförderung 1993 bis 1997*, Bonn 1998, S. 39ff.
[15] *Internationale Leipziger Woche für Dokumentar- und Kurzfilm* (gegr. 1955), *FDJ-Studentenfilmtage Potsdam-Babelsberg* (gegr. 1972, heute *Sehsüchte – internationales Studierendenfilmfestival*), *Leistungsschau des Dokumentartfilms Neubrandenburg* (gegr. 1978), *Nationales Festival für Kinderfilme Goldener Spatz* in Gera (gegr. 1979) und *Nationales Spielfilmfestival Karl-Marx-Stadt* (gegr. 1980). Vgl. Claus Löser, Korrespondenz mit Tanja C. Krainhöfer, 8.6.2022.
[16] Michael Kölmel war in späteren Jahren Filmproduzent und Gründer der Kinowelt Filmverleih, Rainer Kölmel war in späteren Jahren Filmproduzent und Mitglied der Geschäftsführung der Kinowelt Filmverleih.
[17] Vgl. Oliver Baumgarten, „Vielfalt im Flächenland, Festivals in NRW", in: Film und Medien NRW, Filmgeschichte NRW, Film- und Medienstiftung NRW, Düsseldorf 2021, S. 194ff.
[18] Vgl. www.kulturpreise.de (letzter Zugriff am 4.7.2022).
[19] Vgl. Ingrid Bartsch/Jochen Coldewey/Erwin Heberling/Peter Hoffmann/Kurt Johnen/Michael Wiedemann/Ellen Wietstock, Hintergrundgespräche mit Tanja C. Krainhöfer zum Forschungsprojekt *Die Geschichte der deutschen Filmfestivallandschaft 2019 – heute*.

Die deutsche Filmfestivallandschaft | Tanja C. Krainhöfer und Tobias H. Petri

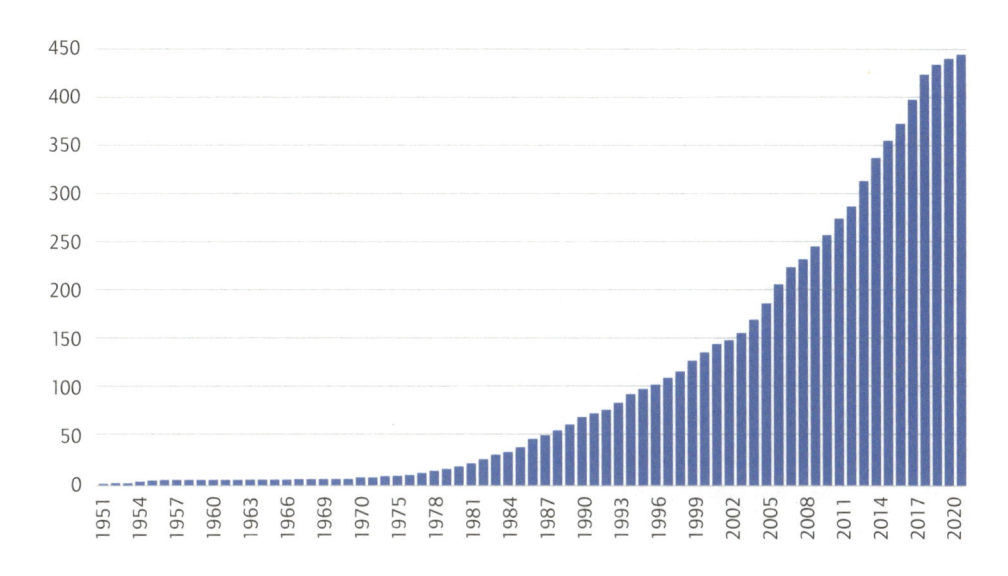

Chart 1: Kumulative Festivalgründungen in Deutschland

Betrachtet man die Festivalgründungen im historischen Kontext, so zeigt sich zwischen 1980 und 2003 ein stetiger Anstieg, der sich von 2004 bis 2018 beschleunigte und erst 2019 abschwächte. Ein möglicher neuer Trend ab 2020 wurde durch die Auswirkungen der Covid-19-Pandemie negativ überlagert.

Es ist davon auszugehen, dass vor der Jahrtausendwende – wenn auch in begrenztem Umfang – eine Reihe weiterer, zum Teil ebenfalls filmwirtschaftlich relevanter Filmfestivals das Bild prägten. Doch selbst grundsätzliche Informationen lassen sich über diese heute zumeist nur über Zeitzeugen beziehen. Ab den 2000er Jahren dienen insbesondere auch die Internetarchive als Möglichkeit, um Daten zu ehemaligen Filmfesten über deren Webauftritt zu erheben. Dies erklärt, weshalb eine Annäherung an die reale Entwicklung des Filmfestivalsektors anhand der heute verfügbaren Gründungsdaten noch aktiver Festivals erfolgen muss.

Die Verteilung der Festivalgründungen auf die Jahre lässt neben einem konsequenten Anstieg der jährlichen Neuzugänge auch einzelne Entwicklungsphasen erkennen. Der Wandel des kulturpolitischen Verständnisses, gestützt auf den Anspruch der Breitenwirkung, kennzeichnet das 1980 einsetzende stetige Wachstum. Weiter gefördert wird es durch das steigende Interesse an künstlerisch wie inhaltlich anspruchsvollen Filmwerken als Gegenposition zum regulären Kinoprogramm[20] und durch den Wunsch nach Sichtbarkeit und Orten der Begegnung einzelner Communities[21] oder politischer

---
[20]Vgl. *Kasseler Dokumentarfilm- und Videofest* (gegr. 1982), *Internationale Filmfest in Braunschweig* (gegr. 1986), *Stuttgarter Filmwinter* (gegr. 1987).
[21]Vgl. *Griechische Filmwoche München* (gegr. 1980), *Black International Cinema Berlin* (gegr. 1986) oder *Schwule Filmwoche Freiburg* (gegr. 1985), *Queergestreift Filmfestival*, Konstanz (gegr. 1988).

Aktivist:innen wie der Frauenbewegung[22]. Darüber hinaus führten die Profilierungsbestrebungen der aufkommenden Medienstandorte und andere standortpolitische Zielsetzungen in den Folgejahren zu einer ununterbrochenen Erweiterung des Sektors. Ungeachtet all dieser Einflüsse zeigt sich jedoch vor allem auch die schrittweise Entwicklung der Kinolandschaft sowie die Einführung filmtechnischer Innovationen als wesentlich für die Ausbreitung der Filmfestivallandschaft.

So trug das Aufkommen der Programmkinos zunächst maßgeblich zu der flächendeckenden Ausdehnung der deutschen Filmfestivallandschaft bei, während die Einführung des VHS-Systems ab den 1980er Jahren die Programmrecherche und -auswahl der Festivals revolutionierte und Neugründungen entscheidend begünstigte. Nachdem in den 2000er Jahren der digitale Video-Standard und damit die DVD die VHS weitgehend abgelöst hatte und zudem neue Informationsmöglichkeiten über das Internet entstanden, wurde der Prozess der Recherche sowie des Kuratierens von Filmwerken ebenfalls erheblich erleichtert. Gleichzeitig wurde damit selbst der Zugang zu Werken aus filminfrastrukturell weniger entwickelten Herstellungsländern ermöglicht. Die hohe Bildqualität der DVD bot manchen lokal begrenzten Filmfestivals selbst an Orten ohne Kino die Option, einem interessierten Publikum herausragende Filmwerke zu präsentieren. Mit den sich in den 2000er Jahren etablierenden Submission-Plattformen wie *Reelport* und *Withoutabox* sowie später *Festhome* und *FilmFreeway*[23] und dem damit verbundenen direkten Zugriff (insbesondere) auf Kurzfilme entstand eine weltweite Vernetzung von Filmemacher:innen sowie etablierter und neuer Kurzfilmfestivals. Zusätzlich befeuerte der mit der Digitalisierung der Filmherstellung einsetzende Produktionsboom den Aufschwung der Filmfestivals. Abseits der Aufmerksamkeitsökonomie des Kinos präsentierten fortan Filmfestivals mehr und mehr Filmkultur entsprechend der unterschiedlichen Vorlieben und Nachfragen eines sich zusehends ausdifferenzierenden Publikums. B2B-Plattformen wie *Festival Scope* folgten diesem Trend und eröffneten Arthouse-Titeln neue Optionen einer grenzüberschreitenden Zirkulation. Parallel ermöglichten sie Filmfestivals eigene Tools für Online-Sichtungsangebote für Presse- und Branchenvertreter:innen. Mit der Digitalisierung der letzten Kinos in den 2010er Jahren und der Umstellung auf digitale Vorführkopien (DCP) war nicht nur eine weitere deutliche Kostenreduzierung bei der Filmkopien-Organisation verbunden, sondern es wurde mithilfe der digitalen Filmkopien zudem problemlos möglich, auf verschiedene Sprach- und Inklusionsfassungen eines Films zuzugreifen.

---

[22]Vgl. *Feminale*, Köln (gegr. 1983), *Frauenfilmfestival femme totale im Revier*, Dortmund (gegr. 1987).
[23]Während *Reelport* und *Withoutabox* zwischenzeitlich ihren Dienst eingestellt haben, finden sich heute zahlreiche weitere Anbieter auf dem Markt wie filmchief.com, filmfestivallife.com, filmfestivals4u.net, clickforfestivals.com, shortfilmdepot.com, uptofest.com.

Die deutsche Filmfestivallandschaft | Tanja C. Krainhöfer und Tobias H. Petri

Hatte die Zunahme der Programmkinos vor rund 50 Jahren die Ausbreitung der Filmfestivals begünstigt, so füllen im Zuge des sukzessiven Kinorückgangs an vielen Orten heute Filmfeste oftmals die Lücken ehemaliger Kinostandorte und übernehmen die Tradition der Kuration von Filmprogrammen. Der starke Umsatzrückgang auf dem physischen Home-Entertainment-Markt bedingt aktuell ein sukzessives Verschwinden der DVDs und Blu-rays als Trägermedium. Wie Filmfestivals, die an Orten ohne Kino Filmkultur in Gemeindesälen bis hin zu Kirchen zugänglich machen, die somit notwendige Investitionen für eine professionelle Hardware zur Filmvorführung aufbringen werden, bleibt abzuwarten.

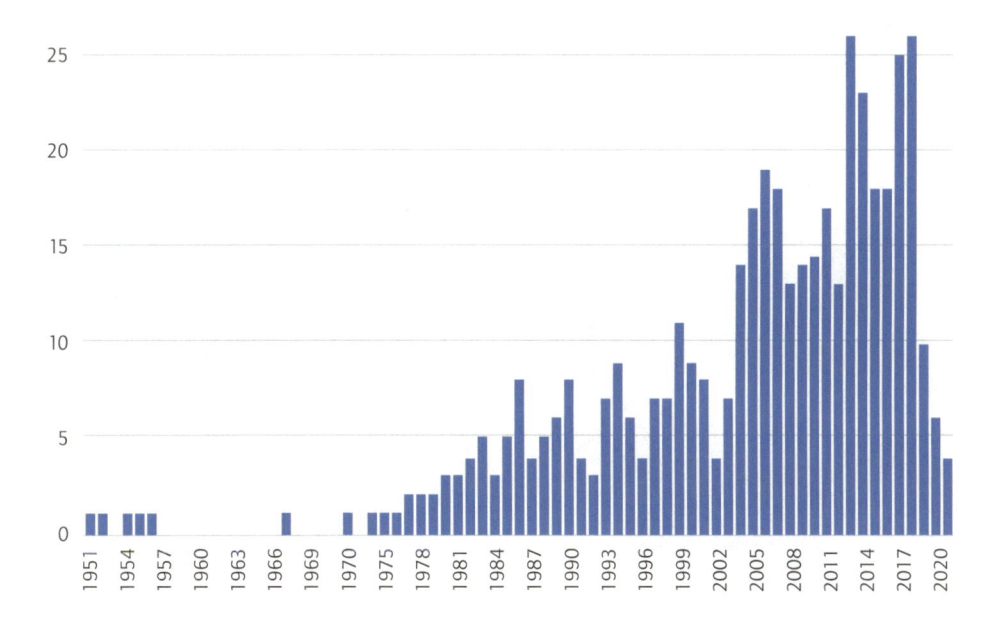

Chart 2: Filmfestivalgründungen pro Jahr

Die Gründungsdaten aller heute aktiven Festivals zeigen, dass der Filmfestivalsektor trotz gewisser zyklischer Schwankungen stetig anwuchs. Ein verlangsamtes Wachstum ist ab 2019 und speziell auch aufgrund der durch Covid-19 bedingten geringeren Neugründungen zu verzeichnen. Ob sich hierin eine Trendwende abzeichnet, wird sich erst in einigen Jahren zeigen.

Ein Blick auf die Verteilung der Festivalgründungen zeigt, dass sich der Festivalsektor nach wie vor auf einem Wachstumskurs befindet. Neben einem beschleunigten Wachstum seit 2004 fand ein zusätzlicher Wachstumsschub zwischen 2013 und 2018 statt.[24] Während die Filmfestivallandschaft im Jahr 2013 noch 344 Veranstaltungen prägten, waren es im

[24] Gründungen von Filmfestivals im gesamten Bundesgebiet von 2013 bis 2021. 2013: 26, 2014: 23, 2015: 18, 2016: 18, 2017: 25, 2018: 26, 2019: 10, 2020: 6, 2021: 4.

Prä-Pandemie-Jahr 2019 bereits 433, und selbst während der Pandemiejahre wuchs der Sektor mit sechs Neugründungen im Jahr 2020 und vier Neugründungen im Jahr 2021 auf insgesamt 443 Filmfeste an. Dabei zeigt sich die deutsche Filmfestivallandschaft ungeachtet ihrer Vielfalt von regionalen Special-Interest-Festivals bis zu den *Internationalen Filmfestspielen Berlin* (*Berlinale*) — einem der bedeutendsten Filmfestivals auf internationaler Ebene — als beachtlich innovativ, flexibel und vor allem auch proaktiv bei der Beantwortung von Herausforderungen des disruptiven Medienwandels. Zahlreiche Festivals haben ihren Aktionsradius über die Jahre Schritt für Schritt weit über ihre originäre Funktion einer Plattform zur Präsentation von (neuen) Filmwerken und Talenten in Richtung höchst diversifizierte Medienunternehmungen ausgebaut und fungieren dabei nicht allein untereinander als Impulsgeber und Motoren, sondern ebenso als wertvolle Blaupausen und Trendsetter für die Kino- und Filmwirtschaft.

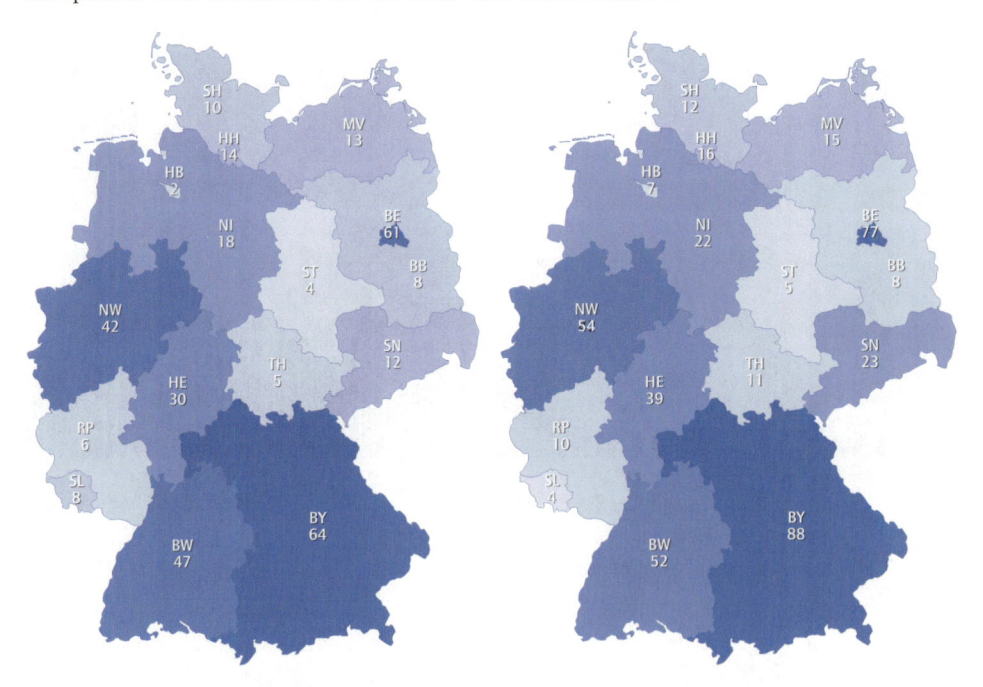

Chart 3: **Verteilung von Filmfestivals im Bundesländervergleich — 2013 und 2021**

Betrachtet man die Verteilung der Filmfestival-Standorte räumlich aufgeschlüsselt auf die Bundesländer (dargestellt über die entsprechenden Blautöne) im Jahr 2013 und 2021, so zeigt sich mit Ausnahme des Saarlandes und Brandenburgs überall ein Wachstum und ebenso eine Verstetigung der Kerngebiete Baden-Württemberg, Nordrhein-Westfalen und Hessen ebenso wie der Spitzenpositionen mit Berlin und Bayern.

Vergleicht man die Verteilung der Filmfestivals über die Bundesrepublik im Jahr 2013 (linke Abbildung) und 2021 (rechte Abbildung), so wird unverkennbar deutlich, dass neben den drei Festivalzentren mit Baden-Württemberg, Nordrhein-Westfalen und Hessen zwei Festivalhochburgen unverändert die Landschaft bestimmen: Berlin als Hauptstadt Deutschlands mit 76 Filmfestivals und Bayern mit 88 Filmfestivals (Stand: 2021). Dabei fällt auf, dass es sich in einem Fall um einen Stadtstaat und im anderen um einen Flächenstaat handelt. Dies weist darauf hin, dass es sich bei dem Phänomen Filmfestival nicht allein um ein beliebtes Kulturformat einer lebendigen, multiethnischen, urbanen Bevölkerung handelt (zur Vielfalt des Berliner Filmfestivalangebots siehe Einleitung), sondern es ebenso als ein beliebtes Filmkulturangebot für eine breite Bevölkerung in den ländlichen Räumen abseits der Metropolen gilt.

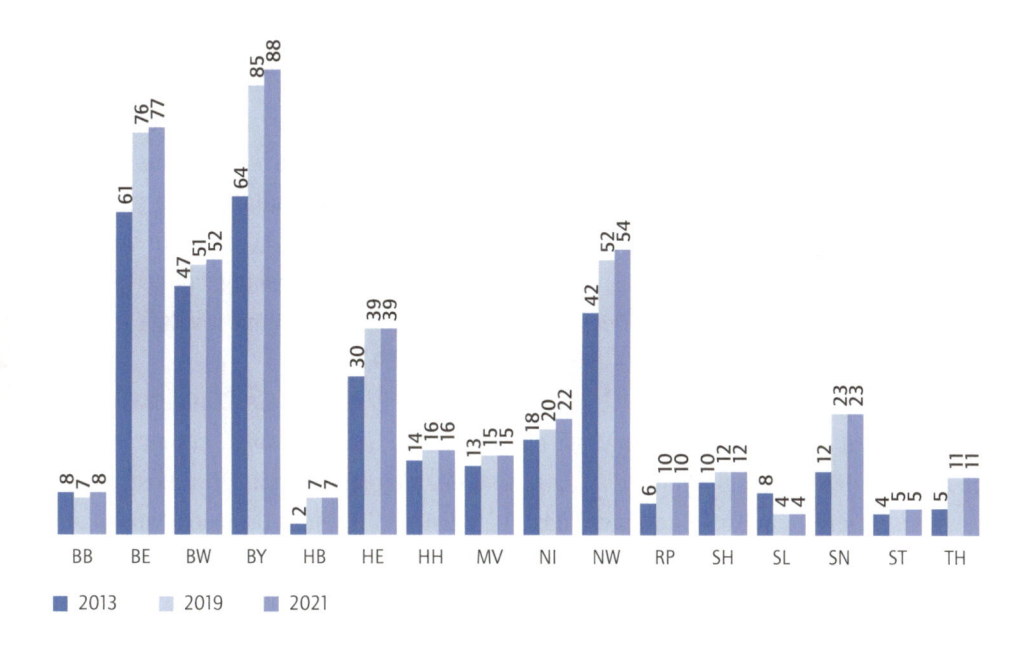

Chart 4: Filmfestival-Entwicklung nach Bundesländern – 2013, 2019 und 2021

Vergleicht man die Referenzwerte von 2013, das Prä-Covid-19-Jahr 2019 sowie das Pandemiejahr 2021, so verzeichnen einige Länder zwischen 2013 und 2019 zweistellige Zuwächse. Deutlich wird auch, dass Bundesländer mit einer geringeren Anzahl an Filmfestivals auch tendenziell weniger neue Standorte hinzugewonnen haben. Trotz der pandemischen Krise zeigt sich der Sektor im Covid-19-Jahr 2021 als insgesamt sehr stabil.

Auch wenn der Osten Deutschlands heute noch über deutlich weniger Filmfestivals verfügt als der Westen, scheint sich der Unterschied seit der Jahrtausendwende auf Basis zahlreicher Festivalneugründungen sukzessive zu nivellieren. Dieser Trend basiert auf verschiedenen Einflusskräften, geht jedoch vielfach auch auf das Engagement der Zivilgesellschaft zurück, Filmkultur auch an Orten ohne Filmtheater zu präsentieren oder über gemeinsame Filmerlebnisse zum Austausch und Zusammenhalt am Ort beizutragen[25]. Mit den grenzüberschreitenden Konzepten einiger Festivals, die die Nachbarländer als festen Bestandteil des Festivalprofils mitdenken[26], ergibt sich hier zudem eine Besonderheit, die in anderen Teilen des Bundesgebiets bisher noch keine Entsprechung findet.

Neben dem Ost-West-Gefälle ist ebenfalls ein Nord-Süd-Gefälle offensichtlich. Darüber hinaus ist deutlich erkennbar, dass die Verteilung der Filmfestivals auch mit der Bedeutung der Bundesländer als Film- und Medienstandort korreliert. So legen die Bundesländer Bayern, Berlin, Baden-Württemberg und Nordrhein-Westfalen nicht nur ein vermehrtes Aufkommen an Filmfestivals offen, sondern verzeichneten in den vergangenen Jahren zumeist auch anhaltende Zuwächse.

Auch Hessen und Sachsen schließen sich diesem positiven Trend an, während Brandenburg, Sachsen-Anhalt, Mecklenburg-Vorpommern und Thüringen ebenso wie Rheinland-Pfalz, Schleswig-Holstein und Niedersachsen entweder ein konstantes Niveau oder nur leichte Anstiege aufweisen. Besondere Positionen präsentieren darüber hinaus Bremen und das Saarland. Während die Hansestadt über lange Jahre hinweg allein zwei Festivals beheimatete und nun sukzessive sein Festivalangebot erweitert, hat das Saarland als einziges Bundesland über die letzten Jahre Filmfestivals – in den Jahren 2013 bis 2019 50 Prozent – eingebüßt.

Ein genauerer Blick auf die Filmfestivallandschaft in Bayern als das Bundesland mit dem höchsten Filmfestaufkommen lässt einige weitere Einflussgrößen erkennen, die ein anhaltendes Wachstum befördern. Aufgrund der weitgehend stabilen Kinostruktur tragen in Bayern Filmfestivals weniger dazu bei, den Verlust eines örtlichen Kinoangebots zu kompensieren, als vielmehr über enge Kooperationen die lokale Kinostruktur zu unterstützen.[27] So finden sich auch eine Reihe von Filmfestivals, die auf eine Initiative der Kinobetreiber selbst zurückgehen.[28] Beachtenswert ist jedoch vor allem die Anzahl von Filmfestivals an Standorten ohne eigenes Kino, die somit maßgeblich zu einer kinokulturellen Grundversorgung beitragen. Hierzu zählen insbesondere das *Internationale Bergfilmfestival Tegernsee*, die *Filmale* in Miesbach, das *Independent Star Filmfest* in Freising, die *Musikfilmtage Oberaudorf*, die *Thalmässinger Kurzfilmtage*, das Kurzfilmfesti-

---

[25] Vgl. *Provinziale – Internationales Filmfest Eberswalde* (gegr. 2004), *Quellinale – ein Festival für Dokumentar- und Kurzfilme*, Göpfersdorf, (gegr. 2011); *Polyloid Filmfest*, Leipzig (gegr. 2017).
[26] Vgl. *Neiße Filmfestival* in Zittau, Großhennersdorf, Görlitz, Liberec, Zgorzelec, Vansdorf; *dokumentART – Europäische Dokumentarfilmfestival* in Neubrandenburg und Stettin.
[27] So etwa die langjährige Verbindung der *Bamberger Kurzfilmtage* und der Lichtspiel & Odeon Kinos Bamberg, des *Queerfilmfest* und des Casablanca Filmkunsttheaters Nürnberg, des *Internationalen Filmwochenende* Würzburg und des Central Programmkinos. Vgl. Birgit Bähr, *Gespräch zur Bedeutung der Filmfestivals für die Kinolandschaft mit Tanja C. Krainhöfer*, 14.6.2022.
[28] Darunter das *Fünf Seen Filmfestival* Gauting/Starnberg, die *Trosterberg Filmtage*, das *Cine-Maniacs Filmfest* Türkheim.

Die deutsche Filmfestivallandschaft | Tanja C. Krainhöfer und Tobias H. Petri

val Über kurz oder lang in Seehausen/Riedhausen, das *Zwickl Dokumentarfilmfest* in Schwandorf sowie die Satelliten-Veranstaltung des Baden-Württembergischen Filmfestivals *Naturvision* in Neuschönau (Bayerischer Wald). Auffällig ist darüber hinaus die vergleichsweise hohe Konzentration an Filmfestivals in Oberbayern. Es ist unzweifelhaft, dass die Ausdehnung im engen Zusammenhang mit der Medien- und Filmwirtschaft in der Landeshauptstadt und ihrer Region steht, denn es sind oftmals Medienschaffende, die die Gründung eines Filmfestivals verantworten. So gehen u. a. das *Internationale Bergfilmfestival Tegernsee*, die *Nonfiktionale* in Bad Aibling, die *Musikfilmtage Oberaudorf*, aber ebenso die *Filmale* in Miesbach und das *Filmfest am Berghof* in Agatharied (gegründet von Marcus H. Rosenmüller) auf die Initiative von Film- und TV-Schaffenden zurück.

Der strategische Ansatz, mit einem Filmfestival mehrere Standorte (Satelliten-Veranstaltungen) zu bespielen, ist unter bayerischen Filmfestivals noch wenig ausgeprägt, abgesehen von dem *Fünf Seen Filmfestival* und jüngst der *Filmzeit Allgäu*, die seit 2020 neben Kaufbeuren auch Kempten und Sonthofen als Festivalstandort bespielt. Mit dem Zusammenschluss von sechs Kommunen zur gemeinschaftlichen Veranstaltung eines Filmfestivals demonstriert jedoch der Neuzugang *Biennale Bavaria International – Festival des neuen Heimatfilms* einen neuen kollektiven Ansatz, der für Flächenstaaten eine wertvolle Vorlage bieten könnte[29].

Wesentlich für eine prosperierende Festivallandschaft sind darüber hinaus die zumeist in den Landeshauptstädten angesiedelten internationalen Filmfestivals. Veranstaltungen wie die *Berlinale* und *achtung berlin*, das *Filmfest München* und das *DOK.fest München*, die *Internationalen Kurzfilmtage Oberhausen* und *Cologne Film Fest*, das *Internationale Trickfilm-Festival Stuttgart* und ebenso das *Filmfest Hamburg*, das *Lichter Filmfest Frankfurt International*, das *Filmkunstfest Mecklenburg-Vorpommern* und das *Internationale Leipziger Festival für Dokumentar- und Animationsfilm* dienen nicht nur der Profilierung der einzelnen Medienstädte, sondern maßgeblich der Vernetzung der internationalen und nationalen bzw. regionalen Film- und Festivalszene. Sie bilden somit auch in der Funktion als Nachspielfestivals wertvolle Zugänge für die Programmrecherche und erzielen beachtliche Effekte für die Zirkulation von Filmwerken.

Angesichts des stark wachsenden deutschen Filmfestivalsektors entscheiden heute zahlreiche, auch konstitutive Merkmale über die Tragfähigkeit und vor allem auch Zukunftsfähigkeit einer Filmfestivalpositionierung. So kommt neben Aspekten wie dem Standort, der Periodik, der Veranstaltungsdauer bzw. mehrfacher oder ganzjähriger Veranstaltungen vor allem auch dem Termin und damit der Platzierung eines Filmfestes im Festivalkalender eine wesentliche Bedeutung zu.

---

[29] Siehe hierzu Joachim Kurz, Heimat! Film! Festival! Über die Entstehung eines Festivals des neuen Heimatfilms", in diesem Band.

Filmfestivals | Krisen – Chancen – Perspektiven

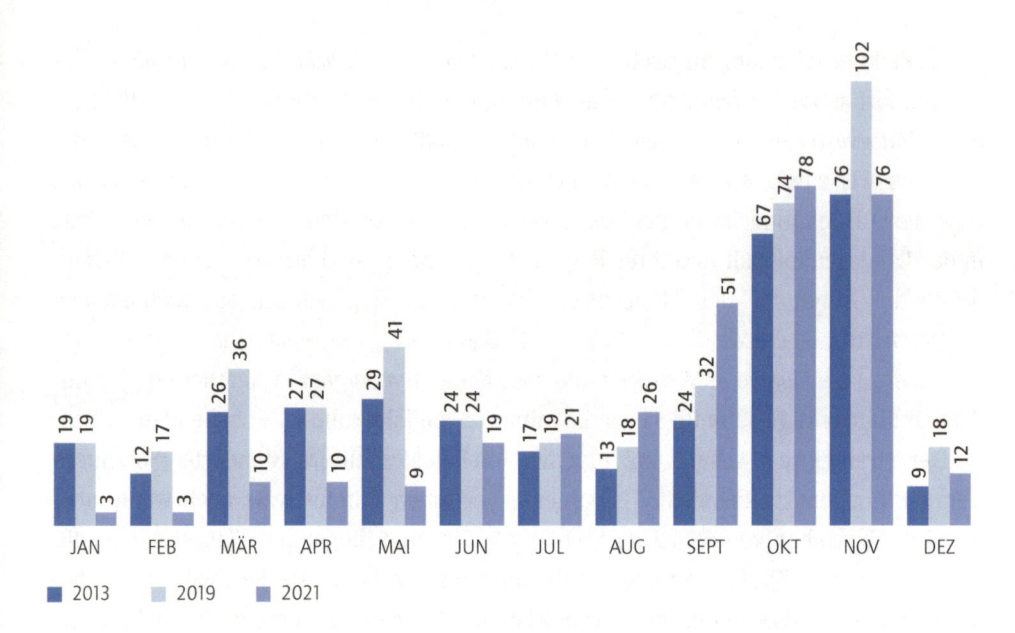

Chart 5: Festivalaktivität im Jahresverlauf – 2013, 2019 und 2021

Traditionell gibt es eine starke Häufung von Festivals im Herbst, wobei speziell der Oktober zwischen 2013 und 2019 starke Zuwächse erlebte. Gut zu beobachten ist der durch den Lockdown bedingte Rückgang von Festivals (gesetzlich induziert weitgehend nur virtuelle Editionen) bis Mai 2021, der erst im September kompensiert werden konnte.

Dass seit jeher eine Vielzahl von Filmfestivals ihren Veranstaltungstermin auf den Herbst legen, erklärt sich – neben der Kenntnis über die besucherstärksten Kinomonate – anhand einer Vielzahl an erfolgsversprechenden Faktoren. Dazu gehören unter anderem der Zugang zu aktuellen Produktionen sowie Preisträger-Filmen internationaler Filmfestivals, das Vermeiden der Hochzeit für Dreharbeiten in den Sommermonaten mit Blick auf die Einladung von Filmgästen sowie das Umgehen von Ferien- sowie Urlaubszeiten. Die extreme Verdichtung der Filmfestivals in den Monaten Oktober und November birgt hingegen heute zahlreiche ernsthafte Schwierigkeiten mit Blick auf die Sicherstellung von wesentlichen Ressourcen. Denn diese Konzentration bedingt unbeabsichtigt eine Konkurrenzsituation in Bezug auf Filmwerke, angesuchte Fördermittel und Engagements potenzieller Partner, benötigte Spielstätten bis hin zu Übernachtungskapazitäten sowie die vermehrten Festivaleinladungen der Filmteams. Eine besondere Brisanz besteht hierbei jedoch aufgrund der mangelnden Verfügbarkeit von qualifizierten und erfahrenen Mitarbeiter:innen. Denn vor dem Hintergrund der zunehmenden Professionalisierung und des anhaltenden Booms des Festivalsektors trägt der sich generell verschärfende Fachkräftemangel zu einer bereits heute unübersehbaren Problemsituation bei.

Betrachtet man die Bewegungen in den einzelnen Monaten im Jahresvergleich in 2021, so spiegelt das reduzierte Filmfestivalaufkommen im ersten Halbjahr allem voran die Zeit der bundesweiten Kinoschließungen von Januar bis Juni bzw. Juli wider. Doch ungeachtet der Tatsache, dass eine Reihe von Frühjahrs- und Frühsommer-Filmfestivals in die zweite Jahreshälfte auswich, bildet die Verteilung der Filmfestivals über die Monate Juli bis Dezember dennoch weitgehend die Verhältnisse der Prä-Pandemie-Jahre ab.

Die deutsche Filmfestivallandschaft in Zeiten einer globalen Krise

Nachdem mit einem nur sechstägigen Vorlauf am 22. März 2020 im Kontext der Covid-19-Pandemie der erste Lockdown in Deutschland einsetzte, folgten eine Reihe von Absagen und Verschiebungen von Filmfestivals auf einen unbekannten Termin in der Zukunft. Doch bereits am 1. April 2020 erklärten die Verantwortlichen des *LICHTER Filmfest Frankfurt International*: „Die letzten Tage haben es gezeigt: Ein Leben ohne Kunst und Kultur – für viele nicht vorstellbar. (...) Deshalb verlagert das *LICHTER Filmfest* einen Teil seines Programms auf eine Online-Plattform. Um die Kultur dahin zu bringen, wo wir gerade die meiste Zeit verbringen: In die eigenen vier Wände."[30] Aus dem Selbstverständnis heraus, „auch unter stark veränderten Bedingungen und unter massiver Belastung, Kultur und Künstler und vor allem das Nachdenken über Gesellschaft unüberhörbar zu halten"[31], setzten daraufhin am 3. April die *Internationalen Kurzfilmtage Oberhausen* ein Zeichen und richteten im Vorlauf zu ihrer ersten Onlineausgabe einen Blog ein. Dies war der Beginn einer Welle an Experimenten und Innovationen, die nur in begrenztem Rahmen auf Vorerfahrungen fußten. Vieles wurde konzipiert und entwickelt, und oftmals erfolgte die Erprobung unmittelbar im Prozess ohne Testphase unter realen Bedingungen. Ein beachtlicher Teil deutscher Filmfestivals unterschiedlichster Organisationsgröße und Profile, wie das *Filmkunstfest MV* und die *Kurzfilmtage Thalmässing*, das *DOK.fest* München und das *FiSH Filmfestival* in Rostock, das *Trickfilm-Festival* Stuttgart und das *Japanische Filmfest Nippon Connection*, erfanden sich in kürzester Zeit neu, und die kollektive Filmfestivalgemeinschaft trieb in wenigen Wochen Entwicklungen von mehreren Jahren voran – die nicht nur auf dem Festivalsektor eine anhaltende Wirkung erzeugten.

Infolge der unmittelbaren Verhängung von Regelungen und Auflagen sowie deren häufiger Anpassungen und regionaler Verschiedenheiten waren Filmfestivals im Jahr 2020 reihenweise zu mehrmaligen wie grundlegenden Planungsänderungen gezwungen. Eine Neuausrichtung der Veranstaltungsform wurde oftmals so kurzfristig

---

[30] Lichter Filmfest, „LICHTER-On-Demand: Aus Liebe zum Film! Solidarisch mit den Kinos!", Pressemitteilung vom 1.4.2020.
[31] Lars H. Gass, zitiert nach: Internationale Kurzfilmtage Oberhausen, „Kurzfilmtage starten Blog", Pressemitteilung vom 9.4.2020.

Filmfestivals | Krisen – Chancen – Perspektiven

notwendig, dass sich eine breite Kommunikation nicht mehr realisieren ließ. Auf dieser Basis waren auch eine konsistente Datenerhebung und Analyse für das Jahr 2020 nicht möglich. Die Wahl des Untersuchungsjahrs 2021 ermöglichte daraufhin zudem eine Einschätzung der Auswirkungen dieses disruptiven Jahres und eine Abbildung der beachtlichen Lernkurve verbunden mit einem erstaunlichen Aktivitätslevel des gesamten Filmfestivalsektors im Jahr 2021.

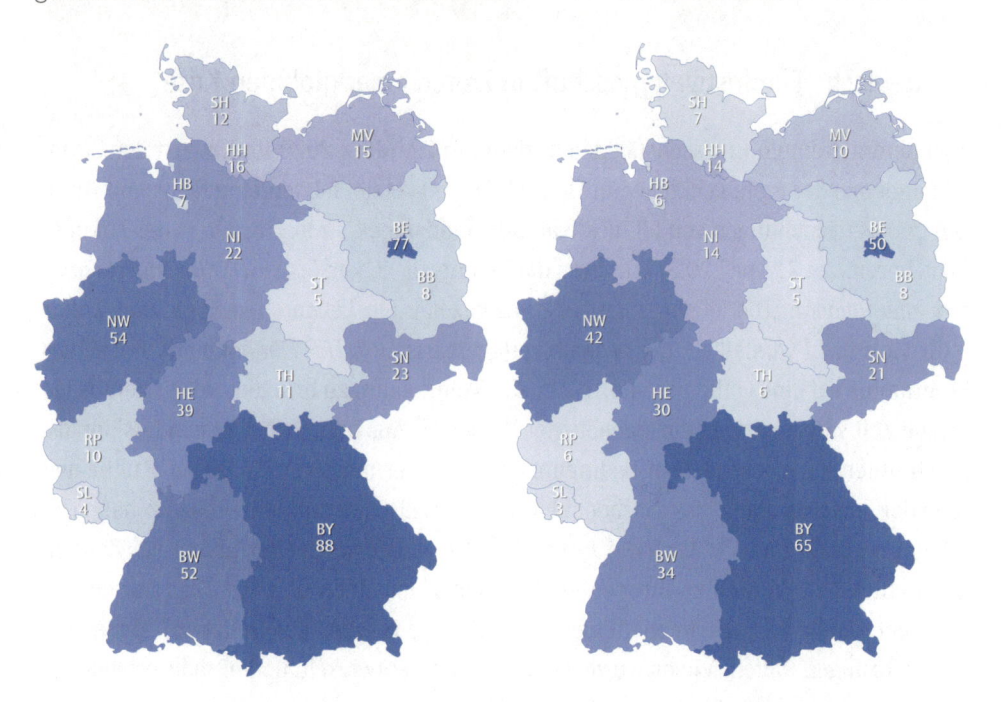

Chart 6: Verteilung der Gesamtheit der Filmfestivals und veranstalteter Filmfestivals 2021

Beschränkt man den Blick auf die Menge aller Festivals, die in den jeweiligen Bundeländern beheimatet sowie durchgeführt wurden, zeigen sich zum Teil deutliche Einbußen, jedoch gleichzeitig angesichts der weitreichenden Einschränkungen eine gute Abdeckung an Filmfestivalangeboten.

Vergleicht man die Verteilung der Gesamtheit aller 2021 erhobenen Filmfestivals (Abbildung links) mit der Verteilung der im Jahr 2021 veranstalteten Filmfestivals (Abbildung rechts), so lassen sich nur geringfügige Unterschiede erkennen. Zudem wird deutlich, dass trotz der pandemiebedingten Einschränkungen ein Großteil der Filmfestivals – konkret 72 Prozent der Filmfestival-Gesamtheit – 2021 auch in einer der verschiedenen Formen stattfand. So umfasste der Filmfestivalsektor einschließlich der vier Neuzugänge[32] im Jahr 2021 in seiner Gesamtheit 443 Filmfeste, von denen 321 Festivals

---

[32] Vgl. *Drewitzer Filmfestival, Filmtage Oberschwaben, Film For Future – Naturfilmfestival, Unlimited Hope-Filmfestival*.

realisiert wurden, oftmals in einer gänzlich neuen Form. Dies ist umso erstaunlicher, bedenkt man, dass leicht variierend unter den Bundesländern von Januar bis Juni bzw. Juli alle Kinos infolge der Pandemie geschlossen waren und zudem – wenn auch im Gegensatz zum Vorjahr keines der Festivals im Veranstaltungszeitraum abgebrochen werden musste – bei 106 Filmfestivals, wie kommuniziert, hingegen mindestens einmal eine Verschiebung nötig war.

Bei der Betrachtung der im Covid-19-Jahr 2021 durchgeführten Filmfestivals stechen weiterhin Berlin und Bayern hervor. Auch wenn gut die Hälfte der aufgrund von Covid-19 ausgefallenen Festivals (122) auf Berlin, Baden-Württemberg und Bayern entfällt (68), so konnte dennoch in allen drei Bundesländern eine solide Anzahl von Veranstaltungen durchgeführt werden. So verzeichnete Berlin einen Ausfall von 35 Prozent, Baden-Württemberg von 34 Prozent und Bayern von 26 Prozent.

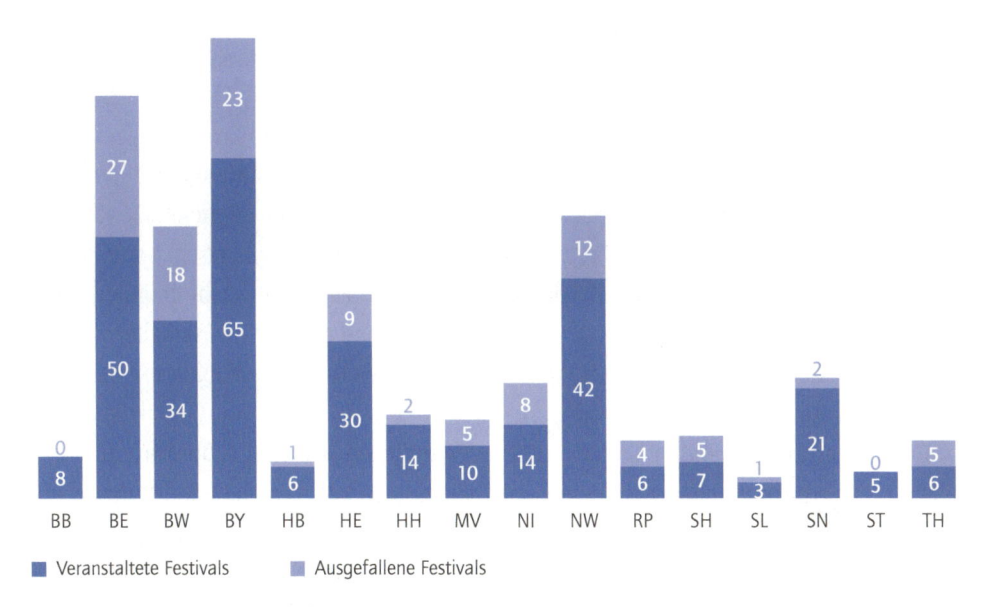

Chart 7: Anteil veranstalteter und ausgefallenener Filmfestivals nach Bundesland 2021

Bundesland	Veranstaltete Festivals	Ausgefallene Festivals
BB	8	0
BE	50	27
BW	65	18
BY	34	23
HB	6	1
HE	30	9
HH	14	2
MV	10	5
NI	14	8
NW	42	12
RP	6	4
SH	7	5
SL	3	1
SN	21	2
ST	5	0
TH	6	5

Ein Vergleich mit den Referenzwerten der Gesamtheit der Filmfestivals zeigt, dass insbesondere die Bundesländer mit einem hohen Festivalaufkommen im Pandemie-Jahr 2021 auch die höchsten Einbußen zu verzeichnen hatten, während andere Standorte rein quantitativ die Effekte (nahezu) vollständig abfedern konnten. Dennoch lässt sich mit Blick auf Faktoren wie die zeitlichen Verschiebungen und die Erweiterungen des Aktionsradius mancher Festivals mittels virtueller Editionen schwer beantworten, ob Bayern mit einem Ausfall von 23 Festivals (26 %) faktisch stärker von der Pandemie 2021 betroffen war als Berlin mit 27 Ausfällen (35 %) oder Thüringen mit 5 Festivals (45 %).

Allein in Brandenburg mit acht Filmfestivals und in Sachsen-Anhalt mit fünf Festivals konnten alle Filmfeste veranstaltet werden, während andere der kleineren Festivalstandorte wie Rheinland-Pfalz einen Ausfall von 40 Prozent, Schleswig-Holstein von 41 Prozent und Thüringen von 45 Prozent hinnehmen mussten. Insgesamt demonstriert die Analyse des Festivalaufkommens, dass in jedem der Bundesländer mindestens die Hälfte aller dort verorteten Filmfestivals im Jahr 2021 durchgeführt wurde. In Anbetracht der hohen Dichte, des eng getakteten Festivalkalenders und begrenzter terminlicher Ausweichmöglichkeiten überrascht dabei insbesondere der hohe Veranstaltungsquotient Berlins. Dies gilt umso mehr, da sich in Berlin weniger Open-Air-Spielstätten, Autokinos und sonstige alternative Spielorte fanden, die vergleichbar mit dem ein oder anderen Flächenstaat während der Monate der Kinoschließung eine Veranstaltung ermöglicht hätten.

Nicht nur der zumeist sechsmonatige Verzicht auf das Kino als originäre Spielstätte, sondern vor allem auch die weitreichenden Beschränkungen und aufwendigen, gesetzlich geregelten Hygieneauflagen – konkret von 138 Filmfestivals als entscheidende Handlungsdeterminante benannt – bildeten den Rahmen für neue Veranstaltungskonzepte. Darüber hinaus finden sich zahlreiche Festivals, die 2021 verstärkt auf bekannte oder aber erstmals genutzte alternative Veranstaltungsorte setzten bzw. auswichen oder aber mit Open-Air-Kinos kooperierten sowie eigene Open-Air-Spielstätten für die Vorführung ihrer Filmprogramme und Gespräche mit Vertreter:innen der Filmteams kreierten.

So wurden im Jahr 2021 von 321 Filmfestivals[33] 259 (auch) physisch veranstaltet. Hierunter konnten 220 Filmfestivals vor allem im zweiten Halbjahr (auch) in einem Kino stattfinden, 56 nutzten (auch) eine Open-Air-Spielstätte und 64 (auch) einen alternativen Spielort wie beispielsweise ein Autokino, ein Museum, einen Ausstellungsraum oder ein Gemeindehaus.

Infolge des zunehmenden Trends zu einer räumlichen wie zielgruppenorientierten Dezentralisierung der Spielorte und der somit seit einigen Jahren steigenden Nutzung alternativer Spielstätten, lässt sich für das Jahr 2021 keine Aussage darüber treffen, welche Veranstaltungsorte Teil des Festivalkonzepts oder einer den Umständen geschuldeten Verlagerung bzw. Erweiterung folgten. Beispiele wie das *dokKa Dokumentarfilmfestival*, das erstmals zwei seiner Werke in einem Open-Air-Kino präsentierte[34], das *Filmfest Türkei-Deutschland*, das für eine Open-Air-Vorführung die Eröffnung von der Nürnberger Tafelhalle auf das Gemeinschaftshaus Langwasser verlagerte[35] oder die *Internationalen*

---

[33] Drei der 321 Filmfestivals fanden wegen ihrer biennalen Periodik regulär in 2021 nicht statt.
[34] Zum ersten Mal sind in diesem Jahr zwei Arbeiten des Festivalprogramms zusätzlich im Open-Air-Kino zu sehen. Vgl. O. V., „dokKa-Festival 8", in: *Klappe auf – Das Kulturmagazin der Region Karlsruhe*, o. D., www.klappeauf.de (letzter Zugriff am 4.7.2022).
[35] Erstmals fand die Eröffnung nicht in der Nürnberger Tafelhalle statt, sondern im neu gestalteten Gemeinschaftshaus Langwasser, das neben dem Künstlerhaus im Stadtzentrum 2021 seine Premiere als Spielstätte der interkulturellen Begegnung erlebte. Vgl. Herrmann Heinzelmann, „Das Filmfestival Türkei/Deutschland feiert 25. Jubiläum", in: www.nordbayern.de, 19.7.2021.

Hofer Filmtage, die neben den Kinosälen einen Kinobus, das Veranstaltungshaus *Bürgergesellschaft* und das Galeriehaus nutzten[36], verweisen jedoch darauf, dass das Bespielen neuer Orte auch in den spezifischen Rahmenbedingungen begründet war. Die parallele Nutzung von mehreren Veranstaltungsort-Typen erklärt, weshalb der Wert der physischen Filmfestivals kleiner ist als der Wert der genannten physischen Spielorte.

Spielort	Anzahl
Alternative Spielstätte	64
Open-Air-Spielort	56
Kino	220
Physische Filmfestivals	259

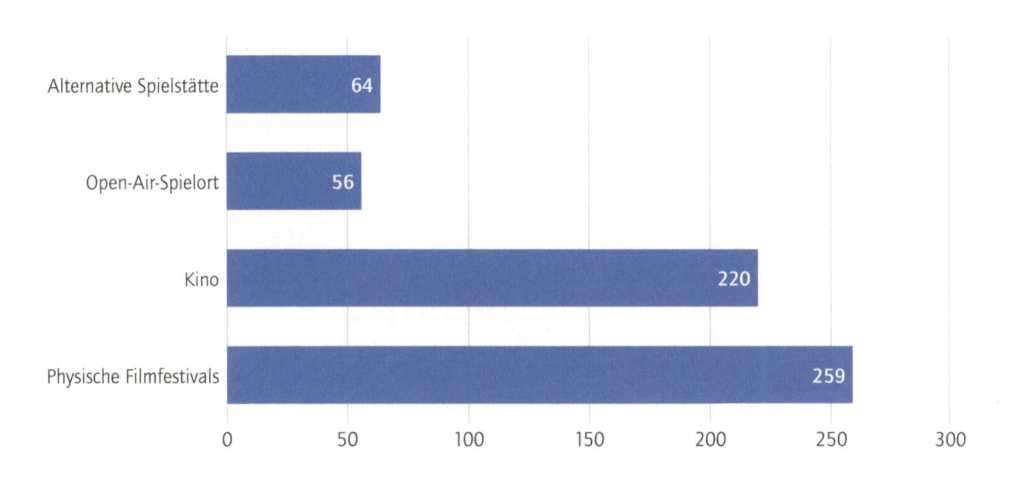

Chart 8: Verteilung physischer Filmfestivals nach Spielorten

Auch wenn ein Großteil der physisch durchgeführten Festivals unter Auflagen (Masken/Abstand) im Kino stattfand, wurden oft zusätzlich oder als Ausweichoption auch Open-Air-Spielorte oder alternative Spielstätten genutzt.

Einen gänzlich anderen Weg beschritten 113 Filmfestivals, indem sie ihr Programm oftmals exklusiv, aber auch in Erweiterung einer physischen Veranstaltung (duale Edition) in den virtuellen Raum transferierten. Insgesamt entschieden sich 36 Prozent der Filmfestivals im Jahr 2021 dafür, ihr Programme online zu präsentieren. Einige Festivals reagierten mit dieser Option auf mehrfache notwendige Terminverschiebungen zum Teil noch aus dem Jahr 2020. Eine Vielzahl unter ihnen sahen in diesem Schritt jedoch vielmehr die Möglichkeit, im Lockdown und darüber hinaus Filmliebhaber:innen abseits der Streamingdienste eine vielfältige Filmkultur zu bieten, einem neuen Kreis an (Online-)Festivalbesucher:innen Zugang zu Programmen oftmals schwer zugänglicher Filmwerke zu ermöglichen ebenso wie selten verbreiteten Gattungen wie Dokumentar-, Animations- oder Experimentalfilmen oder Formaten wie dem Kurzfilm zu einer Vorführung zu verhelfen. Anderen war es ein An-

---

[36] Neben dem Kinobus des Filmemachers Matthias Ditscherlein gab es Filmgespräche in der Bürgergesellschaft und im Galeriehaus. Vgl. Freunde der Internationalen Hofer Filmtage, „Internationale Hofer Filmtage" 55/2021, in: *home of films*, o. D., www.home-of-films.com/internationale-hofer-filmtage-51-55-2017-2021/ (letzter Zugriff am 4.7.2022).

liegen, Filmen und ihren Macher:innen Sichtbarkeit zu verleihen, den Diskurs über Film am Leben zu halten ebenso wie ein Zeichen der Solidarität für eine bestimmte Community zu setzen oder aber Kindern eine Welt außerhalb der eigenen vier Wände zu eröffnen. Aussagen von Festivalmacher:innen in diesem Buch oder aber über deren Festival-Kommunikation aus dem Jahr 2021 legen zahlreiche Motive offen. Jedoch verweist die Verteilung von physischen, von virtuellen und von dualen Filmfestival-Editionen über die einzelnen Veranstaltungsmonate auf einen weiteren zentralen konzeptionellen Ansatz.

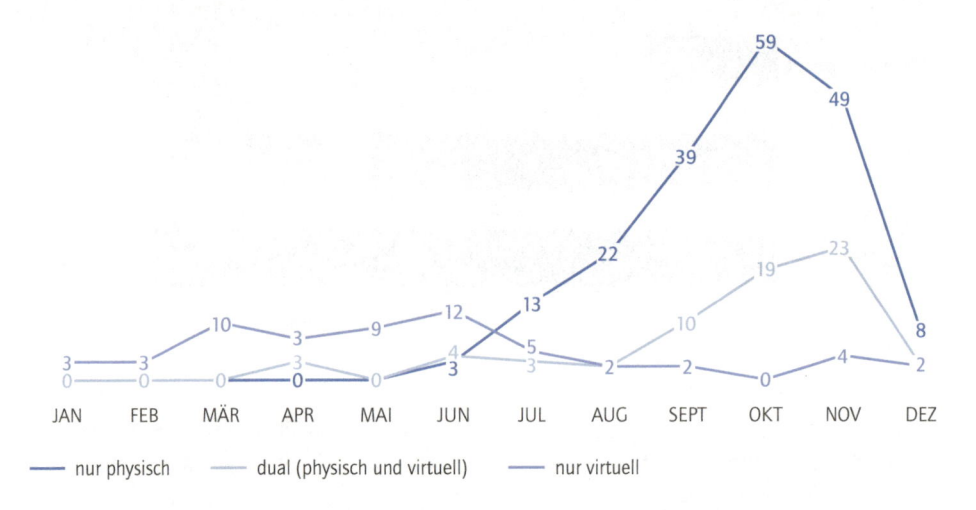

Chart 9: Filmfestivals nach Veranstaltungsform im Jahresverlauf

Schränkt man die physischen / virtuellen Festivals auf diejenigen ein, die ausschließlich in dieser Form („nur physisch" / „nur virtuell") stattfanden, zeigt sich deutlich, dass speziell im ersten und zweiten Quartal entsprechend der Kinoschließungen nahezu keine physischen Festivals stattfanden. Während rein physische Filmfestivals aber auch duale Editionen die zweite Jahreshälfte dominierten, fanden sich gleichzeitig eine Vielzahl an Filmfestivals, die für die Durchführung den digitalen Raum präferierten.

Bis einschließlich Mai war für die Filmfestivals, die sich gegen eine Verschiebung des Veranstaltungstermins entschieden, aufgrund der Kinoschließungen sowie mangelnder Ausweichmöglichkeiten in andere Räume oder zu Outdoor-Veranstaltungsorten ein Transfer in den virtuellen Raum nahezu obligatorisch[37]. Ab Juni wandelte sich jedoch das Bild: Einerseits fanden nun wieder vereinzelte Filmfestivals im Kino (drei Festivals), an Open-Air-Spielstätten (sechs Festivals) oder an alternativen Loca-

---

[37] Im April nutzte einzig das *Filmfest Bremen* ein Freiluftkino in der Innenstadt zur Präsentation ausgewählter Filme, das *goEast – Festival des mittel- und osteuropäischen Films* ermöglichte über eine Kooperation mit einem Autokino Festivalbesucher:innen, Filmwerke im realen Raum anzusehen, und das *European Media Art Festival (EMAF)* präsentierte einen Teil des Festivalprogramms im Rahmen einer Ausstellung in der Kunsthalle Osnabrück.

tions (vier Festivals) statt, gleichzeitig zeigt sich erstmals eine neue Bewegung hin zu einem dualen Format, also Filmfestivals, die parallel zu ihrer physischen (Onsite-) Veranstaltung ihr Programm auch online[38] präsentieren. Mit zunächst nur vier dualen Filmfestivals erweiterte sich das neue Format kontinuierlich bis zum September zu zehn Veranstaltungen, im Oktober zu 19 und im November zu 23 dualen Filmfestivals. Parallel dazu präferierten einige Festivals – ungeachtet der Möglichkeiten, Veranstaltungen wieder im physischen Raum durchführen zu können – auch weiterhin den virtuellen Raum. Diese Online-Editionen folgten dem Grundverständnis der Filmfestivals, die sich bereits im Frühjahr 2020 als Instrumente einer filmkulturellen Grundversorgung verstanden. Im zweiten Halbjahr 2021 sehen sie in der Online-Präsentation ihres Filmangebots die Chance, neue Zielgruppen zu erreichen, anzusprechen und Zugänge unabhängig von räumlichen oder persönlichen Hürden zu schaffen.

Dass die duale Veranstaltungsform noch nicht endgültig ausgereift war, zeigte sich vor allem in den verschiedenen Verbindungen der physischen und virtuellen Editionen. So fanden sich Filmfestivals, die zeitgleich als physische und virtuelle Edition in Erscheinung traten[39], andere, die ihre Filmprogramme wie Rahmenprogramme überlappend anboten[40], und wieder andere, die das Onsite-Festival zum Teil mit einem mehrmonatigen Abstand zum Online-Festival durchführten[41]. Die zahlreichen Erfahrungen aus dem Jahr 2021 führen heute weitgehend zu der Meinung, dass duale Festivalveranstaltungen den größten Erfolg bei einem gleichzeitigen Angebot versprechen.[42] Zudem lässt ein differenzierterer Blick erkennen, dass die Stadtstaaten Hamburg und Berlin mit einem hohen Anteil an virtuellen Filmfestivalangeboten die Spitze unter den Bundesländern bilden. Hier liegt die Vermutung nahe, dass die pandemiebedingten Auflagen einerseits die Entscheidung der Festivalmacher:innen für Onlineditionen begünstigten, andererseits auch weite Teile der Bevölkerung eine hohe Affinität zur Online-Rezeption von Filmwerken erwarten ließen.

Dass es den Filmfestivals so schnell gelang, in den virtuellen Raum zu transformieren, sieht mancher als logische Konsequenz des eigenen langjährigen Arbeitsprozesses, des Online-Sichtens und Scoutens von Filmen und Talenten.[43] Ungeachtet

---

[38] Einige Festivals waren wegen lizenzrechtlicher Aspekte gezwungen, auf die Online-Präsentation mancher Produktionen zu verzichten.
[39] Vgl. *Edimotion – Festival für Filmschnitt und Montagekunst*, physische und virtuelle Edition, 14.10.2021 bis 18.10.2021.
[40] Vgl. *Kasseler Dokumentarfilm- und Videofest*, physische Edition: 16.11.2021 bis 21.11.2021 und virtuelle Edition: 17.11.2021 bis 26.11.2021.
[41] Vgl. *SHIVERS Genre-Filmfest*, virtuelle Edition: 19.04.2021 bis 24.04.2021 und physische Edition: 28.10.2021 bis 31.10.2021.
[42] Vgl. Svenja Böttger, Expertengespräch mit Tanja C. Krainhöfer, 22.6.2022.
[43] Vgl. Christine Dollhofer, „Endlich wieder Filmfestivals als Orte der Begegnung", Interview mit Tanja C. Krainhöfer, in: *Kinema Kommunal* 2 (2021), S. 8–11, hier S. 10.

vorangegangener Erwägungen und Praktiken ist es dennoch erstaunlich, dass 2021 nicht nur die Filmfestivals mit einem Branchenfokus Online-Ausgaben realisierten, sondern ebenso lokale Veranstaltungen wie das *Landshuter Kurzfilmfestival*, das *AKE DIKHEA? – Internationales Festival mit Filmen von und mit Roma* und Sinti** Berlin, das *queerfilm festival Bremen* oder das 拆 *CHAI. Chinesische Filmfestival Leipzig*. Somit lässt sich zweifelsohne von einer Pionierleistung sprechen, bedenkt man, dass die Option eines digitalen Kinosaals bis dato seitens der deutschen Kinolandschaft weitgehend nur von Akteuren wie der *Cineplex*-Gruppe, den Mitgliedern des *Cinemalovers*-Netzwerks sowie der *Yorck*-Gruppe wahrgenommen wird.

Online-Komponente	Anzahl
Online-Zusatzprogramme	68
Online-Kommunikations-/Begegnungstools	135
Online-Übertragung z. B. Preisverleihung	47

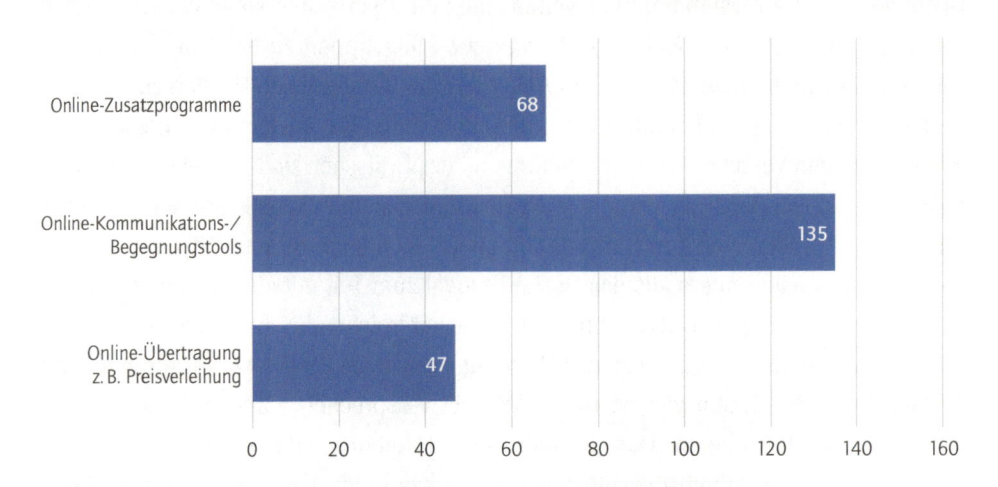

Chart 10: Verteilung von Online-Komponenten hybrider Filmfestivals

Zahlreiche Filmfestivals, die sich für eine physische Ausgabe entscheiden, ergänzten ihr Angebot um Online-Komponenten. Insbesondere für Gespräche und Begegnungen wurden virtuelle Festival-Erweiterungen verstärkt genutzt. Darüber hinaus bot der virtuelle Raum Optionen für zusätzliche Programmangebote oder aber den Zugang zu Liveübertragungen bzw. Mitschnitten von Eröffnungsveranstaltungen oder auch Preisverleihungen.

Virtuelle Festivaleditionen boten neben ihren umfangreichen Filmpräsentationen noch zahlreiche weitere Programmangebote wie Ausstellungen, Lesungen, Konzerte und DJ-Sets, zahlreiche digitale Gesprächs- und Begegnungsformate bis hin zu umfangreichen interaktiven Branchenveranstaltungen oder aber Live-Übertragungen insbesondere von Eröffnungsfeiern und Preisverleihungen. Doch auch bei physischen Festivaleditionen wurde eine digitale Transformation schrittweise sichtbar. So wurden beispielsweise online ergänzende Vorträge angeboten, Premierenveranstaltungen live in mehrere Kinos oder auch online übertragen, Grußworte von Filmemacher:innen eingespielt, Gespräche über online zugeschaltete Filmteams ermöglicht sowie kombinierte Onsite-/Online-Diskussionsforen veranstaltet. Mit 89 Veranstaltungen integrieren 46 Prozent der 193 exklusiv physisch durchgeführten Filmfestivals mindestens eine Online-Programmkomponente als Modul einer hybriden Festival-Konzeption.

In den letzten beiden Jahren haben die digitalen Transformationen von Prozessen, Leistungen und Produkten einen enormen Schub erfahren. Zahlreiche dieser Veränderungen sind längst als fixe Bestandteile oder Routinen in unseren Alltag übergegangen und tragen dazu bei, Inhalte zugänglich zu machen, Wissen zu teilen, neue Austauschformen zu nutzen, Kooperationsmöglichkeiten zu erschließen. Damit unterstützen sie Filmfestivals im Kern ihres Handelns. Mit dem Ziel, neue Formen der Partizipation und Interaktion zu erproben, haben 2021 acht Filmfestivals verschiedenster Profile in Ergänzung zu ihrer eigentlichen Filmfestivaledition die Entwicklung eigener VR-Anwendungen oder aber umfassender VR-Hubs vorangetrieben.[44] Die Ausgestaltungen reichten von der Einrichtung einer interaktiven Ausstellungsfläche *SpatzTopia* des *Deutschen Kinder- und Medien-Festivals Goldener Spatz* bis hin zur Entwicklung einer multifunktionalen virtuellen Multi-User-Plattform, mittels derer die ersten Stufen einer virtuellen Transformation des *Internationalen Trickfilm-Festival Stuttgart* (ITFS) erklommen wurden.[45]

Die vorangegangenen Analysen machen deutlich, dass ein Großteil der Filmfestivals ungeachtet ihrer Profile, Zielgruppen, Organisationsgröße und ihres regionalen, nationalen oder internationalen Aktionsrahmens und entsprechender Relevanz während der pandemischen Krise trotz deutlich erschwerter Bedingungen ihre Mission, Zugang zu Filmkultur zu ermöglichen, erfüllten. Dabei standen nicht allein die variierenden Publika und Kontexte einer *one-strategy-fits-all* entgegen, vielmehr wurde eine Vielzahl an Ansätzen entwickelt, erprobt, verworfen oder optimiert. Zurecht konstatiert Reinhard W. Wolf: „(es) ist ohnehin eine offene Frage, ob Filmfestivals heutzutage noch einem gemeinsamen Leitbild entsprechen können oder einer übereinstimmenden Formel folgen sollen"[46].

Betrachtet man die Entwicklung der Filmfestivallandschaft angesichts der Situation anhaltender Herausforderungen, bedingt u. a. durch Sparzwänge des öffentlichen Sektors, Auswirkungen des disruptiven Medienwandels bis hin zu den Konsequenzen der Covid-19-Pandemie, zeigt sich, dass Filmfestivals in jedem Fall eines gemeinsam haben: das Selbstverständnis, sich gegen Umwälzungen wie Widrigkeiten jedweder Art durchzusetzen.

---

[44]Vgl. *goEast – Festival des mittel- und osteuropäischen Films, Internationale Kurzfilmtage Oberhausen, Open Eyes Filmfestival, Sehsüchte International Student film festival, Stuttgarter Filmwinter – Festival for Expanded Media, VIDEONALE – Festival für zeitgenössische Videokunst Ausstellung.*
[45]Siehe die Beiträge von Nicola Jones und Barbara Felsmann sowie Ulrich Wegenast in diesem Buch.
[46]Reinhard W. Wolf, „Filmfestivals als ganzjährige Event- und Programmanbieter", in: *Shortfilm.de*, 18.6.2022.

Tanja C. Krainhöfer und Joachim Kurz

Fortschritt statt Stillstand
Filmfestivals als Innovationstreiber

Betrachtet man die Entwicklung der Filmfestivallandschaft in Deutschland allein in den vergangenen 20 Jahren[1], so zeigt sich nicht nur ein prosperierender Sektor, sondern einer, der sich trotz wiederholter Krisen dadurch auszeichnete, stets neue Wirkungsfelder zu erkunden, neue Handlungsmöglichkeiten zu erproben und mit neuen Präsentations- und Dialogformen zu experimentieren.

Dies ist umso bemerkenswerter, da Filmfestivals als saisonale Unternehmungen alljährlich den Festivalbetrieb unterbrechen und dadurch mit einer Reihe von Erschwernissen konfrontiert sind. Es gilt, für die nächste Edition Strukturen und Prozesse aufrechtzuerhalten und den Zugang zu Finanzmitteln, Mitarbeiter:innen, Arbeitsräumen und Spielstätten, Dienstleistern und vielem mehr zu sichern. Eine weitere große Herausforderung besteht darin, dass ein Großteil der Filmfestivals nicht nur unterfinanziert ist, sondern selbst die Basisfinanzierung nicht über eine strukturelle, sondern über jährlich neu zu beantragende Projektförderungen bestritten. Dies steht nicht nur einer Planungssicherheit entgegen, sondern bindet Jahr für Jahr erhebliche Ressourcen leitender Mitarbeiter:innen.

Filmfestivalstrukturen geraten leicht in Schieflagen, sofern Teile ihres vielschichtigen Finanzierungssystems wegbrechen oder sich andere Rahmenparameter ändern, wie etwa der Verlust von Partnerkinos beziehungsweise entsprechender Spielorte, der Ausfall von infrastrukturellen Voraussetzungen wie Hotels, Gastronomien oder der Anbindung an öffentliche Verkehrsmittel. Auch übergeordnete Einflussfaktoren wie Wirtschaftskrisen, politische Veränderungen[2] und gesellschaftliche Umbrüche wirken sich mitunter existenzbedrohlich aus. Deutlich wurde dies in der Vergangenheit mehrfach

---
[1] Siehe hierzu Tanja C. Krainhöfer/Tobias H. Petri, „Die deutsche Filmfestivallandschaft – Analyse eines Sektors im Wandel", in diesem Band.
[2] Siehe hierzu Nicola Jones/Barbara Felsmann, „Digitaler Wandel braucht nachhaltige Strukturen", in diesem Band.

durch die starken Einbrüche des Sponsorenengagements im Kultursektor, zuerst als Ergebnis der New-Economy-Krise Anfang der 2000er Jahre, dann infolge der Finanz- und globalen Wirtschaftskrise 2008/2009. War es vor rund zehn Jahren allen voran die Automobilbranche, die als langjährige und wichtige Kulturförderin zunächst ihr finanzielles Engagement und dann sukzessive auch ihre Unterstützung als Mobilitätspartnerin aufkündigte, zogen sich bald darauf auch Banken und Versicherungen – ehemals Hauptsponsoren und potente Preisstifter – aus der Filmfestivalförderung zurück. Neue Compliance-Vorgaben im Zusammenhang mit Zuwendungen wie Geschenken oder Einladungen im Geschäftsverkehr stellen für internationale Konzerne seit einigen Jahren eine weitere Hürde dar, um die Qualitäten eines Filmfestivals als Sponsor für ihr Unternehmen zu nutzen. Gleichzeitig verursachen wirtschaftliche Unsicherheit und Rezession ihrerseits Rückgänge an Steuereinnahmen und ziehen entsprechend zusätzlich Einsparungsmaßnahmen der öffentlichen Hand in der Kulturförderung nach sich.

Zusätzlich zu den finanziellen Risiken und den eingeschränkten Möglichkeiten, solide Strukturen aufzubauen und Prozesse zu verstetigen oder Wissen und Kompetenzen an die Organisation zu binden, kristallisiert sich seit einigen Jahren eine weitere Problemstellung heraus: der steigende Mangel an Fachkräften. Über Jahre hinweg ein intensiv diskutiertes Thema, bedeutet es heute für zunehmend mehr Filmfestivals eine massive Belastung. Dies gilt umso mehr, als wachsende Erwartungshaltungen unterschiedlicher Anspruchsgruppen, wie unter anderen die Festivalbesucher:innen, die Filmemacher:innen, die Förderer und Finanziers, die örtlichen Communities, die Filmindustrie, die Presse oder Wettbewerber, das Aufgabenfeld der Festivals immer mehr erweitern und dadurch letztlich auch über den Erfolg und nicht zuletzt die Legitimation von Filmfestivals entscheiden. Zudem beeinflussen drängende Fragestellungen rund um die Digitalisierung, Nachhaltigkeit und den demografischen Wandel das Arbeitsfeld von Filmfestivals.

Vor diesem Hintergrund mag es heute wie selbsterklärend erscheinen, dass die deutsche Filmfestivallandschaft ob der plötzlichen pandemiebedingten Krise, verbunden mit von nationalen und regionalen Gesundheitsbehörden verhängten Abriegelungsmaßnahmen, aus einer existenziellen Notlage heraus zu all den beobachtbaren Entwicklungssprüngen veranlasst worden ist. Zudem mag dem ein oder anderen im Kontext der neuerdings eingeübten Arbeits- und Alltagsroutinen mit Zoom, Jitsi, Google Meet, Cisco Webex sowie Doodle, Mentometer und Miro die Leistung der vielfältigen wie zukunftsprägenden Innovationen wie eine selbstverständliche Fortschreibung erscheinen. Und nicht zuletzt mögen die geringen Ausfälle unter den Filmfestivals und die überschaubaren Einschränkungen an Filmprogrammen neben weitreichenden Kommunikations- und Begegnungsmöglichkeiten, die seltenen technischen Probleme oder aber die reibungslosen Umsetzungen von Hygiene- und sonstigen Maßnahmen den Eindruck erwecken, dass all die Neuentwicklungen an physischen und virtuellen Festivalformaten mit keinen nennenswert größeren Anstrengungen verbunden waren.

Doch vergegenwärtigt man sich, wie ruhig es über Monate hinweg auf Seiten anderer Kulturanbieter wurde, wird deutlich, mit welchem Maß an Kreativität, Einsatzbereitschaft, Gestaltungswillen und Professionalität der Filmfestivalsektor auf diese Krise antwortete. Viele kulturelle Einrichtungen reagierten mit Stillstand, während sich Filmfestivals in dieser Zeit dem Fortschritt und damit scheinbar dem Motto des Transformationsexperten David Parrish verschrieben: „,Never let a crisis go to waste', as they say, because during times of turmoil, we have opportunities to change things for the better."[3] Ebenso wenig folgten die zahlreichen Entwicklungen einem reinen Selbstzweck, sondern stellten sich in den Dienst einer kulturellen Grundversorgung und waren damit nicht zuletzt Ausdruck einer Selbstverpflichtung gegenüber dem eigenen Publikum wie der Gesellschaft als Ganzes.

Rückblickend scheinen vor allem vier Faktoren diesen Prozess bei einem großen Teil der Filmfestivals wesentlich befördert zu haben: eine krisenerprobte und resiliente (wenn auch oft prekäre) organisationale Struktur, ein durch Flexibilität, Mut und Durchhaltevermögen getragener Handlungsstil, eine beachtliche Lernkurve als Ergebnis eines regelmäßigen wie umfassenden Erfahrungs- und Wissensaustausches ab den ersten Tagen der Pandemie und ein unumstößliches Bekenntnis zur Filmkultur und zur Verantwortung für Filmschaffende.

Ausdruck findet diese Haltung beispielsweise in den Worten von Cees van't Hullenaar, Executive Director des *International Documentary Film Festival Amsterdam (IDFA)*: „We brainstormed and consulted with many filmmakers and professionals from the Netherlands and around the world, and we ended up believing that our responsibility is to keep the documentary film wheel turning, despite everything."[4] Und so trotzten auch die Macher:innen des Filmfestivals *Max Ophüls Preis* noch Monate später im Januar 2022 der mittlerweile fünften Corona-Welle und resümierten: „Mit dem dezentralen und hybriden Konzept ist es uns gelungen, zu Hochzeiten der Pandemie ein Festival in den Kinos zu feiern und dabei größtmögliche Sicherheit zu bieten. Den anwesenden Filmschaffenden konnten wir wieder eine Bühne geben, um ihre Werke auf der großen Leinwand zu zeigen und mit einem Publikum vor Ort zu diskutieren."[5]

---

[3]David Parrish, "Opportunities for transformation in times of crisis", in: Kultur- und Kreativwirtschaft des Bundes (Hg.), *Transformation mit der Kultur- und Kreativwirtschaft, Impulse für eine neue Zeit von WissenschaftlerInnen und KreativunternehmerInnen*, Berlin 2021, S. 1.
[4]Cees Van't Hullenaar, *IDFA 2020: A Year in Review*, Amsterdam 2020, www.idfa.nl (letzter Zugriff am 21.7.2022).
[5]Svenja Böttger/Oliver Baumgarten, *Bilanz des 43. Filmfestivals Max Ophüls Preis: Das Kino gefeiert!*, Pressemitteilung vom 31.1.2022.

Fortschritt statt Stillstand | Tanja C. Krainhöfer und Joachim Kurz

Zweifelsohne haben viele Filmfestivals in den vergangenen Jahren ihre Entwicklung strategisch auf die steigenden Anforderungen abgestimmt. Dennoch begegnen einem auch heute noch viele Festivals, wie sie die ehemalige Leiterin der *Internationalen Kurzfilmtage Oberhausen*, Angela Haardt, im Jahr 1997 beschrieb: „Diejenigen Personen, die Filmfestivals schaffen, haben in ihrer alltäglichen Arbeit alle Hände voll zu tun. Auf die gesellschaftlichen, wirtschaftlichen und technologischen Veränderungen reagieren wir, ohne Zeit zu finden, grundsätzlicher die Konsequenzen dieser Veränderungen zu überdenken."[6]

Und so finden sich eine Reihe von Stimmen unter Filmfestivalleiter:innen, die in dem pandemiebedingten Umstand, dass "(t)he state of the world invited reflection"[7] auch ein wertvolles Innehalten, Überdenken und Umdenken erkannten. Aus heutiger Perspektive scheint jedoch nicht allein die Auseinandersetzung mit Grundsatzfragen wie *Was ist unsere Aufgabe? Was ist unser Mehrwert? Worin liegt unsere Verantwortung?* für die weitreichenden Entwicklungsprozesse des Sektors wesentlich, sondern die Möglichkeit, diese Fragen in einem größeren Kreis zu beleuchten und zu diskutieren.

Bereits am 13. März 2020 sendete die noch nicht einmal ein Jahr alte *AG Filmfestival* mit einem Newsletter an die zwischenzeitlich 97 assoziierten Filmfestivals und damit an einen Verbund nicht nur der bedeutendsten und ältesten sowie alle Regionen und Sparten umfassenden Filmfestivals[8] ein erstes Zeichen und verkündete daraufhin am 18. März 2020 die Bereitstellung eines speziellen Service für einen Informations- und Erfahrungsaustausch:

> Die AG Filmfestival hat (...) einen temporären Infodienst für ihre Mitglieder eingerichtet (...). Ziel ist es, einen strukturierten Wissenstransfer unter Filmfestivals einzuleiten: 1. zu Kriterien von Erlassen, 2. über die Haltung von Förderern und Zuschussgebern sowie Sponsoren mit Blick auf bereits bestehende Verbindlichkeiten sowie 3. über Ideen und Maßnahmen, wie Veranstaltungen alternativ durchgeführt werden können.[9]

Es zeigte sich, dass damit die Verbreitung von Know-how und Kontakten oder der Anstoß von Kooperationen beabsichtigt war, aber vor allem auch der Zusammenhalt eines Sektors in der Krise. Seither veranstaltete die *AG Filmfestival* bis zum Sommer 2022 etwa alle zwei Monate entweder online oder dual rund zehn Vernetzungstreffen, die der Vorstellung von konkreten Lösungsansätzen zu aktuellen Problemen dienten, wie

---

[6] Angela Haardt, „Vorwort", in: Koordination der europäischen Filmfestivals (Hg.), *Dokumentation der Konferenz: die Zukunft der Film Festivals – Neubedingungen in der Informationsgesellschaft: Ideen, Vorschläge, Diskussion*, Oberhausen 1997, S. 7.
[7] Orwa Nyrabia, „Keep the documentary film wheel turning", in: International Documentary Film Festival Amsterdam (Hg.), *The art of documentary film*, Amsterdam 2020, www.idfa.nl (letzter Zugriff am 21.7.2022).
[8] AG Filmfestival (Hg.), *Corona Krise – Informationen sammeln – Gemeinsame Position*, Newsletter vom 13.3.2020.
[9] AG Filmfestival (Hg.), *Deutsche Filmfestivals reagieren auf Corona-Krise*, Erklärung der AG Filmfestival, Pressemitteilung vom 18.3.2020.

etwa die Unterstützung bei Online-Festivaleditionen, Auswirkungen der Corona-Krise auf den Zugang zu Filmprogrammen, staatliche (Sofort-)Hilfen, Rechtsfragen und vertragliche Verpflichtungen. Parallel bestimmten jedoch zunehmend auch Themen abseits der pandemischen Situation die Diskussionen, wie

> u. a. Entwurf eines Code of Ethics, Definition von Erfolgskriterien, Verbesserung von Förderbedingungen für Festivals, Nachhaltigkeit, Bedeutung der Festivals im Rahmen der Auswertungskette, Definition von Erfolgskriterien, kontinuierlicher Wissenstransfer und Austausch von Erfahrungen, die Sichtbarmachung des Potentials von Filmfestivals gegenüber der Politik und Verbänden (...). Ebenso wichtig ist das Ausloten von gemeinsamen Positionen sowie die Verständigung darüber, in welche Bereiche sich die AG aktiv einbringen soll.[10]

„Da die AG nicht als institutionalisierter Verband agiert, wurde als informelle Organisationsform eine Steuerungsgruppe ins Leben gerufen, die sich seit April 2021 alle zwei Wochen online trifft"[11], um aktuelle Fragestellungen zu erörtern und Handlungsempfehlungen zu erarbeiten.[12] In diesen Monaten grenzenloser Unsicherheit meisterte die *AG Filmfestival*, zukunftsweisende Veränderungs- und Erneuerungsprozesse des gesamten Sektors anzustoßen und dabei ebenfalls Zuversicht zu schüren. Dies gelang ihr vor allem in ihrer Form als Solidargemeinschaft, die Wissensvorsprünge und Kompetenzen mit namhaften internationalen Filmfestivals wie mit lokalen Community-Filmfestivals teilte und somit diesen entsprechende Weiterentwicklungen ermöglichte. In der Folge gelang es, deutschlandweit auch gezielt Bevölkerungsgruppen von einer großen Diversität anzusprechen und ihnen den Zugang zu Filmkultur zu eröffnen.

Der folgende Überblick beschreibt verschiedene strategische Ansätze, die seitens der Filmfestivals in den letzten Monaten nicht allein als Teil eines Krisenmanagements erarbeitet wurden. Vielmehr denken diese ebenso mit Blick auf eine sich im disruptiven Wandel befindliche Branche Lösungsansätze mit und präsentieren erfolgversprechende Zukunftskonzepte.

Neue Kooperationen unter Filmfestivals

Aufgrund der vorangegangenen Darstellung der engen Vernetzung weiter Teile der deutschen Filmfestivallandschaft unter dem Schirm der *AG Filmfestival* mag der Weg

---

[10] Dieter Krauß, Mitglied des Steuerungsteams der AG Filmfestival, E-Mail-Korrespondenz mit Tanja C. Krainhöfer und Joachim Kurz vom 22.3.2022.
[11] Nicola Jones, Mitglied des Steuerungsteams der AG Filmfestival, E-Mail-Korrespondenz mit Tanja C. Krainhöfer und Joachim Kurz vom 14.7.2022.
[12] Dieter Krauß, ebd.

neuer Kooperationen unter Filmfestivals profan erscheinen. Angesichts der sich im Zuge eines weltweit boomenden Filmfestivalsektors alljährlich verschärfenden Wettbewerbssituation unter Filmfestivals um Premieren, Celebrities und Filmgäste zeigt sich hingegen, dass Vernetzungen nicht nur auf internationaler Ebene weitreichende strategische Fragestellungen beinhalten. So dienen heute auch Bündnisse zur gemeinsamen Einladung von Filmen durch zwei oder mehrere Filmfestivals wie seitens der *Internationalen Filmfestspiele Venedig* und dem *Toronto International Film Festival*, dem *Zurich Film Festival* und dem *Internationalen Filmfestival von San Sebastián* sowie gelegentlichen Arrangements zwischen dem *Internationalen Filmfestival Karlovy Vary* und dem *Filmfest München* in erster Linie als strategische Instrumente zur Steigerung des Alleinstellungsmerkmals in einem hochkompetitiven Umfeld.

Unter den Auswirkungen der Covid-19-Pandemie entstanden neue Verbindungen, die gänzlich andere Zielsetzungen adressierten und wenige Monate zuvor kaum denkbar gewesen waren. So gingen die *Internationalen Filmfestspiele Venedig*, das *Telluride Film Festival*, das *New York Film Festival* (*NYFF*) und das *Toronto International Film Festival* (*TIFF*) eine Zusammenarbeit zur Präsentation von Filmwerken ein, die insbesondere die Nöte der Filmindustrie in den Blick nahm.

> This year, we've moved away from competing with our colleagues at autumn festivals and commit instead to collaboration. We are sharing ideas and information. We are offering our festivals as a united platform for the best cinema we can find. We're here to serve the filmmakers, audiences, journalists and industry members who keep the film ecosystem thriving. We need to do that together.[13]

Zuvor hatte bereits die Direktorin des New Yorker *Tribeca Film Festival*, Jane Rosenthal, dem abgesagten Festival *SXSW* in Austin, Texas angeboten, einige der verwaisten Premieren im Rahmen des eigenen Festivalprogramms zu präsentieren. Und parallel initiierte sie unter dem Namen *We Are One: A Global Film Festival* in Kooperation mit mehr als 20 hochkarätigen Festivals wie dem *International Film Festival Rotterdam*, dem *Tokyo International Film Festival* und den *Internationalen Filmfestspielen von Cannes* vom 29. Mai bis 7. Juni 2020 ein weltweit frei zugängliches Filmprogramm über *YouTube*.[14] Um gezielt Dokumentarfilmen als filmischer Gattung eine größere Aufmerksamkeit zu verleihen und in ihrer Vielfalt sowie in der Entwicklung ihrer kreativen Erzählformen zu fördern, wurde bereits 2008 "a creative partnership of 7 key European documentary film festivals: CPH:DOX, Doclisboa, Millennium Docs Against Gravity,

---

[13] Eric Kohn, "How Venice, Telluride, NYFF, and TIFF's 2020 Collaboration Will Affect the Festival Circuit, A statement released by Venice, Telluride, TIFF and NYFF has insiders scratching their heads. Here's what to expect", in: *IndieWire*, 8.7.2022, www.indiewire.com (letzter Zugriff am 21.7.2022).
[14] Vgl. o. A., *We are one: A Global Film Festival*, 27.4.2020, www.youtube.com (letzter Zugriff am 21.7.2022).

DOK Leipzig, FIDMarseille, Ji.hlava IDFF and Visions du Réel" initiiert. Unter dem Label *Doc Alliance* betreibt dieser Kreis seither eine VoD-Plattform des europäischen Dokumentarfilmschaffens. Mit dem Projekt *ThisIsShort.com* kreierten im Jahr 2021 die vier europäischen Kurzfilmfestivals *Go Short* (Niederlande), *Internationale Kurzfilmtage Oberhausen* (Deutschland), *Vienna Shorts* (Österreich) und *Short Waves* (Polen) ein VoD-Angebot, das ab dem 1. April eine „einzigartige Gelegenheit für Festival- und Kinoliebhaber*innen, einen komprimierten Blick auf das Beste der aktuellen europäischen Kurzfilmproduktion zu werfen"[15], bot.

Auch ansonsten demonstrierte der deutsche Filmfestivalsektor in vielfältiger Weise die Haltung, Kooperation sei in Tagen wie diesen das Mittel der Wahl. Somit entschieden sich Filmfestivals, bestehende Regularien rund um den Premierenstatus der für die Programmierung ausgewählten Filmwerke auszusetzen, und vielmehr, wie es Kathrin Kohlstedde, Programmleiterin des *Filmfest Hamburg* ausdrückt, „den Filmen, die aufgrund von COVID-19 ein jähes Ende ihrer Leinwandpräsenz erleben mussten, mehr Sichtbarkeit zu geben."[16] Zahlreiche renommierte Filmfestivals standen darüber hinaus lokalen Filmfestivals bei ihrer Programmbeschaffung zur Seite, wie das *DOK.fest München* dem Dokumentarfilmfest *Zwickl* in Schwandorf. Und auch das von großer Solidarität zeugende Angebot eines Filmfestivals, einem Covid-19-bedingt in den virtuellen Raum transferierten Partnerfestival Programmplätze beim eigenen Festival zu überlassen, findet sich unter deutschen Akteuren, wie der Beitrag der Festivalmacherin des *exground filmfest*, Andrea Wink, eindrucksvoll illustriert.[17]

Neue Allianzen mit Medienanbietern

Regelmäßige Grundsatzdiskussionen um die Teilnahme oder den Ausschluss von Produktionen der internationalen Streaming-Plattformen auf den sogenannten A-Filmfestivals spalten seit einigen Jahren die Branche. Unbeachtet bleibt dabei, dass Streamer wie *Amazon Prime* bereits seit Langem immer wieder auch in ganz anderen Rollen im Beziehungsgeflecht der Filmfestivals auftreten und mit ihnen strategische Allianzen eingehen. So eröffnete das Projekt *Film Festival Stars* von *Amazon*, initiiert 2017 beim *Sundance Festival* und fortgeführt auf dem *Tribeca Film Festival*, dem *TIFF*, dem *SXSW* und schließlich auch auf der *Berlinale*, jungen Stimmen den Zugang zu einem weltweiten

---

[15] Internationale Kurzfilmtage Oberhausen (Hg.), *Festivalplattform THIS IS SHORT startet am 1. April: Mehr als 30 Filme am ersten Tag online*, Pressemitteilung vom 31.3.2021.
[16] Siehe hierzu die Gespräche von Tanja C. Krainhöfer mit Albert Wiederspiel und Kathrin Kohlstedde, „Filmfestivals mit einer klassischen Kinoauswertung gleichzusetzen, soweit scheint die Politik leider noch nicht zu sein", in diesem Band.
[17] Siehe hierzu Andrea Wink, „Solidarität statt Konkurrenz – die neue Kultur des Miteinander von Filmfestivals", in diesem Band.

Publikum.[18] Nicht als Platzierung auf internationalen Festivals konzipiert, sondern als nachgelagerte zwei Jahre während exklusive Lizensierung der Filme durch den Streamingdienst stand dieses Angebot auch den Produktionen aus der Sektion *Perspektive Deutsches Kino* 2018 und 2019 offen.[19]

Die partnerschaftliche Verbindung zwischen *Amazon* und *SXSW* wurde auch zu Beginn der Pandemie deutlich, als nach der Absage von *SXSW* durch die Stadt Austin das Festival und der Streamer gemeinschaftlich das Format *Prime Video presents the SXSW 2020 Film Festival Collection* umsetzten.[20] Doch auch europäische Akteure der VoD-Landschaft wie *MUBI* sind eng mit der internationalen Filmfestivallandschaft verflochten, wie die Zusammenarbeit mit dem *Internationalen Film Festival Rotterdam* ebenso zeigt[21] wie die Präsentation der *MUBI*-Koproduktion ONE FINE MORNING von Mia Hansen-Løve in der diesjährigen Cannes-Sektion *Directors' Fortnight*.[22] Mit der Übernahme des auf Filmfestivalhits spezialisierten Weltvertriebs mit angeschlossener Produktionsfirma *The Match Factory* im Januar diesen Jahres[23] sowie dem konsequenten Ausbau der eigenen Verleihaktivitäten[24] ist eine weitere Intensivierung des Engagements von *MUBI* im Bereich des internationalen Filmfestivalsektors absehbar.

Gerade zu Beginn der Corona-Pandemie war es vielen der Festivals nur mithilfe bestehender oder neuer Partnerschaften zu Plattform-Anbietern und anderen Medienunternehmen möglich, förmlich über Nacht alternative Festivalangebote umzusetzen. So lud das österreichische Frühjahrsfestival *Crossing Europe* nach seiner Absage über *dorf tv* live zu einem Eröffnungsabend ein und präsentierte auf den heimischen VoD-Plattformen *Filmmit* und *Kino VoD Club* mit den *Crossing Europe EXTRACTS* ein Streamingangebot von zehn aktuellen europäischen Spiel- und Dokumentarfilmen als Österreichpremieren.[25] Auch in Deutschland nutzten Filmfestivals die Expertise inländischer Streaminganbieter wie *Sooner* (*achtung berlin, Dok.Leipzig* oder *Interfilm*) und *Cinemalovers* (*Dokfest Kassel, NIHFF*), um ihre ersten Online-Editionen umzusetzen.

---

[18] Vgl. Tanja C. Krainhöfer, „An der Kante des Systems. Die neuen deutschen Indies, eine Antwort auf die Krise", in: *black box*, Nr. 280, März-April 2019, S. 5–9, hier S. 5ff.
[19] Vgl. Torsten Zarges, „,Film Festival Stars': Amazon lockt Produzenten ins SVoD", in: www.dwdl.de, 15.2.2018 (letzter Zugriff am 21.7.2022).
[20] Vgl. Jordan Roberts, "Announcing the SXSW 2020 Film Festival Collection Presented by Amazon Prime Video", in: www.sxsw.com, 2.4.2020 (letzter Zugriff am 21.7.2022).
[21] Vgl. Ben Dalton, "MUBI teams up with Rotterdam Film Festival", in: www.screendaily.com, 2.2.2019, letzter Zugriff am 21.7.2022.
[22] Vgl. Leo Barraclough/Elsa Keslassy, "MUBI Acquires 'Return to Seoul' Ahead of World Premiere at Cannes", in: www.variety.com, 21.5.2022 (letzter Zugriff am 21.7.2022).
[23] Vgl. Vassilis Economou, "MUBI acquires The Match Factory", in: www.cineuropa.org, 17.1.2022 (letzter Zugriff am 21.7.2022).
[24] Vgl. N.N., „MUBI mit deutschem Kinoverleih", in: www.mediabiz.de, 31.3.2022 (letzter Zugriff am 21.7.2022).
[25] Vgl. Crossing Europe Filmfestival (Hg.), *Startschuss für „Crossing Europe EXTRACTS" mit einem Streamingangebot von zehn europäischen Langfilmen und einem Live-Abend für das lokale Publikum*, Pressemitteilung vom 20.4.2020.

Befeuert durch die Einschränkungen der Corona-Pandemie beschränkten sich die neuen Allianzen keineswegs nur auf Streaming-Plattformen. Während *3sat* parallel zur Online-Edition der 66. *Internationalen Kurzfilmtage Oberhausen* im Jahr 2020 ein eigenes Programm mit Preisträgerfilmen vorangegangener Ausgaben der Kurzfilmtage präsentierte[26], boten vor allem Lokalsender in erster Linie Kurzfilmfestivals die Möglichkeit, Teile ihres Programms der örtlichen Bevölkerung vorzuführen.[27] Darüber hinaus erlebten Autokinos ein wahres Revival und bildeten neben anderen Open-Air-Spielstätten unterschiedlichster Ausgestaltung auch in Form von zentral gelegenen Pop-up-Autokinos, beispielsweise in Wiesbaden und München für Filmfestivals wie dem *goEast – Festival des mittel- und osteuropäischen Films* und dem *Filmfest München*, eine willkommene Ausweichmöglichkeit.

Neue Welten

Die virtuelle Erfahrung wurde ab März 2020 zur neuen Lebensnorm: von Familienfeiern über Teammeetings, vom Homeschooling zur Fachkonferenz, vom Wohnzimmerkonzert zum Filmfestival-Besuch. Dabei erwies sich der virtuelle Raum nicht als Gegensatz zum Realen, sondern war vielmehr das einzig Reale, das stattfinden konnte. Diesem Umstand ist es geschuldet, dass zahlreiche Ideen zu neuen Räumen für die Heranführung, Präsentation und Diskussion von Werken, aber ebenso Orte der Begegnung und des Austauschs entwickelt, optimiert und vor allem auch erprobt werden konnten. In diesen Tagen war jedes Experiment möglich. Neue Applikationen trafen auf neugierige Nutzer:innen, und Dysfunktionalitäten waren schlicht Teil des Prozesses.

Vergegenwärtigt man sich jedoch, dass die ersten Versuche der Filmfestivals, Screenings im Virtuellen nicht nur dem Fachpublikum und der Presse, sondern auch dem breiten Publikum anzubieten, rund zehn Jahre zurückreichen, erklärt sich, weshalb Filmfestivals auf diesem Weg anderen Kultursparten gegenüber einen deutlichen Erfahrungsvorsprung hatten. "Since 2012, we have this virtual theatre in which we screen a certain number of films during the festival period, with a limited number of about 1.500 tickets for each film", führt Alberto Barbero, Direktor der *Internationalen Filmfestspiele Venedig* aus.[28] Und ebenso schildert Daniel Sponsel, Leiter des *DOK.fest München*, dass das Festival bereits seit 2013 verschiedene Tools wie den *Kulturserver*

---

[26] Vgl. 3sat (Hg.), *Das 3sat-Kurzfilmprogramm anlässlich der 66. Internationalen Kurzfilmtage Oberhausen*, Pressemitteilung vom 16.5.2020.
[27] Vgl. Filmfest Altenburg (Hg.), *Programm*, Altenburg 2021, www.filmfest.altenburg.tv (letzter Zugriff am 21.7.2022).
[28] Alberto Barbero, zitiert nach *Roderik Smits, European Film Festivals in Transition. Film Festival Formats in Times of COVID*, Thessaloniki International Filmfestival, Thessaloniki 2021, S. 22.

und später *ARRI Webgate* als Sichtungsmöglichkeiten für Branchenbesucher:innen und Pressevertreter:innen eingesetzt hatte und die Pläne für die gänzliche Transformation des Filmfestivals seit langem schon in der Schublade lagen.[29]

Dennoch setzten in den vergangenen zwei Jahren Filmfestivals in den seltensten Fällen auf bestehende Lösungen, sondern schufen – nicht zuletzt abgestimmt auf ihr Publikum – sehr individuelle Erlebnis- und Kommunikationsräume. Mit am aufwändigsten gestalteten sich die verschiedenartigen Umsetzungen mehrerer Filmfestivals, die gesamte Veranstaltung mit ihren unterschiedlichen Funktionalitäten und Programmangeboten in den virtuellen Raum zu transferieren, wie die Beiträge von Nicola Jones und Barbara Felsmann zur Transformation des *Deutsche Kinder Medien Festival Goldener Spatz* sowie von Ulrich Wegenast zum Wandel des *Internationalen Trickfilm-Festival Stuttgart* vom Schlossplatz in einen VR-Hub in diesem Buch eindrucksvoll darstellen.

Weiterhin trifft man bis heute auf Realisierungen neuer und sehr unterschiedlicher Konzepte von vorproduzierten bis hin zu Live-Formaten zur Präsentation, Information oder auch Interaktion für physische, virtuelle oder aber hybride Umgebungen. Online-Editionen von Filmfestivals kombinieren heute verschiedenste Anwendungen. Es finden sich Streams von live oder vorproduzierten Eröffnungsveranstaltungen, Filmscreenings über *YouTube* und *Vimeo*, über eingekaufte VoD-Lösungen oder wie im Fall des *Filmkunstfests Mecklenburg-Vorpommern* über eine eigene, gemeinsam mit einer ortsansässigen Webagentur entwickelten VoD-Plattform.[30] Videokonferenztools schaffen oftmals konzentrierte Gesprächssituationen mit Filmschaffenden und ermöglichen selbst die aktive Teilnahme des Publikums bei Experten-Diskussionen. Und nach Liveübertragungen festlich inszenierter Preisverleihungen laden im Corporate Design gestaltete virtuelle Räume mit oder ohne Avatar bei Live-DJ-Sets zur Party bis in die frühen Morgenstunden ein.

Eine Reihe von Filmfestivals fühlten sich aufgrund der Vielfalt an neuen Möglichkeiten veranlasst, für spezifische Aufgaben eigenständige, sehr experimentelle Formate zu entwickeln. So positionierte das *DOK.fest München* täglich um 20 Uhr auf der Startseite seiner Website in Form eines live moderierten Q&A zu einem seiner Programmhighlights einen Themenabend, an dem sich das Publikum aktiv via Chat mit Fragen beteiligen konnte.[31] Ihrem Anspruch folgend, selbst in Zeiten des Lockdowns ihre Gastgeberfunktion zu erfüllen, luden die Macher:innen des *Filmfestivals Max Ophüls Preis* die Saarbrücker Bevölkerung bereits zur Einstimmung auf das Festival

---

[29] Daniel Sponsel in einem Zoom-Meeting der Herausgeber:innen mit den Autor:innen dieses Bandes am 10.12.2021.
[30] Siehe hierzu Volker Kufahl, „Jahr 2022 ... die Überleben wollen", in diesem Band.
[31] Siehe hierzu Daniel Sponsel, Im Kino. Zuhause, „Duale Filmfestivals als Avantgarde: Paradigmenwechsel oder Strukturwandel?", in diesem Band.

über sieben Tage hinweg zu rund einstündigen Talk-Formaten in eine sehr persönlich gestaltete Studiosituation ein und boten auch während des Festivals den Online-Festivalbesucher:innen über den aufwändig produzierten *MOP-Festivalfunk* einen Überblick über die Höhepunkte der einzelnen Festivaltage.[32]

Unter dem Motto „Tune in, gain insights and listen to fresh perspectives!"[33] produzierte das *DOK Leipzig* für Branchenvertreter:innen einen eigenen Industry-Podcast, der es Zuhörer:innen weltweit ermöglichte, spannende Diskussionen zu aktuellen Branchenthemen zu verfolgen. „(Z)ugleich Vorspann, Rahmen und Erweiterung des Online-Festivals"[34] war die Losung eines deutsch- und englischsprachigen *Channels* der *Internationalen Kurzfilmtage Oberhausen* ab dem zweiten Jahr der Pandemie. Dabei diente das neue Format in der Online-Welt nicht nur einer programmatischen Erweiterung, sondern verband diese auch mit neuartigen filmischen wie dialogischen Formen. Ebenfalls die Verbindung neuer audiovisueller und textlicher Formate verfolgt das *Film Festival Cologne* mit seinem ganzjährigen Web-Magazin *FFCGN* und gestaltet so online einen Raum, der sich auch außerhalb des Festivals über das Jahr der Macht der Bilder in Film, Popkultur, Kunst und Gesellschaft widmet.

Zahlreiche weitere Beispiele ließen sich an dieser Stelle beschreiben. Bezeichnend für alle ist, dass sie Filmfestivals über sich hinauswachsen ließen – räumlich und zeitlich sowie in ihrer Wirkung.

Neue Programme und Wettbewerbe

Vor dem Hintergrund all dieser Neuschöpfungen im virtuellen Raum verwundert es nicht, dass der Drang zu Erneuerung und Weiterentwicklung trotz aller Einschränkungen und Hürden auch auf Programme, Formate und Projekte der Filmfestivals in ihrer realen Umgebung übersprang.

Sichtet man die Pressemeldungen der Filmfestivals in den Jahren 2020 und 2021, so begegnen einem nicht allein die Einführung unterschiedlichster neuer Rahmenprogramme, sondern ebenso im Haupt- und damit dem Filmprogramm eine Reihe neuer Sektionen. Neue Räume für Geschichten bot das *Filmfest Hamburg* erstmals 2021 mit seriellen Formaten.[35] Das *Filmfest München* schuf mit den „Cinerebels ... (e)ine neue Plattform für Formatsprenger, Filmabenteu(r)er und den cinephilen Filmgeschmack"[36].

---

[32]Siehe hierzu Oliver Baumgarten/Svenja Böttger, „Virale Filmfestivals – Zwei pandemiebedingte Metamorphosen eines Filmfestivals", in diesem Band.
[33]DOK Leipzig (Hg.), *DOK Industry Podcasts*, www.dok-leipzig.de (letzter Zugriff am 21.7.2022).
[34]Internationale Kurzfilmtage Oberhausen (Hg.), *Der Kurzfilmtage-Channel: Von Weibersbrunn bis Singapur*, Pressemitteilung vom 16.4.2021.
[35]Vgl. Filmfest Hamburg (Hg.), *Raum für Geschichten*, Pressemitteilung vom 19.8.2021.
[36]Filmfest München (Hg.), *Cinerebels Award*, www.filmfest-muenchen.de (letzter Zugriff am 21.7.2022).

Und das *DOK.fest München* rückte in der Zeit der Pandemie mit *DOK.digital* „Antworten auf die Frage, wie sich die Weiterentwicklung technischer Möglichkeiten auf die Erzählung von dokumentarischen oder journalistisch-faktischen Inhalten auswirkt"[37], in den Fokus. So verschieden diese Sektionen waren und sind, allen gemein ist, dass sie mit der Einführung auch direkt als Wettbewerb konzipiert waren.

Hierin zeigt sich ein Trend, der nicht erst in der jüngeren Vergangenheit zu beobachten ist. Eine genauere Betrachtung der Programmstrukturen und Wettbewerbsschienen sowie damit verbundener Auszeichnungen und Preise der Filmfestivals offenbart, wie sich diese immer mehr von den herkömmlichen Schemata lösen und sich kontinuierlich ausdifferenzieren. Waren über viele Jahre bei der Auslobung von Preisen vor allem Kategorien wie ‚Bester Film' oder Auszeichnungen für die besten künstlerischen Einzelleistungen von Relevanz und in Erweiterung dessen die seitens Verleiher:innen und Produzent:innen besonders beliebten Publikumspreise, so dienen Wettbewerbskonzepte in diesen Tagen ganz anderen Zielsetzungen. Heute stellen Wettbewerbe vermehrt auch das Filmschaffen einzelner Gruppen, wie von Debütant:innen oder von Kollektiven, in den Mittelpunkt, präsentieren marginalisierte Positionen und Perspektiven, setzen Themen wie etwa Nachhaltigkeit, Globalisierung oder Digitalisierung auf die Agenda und fokussieren mit entsprechenden Programmreihen spezielle Zielgruppen.

Auch wenn sich bereits seit Jahren eine Reihe von Filmfestivals den drängenden Themen der Gegenwart, wie dem Klima- und Umweltschutz, den Menschenrechten oder der Gerechtigkeit unter den diversen Bevölkerungsgruppen verschreiben, zeigt ein Rückblick, dass Filmfestivals auch seitens zivilgesellschaftlicher und politischer Gruppen, aber ebenso von Seiten der Unternehmen zunehmend gefragt sind, um Aufmerksamkeit für diese Themen herzustellen. Trotz weitreichender Zurückhaltungen und Unsicherheiten scheinen neue Prioritäten in den Jahren der Pandemie auch den Nährboden für neue Initiativen und Engagements geschaffen zu haben. So erweiterte auch das *Fünf Seen Filmfestival* in seiner zweiten Pandemie-Edition im Sommer 2021 in Zusammenarbeit mit der Initiative *unserklima.jetzt* sein Programm um die Wettbewerbsreihe *Kino & Klima*, die sich, ergänzt um Vorträge und Diskussionsrunden, gezielt der Klimakrise widmet.[38] Den Wunsch, Anliegen wie „(d)ie Schönheit der Natur auf die große Leinwand bringen, die Verletzlichkeit unserer Welt zeigen, Umweltbildung vermitteln und von neuen, hoffnungsvollen Lösungsansätzen für Umweltproble-

---

[37] DOK.fest München (Hg.), *DOK.digital – Preis für neue Erzählformate*, www.dokfest-muenchen.de (letzter Zugriff am 21.7.2022).
[38] Siehe hierzu das Gespräch von Joachim Kurz mit Matthias Helwig, „Es ist definitiv einfacher, ein Filmfestival im urbanen Raum zu etablieren", in diesem Band.

me wie den Klimawandel oder mangelnde Biodiversität berichten"[39] zu unterstützen, nahm 2021 die *Audi Stiftung für Umwelt* zum Anlass, um gemeinsam mit dem *NaturVision Filmfestival* in Ludwigsburg einen Kurzfilmpreis auszuschreiben.

Mit dem Ziel, deutschen Nachwuchsregisseuren eine größere Plattform zu bieten, lobten die *Internationalen Hofer Filmtage* im Namen der Stadt Hof erstmalig 2021 auch zwei Kurzfilmpreise aus.[40] Ebenfalls die Qualität des filmischen Schaffens der nächsten Generation an Filmemacher:innen würdigen seit dem Jahr 2022 zwei neue Auszeichnungen in den Kategorien Spielfilm und Dokumentarfilm der deutschen, österreichischen und Schweizer Filmkritik, die im Rahmen der vier Wettbewerbe in Ergänzung der bisherigen 16 Preise auf dem *Filmfestival Max Ophüls Preis* vergeben werden. Während diese Beispiele ein klares Bekenntnis zur Nachwuchsarbeit und damit auch ein Signal zur Stärkung ihrer Präsenz im regulären Kinoprogramm setzten, positionierten sich die *Internationalen Kurzfilmtage Oberhausen* im Jahr 2021 mit gleich zwei neuen Online-Wettbewerben, die als Zeichen für ein neues programmatisches Konzept mit einer konsequenten Orientierung und langfristigen Ausrichtung des Festivals als duales Format zu verstehen sind.

Doch auch abseits der Programmstrukturen und Wettbewerbsreihen unternehmen Filmfestivals immer wieder neue Anläufe, um gezielt Schwerpunkte zu setzen und neue Trends aufzugreifen. So verfügt etwa das Karlsruher Dokumentarfilmfestival *dokKA* nicht nur über eine eigene Wettbewerbsreihe für Hördokumentationen, sondern versteht sich in dem Segment auch als Impulsgeber. Seit 2022 vergibt das Filmfest ein Recherchestipendium, um gezielt Vorarbeiten für künstlerisch, innovativ und formal grenzüberschreitende Dokumentarfilme und Hördokumentationen zu unterstützen und anzustoßen.[41]

Neue Formate

Das Überschreiten der Grenzen klassischer Formate filmischer Erzählformen ist beispielhaft für das Ausloten von Begrenzungen audiovisueller Inhalte, wie wir sie heute bei vielen Filmfestivals sehen. Mehr als offensichtlich wird dies beispielsweise auch beim *Internationalen Trickfilm-Festival Stuttgart*, das sich zunehmend als Festival für Expanded Animation versteht und an der Schnittstelle zu Kunst, Theater, Architektur, Games und Virtual Reality verortet.[42]

---

[39] Audi Stiftung für Umwelt (Hg.), *NaturVision Filmfestival – Audi Stiftung für Umwelt fördert Kurzfilmpreis*, Pressemitteilug vom 19.7.2022.
[40] Vgl. Internationale Hofer Filmtage (Hg.), *Publikums-Kurzfilmpreis der Stadt Hof 2021*, Pressemitteilung vom 9.11.2021.
[41] Vgl. dokKA (Hg.), *dokKA Recherchestipendium*, www.dokka.de (letzter Zugriff am 21.7.2021).
[42] Siehe hierzu Ulrich Wegenast, „Die Transformation des ITFS vom Schloßplatz in den VR-Hub", in diesem Band.

So erklärt sich, dass das Ausloten neuer Erzählformen einhergeht mit dem Bespielen alternativer Räume. Sichtbar wird dies seit mehreren Jahren unter anderem an einem wachsenden Feld an Kooperationen zwischen Filmfestivals und Museen. In den Pandemiejahren präsentierten das *Internationale Filmfestival Mannheim-Heidelberg* und die *Mannheimer Kunsthalle* in Zusammenarbeit das Ausstellungsprojekt *Mindbombs* (2021–2022) und damit eine künstlerische Perspektive auf die Geschichte und politische Ikonografie des modernen Terrorismus.[43] Eine weitere Kooperation realisierten im Jahr 2022 das *Filmfest München* und das *Museum Brandhorst* im Rahmen der Ausstellung *Future Bodies from a Recent Past – Skulptur, Technologie, Körper seit den 1950er-Jahren.*[44]

Neue technische Möglichkeiten haben in der jüngeren Vergangenheit diese Experimentier- und Gestaltungsspielräume noch erheblich vergrößert. Beispielhaft hierfür steht ein innovatives neues Format auf Basis einer Verbindung von Kinovorführung und Augmented-Reality-Erfahrung, bei der im Rahmen des *LICHTER Filmfest* im Jahr 2018 zum Thema „Chaos" ein Autoscooter zum Kino umfunktioniert wurde. Ein völlig neues Seherlebnis entstand so durch die Verschmelzung von Filmvorführung und chaotischem Fahrbetrieb. In Ergänzung dazu wurde in speziellen *Augmented Reality Sessions* durch eine Erweiterung der Wirklichkeit mittels auf die Fahrbahn projizierter, virtueller Objekte, wie Aufnahmen der Fahrzeuge im Raum durch 3D-Kameras, Echtzeitinteraktion und somit auch Kollisionen zwischen realen Scootern und virtuellen Objekten provoziert. Auf diese Weise machte die performative Kunst-Attraktion die Möglichkeiten, die Augmented Reality für das Medium Film bietet, auch individuell und im wahrsten Sinne des Wortes erfahrbar.[45]

Ein weiteres Projekt, dessen Übergänge zwischen Wirklichkeit und digitalem Raum fließend und gleichzeitig pandemiekonform im Freien zu genießen waren, bildete der *Urban GIF Parcour* des *Film Festival Cologne* im Oktober 2021. Dieses Format, das sich den GIFs als kürzester Form des visuellen Erzählens mit Bewegtbildern widmete, präsentierte auf der Maastrichter Straße im Kölner Szenebezirk Belgisches Viertel über 60 kuratierte Arbeiten in Schaufenstern von rund 30 Geschäften.[46]

---

[43] Siehe hierzu Sascha Keilholz/Frédéric Jaeger, „Festivals als Organismus – physische Dynamiken, digitale Reize", in diesem Band.
[44] Museum Brandhorst (Hg.), *Filmfest München | Licking My Wounds – Body Horror Inside Out*, www.museum-brandhorst.de *(letzter Zugriff am 21.7.2022).*
[45] Vgl. experimente digital (Hg.), *Augmented Reality Autoscooter zum Lichter Filmfest in Frankfurt*, 28.03.2018, www.experimente.aventis-foundation.org (letzter Zugriff am 21.7.2022).
[46] Siehe hierzu das Gespräch von Tanja C. Krainhöfer mit Martina Richter und Johannes Hensen, „Die Menschen wünschen sich bei der zunehmenden Inhalte-Flut Orientierungshilfe", in diesem Band.

Neue Locations und neue Standorte

Dass Filmfestivals sich als Experten erweisen, wenn es um alternative Spielorte geht, wird nicht nur dadurch offensichtlich, dass zahlreiche Filmfestivals heute gerade an solchen Orten entstehen, die schon lange über kein oder auch noch nie über ein kinokulturelles Angebot verfügten. Ebenso erkennbar wird dies, wenn Filmfestivals die festliche Atmosphäre eines Stadttheaters (*filmzeit* Kaufbeuren) oder eines Staatstheaters (*Braunschweig International Film Festival*)[47] für ihre Festivaleröffnung oder Preisverleihung nutzen. Doch die Bandbreite der Räume, die Filmfestivals zum Teil in den Pandemiejahren eigens für sich eroberten und umfunktionierten, reicht von Rathaus- und Gemeindesälen über Klöster, Kirchen, Kursäle, Ausstellungsräume, umgewidmete Industrieorte und universitäre Hörsäle bis hin zu Parkdecks und weiteren Open-Air-Kinoformen in verschiedenstem Ambiente. Exemplarisch ist hierfür eine Initiative, die als *PopUp Sommerkino* gemeinsam mit Münchner Filmfestivals, wie etwa dem *Filmfest München*, dem *DOK.fest München* und dem *Seriencamp*, sowie der *Hochschule für Film und Fernsehen München* (*HFF*) gemeinsam mit Veronika Faistbauer und Simon Pirron veranstaltet wurde.[48] Filmgenuss der besonderen Art bescherte das *LICHTER Filmfest* im Juli und August 2022 der Frankfurter Bevölkerung mit „High Rise Cinema", Vorführungen auf wechselnden Dachterrassen inmitten der Frankfurter Skyline.[49]

Die vorangegangenen Beispiele machen deutlich, dass Filmfestivals längst ihr Wirkungsfeld weit über das zentrale Partnerkino beziehungsweise einzelne wenige Partnerkinos hinaus auf zahlreiche und unterschiedliche Spielstätten ausweiten.[50] Parallel dazu finden sich jedoch ebenfalls zunehmend Dezentralisierungsbestrebungen, die gezielt zusätzliche Kinos als Spielorte miteinbeziehen. „Seit 2010 bringt *Berlinale Goes Kiez* das Festival in die Programmkinos der Stadt und ihrer Umgebung. (...). Mit einer Auswahl an Filmen und Veranstaltungen aus den verschiedenen Programmbereichen der Berlinale bietet die Sonderreihe einen Querschnitt des Festivals an dezentralen Kinoorten"[51], ein Konzept, das unter dem Namen „zu Gast in den Stadtteilen in Altona, Bergedorf, Blankenese, Volksdorf und Winterhude"[52] nicht zuletzt aufgrund der pandemiebedingten Sitzplatzbegrenzungen in den Kinos 2021 auch erstmals durch *Filmfest Hamburg* aufgegriffen wurde. Während das Filmfestival

---

[47] Vgl. Staatstheater Braunschweig/Braunschweig International Film Festival (Hg.), *Theater und Filmfestival: Orte der Begegnung*, Pressemitteilung vom 19.10.2021.
[48] Vgl. Filmfest München (Hg.), *Zusammen Filme auf der großen Leinwand erleben*, Pressemitteilung vom 10.6.2021.
[49] Siehe hierzu Gregor Maria Schubert, „Zukunft Deutscher Film – Eine Kongress-Gründung", in diesem Band.
[50] Siehe hierzu das Gespräch von Tanja C. Krainhöfer und Joachim Kurz mit Angela Seidel, Katharina Franck und Christoph Terhechte, „Ein Filmkunsthaus für Leipzig und das Verhältnis von Kinos und Festivals", in diesem Band.
[51] Internationale Filmfestspiele Berlin (Hg.), *Berlinale goes Kiez*, o. D., www.berlinale.de (letzter Zugriff am 21.7.2022).
[52] Filmfest Hamburg (Hg.), *Filmfest ums Eck*, 29.9.–8.10.2021, www.filmfesthamburg.de (letzter Zugriff am 21.7.2022).

Max Ophüls Preis seit 2019 mit *MOP uff de Schnerr* Kinokultur von Saarbrücken in die Kinos im Umland bringt, stellte das Festival bei seiner zweiten Pandemie-Edition die Dezentralisierung als wesentliches Veranstaltungselement in den Mittelpunkt seines Konzepts. Die Vorführung von 16 Screenings parallel in elf Häusern ermöglichte trotz der beschränkten Sitzplatzkapazitäten einer maximalen Anzahl an Festivalfreund:innen den Besuch und darüber hinaus, an jedem Abend an 16 Orten die besondere Atmosphäre einer Premierenaufführung mitzuerleben. Zahlreiche Festivals in Deutschland haben in den letzten Jahren mithilfe von Satelliten-Spielorten ihren Aktionsradius deutlich erweitert. Der konzeptionelle Ansatz, Premierenveranstaltungen von Filmfestivals zeitgleich auch deutschlandweit in Partnerkinos zu präsentieren, wird mit Blick auf die sich kontinuierlich stärker ausdifferenzierenden Publikumspräferenzen zukünftig eine wertvolle Option bilden, um Synergien zu nutzen und Zugänge zu eröffnen.

Dass Filmfestivals selbst über die eigenen Landesgrenzen hinaus auf ein großes Interesse treffen können, demonstriert das *Sundance Film Festival* mit seinem Tochter-Filmfestival *Sundance Film Festival: London* bereits seit über zehn Jahren sowie mit *Sundance Film Festival: Asia*, das trotz der pandemischen Hürden im Jahr 2021 in Jakarta initiiert wurde.[53] Beispiele wie diese oder auch das von 2015 bis 2018 vom *International Film Festival Rotterdam* durchgeführte Format *IFFR Live*, das Kinos und Festivalbesucher:innen aus 40 Ländern wie der Schweiz, Polen, Spanien, Bosnien-Herzegowina, Slowenien und den Benelux-Staaten miteinander bei Live-Premieren und Filmgesprächen vernetzte[54], beweisen, dass Innovations- und Experimentierfreude von Filmfestivals keine Frage von Zwängen ist, sondern in erster Linie dem Anliegen folgt, neue Wege zu erschließen, um Filmkultur zugänglich zu machen.

Neue Zugänge und neue Publika

Kino, Home-Entertainment, VoD, Pay-TV, Free-TV – heute sind Filmwerke in einem nie zuvor erlebten Umfang verfügbar. Doch ungeachtet dieser Entwicklung und steigender nationaler Produktionen bedingt die anhaltende Marktmacht US-amerikanischer Produktionen in der westlichen Welt[55], dass das "contemporary world cinema is unthinkable without the influence, reach and diversity of film festivals"[56]. Auch in Deutschland sind es heute die rund 450 Filmfestivals, die in einem wesentlichen Maß dazu beitra-

---

[53] Vgl. Sundance Institute (Hg.), *Sundance Film Festival: Asia Is Set for 23-26 September; Program Announced, Will Take Place Virtually*, 9.7.2021, www.sundance.org (letzter Zugriff am 21.7.2022).
[54] Vgl. IFFR (Hg.), *IFFR live*, o. D., www.iffr.com (letzter Zugriff am 21.7.2022).
[55] Vgl. Motion Picture Association of America, *Theme-Report 2018*, 2019, S. 178.
[56] Shekhar Deshpande/Meta Mazaj, *World Cinema. A critical introduction*, London 2018, S. 105.

gen, dass die gesellschaftliche Realität in ihrer Vielfalt Abbildung findet und Anlässe geschaffen werden, um sich mit Themen und Positionen verschiedener Teilgruppen der Gesellschaft auseinanderzusetzen.

Sprechen wir heute von einer Diversität des Kulturangebots, so meint dies die Repräsentanz von Lebenswirklichkeiten und -konzepten in ihrer Vielfalt, den Abbau von Barrieren und somit die Ermöglichung von Zugängen und kultureller Teilhabe sowie die Chancengerechtigkeit bei der Produktion kultureller Angebote und damit einen gerechten Zugang zu allen Produktionsmitteln, vom Know-how bis zu den Spielstätten.

Über viele Jahre hinweg trugen insbesondere die internationalen Filmfestivals an den wichtigsten deutschen Medienstandorten (Berlin, München, Köln, Hamburg, Leipzig) sowie die bedeutendsten Repräsentanten für Filmwerke einer bestimmten Gattung (z. B. *Internationales Trickfilm-Festival Stuttgart*), Lauflänge (z. B. *Kurzfilm Festival Hamburg* und *INTERFILM – Internationales Kurzfilmfestival Berlin*), eines speziellen Herkunftslandes (z. B. *Nippon Connection*) oder exzeptioneller Positionen der gegenwärtigen Filmsprache (z. B. *Internationale Kurzfilmtage Oberhausen*) dazu bei, Diversität zu präsentieren und darüber hinaus in ihrer Funktion als Showcase für die Programmrecherche nachgelagerter Festivals entscheidend die Zirkulation von Filmwerken abseits des regulären Kinoprogramms zu befördern. Ergänzend dazu haben viele unter ihnen im Dienst für die Filmkultur ihre Aktivitäten über das originäre Festival hinaus ausgebaut und präsentieren Filmwerke in ihrer Vielfalt ganzjährig über Kinotour-Programme, Kooperationskonzepte mit lokalen, nationalen oder auch internationalen Partnern, eigene VoD-Angebote und Film-Archive einem interessierten Publikum oder betreiben selbst eigene Vertriebsstrukturen. Die anhaltend steigenden Zahlen an Besucher:innen des Filmfestivalsektors in den Prä-Pandemie-Jahren bewiesen den Erfolg sowie die Relevanz sowohl ihres Programmangebots als auch ihrer Konzepte für eine zielgruppengenaue Ansprache. In diesem Potenzial ist eines der Argumente zu sehen, weshalb ein Großteil der Filmfestivals auch nach dem März 2020 und dem pandemiebedingten Veranstaltungsverbot Konzepte weiterentwickelte oder auch neu entwarf, um den Zugang zu speziell kuratierten Filmangeboten trotz aller Einschränkungen zu gewährleisten.

Medien und damit auch Filmprogramme verhandeln Identitäten. Wer nicht abgebildet wird, scheint nicht existent. Dies erklärt, weshalb seit Jahrzehnten eine weitere Facette die Filmfestivallandschaft unübersehbar prägt. Marginalisierte Gruppen finden seit den 1980er Jahren in Filmfestivals eine wertvolle Möglichkeit, sichtbar zu werden, ihre Perspektiven vorzustellen und Räume für relevante Diskurse zu schaffen.[57] So

---

[57] So gibt es unter anderem die *Griechische Filmwoche München* seit 1980, die *Französischen Filmtage Tübingen* seit 1984, die *Schwule Filmwoche Freiburg* seit 1985, das *Black International Cinema Berlin* (*BICB*) seit 1986 sowie die *Türkischen Filmtage München* seit 1989.

sind es heute vor allem die so genannten Community-Filmfestivals, die den Anspruch auf Diversität in der Filmkultur auf allen Ebenen – der Abbildung, des Zugangs und der Teilhabe – erfüllen und damit die Kulturlandschaft insgesamt maßgeblich bereichern.[58] Ehemals national, nun oftmals transnational und intersektional konzipiert, bieten viele junge Filmfestivals heute als Erfahrungs- und Begegnungsräume einerseits *safe spaces* in einem von Rassismus geprägten gesellschaftlichen Klima, andererseits auch wichtige Orte für den Austausch zwischen postmigrantischen Gruppen und der deutschen Mehrheitsgesellschaft. Den großen wie dringlichen Bedarf an diesen Räumen, die neue Sichtweisen auf die deutsche Gesellschaft aufdecken und bebildern, die unterschiedliche Probleme im Zusammenleben sichtbar machen und somit die Grundlage für eine neue Kultur des Verstehens schaffen, demonstriert die steigende Zahl neuer Filmfestivals wie *Ake Dikhea?*, ein seit 2017 von der Berliner Roma-Selbstorganisation *RomaTrial e.V.* veranstaltetes Festival zu Filmen von Sinti*zze und Roma*nja. Weitere Beispiele finden sich in *Kino Asyl*, einem Festival mit Filmen aus der Heimat von in München lebenden, geflüchteten jungen Menschen, dem *Soura Film Fest* zu queeren Geschichten aus dem Mittleren Osten oder auch in dem, in Zeiten der Pandemie initiierten Filmfestival *Un.Thai.Tled* eines Künstler:innenkollektivs aus der deutschen Thai-Diaspora.[59] Der Film dient hier neben dem ästhetischen Erleben ebenso als Instrument eines gesellschaftspolitischen Aktivismus, der sich gegen soziale Konstruktionen der Unterdrückung richtet und Wege für ein partizipatives Empowerment bereitet.

Keines dieser Filmfestivals ließ seit der Ausbreitung der Pandemie im Frühjahr 2020 eine Ausgabe ausfallen. Vielmehr nutzen sowohl *Ake Dikhea?* als auch *Kino Asyl* sowie eine Vielzahl weiterer Community-Filmfestivals die Möglichkeit, in Zeiten einer globalen Krise mit einer Online-Edition ein Zeichen der Solidarität und des Zusammenhalts zu setzen und deutschlandweit und somit weit über ihren originären Veranstaltungsort hinaus Mitglieder der Gemeinschaft einzubeziehen.

Neue Antworten und neue Festivals

Die jährlich steigende Anzahl, aber vor allem das jährlich wachsende Spektrum an Profilen deutscher Filmfestivals weist darauf hin, wie eng die jüngeren Entstehungsgeschichten mit gesellschaftlichen, (film)wirtschaftlichen, aber vor allem auch ökologi-

---

[58] Siehe hierzu das Gespräch von Jan Künemund mit Hanne Homrighausen und Joachim Post, „Tanzen und weiterdiskutieren!", in diesem Band.
[59] Siehe hierzu Sarnt Utamachote/Rosalia Namsai Engchuan/Malve Lippmann/Can Sungu, „Transnationale Verflechtungen jenseits von eurozentrischer Dominanz und nationalstaatlichen Konzepten", in diesem Band.

schen Ereignissen und Missständen korrespondieren.[60] Gleichzeitig demonstrieren sie in vielerlei Hinsicht, dass sie der Forderung seitens der Politik, sich an der Transformation der Gesellschaft zu beteiligen, nicht nur entsprechen, sondern diesen Beitrag für sich reklamieren. Aktiv setzen sie Impulse und bereiten Wege, um notwendige Entwicklungen zu begleiten. Im Zusammenhang mit ihrer Forschung von Filmfestivals in der Erwachsenenbildung konstatiert Carole Roy: "little attention has been paid to film festivals as dynamic sites of adult and citizenship education, and community building. Although they may be perceived as providing entertainment, they also portray complex ideas in a short time, stimulating reflection and discussion. Film festivals can be dynamic sites of learning."[61]

Wie drängend die Fragen rund um Identität, Zugehörigkeit und (neuer/alter) Heimat sind, wird nicht nur an den zahlreichen Filmfestivals, die durch postmigrantische gesellschaftliche Gruppen initiiert werden, mehr als sichtbar. Diese Themen sind ebenso virulent in der deutschen Mehrheitsgesellschaft. Weniger augenscheinlich auf den ersten Blick, aber nicht weniger ambitioniert reiht sich die *Biennale Bavaria International – Festival des neuen Heimatfilms* mit ihrer ersten Ausgabe 2021 in die Neuzugänge in der deutschen Filmfestivallandschaft ein. Vor dem Hintergrund der Flüchtlingswelle im Jahr 2015 hatten sich dem Konzept des ehemaligen Bürgermeisters von Mühldorf am Inn sechs Bürgermeister:innen oberbayerischer Kommunen angeschlossen, um den Diskurs zu Fragestellungen rund um das Thema ‚Heimat' in der breiten Bevölkerung mit einem speziell kuratierten Programm an Festivalhighlights sowie einem umfassenden Rahmenprogramm anzustoßen.[62]

Unter dem Eindruck der Corona-Pandemie verschärfte sich das Bewusstsein auch für viele andere gegenwärtige Krisen. Wie unter einem Brennglas traten bestehende Probleme hervor und verstärkten sich. Soziale Unterschiede, Globalisierung, Genderungerechtigkeit, demografischer Wandel sowie vor allem das Zusteuern auf eine globale Klimakrise rückten in den Vordergrund. Filmfestivals stellen bereits seit Jahren eindrucksvoll dar, wie sehr sie sich dabei engagieren, zu einem Informieren, einem Verstehen und schließlich ebenso zu einem gesellschaftlichen Umdenken beizutragen. Dies leisten sie mit zahlreichen Film- und Zusatzprogrammen, aber ebenso, indem sie eine Vorbildfunktion übernehmen als Gastgeber einer Kulturveranstaltung sowie als Teil des gesamten Kultursektors.

---

[60] Siehe hierzu das Gespräch von Joachim Kurz mit Sebastian Brose, „Wenn du zuhörst, lernst du etwas Neues, wenn du sprichst, wiederholst du nur, was du schon weißt", in diesem Band.
[61] Carole Roy, *Documentary Film Festivals, Transformative Learning, Community Building & Solidarity* (= Transgressions: Cultural Studies and Education, Bd. 115), Rotterdam 2016, S. 8.
[62] Siehe hierzu Joachim Kurz, „Heimat! Film! Festival! – Über die Entstehung eines Festivals des neuen Heimatfilms", in diesem Band.

So veranstaltete *Edimotion*, das Festival für Filmschnitt und Montagekunst, im Jahr 2021 seine erste vollständig klimaneutrale Ausgabe und kommentierte dies wie folgt:

> Für Edimotion 2021 gilt ab sofort: Nachhaltigkeitsaspekte werden in allen Planungsschritten mitgedacht und entsprechende Maßnahmen umgesetzt. Die Klimaneutralität wird im Rahmen der Festivalplanungen gewährleistet durch nachhaltiges Handeln und einem CO2-Ausgleich der Emissionen, die unvermeidbar sind. Konkret heißt das für die Festivalmacher:innen: Verzicht auf möglichst alle Flugreisen, Einsatz alternativer Shuttle-Optionen, ein klimafreundliches Hotel als Partner, regionales und vegetarisches Catering, Verwendung von Ökostrom und Mitdenken von Barrierefreiheit, Inklusion und Diversität.[63]

Auch und gerade in Zeiten der Krise wurde trotz der pandemischen Unsicherheit eine Reihe von Filmfestivals neu konzipiert, gegründet und erstmals veranstaltet. Hierunter finden sich die *Filmtage Oberschwaben* in Ravensburg oder das *2River Filmfestival* in Koblenz, die sich in erster Linie der Filmkunst verschrieben. Andere unter den Neuzugängen verfolgen über die Präsentation von Filmwerken abseits der kommerziellen Filmprogramme ein gezieltes Agenda-Setting. Die Dringlichkeit ihrer Anliegen wird allein durch ihre Namensgebung wie *Films For Future, Unlimited Hope* oder *Better World Film Festival* offensichtlich. Auch wenn in den letzten Monaten vielerorts der Eindruck entstanden sein mag, dass Solidarität in gesellschaftlichen Zusammenhängen keine Selbstverständlichkeit mehr ist, so demonstriert die deutsche Filmfestivallandschaft mehr als deutlich Zusammenhalt und Gemeinschaftssinn für die Filmbranche, den Filmfestivalsektor und ihr Publikum. Damit leistet sie einen wichtigen Beitrag für die Zukunft der gesamten Gesellschaft.

---

[63] Film- und Medienstiftung NRW (Hg.), *Edimotion goes green: Als erstes Filmfestival in NRW wird Edimotion 2021 vollständig klimaneutral stattfinden*, Pressemitteilung vom 20.7.2021.

exground filmfest

Als biennales kleines Wochenendevent 1991 vom Verein *Wiesbadener Kinofestival e.V.* gegründet, hat sich das *exground filmfest* heute nach 30 Jahren zu einem 10-tägigen Festival mit überregionaler Bedeutung entwickelt. Die Förderung der Filmkultur in der Hessischen Landeshauptstadt war und ist Antrieb und Ziel dieses ersten Filmfestivals in Wiesbaden.

Anfänglich nur mit einer kleinen Förderung der Landeshauptstadt Wiesbaden ausgestattet, wird *exground* Anfang der 2000er Jahre in den Kreis der institutionell geförderten Kulturveranstaltungen aufgenommen. Hatte die *Hessische Filmförderung* (heute *HessenFilm und Medien*) über viele Jahre die Förderung des Festivals abgelehnt, zählt das *exground filmfest* mittlerweile zu den fünf großen Filmfestivals in Hessen und wird auch von HessenFilm und Medien jährlich gefördert.

Das *exground filmfest* in Wiesbaden gehört zu Deutschlands wichtigsten Filmfestivals für unabhängige internationale und nationale Produktionen und ist dabei auch ein Treffpunkt für Journalisten, Fachbesucher und Gäste aus der Filmbranche. Viele (Debüt-)Filme von inzwischen weltweit renommierten Regisseuren wie 9 Souls von Toshiaki Toyoda, Gerry von Gus Van Sant, The Three Burials of Melquiades Estrada von Tommy Lee Jones, Nokan – Die Kunst des Ausklangs von Yojiro Takita, Somewhere Tonight von Michael Di Jiacomo, Gantz 2: Perfect Answer von Shinsuke Sato, After Lucia von Michel Franco und Bethlehem von Yuval Adler feierten in Wiesbaden ihre Deutschland- oder Europa-Premiere. Zu Gast in Wiesbaden waren darüber hinaus Größen wie Bundesfilmpreisträger Oskar Roehler, Oscar-Gewinner Les Bernstein oder New-Wave-Ikone Anne Clark.

Im Zentrum des *exground filmfest* steht, gute Filme zu präsentieren und für die Filmschaffenden den Kontakt mit ihrem Publikum und der Branche zu ermöglichen. Rahmenveranstaltungen wie Workshops, Ausstellungen, Konzerte, Lesungen, Partys und Podiumsdiskussionen ergänzen diesen Anspruch. Damit versteht sich *exground* als Filmfestival für lokale, regionale wie nationale Cineasten und Vertreter der Filmbranche.

Getreu dem Motto „Schuster bleib bei deinen Leisten" hält das Festival an seinem Kern fest und will nicht größer, weiter und immer mehr, sondern auch in zehn Jahren noch ein Festival sein, das im kulturellen Leben der Landeshauptstadt Wiesbaden fest verankert ist.

exground filmfest | Andrea Wink

Andrea Wink

Solidarität statt Konkurrenz
Die neue Kultur des Miteinander von Filmfestivals

„Für uns ist es eine Selbstverständlichkeit, unsere Kollegen und Kolleginnen von *goEast* in dieser Krise so weit wie möglich zu unterstützen", erklärte Andrea Wink vom Organisationsteam von *exground filmfest* am 3. Juni 2020 in einer Pressemitteilung des Festivals.

Zur Geschichte von *exground filmfest*: Im Jahr 1990 taten sich in Wiesbaden sechs filmbegeisterte Frauen und Männer zusammen und gründeten den Verein *Wiesbadener Kinofestival* mit dem Ziel, ein Filmfestival zu Avantgarde- und Underground-Produktionen zu veranstalten und damit einen Kontrapunkt zum öden Einerlei in der heimischen Kinolandschaft zu setzen. Das Angebot an anspruchsvollen und künstlerischen Filmen war in Wiesbaden zu dieser Zeit sehr eingeschränkt. Alle Kinos der Stadt gehörten einem Betreiber und zeigten vor allem Kassenschlager aus Hollywood. Hinzu kam, dass es zu dieser Zeit noch kein Programmkino in Wiesbaden gab – also eine Spielstätte für Produktionen abseits des kommerziell geprägten Mainstream.

Ein Filmfestival braucht auch einen Namen. Da die Schwerpunkte des Festivals experimentelle Filme und Underground-Produktionen waren, lag ein daraus zusammengesetztes Wort nahe: ‚exground'. Hinzu kam in den Anfangsjahren des Festivals ‚on screen' – auf der Leinwand. So war der Festivalname *exground on screen* geboren, der bis 1998 Bestand hatte. In den ersten beiden Jahren fand das Festival zweimal pro Jahr an jeweils vier Tagen statt. Bei der Premiere im April 1990 präsentierte das Festivalteam dem Kurstadtpublikum Größen des Independent-Films aus New York wie Richard Kern und Lydia Lunch, und andererseits die frühen Filme von Andy Warhol wie Sleep und Empire. Dieses weltbekannte filmische Werk von Warhol zeigt mit feststehender Kamera acht Stunden lang das Empire State Building in Manhattan. Man kann also mit Fug und Recht behaupten: Bereits bei der Premiere von *exground* nahmen die ‚American Independents' viel Raum im Programm ein – und das ist bis heute so geblieben.

Beim zweiten *exground on screen* im Herbst 1990 umfasste das Programm unter anderem Rosa von Praunheims AIDS-TRILOGIE und Musikfilme über die *Einstürzenden Neubauten* und die slowenische Band *Laibach*. Daneben präsentierten Filmstudenten aus Wiesbaden und Offenbach ihre Arbeiten einem interessierten und Experimenten aufgeschlossenen Publikum. Das zweite Festival war auch das erste Festival im Kommunalen Kino der Landeshauptstadt Wiesbaden, der *Caligari FilmBühne*, die ab Sommer 1990 ihren Betrieb als Programmkino aufnahm. Musste das Festival bei der ersten Ausgabe noch in ein Jugendzentrum in Wiesbaden ausweichen, konnte es ab Herbst 1990 bis heute die wunderbare *Caligari FilmBühne* als Hauptspielort und Festivalzentrum nutzen und wirkt parallel mit seinem Trägerverein *Wiesbadener Kinofestival e.V.* aktiv auch bei dessen regulärem Kinoprogramm mit. Einmal im Monat gibt es einen ‚exground Film des Monats' und einen ‚Jugendfilm des Monats'. Zudem kuratiert der Verein gemeinsam mit dem Kulturamt die Reihe ‚Filmstadt Wiesbaden'. Lohn für die seit Jahren ausschließlich ehrenamtliche Arbeit des Organisationsteams: die Verleihung des Kulturpreises 2000 durch die Landeshauptstadt Wiesbaden – und natürlich die inzwischen große Reputation und Resonanz in der Branche und beim Publikum.

Über die Jahre hat die Besetzung und Anzahl der Mitglieder im Organisationsteam immer wieder gewechselt, fester Bestandteil sind jedoch seit Anfang an Nadja Huhle und Andrea Wink. Solidarität mit anderen Festivals in Wiesbaden oder auch in Richtung der gegenüberliegenden Rhein-Seite, sei es auf der Ebene des Teams oder Unterstützung beim Equipment, gab es schon immer. Als 2012 das *FILMZ – Festival des deutschen Kinos* in Mainz mangels Förderung nicht stattfinden konnte, lud das *exground filmfest* die Kolleg:innen ein, ein Programm mit mittellangen Filmen zu präsentieren und so auf das eigene Festival aufmerksam zu machen. Auch kulturelle Teilhabe wird beim *exground filmfest* als Zeichen der Solidarität verstanden. So können sich seit 2007 ALG-II-Empfänger:innen kostenfrei akkreditieren. Seit 2015 kann dieses Angebot auch von Geflüchteten wahrgenommen werden.

Mit dem Lockdown im März 2020 konnten wir beobachten, wie zahlreiche Filmfestivals ausfielen oder mehr und mehr Online-Lösungen entwickelten. Um wenigstens mit dem Großteil des Programms als Back-up online stattfinden zu können, entschieden wir uns bereits im Mai für eine hybride Lösung. Noch im Juni 2020 gingen wir, das Organisationsteam von *exground filmfest*, bestehend aus Andrea Wink, Gerald Pucher, Brigitte Strubel-Mattes und Nadja Huhle, davon aus, dass das Festival im November auch vor Ort in Wiesbaden stattfinden könnte. Unter diesen Umständen hielten wir es für selbstverständlich, dem ebenfalls in Wiesbaden beheimateten und im Mai 2020 durch den Covid-19-bedingten Lockdown ausgefallenen Filmfestival *goEast – Festival des mittel- und osteuropäischen Films* die Möglichkeit zu geben, einen Teil seines Programms bei *exground filmfest* auf der großen Leinwand und vor Publikum zu zeigen. Im Gegensatz zu den meisten Filmfestivals gibt es bei unserer Organisationsstruktur keine klassische Festivalleitung, die meist die künstlerischen und organisatorisch-kaufmännischen Aufgaben und Verantwortungen aufteilt. Wir sind ein Organisationsteam aus vier Personen, die alle Entscheidungen des Festivals gemeinsam treffen: sei es die Auswahl der jeweiligen Film- und Rahmenprogramme oder Fragen zur Finanzierung, zur Entwicklung des Filmfestivals, zu Marketing- und Pressearbeit, Gästeprogramm und Empfängen. Ebenso treffen wir Personalentscheidungen, von der Auswahl der mit Honorarkräften zu besetzenden Aufgabenbereiche wie die Gästebetreuung, die Presse- und Öffentlichkeitsarbeit und die Kopienkoordination bis zur Auswahl der Praktikant:innen gemeinschaftlich.

Die Lage des *goEast Filmfest* machte uns sehr betroffen – kurz vor der Festivaleröffnung, als schon alles stand, Programm, Gäste, und die Vorbereitungen schon abgeschlossen waren, durch eine Pandemie ausgebremst zu werden, war für uns zu diesem Zeitpunkt kaum zu fassen und hinterließ den Wunsch, das Festival im November sichtbar zu machen. So entschieden wir uns bei einem Treffen Anfang April, *goEast* und einen Teil seines Programms zu ‚adoptieren'[64]. Uns allen war klar, dass diese Entscheidung damit einherging, Programmplätze abzugeben. Unsere Mittel als Festival sind an die Fördergelder gebunden, die wir erhalten. Somit war auch unter diesen besonderen Umständen nicht daran zu denken, das Festival verlängern bzw. das Programm erweitern zu können. Als ersten Schritt suchten wir selbstverständlich den Dialog mit der Festivalleitung von *goEast*, Heleen Gerritsen, um zunächst einmal zu sondieren, um wie viele zusätzliche Programmpunkte es sich handeln könnte. Im Laufe unserer Gespräche verständigten wir uns darauf, den gesamten Spiel- und Dokumentarfilm-Wettbewerb zuzüglich des geplanten Eröffnungsfilms von *goEast* im Rahmen von *exground filmfest* zu präsentieren. Dafür waren insgesamt 17 Programmplätze ‚freizuräumen'. Schweren Herzens begannen wir damit, die Kürzungen in unseren eigenen Programmreihen festzulegen.

Das *exground filmfest* war schon immer ein Filmfestival, das Kurz- und Langfilme jeglicher Gattungen im Programm berücksichtigte. Unser Programmprofil umfasst mehrere Sektionen, zwei Wettbewerbe für Langfilme sowie fünf Wettbewerbe für Kurzfilme. Die *exground youth days*, unser Jugendfilm-Festival im Rahmen von *exground filmfest*, besteht exklusiv aus Wettbewerben – vom lokalen Kurzfilm-Wettbewerb für Arbeiten von Jugendlichen zwischen 14 und 18 Jahren bis hin zu zwei internationalen Wettbewerben für Lang- und Kurzfilme, in denen Themen gezeigt werden, die den Alltag der Jugendlichen in aller Welt prägen.

---

[64] https://exground.com/2020/exground.com/programm/goeastexground/index.html [letzter Zugriff: 12.5.2022].

Da bereits die ersten Wellen der Pandemie gerade die Aktivitäten für Schüler:innen stark eingeschränkt hatten, war uns klar, dass es im Jahr 2020 nur wenige Einreichungen für den lokalen Kurzfilm-Wettbewerb der 14- bis 18-Jährigen geben würde, und trafen deshalb als erste Entscheidung, diesen Programmplatz für einen der Filme von *goEast* zur Verfügung zu stellen. Anschließend mussten wir in den anderen Sektionen massiv kürzen, um dem Wettbewerb von *goEast* genügend Programmplätze bieten zu können. Besonders schmerzlich fiel der Einschnitt bei unseren langjährigen Kurzfilmprogrammen außerhalb der Wettbewerbe aus, sodass nur die zwei Programme *Best of Shorts* mit unseren Lieblingskurzfilmen und das iranische Kurzfilmprogramm übrigblieben. In allen anderen Reihen, den *American Independents*, *Made in Germany*, *International* und dem traditionellen Länderschwerpunkt, strichen wir zwischen zwei und fünf Programmplätze.

Das *exground filmfest* widmet jedes Jahr einem anderen Land einen eigenen Fokus – 2020 stand Italien im Mittelpunkt. Neben aktuellen Filmen zeigen wir im Fokus einige ältere Werke, da die Filmgeschichte für jedes nationale Filmschaffen eine prägende Bedeutung besitzt. Zudem vertiefen wir den Blick auf das jeweilige Land mit Podiumsdiskussionen zu politischen Themen im Allgemeinen sowie zu film- und gesellschaftspolitischen Problemstellungen (bei Brasilien, dem Iran und den Philippinen ging es unter anderem um die Risiken, denen Filmemacher:innen ausgesetzt sind, wenn sie Filme zu brisanten aktuellen Themen drehen), Konzerten, Lesungen und Ausstellungen.

Nachdem wir es geschafft hatten, unsere Programmplätze um die 17 von *goEast* benötigten zu kürzen, mussten wir nun logistische Entscheidungen treffen: In welchen Locations und an welchen Tagen könnte *goEast* bei *exground filmfest* unterkommen? Unser Hauptspielort und Festivalzentrum ist die *Caligari FilmBühne*, ein besonders schönes und geschichtsträchtiges Lichtspielhaus aus dem Jahr 1926, das 2000 von der Landeshauptstadt Wiesbaden als Betreiber aufwendig restauriert worden war. Diese Spielstätte bietet 427 Sitzplätze. Eine weitere Spielstätte in Wiesbaden ist das *Murnau-Filmtheater*, das von der *Friedrich-Wilhelm-Murnau-Stiftung* betrieben wird. Da hier tagsüber die Prüfungen der *Freiwilligen Selbstkontrolle der Filmwirtschaft* (*FSK*) stattfinden, ist diese Spielstätte mit einer hervorragenden Technik ausgestattet, liegt aber etwas außerhalb der Innenstadt und verfügt lediglich über 100 Plätze. Einen weiteren

→

Blick auf die Bühne bei der Online-Ausgabe des exground Filmfest 2020 © exground filmfest
Andrea Wink bei der Online-Ausgabe 2020 © exground filmfest
Die Technik im Griff – Online-Filmgespräch bei der Online-Ausgabe 2020 © exground filmfest

exground filmfest | Andrea Wink

Spielort hat *exground filmfest* seit einigen Jahren in der Krypta der Marktkirche eingerichtet – ein Ort mit sehr besonderem Flair, an dem wir aber hauptsächlich Veranstaltungen des Rahmenprogramms und fast keine Filmvorführungen anbieten. Also musste die Entscheidung für die *goEast*-Filme zwischen der *Caligari FilmBühne* und dem *Murnau-Filmtheater* fallen. Da wir es im Organisationsteam einstimmig für unfair hielten, *goEast* für die Filmvorführungen nur das *Murnau-Filmtheater* anzubieten, entschieden wir uns für eine Kombination aus beiden Spielstätten. Last but not least war zu entscheiden, an welchen Tagen die Filme aus dem Wettbewerbsprogramm von *goEast* vor Publikum gezeigt werden sollten.

In diesem Punkt waren sich die Festivalleitung von *goEast*, Heleen Gerritsen, und unser Organisationsteam schnell einig, dass es am besten wäre, die *goEast*-Filme kompakt an wenigen Tagen hintereinander zu zeigen. Zum einen, weil *goEast* dafür im November 2020 auch einen Stamm an Mitarbeiter:innen benötigen würde, die für Organisatorisches vor Ort wie den Einlass in die Spielstätten, Filmansagen und bei Bedarf für die Moderation von Diskussionsrunden mit dem Publikum nach der Filmvorführung nötig waren, und zum anderen, weil es für ein doch von *exground filmfest* unterschiedliches Publikum und auch die Pressearbeit besser zu vermitteln wäre, einen eingegrenzten Programmblock zu bieten, als alle 17 Filme verteilt auf zehn Tage *exground filmfest* zu zeigen. Also entschieden wir, die *goEast*-Filme an den Anfang von *exground filmfest* zu legen – an jeweils zwei Tagen im *Murnau-Filmtheater* und in der *Caligari FilmBühne*. Nach diesen grundsätzlichen Entscheidungen ging es nur noch darum, einen passenden Namen für die neue Sektion zu finden. In diesem Zusammenhang entschieden wir uns dann gemeinsam dafür, das Label *goEast@exground* zu verwenden.

Im Vorfeld erhielt *exground filmfest* bereits aus der Branche und Presse viel Lob für dieses Solidaritätsbekenntnis gegenüber dem *goEast-Festival*. Und auch Angela Dorn, Hessische Ministerin für Wissenschaft und Kunst, dankte uns in ihren Grußworten für die Bereitschaft, *goEast* mit seinen Wettbewerbsfilmen auf die Leinwand zu bringen, und Axel Imholz, Kulturdezernent der Landeshauptstadt Wiesbaden, betonte mit den Worten „Für dieses starke Zeichen der Solidarität danke ich dem Festivalteam herzlich" seine Anerkennung. Doch wie sich zeigen sollte, folgt eine Pandemie allein ihren eigenen Regeln.

Der Aufwand, ein duales Festival, also physisch wie online zu planen, sollte nicht unterschätzt werden. Das mussten auch wir schmerzlich lernen. Denn es zeigte sich, dass die On-Demand-/Online-Version im Prinzip denselben Aufwand erfordert, als ob man zu den Filmvorführungen vor Ort parallel ein zweites Festival planen würde. Wir entschieden uns bereits im Sommer 2020, eine On-Demand-Variante sicherheitshalber mit einzuplanen. Angesichts der sehr volatilen Pandemielage erschien es zu riskoreich, allein auf ein Festival vor Publikum vor Ort in den angestammten Spielstätten zu hoffen.

Da wir im Festivalprogramm viele internationale Spielfilme präsentieren, war uns nach den (Online-)Terminen mit den Weltvertrieben im Rahmen des nun ebenfalls online umgesetzten Filmmarkts der Internationalen Filmfestspiele von Cannes klar, dass die Rechteinhaber bei Online-Festivalausgaben darauf bestehen würden, dass ihre Filme nur mittels der ihnen bekannten und „sicheren" VoD-Lösungen gezeigt werden dürften. Andernfalls würden sie die Filme nicht für ein Festival wie das *exground filmfest* freigeben. Als Topanbieter unter den On-Demand-Plattformen hatte sich inzwischen *Festival Scope* etabliert, ein Dienstleister mit Sitz in Frankreich, der bereits vor der Pandemie bei internationalen Filmfestivals Filme für die Professionals On-Demand zur Verfügung gestellt hatte. *Festival Scope* erbringt diesen Service natürlich nicht umsonst. Je nachdem, welches „Paket" man buchen will, muss man mit Kosten von 3.000 bis 7.000 Euro rechnen. Mit „Paket" ist die Laufzeit des On-Demand-Angebots und die Anzahl der Film-Uploads gemeint. Doch damit ist es längst noch nicht getan. Der Upload der einzelnen Filme erfordert Zeit und vor allem spezielles Know-how. Und davor ist zudem eine eigene Festival-Webseite zu erstellen und mit Inhalten zu füllen – es ist sozusagen ein virtueller Ort einzurichten, über den das On-Demand-Angebot des jeweiligen Festivals zur Verfügung steht. Die Abrechnung der Online-Tickets erfolgt zum Schluss; als Dienstleister für den Zahlungsverkehr arbeitet *Festival Scope* nur mit dem irischen Anbieter *Stripe* zusammen, der ebenfalls an jedem verkauften Ticket verdient. Mit anderen Worten: Eine On-Demand-Variante eines Filmfestivals zu etablieren kostet viel Geld – einerseits für den Service des Plattform-Anbieters zuzüglich etwaiger Nebenkosten für den Zahlungsverkehr und andererseits für das Fachpersonal bzw. die Experten, die benötigt werden, um die Umsetzung und Betreuung des On-Demand-Angebots zu erbringen.

Vermutlich wird sich eine solche Zweigleisigkeit auf Dauer kein Festival leisten können. Insbesondere die Filmfestivals, die ein internationales Spielfilmprogramm anbieten und infolgedessen auf einen teuren Anbieter von On-Demand-Plattformen zurückgreifen müssen, um die Reputations- und Sicherheitsstandards der Rechtehändler zu erfüllen. Denn die Angst der Weltvertriebe, dass eine On-Demand-Plattform Sicherheitslücken aufweist und dadurch Festivalprogramme illegal ins Netz gelangen, ist immens.

Nachdem zwei Wochen vor Festivalbeginn das Land Hessen einen Corona-bedingten Lockdown ab dem 2. November 2020 angekündigt hatte, war es uns dank unserer umfangreichen Vorbereitungen für unser On-Demand-Angebot möglich, unsere Festivaledition im November 2020 wenn nicht dual, so doch zumindest online anzubieten. Gleichzeitig bedeutete dies das Aus für unser Präsenzangebot vor Ort – und machte leider auch unser Angebot an das *goEast* hinsichtlich der Kinovorführungen obsolet. Somit war unsere solidarische Unterstützung nur noch via unserer On-Demand-Plattform und unserer Social-Media-Kanäle möglich. Dies stellte uns erneut vor viele zusätzliche neue Herausforderungen, die in nur zwei Wochen zu meistern waren: Videogrüße von Regisseur:innen anfragen, Filmgespräche mit den Filmschaffenden führen und aufzeichnen, Eröffnungsreden aufzeichnen (vom Oberbürgermeister der Landeshauptstadt Wiesbaden bis hin zur Geschäftsführerin des *Kulturfonds Frankfurt RheinMain*, Karin Wolff, ehemals Kultusministerin in Hessen), den Livestream der Preisverleihung vorbereiten und vieles andere mehr. Nicht nur, dass die Pandemie Filmfestivals dazu gezwungen hatte, in die Online-Verwertung von Filmen einzusteigen, also ins Video-on-Demand-Business, sondern auch angestammte Aufgabenbereiche von Fernsehsendern mussten übernommen und in Windeseile langjährige Kenntnisse und Erfahrungen zu Live-Übertragungen der Sender, adaptiert auf Live-Übertragungen bei Filmfestivals, aufgebaut werden.

Notwendig wurden zudem entsprechende Technik sowie die Fachkräfte, die diese Programmbausteine routiniert umsetzen konnten. Nur mit einem Zusatzteam bestehend aus Profis (erfahrene Kameramänner und Tontechniker) und IT-Nachwuchs konnten wir diese Aufgaben erfolgreich meistern – und dies alles mit äußerst begrenzten Technikmitteln, da wir uns selbstverständlich einen Übertragungswagen, wie wir ihn alle vom Fernsehen her kennen, nicht leisten konnten. Aufzeichnungen vor Ort waren mit guter Technik am unproblematischsten, da wir die daraus resultierende Qualität für eine Ausstrahlung steuern konnten. Anders verhielt es sich mit den Videogrüßen der Regisseur:innen, die nicht immer in sendetauglicher Qualität geliefert wurden, so dass wir Nachbearbeitungen zur Farbkorrektur und des Tons beauftragen mussten, um die Mindeststandards für eine zufriedenstellende Ausstrahlung erfüllen zu können. Auch bei den Filmgesprächen und bei den Aufzeichnungen für die Preisverleihung waren weitreichende und kostspielige Nachbearbeitungen erforderlich.

Die Live-Übertragung des Parts der Preisverleihung, in dem das Publikum mittels Abstimmung über die Preise entscheidet, war am schwierigsten zu bewerkstelligen. Zum einen hätte der Wechsel von der aufgezeichneten Ausstrahlung zur Live-Übertragung eine Fehlerquelle sein können, zum anderen die Umsetzung einer Publikumsabstimmung in die Live-Übertragung, bei der die Regisseur:innen per *Zoom* zugeschaltet waren. Der Deutsche Kurzfilm-Wettbewerb im Rahmen von *exground filmfest* war schon immer ein Highlight des Festivals und sollte es auch im Pandemiejahr 2020 bleiben. Auf die Schnelle ließen wir daher die Modalitäten für die Abstimmung durch das Publikum, die ansonsten nur vor Ort bei der Vorführung im Kino möglich ist, mittels eines Tools für die On-Demand-Seite programmieren. Demnach durften alle Personen, die ein Online-Ticket für das Wettbewerbsprogramm gekauft hatten, im Anschluss über ihre Favoriten abstimmen. Nach Ende des Abstimmungsprocederes startete dann auf unseren Social-Media-Kanälen die Preisverleihung mit den Aufzeichnungen zu den Preisen, die bereits durch Jury-Voten entschieden worden waren. Hierbei nutzten wir die Bühne der *Caligari FilmBühne*, die sich vor der riesigen Leinwand befindet, als Studio und übertrugen die Statements der Jurys und Preisträger:innen per *Zoom* auf die Leinwand. In unserem so improvisierten Studio übernehmen dann Mitglieder aus dem Organisationsteam die Moderation der Preisverleihung. Nach Ende der Übertragung der Preisverleihung inklusive Live-Teil waren wir dann wirklich alle – sprich die acht live anwesenden Personen, unter ihnen drei Moderatorinnen – erleichtert und heilfroh, dies alles mit unseren bescheidenen Mitteln erfolgreich gemeistert zu haben. Eine Mammutaufgabe, die wir nur dank unseres kleinen, aber großartigen Teams stemmen konnten!

Für das *exground filmfest* 2021 konnten wir dann auch schon auf einiges zurückgreifen, was wir uns 2020 angeeignet hatten, und sogar noch weiter optimieren. Das betraf zum Beispiel die Live-Übertragung der Eröffnungsreden, der Lesung und der Preisverleihung, die über unsere Social-Media-Kanäle kostenfrei zugänglich waren. Im Jahr 2021 fand *exground filmfest* dann wirklich dual statt – vor deutlich reduziertem Publikum und mit ausgeklügeltem Hygienekonzept und ein Großteil des Filmprogramms auch über unsere schon bewährte Online-Plattform. Die Videogrüße der Regisseur:innen behielten wir ebenfalls bei: Zum einen nutzten wir sie als Werbung für die Filmprogramme, zum anderen spielten wir sie vor Ort ein, wenn Filmschaffende zu den Diskussionen mit dem Publikum nicht anreisen konnten.

All dies zeigt deutlich: Die Pandemie hat uns gelehrt, neue Formen für die Festivalpräsentation zu entwickeln und dadurch in andere Medienbereiche vorzudringen. Inwieweit wir das alles in den nächsten Jahren fortführen werden, können wir gegenwärtig noch nicht im Einzelnen abstecken. Im Hinblick auf weitere zukünftige Problemstellungen wie die Klimakrise und Bemühungen, auch Bevölkerungsgruppen mit wie auch immer gearteten Mobilitätseinschränkungen den Zugang zum *exground filmfest* zu ermöglichen, werden diese neu gewonnenen Möglichkeiten ebenfalls neu bewertet werden. Allerdings ist in Zeiten von Corona auch deutlich geworden, dass Filmfestivals stark vom gemeinschaftlichen Erlebnis eines Publikums im Kinosaal und vom Austausch der Filmschaffenden mit eben diesem Publikum (für das sie ihre Filme ja gemacht haben) vor Ort leben. Diese Qualität scheint mittels On-Demand-Angeboten nicht realisierbar. Versteht man Solidarität als Form des Zusammenhalts in Krisen- wie in Problemsituationen, so zeigt sich – trotz des unvermeidbaren Wettbewerbs um die herausragendsten Filme eines Jahrgangs – die gegenseitige Unterstützung in der Filmfestivallandschaft als entscheidende Haltung und gelebte Kultur. Damit lässt sich vielleicht auch die Entscheidung von *exground filmfest* erklären, für *goEast* Programmplätze einzuräumen und dem befreundeten Festival die Möglichkeit zu bieten, sein Wettbewerbsprogramm vor Publikum im Kino zu zeigen (also an dem Ort, an den Filme hingehören).

Auch unter den hessischen Filmfestivals gibt es bereits seit rund 20 Jahren ein Netzwerk, das der gegenseitigen Unterstützung dient. Angedockt beim *Film- und Kinobüro Hessen* ist der *Verbund hessischer Filmfestivals* eine Plattform für die Interessenvertretung vieler Filmfestivals in Hessen. Vom Kinder- und Jugendfilmfestival, der *Visionale*, der *Werkstatt der Jungen Filmszene*, über *LUCAS* – dem Internationalen Filmfestival für Junge Filmfans, über die mit Länderschwerpunkten gesetzten Festivals wie *Cuba im Film, Nippon Connection* und *goEast* bis hin zum *LICHTER Filmfest Frankfurt International*, dem *Dok Filmfest* in Kassel oder den satirischen *Rüsselsheimer Filmtagen* befinden sich über 20 Filmfestivals im Verbund, wie auch das *exground filmfest* als eines der Gründungsmitglieder.

Solidarität und Unterstützung sind in diesem Kreis sehr konkret zu verstehen. So haben Mitglieder des gesamten Teams von *exground filmfest* bereits verschiedene hessische Festivals unterstützt. Kassendienste bei *Nippon Connection*, Einlass bei *goEast* und Betreuung des Merchandising-Stands beim *Filmfest Weiterstadt* gehören dazu. Umgekehrt werden wir bei *exground filmfest* auch von den Mitarbeiter:innen der genannten Festivals unterstützt, die ehrenamtliche Dienste am Einlass und an der Festivalbar übernehmen.

Auch tauschen sich hessische Festivals bei den freien Mitarbeiter:innen aus, sofern die Festivals zu unterschiedlichen Terminen über das Jahr hinweg stattfinden. Für das Pandemiejahr 2020 hatten wie das Glück, den Kopiendisponenten des *LICHTER Filmfest Frankfurt International* bei *exground filmfest* als Honorarkraft anstellen zu können, was sich als eine Art Hauptgewinn entpuppte – nicht nur, weil dieser die Koordination und Prüfung der Filmkopien souverän erledigte, sondern auch, weil er die On-Demand-Plattform *Festival Scope* bereits aus dem Effeff kannte. Das *LICHTER Filmfest Frankfurt International* war eines der ersten Festivals, das, von der Pandemie und dem ersten Lockdown betroffen, mit seinem Filmprogramm als Online-Edition auf *Festival Scope* ausweichen musste.

Heleen Gerritsen vom goEast Festival zu Gast bei exground Filmfest 2020
© exground filmfest/Anja Kessler
Das Team des exground Filmfest 2021 © exground filmfest/Anja Kessler
Das Caligari-Filmtheater während des des exground Filmfest 2021 © exground filmfest/Anja Kessler

exground filmfest | Andrea Wink

Es versteht sich, dass gerade das *exground filmfest* und das *goEast* sich aufgrund des gemeinsamen Standorts bei einer Vielzahl von Schwierigkeiten und Hürden gegenseitig unterstützen. Zentral ist hierbei immer wieder der Bereich des Personals. Empfehlungen und Vermittlungen von Mitarbeitern oder Honorarkräften sind wesentlich für die Festivalarbeit, denn die Aufgabenbereiche bei Filmfestivals sind vielfältig, erfordern jedoch ein umfassendes Expertenwissen und nach Möglichkeit weitreichende Erfahrungen. Der Umstand, dass es sich bei Filmfestivals um ‚Saisonbetriebe' handelt, erschwert hingegen die Besetzung von Positionen und bedingt zudem eine hohe Fluktuation in wichtigen Bereichen wie Gästekoordination, Kopienkoordination, Redaktion sowie Presse- und Öffentlichkeitsarbeit. Die Weiterempfehlung insbesondere nicht nur bei leitenden Funktionen bedeutet somit einen enormen Vorteil allein hinsichtlich der Einarbeitung neuer Mitarbeiter:innen.

Solidarität bildet auch den Kern des Verbunds der hessischen Filmfestivals. Die Mitglieder unterstützen einander, wenn ein Filmfestival beispielsweise in eine Schieflage gerät, die meist finanziell und durch die kommunale Förderung bedingt ist. Hier dient der Erfahrungsaustausch gezielt, um Lösungswege aufzuzeigen. Die Mitglieder des Verbunds treffen sich mehrmals im Jahr. Im Pandemiejahr 2020 nahm der Verbund mit einigen Vertreter:innen an Sitzungen mit *HessenFilm und Medien* teil und nutzte die Gelegenheit, in diesem Forum auf die Befürchtungen und drohenden Probleme bei den Festivals hinzuweisen und die Förderinstitution dafür gezielt zu sensibilisieren. Gegenseitige Präsentationen von Programm-Highlights auf den anderen Festivals und Juryberufungen sind ebenfalls ein erfreuliches Zeichen für den Zusammenhalt unter den hessischen Filmfestivals, auch und vor allem in schwierigen Zeiten.

Ein großer Gewinn wie auch ein starkes Signal für den Zusammenhalt unter den Filmfestivals über die Landesgrenzen hinaus ist die im Juli 2019 gegründete *AG Filmfestival*, der sich inzwischen über 120 deutsche Filmfestivals angeschlossen haben. Zu den Gründungsmitgliedern zählen die größten und ältesten Filmfestivals in Deutschland, Filmfestivals aus allen Regionen und verschiedensten Sparten. Die Festivals haben gemeinsam einen *Code of Ethics* entwickelt, der u. a. einen fairen Umgang mit den Filmschaffenden, aber auch unter den Festivals thematisiert. In der Präambel heißt es:

> Die Arbeitsgemeinschaft Filmfestival ist der bundesweite Interessensverband der Filmfestivals in Deutschland. Ziel der AG ist es, sich untereinander zu vernetzen, bessere Bedingungen für Filmfestivals in Deutschland zu schaffen und gemeinsam mit den Filmschaffenden und anderen Verbänden Filmkultur zu stärken und zu fördern. Filmfestivals sind Teil der Auswertungskette; sie begreifen sich als Teil der Filmwirtschaft sowie der

kulturellen Praxis Kino und ihrer Vermittlung. Filmfestivals stehen für eine vielfältige Auseinandersetzung mit Film in seinen unterschiedlichen Facetten. Festivals setzen sich für eine plurale und gerechte Gesellschaft ein und sprechen sich gegen jegliche Form von Diskriminierung aus. Diversität soll in allen Bereichen der Filmfestivals Berücksichtigung finden. Die Filmfestivals orientieren sich an den Zielen für nachhaltige Entwicklung der Vereinten Nationen.[65]

Damit formulieren auch die Filmfestivals der *AG Filmfestival* ihren Einsatz für Solidarität weit über ihr programmatisches Wirken hinaus.

Ich würde mir wünschen, dass die Festivals in Zukunft noch enger miteinander arbeiten. Gemeinsame Ziele in Bezug auf Diversität, Nachhaltigkeit und faire Entlohnung der Mitarbeiter:innen gibt es bereits. Ein unschönes Gegeneinander ergibt sich durch die Jagd nach Premieren. Der seitens vieler der größeren Filmfestivals bestehende Premierenzwang – wahrscheinlich dem Druck ihres Rankings und Sponsorings geschuldet – zwingt die ‚kleineren' Festivals immer an das Ende der ‚Nahrungskette'. Doch auch kleinere Festivals stehen unter dem Druck, sich mittels Filmpremieren bei Länderförderern, der kommunalen Förderung und den Sponsoren zu beweisen. Dies wirkt sich wiederum auf Produktionsfirmen, Hochschulen und Regisseur:innen aus, die eine Festivalstrategie entwickeln müssen, um das scheinbar Beste für den Film zu erreichen. Auch beim Film liegt die Kunst im Auge des Betrachters. Somit sollte es im Interesse der Regisseur:innen liegen, ihre Werke einem möglichst breiten und vielfältigen Publikum zu zeigen und auf vielen Festivals präsent zu sein.

---

[65] Nachzulesen unter: https://ag-filmfestival.de/coe/ [letzter Zugriff: 12.5.2022].

Hamburg International Queer Film Festival

Im Wintersemester 1988/89 organisierten Student:innen der Universität Hamburg ein Seminar zum damals kaum erforschten Thema ‚Homosexualität im Film'. In einer Kooperation mit dem kommunalen Kino *Metropolis* fanden im Sommer 1990 die ersten *Lesbisch Schwulen Filmtage Hamburg* (*LSF Hamburg*) als eine Veranstaltung der *Kinemathek Hamburg* statt. Weil die seitdem jährlich organisierten *LSF Hamburg* stetig an Aufmerksamkeit gewannen, wurde 1995 der gemeinnützige Verein *Querbild e.V.* gegründet. Der Verein ist seitdem Veranstalter und Träger der Filmtage und stellt den rechtlichen Rahmen. Über ihn erlangten die Filmtage neue finanzielle Möglichkeiten: Die Unterstützung der Stadt Hamburg über die Kulturbehörde, das Engagement von Konsulaten und Kulturinstituten und Beiträge von Sponsor:innen im Rahmen von Kooperationen.

2019 feierten die *Filmtage* ihr 30. Jubiläum. Bis 2019 wurden im Rahmen des Festivals rund 130 Filme in etwa 60 Programmen in bis zu acht Spielstätten gezeigt, darunter vier regulären Programmkinos. Zudem veranstaltet das Festival ein bis zwei Workshops, ein Familienprogramm sowie Schulprogramme, und es werden jährlich ein Jurypreis und sechs Publikumspreise vergeben. Seit 2020 hat das Festivalprogramm pandemiebedingt in hybrider Form mit reduziertem Programm stattgefunden, Preise wurden nicht vergeben.

Anspruch der Filmtage ist es, dem Publikum vielfältige und aktuelle internationale Filmproduktionen aus dem Spektrum des queeren Kinos zu zeigen. Die programmierten Filme beschäftigen sich mit relevanten Themen, erzählen spannende Geschichten und setzen sich mit ganz unterschiedlichen Persönlichkeiten auseinander. Sie gehen interessante Korrespondenzen mit Klassikern und Raritäten der queeren Filmgeschichte ein, fester Programmpunkt ist u. a. eine Stummfilm-Matinee. Außerdem bietet das Festival ein Forum für eine gesellschaftlich engagierte, diskussionswürdige und anspruchsvolle Filmkultur.

Etwa 15.000 Besucher:innen zählt das Festival in den Jahren vor der Pandemie. International sind die Filmtage gut vernetzt, weshalb jedes Jahr internationales Fachpublikum und natürlich die geladenen Filmgäste nach Hamburg anreisen. Diese Mischung macht das *Hamburg International Queer Film Festival* alljährlich zu einem Event, das sowohl für die *queer community* als auch für alle Film- und Kulturinteressierten von großem Interesse ist.

Hamburg International Queer Film Festival | Hanne Homrighausen und Joachim Post im Gespräch

Hanne Homrighausen und Joachim Post im Gespräch mit Jan Künemund

„Tanzen und weiterdiskutieren!"

Im Oktober 2019 habt ihr eure 30. Ausgabe der Lesbisch Schwulen Filmtage Hamburg gefeiert. Dann kam die Pandemie und ihr habt zwei Festivals in Hybridformen organisiert. Wie kam es zu dieser Entscheidung?
Joachim Post (JP): Die Zeit seit März 2020 war sehr herausfordernd für uns. Wir haben uns fast ausschließlich online getroffen und wussten lange Zeit nicht, ob die Kinos öffnen dürfen oder nicht. Und im Frühsommer 2020 mussten wir im Team entscheiden, ob wir ein Festival planen möchten, das möglicherweise gar nicht stattfinden kann. Ein wichtiger Grund, die Filmtage auch unter diesen schwierigen und anstrengenden Bedingungen stattfinden zu lassen, war, dass wir wussten, dass die queere Community wenige andere Orte in der Pandemie hatte, um sich zu treffen. Nach langen Diskussionen haben wir uns dann für ein hybrides Festival entschieden, um eine möglichst hohe Zugänglichkeit zu unserem Programm zu ermöglichen, auch falls kurzfristig die Kinos wieder schließen würden oder das Publikum aus Gesundheitsgründen nicht ins Kino gehen möchte oder kann. Das Festivalprogramm haben wir auf ca. 50 Prozent reduziert, um das Risiko zu minimieren und die Organisation des Festivals bewältigen zu können. Die Verhandlung mit den Verleihern darum, Filme auch online zeigen zu können, waren dann teilweise sehr schwierig, und wir mussten uns genau überlegen, wie die Präsentationsform und die Verfügbarkeit aussehen sollen. Während des Festivals und der Vorbereitungen haben wir auf die Unterstützung der Helfer:innen verzichtet, um diese nicht zu gefährden. Auch unsere Wettbewerbe und die Vergabe der Preise haben wir nicht durchgeführt. Mit den Kinos hatten wir Glück: Einen Tag nach unserer letzten Kinovorführung wurden die Kinos Ende Oktober 2020 wieder geschlossen.

Die Festivalvorbereitungen liefen dann 2021 schon etwas routinierter als 2020, aber es war teilweise noch komplizierter, die Rechte für Online-Vorführungen zu bekommen, da die Kinos ja durchgehend geöffnet waren. Uns war es aber wichtig, dass es weiterhin neben den Kinovorführungen auch Online-Vorführungen gab, da noch längst nicht alle Festivalbesucher:innen die Kinos besuchen konnten.

Filmfestivals | Krisen – Chancen – Perspektiven

Teambesprechung © Hamburg International Queer Film Festival

Eine weitere Veränderung der letzten Jahre fällt auf: Seit 2022 heißen die Lesbisch Schwulen Filmtage „Hamburg International Queer Film Festival", der ehemalige Zusatztitel hat den bisher verwendeten Hauptnamen ersetzt. Wie kam es dazu?

Hanne Homrighausen (HH): Die Namensänderung kam immer wieder auf, immer wieder wurde diskutiert. Denn uns war klar, dass dieser Name, Lesbisch Schwule Filmtage, Geschichte(n) trägt und Tradition hat. Aber wer fühlt sich davon überhaupt nach wie vor angesprochen und wer nicht mehr? Wen schließen wir damit ein und wen aus? Mit diesen Fragen haben wir uns 2021 weiter beschäftigt und sind zu der Entscheidung gekommen, dass wir mit ‚Lesbisch' und ‚Schwul' nicht alle im Akronym LSBTIQ+ mitnehmen, die jedoch schon seit den Anfängen Teil des Festivals und des Filmprogramms sind. Wir möchten mit unserem Namen auch Menschen mit weiteren sexuellen Orientierungen und Geschlechtsidentitäten einladen. Dabei ist uns bewusst, wie politisch und stark die Begriffe ‚Lesbisch' und ‚Schwul' waren und auch heute noch sind – und wie wichtig es ist, lesbische Sichtbarkeit zu zeigen, indem das Wort zuerst genannt wird. ‚Lesbisch' und ‚Schwul' werden sich weiterhin in unserem Programm finden, das wir auch in Zukunft politisch und empowernd gestalten werden. So wie sich auch gesellschaftliche Debatten und Identitäten immer weiterbewegen, haben wir uns mit der Namensänderung in einen Prozess begeben, statt stillzustehen.

Hamburg International Queer Film Festival | Hanne Homrighausen und Joachim Post im Gespräch

Dass eine Selbstdefinition als „queer" schon lange diskutiert wurde, habe ich mitbekommen. Erstaunlich finde ich, dass das gerade jetzt offiziell wurde. Gibt es eurer Meinung nach einen Zusammenhang mit der Pandemie-Zeit und dieser Entscheidung? Habt ihr nochmal neu oder intensiver oder grundsätzlicher über das Festival nachgedacht in dieser Zeit, die die Festivalarbeit besonders herausgefordert hat?

HH: Die lange Zeit, in der wir viel zuhause waren und wenig machen konnten, hat vielleicht dazu beigetragen, dass ein Gefühl entstand von: „Wir müssen was ändern, es hat zu lange Stillstand gegeben." Das Festival 2020 hatte ein sehr reduziertes Programm, keine internationalen Gäste, keine Jury, fand nur in einem Kino statt. Statt wie gewohnt über 60 Programme hatten wir auf einmal nur noch 20. Dies hat auch erfordert, dass wir unser Programm mehr fokussieren mussten und gemerkt haben, dass diese Kategorien ‚Lesbisch' und ‚Schwul' auf viele Filme, die wir zeigen, nicht mehr passen.

Bevor wir auf eure spezifische Geschichte kommen, eure Struktur und euer Publikum, würde ich euch gerne die Frage stellen, was queere Filmfestivals, von denen es ja allein in Deutschland über 20 gibt, eurer Ansicht nach leisten. Ich spreche immer wieder mit Menschen, die film- und festivalinteressiert sind, aber noch nie ein queeres Filmfestival besucht haben, und die eigentlich gar nicht genau wissen, was da passiert.

JP: Queere Filmfestivals fördern die queere (Film-)Kultur und queere Filmemacher:innen, sie fördern die Sichtbarkeit queeren Lebens für eine breite Öffentlichkeit und sie dienen der Vernetzung verschiedenster queerer Gruppen und Organisationen, national und international. Sie fördern auch die (Wieder-)Entdeckung queerer (Film-) Geschichte und hier trifft sich auch die queere Community.

Bei Menschen, die keine eigenen Erfahrungen mit queeren Filmfestivals haben, gibt es meiner Beobachtung nach zwei klassische Vorurteile: erstens, dass das Special-Interest-Veranstaltungen sind, bei denen es nur um Themen und Inhalte geht (und nicht um Ästhetik), weshalb darin eigentlich auch immer ein Urteil über die Qualität liegt, denn wären die Filme wirklich gut, könnten sie ja im Berlinale-Wettbewerb oder anderen A-Festivals laufen; und zweitens, dass da eigentlich Nischen entstanden sind, die man aus liberaler Sicht zwar schwer ok findet, die man aber eigentlich für obsolet hält, denn es hat ja eigentlich niemand was dagegen, Lesben und Schwule und trans*Menschen auf der Leinwand zu sehen, und deshalb bräuchte es doch diese Räume für Filme gar nicht mehr. Was antwortet ihr darauf?

JP: Das ist leider Blödsinn, denn die Realität sieht noch immer anders aus. Außerhalb queerer Filmfestivals und Sonderveranstaltungen finden queere Themen und Charaktere leider noch immer viel zu selten den Weg in die Kinos, auf DVDs, ins Fernsehen oder in die Streamingkanäle. Das liegt aber nicht an der Qualität, sondern hat ganz viele Gründe. Einer davon ist sicher das Überangebot an Filmen generell.

HH: Da bin ich etwas anderer Meinung. Queere Filme werden auf anderen Festivals nicht genügend ins Programm genommen, weil die Personen, die darüber entscheiden, diese nicht als wichtig genug ansehen, weil sie nicht ihrer Art von Ästhetik entsprechen, weil die Erzählweise nicht hetero- oder cis-normativ ist. Ich bin eine Verfechterin von Quoten, aber denke, dass dies auch nicht ausreichen würde, um queere Filmfestivals obsolet zu machen. Bei queeren Filmfestivals können Filme gezeigt werden, die queere Themen aus einem anderen Blickwinkel zeigen, nicht aufbereitet für ein Mainstreampublikum, sondern schon ein bestimmtes Wissen voraussetzend. Dieses Wissen kann sowohl intellektuell als auch emotional sein. Das Wissen, dass die Personen um dich herum ähnliche Erfahrungen gemacht haben. Dass sie deine (queere) Existenz nicht in Frage stellen. Auch die Emotionalität ist ein wichtiger Bestandteil queerer Festivals: dieses diffuse Gefühl von Community, das im besten Fall entsteht. Sicher ist dieses Community-Gefühl sehr fragil, denn auch queere Orte sind leider nicht per se ein *safe(r) space* für LGBTIQ+, auch hier finden Ausschlüsse und Diskriminierungen statt.

Community ist ein wichtiges Stichwort für unser Gespräch, weil sich für mich die Frage stellt, wie man das Bedürfnis danach in Online-Formaten berücksichtigt oder herstellt, abgesehen natürlich von den Möglichkeiten der einfachen Zugänge zu den gezeigten Filmen. Könnt ihr das vielleicht mal ein bisschen historisch aufarbeiten, wie Festival und Community bei euch zusammenhängen? Ich hatte, wenn ich vor Ort war, immer das Gefühl, dass da nicht irgendwer ein Event organisiert und man schaut sich das mal an, sondern dass da viele Gruppen, Einzelpersonen (eure Webseite nennt bis zu 450 Unterstützer:innen), Initiativen, verschiedene Szenen sich mitverantwortlich fühlen für das Festival. Täuscht der Eindruck?

HH: Nein, dieser Eindruck täuscht nicht. Seit Beginn des Festivals haben sich immer viele Personen am Festival beteiligt, auch außerhalb der Orgakernteams. Nicht nur in den Kinos, sondern auch an anderen Orten fanden Filmgespräche statt. Oft haben wir Koops mit queeren Gruppen oder Organisationen, die Filmprogramme präsentieren, mitbewerben und sich dadurch selbst dem Publikum bekannt machen, oder die, wie z. B. das *Bildwechsel Archiv*, Programme zusammenstellen oder wie *QueerAmnesty* und *Queer Refugees Support* auch Gespräche nach den Filmen organisieren. Von Anfang an gab es in der Festivalwoche jeden Abend Partys, in den letzten beiden Jahren leider nur an wenigen Tagen wegen der Pandemie.

Die Offenheit eurer Arbeit für Impulse aus der Community heraus hat wahrscheinlich auch damit zu tun, dass ihr als Team ehrenamtlich arbeitet. Daran wurde festgehalten, obwohl es in eurer Geschichte immer wieder mal den Ruf nach Professionalisierung, weniger Fluktuation, festen, fair bezahlten Stellen gab. Wie würdet ihr die Vor- und Nachteile eurer Organisationsstruktur beschreiben?

JP: Ja, die Zusammenarbeit mit der Community wäre sicher anders, wenn wir nicht größtenteils ehrenamtlich arbeiten würden. Auch wenn es inzwischen Teilzeitstellen für die Bereiche Administration, Fundraising und die Betreuung unseres Fördervereins *Push-up-Club* gibt, arbeiten wir weiterhin hauptsächlich ehrenamtlich. Es wäre auch mit den derzeitigen Finanzen nicht möglich, allen im Kernteam eine bezahlte Stelle zu ermöglichen. Ein Vorteil an unserer Organisationsstruktur ist sicherlich, dass fast jede Person, die sich für Film interessiert, an der Organisation des Festivals in irgendeiner Form mitarbeiten kann. Der Nachteil ist natürlich, dass es neben der Erwerbsarbeit eine Herausforderung ist, regelmäßig ein Festival dieser Größe zu organisieren.

Filmfestivaleröffnung 2018 © Eckhard Bühler

Mich würde interessieren, wie der Community-Aspekt des Festivals mit eurer kuratorischen Arbeit zusammengeht. Dass es bei den eingeladenen Filmen um Sichtbarkeit, um Repräsentation, auch der unter dem Regenschirmwort ‚queer' oft unsichtbar bleibenden Menschen oder Positionen geht, habt ihr schon deutlich gemacht. Aber beschreibt das euer Programm erschöpfend, dass ihr die Erwartungshaltungen möglichst vieler Zuschauer:innen bedient?
JP: Es geht uns auch darum, unser Publikum herauszufordern. Auch deshalb haben wir ja z. B. als ‚Hit in der Mitte' oft Filme gezeigt, die filmisch oder inhaltlich Fragen aufwerfen, oder inhaltlich herausfordernde Vorträge oder Diskussionen im Programm gehabt. Aus Gesprächen mit dem Publikum oder aus E-Mails wissen wir auch, dass von vielen Teilen unseres Publikums diese Art von Herausforderungen sehr geschätzt werden.

Könnt ihr Beispiele nennen?
JP: Ich denke z. B. an Filme wie BLÄUE von Kerstin Schrödinger oder an den kenianischen Dokumentarfilm SIDNEY & FRIENDS, die wir 2018 als ‚Hit in der Mitte' gezeigt haben. Es ist uns wichtig, Filme im Programm zu haben, die mit gängigen Sehgewohnheiten und narrativen Mustern durchaus brechen oder neue Erzählformate darstellen. Darüber hinaus geht es uns darum, aktuelle und neue queere Diskurse im Programm zu repräsentieren, die inhaltlich zum Teil neue Perspektiven, z. B. auf Queerness, vorstellen – das liegt natürlich immer im Auge der jeweiligen Betrachter:in. Wir haben ein breit aufgestelltes Publikum, für die einen sind Themen wie Fat Activism, Asexualität oder Polyamorie kein Neuland, für andere dagegen schon. Diese Themen wurden auch schon durch Vorträge und Diskussionen thematisiert sowie in Gesprächen nach den Screenings mit unserem Publikum diskutiert.
HH: Wir versuchen seit einigen Jahren verstärkt, Sichtweisen und Stimmen Platz im Programm zu machen, die im Kernteam so nicht vertreten sind. Wir fragen immer wieder Gastprogramme an, so war einmal das *TransFormations Festival* aus Berlin mit einem Kurzfilmprogramm bei uns und *Imagining Queer Badung* hat 2021 zwei Programme kuratiert und präsentiert und damit eine dekoloniale Perspektive ins Festival eingebracht.

Wenn man die Verknüpfung eures Festivals mit der Community auch daran ablesen kann, dass sie sich dort und in der Diskussion über Filme auch über sich selbst verständigt, stellt sich die Frage, was davon auch in Online-Formate übersetzt werden kann. Welche Erfahrungen habt ihr gemacht: was funktionierte wie zuvor, was blieb auf der Strecke, was waren neue Kommunikationserfahrungen, die sich eventuell dauerhaft in eurem Angebot abbilden werden?

Hamburg International Queer Film Festival | Hanne Homrighausen und Joachim Post im Gespräch

JP: Wir glauben, dass eine adäquate Diskussion nur in Präsenz möglich ist. Daher haben wir in unseren Online-Formaten keine Kommentar- oder Austauschmöglichkeiten eingerichtet. Stattdessen haben wir dazu aufgerufen, private Stream-Partys zu veranstalten. Diese Verabredungen auf den heimischen Sofas waren sicher auch eine schöne Erfahrung für unser Publikum, aber richtiges Festivalfeeling stellt sich vor allem in den Kinos ein.

HH: Wir hatten bisher auch einfach nicht die Ressourcen, um weitere Diskussionsangebote für das Publikum online bereit zu stellen. Bei wenigen Vorstellungen hatten wir Gäste im Kino und konnten Filmgespräche mit dem Publikum führen, bei einigen Filmprogrammen haben wir vorab aufgezeichnete Gespräche mit den Filmemacher:innen gezeigt. Zu diesen vorab aufgezeichneten Filmgesprächen, die wir online und im Kino nach den Filmen gezeigt haben, haben wir bisher nicht viel Rückmeldungen vom Publikum bekommen und können nicht wirklich einschätzen, ob sie dieses Extraangebot als bereichernd empfunden haben. Die Möglichkeit, die Filme online zu sehen und vor allem die Wiederholungen zuhause schauen zu können, wurden von vielen allerdings als tolle Neuerung angesehen.

Welche weiteren Entwicklungen stellt ihr euch für euer Festival vor?
HH: Wir sind gerade an einem Punkt, an dem wir merken, dass wir mit mehr Geld immer erst mal in die Situation kommen, dieses immer auch in Taten umsetzen zu müssen, und dafür haben wir einfach keine personellen Ressourcen. Bei der Größe des Festivals sind wir in der jetzigen Organisationsform als ehrenamtliches Team an unsere Kapazitäten gestoßen. Alles, was mehr oder größer werden sollte, müsste mit einer wirklichen Erhöhung des Budgets einhergehen, damit daraus Stellen geschaffen werden könnten. Unsere Utopie für 2025: Das Festival hat sich auf eine gut realisierbare Größe eingependelt, es hat sich in einer hybriden Form etabliert, es gibt viel Raum zum Austausch, und es sind vielfältige queere Stimmen und Sichtweisen präsent. Und wir können jede Nacht zusammen feiern, tanzen und weiterdiskutieren!

Filmkunstfest Mecklenburg-Vorpommern

Das *Filmfest Schwerin* wird 1990 von ostdeutschen Filmschaffenden als eine der ersten Festivalneugründungen in den sog. Neuen Bundesländern ins Leben gerufen. Vor dem Hintergrund des Systemwechsels und der sozioökonomischen Verwerfungen im Verlauf der Wende wollen die teils von der *DEFA*[1] ausgebildeten Gründer:innen ein Zeichen für die gesellschaftliche Bedeutung von Kunst und Kultur setzen.

Die erste Ausgabe findet im April 1991 statt. Gezeigt werden Lang- sowie Kurzfilme aus Österreich, der Schweiz und Deutschland. Die Gründer[2] verstanden Film als „Ensemble der Künste" und räumten auch der Performance, Musik, Literatur und Fotografie Platz auf dem Festival ein. Im Jahr 2007 in *Filmkunstfest Mecklenburg-Vorpommern* umbenannt, konzentriert sich das breit aufgestellte Publikumsfestival seither in vier dotierten Wettbewerben auf den deutschsprachigen langen Spiel-, Dokumentar-, Kinder- und Jugendfilm sowie auf den Kurzfilm. Der Hauptpreis im Spielfilmwettbewerb, der mit 10.000 Euro dotierte *Fliegende Ochse* für die beste Regie, wird vom Land gestiftet. Die Preise werden von Fachjurys (darunter eine *FIPRESCI*-Jury[3]) und vom Publikum vergeben. In Nebenreihen widmet sich das Festival dem *DEFA*-Filmerbe, seit 2015 dem aktuellen Kino des Ostseeraums im *Focus Baltic Sea*. Es präsentiert die zeitgenössische Kinematografie eines Gastlandes und neue Filmproduktionen aus Mecklenburg-Vorpommern. Zudem zeichnet es einen Ehrengast für „Verdienste um die Filmkultur" mit dem Hauptpreis des Festivals, dem undotierten *Goldenen Ochsen*, aus. Es zeigt in sechs Tagen auf acht Leinwänden etwa 60 lange und 70 kurze Filme und zählt unter regulären Bedingungen rund 18.000 Besucher.

Das Festival verfügt über ein Budget von ca. 500.000 Euro, dessen Löwenanteil vom Land bzw. der landeseigenen MV Filmförderung zur Verfügung gestellt wird. Weitere Geldgeber sind die Landeshauptstadt Schwerin, die regionale Sparkasse sowie der *NDR*. Trägerin des Festivals ist die gemeinnützige *Filmland MV GmbH*. Ihre weiteren Aufgaben liegen in der jährlichen Organisation der landesweiten Schulkinowochen mit rund 21.000 Schülern, der Organisation des Kinokulturpreises in MV, mit dem seit 2019 gewerbliche und nicht-gewerbliche Spielstätten für ein hochwertiges Jahresprogramm ausgezeichnet werden, sowie in der Wahrnehmung der ihr ab 2021 vom Land übertragenen Aufgabe der ‚Strategischen Kinoplanung'. Gesellschafter sind die *Capitol Kino Schwerin GmbH*, die *Stadtmarketing Gesellschaft Schwerin mbH*, die *Sparkasse Mecklenburg-Schwerin* und ein privater Gesellschafter. Die gGmbH verfügt über fünf festangestellte Mitarbeiter.

---

[1] Die DEFA (Deutsche Film AG) existierte als staatseigener Filmbetrieb der DDR von 1946 bis 1990.
[2] Aus Gründen der besseren Lesbarkeit verwende ich im Folgenden das generische Maskulinum.
[3] Präziser: Von der deutschsprachigen Sektion der internationalen Filmkritiker- und Filmjournalisten-Vereinigung *Fédération Internationale de la Presse Cinématographique* (FIPRESCI).

Filmkunstfest Mecklenburg-Vorpommern | Volker Kufahl

Volker Kufahl

Jahr 2022 ... die überleben wollen[4]

> „In their absence, film theaters
> have never been so present"
> *(Thierry Frémaux)*

I. Vorspann

Für den vorliegenden Sammelband lege ich eine Art Logbuch bzw. Chronologie der Ereignisse der zurückliegenden Monate vor, aus denen im Sinne einer Case Study der Umgang eines Filmfestivals als Kulturveranstaltung mit einer existenziellen Krise, in diesem Fall einer Pandemie, abgelesen werden kann. Mein Bericht umfasst den Zeitraum Januar 2020 bis Februar 2022, in dessen Verlauf zwei Festivalausgaben in unterschiedlicher Form stattfanden und eine weitere vorbereitet wird.

Wir erleben zum Zeitpunkt, an dem ich diesen Text beginne (Mitte Januar 2022) eine fünfte Infektionswelle mit einer bundesweiten 7-Tage-Inzidenz um den Wert von 700. Der Deutsche Bundestag hat im Dezember 2021 eine erste begrenzte Impfpflicht für Gesundheitspersonal beschlossen, in einigen Bundesländern befanden sich Kinobetriebe bis vor kurzem erneut im Lockdown (u. a. in Sachsen, in Regionen Bayerns und Mecklenburg-Vorpommerns), in vielen Bundesländern beschränkte bis vor kurzem die sogenannte „2G+"-Regelung den Kinozugang auf Geimpfte und Genesene samt negativem Antigen-Test.

Der individuelle Umgang von Filmfestivals mit der Epidemie dürfte von vielen Faktoren abhängig sein. Je nach Struktur und Ausrichtung, Größe und Ressourcen, zeitlichem Vorlauf, externen Rahmenbedingungen und Lernerfahrungen fallen die Reaktionen nach wie vor unterschiedlich aus. Einige Festivals entscheiden sich angesichts des ersten Lockdowns 2020 für die komplette Absage ihrer Veranstaltung, andere wählen die

---

[4]Deutscher Verleihtitel von SOYLENT GREEN (Regie: Richard Fleischer, USA 1973). Diesen dystopischen Öko-Thriller habe ich erstmalig 2004 im Filmmuseum Turin gesehen; die verschrammte 35-mm-Kopie war in einem schlechten Zustand. Dennoch ist mir die Aufführung wegen des besonderen Ortes im Gedächtnis geblieben, was für diesen Text eine gewisse Relevanz hat, wie man sehen wird.

Form einer Online-Ausgabe. Das *Filmkunstfest Mecklenburg-Vorpommern* (im Folgenden *Filmkunstfest MV*) wählt in den Pandemiejahren 2020 und 2021 unterschiedliche Optionen. Mit diesem Text möchte ich die Beweggründe dafür veranschaulichen, um am Ende allgemeinere Gedanken zu den Erfahrungen der letzten beiden Jahre zu formulieren.

II. Chronologie einer angekündigten Katastrophe

Das *30. Filmkunstfest MV* ist vom 5. bis 10. Mai 2020 geplant. Die heiße Phase der Festivalvorbereitung beginnt Anfang Januar 2020, als die beiden befristet angestellten Programm-Mitarbeiter (,Programmer') turnusmäßig zum Festivalteam stoßen. Die Förderanträge ans Land Mecklenburg-Vorpommern und die Landeshauptstadt Schwerin haben wir im Herbst 2019 gestellt; sie sind noch nicht bewilligt. Die Gespräche mit den Sponsoren des Festivals laufen noch, hier liegen erst wenige unterschriebene Verträge vor. Die meisten Arbeitsverträge für das kommende Event habe ich allerdings schon geschlossen. Wie immer gehen wir um diese Jahreszeit finanziell in Vorleistung. Wir verkünden öffentlich unser Gastland – in diesem Jahr soll es Finnland sein – und am 10. Januar unseren diesjährigen Ehrenpreisträger, den Schauspieler *Ulrich Tukur*. Im Angesicht der beunruhigenden Nachrichten aus China sichten wir Filme, planen Ausstellungen und Begleitprogramm, kontaktieren potenzielle Jurymitglieder. Unser Eröffnungsfilm steht fest: Wir werden *Mika Kaurismäkis* neuen Film MASTER CHENG IN POHJANJOKI präsentieren, ein perfekter Film für den beschwingten Einstieg ins Festival in Gegenwart der finnischen Botschafterin. Einer der Darsteller, Kari Väänänen, sagt sein Kommen am 11. Februar zu.

Am 15. Februar wird das erste Todesopfer der Pandemie in Europa vermeldet.

Am 21. Februar, beim Berlinale-Empfang des Landes Mecklenburg-Vorpommern in der Berliner Landesvertretung, der unter dem Motto ,Roter Teppich ans Meer' steht, stelle ich bereits mit gemischten Gefühlen das Programm unseres Jubiläumsfestivals vor. Nur wenige Tage später überschlagen sich die Ereignisse. Am 3. März wird die Leipziger Buchmesse abgesagt. Am 5. März empfiehlt der Hotel- und Gaststättenverband, „auf Händeschütteln oder Umarmungen zur Begrüßung zu verzichten". Ebenfalls am 5. März wird der für den 2. April vorgesehene Kinostart von JAMES BOND 007 – KEINE ZEIT ZU STERBEN auf November 2020 verschoben. Am selben Tag führe ich gemeinsam mit unserem Pressesprecher ein Krisengespräch mit dem Oberbürgermeister Schwerins. Er beabsichtigt nicht, Veranstaltungen abzusagen, nehme aber das *30. Filmkunstfest MV* als Thema in die Beratungen des inzwischen gebildeten Krisenstabs mit. Zu diesem Zeitpunkt stehen 60 Prozent unseres Filmprogramms fest.

Am 6. März präsentieren wir noch einen neuen Preisstifter für den Darstellerpreis im Spielfilmwettbewerb. Und gewinnen ausgerechnet eine Medizintechnikfirma als weiteren neuen Sponsor. Doch die Freude ist gedämpft. Mit der Empfehlung von Bundesgesundheitsminister Spahn am 8. März, alle Veranstaltungen mit mehr als 1.000 Besuchern abzusagen, spitzt sich die Situation dramatisch zu. Noch am selben Abend, es ist ein Sonntag, weise ich alle Mitarbeiter an, keine neuen Aufträge mehr auszulösen. Neue Verträge dürfen nur noch mit Stornierungsoption geschlossen werden – eine glückliche Entscheidung. Am Montag stornieren wir das reservierte Hotelkontingent mit einem Volumen von in etwa 20.000 Euro zum letztmöglichen Zeitpunkt. Ich bitte unseren Buchhalter, eine Liquiditätsplanung für den Fall einer Veranstaltungsabsage vorzulegen. Wir berufen eine Krisensitzung des zu diesem Zeitpunkt 9-köpfigen Teams ein, in der wir die Konsequenzen einer Absage – auch ohne behördliche Untersagung – erörtern. Wir richten eine kleine Arbeitsgruppe ein, um uns mit einer „Risikoabschätzung nach den Kriterien des Robert-Koch-Instituts" zu befassen, und zerbrechen uns zum ersten Mal in unserem Leben den Kopf über Hygienekonzepte für alle Veranstaltungsorte unseres Festivals.

Am 11. März sind wir in die Staatskanzlei eingeladen, um mit der Protokollabteilung über die geplante Preisverleihung im Mecklenburgischen Staatstheater am 9. Mai zu sprechen. Wir sind erstaunt, dass die Lage hier bemerkenswert entspannt gesehen wird und man davon ausgeht, dass die Veranstaltung stattfinden kann. Die Planung hat etwas Surreales an sich. Nachmittags informiert mich der Geschäftsführer der *Capitol Kino Schwerin GmbH*, dass er uns den Filmpalast Capitol aufgrund der sich zuspitzenden Situation und der absehbaren flächendeckenden Kinoschließungen nicht mehr vermieten könne. Einen Tag später, am 12. März, untersagt die Landesregierung Mecklenburg-Vorpommerns schließlich auf Grundlage des Infektionsschutzgesetzes alle Veranstaltungen mit mehr als 1.000 Teilnehmern bis zum 19. April. Darüber hinausgehend wollen weder Land noch Stadt verbindliche Aussagen treffen. Pech für uns: Unser Festival liegt außerhalb dieses Zeitraums, und damit bleibt die rechtliche Unsicherheit. Wir alle wollen jetzt eine klare und verbindliche Absage, die Nerven liegen blank.

Am 17. März sagt die für uns zuständige Referentin in der Staatskanzlei zu, die Organisationskosten des *30. Filmkunstfest MV* auch im Falle einer Veranstaltungsabsage im finanziellen Rahmen des Bewilligungsbescheides zu übernehmen. Dies schließt auch die bestehenden befristeten Honorarverträge bis Ende der Vertragslaufzeit Mitte/Ende Mai ein. Mir fällt ein Stein vom Herzen – das Land ist mit Abstand unser wichtigster Geldgeber. Per Umlaufverfahren hole ich umgehend einen Beschluss des Aufsichtsrates der Gesellschaft zur Absage des *30. Filmkunstfest MV* ein. Er wird einstimmig gefasst. Die mit der Staatskanzlei und dem Büro des Oberbürgermeisters abgestimmte Pressemitteilung zur Absage veröffentlichen wir am 18. März. Am selben Tag informieren wir alle Partner, Förderer, Sponsoren, Gäste, Filmschaffenden, Dienstleister über die Neuigkeit, die keinen mehr überrascht. Ich leite die Rückabwicklung bereits geschlossener Verträge ein. Es gelingt uns, mit allen Vertragspartnern einvernehmliche Regelungen oder Kompromisse zu finden – zum Teil nach längeren Verhandlungen, beispielsweise mit unserer Werbeagentur, die existenziell von der Pandemie betroffen ist. Wirtschaftlich kommen wir mit einem blauen Auge davon: Die Liquidität der gGmbH scheint zunächst gesichert, ich muss keine Mitarbeiter entlassen (Kurzarbeit kommt, so lasse ich mich von einer Fachanwältin aufklären, bei Projekten erst gar nicht in Frage). Allerdings brechen dem Festival der gesamte Sponsoring-Bereich sowie die kalkulierten Ticketeinnahmen weg. Unser Budget reduziert sich so von 500.000 Euro auf rund 300.000 Euro. Die öffentlich-rechtlichen Partner (Land, Stadt, Sparkasse, NDR) bleiben bei ihren Zusagen. Allerdings gibt es Festival-Mitarbeiter, die nicht abgesichert sind: Es trifft die Selbstständigen, die noch ohne Vertrag sind und in der Regel nur für den Festivalzeitraum angestellt werden – Moderator:innen, Saalbetreuer:innen, Hilfskräfte, die Dienstleister:innen im Veranstaltungsbereich. Für sie brechen schwere Zeiten an.

An diesem 18. März geht der Großteil des Teams nach einer verhalten emotionalen, von Erleichterung, Enttäuschung und Besorgnis gleichermaßen geprägten Besprechung ins Homeoffice, um das Festival abzuwickeln. Wir verabreden, kreative Ideen für alternative Veranstaltungen in den nächsten Tagen zu besprechen. Jetzt gilt es erst einmal, die Situation zu verarbeiten und mit der Frustration fertigzuwerden. Im Zeichen eines filmpolitischen Aufbruchs im Bundesland waren wir gut ins neue Jahr gestartet: Die Vergabe des *1. Kinokulturpreises in Mecklenburg-Vorpommern* im Dezember 2019 hatte der *Filmland MV gGmbH* bundesweite Aufmerksamkeit verschafft. Die Filmförderung in Mecklenburg-Vorpommern war unter unserer Mitwirkung endlich auf eine neue Grundlage gestellt worden. Wir hatten ein ambitioniertes, vielversprechendes Jubiläumsfestival konzipiert, das in 46 Tagen hätte beginnen sollen. Stattdessen bricht das Zeitalter der Videokonferenzen an.

III. #filmkunstzuhause

Am 24. März diskutieren wir online die verbliebenen Optionen. Die Möglichkeit, das Festival im Herbst oder Winter des Jahres nachzuholen, wird aus wirtschaftlichen, organisatorischen und personellen Gründen verworfen. Stattdessen fassen wir den Entschluss, das 30. Festivaljubiläum im nächsten Jahr nachzuholen.
Um mit der Krise als Team und Kulturveranstalter kreativ umzugehen und zugleich ein Zeichen für die Situation von Filmkunst und Filmschaffenden zu setzen, entschließen wir uns, eine Online-Ausgabe des abgesagten Festivals auf die Beine zu stellen. Der Vorschlag kommt nicht von „oben". Er kommt von einem freien Mitarbeiter, der die Chance

für ein gemeinsam, nicht-hierarchisch entwickeltes Format sieht, in das sich jeder mit Ideen einbringen kann, ohne an überlieferte Strukturen und Sachzwänge gebunden zu sein. Und tatsächlich: Darauf haben alle Lust! Auch ich fühle mich an meine Anfänge in einem basisdemokratisch organisierten Kommunalen Kino erinnert, befreit von dem großen Druck, befreit von den zahllosen Erwartungen und Ansprüchen, die an die Organisation einer großen Kulturveranstaltung gestellt werden. Auch wenn es abgedroschen klingen mag – diese Krise ist eine Chance, einmal ganz anders zu arbeiten. Innerhalb kürzester Zeit entwickeln wir dafür, nun wieder hochmotiviert, unter dem Projekttitel *#filmkunstzuhause* ein Konzept. Wir bilden kleine Arbeitsgruppen für die unterschiedlichen inhaltlichen, technischen und marketingbezogenen Aufgaben. Der Wettlauf gegen die Zeit beginnt!

Wir definieren unsere Ziele. Mit unserem digitalen Angebot wollen wir unserem Publikum in dieser umfassenden gesellschaftlichen Krise, die sämtliche öffentlichen Kulturveranstaltungen unmöglich macht, eine Auswahl unseres hochwertigen Filmprogramms zu einem akzeptablen Preis zugänglich machen. Wir möchten darüber hinaus neue Publikumsschichten für das Filmkunstfest MV erschließen. Alle Programmsektionen des Festivals sollen im Angebot für ‚zu Hause' repräsentiert werden: aktuelle deutschsprachige fiktionale und dokumentarische Langfilme, Kurzfilme, Kinder- und Jugendfilme, Filmproduktionen *‚gedreht in MV'*, ein Film mit unserem Ehrenpreisträger Ulrich Tukur als Vorgeschmack auf die Hommage im kommenden Jahr, *DEFA*-Filme, eine Auswahl neuer Lang- und Kurzfilme aus dem Gastland Finnland, lange Spiel- und Kurzfilme aus der Ostsee-Sektion *Focus Baltic Sea* sowie Filme der für dieses Jahr geplanten Jubiläumsreihe *30 Jahre Filmland Mecklenburg-Vorpommern*. Das Programm soll sich vom Angebot kommerzieller Anbieter deutlich unterscheiden und zumindest eine Festival-Anmutung entstehen lassen. Auch kostenfreie Inhalte wollen wir deshalb zugänglich machen.

Neben der Beibehaltung der inhaltlichen Struktur überlegen wir uns verschiedene Elemente, um das Online-Festival zu etwas Nicht-Alltäglichem zu machen:
> die Begrüßung und Einstimmung auf das Programm durch Videobotschaften,
> eine Dramaturgie, die nicht alle Inhalte zum sofortigen Abruf freigibt, sondern im definierten Festivalzeitraum täglich weitere Filme freischaltet und dadurch Neugier erzeugt,
> Publikumsabstimmungen,
> Live-Elemente wie die moderierte Kurzfilmnacht, die nur am 8. Mai ab 21 Uhr zu sehen sein soll,
> die Einbindung einiger aufgezeichneter Filmgespräche mit Filmschaffenden,
> die Bereitstellung von ausführlichen Filminformationen, vergleichbar mit dem qualitativen Gehalt des jährlichen Festivalkatalogs,

> die täglich erneuerte Einbindung von unentgeltlichen ‚Wohnzimmer-Konzerten' mit Schweriner Bands und DJ-Auftritten, die mit Genehmigung des Gesundheitsamtes in Schweriner bzw. Rostocker Studios aufgezeichnet werden,
> die Vorstellung der hinter dem Event stehenden kreativen und filmbegeisterten Mitglieder des Festivalteams über ein Teamvideo und individuelle Porträts.

Neben dem Land sagen Landeshauptstadt, NDR und Sparkasse zu, das Projekt zu unterstützen und die Fördermittel dafür zur Verfügung zu stellen. Wir holen Angebote mehrerer, international agierender Filmplattformen ein, entscheiden uns dann aber am 1. April dafür, mit der kleinen Schweriner IT-Firma *Bergwerk* zusammenzuarbeiten. Sie betreut bereits unsere Webseite und bekundet großes Interesse an dem Projekt, hat etwas Vergleichbares aber noch nicht umgesetzt. Allerdings verspricht sich *Bergwerk* viel davon, an einem prestigeträchtigen und vielleicht in der Folge vermarktbaren Projekt mitwirken zu können. Für uns ist neben der hohen Motivation die Bereitschaft des Unternehmens interessant, sich bei Zahlung einer relativ geringen Grundgebühr auf eine erfolgsabhängige Vergütung einzulassen.

Diese Wahl des Technikpartners erweist sich in mehrfacher Hinsicht als richtige Entscheidung: Wir entwickeln in Rekordzeit und in engem Austausch Plattform, Gestaltung und Angebot miteinander und bauen so gemeinsam neues Know-how auf. Die Kommunikation verläuft schnell und unproblematisch, Fehler und Probleme können wir selbst nach Festivalstart umgehend klären und lösen. Nach einer kurzen Marktsondierung entscheiden wir uns, die Streaming-Gebühr pro Langfilm bzw. Kurzfilmprogramm mit einheitlich 4,99 Euro brutto zu veranschlagen. Die Schwierigkeit liegt hier im Fehlen vergleichbarer Online-Angebote, die wir als Anhaltspunkt heranziehen könnten – auch hier betreten wir Neuland. Unser Preis liegt um einiges niedriger als ein übliches Kinoticket und auch unter den Kosten des Abrufs eines neuen Kinofilms auf den einschlägigen Plattformen. Dennoch ist der Preis für die meisten Lizenzgeber attraktiv, da sie – nach Abzug der Gebühren für das Bezahlsystem – zu 80 Prozent an den Erlösen beteiligt werden. Mit 20 Prozent, also rund 1 Euro brutto pro bezahltem Abruf, partizipiert der technische Dienstleister *Bergwerk* an den Erlösen. Wir als Veranstalter verzichten auf eine Beteiligung. Die Nutzer des Angebots unterstützen mit ihren Beiträgen also zu einem erheblichen Anteil die Filmschaffenden bzw. Rechteinhaber in der Krise. Insgesamt können wir nach dem Festival immerhin rund 8.400 Euro an die Rechteinhaber ausschütten.

Die technischen und rechtlichen Fragen, die es innerhalb kürzester Zeit zu lösen gilt, sind vielfältig. Dazu gehört der Umgang mit der gesetzlich festgelegten Auswertungskette für geförderte Kinofilme. Die *Filmförderungsanstalt FFA* teilt mir am 21. April im Namen des Vorstands mit: „Die Teilnahme von geförderten Filmen an Festivals, die vor dem Hintergrund der aktuellen Lage nicht als Präsenzfestival durchgeführt werden können und stattdessen online stattfinden, ist grundsätzlich möglich. In Bezug auf die nach § 53 FFG (Filmförderungsgesetz, d. V.) einzuhaltenden Sperrfristen ist erforderlich, dass sich die online Präsentation des jeweiligen Films von der üblichen VoD-Auswertung („Video on demand", d. V.) abgrenzt, damit es nicht zu einer Sperrfristverletzung kommt. Eine Abgrenzung ist möglich, indem die analoge Festivalrealität auch online umgesetzt wird (insbesondere zeitlich begrenzt auf kurzen Festivalzeitraum während der Schließung der Kinos), Zugangsbeschränkungen (örtlich Geoblocking) und Einschränkung der Teilnehmerzahl (Akkreditierung, Entgeltlichkeit, keine durchgehende Verfügbarkeit aller Filme etc.)".

Das Geoblocking für das Streaming von Filmen außerhalb Deutschlands, die Digitale Rechteverwaltung (DRM – Digital Rights Management) und die Beschränkung der Abrufe bei einzelnen Filmen auf 300 User sind über unseren Dienstleister unkompliziert umsetzbar. Die Bereitstellung ausreichender Serverkapazitäten, der Umgang mit aus mehreren Filmen ‚zusammengesetzten' Programmen (z. B. Kurzfilmprogramme), die zeitliche Verfügbarkeit der gekauften Filme, die Wahl und Integration der Bezahlsysteme gehören ebenfalls zu den praktischen Fragestellungen. Da wir zwei Filme im Programm haben, die einer FSK-16-Freigabe unterliegen, müssen wir uns mit dem Jugendschutz im Netz auseinandersetzen. Am wenigsten aufwändig ist die Implementierung eines Jugendschutzlabels[5]. Für das Filmangebot wählen wir schließlich 29 Langfilme bzw. Kurzfilmprogramme mit insgesamt 62 Filmen aus und verhandeln die Konditionen wie üblich mit jedem einzelnen Lizenzgeber. Am 24. April können wir die Programminhalte veröffentlichen, am 30. April wird die Sonderseite *www.filmkunstfest.de* mit allen Features freigeschaltet.

Am 3. Mai ab 22 Uhr führen wir einen Belastungstest für den Server durch. Dafür laden wir mehrere Hundert Nutzer ein, sich zeitgleich einen Kurzfilm anzuschauen. Es scheint zu funktionieren! Die letzten Inhalte – einige Filme, eine Grußbotschaft, Rahmenprogramme – laden wir noch am Eröffnungstag 5. Mai auf die Seite hoch. Wir haben es tatsächlich rechtzeitig geschafft und fiebern nun elektrisiert dem Ausgang des Experiments entgegen. *NDR*, *dpa* und die Regionalzeitungen berichten. Die Ministerpräsidentin spricht in einer Pressemitteilung am 5. Mai von einer „super Idee für Macher und Publikum". Korrekt! Wir improvisieren eine Support-Hotline und verteilen Schichten; in den nächsten Tagen versuchen wir so gut wie möglich, Fragen zu Bezahlproblemen oder Übertragungsprotokollen wie *Chromecast* zu beantworten. Wir

---

[5] Siehe dazu auf der Homepage der FSK den Abschnitt „Jugendschutz im Internet" (https://www.fsk.de/?seitid=1261&tid=466).

posten täglich Hinweise sowie neue Informationen zum Programm und erzielen eine beachtliche Reichweite.

Am 12. Mai werten wir im Team, unterstützt vom Kollegen *Google Analytics*, die Ergebnisse aus. Was dieses Tool an Daten sammelt, dürfte Freunden des Datenschutzes graue Haare wachsen lassen. Statistik ohne Ende: Insgesamt wird das Portal 179.636 Mal aufgerufen, 7.463 Nutzer werden gezählt. Die wichtigste Kennzahl: 2.470 Filmstreams werden in den 6 Festivaltagen bezahlt. Zahlenmäßiger Favorit ist der Spielfilm IRGENDWANN IST AUCH MAL GUT von Christian Werner, eine Tragikomödie mit Fabian Hinrichs in der Hauptrolle, die 352 Mal gekauft wird. Interessant ist auch: 45 % der Nutzer sind zwischen 18 und 34 Jahre alt, 34 % liegen zwischen 35 und 54 Jahren und 21 % sind älter als 55 Jahre. Damit haben wir ein signifikant jüngeres Publikum erreicht. 55 % der Nutzer sind weiblich, was dem regulären Festivalpublikum entsprechen dürfte. Die geografische Verteilung der Aufrufe ist ebenfalls bemerkenswert: Nur 37 % der Nutzer stammen aus unserem Bundesland Mecklenburg-Vorpommern, dagegen schalten sich fast 20 % aus Berlin, über 14 % aus Hamburg und fast 7 % aus Nordrhein-Westfalen zu.

Wir haben trotz der kurzen Vorbereitungszeit und der Zusammenarbeit mit einer in diesem Bereich unerfahrenen IT-Firma sehr wenige technische Pannen zu verzeichnen. Die Qualität der Streams ist gut und wird immer wieder positiv hervorgehoben. Positiv werden auch der Aufbau und die Navigation der Seite bewertet. Das Programm erhält fast ausschließlich positives Feedback. Stellvertretend dieser repräsentative Kommentar: „Ich finde Ihre Streaming-Lösung großartig und ungemein kreativ in schwierigen Corona-Zeiten. Ich wäre niemals in den Genuss dieses Films gekommen, da ich nicht in Schwerin lebe. Vielen Dank!" Zusammen mit dem IT-Dienstleister führen wir vom 17. bis 25. Mai eine Nachbefragung bei den Ticketkäufern durch, von denen ca. 1.300 Mailadressen hinterlegt sind. Tatsächlich wird mehr als ein Drittel der Fragebögen (463) ausgefüllt zurückgeschickt. Von Interesse sind für uns vor allem die Antworten auf folgende Fragen:

› Konnte das *Filmkunstfest MV* über *#filmkunstzuhause* ein neues Publikum gewinnen?
› Wie viele Menschen haben an einem gekauften Stream tatsächlich partizipiert?
› Wird eine digitale Ergänzung des *Filmkunstfest MV* auch für 2021 gewünscht, und falls ja, aus welchen Gründen?
› Wie wurde die Qualität des Angebots bewertet?

Die Antworten fallen durchaus interessant aus. Immerhin 17 % der Umfrage-Teilnehmer kannten das *Filmkunstfest MV* vor *#filmkunstzuhause* nicht. Erstaunliche 31 % haben das Festival in den 29 Jahren seiner Existenz noch nie persönlich besucht. Im Schnitt wurden 3 Filme gekauft, und jeder Film wurde statistisch von 2,3 Zuschauern gesehen. Der Preis von 4,99 Euro erschien 98 % der Teilnehmer als günstig oder angemessen. 90 % halten ein Online-Angebot als Ergänzung zum Festival für sinnvoll, auch wenn die Kinos wieder geöffnet sind. Befragt nach den Gründen nennen die meisten: „Ich würde Filme anschauen, die ich auf dem Festival verpasst habe" (289 Nennungen), dann folgen mit Abstand die Begründungen: „Ich kann das Festival aus persönlichen oder zeitlichen Gründen nicht besuchen" (153) sowie „Ich interessiere mich für zusätzliche Informationen rund um die gezeigten Filme". Bemerkenswerte 97 % hätten oder haben das Online-Festival weiterempfohlen.

In einer Pressemitteilung verkünden wir: „Das Experiment ist geglückt: Unser inhaltliches Konzept für ein Filmfest im Netz ist aufgegangen. Mit der Qualität des Auftritts insgesamt, mit den ausgewählten Filmen und dem kostenfreien Rahmenprogramm haben wir auch eine ausgezeichnete Visitenkarte für das *Filmkunstfest MV 2021* abgegeben. Das Festivalteam, die Filmschaffenden, Schweriner Bands und DJs haben in kürzester Zeit unter schwierigen Bedingungen ihre Kreativität und Leidenschaft unter Beweis gestellt. Nur eins hat gefehlt – und das unterscheidet die virtuelle von der realen Welt: Der persönliche Kontakt mit dem Publikum!" Ein Erfolg, der auch in der Staatskanzlei ankommt, die sich in Form einer Pressemitteilung am 19. Mai beim Festivalteam öffentlich für *#filmkunstzuhause* bedankt. Und zugleich eine gute Nachricht verkündet: Am 25. Mai dürfen die Kinos im Bundesland unter Auflagen wieder öffnen.

Am 11. Juni berichte ich ausführlich dem Aufsichtsrat und präsentiere die Ergebnisse der Befragung. Es gibt Anerkennung für das Projekt. Die Frage, ob das Online-Angebot im nächsten Jahr wiederholt werden soll, wird allerdings kontrovers diskutiert. Werden Filmschaffende und Verleiher ihre Filme auch künftig für eine Online-Auswertung zur Verfügung stellen, ist eine der kritischen Nachfragen. Einige Mitglieder des Aufsichtsrats sprechen sich vehement gegen eine Wiederholung aus, sollten die Kinos im Mai 2021 wieder geöffnet sein. Mit Blick auf die schwierige Lage vieler Kinos und die Tatsache, dass die *Filmland MV gGmbH* Förderung für ein Kinofestival erhalte, komme ein erneuter Einsatz der Streaming-Plattform auch in reduziertem Umfang nicht in Frage. Auch auf die große Anzahl am Markt agierender kommerzieller Streaming-Anbieter wird verwiesen. Andere Aufsichtsratsmitglieder können sich den Einsatz der Plattform in einer Reprise ausgewählter Filme mehrere Wochen nach dem Festival vorstellen, für ein anderes Mitglied kommt der erneute Einsatz maximal für Zusatzangebote wie Filmgespräche oder Regiekommentare in Betracht. Als Geschäftsführer werde ich mit der Ausarbeitung eines Vorschlags beauftragt, unter welchen Voraussetzungen ich eine Wiederholung des Angebots im nächsten Jahr für sinnvoll erachte.

Filmfestivals | Krisen – Chancen – Perspektiven

Festivaleröffnung mit Ulrich Tukur und die Rhythmus Boys © Manfred Thomas

Etwas enttäuscht, aber auch sehr nachdenklich verlasse ich die Sitzung. Es geht um nichts weniger als um Grundsatzfragen, die mein berufliches Selbstverständnis als Festivalmacher und Kinobetreiber berühren: Was macht das Streaming mit dem Kino? Und was ist die Essenz eines Filmfestivals? Seit 1992 mache ich Kino, seit 2000 Festival, und diese Pandemie wächst sich zur größten Herausforderung der von mir geliebten Kunstform aus, seit ich zurückdenken kann.

IV. Zurück ins Kino: Das *30. Filmkunstfest MV 2021* als Präsenzfestival

In den Sommermonaten 2020 arbeite ich an verschiedenen Szenarien für die kommende Festivalausgabe und wäge die Vor- und Nachteile einer Neuauflage von *#filmkunstzuhause* ab. Das optimistische Szenario geht von der Annahme aus, dass die Pandemie bis Mitte März 2021 besiegt ist und ein Filmfestival unter normalen Bedingungen durchgeführt werden kann. Das realistische Szenario geht davon aus, dass ein Impfstoff gegen den Virus für die breite Bevölkerung erst in der zweiten Jahreshälfte 2021 zur Verfügung steht und die Einschränkungen im Kultur- und Veranstaltungsbereich im geplanten Festivalzeitraum 4.–9. Mai 2021 weiter gelten werden. Das dritte Szenario halte ich im Sommer 2020 für am wenigsten wahrscheinlich: Einen zweiten Lockdown mag ich mir nur rein theoretisch vorstellen. Sollten die Kinos wider Erwarten noch einmal flächendeckend geschlossen werden, gibt es zur Durchführung einer digitalen Festivalausgabe ohnehin nur die Alternativen der Verlegung oder einer vollständigen Absage. Doch ausgerechnet das Worst-Case-Szenario wird Realität: Am 2. November 2020 wird der zweite Lockdown verhängt.

Glück im Unglück: Bevor wir in die nächste heiße Vorbereitungsphase eintreten, können wir diesmal rechtzeitig eine Entscheidung treffen. Wir entscheiden uns zunächst aus grundsätzlichen Erwägungen gegen eine weitere reine Online-Ausgabe. Das *Filmkunstfest MV* ist ein Publikumsfestival, das von der Atmosphäre und vom Austausch zwischen Publikum und Filmschaffenden lebt. Und aus eher pragmatischen Gründen entscheiden wir uns – nicht ohne Bedauern mit Blick auf *#filmkunstzuhause* – gegen die Hybrid-Option, auch wenn wir jetzt über eine einsatzfähige und erprobte Streaming-Plattform verfügen. Denn die zusätzlichen Ressourcen an Personal und Budget, die die Organisation des parallelen Online-Festivals erfordert, sind erheblich. Für die Miete der Plattform ruft unser IT-Dienstleister nach der erfolgreichen Generalprobe nun ebenfalls ganz andere Preise auf, da die Vergütung bei weitem nicht kostendeckend gewesen war. Und wie verhält sich das Publikum? Wird die digitale Verfügbarkeit des Programms das Publikum von der physischen Rückkehr ins Kino und vom Besuch des Festivals abhalten? Wir selbst sind bildschirmmüde und sehnen uns zurück nach der Leinwand. Ein Streaming-Angebot ausgewählter Festivalfilme im zeitlichen Abstand macht für uns aufgrund des zusätzlichen Arbeitsaufwands und der Kosten ebenfalls keinen Sinn.

Aus der Erfahrung der zurückliegenden Pandemie-Monate heraus entscheiden wir uns, unser Festival vom Mai in den Spätsommer zu verlegen. Am 15. Dezember verkünden wir die Verlegung des *30. Filmkunstfest MV* auf den Termin 31. August bis 5. September 2021. „Eine kulturelle Großveranstaltung mit längerem Vorlauf lässt sich unter den gegebenen Bedingungen für das Frühjahr nicht sinnvoll planen. Wir setzen den neuen Termin in der Hoffnung, im Spätsommer 2021 ein annähernd reguläres Festival feiern zu können – mit möglichst vollen Kinosälen, Konzerten, Ausstellungen, Empfängen, mit Gästen, Austausch und Begegnungen. Auch wenn unsere Erfahrungen mit einer Online-Ausgabe als eines der ersten Filmfestivals im Mai 2020 durchaus positiv waren, planen wir für 2021 nicht mit einer Erweiterung des Programmangebots ins Internet. Der Kulturort Kino ist der öffentliche Raum, in dem wir Filmkunst präsentieren und erleben wollen"[6].

---

[6] Pressemitteilung FILMLAND MV vom 15.12.2020.

Am 27. Dezember 2020 ist offizieller Impfstart in Deutschland. Im Mai 2021 sind die Kinos in Mecklenburg-Vorpommern noch komplett geschlossen, erst ab 11. Juni 2021 dürfen sie wieder öffnen: Die Entscheidung zur Verlegung erweist sich also als richtig. Wir entschließen uns, das kommende Festival als Fest des Kinos zu inszenieren und die Pandemie als gesellschaftliche Krise inhaltlich zu thematisieren. Die Vorbereitung eines Präsenzfestivals mit 130 Filmen, darunter 5 Weltpremieren und 11 deutsche Erstaufführungen, und 150 Veranstaltungen ist unter den herrschenden Bedingungen allerdings erneut mit zahlreichen nicht-gekannten Hindernissen verbunden. Auch die Hoffnung, dass Covid im Spätsommer weitgehend überwunden sein könnte, erfüllt sich nicht. Auflagen wie Kapazitätsbeschränkungen um 50 %, Maskenpflicht bis zum Sitzplatz, feste Sitzplatzbelegung, Abstandsregel, Kontaktdatenverfolgung u. a. erschweren den Kinobesuch erheblich und machen umfangreiche Vorplanungen unter großer Unsicherheit sowie Sicherheitsvorkehrungen für alle Veranstaltungsorte erforderlich. Aber der Sommertermin hat einige Vorteile: Wir können ein tägliches Open-Air-Kino im traumhaften Innenhof des Schweriner Schlosses anbieten, das hervorragend angenommen wird. Unsere Empfänge richten wir ebenfalls unter freiem Himmel auf dem Dach eines Parkhauses aus. Eine 3G-Regelung bleibt dem Festival und seinen Besuchern trotz der anlaufenden vierten Infektionswelle immerhin erspart. Unsere Hygienekonzepte gehen auf, niemand steckt sich in den Kinos, auf unserer Branchenkonferenz *Kino & Festival* oder in den Ausstellungen an, alle Veranstaltungen inklusive der mit Blick auf die Abläufe komplexen Eröffnung und Preisverleihung verlaufen reibungslos[7]. Die Entscheidung, ein Präsenzfestival als „Zeichen der Hoffnung" (so Ministerpräsidentin Schwesig auf der Festivaleröffnung) zu veranstalten, stößt bei den Teilnehmern auf große Zustimmung. Insgesamt 252 Filmschaffende, darunter viele aus unserem Gastland Finnland, Journalisten und Fachbesucher akkreditieren sich, und damit nur geringfügig weniger als 2019. Die Begeisterung der Filmteams, nach einem langen Lockdown ihre Filme wieder einem Publikum präsentieren zu können – und zwar auf einer Leinwand –,

→

Impressionen aus dem Filmpalast Capitol Schwerin, Saal 1 © Katrin Schneider/INSIDE-PICTURE

---

[7] Wir eröffnen am 31. August mit dem jüngsten Film von Mika Kaurismäki: EINE NACHT IN HELSINKI (OT: GRACIOUS NIGHT) in Anwesenheit des Regisseurs. Der Film spielt während des Lockdowns in der ‚Corona-Bar' der Kaurismäki-Brüder in der finnischen Hauptstadt.

Filmkunstfest Mecklenburg-Vorpommern | Volker Kufahl

ist enorm, ebenso das kollektive Bedürfnis nach Begegnung und Austausch. Aufgrund der vielen, pandemiebedingt zurückgehaltenen Filmstarts haben wir bei der Auswahl die Qual der Wahl. Die Qualität des Festivalprogramms ist hoch, die Berichterstattung überregional, umfangreich und positiv.

Aber es gibt einen großen Wermutstropfen: Die Besucherzahlen sind im Vergleich zu den Vorjahren stark zurückgegangen. Statt rund 18.000 Eintritten, die wir bis 2019 jährlich recht konstant verzeichneten, sind es in diesem Jahr nur 8.000, also ein dramatischer Rückgang um 56 %. Wir sind mit dieser Erfahrung nicht allein, denn viele Filmfestivals in Deutschland sehen sich in der zweiten Hälfte 2021 mit ähnlich starken Besucherrückgängen konfrontiert. Auch andere Kulturorte wie die Theater stehen vor einem beunruhigenden Phänomen, das nicht oder nur zum Teil mit den eingeschränkten Kapazitäten zu erklären ist[8].

Mehrere Faktoren sehe ich dafür als ursächlich. In unserem Fall spielt möglicherweise die erstmalige Verlegung des Festivals nach 29 Jahren vom Frühling in den Spätsommer eine Rolle. Als ausschlaggebend sehe ich jedoch die pandemiebedingte Zurückhaltung eines verunsicherten Publikums an, Innenräume aufzusuchen und sich der Gefahr einer Infektion in Warteschlangen oder im üblichen Festivalgedränge auszusetzen. Mit dieser Beobachtung korrespondieren die Ergebnisse einer Besucherbefragung im Auftrag der *Filmförderungsanstalt FFA* im Juli 2021, die deutlich machen, dass fast ein Drittel des Arthouse-Kinopublikums perspektivisch deutlich seltener ins Kino gehen oder ganz darauf verzichten will[9]. Damit verbunden haben die Auflagen, die aus der unkomplizierten Alltagskultur des Kinobesuchs durch Impfstatus-Regelungen und Testpflichten, Abstandsregeln, Maskenpflicht und Kontaktdatenverfolgung einen Hindernisparcours machen, eine abschreckende Wirkung. Und nicht zuletzt leistet die durch die Pandemie verstärkte strukturelle Verschiebung des Mediennutzungsverhaltens ihren Beitrag: Die Abwanderung von Besucherschichten ins Streaming nimmt zu und führt zu einer Entwöhnung vom eingeübten Ritual des Kinobesuchs.

Kein Grund zur Entwarnung also: Die Rückgewinnung des Publikums nach der Pandemie stellt in den nächsten Jahren eine der größten Herausforderungen für diejenigen Filmfestivals dar, die ihre Legitimation gegenüber öffentlichen und privaten Geldgebern aus hohen und in der Vergangenheit oft stetig wachsenden Besucherzahlen gezogen haben bzw. permanent mit dieser Erwartungshaltung konfrontiert wurden. Für die gewerblichen Kinos ist dies ohnehin eine Frage des wirtschaftlichen Überlebens. Ob die Ausweitung des Filmfestivals bzw. des Kinos in den virtuellen Raum

---

[8] Vgl. Eva Marburg, „Trutzburg Theater", in: *Der Freitag*, Ausgabe 49/2021.
[9] Vgl. Frank Völkert, „*Zahlen und Fakten zum Kinomarkt – Teil 2. Wie kommen die Programmkinos durch die Krise?*", Präsentation der *Filmförderungsanstalt FFA* zur Filmkunstmesse Sept. 2021.

in dieser Situation die richtige Antwort ist, oder ob Festivalmacher und Kinobetreiber damit erst recht den Ast absägen, auf dem sie sitzen – dazu abschließend einige Gedanken.

V. Das Internet verbindet Computer, nicht Menschen

Weiter oben war von meinem beruflichen Selbstverständnis die Rede. Warum habe ich mich trotz des gelungenen Experiments mit *#filmkunstzuhause* gegen eine Wiederholung des Online-Festivals und auch gegen eine hybride Variante als Festivalergänzung entschieden?

Wenn der Begriff des Filmfestivals die örtlich definierte und zeitlich begrenzte Präsentation einer Filmauswahl vor Publikum bezeichnet, ist der konkrete Raum des Kinos für Filmfestivals essenziell und konstitutiv. Ohne die räumliche und zeitliche Verortung und den Bezug auf ein physisches Publikum macht die Rede vom Festival meines Erachtens keinen Sinn[10].

Es stimmt: Der Film hat sich vom Kino längst emanzipiert. Filme, Serien, bewegte Bilder sind online ubiquitär verfügbar. Ich kann sehen, was ich will, wann ich will und wo ich will, sofern ich über einen Internet-Zugang verfüge. Das Streamen von audiovisuellen Inhalten ist zum Leitmedium des 21. Jahrhunderts geworden. Und genau deshalb möchte ich auf dem konkreten Ort des Kinos bestehen: Weil es mir um die spezifische, qualitativ andere Seherfahrung im Unterschied zu anderen Medien geht. In der zeit- und ortsungebundenen Omnipräsenz audiovisueller Inhalte wird das konzentrierte Filmerlebnis im dunklen Kinosaal geradezu zum Alleinstellungsmerkmal, ich würde sagen: zum Qualitätsmerkmal eines Filmfestivals. Die Erweiterung des Festivals in den virtuellen Raum erscheint mir dagegen affirmativ. Nach meinem Dafürhalten entwertet sie Film und Filmerfahrung.

In meiner 30-jährigen Beschäftigung mit dem Kino – als ehrenamtlicher Kinomacher in der kommunalen Filmarbeit, als Festivalleiter und als gewerblicher Programmkinobetreiber – habe ich den öffentlichen Ort und die Praxis des Kinos, das Filmerlebnis zu vergemeinschaften, als human, demokratisch, aufklärerisch und oft auch politisch widerständig empfunden[11]. Dies schließt besonders in der kommunalen Film- und in der Festivalarbeit den besonderen Prozess der Filmauswahl, die Platzierung von Filmen im Programm, die Kontextualisierung und Rahmung durch Programmstruktur, Einführung, Filmgespräch und Austausch mit dem Publikum ein. Das Kino hat dadurch nach wie vor das Potenzial, ein subversiver und utopischer Ort zu sein.

---

[10] Zur Filmfestival-Definition vgl. Kai Reichel-Heldt, *Filmfestivals in Deutschland*, Frankfurt am Main 2007, S. 22ff.
[11] Siehe hierzu Heide Schlüpmann, *Raumgeben – der Film dem Kino*, Berlin 2020, S. 24f.

Wenn es eine Erkenntnis aus der Pandemie gibt, ist es doch diese: Die gemeinsame Erfahrung von Kunst und Kultur können digitale Plattformen nicht kompensieren[12]. Im Zeitalter des ‚flexiblen Kapitalismus' (Richard Sennett), in der ‚Gesellschaft der Singularitäten' (Andreas Reckwitz) scheint die Stärkung der öffentlichen und sozialen Kulturräume in dem Maße wichtiger zu werden, in dem sich die Grenzen und problematischen Auswirkungen der digitalen Vernetzung deutlich abzeichnen[13].

Das Kino ist nicht tot, es wird wie so viele andere Krisen auch die Pandemie überstehen. Die Herausforderung allerdings ist groß, denn es gilt, ein verunsichertes, entwöhntes und zum Teil zu den großen Plattformen abgewandertes Publikum zurückzugewinnen. Gerade den Filmfestivals als geförderten Kulturveranstaltungen kommt hier eine besondere Verantwortung zu, sich zu ihren Spielstätten als den originären Orten der Filmerfahrung über Lippenbekenntnisse hinaus solidarisch zu verhalten. Das Streamen von Spiel- und Dokumentarfilmen, deren Kinoauswertung zu einem späteren Zeitpunkt vorgesehen ist, gehört meines Erachtens nicht dazu, sondern es schadet dem Kulturort Kino sowohl wirtschaftlich als auch als kulturelle Praxis.

Darüber hinaus ist die Sicherung der Kinolandschaft eine kultur- und wirtschaftspolitische Aufgabe. Dazu gehört ein exklusives, im Einvernehmen mit Produzenten und Verleihern definiertes Fenster für die Auswertung der nicht zuletzt mit Kinoabgaben geförderten Filmproduktionen. Dazu gehört außerdem die überfällige stärkere Regulierung des demokratiegefährdenden Plattform-Oligopols auf europäischer Ebene[14]. Es bedarf der Förderung ehrenamtlicher und kommunaler Filmarbeit in städtischen, vor allem aber in ländlichen Räumen, ebenso wie der Unterstützung bei der Modernisierung und Professionalisierung gewerblicher Spielstätten. Und es bedarf darüber hinaus einer besseren Vermittlung von Filmbildung und Medienkompetenz an den Schulen, in den oft prekär ausgestatteten Medienwerkstätten und in den Kinos selbst. Übrigens: Den Termin für das *31. Filmkunstfest MV* haben wir auch 2022 in den Spätsommer verlegt – um das Überleben des Kinos zu feiern.

---

[12] Vgl. hierzu die Dokumentation des 16. Bundeskongresses der Kommunalen Kinos: „Das Kino und die Krise der Öffentlichkeit", in: *Kinema kommunal* 1/2021, insbesondere die Gesprächsprotokolle mit Jan Distelmeyer, „Zum Begriff und zur Kritik der Digitalität", Edgar Reitz, „Das Kino als geschützter Offline-Raum", und Heide Schlüpmann, "Kinoräume, Projektion, Aufführungspraxis und Programmgestaltung".
[13] Siehe hierzu: Urs Stäheli, *Soziologie der Entnetzung*, Berlin 2021.
[14] Vgl. Marcus S. Kleiner, *Streamland. Wie Netflix, Amazon Prime und Co. unsere Demokratie bedrohen*, München 2020.

Filmkunstfest Mecklenburg-Vorpommern | Volker Kufahl

Open-Air-Vorführung FALLADA – LETZTES KAPITEL (Regie: Roland Gräf, 1987/88) im Innenhof des Schweriner Schlosses © Filmland MV

Fünf Seen Filmfestival

Erstmals im Jahre 2007 veranstaltet, geht das im Süden Münchens gelegene *Fünf Seen Filmfestival* (*FSFF*) auf eine Initiative des Kinomachers Matthias Helwig zurück, der bereits seit 1986 die Breitwand-Kinos in Starnberg, Seefeld und Gauting betreibt. Traditionell findet es Ende August statt und ermöglicht so als Sommerfilmfestival Highlights wie die berühmte Dampferfahrt auf der MS Starnberg und das dortige Open-Air-Kino auf dem in die Nacht gleitenden Schiff. In den 15 Jahren seines Bestehens hat sich das *FSFF* stetig weiterentwickelt und war so bis zu den pandemiebedingten Einbrüchen auf Zuschaueranzahlen von rund 21.000 pro Jahr angewachsen. Parallel dazu stieg die Anzahl an Filmen (zuletzt waren es rund 170), Wettbewerbsreihen (bis zu 11) ebenso wie Spielorten (bis zu sechs).

Nach seiner anfänglichen Konzentration auf Produktionen aus Deutschland, Österreich und der Schweiz liegt der Fokus heute auf dem gesamten mitteleuropäischen Raum. Dabei umfassen die Wettbewerbe die Bereiche Spiel-, Dokumentar-, mittellanger, Kurz- und Experimentalfilm, in denen Preise im Wert von ca. 20.000 Euro vergeben werden. Neben dem Hauptwettbewerb um den *Fünf Seen Filmpreis* wurde 2008 der Preis für den besten Dokumentarfilm und 2009 der Preis für die erste oder zweite Regiearbeit eingeführt. Mit dem *Horizonte*-Filmpreis wird seit 2011 ein Human-Rights-Award verliehen. Seit 2012 widmet sich das *FSFF* mit der Reihe *Fokus Drehbuch* auch Drehbüchern und verleiht seither ebenfalls einen Preis. Im Angedenken an die im April 2019 verstorbene Schauspielerin Hannelore Elsner wurde im Juni 2019 der *Hannelore-Elsner-Preis für bedeutende Schauspielkunst* ins Leben gerufen.

Ergänzt wird das Programm durch eine Retrospektive zu einem jährlich neu gewählten Thema, sowie die Reihe *Odeon* mit Filmen über und aus den sieben Künsten. Zudem präsentiert das *FSFF* Filme aus einem jährlich wechselnden Gastland.

Das Festival, das sich in seiner Ausrichtung vor allem als lokal und regional verankertes Festival für alle Zielgruppen vor Ort versteht, setzt auf den Dialog zwischen Publikum und Filmemachern oder Ehrengästen wie Michael Ballhaus, Volker Schlöndorff, Armin Mueller-Stahl, Hannelore Elsner, Istvan Szabo, Wim Wenders, Michael Verhoeven, Dominik Graf, Doris Dörrie, Caroline Link, Eva Mattes, Tom Tykwer, Lars Eidinger und Nina Hoss.

Im Sommer 2020 war es eines der wenigen Festivals überhaupt, das als *Special Edition* stattfinden konnte, und erreichte trotz diverser Einschränkungen und einem deutlich reduzierten Programm mit 84 Langfilmen, 30 Kurzfilmen und zwölf Short-Plus-Filmen in 15 Tagen etwa 14.000 Zuschauer:innen.

Fünf Seen Filmfestival | Matthias Helwig im Gespräch

Matthias Helwig im Gespräch mit Joachim Kurz

„Es ist definitiv einfacher, ein Filmfestival im urbanen Raum zu etablieren"

Dass ein Kinomacher selbst das Heft in die Hand nimmt und ein eigenes Filmfestival gründet, ist immer noch eher ungewöhnlich, auch wenn es dafür mittlerweile ein paar Beispiele gibt. Was gab den Anstoß und war die Kino-Filmfest-Verbindung in Biberach dabei ein Vorbild?
Nein, Biberach war kein Vorbild, ich kannte es, ehrlich gesagt, gar nicht. Ich bin, seitdem ich Kino mache – seit 1986 – nach Venedig gefahren und habe dort über Jahre hinweg Filme gesehen, die durch die Verleihstruktur in Deutschland hierzulande nie das Licht der Kino-Leinwand erblickt haben. Mehr und mehr reifte so der Entschluss, diese außergewöhnlichen Filme auch meinem Publikum zu präsentieren, und da mir ein deutschlandweit operierender Verleih als zu aufwändig erschien, blieb nur die Idee eines eigenen Festivals.

Wie sind Sie beim Aufbau des FSFF vorgegangen, welche programmatische Richtung stand dabei im Fokus Ihres Interesses? Wie grenzt sich das FSFF von anderen Festivals ab?
Auch hier ist vieles aus dem Bauch heraus geschehen. Klar war mir, dass es einen Spielfilmwettbewerb und eine Retrospektive geben muss, dazu die Förderung des jungen Films. Schließlich ist der Ort für ein Festival wichtig. So finden die *Nordischen Filmtage* in Lübeck statt oder die des osteuropäischen Films in Cottbus. Wir sind im Süden von Deutschland und damit bot sich an, den Fokus auf die Länder Österreich, Schweiz und Deutschland zu legen.

Wie unterscheidet sich die Programmierung der Kinos von der des Festivals?
Für jemanden, der Programme kuratiert, ob fürs Kino oder für ein Festival, eigentlich kaum. Man hat das Bedürfnis, seinem Publikum besondere Filme zu präsentieren und gleichzeitig viele Menschen zu erreichen. Natürlich kann man beim Festival mehr

wagen und vor allem Querverweise her- und vor allem herausstellen. Aber meine Kinoarbeit ist jeweils die Fortsetzung oder die Vorausarbeit der Festivalarbeit. So haben wir monatlich zum Beispiel eine *Agenda 21*-Vorstellung im Kino oder Vorträge zur Filmgeschichte, die wiederum in die *Horizonte-Human-Rights* & *Klima-Award*-Reihe münden oder in die Retrospektive des Festivals.

Das FSFF liegt im ländlichen Raum, einerseits in einer ausgewiesenen Tourismusregion, andererseits an mehreren Orten, an denen wohlhabende, gebildete Menschen der Hektik der Stadt entfliehen. Für welches Publikum haben Sie das Festival konzipiert?
Für alle. So war der Gedanke. Aber in meiner Region war die Realität der Bevölkerungsstruktur eine andere. Uns fehlen die Studenten, die schon frühzeitig in die Stadt abwandern. Sie kommen als junge Eltern zurück und sind meist als Doppelverdiener so belastet, dass sie kaum an einen Kinobesuch denken. So hat sich als Hauptpublikum die bürgerliche Mittelschicht herauskristallisiert ab 50 Plus. Klar ist dennoch, dass die gebildete Mittelschicht das Zielpublikum ist. Jede andere Besucherschicht muss durch intensive Marketingarbeit generiert werden. Auch war die Hoffnung am Anfang, das Publikum aus der nahen Großstadt München oder junge Leute anzusprechen. Dies bedürfte einer intensiven Marketingarbeit, die durch fehlendes Budget und ein dadurch zu kleines Team nicht stemmbar ist.

Wie haben Sie selbst die Jahre des Aufbaus erlebt – auch und gerade hinsichtlich der Unterstützung durch lokale und regionale politische wie wirtschaftliche Entscheidungsträger:innen?
Man muss sich das Vertrauen der Förderer erarbeiten. Das ist schwer und gelingt manchmal erst durch irgendeinen Zufall oder durch sanften Druck aus der Bevölkerung. Wenn einmal ein gewisses Niveau erreicht ist, ist es meistens nicht mehr allzu schwer, auch die Förderer zu überzeugen. Der Rückhalt aus der Bevölkerung ist sehr groß, genauso das Vertrauen, aber ich mache auch hier in der Region seit 35 Jahren Kino und nun seit 15 Jahren das Festival.

Sie bespielen aktuell sechs Standorte, nachdem 2020 und 2021 zwei Standorte pausierten. Waren gleich zu Beginn alle Standorte Teil des Festivals oder sind diese nach und nach hinzugekommen? Denken Sie, dass es einfacher wäre, ein Festival in einem urbanen Umfeld zu etablieren?
Es ist definitiv einfacher, ein Filmfestival in einem urbanen Raum zu etablieren. Im Grunde genommen ist das *Fünf Seen Filmfestival* von seinem Standort in dieser Größe eine Unmöglichkeit. Jeder weitere Standort bedeutet eine immense Mehrarbeit und kaum mehr Besucher. Deswegen haben wir auch die Wünsche, noch diesen oder je-

nen Ort hinzuzunehmen, aufgegeben. Geblieben sind so die Standorte Schloss Seefeld, Gauting, Starnberg und Wessling, mit zusätzlichen Open-Air-Standorten. Durch einen miserablen, regenintensiven Sommer ging diese Rechnung leider nicht auf und fiel buchstäblich ins Wasser.

Beide Festivalausgaben 2020 und 2021 lagen außerhalb der Zeiten der pandemiebedingten Kinoschließungen. Dennoch mussten Sie Ihr Festivalkonzept in einigen Punkten anpassen. Sind dies rückblickend nur „Notlösungen"?
Die Open-Air-Formate sind Ende August und Anfang September sehr risikobelastet. Wir werden sie zwar weiter anbieten, aber reduzieren. Natürlich werden wir versuchen, in der Zukunft verstärkt digitale Formate anzubieten. So wollen wir die Gespräche aufzeichnen und auf der Webseite zur Verfügung stellen.

Wenn Sie an die Anfänge denken, wie hat sich das Festival über die Jahre entwickelt? Welche Ideen und Ansätze haben Sie beibehalten, was hat sich bewährt und wo mussten Sie nachjustieren?
Wir sind stetig gewachsen und haben immer wieder neue Ideen eingearbeitet. So entstand die *Odeon*-Filmreihe mit Kunstfilmen, das *Video-Art*-Programm mit Experimentalfilmen, die Gastländer, der *Hannelore-Elsner-Schauspielpreis*, die Ehrenpreise. Das Programm steht dem eines großen Festivals in nichts nach und bringt das kleine Team aber stets an die Grenzen. Mehr und mehr gerieten die osteuropäischen Staaten in den Fokus, weil es sehr schwer ist, neue deutsche, auch Nachwuchsfilme zu bekommen. Diese sind auf die großen deutschen Festivals Berlin, München, Hof fixiert. Wenn sie hier gelaufen sind, sind sie für die Verleiher oder Produzenten nur noch in zeitlicher Nähe des Kinostarts interessant.

Es gibt in Bayern eine enorm hohe Anzahl von Filmfestivals verschiedener Größen und Ausrichtungen, von denen sich viele im Verband Bayerischer Filmfestivals zusammengeschlossen haben. Ist das FSFF dort auch Mitglied? Und wie erleben Sie die Zusammenarbeit dort?
Ich bin Mitglied im *Verband Bayerischer Filmfestivals*. Die Arbeit der Festivals ist sehr unterschiedlich, aber stets voller Engagement. Da die meisten regional agieren, ist die Zusammenarbeit eher begrenzt und beschränkt sich beispielsweise auf den Austausch des Personals. Während der Pandemie hat sich auch wieder das Missverständnis zwischen Kinos und Festivals gezeigt. Auch hier wäre es nötig gewesen, viel entschlossener und stärker gegenüber der Politik aufzutreten. Das ist versäumt worden, meines Erachtens wegen zu viel Egoismus oder eben Angst. Die Folgen könnten am

Filmfestivals | Krisen – Chancen – Perspektiven

Fünf Seen Filmfestival | Matthias Helwig im Gespräch

Open Air am Wörthsee © Pavel Broz

Ende aber alle treffen, wenn der Politik das Geld ausgeht. Als erstes wird man dann wieder an der Kultur sparen, so wie auch in der Pandemie als erstes die Kultur geschlossen wurde.

Kooperieren Sie ansonsten mit Festivals im In- und Ausland und wenn wie?
Es sind eher lose Kooperationen, mit Innsbruck und Bozen, Graz oder Solothurn. Hier geht es vor allem um Kontakte zu den Filmschaffenden und eventuell auch um Inspirationen für konzeptionelle Ideen. Gewünscht wäre mehr Austausch in Bezug auf Mitarbeiter. Der Aufbau einer Plattform für Jobsuchende bzw. Festivalspezialist:innen wäre dafür ein wichtiger Schritt.

Im Gegensatz zur gezielten Betonung einzelner Filmfestivals als internationale und global vernetzte Events abseits jeglichen Bezugs zum eigenen Standort ist das FSFF stark in seiner Umgebung verortet. Erweist sich dies als Vor- oder Nachteil?
Natürlich versuche ich mit dem Programm eine breite Aufmerksamkeit zu generieren. Aber es gibt nur ein paar A-Festivals, zu denen die Welt kommt. Selbst in Deutschland reisen schon wenige von München nach Hamburg oder umgekehrt. Ich bin froh, wenn neben der näheren Umgebung auch in der Großstadt München, in den Kernländern Schweiz und Österreich und in den Gastländern das Festival wahrgenommen wird. Wenn das gelingt, ist viel erreicht.

Es gibt Verleiher, die es als problematisch ansehen, wenn ihre Filme eine zu breite Festivalauswertung erfahren, da sie beim Kinostart dann in der Region um das Festival ihr Publikum bereits erreicht haben. Wie sehen Sie als Festival- UND Kinomacher dieses Problem?
Das sehe ich nicht so. Filme, die auf dem *Fünf Seen Filmfestival* erfolgreich laufen, werden danach auch im Kino gerne und mehr gesehen und sind mit einem Label versehen, das in dieser Region gilt. Das Problem haben eher die sogenannten großen Festivals. Sie konkurrieren um Premieren und Gäste und zeigen aus diesem Zwang heraus oft nicht die besten Filme. Diese haben dann zwar auf dem Festival wegen des Premierenpublikums Erfolg, floppen aber danach, weil das Publikum nicht dumm ist und sich die Qualität schnell herumspricht. Die Branche müsste insgesamt ehrlicher sein, auch die Festivalbranche. Aber sie ist von den Medien getrieben und lässt sich auch gerne auf dieses Spiel ein. Gut kuratierte Nachspielfestivals bringen im Verhältnis wesentlich mehr sehenswerte Filme und das wird von dem heimischen Publikum auch wahrgenommen und mit Vertrauen belegt.

Fünf Seen Filmfestival | Matthias Helwig im Gespräch

Sie haben sich nach einigen Jahren entschieden, das Festival in eine eigenständige Rechtsform zu überführen. Was hat Sie dazu veranlasst?
Vor allem Fördergründe. Die Förderer wollen zurecht einen klar abgegrenzten Bereich, den sie dann fördern können. Deswegen haben wir diese Struktur aufgebaut.

Während der Corona-Pandemie sind viele Festivals online gegangen, haben verschoben oder sind auf eine duale Form ausgewichen. Das FSFF blieb aufgrund seines angestammten Termins von diesen Überlegungen weitgehend verschont. Wären Sie andernfalls mit dem FSFF ebenfalls in den virtuellen Raum umgesiedelt?
Nein, weil es klar war, dass wir nur analog stattfinden wollen. Ich komme vom Kino und Kino ist letztendlich ein Ort des Zusammenkommens und des gemeinsamen Erlebens eines Films auf großer Leinwand. Hier wird sich auch die Zukunft des Kinos entscheiden. Ein Film auf dem Laptop, dem Fernseher oder selbst einem größeren Monitor ist weitaus weniger wirkungsvoll als auf der großen Kinoleinwand. Dies vergessen zu haben, ist ein bedauerlicher Nebeneffekt der Corona-Kulturpolitik oder vermeintlicher Modernität. Dazu beigetragen haben manche fragwürdige Entscheidungen von größeren Festivals. Diese sehen darin nur den Zugang zu einem größeren Publikum – nur die Klicks, die wiederum ein gutes Ergebnis nach außen suggerieren. Die Festivals abseits der Großstädte können allein wegen ihrer finanziellen Begrenzung kaum mit den großen Plattformen mithalten. Natürlich ist eine größere Besucherzahl verführerisch, aber erinnert man sich wirklich später noch an die Filme, die man daheim auf der Couch gesehen hat? Wir hätten den Termin somit auf jeden Fall so verschoben, dass das *Fünf Seen Filmfestival* analog möglich gewesen wäre.

Wie stehen Sie generell zu den durch Corona angestoßenen Entwicklungen in Richtung Digitalisierung von Festivals? Ist dies Fluch oder Segen in Ihren Augen?
Die Digitalisierung der Festivals hilft vor allem der Branche. Auch ich nutze ja Links, um mir Filme anzuschauen, die ich nicht bei einer Vorführung im Kino anschauen konnte. Für wirklich große Festivals macht das also durchaus Sinn. Ich hoffe aber, dass die Gesellschaft nicht in einer Dauerschleife aus Angst vor dem Draußen, dem Anderen oder den dunklen Kino- und Veranstaltungsräumen verharrt, sondern ganz im Gegenteil diese wieder suchen und erleben will.

Als Kino- wie Festivalmacher kennen Sie beide Seiten und haben diese zusammengebracht. Wie sehen Sie das Verhältnis von Kinos und Festivals generell – eher freundschaftlich und einander ergänzend oder als Konkurrenten um ein immer kleiner werdendes Zuschauersegment?
Ich glaube, dieser scheinbare Gegensatz ist von einigen Missverständnissen geprägt.

Filmfestivals | Krisen – Chancen – Perspektiven

Fünf Seen Filmfestival | Matthias Helwig im Gespräch

Festivals halten sich oft für etwas Besseres und haben eine bestimmte Meinung von den Kinos, genauso aber auch umgekehrt. Es wäre viel förderlicher, wenn es mehr solche Modelle wie meines gäbe, bei dem ein Kinobesitzer ein Festival wagt. Er kennt meist sein Publikum besser als ein Festivalmacher. Er weiß, dass sich durch den Eventcharakter eines Festivals vieles erreichen lässt, dass die Realität des Alltags aber anders aussieht. Festivalchefs neigen manchmal dazu, ihre Welt als die wirkliche der Filmrezeption zu sehen. Festivals könnten im besten Falle die Zuschauerzahl erhöhen. Dazu müssten sie aber viel mehr mit denen kommunizieren, die den Alltag kennen. Ich glaube nicht, dass sie Konkurrenten um ein immer kleiner werdendes Zuschauersegment sind, sondern dass sie sich eher ergänzen. Natürlich sind in einer Woche, in der ein Festival stattfindet, eventuell weniger Besucher im regulären Kino, aber eine Woche ist nur eine von 52. Damit ein Festival aber eine Ergänzung ermöglicht, müsste es viel enger mit den Kinos und in der Zeit danach zusammenarbeiten. Das schließt sich bei den großen Festivals aber schon wieder aus, weil es eben hier um Weltpremieren geht. Der Start des Films kommt meist so viel später, der Effekt verpufft also.

Wenn Sie von der Notwendigkeit eines Perspektivwechsels auf Seiten der Festivalmacher sprechen, sehen Sie auch ein Umdenken auf Seiten der Kinomacher als erforderlich?
Kinobesitzer müssen den Ort Kino wieder herausstellen und das durch die Pandemie verlorene Publikum zurückerobern. Dafür sind kleinere Festivals unabdingbar. Durch ein Event bekommt man die Aufmerksamkeit, und wenn dieses Event in den Kinos stattfindet, dann lernen die Menschen das Kino als Diskursort wieder kennen – und werden, wenn der Kinobesitzer diese Chance wahrnimmt, wiederkommen. Eigentlich eine Win-Win-Situation. Hier müsste eher die Förderung einsetzen. Stattdessen aber geht es um Technik, die gefördert wird. Ob man damit auf lange Zeit den Ort Kino erhält, weiß ich nicht. Für mich kommt es auf den Inhalt an. Und wenn der beliebig wird oder eben seinen Preis nicht wert ist, dann wird es das Kino in der Breite schwer haben sich zu behaupten.

←
Das Kino Breitwand in Gauting © Pavel Broz
Open Air in Starnberg © Pavel Broz
Filmvorführung auf der MS Starnberg © Pavel Broz
Die MS Starnberg bei Nacht © Pavel Broz

Wo sehen Sie sich selbst und das FSFF in zehn Jahren?
In zehn Jahren bin ich über 70. Es gibt das Vorbild Heinz Badewitz, aber ich weiß nicht, ob ich dem folgen will. Ich glaube, auch für das Kino, dass man verstärkt die junge Generation für den besonderen Film gewinnen muss – und auch kann. Nur so werden die Festivals in meiner Größe überleben. Dazu wird es wahrscheinlich jemand Jüngeren als mich brauchen.

Der Regisseur Roland Emmerich prophezeit dem Kino den Tod in zehn Jahren, der Feuilletonist Claudius Seidl spricht von fünf Jahren. Wie sehen Sie diese Entwicklung?
Das ist Blödsinn und verkennt auch die Mentalität der Kinobesitzer. Trotzdem haben solche Aussagen wie die der Politik, dass Kultur- und Kinobesuch verzichtbar sind, einen unermesslichen Schaden auch der Kinobranche beigefügt. Das wird Jahre dauern, um das wettzumachen, viel Überzeugungsarbeit und viel Engagement und Herzblut, um das Kino wieder gesellschaftsfähig zu machen. Ich bin mir sicher, dass sich die Kinobesitzer – jeder in seiner Region – Gedanken dazu machen. Für mich steht außer Frage, dass die Qualität stimmen muss. Wir werden dafür bezahlt werden, dass wir eine Auswahl für unsere Kunden treffen. Und das wird bleiben.

Noch immer wird die Frage diskutiert, ob Produktionen der Streamer im Kino und auf Festivals einen Platz haben sollten. Wie sehen Sie das?
Ich denke, dass wir auch die herausragenden Produktionen der Streamer im Kino zeigen sollten. Ziel wäre aber, dass die Streamer diese dann auch entsprechend bewerben. Im Kino und bei ihnen. Nur dann gibt es den Effekt, dass auch Leute ins Kino wegen des betreffenden Films kommen. So wie es jetzt geschieht, ist es Unsinn, oder nur dafür gut, dass man sich auch den *OSCAR*-Gewinner auf meiner Kino-Leinwand anschauen kann – fast alleine.

Denken Sie, dass sich die Aufgabe Ihrer Kinos über die Jahre verändert hat?
So wie sich die Gesellschaft verändert hat. Es gab eine Zeit, da gab es kaum ein Kulturangebot in unserer Region. Dann sogar eine, in der meine Kinos fast alleine zum Diskurs einluden. Inzwischen ist das Kulturangebot riesig, wenn auch überaltert. Die Diskurse werden woanders geführt, schnell und in Überschriften. Hier seinen Platz zu finden, wird schwer. Es gibt keinen Kultfilm mehr und wird wahrscheinlich auch keinen mehr geben. Als ich jung war, konnte man jedes Jahr im Sommer Filme wie Spiel mir das Lied vom Tod, Blues Brothers, Harold and Maude, Alexis Sorbas und viele andere wiedersehen. Dazu konnte ich im Kino alle Filme noch nachholen. Dann kam Fernsehen, DVD und eine immer größere Aufsplittung des Marktes. Im Fernsehen gab es

das sogenannte „Lagerfeuergefühl" mit bestimmten Shows oder Ereignissen. Die Filme von heute, die große Zuschauermengen erreichen, erweisen sich meistens als Strohfeuer, entfacht von den Marketingstrategen, die nach drei, vier Wochen verpuffen und es manchmal nicht mal zur Open-Air-Saison schaffen. Ausnahmen sind in den letzten Jahren BOHEMIAN RHAPSODY und begrenzt auf kleinem Niveau PARASITE. Bei diesem Film kann man auch bei mehrmaligem Sehen etwas entdecken, für mich Voraussetzung für einen Kultfilm. Aber wenn man sich an die 1970er Jahre erinnert, dann gab es nach einer langen Durststrecke auch wieder die Neuentdeckung des Kinos – durch den Arthouse-Markt, durch die Qualität. Ich hoffe, dass das wieder eintritt, aber kann natürlich die gesellschaftlichen Entwicklungen nicht vorhersehen. Das Kino wird sich aber deren Entwicklung anpassen, wie auch immer, und im besten Falle antizipieren.

Viele Festivals werden durch die öffentliche Hand unterstützt. Müssten Kinos vor dem Hintergrund gegenwärtiger Herausforderungen nicht ebenfalls viel breiter gefördert werden?
Unbedingt, aber wie oben ausgeführt, gibt es das Missverständnis über Kinos und Festivals auch in der Politik. Kinos werden bei technischer Erneuerungen unterstützt. Die Hauptkosten der Kinos werden aber in Zukunft im Bereich Programmierung und Marketing liegen. Hier gibt es keine Förderung. Und dann müsste die Politik nicht nur ihren Worten die Taten folgen lassen, die auch auf eine Anerkennung des Ortes Kino abzielt.

Deutsches Kinder Medien Festival Goldener Spatz

Der *Goldene Spatz* wurde 1979 in Gera als ein Publikums- und Arbeitsfestival gegründet, das sich alle zwei Jahre dem *DEFA*-Kinderfilm sowie der DDR-Kinderfernsehproduktion widmete. Dem Kinderfilm wurde in der DDR von Anfang an eine große Bedeutung als Kunstform beigemessen, die einen wesentlichen Beitrag zur ästhetischen, kulturellen, moralischen, aber auch ideologischen Erziehung der jungen Generation leisten sollte. Wie alle Festivals in der DDR wurde auch der *Goldene Spatz* staatlich organisiert und finanziert. Bis 1989 galt der *Goldene Spatz* als das wichtigste Forum des Austauschs für die Film- und Fernsehschaffenden in der DDR, erfreute sich aber gleichzeitig großer Beliebtheit unter Fachleuten im Ausland, speziell auch in der Bundesrepublik.

Mit dem Fall der Mauer 1989 standen viele DDR-Festivals und so auch der *Goldene Spatz* vor dem Aus. Dass es letztendlich weitergeführt werden konnte, war zunächst der Stadt Gera und dann dem Engagement von Film- und Fernsehschaffenden aus Ost und West zu verdanken. 1993 wurde die Stiftung *Goldener Spatz* gegründet und somit ein solides finanzielles Fundament für das *Deutsche Kinder-Film&Fernseh-Festival* geschaffen. Ein wichtiger Entwicklungsschritt war die inhaltliche Ausweitung des Wettbewerbs um Onlinemedien. 2003 hat das Festival seine Reichweite vergrößert und findet seitdem auch in Erfurt statt. Seit 2008 wird der *Goldene Spatz* – nun unter dem Namen *Deutsches Kinder Medien Festival* – jährlich veranstaltet. Damit will das Festival den aktuellen Entwicklungen in der deutschen Kindermedienlandschaft Rechnung tragen. Mit seiner Fokussierung auf Kino, Fernsehen und digitale Medien für ein junges Publikum nimmt der *Goldene Spatz* unter den deutschen Kinderfilmfestivals wie dem Chemnitzer Festival *Schlingel* oder *LUCAS* in Frankfurt/Main sowie der *Berlinale*-Sektion *Generation*, die international ausgerichtet sind, eine einzigartige Position ein.

Der *Goldene Spatz* versteht sich somit als ein nationales Publikums- und Branchenfestival, das aber hinsichtlich des Fachaustauschs auch auf europäischer Ebene agiert. Die Kernzielgruppen sind einerseits Kinder und Jugendliche und andererseits Fachbesucher:innen aus der Film- und Fernsehbranche, Medienpolitik wie Medienpädagogik.

Wie in der Vergangenheit wird das Festival *Goldener Spatz* auch in der Zukunft mit den kulturellen und gesellschaftlichen Entwicklungen wachsen. Sicherlich werden die Bewertung von und der Umgang mit digitalen Medien an Bedeutung gewinnen. Eine wesentliche Aufgabe sieht der *Goldene Spatz* in der stärkeren Einbeziehung der jungen Zielgruppe. So sollen Kinder zukünftig mehr Möglichkeiten zur Partizipation am Festivalgeschehen erhalten.

Nicola Jones und Barbara Felsmann

Digitaler Wandel braucht nachhaltige Strukturen

I. Einstimmung

Das *Deutsche Kinder Medien Festival Goldener Spatz* ist das einzige deutschsprachige Festival, das Produktionen für Kinder in den Bereichen Film, Fernsehen und digitale Medien präsentiert. Es ist ein Festival, das sich – neben den Fachbesucher:innen – vor allem seinem jungen Publikum verschrieben hat und so einen wertvollen Beitrag zur kulturellen Bildung, Diskussionskultur, Meinungsvielfalt und Demokratie leistet.

II. Die über 40-jährige Geschichte des Festivals

Der *Goldene Spatz* wurde 1979 in Gera als *Nationales Festival für Kinderfilme der DDR in Kino und Fernsehen* gegründet. Alle zwei Jahre veranstaltet, sollten dort in aller Breite die DEFA- und Fernsehproduktionen für ein junges Publikum zur Diskussion gestellt werden. So gab es damals die Wettbewerbskategorien: Spielfilm und Fernsehspiel, Animation sowie Dokumentarfilm und Fernsehpublizistik. Von Anfang an war der *Goldene Spatz* als Publikums- und Arbeitsfestival angelegt, als Festival für Kinder und mit Kindern, aber ebenso als Forum der Information, des Austauschs und der Diskussion für die Film- und Fernsehschaffenden in der DDR. Abend für Abend wurden thematische Gesprächsrunden veranstaltet, in denen Fernseh- und Kinomacher:innen ihre Arbeiten vorstellten und sich darüber auseinandersetzten – zumeist im produktiven Dialog, im temperamentvoll geführten Meinungsaustausch und manchmal auch im Streit. Aber auch dem Gespräch mit der Zielgruppe wurde – vor allem seitens der Kreativen – große Bedeutung beigemessen. So gab es beispielsweise beim zweiten *Goldenen Spatz* 1981 fast 60 Publikumsgespräche mit mehr als 1.000 Kindern.

Kinder waren auch an der Preisvergabe beteiligt. Allerdings zeichneten sie ihre Favoriten nicht mit dem Hauptpreis aus, sondern mit einem Ehrenpreis oder einem Ehrendiplom. Den *Goldenen Spatz* vergab dagegen eine Fachjury.

Als das *Festival Goldener Spatz* im Februar 1989 zum sechsten Mal stattfand, hatte es sich nicht nur in der DDR, sondern auch außerhalb des Landes zu einer festen Größe entwickelt. So nahmen in jenem Jahr neben mehr als 320 DDR-Film- und Fernsehschaffenden auch 56 ausländische Gäste am Festival teil, darunter 25 aus Westberlin und der Bundesrepublik.

Es war gerade diese konstruktiv-kritische Auseinandersetzung zwischen den Macher:innen von Fernsehen und Kino für Kinder, die große Anerkennung bei Fachleuten auf der anderen Seite der deutsch-deutschen Grenze fand. Uwe Rosenbaum, der damals als Hauptabteilungsleiter Bildung, Wissenschaft und Familie beim SFB arbeitete und 1987 das Festival in Gera zum ersten Mal besuchte, spricht von einem „vitalisierenden Reizklima" und „von der Leidenschaft, mit der gestritten, verworfen, taktiert und auch geschwiegen wurde."[1]

Doch nur ein paar Monate nach dem sechsten Festival fiel die Mauer. Die DDR war in Auflösung begriffen und die Fortführung des *Goldenen Spatz* als gesamtdeutsche Plattform war denkbar ungewiss. Erst Ende Dezember 1990 beschloss die Geraer Stadtverordnetenversammlung, den folgenden *Goldenen Spatz* im Februar 1991 durchzuführen. Wie es unter derart ungewissen Bedingungen gelungen war, in nur knapp zwei Monaten ein Filmfestival auf die Beine zu stellen, ist heute kaum noch vorstellbar.

Dass der *Goldene Spatz* letztendlich stattfinden konnte, war vor allem auch dem unglaublichen Engagement des *DEFA*-Regisseurs Rolf Losansky zu verdanken, der innerhalb der Kinderfilmszene der DDR, aber auch der BRD anerkannt und gut vernetzt war. Wie er als Präsident dann das erste Festival im wiedervereinigten Deutschland gemeistert hat, beschreibt er so: „Ich kam mir vor wie ein Pilot, dessen Flugzeug... Pilot! Ach was, wie ein einfacher Rangierer fühlte ich mich, der die Aufgabe hatte, den WEST-Waggon an den OST-Waggon anzukoppeln. Und das auf einem Bahnhof, wo einiges durcheinanderging. Inhalt der Waggons? Später! Erst mal ankoppeln! Freundliche Worte waren da Mangelware, blaue Flecken dafür zahlreich – und Garantie auf Überstunden... Aber dabei entdeckte ich auch andere Rangierer, Ja-Stimmen, zum Teil dort, wo man sie überhaupt nicht vermutete."[2]

---

[1] *1979-2009: 30 Jahre – 30 Stimmen. Festschrift zum 30-jährigen Jubiläum des Deutschen Kinder-Medien-Festivals Goldener Spatz*, Gera/Erfurt 2009, S. 16.
[2] Ebd., S. 15.

Deutsches Kinder Medien Festival Goldener Spatz | Nicola Jones und Barbara Felsmann

Unter seiner Leitung blieb der Charakter als Publikums- und Arbeitsfestival erhalten. Neu war jedoch, dass erstmals eine Kinderjury die Hauptpreise, die *Goldenen Spatzen*, vergab.

Doch bereits vor dem Festival 1991 waren im Hintergrund engagierte Menschen aus Ost und West aktiv, die sich für den Erhalt des Festivals einsetzten und darin eine Chance sahen, Erfahrungen aus den alten und den neuen Bundesländern in einem gesamtdeutschen Kontext zusammenzuführen und daran zu wachsen. Einer, der dies mit einer ambitionierten Idee unterstützte, war Uwe Rosenbaum. Seine Argumente und Beweggründe waren unter anderen: „Dieses Festivalarrangement gab es nicht in der BRD. (...) Ein gemeinsames bundesdeutsches Forum gab es nicht, keine jährliche oder zweijährliche Durchsicht von Programmen, kein Forum für Diskussion und Bewertung, Prämierung".[3]

Gemeinsam mit Ronald Trisch, bis 1990 Direktor der *Direktion Nationale und Internationale Filmfestivals in der DDR*, entwickelte Uwe Rosenbaum den Gedanken, eine Stiftung zu gründen und die Fernsehsender einzubeziehen. So wurde zusammen mit vielen anderen tatkräftigen Unterstützer:innen ein Fundament geschaffen, das das Festival bis heute trägt. Am 23. März 1993 konnte mit der Eröffnung des *Goldenen Spatz*, der zu diesem Zeitpunkt unter der Leitung von Elke Ried stand, die Stiftungsurkunde mit den Gründungsstiftern *ARD*, vertreten durch den *MDR*, dem *ZDF*, *RTL* und der Stadt Gera unterzeichnet werden. Heute gehören der Stiftung außerdem die Thüringer Landesmedienanstalt, die Mitteldeutsche Medienförderung sowie die Stadt Erfurt an.

Ab 1997 leitete die Medienwissenschaftlerin Margret Albers das *Festival Goldener Spatz* und entwickelte es in den folgenden 20 Jahren kontinuierlich zu einem Kindermedienfestival weiter. 1997 wurde erstmals beim *Goldenen Spatz* auch ein Filmprogramm für ein jugendliches Publikum präsentiert. 2001 wurde dann zu einem sehr frühen Zeitpunkt ein Wettbewerb für Onlinemedien ins Leben gerufen und der erste *Goldene Spatz* für eine film- oder fernsehbezogene Webseite für Kinder vergeben. 2003 gab es eine weitreichende Erneuerung: Das *Deutsche Kinder-Film&Fernseh-Festival Goldener Spatz* wird nunmehr an zwei Standorten in Thüringen ausgetragen, um das Wirkungsfeld für das Ziel- sowie das Fachpublikum zu erweitern. Seitdem findet das Festival zunächst in Gera mit einem medienpädagogischen Schwerpunkt statt und anschließend in Erfurt mit einem zusätzlichen Angebot für Fachbesucher:innen.

Seit 2008 wird der *Goldene Spatz* jährlich veranstaltet – nun unter dem Namen *Deutsches Kinder Medien Festival*. Zudem waren in jenem Jahr zum ersten Mal in der Kinderjury nicht nur Mädchen und Jungen aus Deutschland, sondern auch aus Süd-

---
[3] Ebd., S. 16.

Filmfestivals | Krisen – Chancen – Perspektiven

136

tirol vertreten. Inzwischen sind andere deutschsprachige Länder wie die Schweiz, Österreich, Luxemburg und Liechtenstein sowie deutschsprachige Regionen in Belgien und Dänemark hinzugekommen.

2017 übernahm Nicola Jones die Leitung des *Goldenen Spatz*. In der 25. Ausgabe wartete das *Kinder Medien Festival* – neben dem gewohnten Film- und Fernsehprogramm – mit einem breitgefächerten Angebot an medienpädagogischen Workshops zum Thema *Digitale Welten* sowie der Zukunftswerkstatt *Schöne neue Medienwelt* auf. Ohnehin war es Nicola Jones' Bestreben, den Wettbewerb für Onlinemedien weiter auszubauen, aber auch das Kino als besonderes Erlebnis für die junge Zielgruppe verstärkt in den Mittelpunkt zu stellen. Im Jahr 2019 feierte der *Goldene Spatz* sein 40-jähriges Jubiläum und damit auch das Meistern der unterschiedlichen Herausforderungen der letzten Jahrzehnte – nichtahnend, dass die nächste Krise unmittelbar bevorstehen würde.

III. Der erste Lockdown im Frühjahr 2020

Corona trifft den *Goldenen Spatz* im März 2020, als die Organisation des Festivals bereits auf Hochtouren läuft, völlig unvorbereitet. Kurz zuvor hatte noch die *69. Berlinale* stattgefunden, obwohl der Virus sich bereits in Deutschland ausbreitete und erste Reisebeschränkungen für Gäste aus dem Ausland erlassen wurden.

In der zweiten Märzwoche wird im Festivalbüro die Endkorrektur für das Programmheft durchgeführt. Währenddessen laufen die Planung und Abstimmung für die anstehende Pressekonferenz und den Beginn des Ticketverkaufs. Am 26. März soll das Programm offiziell bekanntgegeben werden. Seltsamerweise regiert ein gewisser Automatismus, auch wenn im Präsidium der *Deutschen Kindermedienstiftung* bereits kommuniziert wird, dass der Corona-Virus eine „nicht unerhebliche Dynamik entfaltet". Eigentlich ist die Druckfreigabe für die 40.000 Programmhefte für den 13. März vorgesehen.

←

Vor dem Haus der Kultur in Gera © Kasper
Festivalleiterin Nicola Jones mit dem Maskottchen © René Löffler
DEFA-Star Gojko Mitic umringt von seinen Fans, © Wolf-Dieter Volkmann
Tobias Krell alias Checker Tobi ©Festival Goldener Spatz
Die erste Kinderjury mit ihrer Mentorin Ingeborg Zimmerling © Festival Goldener Spatz
Die Kinderjury im Kino ©Festival Goldener Spatz

Genau an diesem Tag, übrigens ein Freitag, gehen stündlich neue Meldungen ein. In Weimar schließen die Schulen vorerst bis Mitte April, die Stadt Erfurt untersagt mit sofortiger Wirkung bis zum 10. April alle öffentlichen Veranstaltungen. Zweifel machen sich breit. Das Festival ist für Ende Mai geplant, bis dahin sollten Veranstaltungen wieder möglich sein, oder doch nicht? Dann gibt das Thüringer Ministerium für Bildung, Jugend und Sport die Meldung heraus, dass alle Schulen ab sofort bis Ende April geschlossen werden. Zeitgleich werden verschiedene Festivals und Kulturveranstaltungen abgesagt oder alternativ geplant. Um Zeit zu gewinnen, wird die Druckfreigabe des Programmheftes verschoben.

Die AG Filmfestival schreibt an diesem Tag an ihre Mitglieder: „Es gibt kaum jemanden unter uns, der (noch) nicht von der Corona-Krise betroffen ist. Einige von uns mussten kurzfristig ihre Veranstaltungen absagen, niemand unter uns kann nur annähernd die finanziellen Folgen absehen. Besonders betroffen aber sind diejenigen unter uns, die auf Basis freier Mitarbeit oder als Dienstleister tätig sind, die ohnehin schon Schwächsten in der Kette. Die Entwicklung ist so schnell, dass strukturierte Planung oder Vorsorge kaum möglich ist. (...) Die Lage also ist prekär."[4]

Innerhalb der Mitglieder wird sich über erste Erfahrungen im Umgang mit der Krise ausgetauscht, es geht um Kriterien von Verordnungen, die Haltung von Zuschussgebern und Förderern und um Maßnahmen, wie Veranstaltungen dennoch oder in alternativer Form durchgeführt werden können. Ein bis heute hilfreicher Wissenstransfer wird in Gang gesetzt.

Am 18. März wendet sich die Bundeskanzlerin Angela Merkel in einer Fernsehansprache an die Bevölkerung: „Es ist ernst. Nehmen Sie es auch ernst. Seit der Deutschen Einheit, nein, seit dem Zweiten Weltkrieg gab es keine Herausforderung an unser Land mehr, bei der es so sehr auf unser gemeinsames solidarisches Handeln ankommt."[5]

Im Büro der Stiftung wird weiter vorsichtig abgewartet, aber es ist im Prinzip klar, dass das Festival höchstwahrscheinlich nicht wie geplant stattfinden kann. Der Hauptgrund neben den geschlossenen Kinos ist die Schließung der Schulen. Ca. 75 Prozent der Besucher:innen generiert das Festival durch Schul- und Kitakinder. Das bedeutet, dass die Bekanntmachung des Film- und des medienpädagogischen Programms sowie auch der Ticketverkauf hauptsächlich über Schulen und Kindergärten erfolgt. Durch die Schul- und Kitaschließungen verschwindet eine ganze Generation hinter den heimischen Türen und es bricht zunächst die Kommunikation mit den Schulen ab, denn dort herrschen andere Sorgen. Damit besteht keine Chance, das Festivalprogramm

---

[4] Newsletter der AG Filmfestival vom 13. März 2020.
[5] https://www.bundesregierung.de/breg-de/themen/coronavirus/ansprache-der-kanzlerin-1732108 [letzter Zugriff: 9.5.2022].

Deutsches Kinder Medien Festival Goldener Spatz | Nicola Jones und Barbara Felsmann

im Vorfeld zu bewerben. Gleichzeitig kristallisiert sich heraus, dass selbst wenn die Schulen vor dem Festival wieder geöffnet werden sollten, ein Besuch beim *Goldenen Spatz* in der Liste der Prioritäten nicht sehr weit oben angesiedelt sein wird. Auch eine digitale Ausgabe erscheint zunächst nicht sinnvoll, denn wie sollen die Kinder und Jugendlichen mit diesem Angebot erreicht werden? In den Schulen gibt es zu diesem Zeitpunkt kaum belastbare Konzepte für den digitalen Distanzunterricht. So bleibt eigentlich nur die Option, das Festival zu verschieben.

Eine kurzfristig einberufene Präsidiumssitzung am 19. März bestätigt auch formal die Entscheidung, den *Goldenen Spatz* in den Spätsommer zu verlegen.

Nach dem anfänglichen Schock macht sich zunächst Erleichterung breit, da nun Zeit gewonnen ist, um die Situation genauer zu analysieren, Optionen abzuwägen und die nächsten Schritte zu konkretisieren. Zunächst zieht aber die Verschiebung des Festivals einen Kreislauf an Kommunikation mit Förderern, Sponsoren, Filmemacher:innen sowie mit dem Team nach sich.

Zum Glück zeichnet sich früh ab, dass alle Förderer ihre Finanzierungen aufrechterhalten. Darüber hinaus bleiben auch die Sponsoren bei ihren Zusagen, auch wenn das Festival nicht garantieren kann, dass alle Gegenleistungen erfüllt werden können. Durch die jährlichen Stifterbeiträge sowie die vom Freistaat Thüringen gewährte institutionelle Förderung kann der Stiftungsbetrieb ohne Einschränkungen weitergeführt werden. Dies ist im Vergleich zu anderen Festivals und Kulturinstitutionen ein enormer Vorteil. Die Kommunikation und der Umgang mit den Finanziers und Filmemacher:innen etc. bleibt über die ersten Monate hinaus durch Solidarität und Nachsicht geprägt. Bewahrheiten sollte sich aber, was die AG Filmfestival prophezeit hatte. Es trifft vor allem die freien Mitarbeiter:innen und Praktikant:innen, die zunächst nicht weiter beschäftigt werden können. Lediglich das Kernteam mit sechs festangestellten Personen und zwei FSJler:innen bleibt an Bord. Außerdem müssen alle Verträge mit Dienstleistern, Hotels, Veranstaltungsorten, Werbepartnern storniert bzw. verschoben werden.

Neben der Öffentlichkeit müssen nun aber auch die 30 Jungen und Mädchen aus den Kinderjurys benachrichtigt werden, die ja im Februar bereits ausgewählt worden waren. Ihre Enttäuschung ist gleichzeitig von Verständnis geprägt, zumal die Botschaft lautet: „Das Festival wird nicht abgesagt, sondern verschoben und dann sind alle dabei!"

Dann wird die Arbeit im Home-Office organisiert, Anwesenheitszeiten im Büro werden festgelegt, Remote-Zugänge sowie regelmäßige Videokonferenzen eingerichtet. Es funktioniert erstaunlich gut, auch wenn durch den Altersabstand im Team sowie unterschiedliche digitale Erfahrungen auch Reibungen und Informationsverluste entstehen.

Zeitgleich organisiert die Stiftung als Partner des *Young Audience Award* der *Europäischen Filmakademie* ihr erstes Online-Projekt – die Vergabe des Europäischen Filmpreis für den besten Kinderfilm. So findet die Sichtung der drei nominierten Filme sowie die anschließende Abstimmung, an der Kinder aus über 50 europäischen Städten teilnehmen, am 26. April ausschließlich online statt. Es ist für die *Stiftung Goldener Spatz* der erste große Test, mit Kindern Filmsichtungen und Filmgespräche im virtuellen Raum durchzuführen. Es funktioniert.

Die Beteiligung ist zwar etwas geringer als im Vorjahr, aber in den Videokonferenzen entwickeln sich anregende Diskussionen und gute Gespräche. Es zeigt sich, dass viele Kinder bereits Erfahrungen im Umgang mit der digitalen Technik haben und das Angebot gut annehmen können. Das gilt jedoch nicht für alle, denn häufig verfügen Kinder aus einem sozial schwächeren Umfeld nicht über die notwendigen digitalen Endgeräte. So kann die digitale Durchführung dieses Events einerseits eine Teilnahme über die Städte Erfurt und Gera hinaus ermöglichen, aber eben nur für diejenigen, die das Equipment besitzen sowie Unterstützung seitens des Elternhauses erfahren.

Daneben laufen die Planungen für die Durchführung des Festivals im Spätsommer. Im Festival- und Ferienkalender ist es nicht leicht, einen geeigneten Platz zu finden. Schließlich fällt die Wahl auf den 20. bis 26. September, drei Wochen nach dem Ende der Sommerferien in Thüringen. Damit bleiben fünf Monate zur Vorbereitung. Noch immer sind Kinos und Schulen geschlossen und der Pandemieverlauf verbietet verlässliche Prognosen. Auch mit viel Optimismus lässt sich nicht annehmen, dass der herbeigesehnte Vor-Pandemiezustand wiederhergestellt werden wird. Somit verdichtet sich die Entscheidung, das Festival in kompakter Form vor Ort sowie mit einer ergänzenden Online-Ausgabe durchzuführen.

In der Folge wird entschieden, dass sich das Festival auf die Präsentation der Wettbewerbe *Kino/TV* und *Digital* einschließlich der Einladung der Filmemacher:innen zu den Kinovorführungen, auf die Sichtung und Bewertung durch die Kinderjurys, die Preisvergabe sowie auf die Durchführung der medienpädagogischen Projekte fokussieren soll. Primär wird das Festival physisch nur am Standort Gera durchgeführt. Die erste Online-Ausgabe wird dabei als Ergänzung gesehen, da die Kinos voraussichtlich nicht voll besetzt werden können. Als wichtigste Prämisse gilt, dass die Kinderjurys ihre Aufgabe vor Ort ausüben können. Es besteht darüber Einigkeit, dass das gemeinsame Kinoerlebnis mit einem erheblichen Sichtungspensum sowie die konzentrierte und begleitete Juryarbeit mit über 30 Kindern sich nicht in den digitalen Raum verlegen lässt. Zudem wird deutlich, dass eine duale Ausgabe personell nur zu stemmen ist, wenn im Rahmen der Vor-Ort-Ausgabe eine Fokussierung erfolgt. So werden das Fachprogramm und einige medienpädagogische Angebote auf einen späteren Zeitpunkt verschoben.

Deutsches Kinder Medien Festival Goldener Spatz | Nicola Jones und Barbara Felsmann

Damit beginnt Anfang Mai eine neue Planungsphase. In dieser Zeit sind die *AG Filmfestival* sowie das Netzwerk der *European Children's Film Association* gute Plattformen für den Austausch von Wissen, Erfahrungen sowie Sorgen und Nöten. Die Diskussionen drehen sich um mögliche Provider für die Online-Präsentation von Filmen, um Rechteklärung, Sperrfristen und um den Erhalt der Kinos. Nach dem Ausloten verschiedener digitaler Lösungen wird schließlich ein Technikprovider ausgewählt. Dabei muss bedacht werden, dass es innerhalb des Festivalteams kaum Erfahrungen gibt, was die technischen Herausforderungen einer Online-Ausgabe betrifft. Von Vorteil erweist sich in diesem Zusammenhang der enge Austausch mit dem *Lucas – Internationales Festival für junge Filmfans* in Frankfurt am Main, das ebenfalls eine duale Ausgabe im Spätsommer plant. Einmal mehr zeigt sich die Solidarität untereinander und so vereinbaren beide Festivals, gemeinsam für ihr Programm zu werben. Zudem ist der enge Austausch über die Organisation einer Online-Ausgabe für ein Kinderpublikum sehr hilfreich.

So laufen im Juni, Juli und August einerseits die Planungen und Vorbereitungen für das *Deutsche Kinder Medien Festival* vor Ort in Gera und andererseits für die ergänzende erste Online-Ausgabe des *Goldenen Spatz*. Für das Kernteam bleibt kaum Zeit, über den Sommer durchzuatmen, dennoch werden ungeahnte Kräfte freigesetzt. Nach dem Schock über die plötzliche Krise entstehen nun Freiräume und Freude am Umgang mit kreativen Lösungen. Statt zu reagieren, wird agiert, statt sich der Situation ausgeliefert zu fühlen, werden neue Dinge in Gang gesetzt, die mehr als nur eine Alternative zum derzeit nicht Möglichen darstellen.

Im August ist das Kernteam von sechs Personen wieder auf knapp 20 Teammitglieder angewachsen. Der Druck des Programmheftes steht ein zweites Mal bevor. Dann ereilt das Festival eine erneute Hiobsbotschaft. Das Partnerkino in Gera wird aus vielschichtigen Gründen nicht wieder öffnen. Das Festival hat knapp sechs Wochen vor dem Alternativ-Termin keinen Spielort. Aber auch hier findet sich schnell eine Lösung. Kurzfristig springt das Programmkino *Metropol* ein und die Eröffnung des *Goldenen Spatz* kann im *Großen Haus* des *Geraer Theaters* stattfinden. Dennoch stehen bedeutend weniger Plätze zur Verfügung. Abgesehen vom Wechsel des Spielortes sind nun die Kapazitäten aufgrund der immer noch geltenden Beschränkungen auf ein Drittel des ursprünglichen Platzangebotes geschrumpft. Nach einer erneuten Programmplanung kann endlich das Programmheft mit einer deutlich verringerten Auflage in den Druck gegeben werden. So startet am 20. September 2020 das *Deutsche Kinder Medien Festival Goldener Spatz* mit seiner ersten dualen Ausgabe.

Als Fazit bleibt die Erkenntnis: Es funktioniert, wenn auch mit Einschränkungen. Der Versuch, Schulklassen über das Online-Angebot zu erreichen, hatte im ersten Jahr der Pandemie mäßigen Erfolg. Die Schulen hatten gerade erst den regulären Präsenzunterricht wiederaufgenommen, es musste viel Schulstoff nachgeholt werden und die Möglichkeiten der digitalen Filmsichtung im Klassenzimmer waren nach wie vor begrenzt. Insbesondere die medienpädagogischen Workshops, die *remote* angeboten wurden, erforderten viel Planung und technische Unterstützung vor Ort. Positiv ist anzumerken, dass viele Fachbesucher:innen das Online-Angebot nutzten und an den Online-Veranstaltungen teilnahmen.

Vor Ort in Gera entstand trotz allem oder gerade wegen der besonderen Situation eine intensive Festival-Atmosphäre. Dadurch, dass an den Veranstaltungen lediglich kleinere Gruppen teilnehmen konnten, entwickelten sich bemerkenswert tiefgründige und persönliche Gespräche zwischen den Filmgästen und dem jungen Publikum.

IV. Der Lockdown Light im November 2020 und der darauffolgende zweite Lockdown

Nach einer extrem kurzen Verschnaufpause stürzt sich das Festivalteam Anfang Oktober in die Vorbereitung für den *Goldenen Spatz 2021*. Bereits im Herbst 2020 zeichnet sich aufgrund der rasant steigenden Infektionszahlen ab, dass erneut keine Rückkehr zum regulären Arbeitsbetrieb möglich sein wird. Ab November arbeitet das nunmehr wieder verkleinerte Festivalteam überwiegend im Home-Office. Trotz aller Hoffnungen, dass das Festival in Präsenz stattfinden kann, fokussieren sich die Planungen auf eine duale Ausgabe.

Ein ausschlaggebender Impuls ist auch die Weiterentwicklung des Wettbewerbs *Digital*, bekanntermaßen die zweite Säule des Festivals, die darauf abzielt, die besten digitalen, audiovisuellen Angebote für Kinder vorzustellen und zur Auseinandersetzung mit dem Erzählen von guten Geschichten anzuregen. Es entsteht die Idee, die nominierten digitalen Medienangebote erstmals im Netz zugänglich und für Festivalbesucher:innen erlebbar zu machen. Kern der Planungen sind eine neue Webplattform sowie die Erschaffung einer interaktiven Ausstellungsfläche. Mit dem neuen Förderprogramm *dive in. Programm für digitale Interaktionen* im Rahmen von *Neustart Kultur* wird durch die Kulturstiftung des Bundes ein Instrument ins Leben gerufen, das Kulturinstitutionen darin unterstützt, mit innovativen digitalen Dialog- und Austauschformaten auf die aktuelle pandemiebedingte Situation zu reagieren. Erfreulicherweise, aber auch überraschend fördert *dive in* das neue Konzept für den Wettbewerb *Digital*, so dass bereits Anfang 2021 feststeht, dass dieser Festivalbestandteil in jedem Fall online stattfinden wird.

Mitten in der Festivalvorbereitung im Februar befindet sich Deutschland erneut im Lockdown. Es gibt kaum Aussicht auf eine Entspannung des Infektionsgeschehens, so

Deutsches Kinder Medien Festival Goldener Spatz | Nicola Jones und Barbara Felsmann

dass sich zwangsläufig herauskristallisiert, dass die Planung von Präsenzveranstaltungen zu riskant sein wird. Ende März fällt schließlich die Entscheidung, das Festival ausschließlich online zu veranstalten. Die Perspektiven zur Wiedereröffnung der Kinos sind zu unsicher und auch aus den Schulen kommen keine positiven Signale zur baldigen Rückkehr in die Klassenräume.

Aufbauend auf den Erfahrungen des Vorjahres verlaufen die Vorbereitungen nunmehr mit dem Fokus auf die Online-Präsentation der Film-, Fernseh- und digitalen Beiträge. Diese werden ergänzt durch vorproduzierte Interviews mit den Film- und Fernsehschaffenden, durch medienpädagogische Begleitmaterialien und Interaktionsmöglichkeiten.

Anders als sonst müssen die geplanten Filmpatenschaften mit den Schulen im Vorfeld des Festivals online umgesetzt werden. Traditionell übernehmen bis zu zehn Schulklassen eine Patenschaft für einen Festivalbeitrag. Sie erhalten damit die Chance, einen ausgewählten Film bereits vorab zu schauen und sich im Klassenverband dazu auszutauschen sowie ein eigenes Projekt zu entwickeln. Das Projekt wird medienpädagogisch begleitet und das Ergebnis dann während des Festivals in einer Ausstellung präsentiert sowie den jeweiligen Film- und Fernsehschaffenden in einem persönlichen Gespräch vorgestellt. Im zweiten Lockdown sind die Bildungseinrichtungen nun flexibler und technisch besser ausgerüstet und der Distanzunterricht ist optimiert. Im Ergebnis entstehen kreative, digitale Projekte, die wiederum die Online-Ausgabe des Festivals bereichern.

Auch die Fachveranstaltungen finden bei diesem *Goldenen Spatz* ausschließlich online statt.

Im Rahmen der Umsetzung des Wettbewerbs *Digital* entsteht die interaktive Ausstellungsfläche *SpatzTopia*, in der sich Festivalbesucher:innen online treffen, die nominierten Angebote des Wettbewerbs *Digital* testen und sich miteinander austauschen können.

So wird der *Goldene Spatz 2021* zwar zum geplanten Termin, aber erstmals ausschließlich im digitalen Raum veranstaltet – mit guten Erfahrungen. Dennoch gibt es eine Ausnahme: Die Kinderjurys dürfen anreisen und unter Einhaltung strenger Hygienemaßnahmen im Kino bzw. im Digitallabor ihrer Aufgabe nachkommen. Auch die traditionellen Filmgespräche mit der Jury werden durch Live-Schaltungen im Kino ermöglicht. Auch die traditionellen Filmgespräche der Jury mit den Filmemacher:innen werden ermöglicht – allerdings durch Live-Schaltungen im Kino.

Schlussendlich bleibt die Erkenntnis: Ein digitaler *Goldener Spatz* funktioniert, er eröffnet Chancen und lässt neue Optionen entstehen, die eine breitere Teilhabe ermöglichen. Dennoch kann ein Festival, insbesondere für Kinder und Jugendliche, ohne den realen Resonanzraum Kino seine ursprüngliche Wirkung nicht oder nur schwer entfalten.

Filmfestivals | Krisen – Chancen – Perspektiven

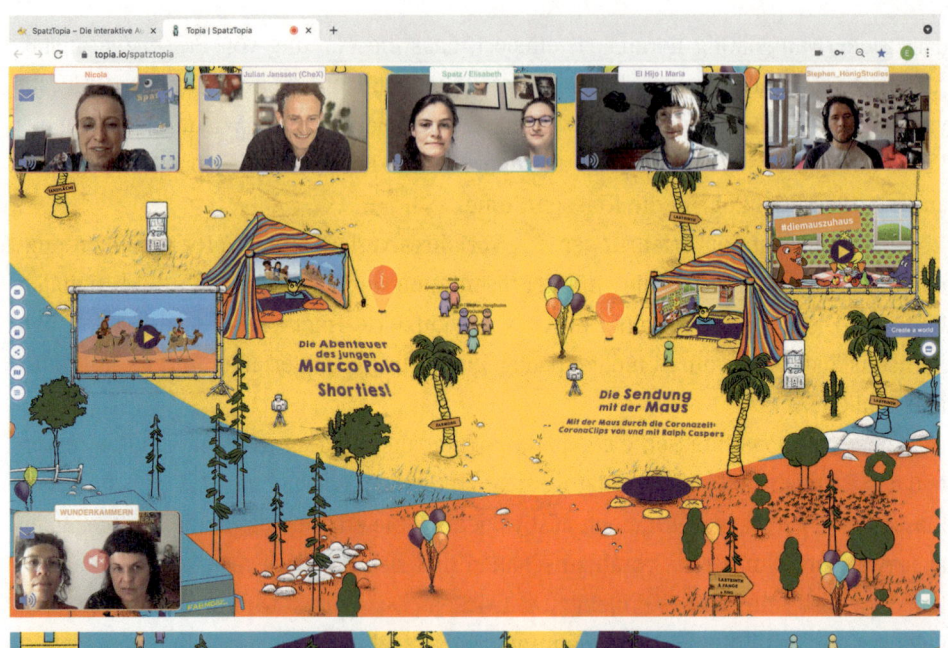

SpatzTopia © Goldener Spatz

V. Herausforderungen und erste Reflexionen

Nach der Durchführung von zwei Festivals unter bislang noch nie dagewesenen Umständen, die erhebliche Lerneffekte aktivierten und Energien freisetzten, zeigt sich jedoch einmal mehr, dass bei der Festivalarbeit mit Kindern und für Kinder andere Regeln gelten als bei Festivals für Erwachsene. Die Arbeit im digitalen Raum stellt einerseits die einzige Chance dar, das Festival in Corona-Zeiten mit geschlossenen Kinos und Schulen verlässlich durchzuführen. Andererseits entkoppelt sich durch die Präsentation der Filme im Netz das Festivalerlebnis von Raum und Zeit, bei dem das Gemeinschaftserlebnis überwiegend auf der Strecke bleibt.

Die letzten beiden Corona-Jahrgänge haben einen komplexen Veränderungsprozess in Gang gesetzt, der einer weiterführenden Begleitung und Auswertung bedarf. Bislang war jedoch kaum Zeit für eine tiefergreifende Auseinandersetzung mit den Ergebnissen und Konsequenzen. Ein derzeitiges Fazit ist jedoch, dass bestimmte Bereiche der Festivalarbeit mit Kindern und Jugendlichen besser und andere schwerer in den digitalen Raum transferiert werden können.

1. Zur Situation des *Goldenen Spatz* als Ort der kulturellen Bildung und Partizipation

Für die geistige wie emotionale Entwicklung von Kindern und Jugendlichen sind Orte der kulturellen Begegnung, des direkten Austauschs und gemeinsamen Erlebens unabdingbar. Denn grundsätzlich schränkt das Fehlen des realen Resonanzraums Kino die Kommunikation über das Gesehene, die Möglichkeit direkter und damit spontaner Auseinandersetzung erheblich ein. Darüber hinaus ist auch für die Medienschaffenden der persönliche Austausch mit ihrem Zielpublikum eine wichtige Quelle der Inspiration. Zwar können auch digitale Begegnungsräume geschaffen werden, aber strukturelle Probleme in der Zusammenarbeit mit den Schulen erschweren deren Durchführung.

2. Erreichbarkeit und Ansprache des Publikums

Die Erreichbarkeit junger Zielgruppen stellt für das Festival eine Herausforderung dar. In Präsenzzeiten werden Kinder und Jugendliche als Besucher:innen hauptsächlich über die Bildungseinrichtungen erreicht, die den Festivalbesuch als schulische bzw. außerschulische Veranstaltung organisieren. Im Rahmen eines digitalen Festivals wurden die Schulen ebenfalls angesprochen, die sich jedoch mit der Organisation und Umsetzung digitaler Angebote im Klassenraum teilweise schwertaten. Im ersten Lockdown wurden Konzepte für den Distanzunterricht in digitaler Form gerade erst entwickelt. Oft fehlten die technischen Voraussetzungen in den Schulen und die entsprechenden pädagogischen Konzepte. Auch Bedenken in Hinblick auf Sicherheit und Datenschutz spielten dabei eine Rolle. Dementsprechend war die Resonanz der Schulen auf das digitale Festivalangebot zunächst eher zurückhaltend, während der zweite, ausschließlich digitale *Goldene Spatz* bereits viel besser angenommen wurde. Erfreulicherweise beteiligten sich auch Schulen außerhalb Thüringens.

Dagegen konnte die jüngste Zielgruppe, die Kita- und Vorschulkinder, über die Einrichtungen kaum angesprochen werden, da Online-Medienangebote in der pädagogischen Arbeit in Kindergärten eine eher untergeordnete Rolle spielen. Somit wurden im Rahmen der Online-Ausgabe insbesondere die Kinder zwischen vier bis sechs Jahren und damit ca. 25 Prozent des Festivalpublikums nur eingeschränkt erreicht. Dies lag nicht ausschließlich an den Bildungseinrichtungen, auch auf Seiten der pädagogischen Festivalarbeit existierten kaum Erfahrungen und Konzepte für die digitale medienpädagogische Arbeit und die entsprechenden Angebote. Im zweiten Corona-Festivaljahr funktionierte die Zusammenarbeit mit Schulen und Kindergärten deutlich besser, weil alle Beteiligten inzwischen neue digitale Kompetenzen erworben hatten.

So hat besonders der erste Lockdown den Mangel an Fähigkeiten und Konzepten im Hinblick auf die digitale Partizipation und Bildungsarbeit von und mit Kindern und Jugendlichen aufgezeigt. Gleichzeitig wurde einmal mehr der Wert analoger Präsenzangebote beim Festival im Kontext von kultureller Bildungsarbeit deutlich. Darüber hinaus entwickelten sich jedoch auch neue Ideen und Ansätze, um in Zeiten von *Social Distancing* kulturelle Bildungsarbeit und Teilhabe zu ermöglichen. Insofern gilt es, genau hinzuschauen und nicht Digitales und Analoges als grundsätzlich unvereinbare Gegensätze darzustellen.

3. Filmgespräche

Im Sinne der Teilhabe sind Filmgespräche mit dem jungen Publikum im Anschluss an die Vorführungen im Kino ein elementarer Festivalbestandteil. Im Rahmen der dualen Festivalausgabe 2020 fanden die Diskussionen und der Austausch in einem wesentlich kleineren Rahmen statt als sonst, da lediglich ein bis zwei Schulklassen in den Kinosälen zugelassen waren. In dieser teilweise sehr intimen Atmosphäre entwickelten sich jedoch überwiegend intensive Gespräche und ein tiefgreifender Austausch zwischen Publikum und Filmgästen und damit vor dem Hintergrund der ersten überstandenen Corona-Welle eine besondere Festivalatmosphäre vor Ort. Im Rahmen des parallel stattfindenden Online-Angebots waren dagegen direkte Austauschmöglichkeiten zwischen Publikum und Filmgästen schwierig zu organisieren. So konnte zwar das Programm überregional angeboten und abgerufen werden, aber die Interaktion zwischen Publikum und Filmschaffenden war nur sehr eingeschränkt möglich. Für Abhilfe sorgten hier zwar vorproduzierte Interviews und Grußbotschaften, aber der persönliche Kontakt und die damit verbundenen Echtzeitreaktionen sowie das Gemeinschaftserleben blieben auf der Strecke. Gesprächsangebote beispielsweise über *Zoom* erschienen in Hinsicht auf unsere junge Zielgruppe nicht praktikabel, da es keine festen Sichtungszeiten gab und so der direkte Diskurs im Anschluss an das gemeinsame Sehen nicht durchzuführen war.

4. Jury-Arbeit

Für den *Goldenen Spatz* sind Kinder und Jugendliche nicht nur als Publikum wichtig, sondern sie sind im Sinne der Partizipation in die Aktivitäten des Festivals eingebunden. So vergeben jedes Jahr zwei Kinderjurys, für die sich regelmäßig um die 1.000 Mädchen und Jungen bewerben, die Hauptpreise des Festivals. Bis zu 30 Kinder sind Teil der Jury *Kino/TV*, fünf weitere der Jury *Digital*. Das Erlebnis ist prägend, häufig andauernd, zumal einige ehemalige Jurykinder auch noch als Erwachsene den Kontakt untereinander sowie zum *Goldenen Spatz* halten. Um den Jurykindern eine unmittelbare Kommunikation und Arbeitsatmosphäre zu ermöglichen sowie das Kennenlernen untereinander und das Zusammenwachsen innerhalb einer Gruppe, stand fest, dass die Juryarbeit in der gewohnten Intensität nur in Präsenz aller Beteiligten stattfinden kann. Dieser Entscheidung lag unter anderem die Überlegung zugrunde, dass Juryarbeit bedeutet, unterschiedliche Meinungen zu hören, zu debattieren und anzunehmen. Dabei entstehen naturgemäß Konflikte, die gelöst oder ausgehalten werden müssen. Im digitalen Raum kann abgeschaltet werden, im gemeinsamen Miteinander müssen hingegen konstruktive Lösungen gefunden werden. Diesem Grundsatz folgend konnte glücklicherweise während der beiden Festivaljahrgänge die Arbeit der Kinderjurys vor Ort ermöglicht werden.

5. Filmpatenschaften

Ein weiteres Partizipationsprojekt beim *Goldenen Spatz* sind die bereits beschriebenen Filmpatenschaften. Für das Online-Festival im Jahr 2021 wurde seitens des Festivalteams ein Konzept entwickelt, das es den Schulklassen im Distanzunterricht ermöglichte, eine Filmpatenschaft zu übernehmen. Durch die enge Zusammenarbeit mit den Lehrer:innen konnten neue Wege ohne Anspruch auf die perfekte Umsetzung ausprobiert werden. Dort, wo es beispielsweise nicht möglich war, dass die Klasse per Videokonferenz ein Filmgespräch führte, wurden andere Kommunikationswege, wie beispielsweise Text-, Sprach- oder Videonachrichten, erprobt. Auch wenn dadurch nicht die gleiche Intensität des Austauschs erreicht wurde, so war die Resonanz positiv. Deshalb wird die Ausgestaltung der Arbeit mit den Schulklassen im Rahmen einer Filmpatenschaft zukünftig sowohl in digitaler als auch analoger Form angeboten. Somit können auch überregional Schulklassen in das Festivalgeschehen einbezogen werden. In diesem Kontext ist die Zusammenarbeit mit Schulen und Lehrer:innen von großer Bedeutung. Denn um ein Ort der kulturellen Bildung sein zu können, braucht es nachhaltige Strukturen, die den digitalen Wandel berücksichtigen. Insofern ist die zukünftige Arbeit des Festivals einerseits abhängig von den digitalen Entwicklungen in den Bildungseinrichtungen, andererseits benötigt das Festival Förderung für den digitalen Ausbau und die Weiterentwicklung entsprechender Konzepte insbesondere im Rahmen der medienpädagogischen Arbeit.

6. Weiterentwicklung des Wettbewerbs *Digital*

Eine weitere Säule im Wettbewerbsprogramm des *Goldenen Spatz* bilden, wie beschrieben, digitale Medienangebote, die zur Auseinandersetzung mit dem Erzählen guter Geschichten in Apps, Webplattformen, Games und VR-Anwendungen anregen. Anders als Vorstellungen im Kino ist die Anwendung digitaler Medien in der Regel eher ein individuelles Erlebnis. So lag die Überlegung nahe, den Wettbewerb *Digital* im Netz zu präsentieren.

Durch zusätzliche Förderprogramme, wie das *dive in. Programm für digitale Interaktionen*, konnte der Wettbewerb *Digital* neu aufgestellt werden. So entstand eine umfassende Webplattform und zusätzlich die interaktive Ausstellungsfläche *SpatzTopia*, über die das Spielen, Ansehen, Erleben und Diskutieren der nominierten Medienangebote durch das Publikum zuhause oder in Schulen ermöglicht wurde. Diesen Bereich gilt es weiterzuentwickeln, indem die Partizipation von Kindern und Jugendlichen verstärkt in den Blick genommen wird. Deshalb soll in einem nächsten Schritt die Präsentation der nominierten Angebote im Netz nicht ausschließlich von Erwachsenen gestaltet werden. Im Rahmen von Workshops werden Kinder befähigt, eigene Räume zu kreieren, die die Ausstellungswelt erweitern und ihre Perspektiven auf die digitalen Medienangebote sichtbar machen. Gleichzeitig soll der Wettbewerb *Digital* auch im analogen Raum weiterhin stattfinden und damit als duales Format im Festival verankert werden.

7. Überlegungen zur finanziellen Situation des *Goldenen Spatz*

Corona hat einmal mehr wie durch ein Brennglas gezeigt, dass die Mischfinanzierung von Filmfestivals, die sich aus institutioneller und projektbezogener Förderung sowie den erwirtschafteten Eigenmitteln zusammensetzt, ein fragiles Konstrukt darstellt. Wie eingangs beschrieben, wird das *Deutsche Kinder Medien Festival* in seiner

Grundstruktur über die Stifterbeiträge sowie über eine institutionelle Förderung des Freistaats Thüringen finanziert. Darüber hinaus stellen beim *Goldenen Spatz*, wie bei anderen Festivals auch, Projektförderungen die wichtigste Einnahmequelle dar. Neben der Hauptaufgabe, also dem Kuratieren und Präsentieren des Programms, werden verschiedene andere Projekte initiiert und durchgeführt. Dafür müssen Finanziers und Partner sowie Personal gewonnen werden, wodurch die organisatorischen und administrativen Aufgaben wachsen. Häufig wird die Durchführung verschiedener Projekte jedoch nicht durch einen entsprechenden Ausbau der Festivalinfrastruktur gestützt und ist außerdem dem Wohlwollen von unterschiedlichen Partnern und Finanziers ausgesetzt. Dies erschwert den Ausbau einer verlässlichen Personalstruktur mit angemessener Bezahlung, weil keine Garantie auf Weiterbeschäftigung gewährleistet werden kann. Die Mischung aus infrastrukturellen sowie kurzfristigen, projektspezifischen Fördermitteln und die damit einhergehende Planungsunsicherheit engt die kontinuierliche Arbeit von Festivals stark ein.

In Bezug auf die Erwirtschaftung von Eigenmitteln steht ein Festival mit und für Kinder und Jugendliche ebenfalls vor großen Herausforderungen. Denn zur Gewinnung des Zielpublikums wird ein niedrigschwelliges sowie sozial verträgliches Angebot geschaffen, das sich eben auch auf die Preisgestaltung auswirkt. Mit einem Eintrittspreis von 3,50 Euro inklusive der Nutzung des öffentlichen Nahverkehrs ist die Preispolitik des Festivals daher nicht auf Gewinnerzielung gerichtet. Dennoch ist die Darstellung der Eigenmittel gegenüber Fördergebern ein wichtiges Kriterium.

Corona hatte hier einen direkten Einfluss. Zum einen waren die Kapazitäten in den Kinos und damit der Ticketverkauf beschränkt, was zur Folge hatte, dass der Eigenmittelanteil schwer planbar und zudem deutlich reduziert war. Die zusätzlichen digitalen Angebote konnten nur partiell Abhilfe schaffen und den verminderten Eigenmittelanteil nicht auffangen.

Gleichzeitig sollen analoge wie digitale Lösungen vorgehalten werden, die wiederum höhere Kosten verursachen. Der generellen Erwartung, Festivals sollen sich immer weiterentwickeln im Sinne von ‚höher, schneller, weiter' und sich dazu noch krisenfest erweisen, steht diese Art der Mischfinanzierung diametral entgegen. Es braucht nachhaltige Strukturen, die über projektbezogene Vorhaben hinaus Personal, Technik, Verwaltung und die Konzeption innovativer Ansätze – vor allem auch im digitalen Bereich – fördern.

VI. Ein Blick in Zukunft

Wie in der Vergangenheit auch wird sich der *Goldene Spatz* kontinuierlich weiterentwickeln, agil sein und verschiedene Formen der digitalen und analogen Beteiligung anbieten. Als Festival für ein junges Publikum gilt es, heute wie zukünftig der großen Verantwortung nachzukommen, das Kino als Ort des besonderen kulturellen Erlebens erfahrbar zu machen, denn kulturelle Teilhabe ist ein Recht von Kindern und Jugendlichen. Dazu gehören das gemeinsame Sehen sowie die Einbindung des Publikums durch Austausch und Interaktion im Kino und online.

Trotz des Wandels beim Medienkonsum von Kindern und Jugendlichen wird ein Bedürfnis nach gemeinsamen Film- und Medienerlebnissen bleiben. Deshalb gilt es, die Lust auf und Freude an der Kulturpraxis Kino und bewusste Medienrezeption gerade heute auch weiter zu fördern. Dies gelingt insbesondere dann, wenn Festivals zusätzlich Formen der Partizipation anbieten. Dies war seit jeher ein zentrales Ziel des *Goldenen Spatz* und wird zukünftig neben den Film- und Medienpatenschafts-Projekten sowie der Mitwirkung der Kinder durch die Jurytätigkeiten noch mehr in den Fokus rücken.

Erstmalig wird in der Festivalausgabe 2022 im Rahmen des Wettbewerbs *Digital* die Umsetzung der Ausstellungswelt *SpatzTopia* gemeinsam mit Kindern in einem *Co-Creation*-Prozess bereichert. Die daraus gewonnenen Erkenntnisse und Erfahrungen sind zu evaluieren, um gezielt weitere Beteiligungsprozesse der Kinder und Jugendlichen zu entwickeln. Damit ist der *Goldene Spatz* längst aus seiner Funktion, allein die Rezeption der Festivalangebote zu ermöglichen, entwachsen und schlüpft nun in seine Rolle einer bedürfnisorientierten Beteiligung an der Programmgestaltung und der Entwicklung von medialen Projekten seitens der begeisterten Kinobesucher:innen und mündigen Medienkonsument:innen von morgen.

VII. Alles auf Anfang – zurück zu einem ausschließlichen Präsenzfestival?

Die Frage beantwortet sich von selbst. Trotz aller Schwierigkeiten bleibt der Blick nach vorn gerichtet. Nicht umsonst setzte die Bewältigung der Krise wichtige Energien, Kräfte und Ideen frei. Es lohnt sich, neue Wege zu beschreiten und nach vorn zu schauen. Dabei gilt es, die Gleichwertigkeit von analogen und digitalen Komponenten anzuerkennen und das jeweils Mögliche zu versuchen. Fehler zu machen, sollte dabei ausdrücklich erlaubt sein, denn die Lerneffekte sind enorm.

Deutsches Kinder Medien Festival Goldener Spatz | Nicola Jones und Barbara Felsmann

Festivalplakate Goldener Spatz 1979, 1997, 2019 und 2021 © Goldener Spatz

Internationales Filmfestival Mannheim-Heidelberg (IFFMH)

Das *Internationale Filmfestival Mannheim-Heidelberg* (*IFFMH*) entdeckt und fördert insbesondere junge Filmkünstler:innen. Es fungiert als lebendige Plattform des kulturellen, politischen und gesellschaftlichen Dialogs durch Filmkunst seit 1952, was es nach der Berlinale zum traditionsreichsten Filmfestival in Deutschland macht.

Das *IFFMH* ist spezialisiert darauf, jährlich neue Regietalente zu präsentieren. Zu den ehemaligen Newcomern aus Mannheim-Heidelberg zählen François Truffaut, Rainer Werner Fassbinder, Wim Wenders, Marion Hänsel, Jim Jarmusch, Atom Egoyan, Angela Schanelec, Thomas Vinterberg, Derek Cianfrance, Hong Sang-soo, Isabelle Stever und Guillaume Nicloux.

Das *IFFMH* feiert erzählerischen und ästhetischen Wagemut sowie Innovation. Das Festival versteht sich als Trendscout und Kompass. Im *CUTTING EDGE TALENT CAMP* werden Newcomer gefördert, im dotierten Wettbewerb *ON THE RISE* prämiert. Hier und in der zweiten Hauptsektion *PUSHING THE BOUNDARIES* präsentiert das Festival Visionäres und öffnet Horizonte. Was sich in der interdisziplinären Sektion *FACING NEW CHALLENGES* an der Schnittstelle zur bildenden und darstellenden Kunst fortsetzt.

Mit seinem integrierten Kinderfilmfestival erschließt es die Kulturpraxis Kino für die nächste Generation. Und mit seiner Hommage und insbesondere seiner Retrospektive belebt das *IFFMH* Historisches neu. Damit stellt es insgesamt einen sozialen Erlebniskontext her und schafft zudem als Vermittler und Vernetzer verschiedener Kulturszenen Räume zum Austausch von Filmschaffenden und Publikum.

Gegründet von der Stadt Mannheim und der Filmarbeitsgemeinschaft der Abendakademie Mannheim als ‚Mannheimer Kultur- und Dokumentarfilm-Woche' hat sich das *IFFMH* seit Anbeginn der Förderung von Filmkultur und dem Kino als Ort des gesellschaftlichen Diskurses verschrieben. Seit 1994 auch in der Nachbarstadt Heidelberg beheimatet, verbindet es heute alle Kinos der beiden Kommunen und adressiert so das regionale Publikum wie Vertreter der nationalen und internationalen Filmbranche.

Internationales Filmfestival Mannheim-Heidelberg | Sascha Keilholz und Frédéric Jaeger

Sascha Keilholz und Frédéric Jaeger

Festivals als Organismus – physische Dynamiken, digitale Reize

Bereits 2006 haben Frédéric Jaeger und Sascha Keilholz mit dem Filmmagazin *critic.de* die Filmreihe ‚debut' ins Leben gerufen. In der Folge haben beide weitere Filmreihen und Festivals kuratiert und initiiert, unter anderem die *Woche der Kritik* und *Heimspiel – Das Regensburger Filmfest*. Seit 2019 ist Keilholz Geschäftsführer der Filmfestival Mannheim gGmbH und leitet in dieser Funktion das *Internationale Filmfestival Mannheim-Heidelberg* (*IFFMH*) mit Jaeger als Programmorganisator.

Mit der Übernahme des *IFFMH* durch Sascha Keilholz als neuem Festivaldirektor und Geschäftsführer galt es gleichzeitig das traditionsreiche Filmfestival neu zu justieren und auf ein zukunftsfähiges Fundament zu stellen. Dabei stand die Festigung des Markenkerns als ‚Festival der Newcomer' im Mittelpunkt, wie die Revitalisierung als Branchenevent und die Ansprache neuer Publikumssegmente. Durch eine neue Sektionsstruktur mit einer Dotierung und Aufwertung des Wettbewerbs ON THE RISE (für erste und zweite Filme) sowie der Gründung des CUTTING EDGE TALENT CAMP für Filmhochschulabsolvent:innen (ebenfalls erste und zweite Langfilm-Projekte) erfolgte eine programmatische Reprofilierung. Mit dem neuen, mehrfach ausgezeichneten Branddesign und neuem Webauftritt gelang auch ein entsprechender visueller Neuanfang.

Nachdem es den beiden mit ihrem Team inmitten des Lockdowns gelang, 2020 eine erfolgreiche Online-Ausgabe des *IFFMH* durchzuführen, feierten sie 2021 die 70. Edition des Festivals als Präsenzfestival mit einer Onlineerweiterung. Ein dezentrales Konzept ermöglichte, das Festival erstmals in allen Kinobetrieben beider Kommunen zu verorten und damit die gastgebenden Städte Mannheim und Heidelberg zu einem neu erfahrbaren Festivalraum zu machen. Nach einigen Jahren provisorischer Zeltunterkünfte in Heidelberg bedeutete die Rückkehr zum Kinosaal und die Zusammenarbeit mit Kommunalen Kinos und Programmkinos genauso wie mit privatwirtschaftlich geführten Multiplexen ein unbedingtes Bekenntnis zum Kinosaal sowie zur Nachhaltigkeit.

Inmitten dieser Zeit eines sukzessiven Beschreitens einer neuen Phase des Festivals sahen sich die Macher des IFFMH durch die Pandemie mit zahlreichen weiteren Einflusskräften konfrontiert, die sie schließlich mit großer Flexibilität und einem Ausbau der digitalen Angebote beantworteten.

Nach der reinen Online-Ausgabe im November 2020 und einer hybriden Durchführung im November 2021 trafen sie sich im Februar 2022 zu einem Gespräch, in dem sie ihre Erfahrungen mit diesen neuen Formen und den eigenen Ansprüchen an ein Filmfestival formulierten und diskutierten.

Programmieren und Kuratieren im Wandel

Sascha Keilholz (SK): Mit dem Format *FACING NEW CHALLENGES* haben wir 2019 eine Untersektion des Festivals konzipiert, das sich mit Entwicklungen des Bewegtbilds über den Kinosaal hinaus auseinandersetzt. In Anbetracht der Pandemie erhielt der Titel noch zusätzliches Gewicht. 2020 haben wir gemeinsam mit der Kuratorin Ursula Schöndeling und der *IBA Heidelberg* die Ausstellung *CITIES – URBANE GEMEINSCHAFTEN* für den Heidelberger Kunstverein entwickelt. In dessen Zentrum stehen Städte als Orte politischer Auseinandersetzung und als Räume kultureller Diversität. Zwei Schlagwörter der Konzeption sind Resilienz und Agilität. Diese beschäftigen uns auch als Filmfestival im Zeichen einer sich wandelnden Medienlandschaft. Wir sind uns einig darüber, dass im Zentrum unserer Festivalarbeit immer das Programmieren und das kuratorische Moment stehen – das ist unsere Kernkompetenz und sollte es auch sein. Das ist die Konstante. Lass uns dennoch gemeinsam nachzeichnen, welche Formen der Resilienz und Agilität notwendig waren und sind.

Frédéric Jaeger (FJ): Ja, die Medienlandschaft und unsere Wahrnehmung von Kino verändern sich, die Veränderungen haben Auswirkungen auf die Auswertungskette und umgekehrt. Da gibt es unterschiedliche Bewegungen: Kino ist vielfältiger geworden in den letzten Jahren, immer mehr Filme haben einen regulären Kinostart. Entsprechend verteilen sich die ohnehin rückläufigen Besucherzahlen auf eine größere Anzahl von Filmen. Viele von ihnen bleiben so weitestgehend unsichtbar. Gleichzeitig nehmen Festivals eine größere Bedeutung ein für die Sichtbarkeit von Filmen eines bestimmten Segments, also vor allem von Autor:innenfilmen und bei solchen, die neue Gestaltungsformen suchen. Unser Programm, das sehr vielfältig ist, umfasst Filme mit einer höheren Publikumserwartung, also denen man eine respektable ‚Kinokarriere' zutraut, genauso wie Filme, bei denen Produktion und Verleih primär in Richtung Festivals planen. Und es finden sich Filme, die nach neuen Auswertungschancen suchen.

Internationales Filmfestival Mannheim-Heidelberg | Sascha Keilholz und Frédéric Jaeger

Momentan ist es so, dass Festivals als Labor fungieren und Dinge ausprobieren, vor allem ausprobiert haben in den letzten zwei Jahren. Wir haben 2020 diverse digitale Tools genutzt: *Gather, Flax, Zoom* usw. Die Angebote waren größtenteils live. Vor allem haben wir einen großen Teil des Filmprogramms online angeboten, mit Intros, Grußworten, Trailern, Q&A's, als Doublefeatures – also mit Blick auf den kuratorischen Rahmen. Und für die Branche und Journalist:innen boten wir zusätzliche Optionen.

Anfangs kam es zu intensiven Diskussionen über die Auswirkungen der digitalen Angebote von Filmfestivals auch vor dem Hintergrund der noch fehlenden Erfahrungswerte. Was bedeutet es, wenn ein Festival einen Film auch online anbietet? Welche Konsequenzen hat das für die folgenden Festivals in anderen Bundesländern, wenn wir einen Film auch online zeigen? Finden diese dann kein Publikum mehr, weil es bereits über unsere Online-Edition erreicht wurde? Inzwischen sollte allen klar sein, dass dem nicht so ist. Ich verstehe die Wünsche nach Exklusivität und die Sorge um die eigenen Zuschauer. Aber ich glaube, dass sich die Einsicht verfestigt, wonach jedes Festival sein eigenes Publikum anspricht. Nur weil ein Festival ein kurzfristiges Online-Angebot macht, eine Erweiterung im digitalen Raum, wird das Leben der Filme danach nicht beeinträchtigt.

SK: Das glaube ich grundsätzlich auch. Und Deine Beobachtungen bezüglich Publikum sowie Verleiher:innen teile ich ebenfalls. Es gibt immer mehr Filme, bei denen der Verleih von maximal 20.000 Zuschauer:innen, eher weniger ausgeht. Insbesondere dort existiert die Angst, eine Festivalauswertung könnte in Stadt und Region einen relevanten Teil des potenziellen Publikums bereits ‚abgrasen'. Ich sehe das auch weniger skeptisch, da mir viele Beispiele einfallen, bei denen die Festivalscreenings mehr als Werbung funktioniert haben. Dennoch bleibt die Sorge der Rechteinhaber:innen hinsichtlich einer zusätzlichen Onlineauswertung. Vor allem in Richtung einer Erweiterung des eigentlichen Kinosaals, also einer Erhöhung der Kapazitäten. Natürlich ist es für uns entscheidend, verantwortungsvoll mit den Interessen der Verleiher:innen umzugehen. Beispielsweise diskutieren wir intern und mit ihnen, welche Anzahl von Abrufen sinnvoll eingeplant werden kann. Da gibt es unterschiedliche Modelle, das sind auch Debatten, die wir geführt haben. Die geschätzten Kolleg:innen aus Hamburg haben es 2020 gewissermaßen eins zu eins genommen und haben gesagt, die pandemiebedingt begrenzten Plätze im Kino füllen sie sozusagen digital. Wir haben uns seit unseren ersten Konzeptionen an dem Gedanken orientiert, es gibt Kinopremieren und es gibt ein zusätzliches, inklusiv und nachhaltig gedachtes Angebot, Filme im Nachgang online zu sehen. Das Konzept werden wir auch in diesem Jahr verfolgen. Zudem hat sich bei manchen Festivals bewährt, was wir ursprünglich schon für 2020 geplant hatten, dass man die Vorführungen etwas entzerrt und nicht parallel in den Kinos und online programmiert. Die jeweiligen Angebote physisch und digital also zeitversetzt anzubieten. Dem Publikum gibt man die Chance, vor Ort zusammenzukommen, um einander zu begegnen, die Filmcrews zu treffen und dieses exklusive Premierenerlebnis zu haben.

Das *Geoblocking* bei der Onlineauswertung ist ebenfalls Teil unserer Verantwortung gegenüber den Filmschaffenden und Rechteinhaber:innen. So waren wir bereits 2020 und damit auch sehr früh Teil einer Initiative internationaler Festivals, die pro *Geoblocking* argumentiert hat.[1]

FJ: Wir haben bislang darüber diskutiert, was es für Verleih, Publikum, Künstler:innen und andere Festivals bedeutet, wenn wir online gehen. Vielleicht ist jetzt der Moment, darüber nachzudenken, was es konkret für uns heißt. Natürlich stellt sich auch für uns als Festival die Frage, ob wir uns damit selbst Konkurrenz machen. Einerseits geht es bei allem, was wir tun, auch darum, Zugangsbarrieren zu senken und Teilhabe zu ermöglichen. Ein hybrides Angebot hat eine inklusive Dimension, für Menschen, die nicht ins Kino kommen können. Auch jenseits der Pandemie gibt es zahlreiche Menschen, die aus unterschiedlichen Gründen nicht mobil sind. Aber auch andere Gruppen profitieren von einem Online-Angebot, weil sie dort vielleicht noch über andere Sprachfassungen verfügen oder andere Untertitel einstellen können. In der Hinsicht gibt es legitime und wichtige Gründe, ein digitales Angebot zu schaffen. Andererseits steht das faktisch durchaus auch in Konkurrenz zu dem besonderen Kinoerlebnis, das wir herstellen möchten und das auch von der Exklusivität lebt. Es gibt viele tolle Kinoerlebnisse, die ich alleine oder aber zu fünft erfahren kann, aber zu dem, was wir in der Vergangenheit als klassisches Festival erlebt und was wir so schätzen gelernt haben, gehört, dass dort etwas entsteht, was über das Individuum und auch über die Gruppe hinausgeht. Besondere Stimmungen und Situationen nämlich, die so nur im konzentrierten Rahmen einer gemeinsamen Festivalerfahrung entstehen. Gerade das ist für mich Motivation, ein Festival mitzugestalten.

Die gemeinschaftliche Interaktion des Publikums mit dem Werk ist etwas sehr eigenes; es zeigt sich nicht nur beim Lachen, man spürt, wie die Zuschauer:innen kollektiv anders atmen in bestimmten Momenten. Diese Gemeinschaftserfahrung bringt den Zuschauer:innen, den Werken, den Filmemacher:innen einen zusätzlichen Wert über die einzelne Rezeption hinaus. Eine Voraussetzung ist hierfür, dass viele Leute ins Kino kommen. Das heißt, wir müssen auch aufpassen, dass die inklusiven Zu-

---

[1] https://www.filmfestival.gr/en/professionals-b2b-tiff/press/news-press-en/27310-a-global-initiative-by-tiff-for-establishing-geoblocking-in-online-festivals [letzter Zugriff: 5.5.2022].

satzangebote dies nicht konterkarieren. Also, dass wir nicht die Bequemlichkeit und Individualisierung des Filmkonsums unterstützen und damit gleichzeitig unser Kernelement, nämlich das physische Festival, Schaden nimmt.

SK: Meine Erfahrung in den letzten zwei Jahren hat mich vor allem auch gelehrt, dass ‚hybrid' bedeutet, zwei Festivals vorzubereiten und durchzuführen: ein physisches und eine Online-Version. Das ist ein wesentlicher Aspekt. Das beginnt mit den rechtetechnischen Fragestellungen und den logistischen, die einen enormen zusätzlichen Aufwand auf Seiten des Festivals erzeugen. Zudem kommuniziert man zwei Events, die an unterschiedlichen Orten, mit unterschiedlichen Voraussetzungen und zum Teil zeitversetzt stattfinden. Außerdem versucht man in einem Fall, Publikum im digitalen Raum zu erreichen, im anderen Fall vor Ort. Was letztlich darin mündet, was du beschrieben hast, dass zwei Modelle miteinander konkurrieren. Grundsätzlich bin ich auch kein Freund des Home-Entertainments und *on demand*, weil es etwas Isolationistisches hat und nicht die Erfahrung ermöglicht, von der du sprachst. Doch letztlich hat sich gezeigt, dass unser Stammpublikum mit Festivalpässen beispielsweise einen Film um 18 Uhr im Kino gesehen hat und dann, wenn es nicht sofort einen Anschlussfilm gab, nach Hause gegangen ist, um dort noch ein oder zwei Filme zu sehen. Beide Formate haben unterschiedliche Stärken bewiesen. Beim digitalen Angebot kann das Publikum einen eigenen Zeitplan erstellen, also quasi ein eigenes Programm-im-Programm kuratieren. Wenn ich das ganze Angebot eines Festivals parallel digital zur Verfügung habe, kann ich mein Programm über zehn Tage perfekt verteilen und kann so eine maximale Nutzung als Zuschauer:in erreichen. Das hat in unseren Überlegungen eine große Rolle gespielt. Wenn wir online anbieten, dann nicht als Erweiterung des Kinoraums, sondern davon unabhängig, sodass es dem Publikum ein Maximum an Gestaltungsmöglichkeiten bietet und wir die spezifischen Vorteile des Digitalen nutzen. Gleichzeitig beschneidet es natürlich das ursprüngliche kuratorische Moment, wo wir eine Dramaturgie bauen – Querverweise über die Sektionen und Gäste hinweg, ergänzt mit Panels und ähnlichen Formaten. Das entfaltet sich vor Ort, im linearen Ablauf, nochmal ganz anders. Im Stream stehen die Dinge letztlich immer gleichberechtigt nebeneinander, da ist es in meinen Augen sehr viel schwieriger, das kuratorische Moment sichtbar zu machen.

FJ: Zudem glaube ich, ist es beim Festival im physischen Raum ganz wichtig, dass es ständig Gelegenheiten gibt, vom Weg abzukommen – wohingegen beim Online-Angebot alles vermeintlich viel näher ist, nur einen Klick entfernt. Dabei zeigen sich allerdings auch Tendenzen dahingehend, dass sich vieles auf wenige Titel konzentriert. Klar, wenn man Festivalpassinhaber:in ist, könnte man in alles reingucken. Das war jetzt aber nicht unsere Erfahrung. Vielmehr hat sich gezeigt, dass sich die Leute ihr Programm sehr gezielt zusammengestellt haben. Vor Ort ist man eher geneigt zu sagen: Okay, jetzt läuft dieser Film, ich geh einfach mal rein und schau mir an, was das ist, auch wenn ich ihn gar nicht auf dem Zettel hatte. Das ist für mich ein Teil der Magie von Festivals, dass man sich tatsächlich auch Filme ansieht, die man sich sonst nicht anschauen würde. Nicht nur die Titel, von denen die Beschreibungen besonders spannend klingen, sondern vielleicht die Filme, die gerade zufällig auf dem Weg liegen. Das ist eine sehr privilegierte Form von Festivalgenuss. Und wir wissen ja auch, dass beim *IFFMH* die Festivalpässe unheimlich nachgefragt sind, weil sich die Leute offensichtlich genau so eine Erfahrung wünschen. Letztlich möchten sie möglichst viele Filme in kurzer Zeit sehen.

Dass man dabei auf einen Film gestoßen wird, ist natürlich theoretisch und technisch beim Streaming genauso möglich, aber die Gewohnheiten sind andere. Und dann gibt es noch andere Mechanismen. Das Weiterempfehlen, vor dem Kinosaal jemanden treffen, der einem von einem Film vorschwärmt, so dass man spontan seine Pläne umwirft. Das sind ebenfalls Dynamiken, die ich nicht missen möchte.

Dies führt mich zu einem wesentlichen Punkt für das Gestalten des Programms: Wie kommt man denn überhaupt auf die Filme, die schließlich Teil des Festivalprogramms werden? Natürlich haben wir tausend Wege, wie Filme uns erreichen, sei es über konkrete Einreichungen, über Hinweise von Weltvertrieben, von Verleihern, über unsere Kontakte mit Filmemacher:innen, Produzent:innen, Kolleg:innen. Die persönlichen Empfehlungen, der Austausch mit anderen Leuten aus dem Feld und vor allem natürlich die Reisen, die sind nicht weniger wichtig geworden. Vielmehr haben wir vor allem in den letzten zwei Jahren festgestellt, was uns allen fehlt, das sind die aus ökologischen Gründen durchaus auch infrage zu stellenden Reisen. Für die Arbeit bei einem internationalen Filmfestival sind sie absolut entscheidend. Die Beziehungen, die einem in der Pandemie geholfen haben, sind die Beziehungen, die bereits vorher entstanden sind. Es ist ganz selten so, dass sich Beziehungen mit Weltvertrieben, mit Verleihern, mit anderen Programmern digital entscheidend weiterentwickelt hätten. Da wäre ich sehr vorsichtig zu behaupten, dass sich da irgendetwas verbessert durch die digitalen Tools. Das heißt nicht, dass man sie nicht nutzt, das tun wir natürlich alle ständig. Dieses Gespräch führen wir ja auch über ein digitales Tool. Eine Form dafür zu finden, wie man miteinander redet, hat auch damit zu tun, dass man einen Kontakt eben nicht im digitalen Raum beginnt. Das kann ich zumindest für die allermeisten Beziehungen so sagen, auch und gerade als jemand, der mit Chats wie *IRC* und *ICQ* aufgewachsen ist. Online ist nicht virtuell, physisch ist nicht echt, beides ist Teil unserer vermittelten Wirklichkeit, nur jeweils mit anderen Implikationen.

Internationales Filmfestival Mannheim-Heidelberg | Sascha Keilholz und Frédéric Jaeger

SK: Wenn ich eben den Begriff ‚hybrid' kritisiert habe, scheint es mir gleichzeitig wichtig, darauf hinzuweisen, dass unsere Arbeitsrealität seit vielen Jahren tatsächlich hybrid ist. Viele Filme bekommen wir als Links zugeschickt, vor allem Einreichungen. Da besteht ja schon ein Teil der kuratorischen Herausforderung darin, zu imaginieren, wie diese Filme auf der Leinwand wirken, wie es wirken würde, wenn ich sie in der Gruppe sehe. Und ich kann nur sagen, dass meine eindrücklichsten Filmereignisse in jedem Jahr jene sind, die im Kinosaal stattgefunden haben. Da gibt es einen eindeutigen Zusammenhang, das ist kein Zufall.

Die meisten Festivals, auch wir, tragen den Namen der austragenden Städte im Titel. Es ist natürlich ganz entscheidend, das haben wir noch gar nicht angesprochen, wenn ich auf ein Festival fahre, dass ich die Stadt und ihre Bewohner:innen wahrnehme. Ich finde es beispielsweise beim Profitennis sehr faszinierend, da geht es zum Auftakt des Turniers in den Pressegesprächen zu einem nicht unwesentlichen Teil um das Privileg von Tennisprofis, infolge eines sehr nomadischen Lebens, buchstäblich die ganze Welt und Städte auf allen Kontinenten kennenzulernen. Und natürlich beeinflussen neben dem Belag ganz entscheidend die Orte, das Wetter, die Rhythmen, das Essen und vor allem die Menschen mit ihren Gewohnheiten am Ort alles und so auch das Turniergeschehen. Und gleichzeitig betonen die Profis, immer wieder, welche Erfahrung es bedeutet, eine Stadt neu kennenzulernen. Wenn ich auf ein Filmfestival gehe, ist es nicht anders. Ich höre unterschiedliche Sprachen, lerne neue Plätze und Menschen kennen. Um deinen Begriff der Dynamik aufzunehmen – vor den Kinosälen, auf den Straßen und Plätzen treffe ich irgendwo in Venedig eine Bekannte, sie weist mich auf einen Film hin, vielleicht auch einen früheren Film der Regisseurin, deren neuestes Werk einen gerade begeistert hat; oder auf eine Ausstellung im nahegelegenen Museum, einen besonderen Ausblick, ein außergewöhnliches Restaurant, eine architektonische Sehenswürdigkeit. Diese Atmosphäre und Dynamik bestimmt am Ende vieles. So sind auch diese physischen Branchentreffen extrem wichtig. Ganz zu schweigen von der Relevanz, Filmemacher:innen vor Ort zu begegnen, tatsächlich in Person.

FJ: Dennoch besteht mein Alltag tatsächlich auch aus sehr vielen auf dem Fernseher oder via Beamer angesehenen Filmen. Dann gibt es so als Interpunktion Kino- und Festivalbesuche. Aber die Streams sind dann quasi doch, ich weiß nicht, welches Bild dafür richtig ist, der Humus. Wobei auch meine intensivsten Erlebnisse und die, an die ich mich lange erinnere, tatsächlich die im Kinosaal sind. Aber damit möchte ich den anderen Weg nicht entwerten. In den allermeisten Fällen ist ein Stream auch der einzige Weg, einen Film überhaupt zu sehen. Das ist der Alltag, nicht nur für uns, die wir eben Filme sehen, die sonst noch nirgends verfügbar sind, also nur auf Märkten oder in privaten Vorführungen. So fährt man auch schon mal an einen Ort, weil man einen speziellen Film nur dort sehen kann.

Aber wenn ich jetzt an die Zuschauer:innen denke, muss man ebenso sagen, dass die Wirklichkeit der Kinosituation bedeutet, dass man die meisten Filme, an den meisten Orten, zu den meisten Zeiten eben nicht sehen kann. Es kommt also immer darauf an, aus welcher Perspektive man die Situation beurteilt. Man hat einerseits in Großstädten zumeist ein recht beträchtliches Angebot, aber andererseits natürlich auch ein Angebot, das den individuellen Vorlieben und Interessen nicht immer entspricht. In dem Moment, wenn es um einen spezifischen Film geht, wird es schnell schwierig im regulären Kinoalltag.

SK: Wobei ich behaupten würde, dass man als Privatperson eher noch die Chance hat, Filmkultur vor Ort zu sehen, als digital. Diese Filme, die guten, sehenswerten Filme, die finden sich tatsächlich auf Festivals und im Kino, würde ich sagen, weniger im *On-Demand*-Angebot. In der Kombination von regionalen Festivals, Programmkino, Kommunalem Kino und Multiplex könnte ich mir auch als Privatperson ein entsprechend attraktives Programm bauen. Am schwierigsten ist das jedoch im Bereich Filmgeschichte. Das stellt im *On-Demand*-Bereich weitgehend ein Problem dar – ausgenommen vielleicht bei *MUBI*, die eine Ausnahmestellung innehaben, weshalb wir ja auch bewusst mit ihnen zusammenarbeiten. Auch wir versuchen als Festival, Filmgeschichte sichtbar zu machen. Die sogenannte Bewahrung des Filmerbes, das Vermitteln von Filmgeschichte sehe ich als zentralen Auftrag von Festivals. Dies führte beim *IFFMH* unter anderem zu der Neuerung, eine Retrospektive und eine Hommage ins Leben zu rufen.

FJ: Gleichzeitig kommt es ein bisschen darauf an, was man mit Online und On-Demand meint, weil bei den großen Diensten wie *Netflix*, *Amazon Prime* und *Disney+*, die einige sicherlich zu Hause im Abo haben, das Angebot extrem beschränkt ist und sich in den meisten Fällen sowieso eher auf Serien- und Fernsehformate, plus ein paar Prestigeprojekte, konzentriert. Welche Möglichkeiten gibt es, abseits von Filmfestivals beispielsweise die Preisträger-Filme des letzten *IFFMH* wie IL BUCO, HARUHARA SANS RECORDER oder THE SLEEPING NEGRO oder MA NUIT oder ZERO FUCKS GIVEN zu sehen? Ich denke, dass die Wahrscheinlichkeit, sie nochmal in Mannheim und Heidelberg sehen zu können, doch am größten im Internet ist. Und ich fände es natürlich toll, wenn der eine oder andere von diesen Filmen regulär im Kino starten würde, und ich glaube auch, dass die Kinos die Filme zeigen wollen würden, wenn sie einen Verleih fänden. Das ist sowohl ein Plädoyer dafür, dass die Leute zum Festival kommen, als auch dafür, dass,

Internationales Filmfestival Mannheim-Heidelberg | Sascha Keilholz und Frédéric Jaeger

wenn es im Alltag dazu kommt, man ein Online-Angebot nutzt bzw. dass man dann auf die Suche geht nach solchen Filmen. Das Angebot von Online-Diensten ist ja sehr viel größer, als es auf den ersten Blick erscheint. Viele Verleiher haben ihre eigenen Dienste. Einfach ist das nicht gerade, wenn man ausgeht von einem Auswertungssystem, das anders angelegt war. Und dass sich da die Dinge gerade erst neu sortieren und noch weiter sortieren werden. Neue Wege, bei denen auch die Festivals eine Rolle spielen können, tun sich erst nach und nach auf.

SK: Während der Pandemie bin ich zweimal von der *dpa* gefragt worden, ob diese Krise jetzt zum Kinosterben führt, verbunden auch immer gleich mit der Frage, ob die Kinos in Anbetracht von *on demand* überhaupt noch eine Zukunft besitzen. Und mir scheint es evident, dass es keine Eins-zu-eins-Verschiebung von Filmen, die die Leute normalerweise auf einem Festival oder im Kino sehen würden, nach Hause gibt. Das sind vielmehr unterschiedliche Formate und Angebote. Es gibt ja auch einige Untersuchungen, die bestätigen, dass Filmbegeisterte sowohl *On-Demand*-Angebote wahrnehmen, als auch ins Kino gehen. Und zu Hause schauen sie eher serielle und Fernsehformate. Das ist völlig legitim, häufig auch sehr hochwertig produziert. Das muss gar nicht in Konkurrenz gedacht werden, natürlich schaue ich mir gerne serielle Taylor-Sheridan-Formate wie Yellowstone oder 1883 online an.

Also, die Frage bezüglich der Pandemie finde ich viel brisanter. Viele Kinos haben jetzt seit zwei Jahren gravierende Umsatzeinbußen und ein Teil des Publikums ist vom Kinobesuch entwöhnt. Ich sehe die Problematik weniger darin, dass jenes Publikum die gleichen Filme nun zu Hause schaut. Vielmehr ist mein Eindruck, dass vor allem das ältere Publikum, welches oftmals Programmkinos besucht, sich dann eher in Richtung Fernsehformate oder Serien orientiert oder eben auch mal gar nichts guckt, eher ein Buch liest. Wohingegen ein sehr junges Publikum, das statistisch aber weniger auf Festivals, in Programmkinos oder in Kommunale Kinos geht, weiterhin James Bond und Spiderman schaut. Das bedeutet, dass die Schere zwischen einem Film, der als Marke funktioniert, inklusive hohem Marketingaufwand und mit ganz klarer Zielgruppe, und den übrigen Produktionen noch weiter auseinandergeht. Und das führt zu Verschiebungen, die sozusagen *on demand* und Pandemie mit verschiedenen Hebeln beflügelt haben. Und um jetzt abschließend nochmal auf uns zukommen: Wir wollen ja Filmen eine Aufmerksamkeit bescheren, deswegen haben wir am Anfang darüber gesprochen, welche Rolle wir in der Auswertungskette einnehmen. Wir wollen Sichtbarkeit für Filme generieren, damit sie nachher an anderen Orten überhaupt stattfinden können. Oft begegnet uns die Frage: „Ich habe vor drei Jahren einen tollen Film bei euch auf dem Festival gesehen – wo kann ich den jetzt wieder schauen?" Und da lautet die Antwort bislang selten, dass man diesen Film *on demand* findet. Deshalb bemühen wir uns mit unserem Format *IFFMH präsentiert* und unseren Partnern, diese Filme auch nach dem Festival wieder vorzuführen. Dieser Ansatz, auch Filmgeschichte und Festivalgeschichte über das gesamte Jahr hinweg mit unseren Partnern vor Ort sichtbar zu machen, finde ich ganz wichtig.

Ein besonderer Ort: Festival neu denken

SK: Es war natürlich eine besondere Situation, dass wir zeitgleich mit der Pandemie den Auftrag bekommen haben, ein sehr traditionsreiches Festival neu zu denken und in die Zukunft zu überführen.

Wir haben zu unseren inhaltlichen Neuerungen die Online-Angebote erweitert, ursprünglich gezielt für die Presse, dann natürlich für das ganze Publikum. Zudem haben wir unsere Webseite modernisiert, um insgesamt unsere digitalen Kanäle zu aktualisieren und zu erweitern. Wir haben unser Erscheinungsbild, unser Design neu gedacht und mit unserem Profil abgestimmt, um damit auch ein neues Publikum anzusprechen – und haben dafür den German Brand Award erhalten.

Wir haben uns überlegt, das war unser Thema gerade, an welchen Orten finden wir statt, zum einen möglichst barrierefrei und sozusagen auch ohne gedankliche Scheuklappen in alle Kinos der Region zu gehen. Zum anderen schauen wir über den Tellerrand und suchen uns Partner, beispielsweise die Kunsthalle in Mannheim, mit denen wir, wie in diesem Fall, Bewegtbild über den Kinoraum hinausdenken können. Das waren alles Prozesse, mit denen wir uns beschäftigt haben.

Oder auch: Wie können wir nachhaltig stattfinden, wie können wir Angebote machen vor Ort, mit Car-Sharing-Modellen, mit Fahrrad-Sharing-Modellen, mit Kombitickets. Das waren einige der Aspekte, die wir losgetreten haben. Das ist natürlich ein Prozess und das Prozesshafte ist, glaube ich, das Spannende. Gleichzeitig war die Pandemie der Katalysator für bestimmte Entwicklungen.

Was sich in der gesamten Diskussion abzeichnet: Es gibt kein Pauschalrezept. Dafür sind die Festivals in ihrer Struktur und ihren jeweiligen Orten und mit ihrem Programm zu unterschiedlich. Was, glaube ich, wichtig ist, und das ist für uns ganz klar geworden: Um vor sich selbst und dem Publikum aber auch ehrlich zu bleiben, muss man sich ständig hinterfragen. Das ist das, was wir in diesem Dialog hier auch versuchen darzustellen: Man muss überlegen, mit welcher Entwicklung werden wir konfrontiert und wie können wir ihr ehrlich begegnen. Dabei unsere kuratorische Aufgabe immer im Fokus. Ein besonderes kulturelles Angebot zu entwickeln, das es sonst so nicht geben würde. Dabei proaktiv zu denken und zu agieren. Innerhalb dieses lang-

Internationales Filmfestival Mannheim-Heidelberg | Sascha Keilholz und Frédéric Jaeger

fristigen Konzepts muss man offenbleiben, um dann auf aktuelle Entwicklungen, bis hin zu Extremen wie einer Pandemie, eingehen zu können.

FJ: Ich glaube, das fasst unseren Ansatz gut zusammen. Es geht auch darum, welchen Rahmen man herstellt. Du hast gerade von den Blockbustern gesprochen, die ein jüngeres Publikum noch ins Kino ziehen. Da geht es, denke ich, um die Frage der Exklusivität, es geht auch darum, dass man etwas anbietet, was jetzt gerade in aller Munde ist und was man ausschließlich in diesem Rahmen wahrnehmen kann.

Auf kleinerer Ebene macht es ein Festival selbstverständlich auch so, dass es kommuniziert: „Wenn ihr das jetzt so erleben wollt, dann jetzt oder nie, kommt jetzt zu uns, weil es nur jetzt möglich ist. In diesen zehn oder elf Tagen könnt ihr das erleben." Auch Kinos müssen das Besondere immer mehr herausstellen und tun dies auch immer mehr. Sie bieten exklusive Angebote und besondere Events, mit einzelnen herausragenden Veranstaltungen, mit Gästen usw. Also eine Rahmung, die einen Anlass schafft, genau jetzt ins Kino zu gehen, und so die klassische Kinovorstellung aufwertet. Man schafft Anlässe. Ich denke, aus Gründen, die mit Diversifizierung und mit einem größeren Angebot zu tun haben und auch mit einer großen Konkurrenz der Freizeitangebote, ist das für das Kino wichtiger geworden.

Hierin zeigt sich einer der Zusammenhänge mit der zunehmenden Attraktivität von Festivals. Wir präsentieren Gäste, die von weit anreisen, von anderen Kontinenten, und wirklich auch da sind, um diese Begegnung mit dem Publikum herzustellen, um Gespräche zu führen. Wir führen Filme als 35-Millimeter-Kopien vor, die im Alltag kaum noch zu sehen sind. Wir engagieren uns in der Filmbildung und bieten neben einem integrierten Kinderfilmfestival Schulvorführungen und ein medienpädagogisches Rahmenprogramm. Die filmkulturellen Vermittlungsangebote werden gefördert, so dass wir diese auch zu relativ günstigen Preisen anbieten können.

Zudem finden sich im Festivalprogramm auch inklusive Angebote, beispielsweise mit SDH-Untertiteln[2], wie wir es in der vergangenen Ausgabe für einzelne Veranstaltungen gemacht haben. Das heißt, wir haben einerseits diesen extrem festlichen großen Rahmen, und andererseits können wir das Programm für viele Bevölkerungsgruppen anbieten. Im Sinne eines inklusiven Events, zu dem ein breites Publikum Zugang haben soll, sind die Eintritte nicht teuer. Da wir dezentral in den Kinos über die Städte verteilt sind, sind wir für alle nah. Man kann uns leicht finden, wir sind leicht erreichbar und man kann die Tickets auch online buchen. Das scheint eigentlich wie ein Wi-

---

[2] Abkürzung des englischen Begriffs 'Subtitles for the Deaf and Hard of Hearing', der gebräuchlich ist zur Beschreibung von Untertiteln für gehörlose und hörgeschädigte Menschen. Diese Untertitel enthalten u. a. Beschreibungen der Geräusche, des Musik-Einsatzes sowie zum Teil der Zuordnung der Dialoge zu Figuren, soweit das aus dem Bild nicht ersichtlich ist.

Filmfestivals | Krisen – Chancen – Perspektiven

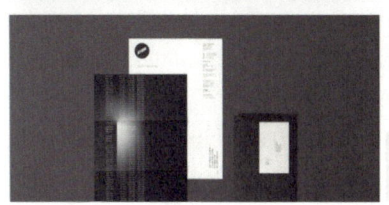

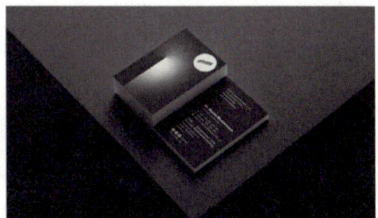

Internationales Filmfestival Mannheim-Heidelberg | Sascha Keilholz und Frédéric Jaeger

Das neue Corporate Design des IFFMH
© Daubermann

derspruch, ein schöner Widerspruch: Zum einen machen wir etwas Besonderes, zum anderen gestalten wir es niedrigschwellig und zugänglich. Das ist, glaube ich, auch die Definition, warum es Festivals in dieser geförderten Form gibt und geben sollte.

SK: Natürlich befinden wir uns, um den Fokus jetzt etwas weiter zu ziehen, gesamtgesellschaftlich in einem Prozess, bei dem sich die Dinge im Konsum und in der Kultur extrem stark ändern. Ich habe eben von einer Zuspitzung gesprochen, die Schere geht auseinander, es kommen immer mehr Filme ins Kino, aber immer weniger erreichen einen relevanten Anteil der Zuschauer. Insgesamt gibt es im Zuge der Diversifizierung eine Fragmentierung des Publikums, das sich mehr und mehr verteilt, auf *on demand*, Home Entertainment, Multiplexe, Programmkinos, Kommunale Kinos, öffentlich-rechtliche Sender, private Sender, Pay-TV, Mediatheken, *YouTube* usw. Mir scheint es sehr wichtig, dass wir Dinge zusammendenken – das habe ich vorhin „kuratorischen Moment" genannt –, Dinge, die in dieser Marktlogik an unterschiedlichen Orten auftauchen. Also Aspekte, die auf der einen Seite in Filmmuseen stattfinden würden und auf der anderen Seite *on demand*.

Die bringen wir gewissermaßen zusammen, und wir denken nicht in diesen vermeintlich gegensätzlichen Kategorien, nicht in high culture versus low culture, sozusagen nicht in kommerziellen und geförderten Kinos.

FJ: Wir wollen diese naheliegenden Segmentierungen nicht verstärken, sondern im Gegenteil wollen wir sie abbauen und wir würden gerne verschiedene Gruppen zusammenführen. Natürlich gibt es ein berechtigtes Interesse von unterschiedlichen Zuschauergruppen, bestimmte Filme zu sehen, sich selbst repräsentiert zu sehen. So zeigt sich gerade bei Festivals das Phänomen, dass natürlich einzelne Filme wegen ihres Themas, wegen ihrer Herkunft, wegen ihrer Sprache auch unterschiedliche Zuschauer:innen ansprechen. Aber ein Festival sollte sich nicht damit begnügen, quasi für jedes Interesse einen passenden Film zu finden, sondern natürlich diese Zuschauer:innen zusammenführen in der Hoffnung, dass sie mit ihren individuellen Perspektiven, Interessen und Vorlieben andocken können.

SK: Genau, ich glaube, was ein Festival in Dimension des *IFFMH* ausmacht, ist weder Nischen zu bedienen, wo sich sozusagen eine Gruppe von einer anderen absetzt, noch, und das ist ganz wichtig, auf höchstmögliche Zuschauerzahlen zu schielen. Es geht nicht darum, einen Volksfestcharakter zu kreieren. Vielmehr sehe ich unsere Aufgabe darin, ein diverses Programm zu kuratieren, das eine möglichst große Zahl an Kulturinteressierten anzieht, die individuell entscheiden, welches Angebot sie wahrnehmen.

FJ: Natürlich müssen wir darüber nachdenken, wie wir fürs Publikum attraktiv sein können. Und natürlich gibt es dafür unterschiedlichste Methoden. Es gibt das, was einige Festivals tun – nämlich an besondere Orte zu gehen. Sie schaffen diesen Eventcharakter durch etwas Einzigartiges, was es sonst nie gibt.

Für uns geht es aber darum, dass wir die Kinokultur ganzjährig unterstützen. Dass wir diese Brücken bauen zum normalen Kinoprogramm. Wir haben mit den Kinos, die es in Mannheim und Heidelberg gibt, auch tolle Partner, die die ganze Bandbreite der Kinoformen abdecken. Wenn man jetzt allein von der Warte aus denken würde, für jeden einzelnen Film in einer Vorführung so viele Zuschauer:innen wie möglich zu erreichen, dann würde man auf die kleinen Säle verzichten. Doch diese Verbindung von unterschiedlichen Formen, Größen und Interessen finde ich besonders charmant für das *IFFMH*. Sei es im großen Stadthaus oder in einem größeren Saal in einem Multiplex und eben im Kommunalen Kino. Dies nebeneinander zu stellen und in Beziehung zueinander zu setzen, ist besonders reizvoll.

Das Berlinale-Dilemma – Der Kampf ums richtige Format

SK: Die Entscheidung der Berlinale, ihr Branchentreffen, den European Film Market, ausschließlich digital durchzuführen, das Festival selbst aber trotz der pandemischen Lage rein physisch, führte zu hitzigen Debatten. Während die einen die Relevanz von kulturellen Großveranstaltungen auch während der Pandemie betonen, sehen die anderen das gesundheitliche Risiko. Darüber hinaus wurde insbesondere von einigen Journalist:innen der Wunsch laut, das Festival solle ihnen die Angebote auch oder ausschließlich digital verfügbar machen. Als Vorbild wurde das Sundance Filmfestival genannt, welches der Presse und Industrie den digitalen Zugang zu einem relevanten Teil des Programms weltweit angeboten hatte. Die Gegenseite argumentierte, es gäbe kein automatisches Anrecht auf das gesamte Programm online, was rechtlich auch gar nicht möglich sei. Wie bewertest du diese Auseinandersetzung?

FJ: Ich habe den Eindruck, dass es aktuell viele gegensätzliche Positionen gibt in der Wahrnehmung, wie Festivals funktionieren (sollen). Was damit zu tun hat, dass die Situation, in der wir uns befinden, also die Pandemie und unser Umgang damit, von ständigen Veränderungen und Widersprüchen gekennzeichnet ist.

Festivals müssen sich adaptieren und sind, je nach ihrem Profil und ihren Prinzipien, auf unterschiedliche Weise mit der Frage konfrontiert, bis wohin diese Prinzipien reichen, wie absolut man sie verstehen muss und wo Kompromisse sinnvoll sind. Ich habe den Eindruck, dass die aktuelle Situation eine sehr besondere ist, weil die Pandemie sehr unterschiedlich wahrgenommen wird. Auf der einen Seite haben wir im Frühjahr 2022 die höchsten Inzidenzzahlen seit Beginn der Pandemie und auf der anderen Seite gibt es viele Gründe, eine Entwarnung für die große Mehrheit der Bevölkerung, die geimpft und geboostert ist und keine Vorerkrankungen hat, zu geben.

Insofern ist die Wahrnehmung von dem, was ein Kulturevent dieser Größenordnung zu diesem Zeitpunkt in der Pandemie bedeutet, extrem davon abhängig, welche Perspektive man auf Corona einnimmt.

Für uns spannender ist die Frage, was es heißt, sich als Festival in dieser Situation aufzustellen. Die Strategie der Berlinale ist insofern interessant, als dass sie sich klassischerweise stark bemüht, Trends darzustellen und mit der Zeit zu gehen. Sie ist ein extrem breit aufgestelltes Festival, das alles abbilden möchte. Allerdings trifft dieses Selbstverständnis auf die Vorstellung vom Festival als einem exklusiven Raum, mit allem Premierenbrimborium, das dazu gehört, und einer klassischen Form von Cinephilie, die den Kinoraum als Ort einer unvergleichlichen Erfahrung sakralisiert. Mir ist das durchaus sympathisch, nicht nur, weil es viel mit meiner eigenen Kinosozialisierung zu tun hat. Der Wirklichkeit, der aktuellen Beschäftigung mit Filmen und den Trends im Kinobereich entspricht das aber nicht.

SK: Die öffentliche Diskussion um die Berlinale hat bei mir große Empathie ausgelöst, weil ich selbst nicht in der Situation sein möchte, in dieser Phase der Pandemie ein so großes A-Festival durchführen zu müssen. Mit allem, was wir aus der Praxis der Festivalorganisation wissen und kennen, lässt sich leicht vorstellen, dass es auch Umstände, politische und ökonomische Zwänge gibt, die dazu führen, dass die Berlinale schlicht stattfinden muss. Wir selbst waren zweimal in der Situation, im Winter ein Festival zu veranstalten, als es jeweils hohe Pandemiezahlen gab. Ich finde es logisch und folgerichtig, sich die Frage zu stellen: Muss Kultur überhaupt stattfinden, wenn die Situation derart ist, dass Leute sich einer Ansteckungsgefahr aussetzen? Ich verstehe auch, dass das in der Öffentlichkeit Kontroversen hervorruft. Man hat ja immer nur eine eingeschränkte Perspektive, also man kennt etwa Leute, die sind krank oder in Quarantäne oder im Krankenhaus, und gleichzeitig treffen sich vermeintlich viele Leute zu einem Kulturevent. Parallel stellt sich die Frage: Was für Entscheidungen werden gesamtgesellschaftlich getroffen? Entweder, man befindet sich in einem Lockdown, da findet nichts statt: kein privates, kein soziales, kein kulturelles Leben im weiteren Sinne. Oder man sagt, es gibt ein öffentliches Leben und auch ein Kulturleben und man schafft einen sicheren Rahmen, in dem das stattfinden kann. Das war für uns auch ganz zentral: Sicherheits- und Hygienekonzepte zu entwickeln. In einem Jahr – 2020 – war es für uns somit während des Lockdowns nur möglich, in den virtuellen Raum zu gehen. 2021 gab es für uns dann die Option, physisch mit einer Online-Erweiterung stattzufinden. Dabei ist es uns gelungen, da schätzen wir uns sehr glücklich, dass es in beiden Jahren weder im Team noch bei Gästen oder Publikum irgendwelche Erkrankungen oder Ansteckungen gab. Das ist, glaube ich, das Wichtigste in der Situation, dass man sich verantwortungsvoll verhält und dann möglichst gesund durchkommt.

Anders bewerte ich allerdings die in der Widerrede gefolgte Konsequenz, dass die Berlinale nicht physisch stattfinden müsse, man sie auch in einen digitalen Raum übertragen könnte. Das halte ich für ein Missverständnis und gedanklich für einen Kurzschluss. Du hast es gerade schon skizziert, man muss es gar nicht sakral nennen, sondern die Bedeutung des Festivals als Ort sozialer Begegnungen, als Weg eines direkten Austauschs, als Ort eines Gruppengefühls, das auch entstehen kann, selbst wenn sich Leute mit Abständen treffen. An dem Ort, für den diese Filme gemacht sind. Die Alternative bedeutet, die Filme unter ganz anderen Umständen zu sehen. Eher privatisiert, eher individualisiert, isoliert.

2020 konnten wir mit der digitalen Ausgabe vermeiden, dass Filme gar keine Auswertung erfuhren. Da ist es besser, sie zumindest online sichtbar zu machen. Wenn Filme nur eine ganz beschränkte Auswertung erfahren würden und man das digital ausweiten kann, halte ich das für sinnvoll. Aber ich glaube, ich halte es für einen Kurzschluss, zu sagen, man kann ein Festivalangebot einfach digital machen und das Festival kann in den privaten Räumen stattfinden. Ich finde, auch die Forderung greift ins Leere, ein Festival müsse alles verfügbar machen.

Da stellt sich auch die Frage, wie das überhaupt rechtetechnisch aussieht. Wir haben hier eine Wellenbewegung erlebt. Im Frühjahr 2020, zu Beginn der Pandemie, gab es auf Seiten der Rechteinhaber:innen Skepsis gegenüber potenziellen Online-Auswertungen, auch wegen Sorgen vor Raubkopien. Als kein schnelles Ende der Pandemie in Sicht war und die Kinos geschlossen blieben, wuchs die Akzeptanz für Online-Angebote. 2021 wurde es wieder schwieriger. Viele Spätsommer- und Herbstfestivals legten sich früh auf rein physische Ausgaben fest, was für uns mit dem notwendigen Hybrid-Konzept für den Winter ein Nachteil war. Auf Seiten vieler, insbesondere größerer Verleiher:innen schwand die Bereitschaft, Filme für die digitale Auswertung zur Verfügung zu stellen. Tendenziell geht es hier natürlich auch um Marktstärke. Große französische und amerikanische Verleiher und Majors haben ihre ‚Produkte' fast durchgängig zurückgehalten. Was pointierterweise auch auf die *On-Demand*-Kanäle selbst zutrifft – und natürlich einer gewissen Logik folgt.

FJ: Die Leute, die fordern, das Festival dürfe in einer Pandemiesituation nicht ausschließlich physisch stattfinden, sondern müsste dual sein, das sind insbesondere Kritiker:innen, die sagen, für ihre Berufsausübung müssten sie die Filme auch online sehen können, um in der Lage zu sein, über das Festival zu berichten. Und das suggeriert, dass eine Berichterstattung über das Festival möglich ist, ohne beim Festival physisch anwesend zu sein. Das halte ich für falsch. Was nicht bedeutet, dass man nicht einzelne Filme online sehen kann, auch über Filme schreiben kann, Empfehlungen machen kann, auch eine kritische Auseinandersetzung mit einzelnen Filmen ist sicherlich möglich auf der Grundlage von Streams. Das wird ja sowieso seit langem so praktiziert. Aber tatsächlich ausschließlich auf diese Weise über ein Festival zu berichten, finde ich schwierig. Man erwartet doch von der Berichterstattung, dass sie tatsächlich mehr einfängt als lediglich die Erfahrung, die man alleine zu Hause machen könnte. Die Gegenposition, eine Ablehnung von hybriden Optionen in dem Sinne, dass sie völlig ausgeschlossen seien und ein Festival damit die eigene Definition infrage stelle, das finde ich auch übertrieben. Also zu sagen, ein Filmfestival kann nur ausschließlich in Präsenz stattfinden und online, darf maximal eine Krücke sein im Pandemiefall. Das ist es, was ich mit Sakralisierung meine. Dass die Erfahrung vom Festival in einem bestimmten Rahmen idealtypisch verlaufe. Aber obwohl Festivals Begegnungsstätten sind, gibt es natürlich auch tausend Beispiele dafür, dass dieser Ansatz scheitert oder dass er an seine Grenzen stößt. Dieses Gegeneinander-Ausspielen von Online und dem Physischen macht eine falsche Dichotomie auf.

SK: Ich kann für uns als Festival sagen, dass wir online weder als das Festivalformat der Zukunft sehen, noch als eine ausschließliche Überbrückung während der Pandemie. Denn als internationales Langfilmpublikumsfestival sehen wir die Zukunft unseres Festivals vor Ort in den Kinos. Gleichzeitig gilt es natürlich, die digitalen Optionen, die es gibt, zu nutzen. Da hat sich viel entwickelt. Dass zum Beispiel die Presse die Möglichkeit hat, einen Teil der Filme über einen früheren oder längeren Zeitraum digital zu sehen, erleichtert die Arbeit und Zusammenarbeit auf beiden Seiten. Die Möglichkeit, im kuratorischen Sinne bei einzelnen Filmen zu entscheiden, ob es

→

Das Atlantis Kino in Mannheim als Spielstätte des IFFMH © Sebastian Weindel
Das Stadthaus in Mannheim als Spielstätte und zentraler Begegnungsort in Mannheim
© Sebastian Weindel
Impressionen aus dem Luxor Kino in Heidelberg © Moritz Staudt
Der Festivalleiter Dr. Sascha Keilholz © Sebastian Weindel

Internationales Filmfestival Mannheim-Heidelberg | Sascha Keilholz und Frédéric Jaeger

Sinn macht, diese auch in einem digitalen Raum vorzuführen, ist eine zusätzliche Option. Die Möglichkeit, einen Rahmen zu setzen und Gespräche zu führen, mit Leuten, die nicht anwesend sein können, ebenso. All das halte ich als digitale Erweiterung des Festivals in unserem Rahmen für sinnvoll.

In Hinblick auf die rechtliche Situation mit Screening-Lizenzen muss man allerdings Unterscheidungen treffen, was mit der Verwertungskette der jeweiligen Filme zusammenhängt. Für Kurzfilmfestivals mag sich die Situation anders darstellen. Kurzfilme haben häufig ihr alleiniges Leben auf Festivals und in Deutschland folgt, wenn überhaupt, eine Ausstrahlung im Nachtprogramm auf *Arte* oder *3Sat*, und wenn es gut läuft, dann erscheint irgendwann eine Kompilation auf DVD. Die Verwertungskette bricht unter anderen Umständen direkt nach dem Festivalzirkel ab. Wenn man das erweitern kann, wenn man den Filmen, die sonst online auch keinen anderen Ort haben, eine Plattform schaffen kann, halte ich das für durchaus erstrebenswert.

Mit Abstrichen kann das im Dokumentarfilmbereich ähnlich sein. Der Unterschied dort ist, dass die Dokumentarfilme in der Regel einen Platz im Fernsehen haben, außerdem in den Mediatheken, aber nicht unbedingt *on demand*. Insofern verstehe ich auch dort die Bemühungen, tendenziell Räume zu kreieren, um diese Filme sichtbarer zu machen und ihnen gewissermaßen ein längeres Leben zu verschaffen.

Bei den Filmen, die wir zeigen, muss man, glaube ich, sehen, dass es sehr exklusive, gerade fertiggestellte Produktionen sind, die bei uns in der Regel ihre Deutschlandpremiere, manchmal auch die internationale Premiere feiern und im Anschluss auf ein langes Leben hoffen. Sie werden anschließend deutschlandweit und international auf weitere Festivals eingeladen, das ist ein wichtiger Teil der Einnahmequellen für die Produktionsfirmen. Daran anknüpfend hoffen sie auf eine reguläre Kinoauswertung, auch in Deutschland, wozu wir im Idealfall unseren Teil beitragen können. Dann hoffen sie auf eine Auswertung im Home Entertainment und *on demand*. Später folgen diverse Auswertungsmöglichkeiten im Fernsehen. Und da ist es natürlich problematisch, vorzugreifen, um die Filme über den exklusiven Kinoraum hinaus früh breit verfügbar zu machen. Das ist ein Problem für Verleiher:innen. Ganz abgesehen von Raubkopien. Das ist jetzt erstmal nur eine reine Frage von Auswertungslogik und überhaupt nicht ideologisch gedacht. Darüber hinaus finde ich es richtig und wichtig, dass dieser exklusive Moment, an dem ein Film das erste Mal auf ein deutsches Publikum treffen kann, in dem entsprechenden Rahmen mit den Gästen und den Gesprächen, im Idealfall vor Ort in den Kinos stattfindet.

Das ist ein elementarer Part der Lebendigkeit und der Dynamik, von der wir die ganze Zeit sprechen.

Internationales Filmfestival Mannheim-Heidelberg | Sascha Keilholz und Frédéric Jaeger

Um agil zu bleiben – und in Krisensituationen resilient – sind Selbstreflexion und unvoreingenommene Offenheit entscheidend. Und mit der entsprechenden Haltung können Festivals dann auch zukünftig als Labore für Entwicklungen fungieren – als lebender Organismus, den es gemeinsam mit Filmemacher:innen und Publikum zu gestalten gilt.

Filmfestival Max Ophüls Preis

Das *Filmfestival Max Ophüls Preis* widmet sich seit über 40 Jahren der Präsentation und Förderung des deutschsprachigen Nachwuchsfilms. 1980 auf Initiative von Michael Beckert, Wilfried Dittmar und Albrecht Stuby in Saarbrücken gegründet, wurde das Festival nach dem dort geborenen jüdischen Regisseur Max Ophüls benannt, der 1933 vor den Nazis fliehen musste.

Die konzentrierte Ausrichtung ausschließlich auf Arbeiten neuer Talente aus Deutschland, Österreich, der Schweiz und Luxemburg unterstreicht die Bedeutung des *Filmfestivals Max Ophüls Preis* als wichtigstes Forum für den Filmnachwuchs im deutschsprachigen Raum, in dessen Mittelpunkt der Kinofilm als audiovisuelle künstlerische Erzählform steht. Durch seine Namensgebung fühlt sich das Filmfestival zudem ganz besonders auch der Auseinandersetzung mit politisch und sozial relevanten Themen verpflichtet. Acht Leiter:innen haben das Festival durch die Jahre geprägt und es zu heutiger Größe wachsen lassen: Mit sieben Festivaltagen und verschiedenen Kinospielorten in Saarbrücken und im Saarland hat es vor der Pandemie um die 45.000 Besuche verzeichnet.

Das Filmfestival findet jährlich in der dritten oder vierten Januarwoche statt und umfasst in vier Wettbewerben sowie verschiedenen Nebenreihen ein Programm von über 140 Filmen. Es richtet sich an Mitglieder der deutschsprachigen Nachwuchsfilmbranche, an Vertreter:innen von Presse und Filmindustrie und zeichnet sich als Publikumsmagnet überdies durch eine starke Verankerung in der Stadt und im Saarland aus. So dekorieren jährlich über 100 Einzelhändler ihre Auslagen in den Festivalfarben, viele öffentliche Gebäude erstrahlen während der Festivalwoche abends in Blau, und das Festivalpatenprogramm zählt mittlerweile über 60 treue Ophüls-Fans, die jedes Jahr durch ihre Spende das Festival in einem wichtigen Ausmaß unterstützen.

Als hundertprozentige Tochtergesellschaft der Landeshauptstadt Saarbrücken hat das Festival einen wichtigen Stellenwert in der regionalen Kulturlandschaft und zählt zu den wichtigsten kulturellen Leuchttürmen des Saarlandes. Über die Landesgrenzen hinaus ist es eine feste Größe im deutschsprachigen Raum und darüber hinaus europaweit bekannt.

Mit heute 18 Preisen und einer Gesamtdotierung von 118.500 Euro – darin enthalten zwei Verleihprämien und in jedem Wettbewerb ein Publikumspreis – unterstützt das Festival auch finanziell den filmischen Nachwuchs. Das stetig wachsende Branchenprogramm macht das Festival zu einem wichtigen Ort des Netzwerkens und zur bedeutenden Austauschplattform für die deutschsprachige Branche mit Fokus auf den Filmnachwuchs.

Filmfestival Max Ophüls Preis | Oliver Baumgarten und Svenja Böttger

Oliver Baumgarten und Svenja Böttger
Virale Filmfestivals
Zwei pandemiebedingte Metamorphosen eines Filmfestivals

Als am 27.1.2020 die allererste Covid-19-Infektion in Deutschland offiziell bestätigt wurde, schliefen die Gäste und Preisträger:innen der 41. Festivalausgabe in Saarbrücken noch friedlich ihren Rausch aus. Am Abend zuvor waren bei einer vollbesuchten Gala im E-Werk die Preise einer Festivaledition vergeben worden, deren Bilanz so erfolgreich ausgefallen war wie nie zuvor. Über 45.000 Besuche in sieben Festivaltagen, mehr als 1.300 Fachbesucher:innen, 6.330 Feiernde im Festival-Club *Lolas Bistro*: Das Interesse am Filmfestival hatte Rekordwerte erreicht, die unsere Grundsatzplanungen für die kommenden Ausgaben bestimmen sollten – bis plötzlich die Frage nach der Zukunft des Festivals geradezu existenzielle Ausmaße anzunehmen begann.

Exakt einen Tag nach Festivalende hatte die Pandemie Deutschland erreicht – fassungslos und etwas benommen verfolgten wir, wie die Kolleg:innen der nachfolgenden Filmfestivals von den Ereignissen der Pandemie überrollt wurden. Die Veranstaltungsbranche im Allgemeinen sowie die Filmfestivals im Besonderen waren auf die Auswirkungen dieser Pandemie und der Gegenmaßnahmen in keiner Weise vorbereitet, zeigten aber ein enormes Maß an Flexibilität und Innovationsbereitschaft. Jedes Festival reagierte auf seine ganz eigene und auf die individuellen Bedürfnisse und Voraussetzungen hin zugeschnittene Weise. Bei uns brauchte es bis zum Frühsommer 2020, bis wir uns auf ein Konzept für die im Januar 2021 bevorstehende 42. Ausgabe einigen konnten – darauf nämlich, dass ein Konzept nicht genügen wird. Insgesamt sechs Szenarien haben wir im Detail entwickelt, durchgespielt und kalkuliert, um uns zum spätestmöglichen Zeitpunkt für das dann richtig Erscheinende entscheiden zu können. Den Kern unserer Überlegungen bildeten vier Punkte, die sich aus unseren Gesprächen als unverrückbare Basis für die Planungen herauskristallisierten:

› Das Filmfestival sollte auf keinen Fall abgesagt werden. Die Kontinuität erschien uns nicht nur in Bezug auf die stark unter der Pandemie leidenden Nachwuchsfilmschaffenden als essenziell, sondern auch in Bezug auf Erhalt und Stabilität des Filmfestivals selbst.
› Das Kino als Teil der Festival-DNA sollte so lange wie möglich Mittelpunkt der Planungen sein. Ohne dessen Einbeziehung wären elementare Teile unseres kulturellen Auftrags nicht zu erfüllen.
› Falls wir aber Filme schon außerhalb des Kinos im digitalen Raum präsentieren müssten, galt die Maxime: Ein Filmfestival ist kein Streaming-Dienst. Es müsste uns gelingen, den soziokulturellen Mehrwert über die bloße Bereitstellung einer Streaming-Umgebung hinaus erheblich zu erhöhen.
› Ungeachtet aller Neuerfindungen unserer Festivalstruktur wollten wir die bestehenden Verwertungsmechanismen der Filmbranche achten. Mochte die Pandemie mit ihrer teils unvorhersehbaren Dynamik auch bestehende Strukturen infrage stellen, so erschien es uns gerade in dieser etwas unübersichtlichen Situation wichtig, die Filme und ihre Urheber:innen keinen unvorhersehbaren Risiken auszusetzen.

Aus der Orientierung an diesen vier Prämissen haben sich die komplett unterschiedlichen und sicher einzigartig bleibenden Ausgaben 42 und 43 des *Filmfestivals Max Ophüls Preis* herausgebildet, die in den zwei Pandemie-Wintern 2021 und 2022 jeweils im Januar stattfanden.

I. Eventisierung des Digitalen: die Online-Edition

Im Laufe des Jahres 2020 hielten wir so lange wie möglich an jenen Szenarien fest, die noch Kinovorstellungen umfassten, weil alle Aufgaben und Funktionen, die wir mit dem Filmfestival verbinden, unumstößlich mit der Kinokultur verbunden sind. Doch verbleibende Vorbereitungszeit und Ansteckungsraten spitzten sich zu. Eine Impfung, das war eindeutig, würde vor 2021 nicht flächendeckend angeboten werden können. Es nahte der erste Corona-Winter ohne nennenswerte Impfraten, dafür mit hohen Inzidenzen und einer drohenden Überlastung des Gesundheitssystems. Doch erst die Konsultation eines Virologen ließ uns Mitte November 2020 einsehen, dass wir nur eine Möglichkeit haben würden, das Festival im Januar 2021 umzusetzen: als ausschließliches Online-Format. Die Kinos schlossen, der sogenannte ‚Lockdown' setzte ein – kulturelle Angebote gab es kaum noch, alle, die konnten, arbeiteten von zuhause. An eine Durchführung des Festivals unter dem Dach der Partnerkinos, die im Saarland teils noch bis in den Juni 2021 geschlossen bleiben sollten, war nicht mehr zu denken. Damit mussten wir eines unserer vier Prinzipien aufgeben.

Eine Absage schlossen wir nach wie vor aus, weil wir eine klare Verantwortung für die Aufgaben des Filmfestivals spürten. Dem Filmnachwuchs etwa, der in Zeiten der Pandemie komplett unterzugehen drohte, eine Öffentlichkeit zu bieten. Auch dem traditionsreichen Festival selbst Kontinuität und damit existenziell wichtige Planungssicherheit zu geben. Vor allem aber spürten wir Verantwortung dafür, in Zeiten geschlossener Kinos überhaupt ein filmkulturelles Angebot zu schaffen – und zwar das einzige, das deutschlandweit im Januar 2021 existierte. Klar, es gab Fernsehen und vor allem die florierenden Streaming-Angebote mit Filmen aller Art. Beides aber, Fernsehen und Streaming, unterscheidet sich von dem, was wir unter Filmkultur verstehen, erheblich. Die Unterschiede beginnen bereits bei der Kuratierung von Inhalten. Werden etwa bei den Streamern dank bestimmter Algorithmen Filme nicht selten ausschließlich nach dem Grad akkumulierter individueller Zustimmung empfohlen, so besteht ein Aspekt des Kuratierens innerhalb kultureller Filmarbeit auch darin, zu konfrontieren und Entdeckungen zu ermöglichen. Die Vorteile der Angebote der Streaming-Dienste finden sich vor allem in Eigenschaften der Praktikabilität und Bequemlichkeit: die schier unerschöpflich scheinende Filmauswahl, einer zeitlichen und prinzipiell auch örtlichen Flexibilität beim Filmabruf sowie in der Regel die Umsetzung des *Flatrate*-Prinzips, also ein Komplettangebot zu monatlichem Festpreis.

Obwohl wir mit allen Programmbestandteilen online gingen, hielten wir uns immer vor Augen: Ein Filmfestival ist kein Streaming-Dienst. Und zwar deshalb, weil es in der Beschäftigung mit Film nicht allein nur um die reine Filmrezeption geht. Denn Filmfestivals zeichnen sich durch ihre wertvolle filmkulturelle Arbeit ebenso aus wie durch ihre sozialen Funktionen. Ihr Selbstverständnis umfasst gemeinschaftliches Erleben, Austausch und Reflexion gleichermaßen. Eine Veranstaltung wie das *Filmfestival Max Ophüls Preis* erfüllt zudem weitere Aufgaben: Öffentlichkeit schaffen für Talente, Gespräche initiieren, Kontakte zu etablierten Branchenmitgliedern ermöglichen, Verleihe, Vertriebe und Agenturen vermitteln.

Wenn also ein Filmfestival, das komplett online stattfindet, in unseren Augen Sinn ergeben soll, dann müsste es im Digitalen all das zumindest in Ansätzen auch leisten können. Wir müssten einen Sog erzeugen, der unsere Zielgruppen ergreift und sie für die Dauer des Festivals zur Teilnahme animiert. Wir müssten die klassischen Voraussetzungen eines ‚Events' erzeugen, die bekanntermaßen dazu führen, dass ein Festivalpublikum bereit ist, Filme zu schauen, durch die sie sich das Jahr über in den Kinos ansonsten eher nicht angesprochen fühlen. Uns schwebte so gesehen nicht weniger als die *Eventisierung des Digitalen* vor und damit die Umsetzung eines scheinbaren Paradoxons: Es galt, die erlernte Aufhebung aller Beschränkungen beim Filmeschauen in der digitalen Welt mit der Exklusivität, der Linearität und dem Live-Gefühl eines Kino-Events zu verbinden.

Als erste Maßnahme in diese Richtung entschlossen wir uns dazu, die geplante und seit Jahren unveränderte Festivaldauer nur um den Eröffnungsabend auf einen achten Tag nach vorne hin zu verlängern (17.–24.1.2021). Nicht nur konnte zumindest in diesem Punkt das treue Stammpublikum, das teils extra in der Festivalwoche Urlaub nimmt, an Gewohntes anknüpfen. Vielmehr gehört eine zeitliche Begrenzung zu den wichtigsten Voraussetzungen, einen Event zu kreieren, dessen Hauptmerkmal darin besteht, eine möglichst hohe öffentliche Aufmerksamkeit auf diesen begrenzten Zeitraum zu konzentrieren. Damit setzten wir auf einen anderen Weg als viele Filmfestivals, die online gingen und ihre Dauer teils deutlich verlängerten. Taten sie es, um sich den Vorteilen des Streamings anzunähern, nämlich der eigentlichen Unabhängigkeit von jeglichen Beschränkungen, so verfolgten wir mit unserer Entscheidung vielmehr das Ziel, uns punktuell von den Eigenschaften der Streaming-Dienste zugunsten einer eigenständigen Form des Online-Festivals abzugrenzen.

Dementsprechend blieb unser Marketingkonzept vor Ort auch weitgehend unverändert, weil die Ansprache wie gewohnt darauf ausgerichtet war, die Menschen auf einen Event vorzubereiten. Gerade zu Zeiten des coronabedingten Lockdowns im Januar 2021, als das öffentliche Leben weitgehend zum Erliegen gekommen war, erwies sich die Präsenz des Filmfestivals in Saarbrücken als wesentlich und nachhaltig: Wir haben wie gewohnt großflächig plakatiert, der Einzelhandel hat – teils trotz Schließung – an der Dekorationsaktion ‚Schaufensterkultur' teilgenommen und seine Auslagen in Festivalfarben dekoriert, öffentliche Gebäude waren während der Festivalwoche abends blau erleuchtet, kurz: Die starke Sichtbarkeit in der Stadt hat den Eindruck des Festivals als Ereignis im Lockdown gefestigt. Zudem entschieden wir uns, mit Print- und Merchandisingprodukten an Gewohnheiten aus Zeiten der Präsenzausgaben anzuknüpfen. So etwa ließen wir eine Festivaltasche herstellen sowie ein hochwertiges Festivalmagazin mit Informationen zu Filmen und Hintergründen. Das Ziel bestand vor allem darin, bleibende Erinnerungen für Zuschauer:innen und Filmschaffende zu erzeugen, die sich nicht im digitalen Raum verflüchtigen.

Der vielleicht wichtigste Punkt, das Filmfestival als Online-Event vom herkömmlichen Streaming abzusetzen, findet sich in der Vermittlung von Unmittelbarkeit und Teilhabe sowie in der persönlichen Ansprache – klassische Aspekte eines Events, die kein gewöhnlicher Streaming-Dienst bietet. Diese Bestrebungen hat das Filmfestival zwischen Mitte November 2020 und Januar 2021 mit dem größten Aufwand verfolgt.

Filmfestival Max Ophüls Preis | Oliver Baumgarten und Svenja Böttger

Kurz vor Beginn des Festivals etwa bekamen die teilnehmenden Filmteams, die Jurymitglieder, enge Partner:innen sowie die treuesten Zuschauer:innen – darunter Festivalpat:innen und jene 150, die mit dem ‚Goldenen Fanticket' ein Streaming-Abonnement erworben hatten – per Post ein Paket nach Hause geschickt. In diesem befanden sich neben Informationen und Festivalmagazin auch kleine Erfrischungen sowie die Festivaltasche. Das Paket sollte auf das gemeinschaftliche Erlebnis des Festivals von zuhause einstimmen und jene drei Publika des *Filmfestivals Max Ophüls Preis*, junge Filmschaffende, etablierte Branchenmitglieder sowie lokales Publikum, symbolisch im Hinblick auf die Eröffnung und die Festivalwoche vereinen. Jedem Filmprogramm im Festival-Streaming war außerdem eine im Vorfeld produzierte kurze, persönliche Vorstellung von einem/r unserer Mitarbeiter:innen vorgeschaltet, die das Publikum zum Filmstart begrüßte.

Ein weiteres Element der Ansprache für alle Interessierten kurz vor Beginn des Festivals fand sich schließlich in einem Online-Gesprächsformat, das extra für diese Ausgabe entwickelt wurde. In Anlehnung an die *Blaue Stunde*, dem traditionell für das Saarbrücker Publikum zelebrierten Start des Kartenvorverkaufs, der über Jahrzehnte hinweg mit einer sehr gut besuchten Veranstaltung verknüpft war, riefen wir 2021 eine Woche vor Festivaleröffnung die *Blaue Woche* ins Leben. Sieben rund einstündige Talk-Formate stimmten hierbei inhaltlich auf die bevorstehende Festivalwoche ein und wurden täglich *live on tape* gestreamt. Moderiert von der Festivalleitung und der Künstlerischen Leitung, wurden im Gespräch mit den verantwortlichen Kurator:innen und mittels zahlreicher Filmausschnitte die Wettbewerbe, Programmreihen und Akteur:innen der Festivalausgabe vorgestellt.

Neben diesen unterschiedlichen Elementen der persönlichen Ansprache besteht zweifellos der Schwerpunkt von Filmfestivalarbeit darin, die Kommunikation über Filme anzuregen, Gelegenheiten zu bieten, um zu diskutieren, sich auszutauschen und verschiedene Perspektiven der Filmkunst darlegen zu können. Auch dieser Aspekt wird von Streaming-Diensten in der Regel außer Acht gelassen. Für uns hingegen stand dieser Bereich im Mittelpunkt unserer Aktivitäten, so dass hier ein besonders umfangreiches Angebot entstand. Zu jedem der 50 Filme in den vier Wettbewerben wurden drei unterschiedliche Filmgespräche geführt. Erstens wurden die durch die Moderator:innen gewöhnlich bei den Filmvorführungen in den Kinos durchgeführten Gespräche mit den Mitgliedern der Filmteams im Vorfeld aufgezeichnet. Bearbeitet und mit Texttafeln versehen, standen diese 50 teils recht ausführlichen Videos allen Zuschauer:innen auf der Streaming-Plattform kostenfrei zur Verfügung. Eine zweite Möglichkeit, die Filmschaffenden zu ihren Arbeiten zu hören und sie sogar persönlich zu befragen, bestand in Live-Gesprächen, die sich über die Festivalwoche erstreckten und zu denen sich Interessierte anmelden konnten. In einem *Zoom*-Raum trafen in moderierter Umgebung Filmschaffende mit ihrem Publikum zusammen, um in direkten Austausch über die Filme zu treten.

Ein drittes Mal wurde jeder Wettbewerbsbeitrag schließlich mit einem ausführlichen Interview im sicher aufwändigsten Element dieser Online-Edition besprochen, dem *MOP-Festivalfunk*. In enger Zusammenarbeit mit dem langjährigen Medienpartner *Saarländischer Rundfunk* (*SR*) entwickelten wir dieses Talk-Format, das festivalbegleitend täglich mit einer neuen Ausgabe online ging. Jeweils *live on tape* am Vortag aufgezeichnet, thematisierte der *MOP-Festivalfunk* Höhepunkte des Festivaltages, reagierte auf aktuelle Entwicklungen, präsentierte Personen und Filme. Das Format stellte den Kern des unmittelbaren Festivalerlebnisses dar, der alle Protagonist:innen zusammenbrachte, das Festivalprogramm strukturierte und Ansprache im Online-Geschehen lieferte, wo alle ansonsten auch nur Filme streamen konnten. Zwischen zwei und drei Stunden dauerten die jeweiligen Sendungen, die von vier Moderator:innen präsentiert wurden. Da keiner der Filmschaffenden anwesend sein konnte, wurden alle Gesprächspartner:innen via *Zoom* in das aufwändig dekorierte Studio geschaltet.

Ein weiteres Element unserer Eventisierung des Online-Festivals bestand darin, wie gewohnt die Jurys im Laufe der Woche parallel zum Online-Festivalgeschehen die Wettbewerbsprogramme sichten und über die Gewinnerfilme entscheiden zu lassen. Die Preisverleihung bildete damit auch in jenem Jahr den dramaturgischen Höhepunkt der Woche, auf den alles zulief. Um das Gefühl der Unmittelbarkeit zu verstärken, haben wir die Preisverleihung live ins Internet übertragen und die teilnehmenden Filmteams dazu eingeladen, ohne vorab die Gewinnerfilme bekanntzugeben. Im leicht umgebauten Studio des *MOP-Festivalfunks* gelang der technischen Schaltzentrale während der Verleihung die parallele Organisation von fast hundert Teilnehmer:innen in *Zoom* mit dem Ziel, dank der unmittelbaren Reaktionen der Preisträger:innen eine Spannung zu erzeugen, die jener des beliebten Live-Events im E-Werk vor Ort nahe kam.

→

Blaue Woche © Oliver Dietze
Das Team von BORGA bei der Preisverleihung © FFMOP
Plakat zur Ausgabe 2021 © FFMOP
Ehrenpreisträger Wim Wenders © Sebastian Woithe
Studio-Aufnahme während Online-Preisverleihung 2021 © Oliver Dietze

Filmfestival Max Ophüls Preis | Oliver Baumgarten und Svenja Böttger

Unter den vergebenen Auszeichnungen befanden sich auch wie gewohnt vier Publikumspreise. Alle Zuschauer:innen hatten die Möglichkeit, über unsere Streaming-Plattform einmalig jeden gesichteten Film der vier Wettbewerbe zu bewerten – ein bewährtes Element der Teilhabe, das wir erfolgreich auf die digitale Form übertragen haben.

Menschen an weit über 2.000 Geräten verfolgten bundesweit die störungsfreie Live-Übertragung der Verleihung aller 16 Preise. Nicht nur das Publikum, sondern insbesondere auch die Filmschaffenden konnten bei dieser Preisverleihung jene Mischung aus Unmittelbarkeit, Teilhabe und persönlicher Ansprache spüren.

Für die Filmteams wie auch für andere Mitglieder der Filmbranche wurde zudem das Branchenprogramm *MOP-Industry* für den digitalen Raum adaptiert. So wurden unsere bereits bekannten Formate wie *Silver Linings* oder *Marktplatz Drehbuch* ebenso wie aktuelle Panelgespräche online live veranstaltet. Zudem schufen wir mittels der Software *wonder.me* einen digitalen Raum, der abends für einen virtuellen Umtrunk oder für spezielle Online-Empfänge genutzt wurde und tagsüber unserem Fachbesuchermanagement als digitaler Empfangsraum diente. Zudem veranstalteten wir gemeinsam mit der Filmförderungsanstalt (FFA) ein Online-Thinktank unter dem Titel *Unlock the Industry*. In diesem zweitägigen virtuellen Meeting ging es uns um den gemeinsamen Austausch über mögliche pandemiebedingte Veränderungen in der Filmbranche und wie wir diese Zukunft des ‚Post-Pandemic Cinema' gemeinsam und insbesondere im Sinne des Filmnachwuchses gestalten wollen.

All die aufgezählten Elemente und Maßnahmen dienten dem übergeordneten Zweck, das reine Streaming-Angebot zu verdichten und so zu erweitern, dass die Festivalwoche auch online Eigenschaften eines Events annehmen konnte. In einer sehr zentralen Frage haben wir uns aber dennoch klar dafür entschieden, uns an die Gewohnheiten des Filmeschauens im Internet anzupassen: Die 91 Festivalfilme, in 46 Programmen präsentiert, gingen alle gleichzeitig am Festival-Montag um 10 Uhr online. Obwohl in den Wettbewerben ausschließlich Ur- bzw. deutsche Erstaufführungen zu sehen waren, wollten wir ganz bewusst das gesamte Filmangebot gleichzeitig zur Verfügung stellen. Sich auch in diesem Punkt der Programmstruktur einer Präsenzveranstaltung anzugleichen, erschien uns nicht als sinnvoll. Eine der wichtigsten Aufgaben eines Filmfestivals besteht darin, ein höchstmögliches Maß an Aufmerksamkeit für jeden der Filme zu generieren. Anstatt nun die unrealistisch anmutende Aufgabe anzugehen, an fünf Tagen 46 halbwegs gleichwertige Zeit-Slots für die Premieren der Filmprogramme einzurichten, entschieden wir uns für einen anderen Weg, die jeweiligen Filme auf ausgewogene Weise hervorzuheben. Ungeachtet der Möglichkeit, einfach nach Modell der Streaming-Dienste auf eigene Faust ab Montag das Festivalprogramm zu erkunden, führten wir mit den *Highlights des Tages* eine kuratorische Ebene ein. Mittels dieser teilten sich die 46 Filmprogramme auf fünf Tage (Festival-Montag bis -Freitag) auf, die jeweils unter einer groben thematischen Überschrift standen. Die jeweiligen Highlight-Filme bildeten an jedem Tag den Schwerpunkt von PR und Marketing: Sie wurden auf unserer Streaming-Plattform hervorgehoben, spielten bei den Aktivitäten auf den sozialen Medien die Hauptrolle und wurden mit Interviews beim *MOP-Festivalfunk* begleitet. Auf diese Weise wurden dem Publikum zwei Wege angeboten, das Festival zu erleben: spontan nach eigenem Ermessen oder einer begleitenden kuratorischen Linie folgend, die sich während der Festivaltage auch in der öffentlichen Wahrnehmung spiegelte.

II. Zum Schutz der Filme: Verwertung begrenzen

Ein besonders wichtiges Element in der Ausgestaltung unseres Online-Festivalkonzepts bestand darin, die Rechte der Filmschaffenden um jeden Preis schützen zu wollen. Die Erfahrungen der Produktionsfirmen mit hundertprozentigen Online-Festivals, mit Filmpremieren im Internet, mit Auswirkungen auf Verkäufe an Filmverleihe sowie mit Risiken wie Filmpiraterie und Verletzungen der Territorialregeln, nach denen die Finanzierung in der internationalen Filmbranche funktioniert, waren 2020/21 in der Regel noch nicht sehr ausgeprägt. Alle Akteure der Produktions- und Verwertungskette mussten in dieser besonderen Situation des Lockdowns zugunsten einer am Leben zu erhaltenden Filmkultur in Windeseile neue Positionen entwickeln, die selbst das Kippen der altgewohnten Verwertungsfenster mitdachten. Premieren und Festivalverwertung im Internet, noch bevor die Kinofilme je auf einer Leinwand zu sehen waren: ein – wenn auch temporärer – Paradigmenwechsel, dessen Tragweite erst langsam deutlich wurde.

Grundsätzlich stimmten wir also umgehend zu, als uns von einem Tech-Unternehmen die gemeinsame Entwicklung einer Streaming-Plattform angeboten wurde, die Blockchain-basiert die Daten und User-Informationen verschlüsselte und nach unserer Ansicht den größtmöglichen Schutz für die Verwertung der Filme und die Interessen der Filmbranche bot. Die Blockchain-Technologie ermöglicht mittels einer dezentralen Datenhaltung den Einsatz eines hochwertigen Identitäts- und Registrierungsmanagements, die Bereitstellung sicherer Methoden des Zahlungsverkehrs und Abstimmverfahrens für die Publikumspreise sowie die gezielte Rückverfolgung etwaiger Raubkopien. Keine aktuelle Technologie eignete sich besser für den hohen Sicherheitsbedarf im Filmbereich und damit als Vertrauensgrundlage gegenüber den Rechteinhaber:innen. Mithilfe einer Innovationsförderung des saarländischen Wirtschaftsministeriums gelang es uns gerade rechtzeitig tatsächlich, eine Plattform zur Erprobung der Technologie in diesem Bereich mit zu entwickeln und während der Online-Edition zum Einsatz zu bringen. Die Plattform gehörte erstaunlicher Weise zu den weltweit ersten Blockchain-basierten Anwendungen im Bereich des Filmstreamings, obwohl die Vorteile hinsichtlich Sicherheit und Performance auf der Hand liegen. Mittels einer projektbegleitenden Studie wurden die Vor- und Nachteile der Anwendung evaluiert und fließen nun bei der Weiterentwicklung ein.

Vor dem Hintergrund vorangegangener Online-Editionen anderer Filmfestivals wurde zu dieser Zeit von vielen Seiten die Meinung vertreten, dass diese von der Pandemie erzwungene Situation für Filmfestivals doch eine große Chance bedeute. Ein zentrales Argument bestand darin, dass durch das Streaming doch überall in Deutschland und sogar in der Welt neue Publikumsschichten hinzugewonnen werden könnten – Zuschauer:innen, die ansonsten niemals den Weg nach Saarbrücken fänden. Wir hingegen sahen unsere Kernaufgabe in diesem besonderen Pandemie-Winter weniger in einer möglichen Expansion, als vielmehr in der Gewährleistung der gewohnten inhaltlichen sowie auch strukturellen Standards, und damit der möglichst effektiven Transformation unserer Ziele und Aufgaben in diese für uns vollkommen neue Umgebung. Wir empfanden den kompletten Schritt ins Internet ganz klar als einen singulären Vorgang, eine aus der Not entstandene Tugend, die schon beim nächsten Festival durch die Rückkehr ins Kino wieder relativiert würde. Aus diesem Mindset heraus war es für uns entscheidend, den Filmschaffenden in Bezug auf die Filmnutzung und -verwertung ein Äquivalent zu den herkömmlichen Festivalausgaben zu bieten und damit ganz bewusst durch das Internet rein technisch überwindbare Schranken trotzdem zu setzen.

Dazu gehörte insbesondere die Limitierung der verfügbaren Streaming-Tickets pro Film. So verpflichteten wir uns dazu, nur so viele Streaming-Tickets auszugeben, wie zuletzt bei einem Präsenzfestival ein Film bei allen ausverkauften Kinovorstellungen maximal erzielen konnte: 1.200 Tickets, aufgeteilt auf verschiedene Kontingente für Fachbesucher:innen und Publikum. War auf unserer Streaming-Plattform diese Anzahl im entsprechenden Kontingent erreicht, galt der Film als ausverkauft. Diese Begrenzung diente dazu, in diesem Pandemie-Ausnahmejahr die Verwertungskette eines Films nicht zu gefährden. Nachfolgende Filmfestivals sowie interessierte Filmverleihe sollten sicher sein können, dass wir das bisherige Potenzial des *Filmfestivals Max Ophüls Preis* nicht überschreiten würden.

Um diese Maximalzahl an Abrufen garantieren zu können, mussten wir jedoch eine weitere Beschränkung einführen, nämlich auch den Verkauf von Streaming-Abos zu kontingentieren – in unserem Fall Fachakkreditierungen und das *Goldene Fanticket*. Nur so war es möglich, die Anzahl der Sichtungen zu begrenzen und das Maximum

Filmfestival Max Ophüls Preis | Oliver Baumgarten und Svenja Böttger

wie beschrieben zu garantieren. Zudem waren selbstverständlich alle Programme für das Publikum mit Geoblocking auf Deutschland belegt – lediglich den Akkreditierten wurde auch der Zugriff aus dem Ausland ermöglicht; ein Vorgehen, wie es in der Branche zu diesem Zeitpunkt bereits gängige Praxis war. Schließlich haben wir die Anzahl der akkreditierten Fachbesucher:innen auf knapp 1.100 begrenzt und damit auf das Niveau der vergangenen Jahre.

Einerseits mussten wir die Einführung dieser zahlreichen Beschränkungen in einer Umgebung wie dem Internet, das eigentlich keine Grenzen kennt, dem Publikum gegenüber sehr häufig erklären. Nicht alle zeigten dafür Verständnis. Auf der anderen Seite lässt sich im Nachklang recht eindeutig feststellen, dass gerade diese Beschränkungen – ein auf sieben Tage begrenztes Zeitfenster, limitierte Ticketkontingente, Geoblocking, Einsatz der Blockchain-Technologie – doch letztlich auch klar dazu beigetragen haben, dass unsere Bemühungen zur Eventisierung erfolgreich waren. In der Psychologie würde hier vermutlich das ‚Knappheitsprinzip' erkannt, das sich vom professionellen Marketing regelmäßig zu Nutze gemacht wird. Das ‚Knappheitsprinzip' beschreibt das Phänomen, dass Begrenzungen oder Einschränkungen bei bestimmten Waren zum erhöhten Eindruck von Exklusivität führen und dadurch für Konsument:innen interessanter werden.

In unserem Fall könnten also genau diese Einschränkungen dazu beigetragen haben, dass das Online-Festival wie gewünscht als exklusiver Event wahrgenommen wurde, den es nicht zu verpassen galt. Denn in der Tat fiel die zahlenmäßige Bilanz dieser einmaligen Ausgabe überraschend gut aus. All unsere Bestrebungen zur Eventisierung des Online-Festivals, für deren Umsetzung nicht einmal drei Monate zur Verfügung standen, in denen sich das Festival-Team aufgrund des Lockdowns kein einziges Mal persönlich begegnete und nur online miteinander arbeiten konnte, blieben ein andauerndes Experiment. Mal um Mal fühlten wir uns in unserer Prämisse bestätigt: Das Online-Festival kann und soll nur eine singuläre Ausnahme sein. Und doch, es ist ein *One-Hit-Wonder* geworden: Über 39.000 Filmsichtungen bedeuteten – setzt man sie mit der regulären Zählung von Tickets gleich – einen neuen Rekord. Und dabei konnten wir nicht einmal mit Sicherheit sagen, wie viele Personen an den einzelnen Sichtungen jeweils teilnahmen – eine eigens durchgeführte nicht-repräsentative Umfrage lässt einen Schnitt von rund zwei Zuschauer:innen pro Streaming vermuten. Alle digitalen Angebote zusammen kamen auf 55.000 Zugriffe, registriert hatten sich fast 13.000 Nutzer:innen. Die meisten von ihnen kamen aus dem Saarland und aus den Medienstandorten (Berlin, München, Hamburg, Köln). Das Feedback der Filmschaffenden war enorm positiv, das Presseaufkommen vergleichbar mit der 40. Jubiläumsausgabe und damit extrem hoch. Und auch den Filmen hat es nicht geschadet, ihre

Premieren bei uns online zu feiern – im Gegenteil nahmen sie teils großartige weitere Karriereverläufe mit vielen Festivalauftritten, Auszeichnungen und Kinostarts. Wir konnten mit 16 Preisen im Wert von 118.500 Euro den Nachwuchsfilmschaffenden in Krisenzeiten eine nennenswerte Unterstützung bieten – nicht zuletzt dank Förderer und Sponsor:innen, die ohne Ausnahme zu uns hielten und sich nach Abschluss des Festivals sehr zufrieden mit Sichtbarkeit und Wahrnehmung zeigten.

Die Online-Edition war auf allen Ebenen ein voller Erfolg. Und trotzdem wollten wir nur eins: zurück in die Kinos.

III. Nach der Neuerfindung ist vor der Neuerfindung: dezentral und hybrid

Ein erster Schritt in diese Richtung erfolgte vom 15. bis 17.7.2021 mit dem Sonderprogramm *MOP-Sommerkino*. Wie andere Filmfestivals auch, experimentierten wir mit Ideen, wie wir unsere Marke in diesen außergewöhnlichen Zeiten präsent halten und uns deutlich zum Kino bekennen könnten. Kaum hatten die saarländischen Kinos nach dem langen Lockdown wieder geöffnet, organisierten wir deshalb 16 Screenings in elf Häusern. Wir programmierten alle Preisträgerfilme und luden die Filmschaffenden mit dem Ziel ein, dass sie sich nach der Online-Edition ihrem Publikum endlich persönlich vorstellen könnten. Die Rückkehr in die Kinos mit dem dreitägigen *MOP-Sommerkino* fiel jedoch, was Zahlen und Aufmerksamkeit anbetrifft, recht ernüchternd aus. Die Lust auf Kultur, der Appetit auf Präsenzerlebnisse und die Sehnsucht nach Kino waren nicht als selbstverständlich vorauszusetzen. Diese Erfahrung bestätigte unsere Annahme, dass die ersehnte Rückkehr hin zum Präsenzfestival und damit zur bevorstehenden 43. Festivalausgabe alles andere als ein Selbstläufer werden würde.

Entgegen aller Hoffnungen, die der Sommer schürte, steuerte Deutschland im November 2021 auf einen zweiten harten Corona-Winter zu, diesmal vor dem Hintergrund der dominanten und hoch ansteckenden Omikron-Virusvariante. Der Termin für das 43. *Filmfestival Max Ophüls Preis* war längst für die angestammte Woche festgesetzt, den 16.–23. Januar 2022. Angesichts allgemeiner Hochrechnungen, die von stark ansteigenden Infektionszahlen ausgingen und einen erneuten Lockdown nicht ausschließen ließen, standen wir zum zweiten Mal vor der Situation, uns zweieinhalb Monate vor Festivalbeginn auf eine konkrete Form der Durchführung festlegen zu müssen. Vier Szenarien hatten wir zuvor durchgespielt und kalkuliert: ein Festival gänzlich als Präsenzveranstaltung, als duale Variante bestehend aus Präsenz- und Online-Anteilen, eine Neuauflage des Online-Festivals sowie eine Verschiebung des Festivals später ins Jahr.

Filmfestival Max Ophüls Preis | Oliver Baumgarten und Svenja Böttger

Keine der Möglichkeiten erschien uns ideal. Vor allem aber setzte sich allmählich die Überzeugung durch, dass es bei Berücksichtigung aller vorhandenen Instrumentarien des Infektionsschutzes und einer ordentlichen Impfquote möglich sein müsse, im angehenden dritten Jahr einer Pandemie eine filmkulturelle Veranstaltung in den Kinos durchzuführen. Nicht nur, dass der Kulturort des Kinos für die filmkulturelle Arbeit unseres Filmfestivals unerlässlich ist. Auch hatten mehrere Studien seit Sommer 2020 das vergleichsweise geringe Infektionsrisiko in Kinos nachgewiesen. Problematischer als die Vorführungen im Kino würde das Zusammentreffen von Publikum, Branche und Gästen ausfallen, wenn sie zum Austausch außerhalb der Kinos zusammenkämen. Wesentliche Fragen lauteten: Wie viele Personen würden zugelassen werden, welche Räumlichkeiten bräuchte es, wie viele Menschen könnten wir unter den Bedingungen überhaupt einladen?

Eine Veranstaltung zu planen benötigt Vorlauf, jede Entscheidung zieht unzählige weitreichende und kostenrelevante Konsequenzen nach sich. Die Zeit wurde knapp, und schließlich entschieden wir uns für eine vergleichsweise radikale Präsenzvariante mit Streaming-Backup – eine weitere Neuerfindung des Festivals unter Berücksichtigung und Anpassung seiner prägendsten Merkmale. Überschrieben mit den Schlagworten ‚dezentral' und ‚hybrid' entwickelten wir innerhalb kürzester Zeit ab Ende November 2021 ein neues Festivalkonzept, von dem wir hofften, es würde den Folgen des sich zuspitzenden Corona-Winters trotzen.

Die Grundidee basierte auf der Prämisse, das Filmfestival so dicht wie möglich an den Regelbetrieb der Kinos anzupassen, um so in jedem Falle stattfinden zu können, solange die Kinos nicht schließen. Unabhängig also von der für Zusammenkünfte zugelassenen Anzahl an Menschen, sollte das Festival ausschließlich auf Grundlage der jeweils geltenden Kinoregeln funktionieren können. Um trotzdem so vielen Menschen wie möglich den Kinobesuch zu ermöglichen, hielten wir uns an das Prinzip des ‚Dezentralen'. Wir verlängerten die Festivaldauer auf elf Tage und konzentrierten das Programm aufs Wesentliche – die vier Wettbewerbe –, so dass Raum entstand für eine sehr stringente, klare und eingängige Programmstruktur: Für jeden der Festivaltage richteten wir drei Schienen ein. Um 15 Uhr lief im Wechsel ein Programm des Kurzfilm- und des Mittellangen-Wettbewerbs, um 18 Uhr startete ein Beitrag des Dokumentarfilm-Wettbewerbs und um 20:30 Uhr einer aus dem Spielfilm-Wettbewerb. Jedes Filmprogramm war also nur einmal in seiner Premiere zu sehen – dafür aber parallel in mehreren Kinos. Fünf Kinos in Saarbrücken und je eines in Bous, Homburg, Saarlouis und St. Ingbert beteiligten sich an diesem dezentralen Filmfestival und präsentierten parallel das Programm. In einem Kino, das es seitens Größe und Ausstattung erlaubte, fand nach der Premiere ein moderiertes Gespräch mit dem Filmteam statt, das mittels zweier Kameras simultan in die anderen bis zu acht Kinos übertragen wurde. Damit konnten die Premieren mit Film und Filmgespräch trotz der pandemiebedingten begrenzten Sitzplätze zeitgleich einem über 600 Personen umfassenden Publikum in bis zu neun Kinos geboten werden. Da sich alle Zuschauer:innen auf ihre Lieblingskinos in Saarbrücken und Umland verteilten, kam es zu keinen unkontrollierten Massenaufkommen, und bis auf das eine Kino, in dem die Moderation stattfand, unterschieden sich alle anderen Vorstellungen bezogen auf Corona-Vorschriften in keiner Weise vom regulären Kinogeschäft. Auf diesem Wege konnten an der Eröffnung der 43. Festivalausgabe 628 Personen verteilt auf neun Standorte teilnehmen. Die Kinos wurden während des Festivals zu 50 % im Schachbrettmuster belegt unter Einhaltung aller gängigen Hygienevorschriften.

Zu den 49 Wettbewerbsfilmen wurden zu den Langfilmen jeweils drei und zu den Kurzfilmen jeweils zwei Vertreter:innen der Filmteams für je zwei Übernachtungen nach Saarbrücken eingeladen. Der Aufenthalt umfasste u. a. den Besuch der Premiere sowie die Teilnahme an einem Industry-Lunch, an dem sich alle anwesenden Filmschaffenden treffen und austauschen konnten.

Ebenfalls anwesend in Saarbrücken waren nach Wettbewerben aufgeteilt die Mitglieder der sechs Fachjurys, um alle Filme gemeinsam im Kino zu sichten und über die Preisträger:innen zu entscheiden. Mit Ausnahme von einigen wenigen Journalist:innen, die zur Berichterstattung vor Ort sein wollten, haben wir als Festival keine weiteren Personen nach Saarbrücken eingeladen, auch sehr bewusst keine Branchenmitglieder, die sich somit ausschließlich online akkreditieren konnten. Als Voraussetzung sowohl für den Kinobesuch als auch für die Teilnahme an allen Festivalaktivitäten galt das 2Gplus-Prinzip, also ausschließlich Genesene und Geimpfte, die zusätzlich täglich negativ getestet sein mussten. Nur dank dieser sehr konsequent verfolgten Beschränkungen konnten wir das ‚dezentrale' Element unseres Konzepts wie geplant durchsetzen.

Das zweite Schlagwort ‚hybrid' bezog sich auf das parallele Streaming-Angebot sowie die umfassenden Vernetzungsaktivitäten, die wir online als *MOP-Connect* für Filmschaffende umsetzten. Das Streaming-Angebot setzte sich zusammen aus den Wettbewerbsbeiträgen, die kurz nach ihrer Kinopremiere auch online abrufbar waren, sowie aus 32 ausgesuchten Kurz- und Langfilmen, die zuvor bereits auf anderen Filmfestivals zu sehen gewesen waren und ab dem Tag der Eröffnung als *Online-only-Programm* ausschließlich im Stream abrufbar waren. Nach der gelungenen Einführung 2021 boten wir auch 2022 aufgezeichnete Online-Filmgespräche zu allen Filmbeiträgen an, und vor jedem Streaming begrüßte wieder ein Mitglied des Festival-Teams die Zuschauer:innen. Das Streaming-Angebot kam zum einen den 800 akkreditierten Fachbesucher:innen zugute, die jeden Film einmal streamen konnten. Zum anderen boten wir dem zahlenden Publikum ein bestimmtes Kontingent an Streaming-Tickets zum

Kauf. Anknüpfend an die guten Erfahrungen, die wir aus dem reinen Online-Festival geschöpft hatten, setzten wir erneut auf klare Beschränkungen bei Zugang und Ticketing. Die Vorzeichen zu diesem ‚hybriden' Festival hatten sich zum Vorgänger jedoch stark verändert, und so passten wir Kontingente und Ticketsystem an: 800 Streamings waren für die Akkreditierten geblockt (die nicht annähernd komplett genutzt wurden), während 800 weitere Tickets ans Publikum gingen. Vorrang hatten stets die Kinovorstellungen: Das reine Online-Kontingent war im Vorverkauf stark limitiert und wurde nach der Kinopremiere lediglich um die Anzahl der in Präsenz leer gebliebenen Sitze aufgestockt. Im Streaming konnten die Wettbewerbsfilme erst nach der Kinopremiere gesehen werden. An jedem Festivaltag also kamen drei neue Wettbewerbsprogramme im Streaming hinzu. Um den Filmen, die zuletzt liefen, gleiche Chancen einzuräumen gesehen zu werden, verlängerten wir den Streaming-Zeitraum nach der Preisverleihung um weitere vier Tage bis 30. Januar 2022.

Eine wichtige Funktion erfüllten abermals die beiden Talk-Formate *Blaue Woche*, die im Vorfeld des Festivals über das Angebot informierte, sowie der erneut in Kooperation mit dem Saarländischen Rundfunk umgesetzte *MOP-Festivalfunk*. Mit allen Gästen seitens der Filmteams wurden am Anreisetag Filmgespräche aufgezeichnet, die in diesem Jahr vis à vis im Studio stattfinden konnten. Die Erfahrungen aus dem reinen Online-Festival im Jahr 2021 waren in allen Bereichen äußerst nützlich und führten zu vielen Optimierungen und Weiterentwicklungen. Besonders wichtig war aber auch, frühzeitig darauf zu reagieren, dass die Kosten für eine ‚hybride' Ausgabe, bei der zwei Strukturen parallel betrieben werden müssen, extrem hoch ausfallen. Bei beiden Strukturen mussten entsprechend Einsparungen vorgenommen werden. So wurde etwa auf die Weiterentwicklung der Blockchain-basierten Streaming-Plattform verzichtet. Trotz ihrer sehr erfolgreichen Einführung fiel für diese ‚hybride' Ausgabe die Priorität ihrer Weiterentwicklung hinter die Kinorückkehr zurück. Essenziell erschien uns in diesem ‚hybriden' Jahr, alle Informationen, Angebote und Inhalte online an einem zentralen Ort zu bündeln: auf unserer Festivalwebsite, was den Wechsel des Technikanbieters erforderte. Neben allen wichtigen Daten sollten hier sowohl Tickets für Kinos und Streaming als auch das Streaming selbst stattfinden.

Ohne Zweifel wird es in den kommenden Monaten und Jahren darauf ankommen, die Erfahrungen aus Erfolgen und Rückschlägen, die Filmfestivals in den Pandemiejahren gesammelt haben, für die Zukunft der Filmkultur sinnvoll einzuordnen. Unsere ‚dezentrale und hybride' Ausgabe im Januar 2022 schloss mit einer ambivalenten Bilanz. Rund 17.000 Filmbesuche on- und offline – das mag sich im Vergleich mit den Zahlen aus dem Vorjahr wenig anhören. Angesichts der Umstände aber, der Rückkehr ins Kino inmitten eines Pandemie-Winters mit sehr hohen Inzidenzen, der öffentli-

43
FILMFESTIVAL
MAX OPHÜLS
PREIS

43
FILMFESTIVAL
MAX OPHÜLS
PREIS
16.—
26.01.
2022
JCDecaux

FILMFESTIVAL
MAX OPHÜLS
PREIS
Oliver Baumgarten
Svenja Böttger

Filmfestival Max Ophüls Preis | Oliver Baumgarten und Svenja Böttger

chen Debatte um Präsenzveranstaltungen zum einen, der allgemeinen Online-Müdigkeit der Menschen zum anderen, der permanenten Ungewissheit im Vorfeld, der Einschränkung des Programms – angesichts all dessen ist diese 43. Ausgabe zu etwas sehr Besonderem geworden. Für viele Teilnehmer:innen war es nach Monaten wieder die erste Präsenzveranstaltung, die Rückkehr ins Kino wurde als große Bereicherung erlebt. Dabei zeigen die Erfahrungen, dass die Zuschauer:innen gerne beide Wege der Rezeption genutzt haben. Viele berichteten uns, dass sie bestimmte Filme im Kino sehen wollten und das Online-Angebot als zusätzliche Ergänzung genutzt haben. Bei den extrem hohen Inzidenzen ermöglichte es zudem Personen, die krank waren, sich in Quarantäne oder Isolation befanden oder auch grundsätzlich immobiler, am Filmfestival trotzdem teilzunehmen. Da sich weder aus dem Team oder aus dem Kreis der Filmgäste noch unter den Kinobesucher:innen während des Filmfestivals auch nur eine Person nachgewiesenermaßen mit dem Corona-Virus infizierte, belegt die Ausgabe zudem, was mit einem stringenten Hygiene- und Sicherheitskonzept innerhalb einer Pandemie möglich sein kann.

Vor allem aber zeigen beide Festivalausgaben, dass das Potenzial des Digitalen zur Bereicherung verschiedenster Seiten der Filmkultur enorm hoch ist. Es wird jetzt darauf ankommen, welche Schlüsse daraus gezogen werden. Für uns war und ist es keine Frage, dass nur ein Filmfestival, das den Kulturort des Kinos nutzt, Sinn macht. Ein Filmfestival ist kein Streaming-Dienst, es braucht das Kino als kulturellen und sozialen Resonanzraum. Unsere positiven Erfahrungen mit den selbst auferlegten Beschränkungen hinsichtlich Zugang und Kontingente könnten ein interessanter Weg sein, um Streaming-Angebote ergänzend einzusetzen und damit vielleicht auch weitere Barrieren bei der Festival-Teilhabe abzubauen.

Doch Filmfestivals wird in dieser Frage kaum ein eigener Entscheidungsspielraum zugesprochen werden. Zu sehr berührt sie den Kern dieser Branche rund um Fragen von Finanzierung und Auswertung, von Förderstrukturen und medialen Selbstverständnissen. Dass wir überhaupt in den 42. und 43. Ausgaben bis auf einen Film – der Produzent wollte ihn im Januar 2022 nur im Kino zeigen – alle Filme online präsentieren konnten, hängt zum Beispiel ganz unmittelbar damit zusammen, dass aufgrund

←

Die Eröffnung der Festivalausgabe 2022 © Oliver Dietze
Oliver Baumgarten und Svenja Böttger bei der Pressekonferenz © Oliver Dietze
Festivalankündigung im öffentlichen Raum © FFMOP
Das illuminierte Rathaus von Saarbrücken © Layla Baraké

der Pandemiesituation seitens der *FFA* zeitlich begrenzte Ausnahmeregelungen getroffen wurden. Diese hatte geförderte Filme von Sanktionen befreit, sofern sie online Uraufführungen begingen oder die Kinosperrfristen verletzten. Diese Ausnahmeregelungen wird es so bald nicht wieder geben. Mit Sicherheit aber werden die angestoßenen Diskussionen über die sich im Wandel befindliche Medienrezeption sowie über neue Verwertungs- und Erlösmodelle fortgeführt.

Die Bedeutung der Arbeit von Filmfestivals während der Pandemie dürfte für die Filmkultur unschätzbar gewesen sein. Es ging um Zugang und Repräsentanz und um Kontinuität, aber auch um Einfallsreichtum und Innovation. Die Filmfestivals haben dafür gesorgt, dass die Mühlen der filmischen Wertschöpfungskette nicht ins Stocken gerieten. Nun muss es für sie darum gehen, ihren Platz in der post-pandemischen Welt zu sichern und neu zu verorten.

Sehr oft werden wir in Gesprächen gefragt, wie sich unser Filmfestival verändern wird nach dieser Extremerfahrung der zwei Corona-Ausgaben, in denen so viel experimentiert, erfunden, improvisiert und getestet wurde. Welche Innovationen jener Zeit werden selbstverständlichen Eingang in die Festivalroutine finden, welche anderen einfach wieder verschwinden? Viele der digitalen Elemente, die wir für die Ausgaben 42 und 43 erprobt haben, werden fraglos überdauern: Die beiden Gesprächsformate *MOP-Festivalfunk* sowie die *Blaue Woche* oder auch Live-Übertragungen von Moderationen in andere Kinos werden in zukünftigen Festivalausgaben eine Rolle spielen und auf die dann aktuellen Begebenheiten adaptiert und weiterentwickelt werden. Zudem wird das Streaming in der einen oder anderen Form selbstverständlicher Zusatz zum Kinoerlebnis werden – für die Branche definitiv, bei ausgesuchten Filmen vielleicht auch für das Publikum. Doch die Erfahrung der zwei Jahre zeigt auch: Selbst, wenn die Politik der Auswertungsfenster einem völlige Freiheit lassen würde, das Streaming würde für die Entwicklung von Filmfestivals zu keinem großen *Game Changer* mehr werden. Die filmkulturellen Aufgaben der Filmfestivals lassen sich dauerhaft nicht befriedigend sowie kostendeckend online erfüllen, ohne sich auf das Angebot eines Streaming-Dienstes zu reduzieren. Filmfestivals brauchen die Präsenz und Filmkultur braucht die Kinos. Auch für die kulturelle Bildung stellen Filmfestivals einen wichtigen Baustein dar, unerlässlich für eine lebendige Entwicklung von Demokratie und Gesellschaft. Insofern dürften die Aufgaben und Ansprüche an Filmfestivals in den kommenden Jahren eher noch wachsen, weil sie zunehmend die Funktion der klassischen Programmkinos übernehmen werden bzw. in Teilen bereits übernommen haben.

Filmfestival Max Ophüls Preis | Oliver Baumgarten und Svenja Böttger

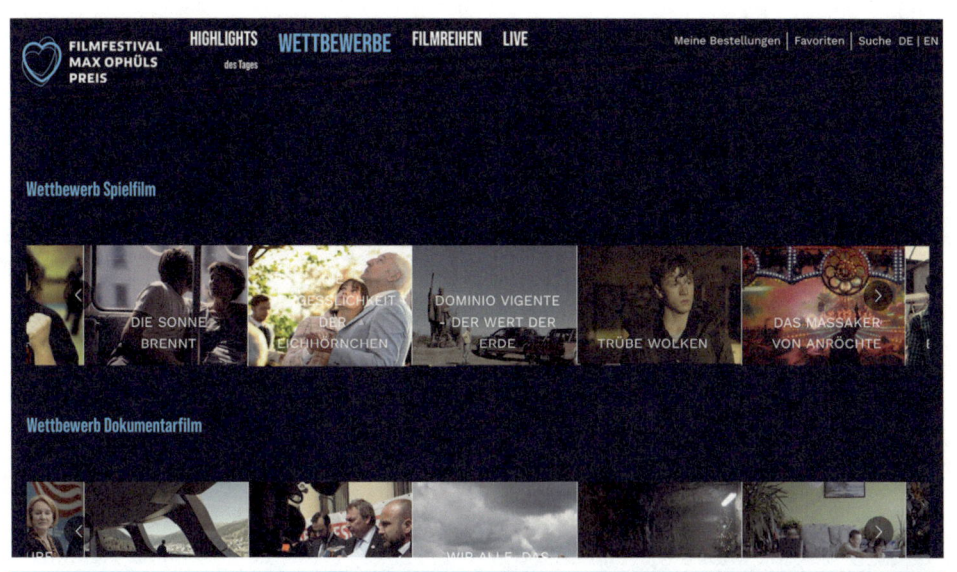

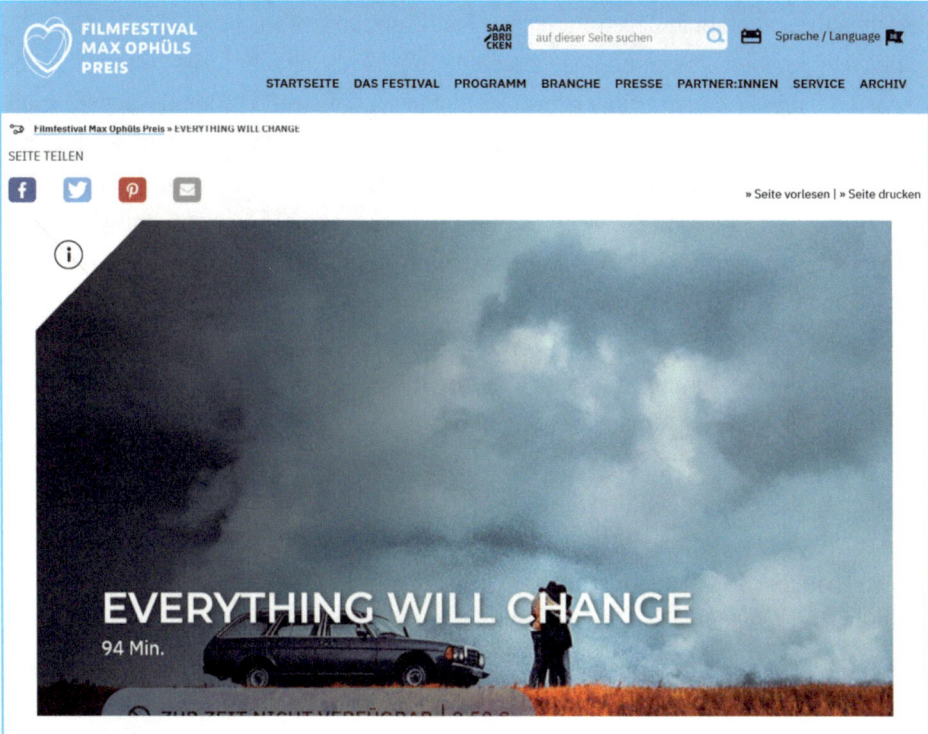

Streaming-Angebot 2021 über eigene Cinebox-Plattform © FFMOP
Streaming-Angebot 2022 integriert auf der eigenen Festivalwebsite via Pantaflix © FFMOP

Filmfest Hamburg

Nach dem Motto ‚Filmfest für alle – überall in Hamburg' wurde 1992 das erste *Filmfest Hamburg* als Zusammenschluss der *Hamburger Kinotage* und des *Europäischen Low Budget Film Forums* eröffnet. Als Publikumsfestival mit politischem Schwerpunkt und dem Ziel, die neuesten und relevantesten Filme aus aller Welt zu zeigen, feierten so bis heute über 3000 nationale und internationale Filmproduktionen bei *Filmfest Hamburg* ihre Welt-, Europa- oder Deutschland-Premiere.

Mit dem Amtsantritt von Albert Wiederspiel, der seit 2003 die Arbeit seiner Vorgänger:innen Rosemarie Schatter (1992), Gerhard von Halem (1994) und Josef Wutz (1995 bis 2002) fortsetzt, wurde auch das *Michel Kinder und Jugend Filmfest* eingeführt. Nicht zuletzt die Basis einer städtischen gGmbH und 100-prozentigen Tochterfirma der *MOIN Filmförderung Hamburg Schleswig-Holstein* ermöglichte *Filmfest Hamburg* über die Jahre, auch in anderen Bereichen kontinuierlich zu wachsen.

Seit 1992 haben sich seine Besucherzahlen mehr als verzehnfacht und zuletzt begeisterte *Filmfest Hamburg* über 45.000 Kinofans. Zum Großteil der Besucher:innen aus Hamburg und der Metropolregion reisen seit einigen Jahren vermehrt auch Filmbegeisterte aus dem gesamten Bundesgebiet und finden in zehn Tagen rund 110 nationale und internationale Spiel- und Dokumentarfilme auf 15 Leinwänden vor. Zehn Sektionen präsentieren ein Programmspektrum von cineastisch anspruchsvollen Arthouse-Filmen bis hin zu innovativem Mainstreamkino.

Als Plattform für kulturellen Austausch und Dialog werden die Filme mehrheitlich von nationalen wie internationalen Filmschaffenden persönlich in Hamburg vorgestellt, wobei die Festivalmacher:innen darum bemüht sind, mittels einer deutschen Untertitelung der meisten Filme mögliche Zugangsbarrieren entgegenzuwirken. Zahlreiche Veranstaltungen und jährlich neu akzentuierte Sonderprogramme machen *Filmfest Hamburg* zu einem wichtigen Treffpunkt gleichermaßen für Kinofreunde und die Filmbranche. So vor allem auch das 2019 eingeführte ‚Gegenwartskino im Fokus', das die Arbeiten von jeweils zwei der aktuell spannendsten Regisseur:innen des Weltkinos, wie Céline Sciamma, Lav Diaz, Kelly Reichardt, Pablo Larraín, Andrea Arnold und Sean Baker, beleuchtet.

Über das mehrtägige Veranstaltungsprogramm zu aktuellen Fachthemen für die Film- und TV-Branche hinaus ergänzt in Kooperation mit der *MOIN* Filmförderung und dem Produzentenverband seit 2019 die *Explorer Konferenz* das Industrieprogramm um wertvolle Inputs.

Filmfest Hamburg | Albert Wiederspiel und Kathrin Kohlstedde im Gespräch

Albert Wiederspiel und Kathrin Kohlstedde im Gespräch mit Tanja C. Krainhöfer

„Filmfestivals mit einer klassischen Kinoauswertung gleichzusetzen, so weit scheint die Politik leider noch nicht zu sein"

Gerade einmal ein Monat vor dem zweiten Lockdown im November 2020 gelingt es dem *Filmfest Hamburg* mittels einer dualen Edition, gemeinsam mit Filmbegeisterten die kurze Rückkehr der Kinokultur zu feiern. Trotz der erfolgreichen Umsetzung eines zusätzlichen Online-Angebots und der anhaltenden pandemischen Herausforderungen kehrt das Festival zwölf Monate später wieder komplett ins Kino zurück. Zwei Gespräche, eines im Oktober 2020[1] und ein weiteres im April 2022, geben weitreichende Einblicke in die Herausforderungen wie Chancen einer existenziellen Krise für ein Filmfestival, das auch als Akteur der Filmbranche wie als Standortrepräsentant fungiert. Gleichzeitig eröffnen sie den Blick auf einen Sektor, der Ergebnisse nie als endgültig, sondern stets als Zwischenschritte seiner Entwicklung versteht.

Wann haben Sie sich entschieden, das Festival nicht abzusagen? Und was war das dringendste Anliegen, das Festival trotz der Unsicherheiten durchzuführen?
Albert Wiederspiel (AW): Die Entscheidung kam irgendwann im Mai 2020. Wir waren in ständigem Austausch mit der Behörde für Kultur und Medien und haben im Laufe des Frühjahrs festgelegt, dass wir im Mai gemeinsam eine Entscheidung treffen müssen. Wohlwissend, dass ein Risiko bestand, alles noch mal rückgängig machen zu müssen. Das Anliegen, auch das der Behörde, war und ist, dass das kulturelle Leben nicht zu einem Stillstand kommen darf. Gleichzeitig wollten wir den Filmfest-Kinos unter die Arme greifen; es war ja im Mai schon klar, dass auf sie schwierige Zeiten

---

[1] Der erste Teil des Gesprächs erfolgte im Zusammenhang mit einer Veröffentlichung in der *black box – Filmpolitischer Informationsdienst*, Nr. 293, unter dem Titel *Was ist das Beste für den Film?*

zukommen würden. Durch ein attraktives Programm wollten wir das Publikum motivieren, wieder ins Kino zu gehen.

Spätestens seit dem virtuellen Meet-&-mingle-Event ‚Der Corona-Effekt: Als das Kino zu streamen begann' der MOIN Filmförderung Hamburg Schleswig-Holstein weiß man, dass der Geschäftsführer Helge Albers kein Gegner des virtuellen Kinofensters ist. Inwieweit war die MOIN als Muttergesellschaft des Festivals an dem Entscheidungsprozess beteiligt?
AW: Die *MOIN* ist in der Tat unsere Mutter, die Absprachen laufen aber immer direkt mit der Behörde für Kultur und Medien, die ja auch die Finanzierung garantiert. Aber klar, wir sind auch mit Helge Albers in regem Austausch. Helge war in der Tat sehr dafür, dass wir auch das von uns so genannte *Streamfest* veranstalten.

Hat Filmfest Hamburg (FF HH) bereits in den vorangegangenen Jahren Online-Formate zum Beispiel im Industrie- oder im Presse-Bereich genutzt? Gab es Erfahrungswerte oder auch Vorbilder seitens vorangegangener Filmfestivals?
AW: Ehrlich gesagt: Nein. Weder Erfahrung noch Vorbilder. Kathrin Kohlstedde war aktiv beim virtuellen *Marché* von Cannes dabei – aber das konnte ja kein Vorbild für uns sein. Also haben wir alles neu erfinden dürfen. Viel Arbeit, viel Lernen – aber jetzt sind wir klüger.

Mit 76 Filmen um die ganze Welt – klein und fein ist das Motto des Filmfest Hamburg im Jahr 2020. Welche Überlegungen haben zu diesem Konzept geführt?
Kathrin Kohlstedde (KK): Schon Anfang des Jahres hatten wir beschlossen, unser Programm zu straffen und uns von der einen oder anderen Sektion zu trennen. Dass es dann die Ereignisse des Jahres waren, die dies um ein Vielfaches beschleunigten, konnte keiner erahnen. Mit Blick auf die zu erwartenden Hygienemaßnahmen mussten wir die Slots weitaus großzügiger programmieren und haben auch auf einen sehr kleinen Kinosaal verzichtet. Wir sahen es auch nicht gerade als Zeichen der Zeit, das Publikum mit einem Überangebot an Filmen zu konfrontieren. Der Fokus sollte auf einem Boutique-Programm liegen, auf das sich alle konzentrieren konnten.

Filmfest Hamburg setzt bei seinem Programm auch auf Entdeckungen von den Filmfestspielen in Cannes und Highlights anderer bedeutender Festivals. Wie wirkte sich das Ausfallen zahlreicher Filmfeste auf das Scouten und die Programmarbeit aus?
KK: Das Cannes-Label und die Entscheidung für ein Festival in Venedig waren wichtige Schlüsselmomente auf dem Weg zum diesjährigen Filmfest-Programm. Davor hing

Filmfest Hamburg | Albert Wiederspiel und Kathrin Kohlstedde im Gespräch

alles in der Schwebe und Filme, die wir schon länger auf dem Radar hatten, wollten nicht erscheinen. Mit der Online-Ausgabe vom *Marché du Film* wurde dann wieder ein Zeitpunkt gesetzt, das tat gut und gab wieder mehr Richtung. Dass das Cannes-Label dann online zu sehen war, war seltsam. Es gab ja de facto überhaupt kein Echo. Keine Reviews, niemanden, den man in der Sandwich-Schlange in Cannes trifft und mit dem wir uns hätten austauschen können. Unsere Programmarbeit war noch nie eine Konsens- oder Gremienentscheidung, aber so war jeder Einzelne noch mehr auf sich selbst gestellt.

Noch im frühen Sommer haben sich Rechteinhaber:innen wie Produzent:innen und auch Filmemacher:innen insbesondere im Fiction-Bereich sehr zurückhaltend gezeigt, Festivaleinladungen anzunehmen. Welchen Reaktionen sind Sie begegnet? Auf welche Strategien trifft man jetzt? Nutzen einzelne vielleicht sogar die Gunst der großen Zurückhaltung und setzen auf einen breiten Festival-Release?

KK: Ich glaube, „Strategie" und „Pandemie" haben nur das ‚-ie' gemeinsam. Mit der Absage von Cannes haben alle auf Venedig und Toronto gehofft. Zum Teil hat sich das erfüllt. Und jetzt? Berlin? Cannes? Manche schieben die Filme vor sich her, bei anderen hatten wir schon das Gefühl, dass sie bereit sind, andere Wege einzuschlagen, und offen für neue Modelle und Release-Pläne waren. Es gibt im Moment nicht so wahnsinnig viele sichtbare Titel und die touren jetzt durch den Festivalherbst, sei es rein online oder hybrid. Alles, was danach kommt, kann man, glaube ich, eher kurz- als langfristig sehen. Im nächsten Jahr werden wir bestimmt noch sehr mit dieser Situation zu leben haben.

FIRST COW von Kelly Reichard ist einer der Filme, der nach seiner Welturaufführung in Telluride und der Weltpremiere auf der Berlinale bei seinem Kinostart unmittelbar vom Shutdown betroffen war und infolge direkt via VoD ausgewertet wurde. Dennoch haben die Festivals in Locarno, New York, Melbourne und auch Filmfest Hamburg dem Film danach ein Leben auf der Leinwand ermöglicht. Ist dies als Solidaritätsbekundung für Filme und Filmemacher:innen zu verstehen, die von der Krise besonders hart getroffen wurden oder werden sich Festivals zukünftig ebenso über die regulären Auswertungsfenster hinwegsetzen?

KK: Wir hatten uns schon relativ zu Beginn dazu entschlossen, dass wir in diesem Jahr den Status der Deutschlandpremiere pausieren, um den Filmen, die aufgrund von COVID-19 ein jähes Ende ihrer Leinwandpräsenz erleben mussten, mehr Sichtbarkeit zu geben. Die vergangenen Monate haben uns die Chance gegeben, vermeintliche Gesetze zu hinterfragen und etwas auszuprobieren, das nicht gleich wieder allgemeines Gesetz werden muss. Einfach mal machen war die Devise und mit „ist ja Corona" hatte das Neue auch eine (vorübergehende) Legitimität. Ich glaube, vieles kann neu gedacht werden, wenn wir uns als Grundfragen setzen: Was ist das Beste für den Film? Was ist das Beste für den Zuschauer? Also die Dinge aus unserer Grundmotivation denken, dann werden wir sicher manchmal zu anderen Antworten kommen.

Eine Reihe deutscher Filmfestivals fühlen sich der Präsentation der regionalen Produktionslandschaft verpflichtet und widmen sich mit MADE IN NRW, FILME AUS DER REGION auf dem Lichter Filmfest oder aber GEDREHT IN MV gezielt den Talenten des Standorts. Auch Filmfest Hamburg hat mit der Hamburger Filmschau noch 2019 das heimische Filmschaffen abgebildet. Warum nicht 2020?
KK: Die *Hamburger Filmschau* lebt von übervollen Sälen, Gedrängel im Foyer, einer dichten Programmierung, ganzen Filmteams, die sich in den Armen liegen. Das war 2020 so nicht zu leisten. Nichtsdestotrotz fanden starke Hamburger Produktionen in anderen Sektionen ihren großen Auftritt. In der TV-Sektion haben wir fast ausschließlich auf Regionalität gesetzt, um der hiesigen TV-Branche noch mehr einen Ort des Zusammenseins und Zusammenhalts zu bieten. Die Filmschau ist bestimmt in der einen oder anderen Form in 2021 wieder da.

Das Thema Diversität kommt zwischenzeitlich immer mehr in der Filmindustrie an. Von der Bewegung Beyond 50x50 über die neuen Representation and Inclusion Standards for Oscars® Eligibility hat auch die MOIN mit der Einführung der Diversity Checklist in der Filmproduktion eine neue Ära eingeleitet. Aber auch seitens der Filmfestivals verpflichten sich Entscheider wie Cameron Bailey (künstlerischer Leiter und Co-Leiter des Toronto International Film Festival), zukünftig noch viel stärker die Stadtgesellschaft in ihrer Diversität programmatisch abzubilden. Finden sich solche Bestrebungen auch bei der Programmarbeit des FF HH wieder und wenn ja wie sieht dies konkret aus?
KK: Das Thema Diversität ist fest in verschiedenen Bereichen bei uns verankert. In den Branchenveranstaltungen wird es thematisiert, bei unserer Filmauswahl sind wir sicherlich allein schon durch den kontinuierlichen Diskurs dafür sensibilisiert. Wenn wir nicht am Publikum vorbei Filme zeigen wollen, sollten wir sowohl mit dem Blick auf das Publikum horizontal und vertikal divers denken, als auch bei dem, was abgebildet wird. Wir setzen uns keine Quoten, aber die Sensibilität und der Wunsch nach Diversität sind enorm.

Trotz der Corona-bedingt begrenzten Kinokapazitäten hat Filmfest Hamburg im Verhältnis zum letzten Jahr sogar eine höhere Auslastung seitens des Publikums erzielt. Ganz anders das Internationale Filmfest Oldenburg, dessen Leiter Torsten Neumann darstell-

te, dass wegen der Ängste die Auslastung geringer war, als es die Hygienemaßnahmen erlaubt hätten. Würden Sie sagen, dass in Hamburg der Hunger nach Kino die Angst überwog?
AW: Ja, wir hatten zwar nicht die gleiche Anzahl an Zuschauer:innen wie in 2019 – das war bei den wenigen Plätzen in den Kinos gar nicht möglich gewesen –, aber wir hatten tatsächlich eine höhere Auslastung als in 2019. Angst haben wir seitens der Zuschauer nicht gespürt, und ja – viele haben die Freude, dass es uns wieder gibt, immer wieder betont. Und auch die Filmgäste, die vielen deutschen und die ausländischen, die da waren, haben sich riesig gefreut, wieder Publikum treffen zu können. Ich hoffe, dass wir das Hamburger Arthouse-Publikum motiviert haben, wieder ins Kino zu gehen. Und dass die höheren Infektionszahlen, auch in Hamburg, das Publikum auch in den nächsten Wochen und Monaten nicht abschrecken werden.

Es gibt zahlreiche Festivals, die die Erprobung eines virtuellen Festival-Angebots als wertvolle und gewinnbringende Erfahrung betrachten. Die Resonanz auf das Online-Angebots des Filmfest Hamburg war im Vergleich zu Filmfestivals während des Lockdowns wie dem DOK.fest München, den Kurzfilmtagen Oberhausen, dem Filmkunstfest MV oder der Nippon Connection eher begrenzt. Wie erklären Sie sich das verhaltene Interesse und was bedeutet dies für eine Online-Option des Filmfest Hamburg in einer Post-Corona-Zeit?
AW: Ich glaube, dafür gibt es mehrere Gründe. Streamen am Anfang der Pandemie und Streamen nach sechs oder sieben Monaten – da hat sich die Bereitschaft des Publikums, auf ihrem Computer Filme anzuschauen, stark verändert. Außerdem finde ich persönlich Dokumentar- und Kurzfilme deutlich ‚leichter' zu streamen als Spielfilme. Das Publikum hat unser Streaming-Angebot als Ergänzung wahrgenommen, haben sich aber dann mehrheitlich für den Kinobesuch entschieden. Mich als Kinomann hat das gefreut. Es gibt aber Elemente aus unserem Streaming-Angebot, die wir auf jeden Fall in die Post-Corona-Filmfeste mitnehmen werden; so z. B. die vorab aufgenommenen Filmgespräche mit den Regisseuren (denn, ob wir alle in Zukunft so viel und so gerne reisen werden wie früher, wage ich zu bezweifeln) oder die Aufzeichnungen und Streamings der Branchenveranstaltungen.

Ein sehr schönes Konzept war, das Thema „Fassbinder" begleitend zur Eröffnungsgala mit Oskar Roehlers ENFANT TERRIBLE mit Werken wie DIE BITTEREN TRÄNEN DER PETRA VON KANT, auch LOLA, IN EINEM JAHR MIT 13 MONDEN und QUERELLE auf die Leinwände der anderen Festivalkinos zu bringen. Welche Bedeutung hat die Präsentation des Filmerbes für Filmfest Hamburg?
AW: Wir haben uns vor etlichen Jahren von Retrospektiven und Ähnlichem getrennt. Nicht, weil es uns nicht interessiert, im Gegenteil, aber weil wir das nicht als unsere

primäre Aufgabe sehen. Diese Aufgabe erfüllt in Hamburg das ganze Jahr das Kommunale Kino *Metropolis*. Außerdem haben Retrospektiven in Zeiten, wo (fast) alles im Netz verfügbar ist, deutlich an Attraktivität verloren. Leider. Bei Fassbinder hat sich das einfach angeboten – und die Kinos waren von der Idee gleich alle überzeugt.

Im Herbst reihen sich in Deutschland eine Vielzahl von Filmfestivals zum Teil mit deutlichen programmatischen Überschneidungen aneinander. Da ist Filmfest Hamburg, das Film Festival Cologne, die Filmkunsttage Sachsen-Anhalt, die Internationalen Hofer Filmtage, das Braunschweig International Film Festival, die Nordischen Filmtage Lübeck, das Internationale Filmfestival Mannheim-Heidelberg und einige weitere. Wie begegnet man dieser Wettbewerbssituation?
AW: Deutschland ist ja ein großes Land! In Dänemark wäre es problematisch, bei uns ist es machbar. Jedes Festival hat sein Profil und die Überschneidungen halten sich sehr in Grenzen. Ja, es gibt immer ein paar Filme, um die mehrere kämpfen – aber: *it's part of the game*. Die *AG Filmfestival* beweist gerade, dass wir alle miteinander sehr gut können, wir sind im kontinuierlichen Dialog und tauschen unser Wissen aus.

Betrachtet man die diesjährige Entscheidung der Filmfestivals von Venedig, Toronto, Telluride und New York gegen den Wettbewerb hin zu einer Allianz für die Filmindustrie, wäre es dann nicht überlegenswert, entsprechend das Potenzial des deutschen Festivalherbst zu nutzen, um gemeinsam den Highlights eines deutschen Filmjahrs eine Bühne zu bieten?
KK: Die Beweggründe für diese Allianz waren ja einer Ausnahmesituation geschuldet, dass viele Filme zu wenig Sichtbarkeit hatten und Talente nicht reisen konnten. Da war es ja nur naheliegend, sich zusammenzutun, um einigen Filmen eine größere Sichtbarkeit zu geben. Für die Zukunft hoffen wir, dass diese Ausnahmesituation sich nicht zur Regel entwickelt. Die Festivals im Herbst haben unterschiedliche Profile und bedienen teilweise auch ein regionales Publikum. Schnittmengen gibt es sicher und mit den Kolleg:innen aus Köln (und Zürich) stimmen wir uns auch ab, wo es Sinn macht. Das *eine* große Herbstfestival sehe ich bei der föderalen Struktur Deutschlands nicht.

Die zunehmende Verdrängung der Filmkunst aus den Kinos bei einem gleichzeitigen weltweiten Boom an Filmfestivals hat dazu geführt, dass der Festivalsektor nicht zuletzt auf Basis eines höchst ausdifferenzierten Screening-Fee-Systems ein eigenes Ökosystem hervorgebracht hat. Wie beurteilen Sie diese Entwicklung?
KK: In einem schwierigen Markt wie Deutschland ersetzen Festivals ja oft den deutschen Verleih, der sich im schlimmsten Fall nicht findet. Und dass die Weltvertriebe

Filmfest Hamburg | Albert Wiederspiel und Kathrin Kohlstedde im Gespräch

auch Einnahmen erzielen müssen, ist nur verständlich. Auch da gibt es aber Absprachen, die eine Fee ersetzen können, weil wir als Festival andere Kosten tragen. Für deutsche Verleiher bieten wir als Festival eine Plattform, um Zielgruppen und Multiplikatoren zu erreichen. Ein Festival genießt beim Publikum im Besten Fall den Ruf, ein Programm zusammenzustellen, das Qualitätssiegel hat. Dieses Vertrauen des Publikums bieten wir dem Verleih gern für seinen Film, wenn wir ihn nach Hamburg einladen.

Kinosaal in Zeiten der Pandemie © Filmfest Hamburg/Martin Kunze

Bei unserem Gespräch im Herbst 2020 stellten Sie dar, dass die Pandemie zahlreiche Chancen beinhalte „vermeintliche Gesetze zu hinterfragen und etwas auszuprobieren", zentrale Fragen wie „Was ist das Beste für den Film? Was ist das Beste für den Zuschauer?" zu diskutieren. Worin sehen Sie nun 18 Monate später die wichtigsten Erkenntnisse, gegebenenfalls ein Umdenken bei Ihnen oder auch bei Kolleg:innen?
KK: Die Filmfestivalkultur befindet sich immer noch auf der inzwischen über zwei Jahre langen Brücke, deren Ende nicht absehbar ist und von der wir auch noch nicht wissen, wie deren Ende aussehen soll. In den letzten zwei Jahren haben Festivals in ihren Ausgaben unterschiedliche Ideen davon präsentiert und ausprobiert. Wir be-

finden uns in einem längerfristigen Lern- und Suchprozess, der mit vielen Unsicherheiten verbunden ist. Die Diskussionen in der Filmfestivalwelt sind diverser geworden, auch kontroverser, teils solidarischer und spiegeln ein wenig auch das gesellschaftliche Diskussionsklima. Anfängliche totale Verunsicherung, dann völlige Solidarität mit dem Einhergehen des Ablegens alter Gewohnheiten, dann Ausdifferenzierung von Positionen — von sehr laut bis leise. Es haben sich Netzwerke gebildet, die mal mehr und mal weniger aktiv sind, und inzwischen hat wohl jeder für sich im Ansatz eine Idee gefunden, wie wir weiter durch den Nebel kommen. Wir empfinden diese Zeit insofern als wertvoll, als dass sie uns fokussierter hat werden lassen. Qualität hat sich auf vielen Ebenen durchgesetzt statt Flüchtigkeit.

Mit dem Konzept eines dualen Filmfests hatten Sie 2020 weitreichend Know-how und Erfahrungen bei der Umsetzung der parallelen Online-Ausgabe gesammelt. Es scheint, als ob Online-Adaptionen etablierter Festivals die Ansprache neuer Zielgruppen ermöglichen würden. Gleichzeitig bedeutet eine duale Ausgabe de facto die Organisation von zwei Filmfestivals, vom Rechteclearing bis zur Bewerbung des Programms. Waren dies die Gründe, auf ein Online-Angebot zu verzichten?

KK: Von Beginn der Pandemie an standen bei uns der Wert des Films und die Bedeutung der Zuschauenden als Triebfeder aller Gedanken zum Handeln. Dieses Handeln liegt im Kino als Ort, in dem kollektiven Erlebnis, der Nahbarkeit und Einzigartigkeit. Unser Weg dahin ist dabei nicht ein Zurück zu alten Strukturen, sondern ein Wiederentdecken und wieder Wertschätzen des Kinos und des gemeinschaftlichen Erlebnisses von Kinokultur als Teil des gesellschaftlichen Diskurses. Ein Filmfest sollte den Menschen Gründe dafür geben, sich auf Filme einzulassen. Eine motivierende, gut sortierte Werkzeugkiste, die den Besucher:innen das Organon Film anbietet.

Im Herbst 2020 konnten die Kinos nur zu 30 Prozent belegt werden und es gab noch kein Vakzin. Deshalb entschieden wir uns für eine hybride Ausgabe. Im Herbst 2021 lag die Belegung bei 50 Prozent und ein Großteil der Bevölkerung war geimpft. Deshalb haben wir das ‚Online-Filmerlebnis' nicht integriert und uns voll für Kino als Ort entschieden. Da gibt es sicherlich unterschiedliche Ansätze bei den Festivals, häufig kommt das Argument der Demokratisierung und des erleichterten Zugangs zu Filmkultur auch in Regionen, die keine Kinokultur (mehr) haben. Wie ich finde ein schwieriger Ansatz. Zum einen gibt es gut sortierte Mediatheken, eine Grund-Verfügbarkeit ist also da; viel wichtiger aber finde ich, statt die Streamingkultur dort zu unterstützen, sollte in die regionale Kinokultur investiert werden.

Filmfest Hamburg | Albert Wiederspiel und Kathrin Kohlstedde im Gespräch

Sie haben 2020 die Online-Ausgabe des Marché du Film besucht und 2021 die Online-Editionen der Filmfestivals in Teheran und Tallin für einen Überblick an aktuellen Produktionen genutzt. Jüngst gab es deutliche Kritik an der Entscheidung der Berlinale, kein paralleles Online-Angebot vorzusehen und damit diejenigen Pressevertreter:innen und Fachbesucher:innen, denen ein Besuch vor Ort pandemiebedingt unmöglich war, vom Festival auszuschließen. Auch mit Blick auf die Klimaziele, was erwarten Sie zukünftig von dem Kreis an Filmfestivals, der auch maßgeblich über den alljährlichen Kanon des Weltkinos entscheidet?

KK: Im B2B-Bereich finde ich hybride Modelle sehr sinnvoll. Das ist inklusiv, schont Klima und Lebenszeit. Ich empfand das Modell des *Marché du film* 2021 als sehr gut. Der Online-Pre-Market war eine sehr gute Vorbereitung und entzerrte die Zeit in Cannes. Ein paralleler Online-Markt für Teilnehmende, die nicht anreisen können oder wollen, ist ein gutes Angebot, wenn es auch mehr oder weniger 1:1 übertragen wird. Es fordert einen enormen Einsatz von allen, aber gut strukturierte Online-Formate, wie Workshops oder Pitchings, können ein Gewinn für alle sein, wenn sie gut moderiert sind. Grundsätzlich aber finde ich das Netzwerken bei Festivals enorm wichtig. Dabei spielt die Größe des Festivals nicht unbedingt eine Rolle. Hybride Märkte können helfen, den FOMO (Fear Of Missing Out) ein bisschen zu bändigen und Reisen qualitativer zu planen.

Im Rahmen eines Expertengesprächs der Filmfestival-Arbeitsgruppe des Hauptverband Cinephilie mit Felix Grassmann, Geschäftsführer und Programmleiter des Abaton Kinos, wurde deutlich, welche Potenziale Kinomacher aufgrund der spezifischen Expertise und der engen Kontakte zu den Communities in einem Ausbau der Zusammenarbeit mit Filmfestivals sehen. Filmfest Hamburg veranstaltet regelmäßig Vorführungen für seinen Freundeskreis. Könnten Sie sich auch in Hinsicht auf die Ansprache neuer Festivalbesucher:innen vorstellen, gemeinsam mit den Hamburger Kinos die strategische Zielgruppenarbeit auszubauen?

KK: Absolut, das ist ja unser Ansatz. Wir sehen die (Hamburger) Kinolandschaft als essenziellen Partner, um Filmkultur (in der Stadt) zu fördern. Es bringt nichts, wenn ein Festival einmal im Jahr auftaucht, für zehn Tage die Welt aufwirbelt und dann wieder verschwindet. Um das Ziel, Filmkultur bei den Zuschauenden zu verankern und zu mehren, zu erreichen, müssen alle an einem Strang ziehen. Verleih, Kino, Festival. Von der gemeinsamen Kraft profitieren dann alle. Ich liebe zum Beispiel CineClubs, weil sie ein Feuer im Menschen entfachen können. Das sind Graswurzelinitiativen, sie sind aufwendig und arbeitsintensiv, aber enorm nachhaltig. Das ist eine Kompetenz, die wir – mit den Kinos und Verleihen – einsetzen und die Streamingportale nicht leisten können. Darin sollten wir meiner Meinung nach unsere Energien fließen lassen, nicht in den Aufbau von immer wieder neuen Portalen.

Bereits seit Jahren gelingt selbst Preisträgerfilmen der A-Filmfestivals wie Cannes, Berlin und Venedig nur noch vereinzelt ein bundesweiter Kinostart. In einem Markt, in dem Filmfeste zunehmend den Arthouse-Verleih ersetzen, verwundert es, dass sich die internationalen Filmfestivals in den deutschen Großstädten nicht nach dem Vorbild von Special-Interest-Initiativen wie QueerScope zusammenschließen, um zur Verbreitung des aktuellen Weltkinos beizutragen? Was steht solch einem Konzept im Weg?

KK: Bei *Queerscope* eint die Festivals auch rein organisatorisch ihr zeitlicher Zusammenhang: Sie finden fast alle im Herbst statt und so können sie sich Filme, Gäste und Materialien teilen. Informelle Zusammenarbeiten finden ja ohnehin schon statt zwischen Festivals; wir teilen uns Personal, Reisekosten von Gästen, Untertitelungen, etc. Darüber hinaus stehen wir in unserem Verband *AG Filmfestival* miteinander im Austausch.

Vom Sundance Film Festival bis zum Filmfest Max Ophüls Preis erweist sich die Dezentralisierung in all ihren unterschiedlichen Ausprägungen als ein wesentlicher Trend der letzten Monate. Mit dem Format ‚Filmfest ums Eck' binden Sie bereits seit 2019 Kinos in den Stadtteilen in das Festival. Wäre zukünftig auch eine weitere räumliche Ausdehnung ins Hamburger Umland oder eine zeitgleiche Vorführung von Premieren an ausgewählten Orten in Norddeutschland vorstellbar?

AW: Man darf nicht vergessen, dass Hamburg ein Stadtstaat ist; am Ende der einen Straße ist es schon Schleswig-Holstein, am Ende einer anderen ist man in Niedersachsen. Finanziert wird *Filmfest Hamburg* aber ausschließlich durch die Behörde für Kultur und Medien der Hansestadt. Daher ist eine Ausdehnung in die Nachbarländer nicht umsetzbar. Innerhalb des Stadtstaates versuchen wir in der Tat durch die Reihe *Filmfest ums Eck* so viele Bezirke miteinzubeziehen, wie es nur geht – im Jubiläumsjahr 2022 werden es noch mehr sein als in den letzten Jahren.

Wir waren in der Vergangenheit auch zu Gast in Kinos der Metropolregion Hamburg – allerdings waren das logistische Herausforderungen, die fast nicht zu stemmen waren. Man will mehr als nur einen Film irgendwo zeigen; unser Anspruch war ein gewisses Filmfest-Branding und *immer* auch das Angebot eines Regiegesprächs nach dem Film. Seitdem konzentrieren wir uns auf die vielen Hamburger Bezirke, die noch eine intakte Kinolandschaft haben und die wir weiterhin stärken wollen.

Filmfest Hamburg | Albert Wiederspiel und Kathrin Kohlstedde im Gespräch

Politische Themen und Filme aus politisch schwierigen Regionen sind Teil des Markenkerns des Filmfest Hamburg. Gleichzeitig legen Sie einen Schwerpunkt auf Filme, die die Gesellschaft hinterfragen. Sehen Sie in einer Zeit von Polarisierung, Hass und Gewalt Filmfestivals auch in der Verantwortung, ihre Wirkungskraft bei den gesellschaftlichen Transformationsprozessen einzubringen?

AW: Das Politische an den guten Filmen ist ja, dass sie die richtigen Fragen stellen und das Publikum herausfordern. Film, oder zumindest der künstlerisch anspruchsvolle Film, und auch Filmfestivals sollen im besten Falle, wie alle anderen Kunstformen, zum Nachdenken über unsere Welt animieren. Was Filmfestivals mehr als andere können, ist eine starke Förderung der Völkerverständigung. Wir können – noch mehr als andere Kulturveranstaltungen – Werke und Autoren aus sehr vielen Ländern zusammenbringen. Das ist eine wunderbare Möglichkeit für den Austausch zwischen Autoren aus verschiedenen Ländern, aber auch eine einmalige Chance für einen Dialog mit deutschen Zuschauern. Wenn wir also das erreichen – Begegnungen, Dialog, Infragestellung und Nachdenken –, dann bin ich schon ein sehr glücklicher Festivalleiter. Schließlich ist die Zeit der AgitProp glücklicherweise längst vorbei.

In den vergangenen Monaten wurden in der AG Filmfestival eine Reihe von dringlichen Gegenwartsthemen wie Inklusion, Nachhaltigkeit und Klimaschutz vorangetrieben. Vereinzelte Filmfestivals wie das Edimotion (ehem. Filmplus) haben ihr Ziel, klimaneutral zu agieren, bereits erreicht. Hamburg ist seitens der Filmförderung seit Jahren ein Vorreiter im Bereich ‚Green Shooting'. Wo steht hier Filmfest Hamburg?

AW: Auch die Pandemie hat dazu beigetragen, dass wir alle Filmfestivals neu denken müssen; Ist es noch zeitgemäß, Regisseure 11 Stunden fliegen zu lassen, um ein 30-minütiges Gespräch im Kino zu führen? Müssen die Filmemacher zum Abschluss anreisen, um einen Preis entgegenzunehmen? Was kann man durch Online-Formate ersetzen – ohne zu vergessen, dass Festivals von Begegnungen leben? Sind die früher so beliebten und ikonischen schwarzen Limousinen mit jeweils einem Gast noch notwendig? *Filmfest Hamburg* hat seit zwei Jahren eine Partnerschaft mit *MOIA*, ein in Hamburg vom VW Konzern eingeführtes Ridepooling-Angebot – und alle Gäste waren bisher begeistert von dieser Alternative. Ich glaube, wir sind in Hamburg auf dem richtigen Weg, sind uns aber im Klaren, dass der Weg vor uns auch noch lang ist.

Die großen Standortfilmfestivals wie Filmfest Hamburg, Filmfest München, Film Festival Cologne, aber auch Lichter Filmfest in FFM, das Filmkunstfest MV und achtung berlin sowie DOK. Leipzig und DOK.fest München haben neben der Präsentation exzeptioneller Werke des Gegenwartskinos als Aufgabe, das regionale Filmschaffen und

Filmfestivals | Krisen – Chancen – Perspektiven

Filmfest Hamburg | Albert Wiederspiel und Kathrin Kohlstedde im Gespräch

Open Air an der Binnenalster
© Filmfest Hamburg/Christian Spahrbier

seine Talente vorzustellen sowie als Matchmaker zu fungieren. Welche Konzepte verfolgen Sie hierzu?
AW: Auch *Filmfest Hamburg* sieht sich als Schaufenster für die hiesigen Filmemacher und für die hier ansässigen Produktionsfirmen. Unsere Sektion *Hamburger Filmschau* dient vor allem diesem Zweck. Es ist eine Sektion, bei der wir mit Absicht nicht auf Deutschlandpremieren bestehen, da wir unseren Filmemachern nicht im Wege stehen möchten. Die Hamburger Filmemacher sollen sich sowohl der Branche als auch dem lokalen Publikum vorstellen können. Und das abendliche ‚mingeling' mit den anderen Gästen darf nicht zu kurz kommen! Noch eine Aufgabe von *Filmfest Hamburg* möchte ich betonen: Wir sehen uns auch als Teil einer generischen Kampagne für das Kino insgesamt und für die lokalen Kinos als kulturell wertvolle und wichtige Orte insbesondere. Das liegt uns sehr am Herzen.

Nicht zuletzt aufgrund der großen Nachfrage an audiovisuellen Inhalten seitens der Streamer zeigt sich schon heute ein wachsender Talent- und Fachkräftemangel. Auch in Deutschland binden sich Größen wie Fatih Akin und Bora Dagtekin mittels Output-Deals an Produktionshäuser. In welcher Verpflichtung sieht sich hier Filmfest Hamburg und welche Maßnahmen ergreifen Sie, um in Hamburg zu einem Willkommensklima für Kreative beizutragen?
AW: Für mich ist das die wichtigste Aufgabe von allen Festivals: neue Talente entdecken und fördern. Das ist eine wichtige Win-win-Situation: Wir leben davon (und dafür), junge Filmemacher zu entdecken, diese brauchen uns, um bekannt zu werden und ihr Publikum zu finden. Wir geben jedem eingeladenen Regisseur die Möglichkeit, die Hamburger Branche kennenzulernen, mit der *MOIN Filmförderung* in Dialog zu kommen, und die Stadt als Film-Location zu entdecken. Das ist unsere Verpflichtung den Gästen, aber auch der hiesigen Branche gegenüber. Wir haben das Glück, dass Hamburg ‚einfach zu verkaufen' ist. Es ist leicht, die Kreativen von Hamburg zu überzeugen. Nicht wenige Koproduktionen sind bei einem Glas Wein bei *Filmfest* entstanden – und so soll es auch sein.

Zahlreiche Filmfestivals nehmen heute neben den ursprünglichen Kino-Formaten zunehmend auch neue Formen der bewegten Bilder wie VR, AR und XR ins Programm auf. Sind dies Bereiche, in die auch Filmfest Hamburg mittelfristig vorstoßen möchte?
Hamburg hat eine reiche Festivallandschaft, es gibt spezialisierte Veranstaltungen für viele unterschiedliche Formate. So weiß das *VRHAM Virtual and Arts Festival* unendlich viel mehr über VR als wir, sie sind in dieser Branche perfekt vernetzt. Ich bin eigentlich eher für ‚Schuster bleib bei deinen Leisten' als für einen aufgezwungenen Dilettantismus.

Filmfest Hamburg | Albert Wiederspiel und Kathrin Kohlstedde im Gespräch

Wir investieren in Deutschland rund 260 Mio. in die Produktion von fürs Kino entwickelter Filme. Von diesen erreichen über 50 Prozent keine 10.000 Kinobesucher. Gerade in Hinsicht auf neue Talente zeigen sich zahlreiche Beispiele von Oh Boy *über* Lovesteaks *über* Die Beste aller Welten, Königin von Niendorf *bis hin zu* Borga, *die diese Marke (nahezu) allein mit der Festivalauswertung in Deutschland erreichen. Wäre es an der Zeit, Förderinstrumente, die bisher nur dem Filmverleih dienen, auf eine strategische Festivalauswertung insbesondere von unabhängigen, kleineren Filmen zu erweitern?*

AW: Ich glaube, dass die gesamte Verwertungskette des sogenannten Arthousefilms überdacht werden muss. Wir wissen alle, dass die Verleihförderung in Deutschland nicht auf der Höhe der Anzahl der Filme ist, die für eine Kinoauswertung anstehen. Daher sollte man die Verleihförderung nicht weiter dezimieren. Diese erzwungene Kinoauswertung muss sowieso dringend revidiert werden. Erst wenn man uns, die Filmfestivals, mit einer klassischen Kinoauswertung gleichsetzt, kann man über konkrete Förderinstrumente nachdenken. Soweit scheint die Politik leider noch nicht zu sein – dies bedauere ich sehr.

Filmfest Hamburg feiert in diesem Jahr sein 30-jähriges Jubiläum. Sie verantworten als Festivalleiter das Hamburger Filmfestival seit über 20 Jahren. Wo sehen Sie die größten Zäsuren in seiner Entwicklung, die größten Erfolge, aber auch die größten Rückschläge?

AW: Der größte Erfolg ist der kontinuierliche Aufbau eines Stammpublikums. Da hatte mein Vorgänger schon gute Arbeit geleistet, und ich habe, was das anbelangt, ein sehr gesundes Festival übernommen. Der Publikumskern ist aber seitdem gut gewachsen, sie haben unsere Handschrift kennen und offensichtlich lieben gelernt. Ich bin so sehr stolz auf das Filmfest-Publikum! Bei wie vielen Festivals gewinnt eine politische Doku über palästinensische Flüchtlinge in Damaskus den Publikumspreis?!?

Der größte Rückschlag (außer der Pandemie, klar!) war eigentlich ziemlich am Anfang meiner Zeit in Hamburg, als die damalige Kultursenatorin 2004 quasi über Nacht die Filmförderung um 50 Prozent kürzte. Die Branche, und auch wir, waren wie gelähmt. So was möchte ich nicht noch mal erleben!

Wenn Sie einen Wunsch für das Filmfest Hamburg zu diesem runden Geburtstag frei hätten, welcher wäre das?

AW: Dass man endlich den Artikel „das" vor *Filmfest* weglässt! Spaß beiseite: Ich wünsche mir für die nächsten Jahre keine weiteren pandemische Begrenzungen. Und dass die Leute wieder Lust auf kollektive Kulturerlebnisse haben. Und dass vermehrt junges Publikum den Weg in die Arthousekinos finden – und somit auch zu den Festivals.

Internationales Trickfilm-Festival Stuttgart (ITFS)

Initiiert von Claus Hübner vom *Kommunalen Kino Stuttgart* und Albrecht Ade, Professor für Grafikdesign an der *Staatlichen Akademie der bildenden Künste*, wurde das *ITFS* unter dem Namen *Internationale Stuttgarter Trickfilmtage* erstmals vom 18. bis 23. Januar 1982 durchgeführt. Es gilt, Trickfilme der Studierenden der Kunstakademie gemeinsam mit einer Auswahl internationaler Trickfilme einem größeren Publikum zu präsentieren. Mit der Gründung des Vereins *Internationales Trickfilm-Festival Stuttgart* im Jahr 1987 sowie durch das Hinzutreten von Otto Alder und Thomas Basgier wird das Festival deutlich professionalisiert. Konflikte zwischen dem Festivalleiter Albrecht Ade und den beiden Mitarbeitern Otto Alder und Thomas Basgier führen jedoch 1993 zum Rückzug der Festivalinitiatoren. Als *Internationales Trickfilm-Festival Stuttgart* wird das Festival 1994 unter Mitwirkung von Dittmar Lumpp, verantwortlich für Organisation und Finanzen, und des Kunsthistorikers und Filmkurators Ulrich Wegenast auf neue Beine gestellt. Es erfolgen zahlreiche Neuerungen wie die Kinderfilmsektion *Tricks for Kids* oder der Langfilmwettbewerb *AniMovie*. Ein essenzieller Schritt erfolgt 1994 mit der Gründung der Fachveranstaltung *Film & Medienbörse*, die später als *FMX* tausende Fachbesucher aus den Bereichen VFX und Computeranimation anlockt.

Im Jahr 2000 wird die Vereinsstruktur in eine gemeinnützige *Film- und Medienfestival GmbH* transferiert und auch der Umzug in die Stuttgarter Innenstadt eröffnet dem Festival zahlreiche neue Möglichkeiten. So werden die großen Open-Air-Vorführungen auf dem Schlossplatz mit bis zu 100.000 Zuschauer:innen zu einer zentralen Kulturveranstaltung Stuttgarts. Mit der Gründung der *Animation Production Days* im Jahr 2006 erweitert sich das *ITFS* um ein komplementäres Business- und Finanzierungsformat. In den Folgejahren werden unter dem Begriff *Expanded Animation* die Schnittstellen zu Kunst, Theater, Architektur, Games und Virtual Reality ausgelotet. 2013 entsteht daraus die neue Festivalsektion *GameZone*, die ausgewählte Computerspiel- und VR-Installationen präsentiert. Infolge der Pandemie transformiert das *ITFS* 2020/21 zum ersten reinen Online-Animationsfilmfestival weltweit. Eine neue digitale Form des Festivals mit Streamings, Mediathek und einem VR Hub entsteht. Der Erfolg des *OnlineFestival.ITFS.de* führt dazu, 2022 das *ITFS* erstmalig dual zu organisieren und damit den internationalen Radius des *ITFS* und die digitale Zugänglichkeit deutlich zu erweitern.

Ulrich Wegenast

Die Transformation des ITFS vom Schlossplatz in den VR Hub

Filmfestivals sind heute längst mehr als reine Abspielstätten von Filmproduktionen. Neben der deutlichen Zunahme von diskursiven Veranstaltungen und Workshopformaten, spielen vor allem installative und immersive Medien in der Programmierung eine immer wichtigere Rolle. Diese Tendenz hat bereits mit dem Aufkommen der Medienkunst in den 1980er und frühen 1990er Jahren mit Festivals wie dem *European Media Art Festival Osnabrück* (vormals *Experimentalfilm Workshop*) ihren Anfang genommen. Heute rücken zudem Virtual-Reality- und Augmented-Reality-Beiträge sowie 360°-Filme in den Fokus vieler Filmfestivals.

So haben in der Zwischenzeit Festivals wie die Filmfestspiele von Venedig[1] oder das Animationsfestival von Annecy VR als eigene Sektion eingeführt, doch sind die Präsentationsformate alles andere als zufriedenstellend. Oftmals handelt es sich bei den präsentierten Arbeiten um 360°-Videos als Stand-Alone-Filme, die meist nur in fest definierten Zeitslots gesichtet werden können. Dabei kommen weder die installativen Aspekte von VR zum Tragen, wie sie u. a. in den Arbeiten des israelischen Künstlerduos Michelle und Uri Kranot immanent sind, noch wird der oft stark intimistische Zugang zu VR berücksichtigt. VR-Erlebnisse sind eben keine Kinobesuche, wenngleich das Kino immer auch ein Ort der Immersion war. Im neuesten Research-Projekt von *Indie Online*[2] – einer Initiative von *Anidox* und *The Animation Workshop/VIA University College in Viborg* – wird die nach wie vor unbefriedigende Situation der Präsentation und Distribution von kinematografisch basierter VR erstmals näher untersucht: "The main focus of the research project is accessibility to audiences and new online platforms: Shaping an emerging VR/XR distribution ecosystem."[3] Bis heute sind die we-

---

[1] https://www.labiennale.org/en/cinema/2021/venice-vr-expanded-web-section (letzter Zugriff am 9.6.2022).
[2] https://anidox.com/research/ (letzter Zugriff am 9.6.2022).
[3] Vgl. Michelle Kranot, E-Mail-Korrespondenz mit Autor des Aufsatzes am 11.2.2022.

nigsten unabhängig produzierten VR-Experiences einem breiteren Publikum zugänglich. Ohne eine umfangreiche eigene Ausstattung mit unterschiedlichen VR-Brillen wie *HTC Vive* oder *Oculus Rift*, die ohnehin sehr schnell veraltet sind, lässt sich kaum eine tiefergehende Auseinandersetzung mit VR und 360°-Filmen bewerkstelligen. Folglich fristet VR auch in Museen, Galerien, Kaufhäusern und Kinos in Europa heute noch ein Nischendasein.

Ungeachtet der Hürden bei der Distribution sind es die Film- und Animationsfestivals neben großen Konferenzen wie *SXSW*[4], die sich am intensivsten mit den Herausforderungen und Potenzialen von VR-Experiences auseinandersetzen. Festivals werden zumindest in diesem Punkt ihrem Ruf gerecht, Laboratorien neuer medialer Formate zu sein. Gerade in Zeiten der Pandemie setzte sich somit vielfach das Ziel durch, das Thema VR nicht auf singuläre Erlebnisse zu beschränken, sondern digitale und immersive Begegnungsräume für das Bewegtbild zu schaffen – nicht als Zwilling des Kinos, sondern als eigene Szenografien und eigenständige Kommunikationsräume.

Auch das *Internationale Trickfilm-Festival Stuttgart* und die komplementäre Veranstaltung *Raumwelten – Plattform für Szenografie, Architektur und Medien* machte sich infolge der Pandemie auf den Weg, unterschiedliche Multiuser Virtual Realities – von proprietären Anwendungen bis zu Open-Source-Projekten wie *Mozilla Hubs* – spielerisch und experimentell zu erproben. Gerade das *ITFS* scheint für die Einbeziehung neuer immersiver Technologien eine prädestinierte Veranstaltung zu sein, da einerseits Animation von Anfang an ein Motor für filmtechnische Entwicklungen war, andererseits das Festival selbst bereits Ende der 1990er Jahre Onlineformate wie „Generation Flash" ins Festivalprogramm integrierte.

Folglich war der Weg des *ITFS* in den virtuellen Raum kein unüberlegter Sprung als Antwort auf die veränderten Bedingungen, sondern vielmehr eine fast logische Entwicklung des Animationsfilmfestivals im Zuge seiner jahrelangen schrittweisen Transformation zu einem Ort der *Expanded Animation*. In diesem Aufsatz wird der stetige Wandel des *ITFS* von dessen Anfängen bis zu seiner Ausgestaltung in Form eines VR-Hubs im Einzelnen nachgezeichnet.

---

[4] https://www.indiewire.com/2022/03/sxsw-xr-2022-highlights-future-of-art-form-1234709202 (letzter Zugriff am 9.6.2022).

I. Vom Trickfilm zu Expanded Animation – Zur Genese des *Internationalen Trickfilm-Festivals Stuttgart*

Das *Internationale Trickfilm-Festival Stuttgart* (*ITFS*) wurde 1982 unter dem Namen „Internationale Stuttgarter Trickfilmtage" als gemeinsame Initiative der Grafikklasse von Prof. Albrecht Ade an der Staatlichen Akademie der bildenden Künste und dem Kommunalen Kino Stuttgart gegründet. Ziel war es, Animation als Kunstform zu etablieren und sichtbar zu machen sowie den Animationsnachwuchs zu fördern.[5] Anfang der 1980er Jahre wurde in der deutschen Öffentlichkeit, aber auch innerhalb der Filmbranche Trickfilm als reines Kindermedium wahrgenommen, obwohl nicht nur ab den 1960er Jahren in Ost- und Westdeutschland Künstler:innen wie Helmut Herbst, Ursula und Franz Winzentsens, Kurt Weiler oder Jan Lenica Animation als Medium der künstlerischen und politischen Kommunikation nutzten. Auch die abstrakten Werke des Absoluten Films von Walther Ruttmann oder Hans Richter sowie die grafisch beeindruckenden Scherenschnittfilme von Lotte Reiniger aus den 1920er Jahren konnten nicht verhindern, dass Animation in Deutschland lange Zeit als kindlich und naiv verkannt wurde. Außerdem führt die bis heute anhaltende Dominanz der US-amerikanischen Animationsproduktionen im deutschen Kinomarkt zur Ausgrenzung der Animation aus der hiesigen Kulturrezeption. Aus dieser (eher) ungünstigen Gemengelage entwickelte sich anfänglich das geheime Motto des *ITFS*: „Schlachtet Disney!"

Durch das schnell aufgebaute internationale Netzwerk sowie die besondere Unterstützung des russischen Animationsfilmers Fjodor Chitruk, der in den frühen 1930er Jahren in Stuttgart an der Kunstgewerbeschule studierte und das *ITFS* mit osteuropäischen Künstler:innen in Kontakt brachte, konnte das *ITFS* sich schnell als feste Größe der Animationscommunity seinen Platz sichern. Durch das Hinzutreten von profilierten Köpfen wie Otto Alder und Thomas Basgier ab Ende der 1980er Jahre hatte sich das programmatische Profil des *ITFS* ausdifferenziert. Neben der Förderung des internationalen Animationsnachwuchses stand die Entdeckung von außergewöhnlichen Animationskünstlern wie William Kentridge oder den Quay Brothers sowie der Austausch mit osteuropäischen Ländern und deren herausragenden Künstler:innen wie Priit Pärn, Jan Švankmajer oder Yuri Norstein im Vordergrund.

Wie bei vielen Festivals kam es auch beim *ITFS* zu Brüchen und Konflikten, was die Ausrichtung der Veranstaltung und die Schwerpunktsetzungen anbelangte. So wurde das *ITFS* ab 1994 mit neuem Team unter der Leitung von Albrecht Ade und Dittmar

---
[5] Dieter Krauß/Dittmar Lumpp/Ulrich Wegenast (Hg.): *Die Trickfilm-FESTschrift. 25 X Internationales Trickfilm-Festival Stuttgart*. Stuttgart 2017.

Lumpp neu aufgesetzt. Mit dem neuen Spielort *Reithalle* samt Spiegelzelt kamen neben den künstlerischen Aspekten zunehmend wirtschaftliche Fragen hinzu, die in der Etablierung der *Film- & Medienbörse* im *Haus der Wirtschaft* mündete.

Wichtig war bei der Weiterentwicklung des *ITFS* auch, dem hochwertigen animierten Kinderfilm eine Plattform zu geben, was durch die Zusammenarbeit mit dem *VHS Treffpunkt Kinder* gelang. War es lange Zeit die Aufgabe des *ITFS*, deutlich zu machen, dass Animation kein ausschließliches Kindermedium ist, so stebte das *ITFS* nun danach, inklusiver zu werden. Von diesem Zeitpunkt an spielten Fragen der Medien- und Animationskompetenz eine bedeutende Rolle, die durch zahlreiche Workshops, eine Kinderjury, Schulvorführungen und Filmemacher:innen Gespräche mit Kindern und Jugendlichen begleitet wurden.

Durch Ulrich Wegenast, der 1993 als Programmkurator hinzustieß, kamen zusätzliche Aspekte in die Programmentwicklung, wie der Bezug zur bildenden Kunst und zum Experimentalfilm, aber auch die Öffnung in Richtung Anime und interaktiven Installationen, die in die Etablierung der *GameZone* im Jahr 2013 mündete.

Auf organisatorischer und finanzieller Ebene erfolgte im Jahr 2000 ein tiefgreifender Wandel. Die Verantwortung und operative Durchführung des *ITFS* wurde vom *Verein Internationales Trickfilm-Festival Stuttgart e.V.* an eine gemeinnützige GmbH mit mehreren Gesellschaftern übertragen, die den Namen *Film & Medienfestival gGmbH* (*FMF*) trägt. Heute sind die Landeshauptstadt Stuttgart und die *Wirtschaftsförderung Region Stuttgart GmbH* die Hauptgesellschafter. Zudem ist das Land Baden-Württemberg über die Filmakademie Baden-Württemberg als Gesellschafter beteiligt sowie die Stadt Ludwigsburg, die mit den *Raumwelten – Plattform für Szenografie, Architektur und Medien* in der FMF vertreten ist. Ziel der *Film & Medienfestival gGmbH* ist es, hochwertige Film- und Medienveranstaltungen in der Region Stuttgart mit internationaler Ausstrahlung zu realisieren. Hierzu gehört auch eine Finanzierungsbeteiligung am *NaturVision Filmfestival* in Ludwigsburg.

II. Das *ITFS* als Teil der *Film- und Medienfestival gGmbH*

Nach einer schwierigen Anfangsphase, konnten die *FMF* und das *ITFS* ab 2005 durch die neue Geschäftsführung mit Dittmar Lumpp und Ulrich Wegenast konsolidiert und deutlich ausgebaut werden. Meilensteine in der Entwicklung des *ITFS* waren die Etablierung der Open-Air-Veranstaltung auf dem Schlossplatz, der Aufbau der *GameZone*, die u. a. im Kunstgebäude stattfand, und die Gründung der Businessplattform *Animation Production Days* (*APDs*) im Jahr 2006. Die *APDs*, die in der Zwischenzeit die wichtigste Marktveranstaltung für Animation im deutschsprachigen Raum sind, wurden zunächst von Vincent Ferri, dem ehemaligen Leiter des Animationsfilmmarktes *MIFA*[6] des *Annecy Animation Festivals*, als Konferenzveranstaltung konzipiert und dann von Michael Schmetz als Plattform für Koproduktion und One-to-One-Meetings weiterentwickelt.

Durch die Corona-Krise wurde das *ITFS*, wie alle anderen Filmfestivals, vor neue Herausforderungen gestellt. Die Umstellung auf reine Onlineformate innerhalb von wenigen Wochen war beispiellos in der Geschichte des *ITFS*. So kann – wenngleich das *ITFS* bereits seit 1998 umfangreiche Erfahrungen bei Online-Screenings, digitalen Plattformen und interaktiven Formaten gesammelt hatte – das Jahr 2020 mit Sicherheit als Zäsur für das *ITFS* und die Veranstaltergesellschafterin *FMF* bezeichnet werden. Der im Folgenden dargestellte Prozess soll jedoch weniger einer retrospektiven, als einer polyperspektivischen Betrachtung folgen. Denn dieser Digitalisierungssprung ist nur ein Aspekt eines umfangreichen Transformationsprozesses, der nicht nur die Themen Nachhaltigkeit, Diversität und Inklusion umfasst, die uns noch über lange Jahre begleiten werden. Unter diesem Fokus sind auch die weiteren Entwicklungen des *ITFS* auf seinem Weg zu einem Experimentierfeld und Labor neuer Technologien, wie den VR-Hubs, zu sehen.

III. Animation als Medium – Die Sonderposition des *ITFS* in der deutschen Festivallandschaft

Bei der Auseinandersetzung mit dem *Internationalen Trickfilm-Festival Stuttgart* als Plattform animierter, künstlich generierter, simulierter, aber auch manuell produzierter bewegter Bilder muss auf die Sonderrolle der Animation als Medium eingegangen werden. Häufig wird die Animation als Genre – vergleichbar mit dem Dokumentarfilm – betrachtet, obwohl auch der Dokumentarfilm mit seinen hybriden Ausprägungen heute weniger als ein klar definiertes Genre, denn als eine offene Form zu begreifen ist. Mehr noch wird die Animation zunehmend als eigenständiges Medium neben dem Film verstanden, da sich insbesondere die Produktionsform deutlich von der der klassischen Realfilmproduktion unterscheidet. Hier ist nicht der Ort, um vertieft über die Differenz zwischen Film und Animation als generischen Formen der Bewegtbildproduktion zu vertiefen, doch sind die Produktionsabläufe, was die Dauer, die einzelnen Arbeitsschritte, u. a. mit Animatics und Previsualisierungen, und der Aufbau von Produktionspipelines oftmals komplett anders als in der Realfilmproduktion. Natürlich verfügen heute auch eine Vielzahl von Realfilmen über einen hohen Anteil von (digita-

---

[6]*MIFA* steht für „Marché international du film d'animation d'Annecy".

len) visuellen Effekten und Animationen, doch geht es bei der Animation nicht um eine Komplementierung und Erweiterung des realen Bildes oder Fotorealismus, sondern um eine Art ‚Tabula Rasa' und einen ‚Point Zero' in der Produktionssituation. Durch die Möglichkeit der Echtzeitanimation mit Game-Engines wie *Unity* oder *Unreal* gab es bereits Ende der 1990er Jahre in den *Machinimas*[7] eine deutliche Verbindung von Games und Animation, linearer und non-linearer Erzählweise.[8] Diese Produktionsweise setzt sich zunehmend bei der Animation durch, wenngleich es noch eine Vielzahl von haptischen Aspekten in der Animation in Form von Puppentrickfilm, Hand-Drawn-Animation oder Cut-Out-Animation gibt, die sich oftmals mit digitalen Formen verbinden. Fakt ist jedoch, dass durch die Echtzeitanimation, die mit den frühen Machinimas ihren Anfang nahm, Animationsfilme wesentlich intuitiver und ohne langwierige Renderzeit entstehen können. So schreibt Karin Wehn: „Ein Vorteil und entscheidendes Definitionsmerkmal von Machinima im Unterschied zu herkömmlichen 3D-Animationen ist die Produktion in Echtzeit. Anders als bei 3D-Animationen für Kino und Fernsehen, bei denen die Filme ja nach zur Verfügung stehenden Hardware-Kapazitäten tage- oder wochenlang mit vernetzten Großrechnern, sogenannten ‚Rechnerfarmen', errechnet werden, ist bei Machinima das Ergebnis sofort sichtbar, deutlich spontaner und damit zumindest in diesem Aspekt für die Filmemacher stärker kontrollierbar, da Fehler oder unbefriedigende Ergebnisse unmittelbar korrigiert werden können."[9]

Doch der Echtzeitaspekt, die unterschiedlichen Produktionsbedingungen und die stärkere Beziehung zum singulären Bild – Animation wurde lange Zeit in der Grundbedingung als Frame-by-Frame-Kunstform wahrgenommen – sind nicht die einzigen Unterscheidungsmerkmale zum Realfilm. Auch die weitestgehende Abwesenheit von Schauspieler:innen oder deren Substitution durch ‚Virtual Actors' haben einen großen Einfluss auf die Produktion und Rezeption von Animation. Zwar werden häufig die Stimmen von bekannten Schauspieler:innen und Comedians als Sprecher:innen für Kinoanimationsfilme genutzt, doch dies hat hauptsächlich Marketing-Gründe, selbst wenn es unbestritten ist, dass Voice Acting und Synchronsprechen eine Kunst für sich sind!

Auffällig bei Animation ist außerdem – und hier gibt es starke Verbindungen zum Experimental- und Avantgardefilm –, dass insbesondere im animierten Kurzfilm Dialoge und Sprache zugunsten des Bildes und der Musik bzw. des Sounds in den Hintergrund treten. Gerade der abstrakte Animationsfilm, wie er besonders durch den Absoluten Film

---

[7] Machinimas sind die Verbindung von Computerspiel und Animation. Meist wird in einer Game Engine in Echtzeit ein linearer Film produziert. Vgl. Paul Marino: *The Art of Machinima. 3D Game-Based Filmmaking*. Scottsdale 2004.
[8] Matt Kelland/Dave Morris/Dave Lloyd: *Machinima. Making Animated Movies in 3D Virtual Environment*. Lewes 2005.
[9] Karin Wehn: „Machinima. Wie Computerspiele zum Filmemachen zweckentfremdet werden", in: AG Kurzfilm (Hg.): *Short Report 2008*. Dresden 2008, S. 78.

im Deutschland der 1920er Jahre bis heute geprägt wird, und von Künstler:innen wie Max Hattler, Vera Neubauer oder Robert Seidel weiter entwickelt wurde, wird sowohl im Kontext der bildenden Kunst als auch bei Filmfestivals rezipiert. Hier sind die Filmfestivals – wie bei vielen Experimentalfilmen und Kurzfilmen – die wesentliche Auswertungsform, die jedoch zunehmend durch Online-Präsentationen, Ausstellungen und Formate in architektonischen Settings ergänzt werden. Hier könnten noch zahlreiche weitere Punkte angeführt werden, wieso sich die Animation deutlich vom linearen Realfilm unterscheidet, doch möchte ich zum Schluss kurz auf die unterschiedlichen Märkte und Vertriebsformen eingehen. Zwar tauchen die Animationsfilme häufig in ähnlichen Kontexten des Weltvertriebs auf – und es gibt bislang auch nur wenige Verleiher weltweit, die sich rein auf Animation spezialisiert haben, wie die beiden französischen Verleih- und Vertriebsagenturen *Miyu* und *Autor de minuit* –, doch gibt es (zunehmend) ein eigenes Ökosystem für Animation, das sich in Märkten wie der *MIFA* in Annecy, *Cartoon Movie*, *Cartoon Forum* oder dem osteuropäischen *CEE Animation Forum* niederschlägt. Zu diesem Ökosystem gehören auch die *Animation Production Days*, die die *FMF* in Zusammenarbeit mit der *FMX* veranstalten und bei denen pro Jahr ein Auftragsvolumen in dreistelliger Millionenhöhe verhandelt wird. Hier treffen kleine Produktionsfirmen und Talente mit großen Playern und Plattformen wie *Disney*, *Netflix*, *Amazon*, aber auch mit Fernsehsendern zusammen, die verstärkt Animation in ihr Portfolio aufnehmen, was in Deutschland leider immer noch viel zu selten geschieht.

All diese genannten Unterscheidungsfaktoren haben dazu geführt, dass z. B. die große französische Filmförderung *CNC* in der Zwischenzeit als „centre national du cinéma et de l'image animée" firmiert.

Auch wenn ich keine Studie dazu kenne, unterscheidet sich das Zielpublikum von Realfilm und Animation deutlich – und dies betrifft nicht nur die Altersstruktur des Publikums, was ja erwartbar wäre! Die Umfragen beim *ITFS* zeigen zumindest, dass das erwachsene Publikum häufig aus den Bereichen Design, Architektur und Graphic Novel kommt oder zumindest eine große Affinität zu diesen Themenbereichen hat. Mit Filmen wie PERSEPOLIS (2007) von Marjane Satrapi oder ALOIS NEBEL (2011) von Tomáš Luňák (nach einem Graphic Novel von Jaroslav Rudiš und Jaromír Švejdík) entstanden in den letzten 20 Jahren zunehmend animierte filmische Adaptionen von Comics, die verstärkt ein Literaturpublikum für den Animationsfilm empfänglich machen. Dies gilt auch für die Verschmelzung der Gaming- und Animationsszene, sodass die Publikumsstruktur noch diverser und komplexer geworden ist und unterschiedliche Ausgestaltungen eines Festivals notwendig macht.

Dabei ist der Animationsfilm die populärste deutsche Kinoform im Ausland, wie die Zahlen von *German Films* und die internationale Rezeption seit mehreren Jahren belegen.[10] So waren 2020 Animationsfilme mit einem Anteil von 51 % am Box Office das mit Abstand erfolgreichste deutsche Filmgenre im Ausland.[11]

Doch Auswertungsansätze und wirtschaftlichen Zahlen sind nur eine Perspektive eines Festivals wie des *ITFS* auf die Animation, die mehr durch künstlerische, kulturelle und gesellschaftliche Fragestellungen jenseits der Logik des (ohnehin überschaubaren) Filmmarktes geprägt ist.

IV. Das *ITFS* als Publikumsfestival und Branchenveranstaltung

Das *ITFS* zählt heute zu den größten Publikumsfestivals in Deutschland und übertrifft auf Basis des regulären Publikums in der Animationsfestivallandschaft mittlerweile das weltweit älteste Animationsfestival in Annecy. Während Annecy im Vergleich zu Stuttgart mit dem *ITFS*, den *Animation Production Days* und der Partnerveranstaltung *FMX* mehr akkreditierte Gäste anzieht, besticht Stuttgart durch seine starke Verankerung in der Stadtgesellschaft. So schreibt der US-amerikanische Independent-Animator Bill Plympton 2017 anlässlich der 25. Ausgabe des *ITFS*: "I remember my first appearance at the Stuttgart Trickfilm Festival, around 1988. It was a small festival with a lot of heart and passion. Of course, now it's much larger – but still has a lot of heart, and that's why I continue to return to Stuttgart for the best programming and the best audiences."[12] Dieses Statement macht deutlich, dass es bei einem Festival an sich nicht um die schiere Größe, sondern vor allem um die Atmosphäre und den persönlichen Austausch zwischen Publikum, Kreativen, Branche und Presse geht.

Dennoch gilt die quantitative Größe eines Festivals bei Geldgebern, Sponsoren und Pressevertretern immer noch als das zentrale Bewertungskriterium. Denn im Zeitalter der Tausenderkontaktpreise und umfassender Quantifizierungen stehen Programmumfang und Besucherzahlen wie Presse- und Social-Media-Resonanz im Mittelpunkt vieler Beurteilungen.

Trotz seiner rund 100.000 Zuschauer:innen war es den Veranstalter:innen immer wichtig, dass die Quantität nicht zum Selbstzweck wird. Dies gilt gerade auch beim kostenfreien Open Air auf dem Stuttgarter Schlossplatz, das bei gutem Wetter bis zu 8.000 Personen pro Tag anlockt. Frei nach der modifizierten Forderung des Gründungsvaters der kommunalen Kinos, Hilmar Hoffmann, „Animation für alle!" will

---

[10] Scott Roxborough, „AFM: Why German Animation Has Become a Force in Global Animation", in: *The Hollywood Reporter*, 10.11.2020. (https://www.hollywoodreporter.com/business/business-news/afm-why-germany-is-becoming-a-force-in-global-animation-4089997/, letzter Zugriff am 9.6.2022).
[11] Barbara Schuster, „Deutsche Animationsfilme im Ausland beliebt", in: *Blickpunkt:Film* (29.3.2021) (https://beta.blickpunktfilm.de/details/458884, letzter Zugriff am 9.6.2022).
[12] Bill Plympton: „My ITFS", in: Krauß/Lumpp/Wegenast 2017, S. 11.

das *ITFS* einen möglichst niedrigschwelligen Zugang zur Animationskultur schaffen. So besteht beim Open Air des *ITFS* keine Verpflichtung zur Konsumption, sondern es schließt alle – von Familien über Studierende und Banker:innen bis hin zu Senior:innen – mit ein. Das Open Air ist ein Animationshappening am zentralsten Platz von Stuttgart und dabei eine Art friedliche Mischung aus Woodstock und Volksfest für den Trickfilm.

Neben dieser Form der Eventisierung stehen die konzentrierten Wettbewerbsvorführungen auf höchstem technischen Niveau, die von kompetenten Moderator:innen wie Ron Diamond, André Eckardt, Anna Henckel-Donnersmarck, Rainer Jilg, Franka Sachse begleitet werden. Bei den Filmvorführungen im Kino im Verbund mit den Filmemacher:innen-Talks wird das *ITFS* zum Ort des Diskurses. Gerade weil wir uns als Publikumsfestival verstehen, das auch internationale Animationsexpert:innen und -scholars ansprechen will, gibt es eine Vielzahl von kuratierten Programmen, die sämtliche Nischen und Schnittstellen der Animation beleuchten. Denn das *ITFS* versteht sich als Labor des Animationsfilms sowie Ort der Bewahrung von herausragenden Werken wider des Vergessens. So besuchen zwischen 4.000 bis 5.000 Akkreditierte *ITFS*, *FMX* und die *Animation Production Days*, um insbesondere die kuratierten Programme, die Workshops, Lectures und Netzwerkveranstaltungen zu nutzen.

V. Das *ITFS* als Online-Event und digitale Distributionsplattform

Bereits 1994 begann das *ITFS* mit dem Aufbau einer digitalen Filmdatenbank. Vier Jahre später fanden die ersten Online-Events des *ITFS* statt, bei denen u. a. mit animierten GIFs der Trailer auf der Website zum Leben erweckt wurde. Unter dem Motto ‚Animation Web' diskutierten 1998 Animationskünstler:innen wie Christine Panushka (*University of South California*) oder Publisher und Producer wie Ron Diamond (*Animation World Network*) über die Optionen des Webs als Plattform für Interaktion und Präsentation von Animationsfilmen. Ergänzt wurde die Veranstaltung mit Chat-Events mit dem Filmwissenschaftler und Animationshistoriker William Moritz sowie einer Onlinevorführung mit kurzen animierten Spots u. a. von Marjut Rimminen, Priit Pärn, Michaela Pawlatowa und Jerzy Kucia.[13] Wenngleich es sich damals noch um sehr rudimentäre Optionen im Bereich der Kommunikation und (Film-)Präsentation[14] handelte, wurde mit dieser Phase der Erkundung dem *ITFS* der Übergang in den digitalen Raum förmlich in die DNA geschrieben.

---

[13]Ulrich Wegenast: „Animation Web", in: *9. Internationales Trickfilm-Festival Stuttgart* (Festivalkatalog). Stuttgart 1998, S. 88.

[14]Das Prinzip der GIFs im Webbrowser kam dem Animationsfilm als Medium des animierten Einzelbildes deutlich entgegen, so dass die ersten bewegten Bilder im Netz zunächst Animationen waren.

Filmfestivals | Krisen – Chancen – Perspektiven

Internationales Trickfilm-Festival Stuttgart | Ulrich Wegenast

ITFS Open Air auf dem Schlossplatz
© IFTS/Reiner Pfisterer

Jahrzehnte später sind Weiterentwicklungen dieser frühen Techniken längst internationale Standards in der Festivalkommunikation geworden und haben immer neue Formen und Ausgestaltungen erfahren. Dabei hat sich trotz Investitionen und Entwicklungen von Firmen wie *Atom Films* und *Kirch Media* erstaunlicherweise an der Logik des digitalen Austauschs und der Präsentation wenig geändert, vielmehr waren es die Bandbreiten, Übertragungsgeschwindigkeiten und visuellen Präsentationsformen, die die Evolution größtenteils prägten.

Gegenwärtig wird in der Industrie intensiv an der bisher weitgehend fehlenden Dimension der Kommunikation, der räumlichen Komponente, gearbeitet. Wie die Idee eines Schreibtischs Pate stand für frühe grafische Oberflächen, so sind es heute Räume, Gebäude, Plätze und Landschaften, die Vorbilder stellen für virtuelle Bewegungsräume.

Konzerne wie *Apple*, *Meta* oder *Microsoft* investieren derzeit massiv in diese Entwicklungen. Schon heute zeichnen sich Veränderungen ab, die zukünftig maßgeblich über Zugänge und Zugangsmöglichkeiten entscheiden werden. Da die Ausgestaltungen hier noch weitgehend offen sind, gibt es nach wie vor Möglichkeiten, diese Entwicklungen auch mitzugestalten. Filmfestivals sollten nicht nur neue Formen und Trends des Filmschaffens aufzeigen, sondern diese Chance nutzen. Das scheint auch deshalb dringend geboten, da sich das Rezeptionsverhalten und die Zugänge, die Menschen wählen, um Filme anzuschauen, kontinuierlich und dauerhaft verändern, wie uns Streamingdienste, ebenso wie Second Screen, Virtual-, Augmented-, und Extended-Reality-Formate vor Augen führen.

Nicht erst in den letzten Jahren wurde viel über das Kino als sozialer Raum gesprochen. Aufgrund der Einschränkungen durch die Pandemie und den Verlust der physikalisch-räumlichen Dimension mussten viele Filmfestivals ihren Wesenskern, die Kommunikation und Interaktion neu denken. Mehr noch als beim Kinobesuch sind bei Filmfestivals die emotionalen und poetischen Aspekte (kultureller) Räume[15] von Bedeutung. Somit ist es bei einer Transformation in den virtuellen Raum essenziell, nicht bloß von den Kinos auf alternative Streaming-Angebote zu wechseln, sondern ein Festivalerlebnis auf andere Weise zu kreieren. Ungeachtet von externen Einschränkungen wie durch eine Pandemie müssen wir uns dieser Notwendigkeit stellen, da die Partizipation an Festivals mit hoher Wahrscheinlichkeit in Zukunft hybride, manchmal auch vollständig digitale Wege gehen wird. Hierin liegen zahlreiche Chancen, etwa die internationale Öffnung, die Aufhebung selbst lokaler Zugangshürden und damit auch mögliche Reichweitenerweiterungen.

---

[15] Peter Brook: *The Empty Space*. London u. a. 1990 (1. Aufl. 1968); Caston Bachelard: *The Poetics of Space. The Classic Look at How We Experience Intimate Places*. Boston, Mass. 1994 (1. Aufl. 1958).

So zeigt sich auch für das *ITFS* bis heute, trotz seines langjährigen Experimentierens im Digitalen u. a. mit der *ITFS Online Animation Library*, die große Herausforderung darin, die einzelnen digitalen Bausteine und damit die Mediatheken, die (Video-)Chat- und Konferenzfunktionen und VR-Experiences organisch zusammenzuführen und vor allem hybride Schnittstellen in den Realraum zu schaffen. Mit anderen Worten, wie übersetzen wir den physischen Festival-Besuch mit einem freien Bewegen im Raum, einer spontanen Kontaktaufnahme, einer zufälligen Begegnung, einem Austausch von Teilnehmer:innen und bisherigen Präsentationsformaten in eine räumlich orientierte virtuelle Erlebniswelt, die an jedem beliebigen mit dem Web verbundenen Ort erfahrbar ist.

Darüber hinaus stellt sich bei der Transformation eines Festivals in den virtuellen Raum auch immer die Frage nach der Interaktivität der Angebote. Ein Aspekt, der sich bei Filmfestivals – abgesehen von den klassischen und gelernten Angeboten in Form von Diskussionsrunden und Workshopelementen – bei einem linearen Filmscreening zunächst nicht stellt. Gemäß seines Selbstverständnisses, ein Festival der ‚Expanded Animation' zu sein, beschäftigt sich das *ITFS* insbesondere seit der Etablierung der *GameZone* im Jahr 2013 mit der zunehmenden Auflösung von Film- und Medienformaten in unterschiedlichen Präsentations- und Rezeptionskontexten. Die stark von Interaktivität und installativen Aspekten geprägte Rezeptionsform eines Spiels wie z. B. *Long March: Restart* (2008) von Feng Mengbo[16] bildete folglich auch eine zusätzliche wertvolle Erfahrungsgrundlage, um interaktive Elemente im *ITFS VR Hub* zu ermöglichen.

VI. Das *ITFS VR Hub*

Mit Sicherheit war es der pandemischen Krise geschuldet, dass das *ITFS* wie zahlreiche Filmfestivals in dieser Zeit einen deutlichen Schub bei der Entwicklung und Implementierung von digitalen Prozessen und Projekten erlebte. Dies galt insbesondere auch für das Bestreben, sich auf Basis der zuvor entwickelten digitalen Tools in den digitalen Raum und in die Online-Präsenz auszudehnen. Rückwirkend betrachtet, eröffneten die Jahre 2020 und 2021 ein einzigartiges Zeitfenster, um neue Konzepte umzusetzen, zu erproben, Anforderungen an künftige Standards zu eruieren und nicht zuletzt mittels konkreter Umsetzungen von virtuellen Besuchererfahrungen zu lernen. Auf diesen Kenntnissen aufbauend konnten wir im Jahr 2022 mithilfe einer Förderung aus dem *dive in. Programm für digitale Interaktionen* der Kulturstiftung des

---

[16]Stephan Schwingeler: „Long March: Restart", in: *27. Internationales Trickfilmfestival Stuttgart* (Ausst.-Katalog). Stuttgart 2017, S. 98.

Bundes das *ITFS VR Hub* deutlich weiterentwickeln, optimieren und eine Reihe von zusätzlichen Formaten implementieren.

Als Teil des ersten hybriden *Internationalen Trickfilm-Festival Stuttgart* wurde getreu dem Festival-Motto *Black is Back!* auch das ganzheitliche visuelle Konzept des Schweizer Animationskünstlers François Chalet auch auf das *ITFS VR Hub* übertragen. Das Gesamtkonzept des *ITFS VR Hub* wurde gemeinsam mit der amerikanischen XR-Designerin Allison Crank, dem Schweizer VR-Experten Christophe Merkle und dem niederländischen IT-Spezialisten Raoul Postel, basierend auf dem für das *ITFS 2021* umgesetzten Prototypen, entwickelt.

Die Anwendung basiert auf *Mozilla Hubs*, einer browserbasierten Open-Source-Plattform für VR-Meetings, die es Besucher:innen ermöglicht, sich sowohl mit VR-Brille, als auch per klassischem Display, vertreten durch Avatare, in einer computergenerierten dreidimensionalen Umgebung zu bewegen, mit anderen zu treffen und mit ihnen zu kommunizieren. Eine möglichst realitätsnahe Interaktion wird durch eine intuitive Steuerung und Spatial-Audio-Technologie unterstützt.

Um den verschiedenen Ziel- und Interessensgruppen des *ITFS* gerecht zu werden, wurden sechs verschiedene virtuelle Erlebnis- und Erfahrungsorte gestaltet, die gleichzeitig Möglichkeitsräume für die Umsetzung der vielfältigen Angebote und Funktionen des *ITFS* dienten. Dies umfasste allem voran die Präsentation der Filme, die Begegnung mit ihren Macher:innen, den Austausch von Branchenvertreter:innen, Nachwuchstalenten und Zuschauer:innen, aber ebenso Präsentationen, Workshops, Lectures, Ausstellungen, bis hin zu eigenen Partner- und Sponsoren-Empfängen. Hierfür wurden die folgenden Orte gestaltet:

Der Schlossplatz

Der virtuelle Schlossplatz, der erste Ort, den die Besucher:innen nach dem Betreten des *ITFS VR Hub* wahrnahmen, besaß die Funktion eines Empfangsbereichs. Entsprechend wurde der Raum so konzipiert, dass hier eine erste Orientierung im virtuellen Raum möglich war und auch ausreichend Bewegungsmöglichkeiten bestanden, um die Navigation und die Steuerung der Avatare zu testen. Darüber hinaus stellten Hinweistafeln die unterschiedlichen Räume und Angebote im VR-Hub vor und präsentierten Partner und Sponsoren des Festivals. Ebenso konnte hier eine erste virtuelle Ausstellung zum Comicbuchpreis der Berthold-Leibinger-Stiftung besucht sowie verschiedene Live-Veranstaltungen mittels der Übertragung auf eine virtuelle Leinwand miterlebt werden. Hier fanden sich auch die internationalen Teilnehmer des *48h Animation Jam*, dem Online-Live-Animationswettbewerb des *ITFS*, zur Preisverleihung ein und feierten die Gewinner.

Internationales Trickfilm-Festival Stuttgart | Ulrich Wegenast

Das Kino

Das *ITFS* VR-Kino, einem gemütlichen Programmkino nachempfunden, präsentierte täglich von 14:00 bis 22:30 Uhr einen Großteil des Live-Stream-Programms des Festivals, das parallel auch auf der Open-Air-Leinwand auf dem Stuttgarter Schlossplatz vorgeführt wurde. Programmteile, die nicht für eine weltweite Präsentation, d. h. ohne Geoblocking, lizensiert werden konnten, wurden durch ein vergleichbares Animationsprogramm ersetzt.

Die *GameZone*

Die VR-*GameZone* war der aufwändigste und weitläufigste Raum des *ITFS VR Hub*. Er bot den Benutzer:innen eine virtuelle Computerspielausstellung, die jeweils per Anklicken zu einem Game einluden. Außerdem fand sich hier die virtuelle Main Stage, auf der die meisten Workshops und Talks des *ITFS-VR-Hub*-Programms stattfanden. Mit dem Angebot *GameZone Talents* konnten zudem aktuelle Projekte und Games Studierender verschiedener Hochschulen entdeckt werden. Die wesentliche gestalterische Herausforderung ergab sich daraus, diese schier endlose Fülle an Möglichkeiten und Angeboten so anzuordnen, dass ein riesiger virtueller Abenteuerspielplatz entstand, ohne Überforderung, Ermüdung oder Orientierungslosigkeit bei den Besuchenden auszulösen.

Der Club

Der VR-Club bot am Festivalfreitag und -samstag ein DJ-Set von Michael Fakesch und die Besucher:innen konnten durch die sie repräsentierenden Avatare zur Musik tanzen. Dabei ließ sich die Lautstärke der Musik so regulieren, dass man mit anderen Besuchern ins Gespräch kommen konnte, ohne den Raum verlassen zu müssen.

Die Lounge

Die Lounge, als Chill-out-Area konzipiert, bot in erster Linie den Festivalpartnern einen Raum, um ungestört zu Präsentationen einzuladen. Über einen virtuellen Ghettoblaster konnte jeder User individuell für sich die Lounge-Musik an- und ausschalten. Darüber hinaus war dieser Ort als täglicher Treffpunkt für ein Meet & Greet der (virtuellen) Festivalbesucher:innen eingerichtet.

Der Workshop-Space

Ein eigener Ort, speziell für Vorträge oder Workshops zur *GameZone* kreiert, wurde zudem hoch oben über den Dächern des Schlossplatzes mit interessanten Durchblicken auf den Platz eingerichtet. Mit Gestaltungselementen wie einem virtuellen

Kaminfeuer als ironische Komponente und medienkulturelle Bezugnahme auf „TV as a Fireplace" von Jan Dibbets zielte er darauf ab, eine gemütliche Atmosphäre zu schaffen, der Besucher:innen auch zum Verweilen einlud.

Unser Ziel, mit dem *ITFS VR Hub* ein attraktives, vielseitiges, aber ebenso niedrigschwelliges, weltweit zugängliches und 24-stündiges Programmangebot parallel zum physischen Trickfilm-Festival in Stuttgart anzubieten, konnten wir mit der diesjährigen Version zweifelsohne erreichen. Über die Festival-Homepage war der direkte Zugang zum *VR Hub* möglich, es bedurfte keiner Anmeldung, es gab keine Paywall. Demnach waren direkte Zugänge für jeden und jederzeit während der Dauer des Festivals gegeben. Direkte Links führten die Besucher:innen zudem ohne Umweg zu den einzelnen installierten Räumen.

Mit dem *ITFS VR Hub* wurden insbesondere zwei Zielgruppen angesprochen: Hauptzielgruppe waren außereuropäische Festivalgäste des Trickfilm-Festivals, die wegen der noch geltenden Reisebeschränkungen und anderen Einflüssen nicht nach Stuttgart reisen wollten oder konnten. Zudem richtete sich das Angebot im Sinne der Inklusion auch an Besucher:innen aus Stuttgart und der Region, denen aus unterschiedlichsten Gründen ein Festivalbesuch in den Spielstätten vor Ort nicht möglich war. Vor diesem Hintergrund war das Filmprogramm ganztägig durchgehend und weltweit ohne Geoblocking, die *GameZone*, Ausstellungen und andere Angebote rund um die Uhr und somit auch für Besucher:innen in anderen Zeitzonen erreichbar. Mit Blick auf eine größere Zugangsgerechtigkeit wurde auf *ITFS.de* eine Unterseite in leichter Sprache erstellt. Hierfür wurde eine zertifizierte Übersetzerin für Leichte Sprache beauftragt und die Texte beim CAB-Fach-Zentrum für Leichte Sprache geprüft und mit dem Qualitätssiegel ‚Netzwerk Leichte Sprache' gekennzeichnet. Ein bedeutender Teil der Infos in Leichter Sprache widmete sich dem *ITFS VR Hub* unter dem Titel *‚Das Fest im Internet'*.

Darüber hinaus bot der *ITFS VR Hub* in seiner funktionalen Vielfalt Zugangsmöglichkeiten für Menschen mit unterschiedlichen Bedürfnissen. Die Kommunikation über das

→
ITFS VR Hub Schlossplatz © Alex Curtius
ITFS Award Ceremony 48h Animation Jam © Ulrich Wegenast
ITFS VR Hub Cinema © Alex Curtius
ITFS VR Hub Lounge © Alex Curtius
ITFS VR Hub Gamezone © Alex Curtius

Internationales Trickfilm-Festival Stuttgart | Ulrich Wegenast

Computermikrofon konnte durch Nutzung der Chatfunktion ersetzt werden. Außerdem waren reale Mitglieder des *ITFS*-Teams auf dem virtuellen Schlossplatz ansprechbar, um Besucher:innen bei Fragen und individuellen Problemen zu unterstützen.

Das visuelle Konzept der diesjährigen *ITFS*-Edition war wegen seiner Begrenzung auf Schwarz und Weiß für die Gestaltung des *VR Hub* aus vielerlei Gründen sehr dienlich. Denn da sämtliche Visualisierungen der computergenerierten Räume allein über das Internet und die Browser bereitgestellt werden, ist eine Begrenzung der zu übertragenden Datenmenge und die damit verbundene Limitierung der Visualisierungstiefe unumgänglich. Räume und Oberflächen können so (noch) nicht in der Form gestaltet werden, wie man es von Computerspielen kennt. Filme können hingegen im *ITFS* VR-Kino als eingebettete Vimeo-Files in gewohnter Auflösung präsentiert werden.

Tatsächlich unterschied sich auch der Besuch im *ITFS* VR-Kino vom klassischen Stream, da bei der Rezeption der Filme immer eine räumliche Komponente mit hineinspielte, wenngleich die User:innen die Möglichkeit hatten, auf den normalen Stream-Modus umzuschalten. Auch die Anwesenheit anderer Avatare im Raum führte tatsächlich zu einer Art sozialem Kinoerlebnis – mit allen gewünschten und ungewünschten Vor- und Nachteilen.

Neben einer Reihe von interaktiven Workshops hat mit Sicherheit der ‚*Crazy Horse Session 48h Animation Jam*' unsere Erwartungen am meisten übertroffen. Bei dem Online-Live-Animationswettbewerb des *ITFS* wurden sieben Teams à zwei Personen ausgewählt, die innerhalb von 48 Stunden einen kurzen Animationsfilm entwickeln. Alle Teams benutzten den gleichen Charakter – das Festivalmaskottchen Trixi –, um eine kurze Geschichte (Länge: 30 Sekunden bis 2 Minuten) zu erzählen. An diesem Online-Live-Wettbewerb, der sich an Animationsstudierende und junge Animationskünstler:innen (bis 30 Jahre) richtet, nahmen Teams aus Ägypten, China, Deutschland, Indien, Österreich, Polen und den USA teil und trafen sich zur Preisverleihung anschließend alle auf dem VR-Schlossplatz.

Wir haben viel positive Resonanz zum *ITFS VR Hub* erhalten, dennoch ist uns bewusst, dass wir uns auf einem Weg befinden. Filmfestivals, ganz gleich ob physisch oder virtuell, sind von einer hohen Komplexität geprägt. Wesentlich, ob real oder digital, ist es, dass die Besucher:innen begleitet werden. Was bei realen Festivals eine große Zahl an Presse-, Branchen- und Publikumsbetreuer:innen erfordert, ist aufgrund der sehr stark differierenden Erfahrungswerte der Besucher:innen ebenso im *VR Hub* unvermeidlich.

Zufällige digitale Begegnungen sind mit *Mozilla Hubs* durchaus möglich und im besten Fall können sie ansatzweise eine Art von Festivalfeeling vermitteln. Den realen persönlichen Austausch in einem physischen Setting werden VR-Angebote jedoch vorerst noch nicht ersetzen können. Sie bieten allerdings neue kreative Möglichkeiten der Kommunikation und Präsentation und überwinden vor allem problemlos räumliche (und soziale?) Distanzen, was insbesondere auch im Kontext der Nachhaltigkeitsdiskussionen bei Filmfestivals zunehmend an Relevanz gewinnt.[17]

Jedoch haben die Erfahrungen auch gezeigt, dass VR-Hubs begrenzt auf die Funktion eines alternativen Treffpunkts bisher nur sehr vereinzelt angenommen werden. Es bedarf eines qualitativ hochwertigen wie abwechslungsreichen Programms, um das Interesse auf einen Besuch zu wecken und das Verweilen der Besucher:innen anzuregen. Wichtig ist hierbei ein programmatisches Angebot, das sich dezidiert an die jeweiligen Zielgruppen wie Publikum oder Fachbesucher wendet.

Die wohl größte Herausforderung zeigte sich bei der Kommunikation der Programmangebote. Einerseits die parallele Kommunikation des realen und des digitale Festivalprogramms über unterschiedliche Kanäle und andererseits die Abstimmung der Kommunikation auf unterschiedlichste Zielgruppen, verstreut über die gesamte Welt.

Man darf VR-Hubs nicht als digitale Heilsversprechen[18] verstehen, wie sie nun Mark Zuckerberg mit seinem schon vor der Realisierung angestaubt wirkenden *Metaverse* verkündet.[19] Hubs sollten keine naiv-affirmative Versionen unserer Wirklichkeit werden und auch keine digitalen dreidimensionalen Zwillinge von Filmfestivals. Sie sind wie Architektur, Film, Animation oder Games ein eigenständiges Medium mit eigenen Praktiken, Ästhetiken und Rezeptionsformen, die gegenwärtig erprobt werden. Hubs können wie die Oper oder der Film viele andere Medien und Kunstformen wie Malerei, Musik oder Literatur inkorporieren, doch werden sie diese nicht ersetzen.

Wenn VR-Technologien einfacher, zugänglicher und günstiger werden, wird sich zeigen, ob VR-Hubs ein selbstverständlicher Teil eines hybriden Filmfestivals werden, der nicht nur kostengünstiger und (scheinbar) ökologischer ist als Onsite-Festivals, sondern wirklich neue Festivalformate hervorbringt und neue Publikumsschichten erreicht. Die Entwicklung dorthin sollten die Filmfestivals nicht allein den Big Techs überlassen, sondern auch entsprechend ihrer eigenen Anforderungen selbst gestaltend begleiten.

---

[17] Lars Henrik Gass, „Die Party ist aus", in: *Filmdienst* (19.9.2019), https://www.filmdienst.de/artikel/38234/lars-henrik-gass-filmfestivals-und-klimaschutz (letzter Zugriff am 10.6.2022).

[18] Florian Rötzer, „Cyberspace als Heilserwartung. Über das globale Gehirn oder den virtuellen Leviathan", in: *Heilsversprechen*, hg. v. Norbert Bolz/Willem van Reijen. München 1998, S. 159–175.

[19] Mark Zuckerberg, "Connect 2021: our vision for the metaverse" (28.10.2021) (https://www.facebook.com/4/videos/1898414763675286/), Kurzversion: „Everything Facebook Revealed About the Metaverse in 11 minutes" (https://www.youtube.com/watch?v=gElflo6uw4g) (letzter Zugriff am 10.6.2022).

Film Festival Cologne

Das *Film Festival Cologne* wurde im Jahr 1991 auf Initiative des damaligen Grimme-Institut-Leiters Lutz Hachmeister und Martina Richter unter dem Namen *Cologne Conference* als Fernsehteil des *Medienforum NRW* gegründet. Die *Cologne Conference* war zunächst ausschließlich als Fachveranstaltung konzipiert und verfolgte das Ziel, deutsche Fernsehschaffende durch ein internationales Konferenz- und Screening-Programm zu professionalisieren und über die Grenzen Deutschlands hinaus zu vernetzen. Schnell öffnete sich der Kongress mit einem Angebot an internationalen TV- und Film-Premieren auch einem breiteren Publikum. In diesem Zusammenhang feierten viele der großen internationalen Serien ihre Deutschlandpremieren bei der *Cologne Conference*.

Die *Cologne Conference* entwickelte sich sehr erfolgreich und galt für die internationale Branche als „The Gateway to the German Market", wie die Fachzeitschrift *Variety* 1999 schrieb. 2007 löste sich die *Cologne Conference* vom Medienforum und konnte so unabhängig weiterentwickelt werden. Insbesondere der Publikumsteil des Festivals wuchs in den Folgejahren stetig.

2016 erfolgte dann unter dem neuen Namen *Film Festival Cologne* ein umfassendes Rebranding, und auch das Land NRW, die Stadt Köln und die Film- und Medienstiftung NRW verstärkten maßgeblich ihre Förderung. Zusätzlich zu den Partnern aus der Branche wurden viele weitere, auch branchenferne Unterstützer und Sponsoren gewonnen. Das *Film Festival Cologne* hat sich seither zu einer festen und beständigen Branchengröße von globaler Strahlkraft entwickelt und zahlreiche internationale Stars wie Jane Campion, Steve McQueen, Lars von Trier, David Lynch, Paolo Sorrentino, Isabelle Huppert, Juliette Binoche, Rami Malek, Mads Mikkelsen, Robert Pattinson, Jon Hamm und Elisabeth Moss in die Domstadt geholt.

Heute ist das *Film Festival Cologne* eines der führenden Festivals in Deutschland. Es diskutiert die weltweit großen Trends und zeigt die relevanten Produktionen der nächsten Saison und herausragende Arbeiten audiovisuellen Erzählens. Mit Veranstaltungsteilen wie dem weltweit ersten *Urban GIF Parcour* geht das Festival auch raus aus den Kinos und trägt wichtige Bewegtbildtrends hinein in den öffentlichen Raum.

Und, *last but not least*, findet das Filmfestival seit 2021 unter dem Label *FFCGN* immer statt: Webseite und Social-Media-Kanäle präsentieren 24/7 und 365 Tage im Jahr die Themen Film, Popkultur, Kunst und Gesellschaft mit exklusiven Interviews, hochkarätigen Essays, einer kuratierten Filmauswahl und was sonst noch relevant ist zum Thema „Bewegtbild". Und auch hier geht es um den organischen Austausch mit der Community und der immerwährenden Freude auf das Neue.

Film Festival Cologne | Martina Richter und Johannes Hensen im Gespräch

Martina Richter und Johannes Hensen im Gespräch mit Tanja C. Krainhöfer

„Die Menschen wünschen sich bei der zunehmenden Inhalte-Flut Orientierungshilfe"

Zahlreiche Filmfestivals in Deutschland sind aus einer Initiative der lokalen Filmszene hervorgegangen, wie etwa das Filmfest Hamburg (gegr. 1992). Andere Filmfestivals waren wie das Filmfest München (gegr. 1983) ein Wahlgeschenk des Münchner OB Erich Kiesl, politisch intendiert oder folgten standortpolitischen Überlegungen wie das Filmfestival Max Ophüls Preis (gegr. 1980) des Saarbrücker OB Oskar Lafontaine. Die Gründung des Film Festival Cologne, damals noch unter dem Namen Cologne Conference, fällt in die Zeit der Medienoffensive NRW. Ist das Film Festival Cologne (FFCGN) somit auch ein Kind der Politik?

Martina Richter (MR): Der durch das duale Rundfunksystem angetriebene sehr dynamische TV-Markt versetzte Anfang der 1990er Jahre die vergleichsweise noch überschaubare deutsche Medienbranche in Aufbruchsstimmung. Wolfgang Clement war damals Ministerpräsident in NRW und entwickelte mit großem Einsatz das Bundesland hin zu einem über die Grenzen Deutschlands hinaus wichtigen Medienstandort. Sender, große Produktionshäuser, Film- und Fernsehstudios wurden angesiedelt und eine gut ausgestattete Filmförderung wurde gegründet. Als medienpolitisches Event war das *Medienforum NRW* damals eine große Diskursplattform, es fehlte aber ein Fernsehteil. Mein Uni-Freund Lutz Hachmeister, der damals Chef des *Grimme Instituts* war, bot der Politik an, diesen Fernsehteil des Medienforums aus dem *Grimme Institut* heraus zu organisieren. So entstand 1991 die erste *Cologne Conference*, sicherlich politisch gewollt, aber eher aus der persönlichen Initiative von Lutz Hachmeister und mir geboren.

Die Cologne Conference (CoCo) war als reine Branchenveranstaltung konzipiert und setzte ihren Fokus auf internationale Fernsehproduktionen. Bedenkt man, dass erst 1981 die Zulassung privater Fernsehanbieter erfolgt war und die beiden ersten deutschen Privatsender SAT1 (1984) und RTL (1988) noch als ‚Schmuddelsender' galten, scheint dieses Profil

heute ein mutiger und visionärer Schritt. Welche strategischen Ziele standen bei der CoCo im Vordergrund und wie wurden diese umgesetzt?
MR: Der TV-Markt war damals bei weitem nicht so durchglobalisiert, wie er das heute ist. International, besonders in den USA und in Großbritannien, gab es damals unglaublich starken Content, der in Deutschland aber weitestgehend unentdeckt blieb. Auch deshalb war die Ausrichtung der Veranstaltung schon damals sehr international angelegt. Wir reden über eine Zeit, in der die Verlage in Deutschland eine enorm große Rolle spielten und die öffentlich-rechtlichen Sender wie Platzhirsche ohne großen Konkurrenzdruck den Blick über den Tellerrand scheuten. Uns war klar, dass die Zukunft dem Bewegtbild gehören würde, und dass es von internationalen Formaten, den Kreativen und den Entscheidern viel zu lernen gab. Deshalb haben sich bei uns auch die großen Player der Branche, wie damals Rupert Murdoch und Leo Kirch, getroffen. Es entstand ein regelrechter Hype, und wir hatten alle wichtigen deutschen Medienhäuser mit ihren Verantwortlichen auf den Podien und im Publikum und natürlich auch immer starke Impulse aus dem Ausland. Bei unserem gemeinsam mit *RTL* veranstalteten *Producer Empfang* versuchten nicht eingeladene Menschen sich durch die Toilettenfenster Zugang zur Veranstaltung zu verschaffen, und bei der Konferenz *The German TV Market Inside Out* brachen in der Rotunde der Rheinterrassen wegen Überfüllung die Geländer ab. Aber in erster Linie ging es uns immer und auch heute noch um die tatsächlichen Inhalte und darum, wirklich etwas audiovisuell präsentieren zu können, die Cases vorzustellen, zu überraschen und unmittelbare Inspiration zu liefern. Die damalige Branchenveranstaltung hatte also schon immer auch viel von einem Festival.

Mit Twin Peaks und Emergency Room, Sex and the City und 24 war die CoCo das erste Festival in Deutschland, das gezielt Serien in den Mittelpunkt stellte. Heute gibt es reine Serienfestivals, die in vollen Kinos neueste Produktionen präsentieren. Bedauern Sie, dem ursprünglichen Konzept nicht treu geblieben zu sein und womöglich diese Vorreiterrolle verschenkt zu haben?
MR: Nein, auf keinen Fall bedauern wir das. Es ging uns ja schon immer um alle medial interessanten Bewegtbildformen, so haben wir z. B. schon 1994 Video-Poems in unserer kleinen *Screening-on-Demand-Unit* gezeigt. Und bis heute haben wir ja die wirklich wichtigen Serien oft als Deutschlandpremieren und mit dem *European Series Day* auch einen sehr gut besuchten Fachkongress zum Thema. Aber jenseits der Serien gab und gibt es noch viele weitere relevante Inhalte und Entwicklungen, und die möchten wir in einer Art Labor präsentieren, das sich nicht nur mit der Gegenwart, sondern auch bereits mit den zukünftigen Entwicklungen beschäftigt. Deshalb ist unser Motto auch stets gewesen: Schon jetzt sehen, was morgen wichtig ist!

Film Festival Cologne | Martina Richter und Johannes Hensen im Gespräch

Und wir möchten natürlich nicht nur die großen Inhalte und Trends nach Deutschland bringen und in Köln verhandeln, sondern ebenso eine Plattform und ein Schaufenster sein für die hiesige Content-Branche. So hat sich neben dem TV die Filmwirtschaft hier wahnsinnig gut entwickelt, es gibt viele erfolgreiche Webvideo-Produzenten, Game-Studios und -Entwickler, und die großen Sender machen ihre eigenen Streaming-Plattformen auf. Wären all diese Veränderungen von uns unberücksichtigt geblieben, hätten wir wichtige Innovationen ignoriert und keine Impulse für zukünftige Entwicklungen geben können. Und das ist ja genau das, was wir mit der *Cologne Conference* und natürlich auch mit dem *Film Festival Cologne* leisten wollen.

Mit der Öffnung der geschlossenen Branchenveranstaltung auch für das Kinopublikum hat sich das FFCGN schließlich nochmals gänzlich neu erfunden. Worauf ging diese Entscheidung zurück, welche Möglichkeiten eröffnete diese Neupositionierung?
Johannes Hensen (JH): So ganz neu erfunden haben wir uns ja nicht – es gab, wie beschrieben, immer auch schon einen öffentlichen Publikumsteil bei der *Cologne Conference*. Als wir den immer weiter ausgebaut hatten, merkten wir, dass der Konferenz-Absender nicht mehr der richtige war und das breite Publikum eher verwirrte. Also war klar, dass wir uns besser Festival nennen sollten, weil wir da schon ein Festival waren. Dieses Rebranding brachte eine enorme Aufmerksamkeit, und die Marke *Film Festival Cologne* hat sich sehr schnell etabliert. Wir hatten auch bei der *Cologne Conference* schon eine Kino-Reihe, aber immer große Probleme mit den Verleihern, die uns als uneindeutiger Zwitter-Veranstaltung ihre Filme nicht wirklich geben wollten. Das ist jetzt viel besser, und wir werden im deutschen Festival-Wettbewerb mittlerweile ernst genommen. In den vergangenen Jahren konnten wir immer die wichtigsten Filme direkt von den großen Festivals wie Cannes, Venedig, Toronto und Sundance nach Köln holen und hier vor Kinostart präsentieren. Besonders reizvoll für unser Publikum ist dabei, dass einige der bedeutendsten Regisseur:innen der Welt in Köln ihre Filme persönlich vorstellen. Allein in den letzten zehn Jahren hatten wir Thomas Vinterberg, Gaspar Noé, Jane Campion, Harmony Korine, Claire Denis, David Lynch, Lars von Trier, Paolo Sorrentino, Luca Guadagnino, Kevin Macdonald, François Ozon, Joshua Oppenheimer und viele weitere zu Gast. Das große Weltkino ist ein wichtiger Bestandteil des Festivals, wir laden aber gezielt auch Regiegrößen ein, die virtuos interdisziplinär arbeiten. Ein gutes Beispiel dafür ist Oscarpreisträger Steve McQueen, der 2021 den Filmpreis Köln beim Festival erhielt und mit seiner epischen Anthologie SMALL AXE und der Dokuserie UPRISING zu Gast war. McQueen ist ja auch gefeierter Videokünstler, Musikvideoregisseur und noch so vieles mehr. Als Künstler passt er also perfekt zu unserem Profil. Wir sehen aber auch die Abgrenzung zwischen den Gattungen nicht so

eng, wie das viele andere Festivals tun. Für uns ist das relevant, was in seiner Qualität besonders ist und auch gesellschaftlich eine Bedeutung hat.

In den 1950er Jahren grenzte sich die Filmwirtschaft mit dem Motto ‚Keinen Meter Film für das Fernsehen' ab. Später war deutsches Kino ohne Senderbeteiligung nicht mehr vorstellbar. Als Festival, das sich sowohl dem Kino als auch dem Fernsehen verschreibt, denken Sie, dass die Verbindung von Kino und Fernsehen ein Segen oder ein Fluch war?
MR: Diese Frage lässt sich schwer kategorisch beantworten. Schlussendlich muss jedes Projekt individuell betrachtet werden. Es gibt Kinofilme, denen mehr künstlerische Freiheit ohne Formatdenken gutgetan hätte. Es gab aber auch schon immer mutige Verantwortliche bei den Sendern, die immer das Beste ermöglichen wollten und durchaus Risiken eingegangen sind, so dass sich Kino und Fernsehen häufig befördern konnten. Diese Risikobereitschaft nimmt aber leider bei den klassischen Sendern immer weiter ab, und auch junge Talente erfahren hier wenig Unterstützung. Die Verjüngung und die Chance, Geschichten endlich mal anders als gewohnt innovativ zu erzählen, geht im Moment in erster Linie von den Streamern aus – so spielen die Autoren plötzlich eine ganz bedeutende Rolle. Hier wurde einiges verschlafen bei den traditionellen Programmanbietern, obwohl die Entwicklungen abzusehen waren. Aber natürlich ist es in Deutschland nach wie vor wichtig, dass die Sender eine bedeutende Rolle bei der Kofinanzierung von Kinofilmen spielen – wenn der kreative Spielraum nicht darunter leidet.

Margarethe von Trotta, Juliette Binoche, Jane Campion, Sean Bean und Kevin Mcdonald beim Film Festival Cologne 2017 © Film Festival Cologne

Film Festival Cologne | Martina Richter und Johannes Hensen im Gespräch

In den späten 1990er Jahren produzierte allein RTL jährlich 100 TV-Movies und sorgte für einen ähnlichen Mangel an Kreativen und Filmfachkräften, wie wir ihn heute vor dem Hintergrund des Produktionsbooms der Streamer sehen. Inwiefern trug und trägt das FFCGN als Showcase und Vernetzungsplattform der Kreativen bei?
JH: Vernetzung ist sicherlich ein Kerngedanke von allen branchenrelevanten Festivals. Wir verstehen die Premieren, die bei uns gefeiert werden, auch immer als Showcase für alle beteiligten Kreativen. Bei vielen Festivals entsteht durch strenge Protokolle eine Wahrnehmungsreduktion der kreativen Leistung auf die Regie und den Cast, das entspricht aber keineswegs der stets immens wichtigen Teamleistung, die bei der Produktion vollbracht wird. Wir stellen immer sehr gerne das gesamte Team vor und kommunizieren auch Kooperationen mit den Sendern und Produktionen offen nach außen. Das wird hin und wieder als werblich empfunden, wir möchten aber eine Plattform sein, die Nähe und Kontakt ermöglicht. Und dazu gehört eben auch, klar zu nennen, mit wem wir zusammenarbeiten und wer die Menschen dahinter sind. Ich denke, wir sind gute Gastgeber, und auch das trägt sehr zu einer offenen und kommunikativen Atmosphäre bei, die wir für Vernetzung als elementar ansehen.

Parallel zu dem vielseitigen Programmangebot für das Publikum ist der Industriezweig dennoch in seinem Umfang gleichberechtigt? Neben erfolgreichen Formaten wie dem Branchenevent European Work in Progress (EWIP) in Kooperation mit der AG Verleih, wo sehen Sie des Weiteren die Rolle und die Stärken des FFCGN?
MR: Der Bewegtbildmarkt ist mehr in Bewegung denn je und selbst gestandene Branchenpersönlichkeiten freuen sich über Orientierung und Impulse von außen genauso wie über den Dialog mit der Community. Ganz besonders wichtig ist der Blick nach vorne. Erlebnisberichte und der Status Quo sind immer „nice to have", aber nicht unser Anspruch. Wir möchten inspirieren und, wenn man so will, auch ein Kompass sein, der zeigt, wo es langgeht. In NRW ist nach dem Wegfall des Medienforums eine Lücke entstanden, die wir sicher nicht schließen wollen und können. Durch dieses Vakuum bemerken wir aber, dass der Bedarf bei der Branche groß ist, sich hier am Standort auszutauschen, und dass das Festival eine willkommene Plattform für diesen Austausch bietet.

Mit dem Urban GIF Parcour hat das FFCGN sich zu Fernsehfilm, Kinofilm und Serie einem weiteren Bewegtbild-Format zugewandt und dabei den Vorführraum in die Kölner Straßen verlagert. Ist dieses Projekt als innovative Pandemie-Idee zu verstehen, als neue Sektion oder als Beginn, sich mehr in den öffentlichen Raum auszudehnen?
JH: Bewegtbild in all seinen Formen Beachtung zu schenken, ist schon immer Teil unserer Agenda. Die weltweit erste GIF-Ausstellung im öffentlichen Raum zu veranstalten,

lag für uns nah, als wir uns fragten, wie wir denn in unserem Festivalzusammenhang dieses ja nicht mehr wegzudenkende Kommunikationsmedium und popkulturelle Phänomen angemessen präsentieren könnten. Klar war, dass das nicht in der hermetischen Atmosphäre eines Kinos funktionieren konnte und GIFs auf die Straße und ins öffentliche Leben gehören. So war der Plan geboren, die Schaufenster der angesagten Maastrichter Straße im Belgischen Viertel Kölns mit Screens auszustatten und die mit kuratierten GIFs zu bespielen, unter denen sich auch bereits einige digitale Kunstwerke befanden. Denkt man nur an die mittlerweile allerorts geführte NFT-Debatte, waren wir da richtungsweisend und weit vorn. Wir werden das Format des *Urban GIF Parcour* und unsere Präsenz im öffentlichen Raum auf jeden Fall weiter ausbauen.

Auch wenn sich das FFCGN als Forum für Kino, Fernsehen und Serien versteht, lotet es die Grenzen der Bewegtbilder in der medialen Gesamtheit aus. Welche Position verbirgt sich hinter diesem Bestreben?
MR: Das ist ein entscheidender Punkt. Was sind denn die „Grenzen der Bewegtbilder"? Das wird offensichtlich sehr unterschiedlich interpretiert. Wir wundern uns häufig, dass diese Grenzen überhaupt gezogen werden. Für uns sind „moving images" nicht synonym mit Kino. Wir respektieren das Hoheitsgebiet der Cineasten und möchten dieses auch gerne bedienen, aber die Rezeptionsgewohnheiten haben sich so grundlegend verändert. Sämtliche Bewegtbildinhalte sind dank Digitalisierung überall und jederzeit herzustellen und zu rezipieren, dass schon allein hierdurch die Grenzen verschwimmen. Besonders interessant ist es ja aber, jetzt zu schauen, welche Gratifikationen von welcher Nutzung und welchen Inhalten ausgehen. Da hat sich so viel geändert, und auch die Gesellschaft und ihr Wertesystem ist ja einhergehend in einem solchen Wandel begriffen – da möchten wir dabei sein und wie immer versuchen, einordnend zu helfen und das Spannendste zu präsentieren. Wir verstehen uns als zugewandt, neugierig, aufmerksam und vor allen Dingen offen gegenüber Neuem und dem Zeitgeist.

Dabei betont das FFCGN, „Bewegtbildangebote und moderne AV-Medien sind unverzichtbar, um entwicklungspolitische Themen erfolgreich zu kommunizieren". Welche Funktion und Verantwortung leiten sich hieraus für ein Filmfest wie das FFCGN ab?
MR: Jeder Mensch trägt eine gesellschaftliche Verantwortung, eine öffentlich geförderte Großveranstaltung umso mehr. Wir zeigen durch unser Programm viele Missstände auf und regen zum Handeln an. Darüber hinaus möchten wir helfen, dass durch den Einsatz von Bewegtbild die ja so wichtigen entwicklungspolitischen Themen und die Globalen Ziele eine breite Öffentlichkeit erreichen und aktivieren. Hierzu vernetzten wir ihm Rahmen des Festivals bei der Konferenz *Global Day – Stories for Change* und

Film Festival Cologne | Martina Richter und Johannes Hensen im Gespräch

mit dem *NRW-Medienpreis für entwicklungspolitisches Engagement*, den wir gemeinsam mit dem Land NRW ausloben, die Medienbranche mit den entwicklungspolitischen Akteuren. Rund um den Themenkomplex *Stories for Change* entsteht bei uns gerade ein ganz eigener Kosmos, der uns sehr wichtig ist. In diesem Zusammenhang sind wir im Team des von Carolin Kebekus initiierten *DCKS Festival* als Startschuss einer großen Bewegung zum Thema Gender Equality und kuratieren eine Filmreihe für das Kunst-, Musik- und Kultur-Festival *Millerntor Gallery* von *Viva con Agua* und dem *FC St. Pauli*.

Mit dem Thema „Die Macht der Bilder" verweist das Programm des FFCGN 2021 auf die Einfluss- und Gestaltungsmacht (audio-)visueller Inhalte, in einer Zeit deren Realitäten oftmals durch gezielt konstruierte Bilderwelten geprägt sind. Versteht sich das Film Festival Cologne somit auch als eine Art Schule des Sehens?
JH: Wir möchten mit *Die Macht der Bilder* nicht zu didaktisch daherkommen und auch keine Aufklärungsarbeit leisten. Vielmehr geht es uns darum, die Bedeutung von Bildern im gesellschaftlichen Kontext einzuordnen. Die US-Präsidentschaftswahl 2020, die Corona-Pandemie und der Ukraine-Krieg sind sehr aktuelle und drastische Beispiele dafür, wie Bilder den gesamten Informationsfluss bestimmen. Mit kurzem zeitlichen Versatz diskutieren wir dann diese Ereignisse erneut und differenziert auf den Festivals der Welt anhand der darüber entstandenen Filme. Aber ist nicht auch ein Meme, ein GIF oder eine Simpsons-Folge genauso mächtig wie ein abendfüllender Spiel- oder Dokumentarfilm? Um Antworten auf diese Frage zu finden und den Diskurs darüber anzuregen, haben wir 2021 *Die Macht der Bilder* zu einem Oberthema des Festivals erklärt und werden auch zukünftig einen Blick auf das akute Weltgeschehen durch diese Brille werfen.

Thematisch bewegt sich das FFCGN mit dem Feld „Film, Popkultur, Kunst, Trends, Gesellschaft" deutlich über das klassische Selbstverständnis von Filmfestivals hinaus. Dienen hierbei Festivals wie SXSW und Nowe Horyzonty als Vorbild und welchen Stellenwert hat das Kino eigentlich noch in dieser Vielfalt an Erzählformen?
MR: Wir haben seit vielen Jahren eine Partnerschaft mit dem *SXSW-Festival* und sogar viele Jahre große Delegationen dorthin nach Austin geführt. Das *SXSW* ist wichtige Inspirationsquelle, aber das Konzept lässt sich schwer als Blaupause auf ein Festival in Deutschland übertragen, und schon einige haben sich an der Idee einer Kopie die Zähne ausgebissen. Wir nehmen aber aus Austin immer wieder die große Spielfreude an der Verknüpfung von komplexen Themen und der Vernetzung von Menschen unterschiedlichster Herkunft und Profession mit. Und wie die *SXSW* verstehen auch wir uns als Kompass und Einordner in einem zunehmenden Dickicht aus digitalen Angeboten und Möglichkeiten.

Filmfestivals | Krisen – Chancen – Perspektiven

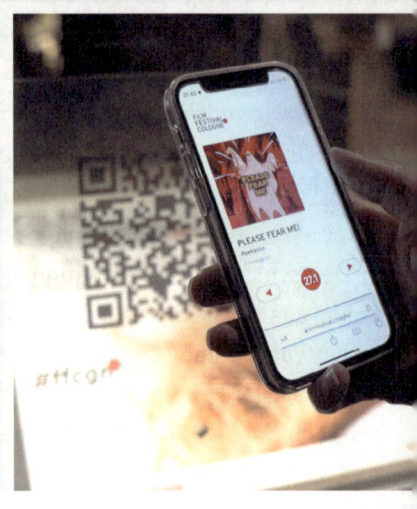

Film Festival Cologne | Martina Richter und Johannes Hensen im Gespräch

JH: Ein Festival wie *SXSW* beweist auch gut, dass Kino nach wie vor einen hohen Stellenwert hat. Obwohl dort die neuesten Tech-Trends besprochen werden, kommt dem Kino eine gleichberechtigte Bedeutung zu. Und das Geniale ist ja, dass sich dort die Player der verschiedenen Disziplinen begegnen und ein fruchtbarer Austausch zustande kommt, den wir in Deutschland häufig schon im Ansatz kaputt-theoretisieren würden. Daher ist auch der *SXSW*-Ansatz sinnvoll, das traditionelle Medium Kino und seine Akteure mit neuen Entwicklungen zu konfrontieren, im positiven Sinne natürlich.

Deutschland zeichnet sich aufgrund seiner föderalen Struktur durch eine Vielzahl an Medienstandorten aus, die sich von München über Stuttgart, Hamburg und Berlin auch mithilfe von Filmfestivals profilieren. Mit Blick auf die Bedeutung Kölns als Medienmetropole erscheint die Etablierung des FFCGN als ungewöhnlich spät. Wie erklärt sich das?

MR: Es gab Ende der 1980er Jahre in Köln den Versuch, ein großes internationales Filmfestival zu etablieren. Dieser Versuch ist nach nur zwei Jahren kläglich gescheitert, es wurde viel Geld versenkt und das Projekt wurde eingestellt. Dieses Trauma musste in Köln offensichtlich erstmal überwunden werden, und der Begriff „Filmfestival" war für lange Zeit verbrannt. Als wir dann das Gefühl hatten, die *Cologne Conference* inhaltlich motiviert ruhigen Gewissens „Filmfestival" nennen zu können, und dieses Vorhaben auch offensiv kommuniziert haben, konnten wir mit großer Unterstützung unsereer Förderer diesen Schritt gehen. Diese Entwicklung hin zu einem Filmfestival war nicht nur eine sehr behutsame, sondern verlief auch sehr organisch – eigentlich war ja die *Cologne Conference* bereits seit Anfang der 2000er ein kleines Mini-Festival.

Diversifikation erscheint die neue Losung, horizontal, vertikal oder auch diagonal. Das FFCGN setzt auf eine transmediale Diversifikation? Welcher Ansatz verbirgt sich dahinter?

MR: Die Abbildung der gegenwärtigen Situation auf dem weltweiten Bewegtbildmarkt. Die wichtigsten Regisseur:innen des klassischen Kinos drehen Serien, Musikvideos, Commercials, Web-Formate. Teilweise auch die, die das nie vorhatten. Es gibt viele bahnbrechende Nova in unserer Branche. Filme, die komplett mit dem iPhone gedreht

←

Die Macht der Bilder – ein Leitthema beim Film Festival Cologne © Film Festival Cologne
Gedrängel um die Stars beim Film Festival Cologne © Film Festival Cologne
Eröffnungsempfang des Film Festival Cologne © Film Festival Cologne
Der Filmpalast in Köln © Film Festival Cologne
Urban GIF Parcour während des Film Festival Cologne © Film Festival Cologne
Urban GIF Parcour während des Film Festival Cologne © Film Festival Cologne

wurden, gewinnen Preise bei den wichtigsten Festivals der Welt. Auf dem gleichen Gerät verbringen Millionen Menschen weltweit Millionen Stunden mit Content, der nie dafür produziert wurde. Und eben diese Menschen produzieren selber Bewegtbild-Content, den dann wiederum andere rezipieren. Vollständige Konversationen über Messenger-Dienste werden ausschließlich via GIFs geführt – Bewegtbild ist die Sprache der Digitalisierung und überall. Wenn mit transmedialer Diversifikation gemeint ist, diesen Phänomenen Beachtung zu schenken und ihnen Raum bei einem Filmfestival einzuräumen, dann ist dies unser Ansatz.

Festivals charakterisieren sich durch die Verknappung und die Verdichtung auf einen kurzen, klar definierten Zeitraum. Das FFCGN bespielt bewusst auch den Zeitraum zwischen den Festivalausgaben, bewegt sich gezielt an verschiedene Orte innerhalb der Stadt wie auch im virtuellen Raum. Welche Ziele verfolgen Sie mit dieser abweichenden Strategie?
JH: *FFCGN* ist mittlerweile ein Absender, dem von seinem Publikum großes Vertrauen entgegengebracht wird. Warum sollten wir dieses Vertrauen nicht nutzen und unserem Publikum ganzjährig spannende Inhalte anbieten? Wir haben schon vor der Pandemie darüber nachgedacht, wie wir die Gratifikationen, die unser Festival dem Publikum bringt, ganzjährig ins Digitale überführt bekommen. Unsere Antwort heißt *FFCGN*, und wir haben unsere Webseite zu einer virtuellen Plattform umgebaut, die flankiert von unseren Social-Media-Aktivitäten 365 Tage im Jahr als Digitalmagazin für bewegte Bilder und Popkultur immer, für alle und überall zu rezipieren ist. Dort finden sich nicht nur Beiträge, die die Festivalinhalte anhand von tiefgründigen Interviews und Essays über das Jahr verlängern, wir behandeln dort auch breiter angelegte Themen, die am Puls der Zeit sind. Wir erhoffen uns perspektivisch sehr viel von diesem Schritt. Wir schaffen ein attraktives Umfeld für unsere Partner, in dem sie sich mit ihren Inhalten wohlfühlen, bieten einen Mehrwert für unser Publikum und können so die Marke *FFCGN* gezielt ganzjährig etablieren und in viele Richtungen ausdifferenzieren. Die Möglichkeiten sind so vielfältig, dass sich daraus für unser Team komplett neue Arbeitsbereiche ergeben und so vielleicht ein Filmfestival der Zukunft entsteht. Wer weiß ...?

Auch mit Blick auf den enormen Bedeutungszuwachs des Filmfestivalsektors im Zuge der Pandemie, welche weitergehenden Entwicklungen erwarten Sie und welche Position verfolgen Sie hierbei für das FFCGN?
MR: Der Bedeutungszuwachs von Filmfestivals war auch schon vor der Pandemie zu spüren. Die Menschen wünschen sich bei der zunehmenden Inhalte-Flut Orientierungshilfe und möchten an die Hand genommen werden. Das sieht man ja z. B. auch

an den Empfehlungsstrategien von *Netflix* oder *Spotify* – der Kuration und dem Packaging von Inhalten kommt eine immer zentralere Bedeutung zu. In diesem Zusammenhang sind wir als Festivalteam so etwas wie der vermenschlichte Algorithmus, der empfiehlt, was jeweils interessant sein könnte. Und dadurch, dass wir als tatsächliche Menschen hinter der Programmauswahl stecken, können wir in eine aktive Interaktion mit unserem Publikum treten, und das bringt uns und den anderen Festivals eine große Wertschätzung – und das ist toll!

Biennale Bavaria International – Festival des neuen Heimatfilms

Ausgehend von der Fragestellung ‚Was bedeutet Heimat?' wurde im Jahr 2015 im Austausch des Kulturmanagers Peter Syr aus Haag in Oberbayern und des ehemaligen Mühldorfer Bürgermeisters und Landtagsabgeordneten Günther Knoblauch die Idee geboren, ein Heimatfilmfestival zu gründen. Schließlich schlossen sich sechs Orte zusammen, die sich in diesem Ursprungsgedanken wiederfanden und Teil des Festivals wurden. Ein Trägerverein wurde gegründet, der mit den Planungen und der Suche nach weiteren Kooperationspartnern und Finanzierungsmöglichkeiten für das Festival begann.

Im Jahr 2019 konnte der Filmwissenschaftler und Filmkritiker Joachim Kurz, Gründer, Herausgeber und Chefredakteur des Online-Filmkritikmagazins *Kino-Zeit.de* als Kurator für die Filmauswahl gewonnen werden. Zu diesem Zeitpunkt stand durch einen zuvor durchgeführten Workshop bereits fest, dass es bei der Programmauswahl für die *BBI* nicht primär um Premieren und Uraufführungen geht, sondern vielmehr darum, eine Auswahl bereits auf anderen Festivals erfolgreich gelaufener hochklassiger Filme zu treffen (‚Best of Fest').

Als Vorlauf zur eigentlichen, für den April 2021 angesetzten ersten Ausgabe des Festivals entwickelte sich zudem die Idee eines Prologs in Form einer dreitägigen Auftaktveranstaltung genau ein Jahr vor dem eigentlichen Beginn. Diese Veranstaltung, die sich *Neuer Heimatfilm unterwegs* nannte, sollte einen Vorgeschmack geben auf das Kommende, Einblicke geben in die Arbeitsweise des Festivals und Lust machen auf das Thema und die Filme. Aufgrund des ersten Corona-bedingten Lockdowns wurde das Event vom April 2020 in den September 2020 verschoben und fungierte als erfolgreiche Generalprobe für die ursprünglich auf den Zeitraum 21.–25. April 2021 terminierte Festivalpremiere der *BBI*. Doch dann folgte abermals ein Lockdown, der eine zweite Verschiebung notwendig machte.

Die *1. Biennale Bavaria International – Festival des neuen Heimatfilms* fand schließlich zum ersten Mal vom 15. bis 19. September 2021 in der Inn-Salzach-Region mit Spielorten in Altötting, Burghausen, Haag i. OB, in Mühldorf a. Inn, in Trostberg und Wasserburg am Inn statt. Insgesamt wurden 42 Filme in vier Kategorien (Spielfilm, Dokumentarfilm, Kinder- und Jugendfilm sowie Newcomer/Independent) gezeigt. Trotz der deutlich spürbaren Auswirkungen der Corona-Pandemie und der Platzbeschränkungen in den Kinos erreichte das Festival insgesamt rund 5.000 Besucher:innen.

Joachim Kurz

Heimat! Film! Festival!
Über die Entstehung eines Festivals des neuen Heimatfilms

Rund 450 Filmfestivals gibt es in Deutschland laut einer empirischen Studie der Forschungsinitiative *Filmfestival Studien*[1]. Es gibt also kaum eine Woche, in der nicht mindestens ein Festival irgendwo in Deutschland seine Auswahl einem Publikum präsentiert, kaum ein Tag, an dem nicht neue Sichtweisen und Perspektiven auf die Welt gezeigt, diskutiert und ausgezeichnet werden. Doch trotz dieser enormen Anzahl gibt es in (einer freilich nur imaginären) Topografie der Filmfestivallandschaft immer noch weiße Flecken – und das bezieht sich ebenso auf Orte und Regionen wie auch auf Themen und Schwerpunkte, die fast immer eine Reaktion sind auf bestehende Bedürfnisse, Defizite und Leerstellen, die anderweitig kulturell und gesellschaftlich zu wenig Beachtung finden.

Im Folgenden zeichne ich die Entstehung eines neuen Festivals in Oberbayern nach, der *Biennale Bavaria International – Festival des neuen Heimatfilms* (kurz: *BBI*), die im September 2021 noch unter dem Eindruck der Corona-Pandemie und zweier Lockdowns stattfand und die ich als Kurator mitgestalte. In diesem Festival fließen gleich mehrere Neuerungen zusammen: Zum einen ist die thematische Ausrichtung auf den neuen Heimatfilm und damit auf eine Begrifflichkeit, die sowohl filmhistorisch wie auch gesellschaftlich einiges an Brisanz birgt, bislang in Deutschland beinahe konkurrenzlos, wenn man einmal vom beinahe gleich alten (bzw. gleich jungen) Festival *Heimat Europa* in Simmern im Hunsrück sowie dem Festival *Der Neue Heimatfilm* auf der Burg Klempenow (für Kurz- und Dokumentarfilme) absieht.

Zudem findet die *BBI* nicht an einem Ort statt, sondern genau genommen gleichzeitig an sechs Orten, was einerseits darauf ausgerichtet ist, eine ganze Region in Bewegung und ins Gespräch zu bringen über Verbindendes wie Trennendes, und

---

[1] Siehe hierzu Tanja C. Krainhöfer/Tobias H. Petri, „Die deutsche Filmfestivallandschaft. Analyse eines Sektors im Wandel", in diesem Band.

andererseits eben auch einen gewaltigen logistischen Aufwand erfordert. Und bereits in dieser ambitionierten Dimensionierung zeigt sich, dass Heimat hier in größeren Maßstäben gedacht wird – nicht mit dem Bezugspunkt eines einzelnen Ortes, sondern die weitere Umgebung miteinbeziehend. Doch der Reihe nach.

I. Zur Genese eines Filmgenres

> „Sind Heimatfilme schon jene, die sich in ihren Erzählungen auf eine konkrete Region, ihre Landschaft und ihre Geschichte, ihre Menschen und ihre Sprachen beziehen? Oder sind es solche Filme, die mit einem Gefühl, einer Sehnsucht, einem Problem, vielleicht sogar einem Schmerz zu tun haben? Filme, die vom Dableiben oder Weggehen, vom Zurückkommen und Wiederentdecken handeln? Sind Heimatfilme solche, die eine Identität konstruieren, aus Geschichte, aus Landschaft und Sprache?"[2]

So ambivalent der Begriff Heimat im politischen wie gesellschaftlichen Diskurs auch ist[3] – filmwissenschaftlich erfreut sich der Begriff ebenfalls eines zumindest zwiespältigen bis eindeutig ablehnenden Rufes. Das liegt natürlich vor allem an der filmhistorischen Tradition, in der der deutsche und österreichische Heimatfilm vor allem der 1950er und 1960er Jahre steht und die bis heute dafür sorgt, dass das Subgenre trotz etlicher Transformationen (namentlich durch den *Neuen Deutschen Film* und seine Protagonist:innen) nach wie vor das Image des Rückwärtsgewandten oder zumindest (Wert-)Konservativen anhaftet. Auch übersieht diese Perspektive, dass der Heimatfilm längst ein internationales Phänomen geworden ist, das sich in Schottland (LOCAL HERO, Bill Forsyth, 1983) ebenso wiederfindet wie in Frankreich (WILLKOMMEN BEI DEN SCH'TIS, Dany Boon, 2008), in Kanada (MY WINNIPEG, Guy Maddin, 2007) wie in den USA (BEASTS OF THE SOUTHERN WILD, Benh Zeitlin, 2012). Dort allerdings gibt es keine eindeutige Benennung und Zuordnung der genannten Filme zu einem Genre. Der ‚Heimatfilm' als eigenständiges Genre bleibt nach wie vor ein Unikum des deutschsprachigen Kinos.[4]

Allerdings – und genau hierin liegen die mannigfaltigen Anwürfe gegenüber dem „einzigen genuin deutschen Filmgenre"[5] begründet – können solche modernen

---

[2] „Heimat & Film – Der Heimatfilm zwischen alten Klischees und neuen Wirklichkeiten", in: *MUH – Bayerische Aspekte*, Nr. 13 (2014), S. 23.
[3] Abzulesen ist dies beispielsweise auch an einem per Twitter am 17. Mai 2022 vorgetragenen Vorstoß der Bundesinnenministerin Nancy Faeser, in dem sie schrieb, dass es an der Zeit sei, der Begriff ‚Heimat' positiv umzudeuten. In der Folge kam es zu teilweise heftigen Gegenreaktionen. Vgl. hierzu den Kommentar vom 21. Mai 2022 zu der Debatte auf der Website des MDR von Leonard Schubert: https://www.mdr.de/nachrichten/sachsen-anhalt/kommentar-innenministerin-faeser-twitter-heimat-brot-100.html (abgerufen am 29. Mai 2022).
[4] Vgl. hierzu: Dieter Wachholz: *Heimatfilm International*, Stuttgart 2016.
[5] Ebd., S. 8.

Biennale Bavaria International | Joachim Kurz

Interpretationen des Themas nicht die Ursprünge verdecken, aus denen der Heimatfilm schon einige Zeit vor seiner eigentlichen Blüte entstand. Diese liegen unter anderem in der Heimatliteratur eines Ludwig Ganghofer (1855-1920), dessen sentimentale Idyllen ihn zu einem der meistverfilmten deutschen Autoren überhaupt machten. Die filmischen Adaptionen seiner Bücher, die Susanne Scharnowski als „Gartenzwerg der literarischen Gattungen"[6] bezeichnete, reichen bis in die 1910er und 1920er Jahre zurück – damals freilich noch unter dem Gattungsbegriff der „Volksfilme". Die Zuschreibung ‚Heimatfilm' erfolgte erst 1933/34 – und zwar ebenfalls für zwei Verfilmungen von Vorlagen aus der Feder Ludwig Ganghofers: DIE BLONDE CHRISTL (Franz Seitz Senior, 1933) und SCHLOSS HUBERTUS (Hans Deppe, 1934). Die Idyllen, die das einfache Leben in der Natur priesen und mystisch überhöhten und sich zugleich gegen die Zumutungen des modernen urbanen Lebens wandten, mischten sich zu Beginn der 1930er Jahre mit den Werken des in Deutschland und Österreich überaus erfolgreichen Bergfilms, dessen Erfolge von Namen wie Arnold Fanck (DIE WEISSE HÖLLE VOM PIZ PALÜ, 1929), Leni Riefenstahl (DAS BLAUE LICHT, 1932) und Luis Trenker (DER VERLORENE SOHN, 1934) geprägt wurden.

In der Zeit des Nationalsozialismus gehörte der Heimatfilm zur wichtigen Kategorie der Unterhaltungsfilme und erfreute sich enormer Beliebtheit beim Publikum wie bei den Repräsentanten des nationalsozialistischen Staatsapparates. Überwiegend ohne eindeutige politische Botschaft fügten sich diese Filme dennoch idealtypisch in die nationalsozialistische Ideologie ein und vermittelten Werte wie Heimatverbundenheit und Ekel vor den Zumutungen des modernen und als dekadent empfundenen Lebens.

Gleichwohl gehört es zu den Eigentümlichkeiten des Heimatfilms (und findet damit seine gesellschaftliche Entsprechung in der ungehinderten Fortführung vieler politischer wie juristischer Karrieren nach dem Ende des Dritten Reiches), dass er nach dem Ende des Zweiten Weltkrieges trotz seiner gedanklichen wie personellen Nähe zum Nationalsozialismus einfach dort anschloss, wo er zuvor geendet hatte – unbeeindruckt von den zurückliegenden Geschehnissen, ungerührt und als sei nichts gewesen. Filme wie DER FÖRSTER VOM SILBERWALD (Originaltitel: ECHO DER BERGE, Alfons Stummer, 1954) wurden zu enormen Kassenmagneten für das sich nach Ablenkung sehnende Publikum und lösten einen regelrechten Boom seichter Nachzügler aus (allein bis zum Jahr 1960 wurden rund 300 Heimatfilme produziert), die mit den gleichen Überzeichnungen und Kontrastierungen vom heilem Landleben gegen das hektische und krankmachende Leben in der Stadt agitierten und dabei teilweise die Bildwelten und Denkmuster des ge-

---

[6] Susanne Scharnowski: *Heimat. Geschichte eines Missverständnisses*, Darmstadt 2019, S. 131.

rade erst ‚überwundenen' Nationalsozialismus mit beispielloser Naivität übernahmen.[7] Nach großen Erfolgen an den deutschen und österreichischen Kinokassen neigt sich die Blütezeit des Heimatfilms in der Zeit nach dem Zweiten Weltkrieg ihrem Ende entgegen. Der Schlachtruf „Papas Kino ist tot!" des Oberhauser Manifests aus dem Jahr 1962 markiert eine Zeitenwende und damit vorerst auch eine Abkehr vom Genre Heimatfilm, die allerdings noch einige recht merkwürdige Kapriolen schlug: In Gestalt der berüchtigten LEDERHOSEN-Filme[8] von Regisseuren wie Franz Marischka, Franz Antel, Alois Brummer, Jürgen Enz, Franz Josef Gottlieb, Siggi Götz und Gunter Otto durchmischten sich Motive des Heimatfilms mit derben Sex-Komödien und führten spätestens damit in eine Sackgasse.

Zeitgleich setzte aber auch eine Gegenbewegung ein, in der sich die gesellschaftlichen Verwerfungen der 1960er Jahre zeigten. Filme wie JAGDSZENEN AUS NIEDERBAYERN (Peter Fleischmann, 1969), DER PLÖTZLICHE REICHTUM DER ARMEN LEUTE VON KOMBACH (Volker Schlöndorff, 1971) und ICH LIEBE DICH, ICH TÖTE DICH (Uwe Brandner, 1971) bürsteten das Genre gegen den Strich, legten schonungslos die hässlichen Seiten von provinzieller Enge offen, zeigten Lebenslügen, Engstirnigkeit und Rückständigkeit auf und erfanden so quasi nebenbei den Anti-Heimatfilm.

Es folgten Filmemacher wie Herbert Achternbusch (DAS ANDECHSER GEFÜHL, 1974, BIERKAMPF, 1977), Josef Vilsmaier (HERBSTMILCH, 1988; SCHLAFES BRUDER, 1995), Werner Herzog (HERZ AUS GLAS, 1976), Edgar Reitz (DIE HEIMAT-TRILOGIE, 1982–2004) sowie seit den 2000er Jahren allen voran Marcus H. Rosenmüller (WER FRÜHER STIRBT, IST LÄNGER TOT, 2006, BESTE-ZEIT-Trilogie, 2007–2014, RÄUBER KNEISSL, 2008, SOMMER IN ORANGE, 2010, und mit ihnen und vielen anderen erstaunliche Werke zwischen Anarchie und großer Ernsthaftigkeit, zwischen Avantgarde und Kassenhit. Ihre Filme hauchten dem eigentlich längst vergessenen Genre des Heimatfilm neues Leben ein und zeigten aufregende Möglichkeiten auf, seine universellen Themen, wie Sinnsuche und Sehnsucht nach Zugehörigkeit, den Wunsch nach individueller Verwirklichung und einem Platz innerhalb der Gesellschaft, auf unterschiedlichste Weise in Szene zu setzen.

Nach wie vor ist das Interesse am Thema Heimat ungebrochen – und das erfreulicherweise auch und gerade bei jungen Regisseur:innen. Wie sehr, das zeigen die Preisträger:innen des *Filmfestival Max Ophüls Preis*, das als wichtigste Veranstaltung für den Filmnachwuchs im deutschsprachigen Raum gilt. Dort wurden mit LANDRAUSCHEN

---

[7] Zwar gibt es einige wenige Ausnahmen von Filmen, die aus dem Mittelmaß des bundesdeutschen wie österreichischen Heimatfilms herausragen, wie ROSEN BLÜHEN AUF DEM HEIDEGRAB (1952) und HEISSE ERNTE (1956), bei denen Hans H. König Regie führte. Diese waren aber kommerziell nicht erfolgreich und ihr Schöpfer ist heute nahezu vergessen. Vgl hierzu: https://www.kino-zeit.de/news-features/features/und-das-land-ringsum-wurde-oed-und-stumm-eine-apologetik-des-heimatfilms (abgerufen am 29. Mai 2022).

[8] Mit Titeln wie DIE LIEBESTOLLEN DIRNDLN VON TIROL (1968), LIEBESGRÜSSE AUS DER LEDERHOSE (sieben Teile zwischen 1973 und 1990), AUF DER ALM DA GIBT'S KOA SÜND (1974).

von Lisa Miller (2018), Neubau von Johannes Maria Schmit (2020) und Borga von York-Fabian Raabe (2021) in vier Jahren gleich drei Filme mit dem Preis als bester Spielfilm ausgezeichnet, die geradezu exemplarisch für den neuen Heimatfilm in all seinen Widersprüchlichkeiten stehen. Zudem zeigen auch Kassenerfolge wie die Eberhofer-Verfilmungen nach den Romanen von Rita Falk, dass filmische Auseinandersetzungen mit Provinzialität und Heimat auch heutzutage Publikumsmagneten sein können. Und zuletzt treten in den letzten Jahren mit Filmen wie Futur Drei von Faraz Shariat (2020) zunehmend Filmemacher:innen hinzu, die die Perspektiven um postmigrantische Positionen auf die Themen Herkunft und Zugehörigkeit erweitern und die so den Blickwinkel des vormals als engstirnig verschriebenen Genres erheblich vergrößern.

Der Blick auf die historische Entwicklung des Genres verdeutlicht, welch enormem Wandel der Heimatfilm im Verlauf seiner Geschichte unterworfen war: Vom antimodernistischen Erbauungskino der Stummfilmzeit über Vereinnahmungen durch die nationalsozialistische Propaganda, vom Eskapismus des Nachkriegskinos über zunehmend an sozialen Realitäten interessierten Anti-Heimatfilmen und an realen Biografien angelehnten Aufarbeitungen der Geschichte der sogenannten ‚kleinen Leute' bis hin zu komödiantischen Mischformen und ernsthaften Auseinandersetzungen mit zunehmend diversen Perspektiven auf Fragen von Herkunft, Identität und Zugehörigkeit reichen die Veränderungen, die bis heute seismografisch auch gesellschaftliche Entwicklungen aufgreifen und nachzeichnen. Und nach wie vor zeichnet sich kein Ende dieser Transformationsprozesse des Filmgenres oder nachlassendes Interesse des Publikums an eben diesen Fragestellungen ab, zumal diese immer wieder in den Brennpunkt von politischen wie gesellschaftlichen Auseinandersetzungen geraten.

II. Warum ein Festival des neuen Heimatfilms?

Natürlich ist es nicht allein die filmhistorische Perspektive auf ein Filmgenre mit wechselhafter Geschichte, sondern vor allem der gesellschaftliche wie politische Aspekt des mitunter schwierigen, da vorbelasteten Themenkomplexes ‚Heimat', der als Ausgangspunkt für ein Filmfestival diente.

Problematisch oder zumindest komplex erweist sich der Begriff ‚Heimat' dabei, weil die Diskussion darüber so weitverzweigt ist, dass er sich jeder eindeutigen Definition entzieht: Bereits im Jahr 2005 konstatierte die Journalistin Ute Vorkoepper in *Die Zeit*:

> „Das Wort ‚Heimat' klingt altmodisch, irgendwie unpassend in einer vernetzten, grenzenlos gewordenen Welt. Wir nennen sie sogar globalisiert. Und ist in Deutschland das Reden

über Heimat nicht sowieso anrüchig, weil unsere Geschichte die schrecklichsten Seiten der Heimatverbundenheit gezeigt hat? Heute ist Multikulturalismus, die bunte Mischung der Kulturen, angesagt gegen die ewig Gestrigen, die die Grenzen dicht machen und alle ‚Fremden' abschieben wollen. Doch mit der einfachen Gegenüberstellung von ‚Multikulti' und ‚Deutschland den Deutschen' ist man offenkundig in eine Sackgasse geraten. Statt auf ein fröhliches Fest der Kulturen trifft man im Alltag auf deutliche Trennungen zwischen deutschen und ausländischen Mitbürgern. Die Eingliederung kommt nicht voran und betroffen sind vor allem die Kinder und Jugendlichen. Darüber nachzudenken, was einem selbst Heimat bedeutet, welche Freiheiten und Probleme mit ihr verknüpft sind, macht aufmerksam für die Probleme der unfreiwillig Heimatlosen und all derjenigen, die zwischen verschiedenen Heimaten hin und her gerissen sind."[9]

Die Diskussion darüber, was Heimat bedeutet – für jede:n Einzelne:n, aber auch gesamtgesellschaftlich, hat sich seitdem beständig weiterentwickelt und verändert. Verschärft hat sich die Diskussion um das Thema Heimat erneut seit dem Jahr 2015 und der sogenannten ‚Flüchtlingskrise', die freilich gar keine war. Im Prinzip verbergen sich aus meiner Sicht hinter den vielen Diskussionen rund um das Thema Heimat und Identität vor allem Versuche, von konservativen bis rechtsextremen Kreisen, die Realitäten einer globalisierten und sich immer mehr durchmischenden und diverser werdenden Gesellschaft zu negieren. Letzten Endes geht es bei diesen Versuchen darum zu bestimmen, wer denn eigentlich zur Heimat dazugehört und wer nicht. Es geht um Aus- und Abgrenzungen, um Definitionsmacht und Deutungshoheit über das vermeintlich ‚Fremde', und es geht darum, wer rein darf und wer draußen bleiben muss. Diesem Bild, das Heimat als kleinere Einheit eines Nationalstaates denkt, den es gegen ein ‚Zuviel' an Einwanderung zu verteidigen gilt, will das *Festival des neuen Heimatfilms* etwas entgegensetzen. Weil wir glauben, dass Heimat schon seit langem nichts Feststehendes und klar Umrissenes mehr ist, sondern durchlässiger, flexibler und auch toleranter geworden ist, als es uns Rechtspopulisten glauben machen wollen.

Dass Heimat heute anders verstanden wird und verstanden werden muss als früher, liegt an vielen verschiedenen Faktoren – vor allem aber an der veränderten Lebensrealität vieler Menschen: Wurden sie früher an einem Ort geboren, an dem auch schon ihrer Vorfahren gelebt hatten, und an dem sie auch im weiteren Verlauf ihres Lebens arbeiteten, Familien gründeten und starben, entspricht dies heute kaum mehr der Lebenswirklichkeit des Großteils der Menschen in der westlich geprägten Welt. Mobilität und Flexibilität sind in der modernen, globalisierten Welt längst Grundanforderungen

---
[9] Ute Vorkoeper: „Heimat – Eine Einführung", in: *Die Zeit*, Nr. 49 (2005), https://www.zeit.de/feuilleton/kunst_naechste_generation/heimat_einfuehrung (zuletzt abgerufen am 24.4.2022).

Biennale Bavaria International | Joachim Kurz

geworden, ohne die heute ein berufliches Fortkommen kaum mehr möglich ist. Ökonomische wie ökologische Krisen, Dürren und Hungersnöte, Kriege und Diskriminierungen tun ihr Übriges dazu, dass Heimat heute etwas geworden ist, das immer wieder aufgegeben, verlassen, neu gesucht und gefunden werden muss; statt einer Heimat gibt es nun für zahlreiche Menschen viele: alte Heimaten und neue, reale und an einen Ort gebundene, aber auch geistige Heimaten, die man sich immer aufs Neue findet, in Frage stellt und wieder verlässt und die man in einem viel stärkeren Maße als früher mitzugestalten versucht. All diese Aspekte bilden den Kern der *BBI* und spielen bis heute eine zentrale Rolle sowohl bei der Filmauswahl wie auch bei der Konzeption der Rahmenveranstaltungen.

Aspekte wie diese und vor allem die Fluchtbewegung von rund zwei Millionen Menschen im Zeitraum 2015/16, die als ‚Flüchtlingskrise' bekannt wurde, bildeten den Hintergrund für Überlegungen, die der frühere Münchner Kulturmanager Peter Syr, der in Haag in Oberbayern lebt, dem ehemaligen Bürgermeister von Mühldorf am Inn, Günther Knoblauch, der später als Mitglied des Bayrischen Landtags unter anderem im Haushaltsausschuss saß, bei einem Treffen vorschlug. Konkret ging es um die Idee eines Festivals des Heimatfilms, das sich aber nicht an den wenig anspruchsvollen Schmonzetten des Nachkriegskinos orientieren, sondern vielmehr dessen moderne und viel differenziertere Nachfolger als Ausgangspunkt für ein Festival nehmen sollte, das nicht nur aus Filmvorführungen, sondern gleichberechtigt auch aus Diskussionen, Panels und anderen Veranstaltungen bestehen sollte, die sich des Themas annahmen. Zudem sollte daneben noch Platz und Offenheit für andere Kunstformen wie Musik, Theater und Literatur sein. Es herrschte schnell Einigkeit, dass sich gerade das Kino als niedrigschwellige Kunstform in ganz besonderem Maße dafür eignet, Zugänge zu einem komplexen wie universellen Themenkomplex wie Heimat zu bieten und darüber die Menschen miteinander ins Gespräch zu bringen über das, was sie verbindet, und das, was sie möglicherweise auch trennt.

Und es zeigte sich, dass es ein Vorbild gab, das bereits bewiesen hatte, dass es durchaus möglich ist, mit diesem Thema auch langfristig ein erfolgreiches Festival zu machen: Seit mittlerweile 34 Jahren findet im oberösterreichischen Freistadt das Festival *Der neue Heimatfilm* statt, das 1988 seine Premiere feiern konnte. Und dessen Selbstverständnis beschreibt überaus treffend das, was auch der *Biennale Bavaria International* am Herzen liegt:

> Mit seinem Programm versucht das Festival jährlich nicht nur den ‚Heimatfilm', sondern auch den vielgestaltigen und politisch umkämpften Begriff ‚Heimat' neu zu denken und in all seinen Facetten zu thematisieren und zu diskutieren. Identität und Migration haben

sich über die Jahre als starke Kernthemen herauskristallisiert, aber auch auf Geschichten vom oft weniger beachteten Leben und dem strukturellen Wandel im ländlichen Raum wird auf der Leinwand in Freistadt ein Fokus gerichtet.[10]

Es ist vor allem den exzellenten Verbindungen des politischen Urgesteins Günther Knoblauch und seinen Fähigkeiten als Netzwerker zu verdanken, dass mit der Zeit aus der Idee eine sich langsam immer weiter konkretisierende Realität wurde, die freilich ihre Zeit brauchte und immer mehr wuchs. Zu einem Festivalstandort kamen weitere hinzu, bis sich schließlich ein Verbund von sechs Kommunen gefunden hatte, die das Potenzial dieser Idee für ihre jeweils eigenen Bedürfnisse erkannten und die bereit waren, dieses neue Festival gemeinsam zu tragen: Der weltberühmte Marienwallfahrtsort Altötting (13.000 Einwohner:innen), der mit dem *Forum* zwar einen prächtigen Veranstaltungsort besaß, aber seit längerem schon kein Kino mehr, das direkt an der Grenze zu Österreich liegende Burghausen (19.000 Einwohner:innen), bekannt für sein legendäres Jazzfestival und mit dem kommunal geführten *Ankersaal* mit einem prächtigen alten Kino ausgestattet, Haag in Oberbayern (6.500 Einwohner:innen), das über eine gewaltige Burganlage verfügt, aber ebenfalls kein Kino mehr hat, die Stadt Mühldorf am Inn (21.000 Einwohner:innen) mit ihrer langen Geschichte und ihrem großen Multiplex-Kino *Hollywood am Inn*, das bereits zum Landkreis Traunstein gehörende Trostberg (11.000 Einwohner:innen) mit seinem privat geführten Programmkino sowie das malerische Wasserburg am Inn (13.000 Einwohner:innen), das gleichfalls über ein engagiert geführtes Programmkino verfügt. Insgesamt haben die sechs Standorte ein Einzugsgebiet von mehr als 300.000 Einwohner:innen. Die größte Entfernung zwischen Wasserburg am Inn und Burghausen beträgt gut 60 km. Die Entfernung zwischen Mühldorf am Inn und Altötting beträgt knapp 14 km, nach Burghausen sind es knapp 40 km und nach Haag 30 km.

Mit der Vereinbarung, dass sich jede Gemeinde an der Finanzierung des Filmfestivals mit einem Euro pro Einwohner beteiligt, wird nicht nur Geschlossenheit, sondern auch Fairness demonstriert.

Mit Hilfe eines Strukturprogramms für die Region konnte zudem Geld für die Ausarbeitung des Konzepts akquiriert werden, doch zugleich wurde bald klar, wie groß das Unternehmen geworden war und dass es dringend Hilfe und Expertise von außen bedurfte.

Nach der grundsätzlichen Entscheidung, die Idee weiterzuverfolgen, folgte die Gründung eines Trägervereins sowie ein Workshop, bei dem mit Hilfe externer Expert:innen ein Basiskonzept mit inhaltlichen wie organisatorischen Leitlinien und

---

[10] https://www.filmfestivalfreistadt.at/2021/?site=content&c=538 (zuletzt aufgerufen am 2. Juni 2022).

Biennale Bavaria International | Joachim Kurz

Strukturen erarbeitet wurde, bei dem es auch um Fragen der Positionierung innerhalb der deutschen Festivallandschaft und andere grundlegende Überlegungen ging. Dabei fiel auch der Entschluss, die inhaltliche Konzeption und künstlerische Auswahl der Filme in vier Kategorien (Spiel- und Dokumentarfilm, Independent/Newcomer-Filme und Filme für Kinder und Jugendliche) einem externen Kurator zu übertragen und zudem eine Strategie des ‚Best of Fest' zu wählen. Dies war dann der Zeitpunkt im Sommer 2019, als ich ins Spiel kam und mir die Verantwortung für die programmatische Gestaltung übertragen wurde – eine Erfahrung, für die ich heute noch dankbar bin. Ebenso wie für die Offenheit der Verantwortlichen, den schwierigen Begriff ‚Heimat' sehr offen und breit zu diskutieren.

Mit der bereits vorher getroffenen Entscheidung, sich nicht um Premieren zu bemühen, hatten wir von Beginn an die Freiheit, aus dem Pool an herausragenden Filmwerken eines Jahrgangs (bzw. bedingt durch den zweijährigen Turnus sogar von zwei Jahrgängen) auswählen zu können. Zudem richtet sich die *Biennale Bavaria International* gezielt und in erster Linie an ein regionales Publikum, das aufgrund der ländlichen Struktur viele erstklassige Filme überhaupt nicht zu Gesicht bekommt oder dafür im Normalfall nach München fahren müsste. Wir verfolgten deshalb die Idee, auf anderen Festivals nach den besten und eindrucksvollsten Filmen zu suchen, die zu unserem Thema passen und diese dann unserem Publikum sichtbar zu machen. ‚Best of Fest', so war und ist unser Leitbild bei der Kuration und der Zusammenstellung des Programms – und so finden sich hierin unzählige Preisträger, Oscar-Kandidaten und andere Höhepunkte des weltweiten Filmschaffens, die ihren Weg in die Region finden. Das Kino und das Festival als ein Fenster in die globale Filmwelt – das war und ist unser erklärtes Ziel. Und dabei es auch um die Stärkung der Filmkultur im ländlichen Raum, in der vermeintlichen Provinz.

Zu der Zeit meines Einstiegs war das Festival als Idee schon sehr präsent in der Region und den Köpfen der Menschen und langsam wuchsen die Erwartungen, wann es denn endlich losginge. Wir wollten die erste Ausgabe des terminlich in den April gelegten Festivals nicht übers Knie brechen und hatten uns somit für 2021 als Starttermin entschieden. Dennoch schien es uns eine gute Idee, einen Vorläufer zum Festival zu veranstalten, der einerseits neugierig machen und andererseits als eine Art Generalprobe fungieren sollte, um zu prüfen, ob die komplexen logistischen wie organisatorischen Abläufe überhaupt zu bewältigen waren. Denn ein Filmfestival, das zeitgleich an sechs verschiedenen, zum Teil bis zu 60 Kilometer voneinander entfernten Orten stattfindet, das ist selbst in der internationalen Festivallandschaft eine absolute Ausnahme und stellt gerade ein noch uneingespieltes Team vor einige Herausforderungen und etliche Unwägbarkeiten: Die zentrale Filmlogistik, die individuelle Betreuung der

Filmfestivals | Krisen – Chancen – Perspektiven

Baghdad in my shadow
Samir
CH/D/GB, 2019
Spielfilm

Borga
York-Fabian Raabe
D/GHA, 2019
Spielfilm

Coup
Sven O. Hill
D, 2019
Spielfilm

Die Kinder der Toten
Kelly Cooper, Pavol Liska
A, 2018
Spielfilm

Ein bisschen bleiben wir noch
Arash T. Riahi
A, 2019
Spielfilm

Exil
Visar Morina
BEL/D/XK, 2020
Spielfilm

Futur Drei
Faraz Shariat
D, 2020
Spielfilm

Hochwald
Evi Romen
A/BEL, 2020
Spielfilm

Neubau
Johannes M. Schmit
D, 2020
Spielfilm

Schwarze Milch
Uisenma Borchu
D/MNG, 2020
Spielfilm

Was ist Heimat für Dich?

Beckenrand Sheriff
Marcus H. Rosenmüller
D, 2020
Eröffnungsfilm

Bewegungen eines nahen Bergs
Sebastian Brameshuber
A/F, 2019
Dokumentarfilm

Bier! Der beste Film, der je gebraut wurde
Friedrich Moser
A, 2019
Newcomer/Independent

Biennale Bavaria International | Joachim Kurz

völlig unterschiedlichen Spielorte mit verschiedenen und teilweise wechselnden Ansprechpartner:innen, dazu das Gästemanagement und tägliche Rahmenveranstaltungen – all das und viele andere Details erforderten einen enorm hohen Abstimmungsbedarf – und das ohne erprobte Kommunikationsstrukturen.

Die eigentliche Herausforderung aber, von der wir zu diesem Zeitpunkt nicht das Geringste wussten, stand uns erst noch bevor – und die sollte nicht nur uns, sondern die gesamte Festivallandschaft weltweit, das Kino und alle Menschen gleichermaßen hart treffen.

III. Die Kunst der Improvisation – Eine Festivalpremiere unter Corona-Bedingungen

Als im März des Jahres 2020 der erste Lockdown erfolgte, konnte zu diesem Zeitpunkt niemand ahnen, wie lange dieser anhalten würde. Die SARS-Cov2- Pandemie, über die zu diesem Zeitpunkt nicht viel bekannt war, sorgte für ein hohes Maß an Verunsicherung und bereitete auch uns erhebliche Schwierigkeiten für die geplante Vorveranstaltung *Neuer Heimatfilm unterwegs*, die wir als Roadshow durch die sechs Spielorte des Festivals geplant hatten, um auf das Festival 2021 aufmerksam zu machen und eine Art *work in progress* dessen zu präsentieren, was wir uns vorgenommen hatten. Zudem, so die Idee, erinnerte diese Form der Präsentation an die Anfänge des Kinos, als das Kintopp noch ein mobiles Wandervergnügen war, das über die Dörfer und durch die Städte zog und dort dem neugierigen Publikum mit Panoptiken, Schaubuden und Panoramen die ‚lebenden Bilder' darbot. Jener Zeit also, bevor sich das Kino an festen Orten niederließ, sesshaft wurde und jener Teil der Frühgeschichte des Films begann, an dem Film und Kino zu untrennbar miteinander verknüpften Begrifflichkeiten wurden. Dies erschien uns umso logischer, da zwei der Festivalorte über kein eigenes Kino mehr verfügten und ein Filmfestival zugleich auch stets ein Bekenntnis zur Kino-Infrastruktur der unmittelbaren Umgebung sein sollte – gerade in Zeiten wie diesen, in denen die Kulturpraxis Kino insgesamt einen schweren Stand hat.

Schnell wurde uns klar, dass der ursprüngliche Termin für unsere Vorveranstaltung *Neuer Heimatfilm unterwegs* Ende April nicht zu halten war. Und weil es uns vor allem darum ging, mit den Bewohner:innen unserer Region persönlich in Kontakt zu treten und für das Festival zu werben, war eine Online-Ausgabe für uns völlig irrelevant, vielmehr geradezu kontraproduktiv. Im Gegenteil wurde uns im Verlauf dieser ersten sieben Wochen bis zu den ersten Lockerungen klar, dass die persönliche Begegnung zwischen den Filmemacher:innen und dem Publikum sowohl mit- als auch untereinander im Zentrum unserer Bemühungen stehen muss – und das galt noch einmal mehr nach den Erfahrungen des ersten Lockdown und der damit verbundenen Kontaktbeschränkungen. Rasch verdeutlichte sich für uns nach dem Ende des ersten Lockdown, dass wir flexibel auf die Unsicherheiten und die ständig wechselnden Rahmenbedingungen werden reagieren müssen. Es musste vor allem dafür gesorgt werden, dass das Festival nicht zu einem Superspreader-Event wird.

An der programmatischen Ausrichtung änderte sich indes nichts. Die Filme für die Auftaktveranstaltung standen schon seit längerem fest und da es sich dabei nicht um Premieren handelte, war die Terminverschiebung des *Neuen Heimatfilms unterwegs* vom April in den September 2020 recht unproblematisch. Allerdings zeigte sich im Laufe der Zeit, dass es schwer war, Filmemacher:innen zu gewinnen, ihre Filme persönlich bei uns vorzustellen – und das hing damit zusammen, dass einerseits die Infektionslage noch sehr labil war, andererseits viele (abgebrochene) Dreharbeiten nun eilig nachgeholt werden mussten.

Dennoch wurde der Prolog zu unserem Festival ein Erfolg: Begleitet von großem medialem Interesse gelang es uns, in jedem der Orte einen individuellen Vorgeschmack auf unser Heimatfilmfestival zu geben, und wir hatten das Gefühl, dass die Menschen, die uns besuchten, neugierig geworden waren auf das, was da im April 2021 in der Region stattfinden würde.

Währenddessen waren die Vorbereitungen für die Festivalpremiere in vollem Gang: Die Filmauswahl war im Spätherbst abgeschlossen, alle Vereinbarungen mit den Verleiher:innen und Produzent:innen getroffen, die Filmschaffenden kontaktiert, die Texte geschrieben, das Programmheft gesetzt und bereit, in den Druck zu gehen. Doch genau dann geschah Anfang November 2020 das, was alle Pläne über den Haufen warf: Der erneute Lockdown (zuerst als sogenannter „Lockdown light" ab dem 2. November 2020, dann mit schrittweisen Verschärfungen, die schließlich ab dem 6. Januar 2021 zu einem neuerlichen harten Lockdown führten) sollte erheblich länger andauern als der erste. Im März 2021 war endgültig klar, dass dies abermals eine Verschiebung für uns bedeutete.

Wir entschlossen uns, den Termin von Ende April auf den September 2021 zu schieben in der Hoffnung, ebenfalls wieder von den saisonalen Effekten profitieren zu können. Gleichwohl zehrte die neuerliche Verschiebung erheblich an den Nerven und es wurde offensichtlich, dass diese Festivalpremiere der *BBI* so oder so unter nochmals erschwerten Bedingungen stattfinden würde. Dies vor allem vor dem Hintergrund der gewaltigen logistischen Herausforderung von sechs unterschiedlichen Spielorten, einem vergleichsweise neuen und ambivalenten Festivalthema und der Verzahnung von Filmvorführungen und zahlreichen Rahmenveranstaltungen. Zudem zog sich der zweite Lockdown hin, statt sieben Wochen, wie im März 2020, waren es fast sechs Monate, die diese Phase andauerte.

Und das bedeutete für uns abermals eine ganze Reihe von Aufgaben, auch wenn wir bereits im kleineren Umfang eine gewisse Übung hatten durch die Verschiebung unseres Prologs: Termine und Film-, Reise- und Hotelbuchungen mussten verschoben und der Druck des bereits fertigen Programmheftes musste gestoppt sowie die Weiterbeschäftigung des Teams gewährleistet und entstehende Zusatzkosten gestemmt werden. Zudem begann nun auch die Zeit der Verhandlungen mit den Förderern und Sponsoren, aber zum Glück gelang es uns, alles zu regeln und in den September zu verschieben.

Trotz dieser äußerst diffizilen Umstände gelang auch die eigentliche Festivalpremiere – von einigen kleineren Pannen abgesehen. Rund 5.000 Besucher:innen konnten wir bei der ersten Festivalausgabe erreichen. Abermals erhielten wir ein gutes Medienecho. Mit der Eröffnungsfeier in Mühldorf mit Marcus H. Rosenmüller und seinem zu großen Teilen im benachbarten Waldkraiburg gedrehten BECKENRANDSHERIFF sowie der feierlichen Preisverleihung in Altötting gelang es, echte Highlights zu setzen und unserer Vorstellung eines gelungenen Festivals zu entsprechen. Allerdings wurde uns auch deutlich, dass dies erst der Anfang – und zudem einer unter denkbar schwierigen Bedingungen – war.

IV. Nach dem Festival ist vor dem Festival – Versuch eines Ausblicks

Laut der aktuellen Planung soll die nächste *Biennale Bavaria International* – sofern nicht wieder etwas Unvorhergesehenes dazwischenkommt – im April 2023 stattfinden. Fest steht jetzt schon, dass zwei Spielorte bei der zweiten Ausgabe aussetzen werden. Zum einen bemüht sich Haag, nicht allein für das Festival, einen eigenen Kinosaal einzurichten. Auch Trostberg wird 2023 aussetzen, was mit terminlichen Schwierigkeiten zusammenhängt. So wird sich die *Biennale Bavaria* in ihrer zweiten Ausgabe auf vier Orte beschränken und damit räumlich erheblich näher zusammenrücken, da sowohl Trostberg wie auch Haag die räumlich äußersten Enden markieren.

Auch zeitlich wird sich manches ändern: Nachmittagsvorstellungen unterhalb der Woche waren auf wenig Resonanz gestoßen und werden deshalb entfallen. Hingegen soll die Zusammenarbeit mit den Schulen in der Region ausgebaut werden. Nach wie vor sind wir davon überzeugt, dass Film das ideale Medium ist, um Gespräche rund um die Themen Heimat und Identität gerade auch bei einem jungen Publikum anzuregen und in Gang zu bringen. Zudem gilt es, gerade im ländlichen Raum Zugänge zu einer vielfältigen und diversen Filmkultur zu schaffen, die sonst nur von Streamingdiensten und sehr begrenzten Kinoangeboten bedient wird. Selbst wenn es abermals zu einer Verschiebung – aus welchen Gründen auch immer – kommen sollte: Im Falle eines Festivals, wie es uns vorschwebt und mit der gesellschaftlichen Wirkung, wie wir sie uns wünschen, macht eine duale Ausgabe mit Streaming-Angeboten keinen Sinn. In solch einem Fall (von dem wir hoffen, dass er nie wieder eintritt) würden wir uns mit Sicherheit abermals für eine Verschiebung entscheiden.

Bewährt haben sich und damit auch ausgebaut werden sollen das Rahmenprogramm und die zahlreichen Gesprächsformate, die sich bei der ersten Ausgabe der *Biennale Bavaria* großer Beliebtheit erfreuten. Und genau das ist auch der Grund, warum das Festival weiterhin stark auf physische Angebote fokussiert: Weil Diskussionen, wie die *BBI* sie anstoßen will, im virtuellen Raum nur schwer für ein breites Publikum zu realisieren sind. Und gerade das – die reale Begegnungen zwischen Menschen, zwischen Nachbarn, „Einheimischen" und „Zugezogenen", zwischen Filmemacher:innen und ihrem Publikum, zwischen Politiker:innen und Mandatsträger:innen und den Bürger:innen sowie den ehrenamtlich Engagierten, zwischen Jung und Alt – ist das wesentliche Ziel eines Festivals wie der *Biennale Bavaria International.* Über das Zeigen von Filmen hinaus begreift es das Kino und den Film als niedrigschwelliges Angebot, um sich über unterschiedliche Perspektiven und Sichtweisen auszutauschen, Standpunkte sichtbar zu machen und so dabei zu helfen, ein wachsendes Verständnis füreinander zu entwickeln.

Einen wichtigen Beitrag hierzu leisten auch die Partner und Multiplikatoren, die als zentraler Bestandteil der Zukunftsstrategie des Festivals anzusehen sind. So soll beispielsweise die Kooperation mit dem *BR* auch nach dem Willen des Senders erheblich ausgebaut werden.

→

Sechs Orte, ein Festival © OELLER Konzept und Design
Schulvorstellung in Mühldorf © Biennale Bavaria International
Die Preisverleihung bei der ersten Ausgabe der
Biennale Bavaria International 2021 © Heiner Heine
Marcus H. Rosenmüller und Günther Knoblauch bei der Eröffnung der
Biennale Bavaria International 2021 © Heiner Heine
Podiumsdiskussion in Mühldorf © Heiner Heine

Biennale Bavaria International | Joachim Kurz

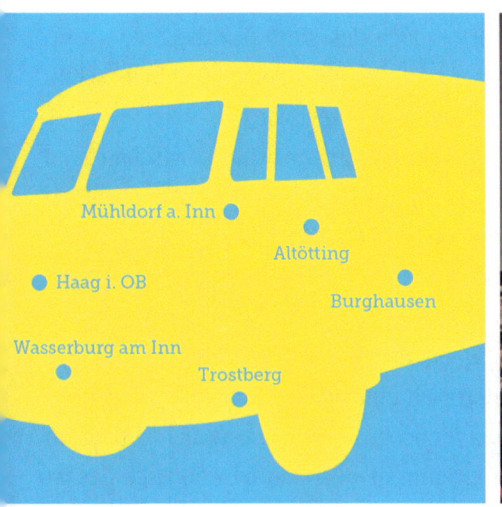

Perspektivisch wäre es zudem wünschenswert – doch das wird erst die Zukunft erweisen, wenn das Festival sich weiter verstetigt und vielleicht sogar für einen Schub sorgen kann –, dass hier vor Ort mehr gedreht und produziert wird.

Ein weiterer Punkt auf meiner Wunschliste: Der derzeitige Abstand zwischen zwei Festivalausgaben ist sicherlich nicht ideal, um Akzeptanz und Kontinuität eines zumal neuen Festivals zu erreichen. Ob allerdings die Verkürzung des Abstands irgendwann einmal auf ein Jahr möglich ist, wird die Zukunft weisen. Überlegungen gehen zudem in Richtung einer räumlichen Erweiterung auf andere Spielorte in der Region sowie einen Ausbau des Einzugsgebiets, möglicherweise langfristig sogar über die Grenze hinweg ins benachbarte Österreich. Dort finden sich eine ebenso starke Tradition des Heimatfilms und überaus interessante aktuelle filmische Arbeiten, was sich bereits im Programm der ersten *Biennale Bavaria* im Programm niederschlug. Denn auch das ist Heimat – ein gutes Verhältnis und enge Beziehungen mit den Nachbarn zu pflegen. Das gilt umso mehr in einer Gegend, die stets einen regen grenzüberschreitenden Austausch mit dem Nachbarland pflegte. Heimat – zumal als Gefühl, aber auch oft genug als politische, gesellschaftliche, ökonomisch-ökologische und kulturelle Realität – endet nicht an nationalstaatlichen Grenzen, sondern muss anders und größer gedacht werden. Gerade in Zeiten, in denen Hunger, Krieg und Elend für Migrationsbewegungen aus Syrien, Afghanistan, der Ukraine und anderswo sorgen. Auch das umfasst für mich die Definition des ‚neuen Heimatfilms': Dieser fokussiert nicht nur auf die eigene Heimat, sondern auch auf die von Menschen, die (aus welchen Gründen auch immer) ihre alte, eigene Heimat hinter sich gelassen haben und die zu uns kommen, die sich hier niederlassen und Nachbarn werden, die hier bei uns eine neue Heimat finden.

Und noch ein Wunsch von mir für die Zukunft: Dass sich das Festival auch zu einem Zentrum der historischen Aufarbeitung des Heimatfilms entwickelt – mit Retrospektiven, Hommagen und wissenschaftlichen Auseinandersetzungen mit dem Thema. Weil der Heimatfilm auch ein wichtiger Bestandteil des deutschen und deutschsprachigen filmkulturellen Erbes ist, das es zu bewahren und filmhistorisch aufzuarbeiten gilt. Dass hiervon auch Impulse für die Zukunft der filmischen Auseinandersetzung mit dem Thema ‚Heimat' ausgehen mögen. Denn nur weil das Thema mittlerweile komplexer und offener geworden ist, hat es dennoch nicht an Bedeutung für jeden einzelnen von uns verloren – im Gegenteil. Das Suchen nach und das Wissen um die eigene Herkunft, die Prägungen, die uns geformt haben, die Identitäten, die wir bewusst und unbewusst in uns tragen, sind ein wesentlicher Teil dessen, was unser Menschsein ausmacht. Und gerade deshalb werden diese Themen auch weiterhin im Film, aber auch in der Literatur, der Musik, der Bildenden Kunst und in anderen Kunstformen und -gattungen von höchster Relevanz sein.

Um dies alles zu erreichen, bedarf es einer Verstetigung der organisatorischen Strukturen, der zuverlässigen Partnerschaften, einer auf Langfristigkeit angelegten Förderung, die sich aus verschiedenen Quellen speist, es braucht Durchhaltevermögen seitens der beteiligten Kommunen und Landkreise und eine klare gemeinsame Vision, die von allen Beteiligten geteilt und getragen wird. All dies befindet sich – kein Wunder, wenn man bedenkt, wie kurz die *BBI* erst am Start ist – noch im Aufbau. Doch das bisher Erreichte und die Ideen und Perspektiven für die Zukunft machen Hoffnung, dass der gerade erst beschrittene Weg weitergeführt werden kann und dass hier etwas entsteht, das nicht nur bleibt, sondern das auch wertvolle Impulse sowohl für die Filmkultur in der Region wie auch für dringend zu führende gesellschaftliche Diskussionen geben kann.

achtung berlin Filmfestival

Anfang der 2000er Jahre gab es in Berlin nur die *Berlinale* als wichtiges internationales Filmfestival. Daneben fanden in der Hauptstadt zumeist nur kleinere oder themen- bzw. formatspezifische Filmfestivals statt. Es fehlte ein Filmfestival für den neuen deutschen Film, das sich einerseits einer universellen Ausrichtung verschrieb – vom Kurzfilm bis zum Langfilm, vom Independentfilm, über das Debüt bis zur prestigeträchtigen Arthouse-Produktion – und andererseits die damals relevanten Entwicklungen in der Hauptstadtregion abbildete.

Bereits in den ersten Jahren war ein stetes Wachstum an Filmeinreichungen und Publikumsresonanz zu verzeichnen, zur dritten Festivalausgabe wurde der Umzug in ein größeres Kino notwendig und in den Folgejahren wurde der Kreis an Kinos sukzessive ausgebaut. Damit war *achtung berlin* nicht nur eins der ersten Filmfestivals in Deutschland, das sehr früh einen eigenen Wettbewerb für den mittellangen Film etablierte, sondern mehr und mehr seine Programmstruktur ausdifferenzierte und erweiterte.

Heute ist das *achtung berlin Filmfestival* eine unverwechselbare Marke am Filmstandort Berlin-Brandenburg und ein fester Termin im Festivalkalender von gleichermaßen Professionals wie Filmbegeisterten. Darüber hinaus hat sich das Filmfestival zum Treffpunkt der hiesigen Filmszene entwickelt, zum Ort für Begegnungen und Austausch für die Filmhochschüler:innen und Talents wie auch für die junge, international ausgerichtete Filmbranche in Berlin und darüber hinaus. Das *achtung berlin Filmfestival* strebt danach, die Förderung des Filmnachwuchses und deren Vernetzung mit der Film- und Medienwirtschaft der Hauptstadtregion voranzutreiben und dabei auch neue Filmprojekte zu initiieren.

Das Wirkungsfeld ist regional sowie in Teilen national. Durch sein gemeinsam mit dem *Goethe-Institut* präsentiertes Berlinfilm-Programm im Ausland (u. a. Rio de Janeiro, Tel Aviv, Los Angeles) erlangt das *achtung berlin Filmfestival* auch international Aufmerksamkeit. Dies ist Ausgangspunkt der Idee, die Marke *achtung berlin* vermehrt auch international, beispielsweise angebunden an andere Filmfestivals, zu platzieren.

Für die Zukunft hat sich *achtung berlin* vorgenommen, die Sichtbarkeit über Berlin hinaus zu steigern, das Filmfestival als wichtigen Branchentreff der nationalen Filmszene weiter zu etablieren, ein treibender Faktor in der Filmnachwuchsförderung mit eigener Stipendien-Vergabe zu werden und regelmäßige, weltweite Veranstaltungen und Screenings zur Berliner Filmkultur zu initiieren.

achtung berlin Filmfestival | Sebastian Brose im Gespräch

Sebastian Brose im Gespräch mit Joachim Kurz

„Wenn du zuhörst, lernst du etwas Neues, wenn du sprichst, wiederholst du nur, was du schon weißt."

Denkt man an Berlin und Filmfestivals, kommt einem natürlich als allererstes die Berlinale in den Sinn. Wie lebt es sich als kleineres, feines Filmfestival im Schatten von solch einem Giganten?
Wir sind damals vor 18 Jahren nicht als Wettbewerber der *Berlinale* an den Start gegangen. Die Berlinale ist ein A-Festival und es war nicht unsere Idee, der *Berlinale* ernsthaft Konkurrenz zu machen. Vielmehr haben wir in der Zeit um 2003/04 gemerkt, wie rasant sich Berlin als Filmstadt entwickelt. Die regionale Filmförderung wurde neu aufgestellt, es gab Titelstorys dazu in Berliner Stadtmagazinen, neue Produktionen haben sich gegründet. Insgesamt muss man sagen, dass sich zu dieser Zeit Berlin als Filmstadt neu erfunden hat. Nicht zuletzt durch die vielen Berlin-Filme aus jener Zeit, wie z. B. Lola Rennt oder Good Bye Lenin, die um die Jahrhundertwende entstanden. Aus diesem Grund war die Zeit reif für ein eigenes Filmfestival für und über Berlin.

Neben der Funktion eines Schaufensters für das Filmschaffen Berlins ging es bei der Gründung von achtung berlin auch darum, ein Netzwerk oder eine Plattform für die Filmschaffenden selbst zu schaffen?
Der Gründungsimpuls lag neben dem Hype rund um Berlin als wieder erwachte Filmmetropole insbesondere in der Tatsache, dass viele Filme, die nicht auf der Berlinale liefen, keinen wirklichen Ort hatten, um in Berlin gesehen zu werden. Dazu kam, dass die damalige *Berlinale*-Leitung den deutschen Film nicht unbedingt förderte. Auch kamen damals viele Arthouse- oder Debütfilme erst gar nicht oder nur sehr sporadisch in die Kinos. Wir wollten diese Lücke schließen und mit unserem Filmfestival die Möglichkeit schaffen, dass sich die heimische Filmszene treffen und ihre Filme präsentieren konnte. Und da

seinerzeit die Filmbranche in Berlin immer aktiver und wichtiger wurde, lag es auf der Hand, dass wir Berlin-Brandenburg bei der Festivalidee direkt in den Fokus nahmen.

Laut Filmfestival-Studien gibt es in Deutschland Jahr für Jahr über 400 Filmfestivals, in Berlin schwankt die Anzahl zwischen 70 und 80. Ist das nicht ein Anzeichen eines Überangebots, das auch ein potenzielles Publikum überfordert?
Berlin ist eine Weltstadt und lebt vom Reichtum seiner pulsierenden Kulturszene, dessen Kreativität und internationalem Einfluss. Es gibt einerseits viele thematische und länderspezifische Filmfestivals, die auch internationale Gäste der Stadt sowie die hier lebenden vielfältigen Communities ansprechen. Andererseits lebt die Festivallandschaft in Berlin auch von vielen kleineren Filmfestivals, die sich einem bestimmten Genre oder einer Nische widmen. Man kann also bei über 3,5 Millionen Einwohner:innen nicht von einem Überangebot sprechen, es ist vielmehr so, dass über die Jahre ein sehr freundschaftliches Miteinander unter den Filmfestivals entstanden ist, da sich die Zielgruppen in vielen Fällen zum Beispiel gar nicht überschneiden. Seit 2009 gibt es in Berlin das Netzwerk der Berliner Filmfestivals *Festiwelt e.V.*, das mittlerweile über 25 Mitglieder-Festivals hat. Als Gründungsmitglied haben auch wir gemerkt, wie wichtig es war und ist, dass wir über den Verein die Interessen von Filmfestivals in Berlin gemeinsam vertreten. Zusammen ist man immer ‚stärker' als alleine. Obwohl die Festivalszene sehr differenziert ist, arbeiten wir eng zusammen, organisieren u. a. *Die Lange Nacht der Filmfestivals* oder koordinieren die Lobbyarbeit in die Berliner Politik hinein.

Berlin präsentiert sich als internationale und tolerante Metropole und versucht gezielt auch Kreative aus der ganzen Welt anzuziehen. Inwiefern spielt Diversität auch bei achtung berlin eine Rolle – und zwar sowohl bei den handelnden Personen, bei der Kuration wie auch beim Publikum?
Diversität ist für uns heutzutage Normalität. Wir legen großen Wert darauf, die Vielfältigkeit der hier lebenden Menschen auch bei unserem Filmfestival darzustellen und sichtbar zu machen. Jede:r hat eigene Erfahrungen, eventuell andere kulturelle Prägungen und Sichtweisen, und es ist wichtig, diese verschiedenen Perspektiven mit einzubeziehen, sei es in unsere Arbeit, bei den Q&A's auf der Bühne oder in der Kommunikation nach außen. Unser Festivalprogramm ist auf allen Ebenen, also vor wie hinter der Kamera sowie mit Blick auf das Storytelling, sehr divers und spiegelt damit Berlin als weltoffene Stadt sehr gut wider. In den letzten Jahren waren bei unseren Wettbewerbsfilmen über 50 Prozent der führenden Filmdepartments von Frauen besetzt. In fast jedem zweiten Film sind sexuelle, kulturelle oder ethnische Diversitätsfaktoren vor und hinter der Kamera sowie in den Charakteren repräsentiert. Auf der kuratorischen Ebene haben

wir ein Auge darauf, dass unsere Filmauswahl die Diversität der Filmbranche – gerade im Nachwuchsbereich – repräsentiert und wir z. B. auch unsere Jurys divers besetzen.

Das Verbindende am Programm von achtung berlin ist der Ort Berlin und sein Umland in Brandenburg als filmischer Mikrokosmos und zwar sowohl seitens der Kreativen und der Produktion als auch der Geschichten, die in Berlin spielen und von Berlin erzählen. Für mich ist das eine sehr moderne Interpretation und Umdeutung des übel beleumundeten Begriffs „Heimatfilm", der Themen wie Zugehörigkeit und Verankerung (oder auch Entwurzelung) sowie Identität verhandelt. Wie sehen Sie das?

Ja, der Begriff ‚Heimatfilm' hat immer noch eine eher negative Konnotation, wenn man dabei an den deutschen Film der 1950er Jahre denkt. Ich wurde durch die Arbeiten von Filmautoren wie Alexander Kluge, Harun Farocki oder Wim Wenders filmisch sozialisiert, was dazu geführt hat, dass der Begriff ‚Heimat' immer einer kritischen Betrachtung unterworfen war. Ich sehe das heute eigentlich noch genauso und möchte dem Begriff ‚Heimat' den Begriff des ‚Zuhause' entgegensetzen. Heimat ist da, wo ich herkomme, Zuhause ist da, wo ich lebe, wo ich Freunde habe, arbeite, wo ich Beziehungen aller Art eingehe, die mein Leben bestimmen. Natürlich ist aus dieser Perspektive Identität ein zentraler Begriff, der einerseits aus meiner Herkunft und Prägung gespeist wird, aber andererseits fluide ist, sozusagen ein Zustand, der einem ständigen Prozess unterliegt. Zuhause kann man sich sehr schnell und an vielen Ort fühlen, die unumstößliche Vorstellung einer Heimat, finde ich, grenzt da das Andere zu sehr aus. Mit anderen Worten könnte man sagen, dass wir ein Filmfestival für den ‚Zuhause-Film' sind. Denn Berlin und Brandenburg ist für viele erst ein Zuhause geworden, weil sie hier sich selbst oder das gefunden haben, was sie suchen.

Denkt man an Dogma und Fogma, haben sich Filmfestivals immer wieder als Geburtsstunde neuer Bewegungen erwiesen. Wurde achtung berlin ebenfalls zur Startrampe neuer Erzählformen?

Die Entwicklungen im Bereich des Films in den letzten 20 Jahren waren natürlich sehr stark durch die Digitalisierung, durch neue Kamera- und Bearbeitungstechniken beeinflusst. Diese Veränderungen hat man in allen Bereichen, vom Mainstream, über die Arthouse-Produktion bis hin zum Experimentalfilm und auch im Kino wie auf Festivals weltweit sehen können. Ein sehr besonderer Trend, der diese Neuerungen für sich nutzbar machte und unmittelbar mit dem *achtung berlin* Filmfestival verbunden ist, sind die Filme des sogenannten *German Mumblecore*.

Auf einem Panel im Rahmen unseres Filmfestivals 2012 haben wir seinerzeit mit einigen Regisseur:innen dieser Filme, wie Tom und Jakob Lass, Axel Ranisch, Jette Miller, Isabell Suba, Aron Lehmann oder Nico Sommer, diese neue Strömung diskutiert. In Anlehnung an den Begriff *Mumblecore*, der aus dem *American Independent Cinema* kommt und Low-Budget-Filme bezeichnet, die meist ohne Drehbuch und konventionelle Dramaturgie auskommen und größtenteils auf zusätzliches, künstliches Licht verzichten, riefen wir damals den *Berlin Mumblecore* als neue Schule innerhalb der Berliner Filmszene aus. Das war schon eine verrückte Zeit, es herrschte eine regelrechte Aufbruchstimmung unter den jungen Filmschaffenden und zeigte, wie innovativ Berlin in dieser Zeit war. Unter anderen trug der Filmkritiker und Autor Bernd Zywietz das Label *German Mumblecore* über Berlin hinaus. Die beteiligten Filmemacher:innen betrachteten diese Etikettierung hingegen eher kritisch, erfreuten sich aber an der großen Aufmerksamkeit in den Folgejahren.

achtung berlin ist ein e.V. – ein eingetragener Verein. Wie viele Mitglieder tragen das Festival? Inwiefern passt diese rechtliche Konstruktion noch zu der wachsenden Publikumsresonanz und zur enormen Ausbreitung über die Stadt mit bis zu zehn Spielstätten?
Grundsätzlich ist unser verfügbares Budget immer zu knapp, wir haben damit zu kämpfen, unsere Mitarbeiter:innen fair zu bezahlen, aber gleichzeitig ginge es nicht ohne das sehr große Engagement innerhalb des Teams. Natürlich entsteht dadurch auch eine hohe Fluktuation unter den Mitarbeiter:innen. Da wir projektbezogen gefördert werden, müssen wir jedes Jahr aufs Neue eine Förderung beantragen und können so schwerlich langfristig planen. Andererseits lebt das Filmfestival auch von einer hohen Flexibilität, da wir keinen großen Apparat mit uns rumschleppen müssen und viele Dinge auf nicht-hierarchische Weise spontan in die Wege leiten oder akquirieren können. Sicher ist aber auch, dass unser Filmfestival viel wirkungsvoller agieren könnte, würde die Finanzierung nicht so viele Kapazitäten binden. Insbesondere für Fragen zur Weiterentwicklung des Filmfestivals oder allgemeine strategische Überlegungen fehlt dadurch oftmals der Raum, effektiv und nachhaltig erarbeitet zu werden.

Mit der/dem Regierenden Bürgermeister:in von Berlin und der Geschäftsführerin der Medienboard Berlin-Brandenburg weiß achtung berlin zwei potente Partner an seiner Seite. Seit wann engagieren sie sich für das Festival und wie sieht dieses Engagement konkret aus?
Der bzw. die Regierende Bürgermeister:in von Berlin übernimmt seit der ersten Ausgabe 2005 die Schirmherrschaft des Filmfestivals, darüber freuen wir uns sehr. Das *Medienboard Berlin-Brandenburg* fördert uns seit 2006 und ist seitdem eine verlässliche Partnerin. Die Grundfinanzierung des *Medienboard* ist eine gute und auch notwendige Säule, um unsere Festivalarbeit am und für den Filmstandort Berlin-Brandenburg leisten zu können. Dafür danken wir der Geschäftsführerin Kirsten Niehuus und ihrem

Team. Gerade auch in den ersten Jahren war die damalige Geschäftsführerin des *Medienboard*, Petra Müller, als Fürsprecherin für uns sehr wichtig, da sie von Anfang an an unser Konzept geglaubt hat.

achtung berlin findet zeitlich immer im April statt und geriet damit im Laufe der Corona-Pandemie gleich zweimal in Schwierigkeiten, weil sich sowohl 2020 wie auch 2021 das Land in einem Lockdown befand. Wie sind Sie damit umgegangen und was war ausschlaggebend für diese Entscheidung?
In beiden Jahren haben wir unser Filmfestival in den September verschieben können. Die pandemische Lage hat uns, wie so viele andere auch, extrem aus der Bahn geworfen. Aber uns war sehr schnell klar, dass wir unbedingt Lösungen finden mussten, um das Filmfestival als Präsenzfestival durchführen zu können. In beiden Jahren hatten wir dann das Glück, dass wir mit unserer Entscheidung, in den Spätsommer zu gehen, richtig lagen und beide Festivalausgaben trotz vieler Einschränkungen und Auflagen in Präsenz veranstalten konnten. Glücklicherweise haben uns unsere Partner:innen und Förderer vertraut und sind diesen Weg mitgegangen. Ohne die kontinuierliche Unterstützung vieler Partner:innen und des *Medienboard* hätten wir den massiven Aufwand, der mit einer Verschiebung zusammenhängt, niemals stemmen können.

Ein Festival wie achtung berlin lebt ja unter anderem auch sehr vom direkten Austausch von Filmschaffenden und dem Publikum, die die gleiche Lebenswelt teilen. Könnte man dies überhaupt in einen virtuellen Raum transportieren?
Wir haben alles in Bewegung gesetzt, um eben genau das, also eine Verlegung in den digitalen Raum, zu verhindern. Aus unserer Sicht ist ein Filmfestival wie das unsere nicht dafür konzipiert und ausgelegt, in digitaler Form die gleiche Wirkung entfalten zu können. Der direkte Austausch, das Networking, die persönlichen Gespräche miteinander und über die Filme, die realen Begegnungen und nicht zuletzt das gemeinsame Kinoerlebnis sind wichtige Bausteine eines funktionierenden Filmfestivals. Ich denke, dass sehr viel verloren ginge, wenn man versucht, dieses Miteinander, dieses Filmerlebnis auf der großen Leinwand und auch die spontanen oder kurzen Gespräche, im digitalen Raum zu imitieren. Für uns ist das Kino ein kultureller und sozialer Ort, der nicht zuletzt im gemeinschaftlichen Agieren und Erleben auch die Demokratie einer Gesellschaft fördert.

Manche Streamer bieten gezielt Filme zu den weltweiten Metropolen an. Sie haben anlässlich 15 Jahre achtung berlin eigens eine Retrospektive online platziert. Entstand dieses

Filmfestivals | Krisen – Chancen – Perspektiven

Projekt infolge der Pandemie oder war es vielmehr als Jubiläums-Aktion gedacht? Welche Absicht haben Sie damit verfolgt und sind auch zukünftig VoD-Optionen geplant?
Diese Aktion zum 15-jährigen Jubiläum unseres Filmfestivals haben wir 2020 mit unserem Partner *UCM.ONE* initiiert. Unter dem Eindruck der Pandemie haben wir überlegt, was wir Sinnvolles machen könnten, um unsere Community mit kulturellen Angeboten zu versorgen und zugleich zu signalisieren, dass wir noch da sind. Die Idee war schnell geboren: Wir zeigen ältere Festivalfilme, die keine Auswertung mehr zu erwarten hatten, auf unserem *YouTube*-Kanal. Als im Herbst 2020 das kulturelle Leben komplett im Lockdown war, haben wir 15 Kurz- und Langfilme zeitgleich für drei Monate kostenlos online gestellt. Es sollte von vornherein eine quantitativ relevante, aber zeitlich begrenzte Aktion sein. Die Finanzierung lief über Werbeeinnahmen, aber das stand nicht wirklich im Mittelpunkt der Aktion. Vielmehr ging es darum, einige vergessene Filmperlen aus den frühen und letzten Festivaljahrgängen ans Licht der Welt zu bringen und damit auch Filmemacher:innen die Möglichkeit zu geben, ihre Arbeiten nochmals einem Publikum vorzustellen. Wir haben die Online-Retrospektive über unsere Social-Media-Kanäle und Newsletter ausgiebig kommuniziert. Einige Filme liefen auch sehr gut, aber insgesamt war es schwierig, das Interesse hoch zu halten, auch weil eine geplante Fortsetzung mit weiteren Filmen dann aufgrund fehlender Kapazitäten nicht zustande kam. Zum Filmfestival 2022 planen wir zum ersten Mal eine kleine VoD-Aktion mit unserem Partner *Sooner.de*, indem wir auf dessen Plattform einen Festival-Channel anbieten, in dem man eine kleine Auswahl von Filmen des aktuellen Festivalprogramms streamen kann. Für uns geht es dabei primär darum, uns der digitalen Welt nicht gänzlich zu verschließen und zu schauen, welche Reaktionen wir über die digitalen Kanäle für die Entwicklung unseres Filmfestivals nutzen können.

Wäre es nicht sinnvoll oder zumindest möglich, an achtung berlin einen lokalen Produktions- und Entwicklungsmarkt anzudocken, um vor allem No- bis Low-Budget-Projekte anzuschieben und ihnen unterstützend unter die Arme zu greifen?
Das ist eine interessante Idee. Aus meiner Erfahrung ist die Filmszene im No- oder Low-Budget Bereich sehr disparat. Es wäre eine erste Aufgabe, diese Akteur:innen

←

Impressionen *achtung berlin* 2020
© Adela Asavei / Sebi Berens / Milena Zara / Sebi Berens / Adela Asavei

Filmfestivals | Krisen – Chancen – Perspektiven

gezielt anzusprechen, indem man geeignete Wege findet, um sie zu erreichen. Denn es gibt nur bedingt eine institutionelle Struktur innerhalb dieser freien Filmszene und dadurch auch keine wirklichen Anlaufstellen. Als Ausnahme würde ich hier *filmArche* sehen, eine freie Filmschule in Berlin.

Wir bieten im Rahmen unserer *achtung berlin* Branchentage viele Veranstaltungen an, die eben genau auf die Vernetzung untereinander abzielen. Zum Beispiel der jährliche Film-Pitch, den wir zusammen mit dem *Filmnetzwerk Berlin* veranstalten, will junge Filmemacher:innen oder Drehbuchautor:innen mit Produktionen, Redaktionen oder Förderern zusammenbringen. Auch wenn wir mit unserem Filmfestival vornehmlich die professionelle Filmbranche mitsamt der vorhandenen Filmhochschulen und etablierten Produktionen ansprechen, finden wir in den Sichtungen immer wieder neue Talente, die uns auch ohne einen konventionellen Film-Background mit ihren Filmen überzeugen. Wir sind dann die Ersten, die versuchen, diese Projekte mit Hilfe unseres Netzwerks zu unterstützen und voranzubringen. Auch direkt auf dem Filmfestival entstehen so immer wieder Kontakte zu Verleihern oder neue Formen der Zusammenarbeit durch Begegnungen und intensive Gespräche.

Artwork zu 2021er Edition von achtung berlin © *stereobloc/achtung berlin Filmfestival* 2021

achtung berlin Filmfestival | Sebastian Brose im Gespräch

Es gibt Trends seitens Filmfestivals die eigene Marke zu nutzen und zu stärken, indem sich die Festivals über das ganze Jahr ausdehnen, Satelliten-Orte bespielen oder aber auch Verleih-/Vertriebsaufgaben übernehmen. Wäre dies für achtung berlin auch vorstellbar?

Wir haben in den zurückliegenden Jahren bereits einige Ideen umgesetzt, die die Marke *achtung berlin* stärker im Bewusstsein des Publikums verankern. Vor der Pandemie haben wir regelmäßig unser *achtung berlin* Sommerkino in den Freiluftkinos in Berlin veranstaltet. Dort präsentieren wir einen Monat lang Film-Highlights des vergangenen Filmfestivals in mehreren Open-Air-Vorstellungen. Es gibt seit einigen Jahren auch die *Lange Nacht der Berliner Filmfestivals*, an der wir uns beteiligen.

Wenn es um eine Ausdehnung auf ein weiteres Geschäftsfeld geht, wie z. B. den Verleih oder Vertrieb von Filmen, dann konnten wir so etwas in der Vergangenheit nur zusammen mit Partnern realisieren, woraus bisweilen einzelne Projekte entstanden sind. Ein sehr schönes und nachhaltiges Produkt war 2016 die DVD-Edition GERMAN MUMBLECORE mit 12 Filmen der *Mumblecore*-Regisseur:innen in einer 10er-DVD-Box in Zusammenarbeit mit *UCM.ONE* und ihrem Label *Darling Berlin*. Grundsätzlich schwirren uns immer wieder Ideen durch den Kopf, was man in Zukunft noch machen könnte, um unsere Filmfestival-Marke weiter mit Leben zu füllen.

Es gibt Festivals wie Sundance, die auch noch in Europa und Asien präsent sind. Wären solche Satellitenveranstaltungen denn auch für achtung berlin denkbar?

Genau das praktizieren wir schon seit gut zehn Jahren: Wir kuratieren Berlinfilm-Reihen mit verschiedenen Schwerpunkten und präsentieren sie in verschiedenen Städten weltweit. Wir haben sozusagen Berlin als Filmstadt u. a. schon in Los Angeles, Jerusalem/Tel Aviv, Moskau und Rio de Janeiro/Brasilia vorgestellt. Diese Filmprogramme haben wir mit Hilfe des *Goethe-Instituts* oder anderer Institutionen organisiert. Wir haben damals gemerkt, dass Berlin auf viele Menschen eine große Faszination ausübt, und weil das Publikum in Übersee oder in anderen Ländern nicht einfach nach Berlin kommen kann, bringen wir Berlin – auf Film gebannt – zu den Leuten. In einigen Fällen konnten wir auch die Macher:innen der Filme mitnehmen, so dass es sich auch dort vor Ort wie ein kleines *achtung berlin Filmfestival* anfühlte. Wir arbeiten zurzeit intensiv daran, diese Aktivitäten wieder zu verstetigen, da vieles in diese Richtung aufgrund der Pandemie leider aussetzen musste.

Eine gesamte Festivalausgabe beispielsweise nach Los Angeles zu spiegeln und eine Art *achtung berlin @ LA* auf die Beine zu stellen, wäre natürlich erstrebenswert, aber auch recht kostspielig. Kostengünstiger wäre hier als Beispiel eine Live-Übertragung oder das zeitgleiche Abspiel eines Films, da kommt man aber sehr schnell zu Fragen rund um Aufmerksamkeit und Bindung des Publikums, in diesem Fall in Los Angeles, an einen singulären deutschen Film oder ein angeschlossenes Event. Daher wäre es schon ein größerer Erfolgsgarant, wenn man sich an ein bestehendes, etabliertes Filmevent oder -festival andocken könnte. Aus diesem Grund haben wir auch eher eine kontinuierliche Zusammenarbeit in Form eines jährlichen *achtung berlin* Programmfensters auf und mit dem in Los Angeles ansässigen Filmfestival *German Currents* angedacht.

Wenn Sie einen Wunsch (oder mehrere) frei hätten, was würden Sie sich von der öffentlichen Hand wünschen, um die Lage und den Status von Filmfestivals wie dem achtung berlin zu verbessern?
Eine große Erleichterung wäre natürlich eine institutionalisierte Förderung, um eine mittel- und langfristige Planungssicherheit zu erzielen und kontinuierlicher an der Entwicklung und weiteren Professionalisierung unseres Filmfestivals arbeiten zu können. Ich denke, es ist außerordentlich wichtig, dass die zuständigen Stellen in der Politik die kulturelle Kraft und gesellschaftliche Relevanz von Filmfestivals erkennen und dass ihr Bekenntnis zum Wirkungspotenzial von Filmfestivals für das kulturelle Leben und den sozialen Zusammenhalt noch deutlicher zum Ausdruck kommt. Denn Filmfestivals sind nicht nur Vermittler von Film- und Kinokultur, sondern auch als Motor für gesellschaftliche Entwicklungsprozesse und ebenso als Wirtschaftsfaktor ein starker Player in der Stadt.

Im Laufe der vergangenen Jahre haben sich die Sehgewohnheiten insbesondere des jüngeren Publikums stark in Richtung Stream verschoben. Es gibt Mutmaßungen, dass das Kino in der heutigen Form in zehn Jahren Geschichte sein könnte. Filmfestivals sind hingegen nach wie vor auf Wachstumskurs. Können Filmfestivals die Kinolandschaft stärken und wenn ja, wie?
Aus meiner Sicht sind Filmfestivals ein unabdingbarer Faktor für den Erhalt der Kinolandschaft wie wir sie kennen. Ein Filmfestival bietet dem Publikum neben dem gemeinsamen Filmerlebnis noch mehr an als ein Kino im Regelbetrieb anbieten kann. Dadurch wird das Kino auch als sozialer Ort aufgewertet, diskursive Erfahrungen und gegenseitiges Zuhören werden dabei auf eine gewisse Art ausgebildet. Die Filmschaffenden sind anwesend, stehen für Q&A's zur Verfügung und lassen so einen Austausch über die Filme und darüber hinaus zu.

Als mögliches Szenario steht auch eine Art der ‚Umwidmung' des Kinos im Raum. In dieser dystopischen Vision werden weltweit agierende Kinoketten von führenden Streaming-Anbietern wie *Netflix, Amazon Prime, Disney+* etc. gekauft, um diese in der Folge nur noch für ihre eigenen Filme und Serien zu nutzen. Wenn man dieses Sze-

achtung berlin Filmfestival | Sebastian Brose im Gespräch

nario zu Ende denkt, würde es bedeuten, dass die Vielfalt in und der Zugriff auf diese kulturellen Orte sehr stark eingeschränkt werden würde. Die ursprüngliche Idee von Kino ginge verloren, der besondere Film hätte keinen Platz mehr.

Welche Entwicklungsmöglichkeiten sehen Sie für achtung berlin und wie sieht das Festival bei seinem 25. Jubiläum aus?
Ich hoffe, dass wir uns als fester Bestandteil der Berliner Festivallandschaft noch stärker etablieren und immer wieder neue und auch junge Zielgruppen ansprechen können, die eventuell Berührungsängste mit Filmfestivals oder das Kino (noch) nicht als Erlebnisort kennengelernt haben.

Darüber hinaus wollen wir die Veranstaltungen für Professionals aus der Filmbranche deutlich ausbauen und versuchen, über weitere Kooperationen die unterschiedlichen filmaffinen Verbände, Interessenvertretungen und Institutionen zu adressieren. Programmatisch sehen wir eine wichtige Komponente in der stärkeren Einbindung von internationalen Koproduktionen, da die Anzahl internationaler Koproduktionen mit Berliner Filmproduktionen stetig wächst. Es ist auch denkbar, die Vernetzung Berlins mit Partner:innen (also Koproduktionen, internationale Filmteams, aber auch ganz allgemein kulturelle Institutionen) weltweit deutlicher abzubilden, indem wir Partnerschaften mit anderen Filmmetropolen anschieben. Dabei steht der internationale und interkulturelle Austausch im Vordergrund, denn wir sehen, dass es immer wichtiger wird, sich in der heutigen globalisierten Welt gegenseitig zuzuhören und sich jeweils auf die Perspektive des anderen einzulassen.

Primär ist für uns auch der Fokus auf den Nachwuchs, auf die Talents im Filmgeschäft. Hier könnten wir uns spezielle Berlin/Brandenburg-Stipendien oder Programme á la *Second Steps* vorstellen, die das *achtung berlin Filmfestival* als Sprungbrett der jungen Generation markieren. Und natürlich hoffe ich, dass wir den Fachbesucher:innen wie auch dem Publikum auch bis 2025 und darüber hinaus den geballten kreativen Output der Berlin-Brandenburger-Filmbranche und die neuesten Trends im Filmbiz mit Blick auf ästhetische wie auch technische Innovationen vorstellen können. Ich finde es außerordentlich wichtig, obwohl es viele Baustellen in unserer Branche gibt, wie z. B. das *FFG*, die Festival-Förderstrukturen oder die wirtschaftlichen Pandemie-Folgen, dass wir die Kraft, die im Film steckt, immer wieder hervorheben, nämlich die Kraft der Verständigung.

Wir müssen zuhören, beobachten, fragen, damit wir uns über das filmische Erzählen gegenseitig unsere Sichtweisen, unsere Gefühle und unser Denken verständlich machen können, denn: „Wenn du zuhörst, lernst du etwas Neues, wenn du sprichst, wiederholst du nur, was du schon weißt."

DOK.fest München (Internationales Dokumentarfilmfestival München)

Durch eine Initiative der bayerischen Sektion der AG DOK wurde das Festival 1985 gegründet und blieb bis heute seinem Ziel treu, den gesellschaftlich relevanten und künstlerisch wertvollen dokumentarischen Film einem breiten Publikum zugänglich zu machen.

Die erste Festivalleiterin Gudrun Geyer erweitert das Festival fortlaufend um neue Reihen, wie z.B. die Regionalschau von Münchner Dokumentaristen und um neue Spielorte. Mit der Gründung eines Trägervereins etabliert ihr Nachfolger Hermann Barth ab 2001 das *Dokumentarfilmfestival München international.* Nach der Übernahme der Leitung durch Daniel Sponsel 2009 und der Berufung von Adele Kohout zur stellvertretenden Geschäftsführung, wurde 2010 mit *DOK.education* ein ganzjähriges Medienbildungsprogramm eingeführt und die *DOK.tour Bayern,* sowie 2011 die Branchenplattform *DOK.forum* installiert. Darüber hinaus wurden neue Reihen wie *DOK.guest, DOK.fokus* sowie die Retrospektive eingeführt und das Festival um relevante Wettbewerbe erweitert, wie dem *Deutschen Dokumentarfilm – Musikpreis,* dem *VFF Produktionspreis* sowie dem *Dokumentarfilmpreis des Goethe-Instituts.*

Als das mittlerweile größte Dokumentarfilmfestival in Deutschland und eine der relevantesten Plattformen für Dokumentarfilm in Europa folgt das *DOK.fest* München heute den Leitlinien:

› Umfassend divers: „Wir möchten mit unseren Filmen die Vielfalt unserer Gesellschaft widerspiegeln und auf der Seite des Publikums alle Menschen ansprechen."
› Geschichtsbewusst und zukunftsorientiert: „Unser Programm beschäftigt sich mit der Vergangenheit, begleitet Umbrüche im Wandel der Zeit und wirft einen Blick in die Zukunft."
› Lokal und global: „Wir leben den Austausch auf Augenhöhe und über Grenzen hinweg, in unseren Filmen und im Gespräch mit Gästen und Publikum."
› Ökologisch nachhaltig: „Wir bekennen uns zu den Zielen der Nachhaltigkeit und arbeiten mit zahlreichen zertifizierten Partnern zusammen."
› Fair: „Unser Team ist unsere wichtigste Ressource. Wir setzen uns für eine faire Beschäftigungs- und Lohnpolitik ein."
› Analog und digital: „Der lange Dokumentarfilm steht für uns im Mittelpunkt. Wir feiern ihn auf der großen Kinoleinwand und sind offen für neue Wegen, um seine Zukunft zu sichern."

DOK.fest München | Daniel Sponsel

Daniel Sponsel

Im Kino. Zuhause.
Duale Filmfestivals als Avantgarde: Paradigmenwechsel oder Strukturwandel?

Festivals werden in ihrem Profil von drei prägenden Aspekten definiert – den ortstypischen Standortbedingungen, ihrer kuratorischen Leistung und dem Rahmen, der den Urheber:innen zur Aufführung der Filme geboten wird. Alles zusammen macht die Individualität und die Bedeutung des jeweiligen Festivals aus. Dabei ist Cannes nicht Venedig, Tribeca nicht Hamburg und der *Max Ophüls Preis* nicht Sundance, weder geografisch noch programmatisch. Die Entdeckung der zusätzlichen Möglichkeiten der Digitalisierung während der Pandemie, durch die Präsentation der Filme in ihrem digitalen Kinosaal, bieten den Festivals die Chance, ihr Programm über das Kino und ihre örtliche Bindung hinaus zugänglich zu machen. Die erweiterte Zirkulation der Filme mit dem Potenzial zum *Audience Building* und einen erheblichen Effekt auf das gesamte Ökosystem der Kinofilmauswertung liegt auf der Hand. Ist das perspektivisch von Interesse für die kulturelle Filmlandschaft oder der Anfang vom Ende der Kinofilm- und Festivalkultur?

I. Am Anfang war das Kino. Die Debatte um die Rezeptionshoheit

„Im Kino gewesen. Geweint." Diese lakonisch-knappe Notiz hat Franz Kafka in seinem Tagebuch am 20. November 1913 der Nachwelt hinterlassen. Hätte er den Moment seiner inneren Bewegung, ausgelöst durch einen Film (durch welchen, ist nicht überliefert), ebenfalls festgehalten, hätte er schon die Möglichkeit gehabt, diesen Film zuhause auf dem Fernseher oder gar auf dem Laptop zu sehen? Ist die zum Großteil dogmatisch geführte Debatte zur Qualität und Nachhaltigkeit der Rezeption eines Films möglicherweise eine müßige Frage, die den aktuellen Herausforderungen der kulturell elementar wichtigen und uns liebgewonnenen Filmkunst nicht gerecht wird? Die mit teils fragwürdigen Argumenten geführte Diskussion um die Kanäle, über die Filmkunst präsentiert werden kann oder darf, trägt derzeit wenig dazu bei, das Überleben dieser Kunst in einer mehr und mehr digitalen Welt zu sichern. Dabei wird oftmals an der Aufgabenstellung vorbei argumentiert und die dringend notwendige Erweiterung der Erlösmöglichkeiten für Kinofilme unnötig verzögert. Das Problem sind gewisse Anbieter im Netz mit ihrer aggressiven Preispolitik, nicht das Netz an sich. Hier wartet ein großes Publikum auf die (Kino-)Filmkultur auf der digitalen Leinwand, jenseits des Programms der Streaminganbieter. Müssen wir uns nicht vielmehr fragen, wie uns der abendfüllende narrative Film, ganz gleich ob fiktional oder nonfiktional, als gesellschaftlich vereinbartes Narrativ generell erhalten bleibt? Die ganze Branche und die Politik sind dringend gefordert, Lösungen zu finden, denn sonst steht das größte Opfer bald fest: die bisherige Filmkultur selbst.

II. Was kommt nach dem Streaming? Die Filmrezeption im Wandel der Zeit

Es ist nicht der erste Wandel in der langen Geschichte der Filmkultur: Am Anfang gab es für die Präsentation und Auswertung von Filmkultur nur das Kino, dann kamen das Fernsehen und das Privatfernsehen, die Videotheken und DVD-Auswertung und nun sind es die Streaminganbieter, Online-Plattformen und Mediatheken. Mit den neuen Wegen zum Publikum entwickelten sich auch die Formen der Narration weiter. Zu Beginn jeder Entwicklung wird das Neue von der etablierten Kulturproduktion zumeist als niederschwelliger in Inhalt und Form definiert. Allerdings konnte diese kulturpessimistische Haltung noch nie eine funktionierende und wirkmächtige neue Kulturtechnik verhindern. Bisher haben sich die Produzentinnen und Produzenten von Kultur und die Künstlerinnen und Künstler immer dieser jeweils neuen Technik zu bemächtigen gewusst, sie in ihrem Sinne bestens genutzt und in jeder Form weiterentwickelt, um dann irgendwann eine Deutungshoheit anzumelden, als ob es sich um ihre ureigene Erfindung handeln würde. Warum verwenden wir aktuell viel Zeit und Energie darauf, uns gegen unumkehrbare Entwicklungen zu stellen, anstatt diese Perspektiven zu gestalten? Konkret formuliert: Wir werden keine Menschen zurück in die Kinos bekommen, wenn wir glauben, wir könnten ihnen die Art und Weise, wie sie Filme zu sehen haben, vorschreiben. Das ist ein Verständnis von Cinephilie, das weder den Kinos als Spielort noch der Kinofilmkultur hilft. Das Risiko ist groß, dass wir mit dieser Haltung das Publikum geradezu in die Arme der Mitbewerber treiben. Der Markt ist zu groß, er ist von Interesse für zahlreiche Player und in jeder Hinsicht zu liberal, um überhaupt reguliert werden zu können. Der Geist ist längst aus der Flasche.

III. Science Fiction? Die digitale Revolution frisst ihre Kinder

Die Zukunft der Bewegtbildmedien ist längst Gegenwart. Das lineare TV, mit Ausnahme von Sport, Events und News, wird weiter aus unserem Sichtfeld verschwinden und das Streaming über diverse Online-Plattformen und die Mediatheken wird jenseits des Kinos den Großteil des Marktes besetzen. Die andere, noch viel tiefgreifendere Revolution der Digitalisierung betrifft, über die Auswertungskaskade hinaus, die Frage der Narration an sich und ihre Ästhetik. Es geht um nichts weniger als die Frage, wer in Zukunft wem was wie erzählt. Konkret: Welche Inhalte werden von Bewegtbildmedien vermittelt, wie sehen sie aus, wer produziert sie und wie wird mit welchem Auswertungskonzept Geld damit verdient? Das zeitliche Kontingent, das Zuschauerinnen und Zuschauer zur Ansicht von audiovisuellen Inhalten nicht vor dem Fernseher oder im Kino, sondern am Laptop, am Tablet oder gar am Smartphone verbringen, nimmt ständig zu. Die Rezeption von Bewegtbildinhalten über Plattformen wie *YouTube* oder die sozialen Medien macht gerade bei jungen Menschen einen immer größeren Anteil am Medienkonsum aus. Gleichzeitig transformieren die Besonderheiten der neuen medialen Dispositive die Herstellung und damit die Wahrnehmung und Wirkung der Medieninhalte. Die geringere Blickfeldabdeckung, die Darstellung im Hochbildformat, die erhöhte Schnittfrequenz, die kurze Verweildauer und die damit verbundenen neuen Voraussetzungen für die Dramaturgie – *content and form follows function?*

IV. Popcorn oder Arthouse? Das Kino, ein vielgestaltiger Kulturtempel

Wollen wir am Kino als Kristallisationspunkt des filmischen Erzählens festhalten oder finden wir neue Wege zum Publikum für exklusive Filmkultur? Zur Debatte steht die Zukunft der Filmkunst als die zugänglichste interkulturelle Kulturform der Gegenwart. Mit dem Kino verbinden wir den dunklen Raum, die große Leinwand mit der umfassenden Blickfeldabdeckung, das strahlend helle Bild, dazu den intensiven Ton – einnehmende Effekte, denen man sich so schnell nicht entziehen kann und will. Damit verbunden ist das förmliche Eintauchen in die Geschichten anderer, in fremde Lebenswelten und dadurch unmittelbare Affekte von Identifikation und Empathie, am wirkungsvollsten in der Gemeinschaft weiterer Menschen im gleichen Raum. Architektonisch gesehen ist das Kino ein zumeist schlichter Gebrauchsraum, kulturhistorisch betrachtet ein mystischer Ort, ein Sehnsuchtsort von großer Bedeutung. Das Kino hat als der exklusive Ort für das Leitmedium Film mit seinen wahlweise utopischen, dystopischen oder auch idealistischen Weltentwürfen und Welteinsichten ganze Generationen von uns unschätzbar bereichert und geprägt. Das Kino als konkreter Ort für die Aufführung ist der Ausgangspunkt aller Filmkunst. Dabei war es schon immer vielgestaltig und Toni Erdmann interessiert sich nicht wirklich für Fack Ju Göhte. Das Kino hat seit jeher E- und U-Musik geboten – und zwar an ein und demselben Spielort. Das Kino ist Jazzclub, Staatsoper, Volksmusiktempel und Stadionrock in einem. Dabei hatte Filmkultur von Anbeginn an eine hohe Affinität zu kulturwirtschaftlichen Aspekten und wusste diese immer für sich zu nutzen. Was mit Sicherheit ein Grund dafür ist, warum das Kino und die Filmkultur früh in der Mitte der Gesellschaft, jedoch nie in der Hochkultur angekommen sind. So ist heute selbst der Berlinale Palast nicht die Elbphilharmonie oder das Humboldt Forum, weder in der Frage der kulturellen Akzeptanz noch in der Frage der Subventionen. Das Kino muss Vielfältiges bieten und sich in seinen Zugangs- und Distributionsformen weiterentwickeln, um zukunftsfähig zu sein. Die Politik muss den längst überfälligen Paradigmen- und Strukturwechsel mit zeitgemäßen rechtlichen Grundlagen begleiten und voranbringen.

V. Money makes the world go round. Die Traumfabrik lebt?

Wenn *Warner Bros. Entertainment*, wie 2021 geschehen, einige seiner Produktionen zeitgleich im Kino und im Streaming startet, dann steckt dahinter weniger das Kalkül von Kinoverächtern, als vielmehr die pure Verzweiflung ob der ökonomischen Zwänge. Hierbei geht es um einen hart umkämpften Markt mit den klassischen Mechanismen der Verdrängung – und nicht nur die Nachfrage, sondern der Preis reguliert diesen. Ob es eine gute Idee ist, mit viel Geld produzierte Filme auf der hauseigenem Streamingplattform zu einem Dumpingpreis anzubieten, steht auf einem anderen Blatt. Von seinem Mythos befreit und heruntergebrochen auf seine Grundfeste, ist auch das Kino ein Business, mit dem Geld verdient werden muss. Der Markt ist schnell und übersättigt und jeder neue Film verdrängt die aktuellen. Der Wettbewerb und die Stimmung werden zunehmend aggressiver. Wenn wir etwas wirklich kritisieren sollten, dann nicht die Existenz von Streaminganbietern, sondern ihre zerstörerische bis selbstzerstörerische Preis- und Verdrängungspolitik. Denn nur wer ausreichend Erlöse mit der Filmkultur erzielt und in das Ökosystem Filmkultur einspeist, kann neue, hochwertige Filme produzieren. Wer denkt, er könne den Markt erst ruinieren, um ihn dann alleine zu bespielen, entzieht dem Markt das Fundament. Die gute Nachricht: Noch glauben die meisten Branchenplayer an die Kinofilmkultur, nur der Weg zum Publikum muss zum Teil neu gestaltet werden.

VI. Filmfestivals als filmkulturelle Hotspots mit positiven Nebenwirkungen

Die reguläre Auswertung von Filmen im Kino und auf anderen traditionellen Wegen ist erkennbar in eine strukturelle, nicht nur pandemiebedingte oder temporäre Krise geraten. Eine Refinanzierung von Filmen über die Auswertung im Kino ist nur noch in seltenen Fällen gegeben, viele Filme können nicht einmal die Kosten für ihren Kinostart, geschweige denn ihre Produktionskosten einspielen. Dies hat nicht nur Folgen für die Zukunft der kulturellen Praxis Kino. Es stellt sich die Frage, wie die in Deutschland produzierten und geförderten Filme künftig den Weg zum Publikum finden sollen, vor allem auch in Konkurrenz zu den zahlreichen internationalen Filmen, die wöchentlich im Kino starten. Filmfestivals tragen schon heute erheblich dazu bei, das deutschlandweite Kinosterben in Stadt und Land abzubremsen und Kinokultur zugänglich und erlebbar zu machen. Sie leisten durch ihre programmatische Vielfalt und ihre Reichweite einen wichtigen Beitrag zum Erhalt der kinokulturellen Grundversorgung. Sie erweisen sich als wichtiges Instrument zur Förderung des sozialen Zusammenhalts ebenso wie zur Steigerung der Attraktivität und sogar Stärkung der Struktur ökonomisch schwacher Regionen. Mit ihrem Potenzial, die Kinoauswertung deutscher Filme in jeder Hinsicht und jetzt auch auf der digitalen Leinwand zu flankieren und weitreichender zugänglich zu machen, kommt Filmfestivals eine zentrale Bedeutung zu.

VII. Filmfestivals als Generator für die reguläre Auswertung von Kinofilmen

Filmfestivals haben sich in den vergangenen Jahren international und national in jeder Hinsicht stark weiterentwickelt: Die Anzahl der Festivals an sich ist gestiegen, das Programmangebot ist vielfältiger geworden, und vor allem haben die Festivals erheblich an Publikum hinzugewonnen. Filmfestivals verleihen der kulturellen Praxis Kino eine nachhaltige Perspektive, indem sie durch ihre Reichweite und ihr Rahmenprogramm das Publikum weit über die meisten örtlichen Kinos hinaus ansprechen und mit ihrem attraktiven Angebot erreichen. Aufgrund ihrer Flexibilität und Kreativität konnten zahlreiche Filmfestivals in der Zeit des Lockdowns einen Teil der Kinofilmkultur auf der digitalen Leinwand anbieten und waren somit in diesem Zeitraum einziger Anbieter für diese Art der Bewegtbildkultur. In dem Auswertungsdreieck, Festival, Kino und der digitalen Leinwand, liegt die Option und die Perspektive, große Reichweite bei größtmöglicher Partizipation zu generieren.

Filmfestivals | Krisen – Chancen – Perspektiven

VIII. Zugang und Partizipation: Kollektive Erlebnisse am digitalen Lagerfeuer?

Kriterien wie Zugangsmöglichkeiten und Partizipation werden zunehmend relevanter, unter allen gesellschaftlichen und auch kulturwirtschaftlichen Aspekten. Der Anspruch der Filmkultur auf die Exklusivität der zeitversetzten Erstauswertung im Kino ist daher mittlerweile anspruchsvoll und auch zunehmend elitär. Das gilt paradigmatisch für Filmfestivals: Hier wird mit großem kuratorischen Aufwand internationale Filmkultur von einem kompetenten Programmteam recherchiert, ausgewählt und zusammengestellt, die dann in nur wenigen Tagen, im Rahmen von zwei bis drei Vorführungen im Kino, von einem begrenzten Publikum gesehen werden kann. Das Senken der Zugangsschwelle mittels der digitalen Leinwand für einen erweiterten Publikumskreis hat sich bei zahlreichen Festivals bewährt. Ist diese Erfahrung übertragbar für die bisherige Distribution von Kinofilmkultur, ist dieser Schritt auch für die reguläre Auswertung im Kino möglich und sinnvoll? Kann die unmittelbare Koppelung mit der digitalen Leinwand nicht auch eine Chance für Filme und Publikum mit regulären Erlösen für alle Beteiligten sein?

IX. Duale Filmfestivals als Blaupause für die Auswertung von Kinofilmen?

Pandemiebedingt haben zahlreiche Festivals das Verhältnis zwischen analoger und digitaler Auswertung ausgelotet und bieten aktuell beide Wege zum Publikum an. Hier werden Erfahrungen gesammelt, die für die gesamte Branche wichtig sein können – wobei die unterschiedlichen Genres und Formate unbedingt individuell betrachtet werden müssen. Möglichkeiten und Voraussetzungen, die für den Dokumentarfilm gelten, lassen sich auf die Auswertung von Blockbustern nicht übertragen und umgekehrt. Kurzfilme und Animationsfilme folgen anderen Auswertungsbedingungen als Arthouse-Filme. Deutsche Kinofilmproduktionen, die derzeit der Sperrfrist unterliegen, müssen anders agieren als internationale Produktionen, ungeachtet der nicht unerheblichen Frage, ob diese eine weitere Auswertung im Kino in Deutschland erfahren. Die aktuellen Publikumszahlen im Kino sind trotz der entfallenden Hygiene-Auflagen

←

Impressionen von der Online-Festivalausgabe 2021
@ home des DOK.fest München
© DOK.fest München

weiterhin niedrig, die Schwelle, die der Weg ins Kino bereithält, ist dem Publikum in den vergangenen beiden Jahren bewusster geworden. Eine generelle Freigabe für die örtlich und zeitlich begrenzte duale Präsentation im Rahmen eines Festivals ist als Testszenario für alle Filme daher mehr als lohnenswert.

X. Die Cineasten im Netz können auch Pay Wall. Reguläre Preise für Tickets.

Während der Beschränkungen in der Corona-Pandemie reagierten zahlreiche Kulturanbieter mit gut gemeinten Angeboten, zum Teil kostenfrei. Ein grundsätzlich fragwürdiges Signal, auch oder gerade in dieser Zeit. Auf diese Weise wurde der zentrale Geburtsfehler des Netzes forciert: die scheinbar urheberrechtslose und kostenfreie Welt des digitalen Inhalts. Die meisten Festivals haben ihr Programm während der Pandemie auf der digitalen Leinwand zu fairen Preisen angeboten. Zumeist sind die Preise niedriger angesetzt als das reguläre Ticketing für das Kino, aber deutlich höher als die Angebote der Mitbewerber aus Kalifornien. Die Publikumszahlen der beiden Corona-Jahrgänge legen die Erkenntnis nahe, dass das an Filmkultur interessierte Publikum bereit ist, auch für die digitale Leinwand einen regulären Ticketpreis zu zahlen.

XI. Nadelöhr Aufmerksamkeitsökonomie: Die im Dunkeln sieht man nicht

Ein wichtiger Schlüssel zum Erfolg eines Films ist die Reichweite und Aufmerksamkeit, die er durch die Kommunikation erreichen kann. Nur wer auf dem Markt ausreichend sichtbar ist, hat die Chance, von seinem potenziellen Publikum wahrgenommen und gesehen zu werden. Die klassische Auswertungsstrategie der Filme über die zeitliche Staffelung des Kinostarts und der DVD- und VoD-Auswertung schwächt sich unter diesem Aspekt oft gegenseitig. In der Öffentlichkeits- und Pressearbeit kann jeder Film zumeist nur einmal Reichweite generieren. Eine weitere wichtige Rolle spielen in diesem Kontext die TV-Sender und ihre lineare Ausstrahlung und vor allem die Präsenz und Verweildauer der Filme in den Mediatheken der öffentlich-rechtlichen Sender am Ende der Auswertungskette. Auch hier gibt es zusätzliches Potenzial für die Reichweite eines Films, nur müssen sowohl das Selbstverständnis der Sender als Koproduzenten und Verwerter, als auch die Erlöse für die Urheber:innen neu verhandelt werden und vor allem die Zugänglichkeit und die Attraktivität der Mediatheken erhöht werden. Die Kinosperrfrist repräsentiert in ihrer jetzigen Form eine Vergangenheit, die keine Antworten auf die Aufgaben der Zukunft mehr geben kann und die deshalb dringend überdacht werden muss.

XII. Mehr als ein Feature: Der digitale Kinosaal als Angebot der Kinos

Der Corona-bedingte Lockdown fungierte für die Filmbranche als eine Art Katalysator für einen Wandel der Präsentation und Auswertung der Filmkultur. Auf dieser Basis liegen nun die ersten Erfahrungen und das Wissen über die Möglichkeiten vor, die durch die fortschreitende Digitalisierung geboten sind. Auch jenseits der dualen Festivals existieren die ersten Konzepte einzelner Anbieter und Kinos für den digitalen Kinosaal. Angeboten wird hier schon zum Teil die parallele und zeitlich flexible Rezeption der Filme auf der Leinwand und online zuhause: *Cinemalovers*, ein Netzwerk diverser Kinos, *Kino on Demand* von *Rushlake Media*, das *Virtual Cinema* der Verleiher *Port au Prince* sowie On-Demand-Angebote von *Grandfilm* und *Salzgeber* und nicht zuletzt *Yorck on Demand*, die sogenannte Filmboutique der *Yorck Kinogruppe*. Allen diesen Aktivitäten ist gemein, dass sie aus der Mitte der Kinobranche erfolgen und von Playern umgesetzt werden, die sich offen für neue Wege zeigen und die Notwendigkeit der Innovation erkannt haben. Zentral ist dabei der Aspekt der Einbindung der Kinos in die Erlösstruktur. Ein Modell, das neben der regulären Kinoabgabe, die für Rückflüsse in den Filmfördertopf sorgt, sowohl das Kino als auch das Ökosystem Kinofilmkultur stärken soll. Substanziell wichtig ist, dass dabei auch seitens der Streamer und TV-Sender weiterhin und verstärkt reguläre Beiträge geleistet werden. Durch den digitalen Kinosaal lassen sich sogar Filmwerke und Genres in den Kreislauf integrieren, die es in den vergangenen Jahren in der regulären Kinoauswertung schwer hatten, wie der Arthouse- und der Dokumentarfilm, oder die gar nicht mehr stattfanden, wie der Kurzfilm. Auf diese Weise lässt sich ein Publikum erreichen und gewinnen, das aus verschiedenen Gründen den Weg ins Kino nicht mehr findet oder nicht gehen kann, und darüber hinaus ein Publikum, das auf diese Weise erstmalig in Kontakt mit der Kinofilmkultur kommt. Das gilt vor allem für das junge Publikum, das sich vorwiegend und souverän im Netz bewegt. Und denjenigen, die das Kino als Kino lieben, würde der Weg dadurch nicht versperrt.

XIII. Wanted: Eine Perspektive für die Kinofilmkultur durch Innovation

Die Novellierung des Filmfördergesetzes ist aufgrund der Pandemie im Jahr 2020 kurzfristig ausgesetzt worden. Nun steht sie an und die Voraussetzungen für die Auswertung von Filmen und somit die Finanzierung der Filmförderung haben sich grundlegend verändert. Die Novellierung muss mehr wagen als nur Anpassungen,

Filmfestivals | Krisen – Chancen – Perspektiven

um der Kinofilmkultur eine zukunftsfähige Perspektive zu geben. Das Kino wird sich weiter in Richtung einer Premiumspielstätte entwickeln müssen, um seinen Platz in der Auswertung zu halten. Es muss dabei eine Koexistenz mit dem Netz nicht nur aushalten können, sondern aktiv für sich fordern. Alle bisherigen Erhebungen über das Verhalten des Publikums legen nahe, dass sich der Besuch im Kino und die Nutzung von Online-Angeboten nicht ausschließen, sondern sich sogar teilweise bedingen. Wesentliche Voraussetzung dabei ist, dass die Zukunft des Kinos weder durch das Filmfördergesetz in Deutschland, noch von einzelnen Initiativen zur dualen Auswertung entschieden wird, sondern von den Strategien der Major-Studios und der Streaminganbieter in den USA und in Ostasien. Wir können dem Ganzen tatenlos zusehen oder durch aktive Gestaltung Impulse setzen, die möglicherweise sogar im Silicon Valley und anderorts ihre Wirkung entfalten. Wer das Kino erhalten will, muss die Zirkulation der Filme und den Zugang des Publikums zur Kinofilmkultur über alle Wege gewähren und dabei reguläre Erlöse erzielen. Lassen sich im Netz die verschiedenen Formate und Wege zum Publikum zusammenbringen oder erleben wir mit der Kinofilmkultur in Form, Inhalt und der Frage der Rezeptionswege einen ‚Clash of Cultures' jeglicher und umfassender Art?

Internationale Kurzfilmtage Oberhausen

Die *Internationalen Kurzfilmtage Oberhausen*, gegründet 1954 als *Westdeutsche Kulturfilmtage* vom damaligen Leiter der Volkshochschule Oberhausen Hilmar Hoffmann im Geiste der Bildung durch Film, sind heute eine der größten internationalen Plattformen für die kurze Form. Das Festival war über Jahrzehnte als Fenster zum Osten bekannt, da es einer der wenigen Orte war, wo Filme aus dem Ostblock präsentiert wurden. Das *Oberhausener Manifest*, 1962 von einer Gruppe junger Filmemacher bei den Kurzfilmtagen verkündet, hat die deutsche Filmgeschichte entscheidend geprägt.

Oberhausen ist einzigartig in der Bandbreite der Formen und Genres, die hier präsentiert werden, und bekannt für seine Offenheit Experimenten gegenüber. Zahllose Filmemacher:innen und Künstler:innen, von Roman Polanski bis Cate Shortland, von George Lucas und Martin Scorsese bis Pipilotti Rist und Eija-Liisa Ahtila, haben hier ihre ersten Arbeiten präsentiert.

Das Festival organisiert einen Internationalen, einen Deutschen und einen Kinder- und Jugendfilmwettbewerb sowie den *MuVi*-Preis für das beste deutsche Musikvideo und den NRW-Wettbewerb. 2021 führten die Kurzfilmtage zwei neue Wettbewerbe ein, den Internationalen und den Deutschen Online-Wettbewerb, die für die langfristige Ausrichtung der Kurzfilmtage als hybrides Festival stehen.

Zudem ist Oberhausen für seine umfangreichen thematischen Programme bekannt, wie *Die Sprache der Verlockung. Trailer zwischen Werbung und Avantgarde* (2019) oder *Solidarität als Störung* (2021). Weitere Sektionen sind einzelnen Künstler:innen gewidmet sowie Werkschauen zu Experimentalfilmen einzelner Verleiher und Archive.

Außerdem bietet das Festival eine gut ausgestattete Video Library, führt einen nicht-kommerziellen Kurzfilmverleih und verfügt über ein einzigartiges Archiv von Kurzfilmen aus fast 70 Jahren Filmgeschichte. Der Kurzfilmtage-Channel bietet vor allem im Festivalvorlauf frei verfügbar Bewegtbilder, Gespräche und Porträts online.

2020 und 2021 fanden die Kurzfilmtage pandemiebedingt erfolgreich als Online-Ausgaben statt. Im Durchschnitt verzeichnet das Festival über 6.000 Wettbewerbseinreichungen aus 130 Ländern und vergibt insgesamt knapp 42.000 Euro an Preisgeldern. Die Kurzfilmtage zeigen jährlich rund 500 Filme, mit rund 1.000 Akkreditierungen und etwa 18.000 Eintritten.

Die 68. Internationalen Kurzfilmtage Oberhausen begannen mit einer viertägigen Online-Sektion am 30. April und spielten vom 4. bis 9. Mai in den Oberhausener Kinos. Das Themenprogramm 2022 hieß *Synchronisieren! Pan-Afrikanische Filmnetzwerke*.

Internationale Kurzfilmtage Oberhausen | Lars Henrik Gass im Gespräch

Lars Henrik Gass im Gespräch mit Tanja C. Krainhöfer

„Unsere Vision von den Kurzfilmtagen ist etwas, das wir noch nicht kennen"

Die Internationalen Kurzfilmtage Oberhausen stellen mit ihrer 68-jährigen Geschichte das älteste Kurzfilmfestival der Welt dar und sind das einzige allein auf Kurzfilme spezialisierte Filmfest, das seitens der FIAPF (Fédération Internationale des Associations de Producteurs de Films) akkreditiert ist. Solch eine Position bedeutet auch eine Verantwortung. Worin sehen Sie die größte Verpflichtung der Kurzfilmtage?
Aufgabe eines Festivals ist es, die Sicht auf die Welt zu verändern, egal wie lang seine Geschichte ist. Das kann man auch als Verantwortung bezeichnen. Dass wir durch die *FIAPF* akkreditiert sind, hat historische Gründe. Ich würde es eher als Relikt bezeichnen, weil man sich auch auf anderen Wegen zu bestimmten Richtlinien im Umgang mit Filmen verpflichten kann. Im Grunde regelt die *FIAPF* etwas, wozu sich heute alle Festivals bekennen sollten im Sinne der Fairness. Allerdings geraten die Dinge, gerade durch das Streaming und die digitale Distribution, sehr ins Schwimmen, so dass ein ständiger Aushandlungsprozess über den Umgang mit Filmen bei Festivals nötig ist, ob man das nun lästig findet oder ob man eine *FIAPF* bemüht. Die *FIAPF* entstand in einer Zeit, in der man glaubte, man könne diese Dinge ein für allemal klären; diese Zeit ist vorüber. Wir müssen sie Tag für Tag klären, auch wenn es bestimmte Leitbilder über fairen Umgang gibt. Ebenso aber gibt es unterschiedliche Interessen, die möglicherweise nicht immer zu harmonisieren sind. Das anständig zu tun, also ohne institutionelle Macht auszuüben, ist natürlich auch eine Verantwortung.

Mit der Maxime „Weg zum Nachbarn" positionierte Hilmar Hoffmann ursprünglich die Kurzfilmtage. Angela Haardt, Ihre Vorgängerin, stellte die Verständigung zwischen den Kulturen in den Mittelpunkt. Inwieweit hat dieses Credo auch vor dem Hintergrund der Globalisierung und einer weltweiten Verschmelzung der Kulturen heute noch Relevanz?

Das Motto hört sich schon sehr nach Volkshochschule an, auch wenn der Gedanke der Volkshochschulbewegung ein zutiefst republikanischer ist: Volksbildung als Voraussetzung von Demokratie. Die Kurzfilmtage haben historisch Relevanz erlangt, indem sie sich während des sogenannten Kalten Kriegs über das Dogma hinweggesetzt und Filme aus den sozialistischen Ländern gezeigt haben. Wir dürfen nicht vergessen, dass diese auf der Berlinale zu jener Zeit nicht gezeigt werden durften. Oberhausen wurde ein Ort, der freien Geist nicht nur propagierte, sondern auch ermöglichte. Das freilich führte zu nicht unbeträchtlichen Konflikten zwischen einem „roten" Festival und einer tiefschwarzen Bundesregierung, die Oberhausen noch viele Jahre von der Bundesförderung fernhielt. „Weg zum Nachbarn" ist eine geradezu befreiende Haltung noch heute, wo Leute ständig zur sogenannten Identität genötigt werden, denn es handelt sich um eine universalistische, also vereinende Sicht auf Gesellschaft.

In einem früheren Gespräch sagten Sie, dass es die Besonderheit der Kurzfilmtage sei, dass sie aus einer Volkshochschule heraus entstanden sind und dies auch bis heute noch spürbar sei. Ist es der Bildungsgedanke, der hier für Sie deutlich wird?
Ein Festival muss ja mehr sein als eine irgendwie originelle Zusammenstellung halbwegs erträglicher Filme. Mit dem Bedeutungsverlust von Kino und Fernsehen für die öffentliche Darstellung von künstlerisch relevanten Filmen, mit dem Versagen des Bildungssystems bei der Vermittlung von Filmen im schulischen Unterricht, die nicht den Sehgewohnheiten entsprechen, wuchs den Festivals eine neue Rolle zu: die der Vermittlung. Das bedeutet nicht Erklärung oder Kanonisierung, sondern eine lebendige Auseinandersetzung, die Selbstverständnis und Bestandteil jeder demokratischen Kultur sein sollte. Demokratie ist ja nicht nur ein System, das alle paar Jahre zur Abstimmung steht, sondern ein kleinteiliger Aushandlungsprozess. Ich werde den Satz meiner Vorgängerin Angela Haardt niemals vergessen; sie sagte: „Filme zeigen genügt nicht." Ein thematisches Programm in Oberhausen ist daher keine Retrospektive, sondern der Versuch, die Welt durch Filme zu denken. Das hat mit Kuratorenkultur,

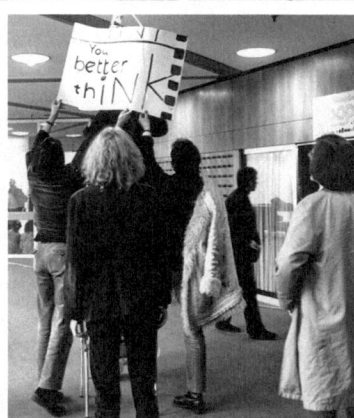

Internationale Kurzfilmtage Oberhausen | Lars Henrik Gass im Gespräch

unserer Sicht als Festival wenig zu tun, denn die Auseinandersetzung findet sozusagen *in situ* statt, anhand der Filme, im Kino; ich muss nicht erst den Katalog zur Ausstellung gelesen haben. Die Entwicklung hat aber auch neue Formate hervorgebracht. Dass wir heute Filme auch online zeigen, ist ein bisschen die Konsequenz daraus, dass wir möglichst vielen Leuten Zugang zu Filmen verschaffen wollen.

Sind Sie somit der Meinung, dass ein Filmfestival seine Herkunft nicht abstreifen kann? Sich demnach auch nicht neu erfinden kann? Auch nicht angesichts des gegenwärtig den ganzen Filmsektor bestimmenden disruptiven Wandels?
Ein Festival hat eine historische Signatur, die aus den Umständen seiner Entstehung resultiert, dem Ort, den sozialen Verhältnissen, aber natürlich auch den Machtkonstellationen. Was mich in Oberhausen immer berührt hat und was ich den Leuten in dieser Stadt hoch anrechne, das ist das ganz klare, bislang parteiübergreifende Bekenntnis für dieses Festival, das hier ja keiner so recht versteht, das im Grunde eine Willenserklärung des freien Denkens ist. Das ist erstaunlich in der einzigen Großstadt in Nordrhein-Westfalen ohne Hochschule. Wenn ich betrachte, wie wenig Rückhalt teilweise andere Festivals in sehr großen Städten genießen, ist das etwas ganz Besonderes. Man kann aus Oberhausen beim besten Willen kein Cannes oder München machen, nicht einmal ein Hof. Und das ist auch gut so. In Oberhausen steckt immer ein Quäntchen Weltverbesserung drin, so unbeholfen das manchmal auch wirken mag. Für mich hat das immer gut gepasst, weil ich als Kind zu viel Asterix gelesen habe. Oberhausen war ein Ort von filmpolitischen Auseinandersetzungen, muss solche aber auch in den öffentlichen Raum hinaustragen, auf Veränderung bestehen.

Welchem Umstand ist es Ihrer Meinung nach geschuldet, dass die Filmfestivallandschaft bei einer parallelen Ausdünnung der Kinolandschaft anhaltend wächst und sich mehr und mehr ausdifferenziert?
Ein Festival ist ja immer die Antwort auf ein Defizit; es ergänzt das Angebot und geht in der Regel auf die Initiative von einzelnen Personen zurück. Das unterscheidet Festivals von Theatern, Museen, Konzerthäusern usw. substanziell. Und genau das ist aber auch ihr strukturelles Problem, wenn man so will: diese Vereinsmeierei, das Selbstgestrickte, die Intransparenz usw. Oberhausen war die Antwort auf Berlin, aber Hof die Antwort auf Oberhausen. Immer so weiter, so dass wir nun auch laut Angaben des *Statistischen Bundesamtes* bei 400 Filmfestivals allein in Deutschland gelandet sind. Die wenigsten davon professionell geführt, also mit angemessener Struktur und entsprechendem Budget.

Internationale Kurzfilmtage Oberhausen | Lars Henrik Gass im Gespräch

Denken Sie, dass sich die Filmfestivallandschaft auch deshalb in solch einer Vielfalt und Breite entwickeln konnten, weil sie lange Jahre unterhalb des Radars der Filmwirtschaft keinen ökonomischen Zwängen folgen musste?
Sicherlich. Generell gilt, dass Kultur sich von Nachfrage fernhalten sollte. Wir machen ein Angebot. Wenn das alle interessiert, haben wir etwas falsch gemacht, weil es dann Mainstream ist. Durch die Vielzahl der Festivals gibt es heute unendlich viele Optionen für einen Film, gezeigt zu werden. Das muss nicht in Oberhausen sein. Und das ist gut so.

Ist es mit Blick auf die Entwicklung der Kurzfilmtage demnach ein Segen, dass ihr Standort nicht an einem der Medienstandorte München, Berlin, Hamburg, Köln oder Stuttgart liegt?
Mir geht's an Medienstandorten immer ein bisschen wie Sophia Thomalla auf *Berlinale*-Empfängen: hält man eigentlich nur angetrunken aus. Oberhausen ist für Oberhausen zu groß, könnte man sagen. Mit anderen Worten: Weil dieses Festival eine derartige Bedeutung erlangt hat, strahlt es über die Stadt, die im Ausland wohl sonst kaum bekannt wäre, weit hinaus. Das kann man außer von Cannes wohl kaum von einem Festival behaupten, ohne damit nun etwas zum Rang der Sache selbst aussagen zu wollen. Stadt und Festival werden international verbunden gesehen. Viele Leute finden es auch durchaus kurios, die Stadt zu erleben, die im Übrigen drei, vier extrem schöne Beispiele der Architekturmoderne bewahrt hat. Ich mag an Oberhausen gerade das, was irgendwie widerständig ist, also ein bisschen auch das Gegenteil von Kulturwirtschaft.

Neben der Entdeckung, Präsentation und Vermittlung zählen Sie auch die Dokumentation und Archivierung von Entwicklungen der Filmsprache zu den Kernaufgaben der Kurzfilmtage. Ist dies als eine Funktion an der Schnittstelle zu einem Museum zu verstehen, und welche weiteren Funktionen denken Sie heute und zukünftig für die Kurzfilmtage mit?
Die Archivierung begann ja gleichsam als Abfallprodukt, könnte man sagen. Die Leute ließen am Anfang einfach die Filmkopien zurück. So begann der nicht-gewerbliche Verleih, eigentlich ein Tourneeprogramm. Auch hier wieder dieser notorische Wille, der Weg zum Nachbarn, rührend und vor allem niemals zum Marketing degeneriert. Bis Karola Gramann als Leiterin kam, gab's nicht einmal Verträge, alles lief per Handschlag oder unter der Hand. Jetzt gibt's Verträge, und seit zwei Jahren erwerben wir auch Onlinerechte. Der Verleih dient im Wesentlichen dazu, Filmen und Leuten, die wahrscheinlich sonst überhaupt keine Vertretung hätten, eine Verleihperspektive mit sehr eingeschränkten Rechten zu bieten. Wir wollen und dürfen anderen Verleihen und auch kommerziellen Auswertungen nicht in die Quere kommen. Außer dem *Arse-*

nal in Berlin und uns gibt es sehr wenige Filmsammlungen auf der Welt, die so lange so eng mit einem Festival verbunden sind. So wächst uns auch eine besondere konservatorische Verantwortung zu. Auch wenn das hier wie dort niemals so gedacht war: Mit dem Versiegen der Auswertungsmöglichkeiten für solche Filme im Kino entsteht ein höchst zeitgemäßes, ja vielleicht sogar zukunftsfähiges Modell. Die Festivals treten in eine neue, erweiterte Zuständigkeit für die Filme, die sie zeigen.

Es gibt zahlreiche Filmfestivals, die sich zunehmend zu vertikal diversifizierten Medienunternehmungen entwickeln; also Bereiche aufbauen – vom Talentscouting über die Auswahl und Beratung zu Stoffen, die Unterstützung bei der Finanzierung bis zur Produktion, von der Festivalpremiere bis zur anschließenden Auswertung. Verfolgen Sie ebenfalls solche Pläne?
Wir haben uns auf diesem Feld immer sehr zurückgehalten. Das hat zwei Gründe: Zum einen gibt es andere, die vor uns damit angefangen haben und das gut machen. Zum anderen finden wir es auch ein bisschen fragwürdig, in die Entstehung von Filmen einzugreifen und auf diese Weise das Genre Festivalfilm zu forcieren. Wir finden es fragwürdig, ein Illusionspanorama aufzuspannen und Leute glauben zu machen, man könne in der Filmwirtschaft mit Anstand überleben. Ein Festival muss sozusagen interesselos abbilden können, was an Neuem entsteht. Eine ganz andere Frage ist, ob und wie man die eigenen Ressourcen besser oder nachhaltiger zum Vorteil aller nutzen kann. Daher entwickeln wir fortlaufend Formate, die Vernetzungen durch das Festival befördern sollen. Derzeit denken wir auch über ein Online-Labor nach, das wir gemeinsam mit anderen Institutionen durchführen wollen. Es geht also immer um die Frage, wie die Ressourcen eines Festivals im Sinne des Gemeinwohls rückübereignet werden können.

Gleichzeitig hatten und haben die Kurzfilmtage bei zahlreichen Ideen stets den gesamten Festivalsektor mit im Blick. Dies wird deutlich an der Einführung des Kurzfilmmagazin shortfilm.de (seit 2001), aber ebenso bei ganz praxisnahen Initiativen wie der Bereitstellung eines Technik-Hubs für Festivals in NRW bis hin zu der aus heutiger Sicht sehr erfolgreichen Submission-Plattform Reelport. Wodurch wurden diese Projekte angestoßen, wie verlief ihre Entwicklung, wo stehen sie heute?
Shortfilm.de war in der Tat der Beginn eines neuen Denkens im Haus. Die drei wesentlichen Faktoren waren das Internet und seine Möglichkeiten, unsere institutionelle Ablösung von der Stadtverwaltung sowie meine damalige Ko-Geschäftsführerin Ulrike Erbslöh, heute Ko-Direktorin der *Fondation Beyeler*, die eine unermüdliche Innovationstreiberin ist. Als ich Ende 1997 hier anfing, gab's im Haus eine einzige E-Mail-Adresse

und einen rudimentären Webauftritt. Wir haben uns Anfang 2000 gesagt, dass wir die Ressourcen über das Internet vergesellschaften wollen. *Shortfilm.de* war als Portal gedacht, das nicht auf das Festival verweisen, sondern eine eigenständige Gravität entwickeln sollte, eine Relevanz für alle, die sich für Kurzfilm interessieren. Das war also kein Marketinginstrument. Irgendwann haben wir Projekt und Domäne an die *AG Kurzfilm* abgegeben, weil es dort einfach besser hinpasste und uns auch die Kosten über den Kopf wuchsen. Derselbe Gedanke lag der Einreich-Plattform *Reelport* zugrunde: Konkurrenz unter Festivals dort überwinden, wo sie völlig fehl am Platze ist, die Einreichung von Filmen möglichst vereinfachen, Ressourcen schonen, Kosten sparen, Müll vermeiden. Allerdings musste die Souveränität bei den Festivals verbleiben. Wir haben also eine der weltweit ersten Filmeinreichplattformen überhaupt etabliert. Als das Modell technologisch wie strategisch erkennbar an ein Ende kam, haben wir uns mit einem Festival in den Niederlanden zusammengetan, das gerade *Filmchief* gegründet hatte. Hier in NRW hatten wir zwischenzeitlich das Modell eines Technikpools. Nicht jedes Festival braucht einen eigenen Server, nicht jeder Bauer einen eigenen Traktor. Man schließt sich also zusammen, und alle haben etwas davon. Hat eine Zeitlang gut funktioniert. Im Grunde stecken die Lösungen immer in dem, was schon da ist. So ist etwa auch das *European Short Film Network* (*ESFN*), das wir gemeinsam mit drei anderen Festivals in Europa unterhalten, das Ergebnis von *Filmchief*: Man dringt immer tiefer in die Ideen ein, lässt die Ideen gleichsam eigenständig wachsen. Wir glauben fest an die Kraft des kollaborativen Handelns, auch wenn's manchmal wirklich mühsam ist.

Denkt man an das Oberhausener Manifest oder auch das in Oberhausen entwickelte „Manifest der Filmkritik", so zeigen sich die Kurzfilmtage vor allem auch als wichtiger Ort des Diskurses der jeweiligen zeitgenössischen Bewegtbildkultur. War dies auch der Ausgangspunkt für die Installation eines Online-Videoblogs wenige Wochen nach Ausbruch der Pandemie im April 2020?
So weit würde ich nicht gehen. Der Videoblog war eine Art Panikblüte, wie eine manische Form von Depression angesichts der Pandemie. Das hat bei uns allen extrem viel Kreativität freigesetzt, auch den Willen, uns durch diese Herausforderung nicht unterkriegen zu lassen. Wir fragten uns, bleiben wir im Bett, oder machen wir etwas daraus, damit wir nicht schon an Langeweile sterben, bevor uns die Pandemie kriegt? Der Blog lief gut, alle wollten mitmachen, viele haben es sich angeschaut, weil wir uns alle gegenseitig bei einem Prozess zuschauen konnten. Wir sprachen nicht über die Pandemie, nicht über das Festival, nicht über Kurzfilm. Und wir wollten diese Technik neu entdecken und etwas machen, das nicht für die Ewigkeit gedacht ist, sondern einfach nur eine Krisenintervention darstellt. Das hat uns nicht den Grimme-Preis

eingebracht, aber wir werden ewig das erste Filmfestival in Deutschland bleiben, das jemals komplett online ging, nämlich in zwei Monaten; das war schon eine historische Leistung. Wir haben in dieser Zeit rund 130 Beiträge mit wenig Budget hergestellt, *rough and dirty*, und daneben fast das gesamte Programm online gezogen. Das kann man so nicht wiederholen. Das hat also 2020 wunderbar geklappt, 2021 schon weniger gut, aber wir hatten uns alle extrem weiterentwickelt. Die Pandemie war die beste Fortbildung, die wir je hatten.

Bei der zweiten Online-Ausgabe der Kurzfilmtage im Mai 2021 wurde aus dem Videoblog von 2020 der Kurzfilm-Channel. Was beinhaltete diese Weiterentwicklung?
Dort können wir jederzeit zeigen, was uns so einfällt, eine Art *Netflix* für Arme, das aber einem gänzlich anderen Leitgedanken folgt. Der Channel ist wie ein archaisches Fernsehen, eine Abfolge von Beiträgen, die man nachschauen kann, die man auch abonnieren kann. Im Grunde hat die Pandemie einen neuen Begriff von Festival ins Spiel gebracht. Betrachtet man, wie in der Wissenschaft ein Festival begrifflich betrachtet wird, dann ist das immer eine Veranstaltung, die auf Ort und Zeit beschränkt ist und beschränkt sein muss. Selbst der von mir sehr geschätzte Filmwissenschaftler Thomas Elsaesser, der leider kürzlich verstorben ist, glaubte das. Ich nicht. Viele von uns sind da längst weiter und wurden, wie ich bereits 2009 einmal sagte, vom Markt zur Marke. Das will ich gar nicht im kommerziellen Sinne verstanden wissen, sondern im Sinne der Wirkung. Ein Festival ist heute Absender von bestimmten Inhalten und zugleich Plattform, nicht nur für ein paar Tage. Das freilich ist hochgradig vermittlungsbedürftig, denn die Stadt Oberhausen erwartet eine Veranstaltung vor Ort, kein Dingsda im Internet. Ich sage den Verantwortlichen aber, dass wir historisch an einem Punkt stehen, wo's so eh nicht weitergeht. Schon vor der Corona-Pandemie gab's die Klimakrise, davor die Wirtschaftskrise, und jetzt haben wir alles gleichzeitig. Wir müssen uns einfach etwas einfallen lassen, wollen wir die Leute vom Sofa weglocken. Das bedeutet nicht, dass wir den Gedanken und den Willen aufgeben, ein Festival vor Ort zu machen. Nur muss und wird das Festival vor Ort anders aussehen müssen. Filme zeigen genügt nicht, auch heute nicht, heute noch weniger als früher.

Wo sehen Sie die Ursache für das schwindende Interesse an der Kulturpraxis Kino und kann man dieser entgegenwirken?
Das alles steht im Kontext eines in den letzten 20 Jahren komplett veränderten Freizeitverhaltens der Leute, die Ausdruck einer deregulierten Arbeitsgesellschaft ist. Die Innenstädte sind verödet, alle hocken zu Hause herum, backen, gehen nur noch vor

die Tür, damit der Hund sein Geschäft machen kann, und schauen abends *Netflix*. Das wirft schon ein paar Fragen auf, wo und wie Öffentlichkeit überhaupt noch herzustellen ist. Ich stelle daher die Frage der mediengeschichtlichen Relevanz des Kinos neu, denn das Kino zwang uns, etwas anders wahrzunehmen. Das wird für mich immer eine einzigartige Qualität behalten. Der Zwang zur Wahrnehmung ist das Geschenk des Kinos an die Gesellschaft. Man muss nichts tun, man muss nichts sagen, nichts wissen: Das ist der „homme ordinaire du cinéma", von dem der französische Kunsthistoriker Jean Louis Schefer in seinem wunderschönen Buch über das Kino sprach. Das Individuum träumt im Kollektiv seine Befreiung. An dieser Stelle kommen die Festivals ins Spiel und das, was eine der großartigsten Kinotheoretikerinnen, Heide Schlüpmann, nicht müde wird zu erinnern: dass das Kino auch ein sozialer Raum, ein Raum der Emanzipation ist oder zumindest sein kann. Ich würde allerdings immer reklamieren, dass es noch ein bisschen darauf ankommt, wie man das anstellt. Mit Cinephilie allein wird das nicht klappen. Die ist mittlerweile eher ein Problem geworden, weil sie die stark veränderten gesellschaftlichen und technologischen Rahmenbedingungen nicht mehr kognitiv einholt, also zu so einer Art Glaubensgemeinschaft verkam. Der französische Filmkritiker Serge Daney, leider viel zu jung gestorben, hatte begriffen, dass man mit der Liebe zum Kino nicht mehr weiterkommt, seit die Macht der Werbung und des Fernsehens zu groß wurde. 30 Jahre später muss man sagen: Jeder Trottel gibt sich heute cinephil und weiß was vom Kino, so wie der Zahnarzt im Sprechzimmer von der Kunst. Das Kino können wir aber nur retten, wenn wir es von diesem ganzen Mief befreien.

Im Zuge der pandemiebedingten Kinoschließungen wurde es Ihnen wie einigen weiteren Festivals möglich, das Festival in den virtuellen Raum zu transferieren. Die Kurzfilmtage haben mit einer Reihe von unterschiedlichen Formaten bis hin zu einem VR-Hub experimentiert. Worin würden Sie heute sagen, liegen die größten Potenziale für die Zukunft?
Für manche Entwicklungen ist bei uns der Zug abgefahren. Wir fangen jetzt nicht mehr mit VR oder Gaming im großen Stil an. Da bewege ich mich ja auch in andere Bildregime rein, die mit Film nichts mehr zu tun haben oder nur so viel, dass sich halt was bewegt. Wir müssen nicht alles machen. Es genügt, dass wir das, was wir angefangen haben, anständig machen. Das ist ja heute schon was, dass man nicht mehr jedem echten oder vermeintlichen Trend hinterherrennt. Vor 20 Jahren haben sich alle auf Handyfilme gestürzt. Wir sagten, lasst mal lieber bleiben. Man hört davon auch nichts mehr. Wir haben stattdessen Musikvideos gezeigt, und die gibt's auch noch. Das ist natürlich auch eine rigorose mediengeschichtlich begründete Haltung dem Kino gegenüber.

Filmfestivals | Krisen – Chancen – Perspektiven

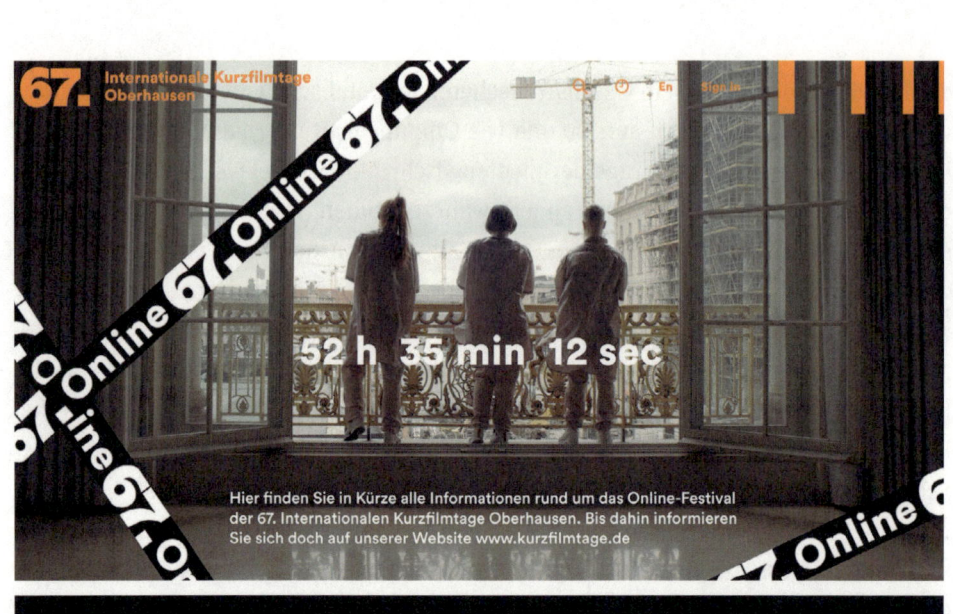

Sie sagten im Kontext der Pandemie, „Wir ergreifen die Chance, die wir nicht haben". Zahlreiche Filmfestivals haben in den vergangenen Monaten trotz äußerst begrenzter Mittel einen beachtlichen Pioniergeist bewiesen. Wie erklären Sie sich diese Innovations- und Durchsetzungskraft?
Habe ich das gesagt? Hört sich ein bisschen nach Achternbusch an. Die Hauptsache ist, sich in der Arbeit nicht auf Glaubenssätze zu verlassen, sondern eine Haltung einzunehmen. Wir machen Kultur nicht zur Unterhaltung, sondern weil wir der Gesellschaft, die uns finanziert, etwas zurückspiegeln wollen, das sie nicht sehen will. Das ist der Job, seit rund 70 Jahren.

Gemeinsam mit der Leiterin des Max Ophüls Filmfestival, Svenja Böttger, haben Sie im Juli 2019 die AG Filmfestival initiiert, die heute bereits über 120 Mitglieder zählt. Entgegen ursprünglicher Erwartungen wird der Großteil der Filmfestivals die Krise überleben; es sind sogar neue Festivals während der Pandemie entstanden. Wie schätzen Sie die Entwicklung der deutschen Filmfestivallandschaft in den nächsten Jahren ein?
Ich betrachte es eher als ein Zufall, dass Svenja und ich das gemacht haben. Wir standen eines Abends im März 2019 in Graz auf einem dieser Festivalempfänge rum, schauten auf die Stadt und sagten, okay, jetzt geht's los, irgendjemand muss es ja machen. Das lief dann wie von selbst, zumal wir im Gegensatz zu anderen keine Gesellschaftsform gewählt haben, sondern bislang ein freier Zusammenschluss unter Gleichen geblieben sind. Da gibt's keinen Verein, keinen Vorstand, kein Budget, keine Verpflichtungen. Eine Gruppe von derzeit zwölf Leuten macht die Arbeit. Wenn's den anderen nicht passt, geben wir ab; bis dahin machen wir weiter. Auf einmal spricht die Berlinale auf Augenhöhe mit einem Festival, von dessen Existenz man zuvor nichts wusste. Das ist großartig. Wir machen nur Filmpolitik, nichts, was irgendwie finanziert werden muss: kein Büro, kein Personal, keine Empfänge, keine Weihnachtskarten, nichts, nur Filmpolitik. Funktioniert super, eine beglückende Erfahrung. Wir sind bei und mit der *Beauftragten für Kultur und Medien* (*BKM*) im Gespräch, werden nun eine Studie zur Situation der Filmfestivals auf den Weg bringen, die auch aufzeigen soll, wie möglicher-

weise Festivals die Kinostrukturen stützen können. Man darf freilich nicht vergessen, dass die Mehrzahl der Festivals unter ziemlich prekären Umständen arbeitet. Das ist mit dem Bereich der Museen, der darstellenden Künste oder klassischen Musik nicht annähernd vergleichbar. Mit Blick auf die Auswertungszusammenhänge von Film erlangen die Festivals eine neuartige Bedeutung, gefährdete Kinostrukturen zu erhalten. Betrachtet man die Kinobilanz der *Filmförderungsanstalt (FFA)* nüchtern und nicht nur mit Blick auf die Geschäftsinteressen, so ist der Handlungsbedarf unausweichlich: Die Finanzierung von Filmen und die Frage, wo und wie sie öffentlich gezeigt werden, muss künftig völlig anders beantwortet werden. Wir denken, dass die Festivals darin eine noch wichtigere Rolle spielen könnten. Allerdings muss man sich in diesem Land dann vielleicht einmal von der Vorstellung verabschieden, dass schon alles gleich ein Markt ist, woran Leute verdienen wollen, und dass es vielleicht ja genügt, gute Filme zu machen, die auch mal jemand im Ausland sehen mag, weil sie die nötige künstlerische Qualität haben und nicht nur Ausdruck einer Förderlogik sind.

Es gibt Prognosen, selbst von Vertretern des US-amerikanischen Mainstreamsektors wie von Roland Emmerich, die darstellen, dass in zehn Jahren Kinos nur noch als subventionierte Kunstform in den Großstädten existieren. Sind dann Filmfestivals, beraubt um ihren originären Lebensraum, ebenfalls Geschichte oder haben sie sich dann ebenso resilient wie in den vergangenen Monaten weiterentwickelt und welche Rolle spielen sie dann?
Wir können uns entscheiden: Wollen wir das Kino dem Markt überlassen, dann ist es weg vom Fenster, oder wollen wir es geregelt zurückbauen, also darauf einlassen, dass Kino in zehn, 15 Jahren etwas Neuartiges sein wird, also nicht die Reproduktion der guten alten Zeit, mit der's ja schon lange nicht mehr so gut geklappt hat. Das Kino ist längst in einem Prozess der Historisierung angelangt, jetzt müssen wir diesen gestalten, antizyklisch handeln. Es ist ja nicht so, dass wir erst seit zwei Jahren eine Krise des Kinos als gewerbliche Auswertungsform erleben. Die befindet sich im freien Fall. Die Kinoeintritte sind in Deutschland bereits seit rund 60 Jahren rückläufig. Man versucht immer noch, die Filmförderung an die Kinoauswertung zu binden, als sei Kinoauswertung die letztgültige Form, überhaupt mit Film umzugehen. Damit hat man weder die mediengeschichtliche Besonderheit des Kinos verstanden, noch zur Kenntnis genommen, welche gesellschaftlichen und technologischen Entwicklungen wir gerade in rasender Geschwindigkeit durchlaufen. Warum macht man es den Leuten so schwer, Filme zu sehen, die sie interessieren? Das habe ich noch nie verstanden. Für mich ist daher Musealisierung kein Angstszenario. In ganz Deutschland haben wir gerade einmal fünf Filmmuseen – dagegen in jeder Stadt ein Theater, finanziert mit teils immensen Beträgen. Das ist gut und richtig, aber man muss sich auch fragen,

ob wir uns langsam mal um unsere Filmgeschichte kümmern sollten. Für mich war es ein Initiationsereignis, als mir der Architekturkritiker Niklas Maak erzählte, dass ein Architekturstudent ihm einmal vorgeschlagen habe, eine Düne in ein Kinofoyer auszubringen. Das ist ein großartiger Gedanke, weil es einen anderen Umgang mit Räumen reklamiert. Im Moment wollen alle nur die Geschäftsmodelle fortschreiben. Ich dagegen bin daran interessiert, das Kino als kulturelle Praxis in der Gesellschaft zu halten. Das ist ein entscheidender Unterschied. Ich bin extrem neugierig darauf, Kino neu auszudeuten. Und ich denke auch, dass der Nachteil des Kinos zugleich sein Vorteil ist: Während die Kulturbauten der anderen Künste ja kulturgeschichtlich weitgehend ausbuchstabiert sind und zum Teil wie Bleigewichte an öffentlichen Etats hängen – hier 60 Millionen für Bayreuth, dort 800 Millionen für die Elbphilharmonie, und für Oper und Schauspiel in Frankfurt wohl unter einer Milliarde gar nichts zu machen –, ist der Status des Kinos fast immer prekär gewesen. Gerade weil es in der bürgerlichen Gesellschaft so unzureichend verankert ist, ist es so adaptionsfähig und geht mit der Gesellschaft um. Kino kann man tendenziell überall machen. Das Kino war am Anfang der Filmgeschichte ein Phänomen der Randbezirke, heute könnte es eventuell Leerstände in Innenstädten beleben. Es könnte in Hotels und Schulen verbaut werden. Es könnte zugleich Konzertsaal und Arbeitsort sein. Man sollte also das drohende Verschwinden des Kinos, das Auslaufen des Geschäftsmodells als Einladung zum Nachdenken verstehen. Das war ja das Tolle am *Centre Pompidou*: dass es im Grunde wie eine temporäre Setzung, eine Zwischennutzung daherkommt.

Ich denke, wir sind alle gut beraten, Innenstädte nicht nur noch als Lieferadressen irgendwelcher Versandhändler aufzufassen – sonst landen wir da, wo viele US-amerikanische Städte bereits angekommen sind, in denen es praktisch kein öffentliches Kulturleben mehr gibt und der Einzelhandel völlig zusammengebrochen ist. Im Grunde könnte Kino sogar den Vorteil ausspielen, dass es nicht auf diese riesigen Kulturbauten angewiesen ist, also notfalls umziehen, die Zelte abbrechen, sich neu erfinden, nomadisch werden kann. Das freilich setzt ein Minimum an politischer Unterstützung voraus, die ich derzeit noch nicht annähernd erkennen kann. Ich habe ein Jahr lang versucht, Bundestagsabgeordnete davon zu überzeugen, dass sie sich mit diesem Gedanken anfreunden; sie haben aber lieber auf die Lobbyisten gehört, bei den Grünen wie bei der Linken. Deren Interessen sind aber nicht kongruent mit denen des Publikums. Das Publikum hat einen Anspruch auf Zugang: zur eigenen Filmgeschichte, zum Kino als kultureller Praxis, auf Auseinandersetzung über Film. Musealisierung als Haltung ist daher der Auftrag, der sich aus der Historisierung des Kinos ergibt.

un.thai.tled Filmfestival und
SİNEMA TRANSTOPIA

Das *un.thai.tled Filmfestival* wurde trotz der pandemischen Schwierigkeiten 2020/21 von der nonbinären Filmemacher:in und Kurator:in Sarnt Utamachote gemeinsam mit der Sozialanthropologin und Künstlerin Rosalia Namsai Engchuan als Teil des *un.thai.tled* Künstler:innenkollektiv aus der deutschen Thai-Diaspora gegründet. Das *un.thai.tled* Kollektiv kuratiert nomadische Kino- und Kulturveranstaltungen, in denen Stereotype sowie eurozentrisch-koloniale Denkweisen, die Thailand und Südostasien betreffen, aufgebrochen werden. Mit Fokus auf partizipatives Empowerment, gemeinschaftsorientierte Programme und Barrierefreiheit versucht *un.thai.tled* Brücken zwischen den Generationen in der Diaspora, Menschen im Exil und anderen marginalisierten Position zu bauen. Mit dem Ziel, Solidaritäten jenseits nationaler Grenzbeschreibungen zu realisieren, arbeitet *un.thai.tled* mit anderen Gemeinschaften und Kollektiven.

SİNEMA TRANSTOPIA ist ein Kino-Experiment, das Kino als sozialen Diskursraum, als Ort des Austauschs und der Solidarität untersucht. Die kuratierten Filmreihen bringen diverse soziale Communities zusammen, verknüpfen geografisch entfernte und nahe Orte, Vergangenheit, Gegenwart und Zukunft und dezentrieren einen eurozentristischen Blick durch transnationale, (post-)migrantische und postkoloniale Perspektiven. SİNEMA TRANSTOPIA steht für ein anderes Kino, das sich zugleich einer lokalen und einer internationalen Community verpflichtet sieht, das Kino als wichtigen Ort gesellschaftlicher Öffentlichkeit versteht, das filmhistorische als erinnerungskulturelle Arbeit betrachtet und sich für die Vielfalt der Filmkultur und Filmkunst einsetzt. Im Haus der Statistik am Berlin-Alexanderplatz schlägt das Kino-Experiment eine Brücke zwischen urbaner Praxis und Film und kreiert einen Ort, der Zugänge öffnet, Diskussionen anregt, weiterbildet, bewegt, provoziert und ermutigt.

SİNEMA TRANSTOPIA wurde 2020 von *bi'bak* initiiert. *bi'bak* arbeitet mit einem Fokus auf transnationale Narrative, Migration, globale Mobilität und ihre ästhetischen Dimensionen. SİNEMA TRANSTOPIA erhielt 2021 den Kinopreis des Kinematheksverbundes sowie den Kinoprogrammpreis Berlin-Brandenburg des *Medienboard Berlin-Brandenburg*.

Sarnt Utamachote, Rosalia Namsai Engchuan, Malve Lippmann und Can Sungu

Transnationale Verflechtungen jenseits von eurozentrischer Dominanz und nationalstaatlichen Konzepten

In Berlin trafen sich die Macher:innen des *un.thai.tled Filmfestival*, Sarnt Utamachote und Rosalia Namsai Engchuan, mit Malve Lippmann und Can Sungu von *bi'bak* und *SİNEMA TRANSTOPIA*, um ihre gemeinsamen Perspektiven, Ansätze und Utopien zu diskutieren und sich darüber auszutauschen, vor welchen neuen Herausforderungen Festivals und das Kino in Zukunft stehen, wenn es darum geht, neue Sichtweisen, Werke und Künstler:innen sichtbar zu machen und so für die Repräsentation marginalisierter und bisher unsichtbarer Positionen zu sorgen.

Malve Lippmann (ML): Wir kennen uns ja nun schon einige Jahre und haben auch bei vielen Programmen zusammengearbeitet. Mit dem Filmfestival von *un.thai.tled* und Eurem persönlichen Input als Künstler:innen und Kurator:innen habt ihr auch das Profil des Kino-Experiments *SİNEMA TRANSTOPIA* wesentlich mitgeprägt. Seit September 2020, als wir mitten in der Pandemie im Haus der Statistik eingezogen waren, habt ihr das *un.thai.tled Festival* zwei Mal veranstaltet, aber auch in vielen Programmen als Kurator:innen mitgewirkt und weitere Projekte und Workshops bei uns initiiert. In diesem Gespräch soll es nun um unseren Blick auf Festivals als Form des gemeinsamen Kinoerlebnisses und um das Kino als kulturelle Praxis gehen. Wir werden darüber reden, wie für uns das Kino als politischer und sozialer Diskursraum, als Ort des Austauschs und der Solidarität funktioniert, in dem postkoloniales und migrantisches Wissen repräsentiert und der eurozentrische Blick dezentriert werden kann. Nun würde ich aber gerne mit der Frage einleiten: Wie war eure erste Begegnung mit Film? Wie waren eure ersten Festivalerfahrungen und was waren für euch die Impulse, selbst ein Festival ins Leben zu rufen?

Sarnt Utamachote (SU): Als ich zum ersten Mal im Kino war, war ich fast sechs Jahre alt. Es war damals ein lokales Kino am Rande von Bangkok. Da gab es nur Filme mit thailändischen Untertiteln. Niemand konnte Englisch. Alle brachten Reis mit Kokosmilch oder Obst und Cola mit. Wir kannten keine Filmfestivals oder Arthouse-Filme. Wir kannten nur Unterhaltung, oder besser gesagt, sozialpolitische Inhalte, auf die sich alle beziehen konnten. Inzwischen hat sich viel verändert. Insbesondere verwunderten mich, als ich nach Berlin kam, die Verhaltensmuster der Kinozuschauer:innen. Alle benehmen sich, als wäre man in einer Kirche. Alle nehmen den Film so ernst, dass ich mich fragte: Warum? Auch wenn Obst und Essen im Kino hier nicht erlaubt sind, gibt es doch andere Geräusche und Formen von ‚Imperfektionismus', was mich sehr fasziniert. Es wird Stille, Ernsthaftigkeit und Intellektualismus von einem erwartet, auch wenn es keinen Dresscode gibt, an dem die Klasse festgemacht werden kann.

Meine erste *Berlinale* hat mich sehr erschreckt, weil alle dieses Festival so ernst nehmen. Oft fand ich, dass die Vorführungen, die Filme, oder die Festivals fast keine Beziehung zum Alltag eingehen oder irgendeine Art von gesellschaftlicher Relevanz haben. Insbesondere frage ich immer, was ist das Interesse des lokalen Publikums, was wollen sie im Kino sehen? In der letzten Ausgabe strebte die Berlinale an, mehr Migrant:innen oder andere Publikumsgruppen ins Kino zu bringen, ohne dabei darüber nachzudenken, ob diese sich überhaupt dafür interessieren oder Zeit für einen Kinobesuch haben würden. Warum ist der Kinoraum zu einem Showroom für *IKEA*-Filme geworden? (Das *Berlinale*-Programmbuch sieht sowieso wie ein *IKEA*-Katalog aus) – also *IKEA* meine ich im Sinne eines ‚Selfmarketing' der einzelnen Sektionen. Die Filme werden oft nur noch als Ware betrachtet; also irgendwie ist alles oberflächlich und glatt. Was bedeutet Filmfestival? Weist ein Filmfestival nur auf eine Reihe von ausgewählten Filmen hin, die irgendwie, irgendwann und von irgendjemandem zusammengestellt worden sind, oder könnte es auch ein Erlebnis sein, das direkt an uns gerichtet ist? Stell dir vor, wenn Du bei der Konzeption von etwas mitbedacht wirst, dann wirkt es auch viel stärker auf dich, als das, was an ein anonymes (meistens *weißes*) Publikum gerichtet ist. Ich fragte mich, wenn ich ein Kino oder ein Festival erschaffen könnte, das meinen Vorstellungen entspricht, was würde ich anders machen? Warum zögern alle noch immer davor, etwas zu ändern, wenn viele doch gar keine Lust mehr darauf haben, immer den gleichen Mustern dieses *weißen* Intellektualismus zu begegnen?

Rosalia Namsai Engchuan (RNE): Ich bin in Deutschland aufgewachsen. Mein Vater ist Thai, meine Mutter Deutsche. Die beiden haben sich hier in Deutschland kennengelernt und leben zwischen Deutschland und Thailand. In meiner Kindergarten- und

Schulzeit war ich eine der wenigen, die nicht *weiß* waren. Jenseits von Besuchsreisen nach Thailand, die wir regelmäßig als Familie unternommen haben, hatte ich keinen wirklichen Bezug zu ‚Thainess' oder zu meiner thailändischen Seite. Durch ein paar Umwege habe ich dann ein Masterstudium begonnen, um die Sprache richtig zu lernen und mehr von der Kultur zu verstehen, die zwar irgendwie ein Teil von mir war, zu der ich aber keinen direkten Zugang hatte. Viele Dinge, die ich im Studium über Thailand und Thais allgemein lernte, fühlten sich instinktiv irgendwie falsch an. Gleichzeitig aber kam ich damals mit kritischer Theorie in Kontakt. Ich eignete mir ein neues Vokabular für Erlebnisse an, die sich seit meiner Kindheit komisch angefühlt hatten: Rassismus, Othering. Ich verstand mithilfe von Theorien zur sozialen Konstruktion, dass das Problem nicht in mir lag, sondern in der Art und Weise, wie Thai-Frauen im Westen und auch in Deutschland stereotypisiert werden. In dieser Zeit habe ich beim *Asian Film Festival Berlin* als Volunteer ausgeholfen. Durch Independent- und experimentelle Filme aus Südostasien und von Diaspora-Filmemacher:innen, die auf Festivals gezeigt wurden, und auch im Kunstbereich habe ich viel gelernt. Wichtig war, dass das die authentische Perspektive der Menschen war und nicht eine westliche Beschreibung oder Zuschreibung. Hier fand ich auch endlich inspirierende Rollenbilder. Die Rollen für asiatisch gelesene Frauen im deutschen Fernsehen waren deprimierend und limitierend. Das hatte überhaupt nichts damit zu tun, wie Thai-Frauen sind oder ich mich fühlte, aber alles damit zu tun, wie der Westen dieses unterwürfige ‚other' braucht, um sich besser zu fühlen. Inspiriert von den vielen großartigen Arbeiten aus der Region und motiviert, da ich so langsam verstand, dass das Problem nicht in mir lag, habe ich einen Filmworkshop gemacht. Von anderen PoC-Filmemacher:innen in Berlin habe ich die Grundlagen gelernt. Zum ersten Mal lernte ich andere Asiat:innen in Deutschland kennen. Das war ein unglaublich schönes Gefühl von Gemeinschaft und Community. Ich habe meine ganzen Erfahrungen und wissenschaftlichen Forschungen und meine ganze Wut in einen dreiminütigen Film gepackt. Als ich den Film zum ersten Mal gezeigt habe, war ich unglaublich befreit. Ich konnte etwas loslassen, was mich enorm belastet hatte.

ML: Ich würde hier gerne den Gedanken von Sarnt aufgreifen, dass alles immer mehr wie ein glatter *IKEA*-Katalog aussieht. Wahrscheinlich spielt da der zunehmende Druck, sich selbst gewinnbringend zu vermarkten und alles verwertbar zu machen, eine Rolle, die sich dann aktuell auch in der Form der Kulturproduktion niederschlägt. In den 90er Jahren, als ich nach Berlin kam, fand ich es toll, dass man hier atmen konnte, dass so viel offen und noch möglich schien, was in Stuttgart, woher ich kam, schon besetzt und komplett durch kapitalistische Strukturen zu Ende definiert war. In Berlin konnte man mit erstaunlich wenig Geld überleben und hatte deshalb viel Zeit, sich einfach mit

Sachen zu beschäftigen, die einen interessierten. Heute geht das immer weniger. Es ist ein unglaublicher Druck da, jeden Monat die Miete zu verdienen. Auch die Freiräume in der Stadt verschwinden immer mehr. Für einen unsanierten Gewerberaum bezahlt man inzwischen 20 bis 30 € pro Quadratmeter. Ich glaube, daher kommt auch die ‚IKEAisierung', wie du es nennst, der Kulturlandschaft. Heute kann man kaum noch was ausprobieren, was dann vielleicht scheitert. Das ist ein Luxus, den sich nur noch wenige leisten können. Trotzdem gibt es immer noch Projekte, die versuchen, die kapitalistischen Strukturen subversiv zu unterlaufen und schon Festgefahrenes ganz neu, von einer anderen Ecke aus zu denken, oder Initiativen, die mit dem schwindenden Freiraum kreativ umgehen.

Bevor wir das *SİNEMA TRANSTOPIA* im *Haus der Statistik* initiiert haben, befassten wir uns damit, wie eine Kinoarchitektur aussehen könnte, die ein diskursiv offenes Verhältnis zum urbanen Raum und in der Nachbarschaft begünstigt und gleichzeitig auch kreativ bzw. subversiv auf die immer mehr kapitalisierte Innenstadt reagiert. Wir haben mit einer Gruppe Architekturstudent:innen in einem Workshop Konzepte für Pop-up-Strukturen auf temporär ungenutzten Brachflächen entwickelt. Eine zentrale Frage war für uns aber auch immer der Kinosaal, die Anordnung der Zuschauer:innen, die Aufenthaltsqualität des Foyers und das, was Sarnt auch beschreibt, nämlich die Frage, wie man dem Unperfekten, Lebendigen so viel Raum lassen kann, damit ein produktiver, kollaborativer und vor allem horizontaler Wahrnehmungs- und Diskussionsprozess entstehen kann und nicht alles in diesem *protestantisch-weißen* Pseudo-Anspruch erstickt, der letzten Endes auch immer diesen neoliberalen Strukturen zugrunde liegt. Gleichzeitig war es uns aber auch immer wichtig, einen idealen Raum zu schaffen, der den Filmen und dem Filmeschauen gerecht wird. Ich glaube, wir dürfen ganz grundsätzlich auch in Zeiten des kapitalistischen Drucks den Mut nicht verlieren, alles immer wieder ganz neu zu denken. Und wir müssen von der Politik diese Freiräume zurückfordern. Geförderte kommunale Kinos gab es und gibt es heute in zusammengespartem Umfang ja auch noch, diese Idee ist also grundsätzlich nicht so neu. Aber von der Situation heute und nach der Pandemie ausgehend, bin ich jedenfalls davon überzeugt: Nur mit einer soliden Förderstruktur können wir eine Zukunft des Kinos als kulturelle Praxis nachhaltig sichern und gleichzeitig Räume für Filmkultur sozial zugänglich gestalten. Ich finde es auch sehr wichtig, dass wir inhaltlich frei von wirtschaftlicher Tragfähigkeit programmieren können. Das ist jedenfalls eines der Ziele, die wir mit dem Kino-Experiment *SİNEMA TRANSTOPIA* umsetzen und exemplarisch aufzeigen wollen.

Can Sungu (CS): Heute ist es wichtiger denn je, für die transnationale Gesellschaft, in der wir leben, auch einen Ort wie *SİNEMA TRANSTOPIA* zu schaffen, an dem Stereotypisierungen und Rassismus aufgebrochen werden. Wir wollen einen sicheren Raum bieten, an dem möglichst vielseitige und transnationale Perspektiven, die sich hier in Berlin versammeln, zum Tragen kommen können. Wir brauchen Räume, in denen das Politische im Privaten, die intime Seite sozialer Kämpfe und all das diskutiert werden kann, das Spezifische an einer Vielzahl fragiler Kontexte, die Gefahr laufen, ihre Bedeutung zu verlieren, wenn sie von breiteren, ökonomisch getriebenen Faktoren absorbiert werden.

RNE: Rückblickend war genau das auch mein Antrieb. Das Kino als Raum zu etablieren, in dem den etablierten Stereotypen etwas entgegengesetzt werden kann. Ein paar Monate, nachdem meine erste Videoarbeit bei der *Boddinale*, einem Filmfestival in Berlin, gezeigt wurde, hat Sarnt mich kontaktiert. Mir gefiel die Idee eines Thai-Filmfestival sehr. Hier in Berlin hatte Sarnt schon 2019 Pop-up-Screenings im *Moviemento* organisiert. Wir luden Filmemacher:innen aus Thailand ein und organisierten Talks, wie zum Beispiel Anucha Boonyawatana und deren unglaublich tollen Film THE BLUE HOUR sowie MALILA, THE FAREWELL FLOWER, und eine Podiumsdiskussion mit dem Titel *Queer Gaze on Thailand and Spirituality*. Eine Ausstellung *Jenseits der Küche: Geschichte aus dem Thai-Park* in der Villa Oppenheim, dem Bezirksmuseum Charlottenburg-Wilmersdorf, war ein anderes Projekt, das wir als *un.thai.tled* in dieser Zeit gemeinsam initiierten. Die Idee von *un.thai.tled* war einfach: den Stereotypen von ‚Thainess' in Deutschland, diesen Vorurteilen wollten wir etwas entgegensetzen. Sarnt war schon lange mit der experimentellen Filmszene in Thailand vernetzt und kannte unendlich viele Filmemacher:innen, deren Arbeiten eine viel nuanciertere und spannendere Idee von Thailand vermittelten. Am Anfang war unser Problem immer der Raum, die Kinomieten sind teuer, aber wenn Sarnt sich etwas in den Kopf gesetzt hat, dann wird das auch realisiert.

SU: Und dann lernten wir Can und Malve und damit das *bi'bak* und später *SiNEMA TRANSTOPIA* kennen. Von Anfang an haben wir räumliche Unterstützung durch euch bekommen und dazu noch eine Finanzierung für unsere Programme. *un.thai.tled* ist nicht als Verein organisiert, d. h. wir haben keine eigene Rechtsform und sind daher bei vielen Förderungen nicht antragsberechtigt. Wir haben auch selbst nicht so viel Erfahrung mit der Bürokratie, und es ist manchmal auch schwierig, alle Aufgaben oder die ganze Verantwortung allein tragen zu müssen. Daher stellen wir gemeinsam und über die Strukturen von *bi'bak/SiNEMA TRANSTOPIA* die Anträge und so entsteht dann eine gemeinsam kuratierte Plattform für postkoloniale-postmigrantische Filmkultur. Unsere erste Zusammenarbeit war das *un.thai.tled Filmfestival* 2020.

CS: Am Anfang haben auch wir bei *bi'bak* sehr klein begonnen. Die Raumfrage und die Gentrifizierung der Innenstadt hat uns auch schon immer verfolgt. Unsere Gründung wurde letzten Endes durch einen Raumverlust und steigende Mieten verursacht. Wir wurden aus unserem Atelier in Berlin-Mitte wegen einer Luxussanierung verdrängt und zogen daher aus dem Zentrum in den Wedding. Es war für uns eine sehr erfrischende Erfahrung, ein Ladenlokal mit einem Schaufenster direkt an einer Weddinger Hauptstraße als öffentlichen Kulturraum zu bespielen. So entstand 2014 das *bi'bak*. Alle schauten rein und fragten, was wir denn da machen. Der Name *bi'bak*, also „*schau mal!*" auf Türkisch, sollte einladen, einfach reinzukommen. Im September 2020 haben wir dann dem Programm von *bi'bakino*, das in unserem Raum in Wedding eher wie ein Filmclub funktionierte, ein eigenes Kino gewidmet. *bi'bakino* wurde so zu *SİNEMA TRANSTOPIA*.

ML: Die Gründung des gleichnamigen gemeinnützigen Vereins direkt im Januar 2014 ermöglichte dann auch Zuwendungen aus der öffentlichen Hand für unsere Programmarbeit. So war es bald möglich, immer größere Projekte zu entwickeln, Konzepte auszuprobieren und Kurator:innen wie das *un.thai.tled* Kollektiv einzuladen. Das ist auch das Modell, das wir mit *SİNEMA TRANSTOPIA* verfolgen: Kino und Filmkultur als kulturelle Praxis müssen nachhaltig und wirtschaftlich unabhängig durch eine neue Förderstruktur – die speziell auf Orte mit einer kuratierten Filmpräsentation und einer politischen Kinoarbeit ausgerichtet ist – wieder in einem größeren Umfang möglich werden.

Die kulturelle Praxis des Kinos, also gemeinsam in einem Raum einen Film zu sehen, hat uns von Anfang an interessiert. Das Filmesehen impliziert immer einen radikalen Perspektivwechsel und ermöglicht es, sich anschließend ganz anders mit Filmemacher:innen, Expert:innen und den anderen Zuschauer:innen auszutauschen. So sind die ersten Filmabende im *bi'bak* zustande gekommen. Am Anfang fast ein bisschen improvisiert organisiert, oft auch mit einem gemeinsamen Essen verbunden. Ich erinnere mich sehr gut an den ersten ‚Versuch', der in unserem Freundeskreis stattfand, und an dem teils Geflüchtete aus Ghana, und teils die sogenannte Berliner ‚Kulturelite' teilnahmen. Den Film des Abends hatten die Gäste aus Ghana ausgewählt und sie hatten auch das scharfe westafrikanische Essen zubereitet, das dann in einem Topf auf den Tisch kam, aus dem alle gemeinsam aßen. Sowohl der *Ghallywood*-Film als auch das Essen ohne Besteck waren von uns als ein radikaler und bewusst unmoderierter Perspektivwechsel gedacht. Wir beabsichtigten, das zu vermitteln, was vermutlich jeder unserer ghanaischen Gäste in Berlin täglich erlebte, nämlich mit Erfahrungen klarkommen zu müssen, die man nicht unbedingt einordnen oder sich dazu in Bezug setzen kann oder will. Ich vermute, das war eine etwas zu ‚ungefilterte' und krasse Erfahrung für einige, die sich bestimmt als ‚weltoffen' bezeichnen würden.

SU: Genau bei diesem Wort ‚weltoffen' oder ‚Kultur' muss man darauf achten, dass wir den ‚Multikulturalismus' nicht reproduzieren – was oft passiert, wenn jemand so etwas sagt wie „ah, hier ist ein Film aus Kambodscha". Sowas findet man oft in Tokenism-Strategien; wenn man einfach nur Künstler:innen aus elf Ländern in Südostasien wie bei einem Austauschprogramm nebeneinanderstellt und es dabei belässt. Bei mir ist es auch so, dass entweder ich bei solchen Festivals ein Token für meine Heimat bin, aus der ein Film pro Festival (und nicht mehr, weil es für die zu viel wäre) zu finden ist, oder ich arbeite als Übersetzer:in, aber nicht mehr. Letztens repräsentierte ich meine Kurzfilme mit Produktion in Deutschland, ohne weiße Hautfarbe und irgendwelche staatliche Filmförderung zu haben. Oft finde ich es gar nicht fair, weil ich von beiden Staaten, Thailand und Deutschland, gar nicht unterstützt wurde, muss sie und ihre Industrie aber vertreten. Schnell kann daraus dann sowas wie ein Ethno-Marketing entstehen, das alles andere flach macht und kommerzialisiert. Wo ist Raum für Komplexität und kritische Auseinandersetzungen? Verstehe mich nicht falsch, ich glaube, ein bestimmter ‚Ethno-Nationalismus' ist gerade in dieser Zeit wichtig. Wenn ich zum Beispiel an den palästinensischen, kurdischen, burmesischen, thailändischen, tamilischen oder ukrainischen Kampf denke. Aber allgemein würde ich immer versuchen, mich kritisch dazu in Distanz zu setzen, um mich nicht nur darauf reduzieren zu müssen. Die Komplexität und die Geschichte soll durch eine nationale Verortung oder ‚kulturelle Ferne' nicht unsichtbar gemacht werden, sondern diese Positionen eben als nicht absolut verkomplizieren.

CS: Aber genau dem wollen wir mit unseren Programmen entgegenwirken. Hier kann es sonst auch schnell zu Selbstexotisierungszwängen kommen. Wir stellen dagegen transnationale, (post-)migrantische und postkoloniale Erzählungen ins Zentrum und bieten marginalisierten und unterrepräsentierten Künstler:innen, ihren Arbeiten und Positionen Raum und Sichtbarkeit. Wir wollen den *weißen* eurozentrischen Blick dezentrieren, indem wir differenzierte Narrative dem Mainstream entgegenstellen. Denn die Erfahrung des gemeinsamen Filmesehens birgt ein großes Potenzial, Perspektiven zu dezentrieren oder zu vervielfältigen.

SU: Ja, aber trotzdem funktionieren die meisten Filmfestivals nach so einer nationalen oder „inter-nationalen" Logik, also z. B. das ‚Türkische Filmfestival' oder das ‚Japanische', oder ‚der erste Film aus dem Land XXX auf der *Berlinale*'. Und was mich daran stört, ist, dass sie die Filme als Kunstwerk, als Meisterwerk verabsolutieren und in einen nationalen Kontext packen, der dann wenig mit der gewünschten Zielgruppe zu tun hat. An die Filmemacher:innen wird dann immer wieder diese klischeehafte Frage gerichtet: „Bist du von dem Regisseur X oder Y (meistens ein Cis-Mann aus deinem Herkunftsland) inspiriert?" – Wenn du aus Japan kommst, dann ist es Ozu, aus der Türkei Ceylan, aus Thailand Apichatpong (obwohl er auch queer ist). Ich habe Thailand verlassen, um mich von Apichatpongs ‚Schule' zu distanzieren, um meinen eigenen Weg (als Filmemacher:in) zu finden. Meine Filme und meine kuratorische Arbeit haben weniger mit Thailand zu tun, als mit mir selbst und meiner Umgebung. Daher funktioniert Film (oder Kunst allgemein) immer in einer bestimmten Ökologie, in einem Kreis von Ideen, Ressourcen, Geschichten und Technologien. Einen Film aus seinem Kontext herausgelöst zu betrachten, einfach in eine Reihe mit anderen Filmen mit dem gleichen ‚Pass' zu stellen, macht für mich keinen Sinn. Auf so einem Ansatz kann man zwar ein Filmfestival aufbauen, aber ob die Erinnerungen an dieses Festival bleiben werden oder wirklich eine relevante Wissensproduktion mit politischer Wirkung stattfinden kann, das frage ich mich schon. Und ja, ehrlich gesagt, habe ich keinen Bock mehr auf solche bei Europäern beliebten, orientalistischen und meistens staatlich profitierenden ‚Poverty-Porns': also die Mischung von Poesie und Armut, die fernbleibt und unpolitisch wirkt. Diese Art von ‚Filmschule' und Selbst-Orientalismus muss aufhören, meiner Meinung nach.

CS: Das ist ein sehr wichtiger Punkt, dem ich nur zustimmen kann. Auf Nationalstaaten basierende Konzepte sollten längst überholt sein, sind aber leider weiterhin sehr präsent. Unser Programm besteht aus kuratierten Filmreihen, die sich eben von dieser verkorksten Idee der Nationalstaatlichkeit verabschieden. Die Filmreihen beziehen sich oft auf transnationale Kontexte. Für uns ist auch der Prozess in der kuratorischen Arbeit wichtig. Die Fragen rund um die Entscheidungsprozesse – also wer bestimmt, was gezeigt wird, wer soll das Publikum sein, welche Rolle spielen Sprache, kultureller Hintergrund, aber auch ein bestimmtes Filmverständnis für das Kuratieren und Programmieren? Das sind Fragen, die wir spannend finden und die wir immer mit reflektieren.

ML: Das waren eigentlich schon immer die Fragen, die uns zu vielen Projekten und Vorhaben motiviert haben. Wir hatten das Gefühl, dass bestimmte Diskurse fehlen bzw. es keine Räume gibt, in denen transnationale Perspektiven in angemessener Form repräsentiert sind. Ich denke, dass Eure Motivation so ähnlich war wie unsere. Wann und warum habt Ihr *un.thai.tled* gegründet?

SU: Wir waren beim Abendessen und haben darüber gesprochen, wie schwer es ist, in ein etabliertes System wie den Kulturbetrieb reinzukommen. Damals waren wir auch gar nicht in der sogenannten BIPoC-Bewegung; wir wussten nur, dass wir eine gemeinsame Sprache, Esskultur und politische Meinung teilten, z. B. dass wir uns gegen die Brutalität des thailändischen Staates zur Wehr setzen wollten. Dann hatten ich und Wisanu Phu-artdun die Idee, eine Art Arbeitsgruppe mit u. a. Nicha Boonyawairote, Eily Thams, Kantatach Kijtikhun, Chalida Asawakanjanakit, Alongkorn Phochanapan zu gründen. Während dieser ‚Konzeptionsphase' habe ich Rosalia kennengelernt und verstanden, dass wir trotz unterschiedlicher Geschichte und Hintergründe Gemeinsamkeiten auf vielen Ebenen haben. Die Brücke zwischen Thailand und Deutschland jenseits von Staatlichkeit besteht für uns genau darin. Um das zu problematisieren, stelle ich mir selbst diese Fragen: Wie setzen wir uns mit dem nationalen Zugehörigkeitsgefühl von Migrant:innen auseinander? Wie schaffen wir einen *safe space*, auch wenn ein paar Leute teilnehmen, die andere politische Meinungen vertreten? Welcher interdisziplinäre Ansatz passt am besten für die jeweilige Zielgruppe?

Wenn wir Filme aus Thailand zeigen, insbesondere wenn sie ein bisschen ‚mainstream' sind, kommen auch diejenigen, die die Institutionen der Monarchie und des Militärs unterstützen. Dies erklärt, warum viele Diaspora-Filmfestivals, die die Communities näher an so eine Art von ‚Heimatgefühl' bringen, dies tun, ohne sich mit dem brutalen Staat und den faschistisch-nationalen Narrativen auseinanderzusetzen. Aber für uns ist Thailand anders als für Andere; es ist sowohl eine ‚Heimat' als auch ein kleiner ‚Imperialist', der unsere Denkweise beeinflusst. Ich sage manchmal, ich verstehe dieses Thailand, in dem ich lebte, aber nicht das, was sich gerade in der Welt präsentiert. Es ist genau wie in Deutschland – du ziehst nach Berlin und erfährst Berlin anders als ich. Auch in dem historischen Kontext betrachtete man Thailand z. B. in der DDR nicht wie in der BRD, oder früher war Siam auch nicht Thailand. Diese Komplexität, zwischen den ‚Kulturen', den Zeiten oder Welterfahrungen, der Geopolitik und den verschiedenen Realitäten zu leben, das alles bringen wir in unser Projekt ein. Wir verstehen Kultur nicht als Konsumgut, sondern als einen Ausgangspunkt sozialer Begegnung oder als eine Reinterpretation. Wir benutzen und transformieren selbst das Wort ‚Thailändisch' oder ‚Südostasien' genau in das, wie wir es sehen. Daher kommt der Name des Kollektivs: eine spielerische Selbstdefinition.

ML: So schafft Ihr mit Eurer Arbeit einen transnationalen Raum, in dem sich verschiedene diasporische Perspektiven und das von der Mehrheitsgesellschaft marginalisierte Wissen zusammenkommen. Das von dem Kulturwissenschaftler Erol Yıldız geprägte Konzept der ‚Transtopie', das wir auch mit in den Namen unseres Kinos *SİNEMA TRANSTOPIA* genommen haben, bringt das ganz gut auf den Punkt. Eine ‚Transtopie' ist ein Ort, so formuliert es Yıldız, an dem „grenzüberschreitende Bindungen und Verbindungen zusammenlaufen, neu interpretiert werden und sich zu Alltagskontexten verdichten". Unser aller Arbeit am *SİNEMA TRANSTOPIA* bringt diverse soziale Communities zusammen, verknüpft geografisch entfernte und nahe Orte, Vergangenheit, Gegenwart und Zukunft. Trotzdem sind wir in einer Welt, in der nationale Prägungen immer mehr Gewicht bekommen, in der nicht nur Festivals, sondern auch Friedensdemonstrationen plötzlich unter Nationalflaggen veranstaltet werden.

SU: Hier haben wir die Herausforderung, verschiedene, meist staatlich geprägte Kulturen nicht voneinander abzugrenzen, sondern sie als unterschiedliche Erfahrungen mit kollektiven Elementen zu betrachten, denen dennoch die Möglichkeit zur Transformation und Veränderung immanent ist.

ML: Das hat mir auch besonders gut an dem Konzept *Imagining Queer Bandung* gefallen, das von Popo Fan, Ragil Huda und Dir kuratiert wurde und im Juni 2021 das SİNEMA TRANSTOPIA wieder aus dem ‚Pandemie-Schlaf' erweckte. Dieses kleine Festival mit Parties, Performances, DJ-Sessions und Workshops wurde mit dem Zitat des indonesische Präsidenten Sukarno von der asiatisch-afrikanische Konferenz 1955 in Bandung eröffnet: "But what harm is in diversity, when there is unity in desire?" Damit knüpft Ihr an den Versuch an, transnationale Verbindungen zu schaffen, jenseits eurozentrisch-imperialer Dominanz.

SU: Genau, es steckt ein großes Potenzial in diesem ‚unity in desire', was aus einer spezifischen Position zu mehreren hinaus geht – also richtig queer. Ich benutze selber z. B. das Adjektiv „südostasiatisch" in meiner Biografie, obwohl ich aus Bangkok komme, genau weil ich eher an regionales Denken mehr als nationales glaube. Vor der Grenzziehung in der Kolonialzeit waren diese Gebiete nicht in Nationalstaaten organisiert, es gab weder Thailand, noch Vietnam, noch Kambodscha oder Myanmar. Der Begriff „Südostasien" ist eine Fremdzuschreibung, der die ganze Region dann wieder beliebig als Einheit erfasst. Gerade wegen dieser langen Geschichte von Definitionen von außen versuche ich mir diesen Begriff anzueignen und damit zu arbeiten. Früher, bei der Forschung und Ausstellung zu dem Thai-Park, habe ich die Region oft auch Isaan genannt, eine politisch relevante Konfliktzone, aus der 60 Prozent der älteren Generation thailändischer Migrant:innen kommen. Nun kuratiere ich mit Phuong Phan ein anderes, aber ähnliches Projekt in Leipzig namens *Still, we sing* mit dem Fokus auf die südostasiatische Weltmachung (Vietnam, Laos, Kambodscha) in der DDR, für die es in meiner Muttersprache gar keine Bezeichnung gibt. Es hat nichts mit Thailand zu tun, dennoch sehr viel mit thailändischer Diaspora. Diese Versuche brechen das Bild von einem homogenen Thailand oder Südostasien auf.

un.thai.tled Film Festival/bi'bak und SİNEMA TRANSTOPIA | Sarnt Utamachote u. a.

Nicht nur zu meiner regionalen Positionierung, sondern auch zum Thema regionale ‚unity in desire' hat unser Publikum viel zu sagen. Unsere Erfahrung ist, dass unsere Zielgruppe sich nicht nur aus Menschen aus der Thai-Diaspora zusammensetzt, sondern eher aus Menschen aus der sogenannten BIPoC-Gruppe. Hier gibt es ein politisch-strategisches und regionales Solidaritätsgefühl, insbesondere innerhalb der südostasiatischen Diaspora. Wir sind Teil eines weitaus größeren Netzwerks von asiatisch-deutschen Kollektiven, bestehend u. a. aus *Deutschen Asiat:innen Make Noise* (*DAMN*), dem Verband *Korientation, Korea Verband*, oder dem indonesischen Kollektiv *Soydivision*. Die Diskussion über ihre Region ist vielen von ihnen wichtig.

RNE: Das Zusammenbringen und Verbinden von verschiedenen Positionen war bereits unser Anliegen beim *un.thai.tled* Filmfestival 2020. Nach Sarnts Pop-up-Screenings im Jahr 2019 war das ein sehr ambitioniertes Projekt. Wir haben Filme aus Thailand gezeigt, die marginalisierte Perspektiven darstellen, insbesondere von ethnischen Gruppen aus dem Süden und Norden Thailands, wie z. B. Kurzfilme aus dem Projekt *Deep South Youth Filmmaker* von Pimpaka Towira, meinen Kurzfilm COMPLICATED HAPPINESS, und Langfilme wie RAILWAY SLEEPERS, SOIL WITHOUT LAND, KRABI 2564 und MANTA RAY. Wir zeigten auch den von *bi'bak* digitalisierten Film WESTWÄRTS: SÜDOSTASIATINNEN IN DER BRD. Der Film RAILWAY SLEEPERS ist ein perfektes Beispiel für unsere Herangehens- und Denkweise. Der Film zeigt Menschen im Zug, aber erklärt nicht, warum diese Menschen in diesem Zug sitzen, warten, schlafen, reisen, wer sie sind, sondern drückt genau dieses Gefühl von nomadischer, grenzüberschreitender Gemeinsamkeit und Empathie aus. Das ist etwas, was uns in der Diaspora auch betrifft. 2021 haben wir das *un.thai.tled Filmfestival* unter dem Titel *Common Cold* veranstaltet und haben uns bei der Auswahl der Filme bewusst nicht mehr nur auf Thailand begrenzt. Im Grunde genommen ist das Konzept der Nation eine koloniale und gewaltsame Erfindung. In Thailand, ehemals Siam, hat der Prozess der Nationenbildung viel Schaden angerichtet. In den Nachbarregionen ebenfalls. Wir wollten nicht mehr unter diesem Konzept agieren, daher zeigten wir Filme aus der gesamten Region, wie zum Beispiel THE TREE HOUSE, THE LONG WALK, GOLDEN SLUMBERS, SCHOOL TOWN KING und THONGPAN.

SU: Dieser Ansatz jenseits kolonialer oder nationaler Grenzen lässt sich im Anschluss an einen Film im Foyer durch das Zusammentreffen und den Austausch fortführen. Manchmal muss man die Leute dazu anregen, sie zusammenbringen, sie einander vorstellen und sie explizit zu einem Austausch einladen, es ihnen sozusagen bequem machen. Das gehört meiner Meinung nach auch zu der Aufgabe einer Kurator:in.

Filmfestivals | Krisen – Chancen – Perspektiven

ML: Ja, die Kurator:innen übernehmen da auch eine ganz besondere Rolle, die sich nicht nur auf die Filmauswahl beschränkt. Das zeigte sich beispielsweise auch in der Reihe *Materialität der Erinnerungen: (Post-)Jugoslawische Erfahrungen*. Hier haben sich die Kuratorinnen Borjana Gaković und Madeleine Bernstorff mit den durch den Krieg verursachten Traumata befasst und zeigten mit sehr persönlichen, größtenteils autobiografischen Filmen auf, wie sich diese in weibliche Körper einschreiben, aber auch bis in die nächste Generation fortschreiben. Bei der letzten Veranstaltung waren einige junge Leute im Publikum, deren Eltern aus verschiedenen ehemals jugoslawischen Ländern nach Berlin geflohen waren. Sie waren alle in Berlin geboren, hatten also den Krieg selbst nicht erlebt. Sie sprachen Borjana an und bedankten sich, dass sie an diesem Abend mit jemandem über die sie so belastende Vergangenheit sprechen konnten. Mit den Eltern sei es so schwer, einen Weg zu finden, über ihre Position als Nachfolgegeneration zu sprechen. Borjana, die ja selbst den Krieg als Kind erlebt hat, sprach im Foyer noch lange mit ihnen. Trotzdem denke ich, sind wir uns darin alle einig, dass es genau das ist, was wichtig ist. Wir lösen mit den Filmen natürlich etwas aus, bewirken etwas, und dann geht es auch darum, das aufzufangen und fortleben zu lassen. Das ist erschütternd und tut manchmal auch weh.

SU: Vergleichbare Situationen haben wir auch im Rahmen der Q&As mit dem *Thai Film Archive* und dem *Bophana Audiovisual Center* bei unserem Programm *Common Cold* erlebt. In den Gesprächen ging es nicht nur um Geschichtsdiskurse und Fakten, sondern auch um Zukunftsvisionen. Die harten Fakten des Krieges und des Todes unserer Elterngeneration werden nun von uns, der neuen Generation, transformiert und verarbeitet.

ML: Das entspricht genau dem transdisziplinären Ansatz aus der Anfangszeit von *bi'bak*. Und auch heute geht diesbezüglich *SİNEMA TRANSTOPIA* über die allgemeine Auffassung von Kino hinaus und umfasst nicht nur den Vorführraum, den Film und das Foyer, sondern auch seine Verbindungen zur Community, den städtischen Raum der Nachbarschaft sowie den immateriellen, diskursiven, imaginären Raum, der aus

←

Rosalia Namsai Engchuan und Sarnt Utamachote © bi'bak/Marvin Girbig
Publikumsgespräch beim un.thai.tled Film Festival © Sarnt Utamachote
Außenansicht des SİNEMA TRANSTOPIA © bi'bak/Marvin Girbig

dem Zusammenspiel von Kino, Kurator:innen, Filmemacher:innen, Gästen, Publikum und dem urbanen Raum entsteht.

CS: So entsteht eine Verbindung zwischen dem Lokalen und dem Internationalen – sowohl auf der Leinwand als auch im Kino selbst –, die eine transnationale Gesellschaft wie die in Berlin herausfordert, sich mit ihrer eigenen Komplexität auseinanderzusetzen. So hat auch *un.thai.tled* weit über den Kinosaal hinaus gewirkt.

RNE: Die Filme sind bei uns eigentlich nur ein Türöffner für Gespräche. Ein Filmfestival ist für uns in erster Linie ein sozialer Raum, wo wir gemeinsam mit Gästen, unseren Freunden und dem Publikum über Dinge sprechen, die uns bewegen. Daher laden wir immer die Filmemacher:innen oder Aktivist:innen, Künstler:innen und auch Sozialarbeiter:innen ein. Bei der ersten Veranstaltung haben wir *Thai Democratic People of Germany* gebeten, eine Rede zu halten. Sie sind Teil eines internationalen Netzwerks von Demonstranten gegen das Thailändische Regime. Andere Gäste waren Kurator:innen wie Nut Srisuwan, Mon Satrawaha, Koen De Rooij, Künstler:innen und Filmemacher:innen wie Thuy-Han Nguyen Chi, Truong Minh Quy, Benjamaporn Rattanaraungdetch, Mattie Do, Pimpaka Towira, Nontawat Numbenchapol, Graiwoot Chulphongsatorn, Wissenschaftler:innen wie Kong Rithdee, Sopheap Chea, Mitarbeiterinnen von *Ban-Ying e.V.* und viele mehr. Nach dem Screening wurden Sarnt und ich von einem begeisterten Zuschauer angesprochen. Er meinte, dass er hier verstanden hat, dass es nicht nur darum geht, diese Stimmen, Erfahrungen und Geschichten in und durch Film zu verarbeiten, sondern vor allem auch darum, ihnen eine Bühne zu geben. Manchmal kommen auch Thai-Deutsche zu uns, die froh sind, endlich jemanden gefunden zu haben, der einen ähnlichen Hintergrund hat, und man sich verstanden fühlt.

SU: Neben diesen ernsten Themen haben wir aber auch oft Partys im *SİNEMA TRANSTOPIA* veranstaltet. *un.thai.tled* hatte 2021 Pisitakun, einen thailändischen experimentellen Musiker und Kritiker des thailändischen Staats, für einen Live-Akt zu Gast. Zur Eröffnung von *Imagining Queer Bandung* haben wir Mandhla, eine schwarze transfeminine Sängerin, und Folly Ghost, einen brasilianischen DJ, für den Abschlussabend eingeladen. Dieses Zusammensein über reine Filmpräsentationen und Debatten hinaus ist uns sehr wichtig, weil wir so Zuschauer:innen aus verschiedenen gesellschaftlichen Gruppen mit unterschiedlichen ‚Herkünften' einfach anders zusammenbringen können. Es wird ein ganz konkreter sozialer Austausch möglich, wenn nicht durch den Film, dann durch die Musik oder das gemeinsame Erlebnis und manchmal sogar durch ein gemeinsames Essen. Ich denke, wir haben eine Art ‚erweiterten Kino-Raum' geschaffen. Alle Interaktionen, geplant oder aus der Beteiligung, von allen Gruppen ausgehend, machen diesen Raum divers und expanded.

RNE: Und genau dafür ist *SİNEMA TRANSTOPIA* ein perfekter und so wertvoller Raum. Hier wird ein bisschen das korrigiert, was mit der sogenannten Integration in Deutschland, also im Großen, so schiefgelaufen ist. Wir glauben nicht an Integration. Hier muss sich niemand integrieren. Hier darf jeder sein, wie er/sie ist/sind. Hier wird Anderssein mit Neugier und Wertschätzung, nicht mit Angst und Stereotypen begegnet.

CS: Ja, das ist unser großer Anspruch, einen sicheren Raum zu schaffen, an dem keine:r beurteilt oder verurteilt wird, und jede:r sich ohne Angst so ausdrücken kann, wie es ihr/ihnen/ihm entspricht. Aber eines sollte nicht missverstanden werden: Unsere Programme haben keineswegs die Aufklärung eines *weißen* Publikums zum Ziel oder streben nach Kompromissbereitschaft, Versöhnung oder ähnlichem. Marginalisierte Gruppen haben weder etwas, wofür sie sich rechtfertigen müssen, noch brauchen sie die Bestätigung der Mehrheitsgesellschaft. Wir distanzieren uns bewusst von einer sogenannten ‚Integrationspolitik' und lehnen auch das Vokabular, das zu einem solchen Ansatz gehört, ab. Wir glauben an ein selbstverständliches und respektvolles Zusammenleben in einer transnationalen Gesellschaft, das frei ist von jeglicher Art von Machtverhältnissen, die durch Nationalität, Geschlecht, Alter oder Klasse evoziert sind.

SU: Im Vordergrund steht, dass Personen aus der Diaspora für sich selbst sprechen, und nicht das, was wir für sie oder über sie sagen. Es soll aber nicht als ‚alles ist möglich' verstanden werden, weil wir es zum Beispiel nicht als unsere Pflicht ansehen, etwas zu rassistischen und queer-feindlichen Debatten beizutragen. Wir verstehen es als unsere Pflicht, uns um marginalisierte Gemeinschaften zu kümmern und diese zu unterstützen. Wir sind befreit vom gesellschaftlichen Druck, ‚authentisch' zu bleiben und ‚transparent' zu sein. Dies lässt sich durch das Konzept der Opazität sehr gut erklären.

RNE: Opazität, im Sinne von nicht transparent sein, sich nicht erklären zu müssen. Diese Idee war für mich unglaublich befreiend, nachdem ich einen großen Teil meiner Jugend damit verschwendet habe, Menschen, die es lieb mit einem meinten, zu erklären, wo ich herkomme und warum ich gar nicht so aussehe. Die Idee, dass ein Mensch existieren kann, ohne dass der Andere sofort alles an ihm in eine Schublade steckt. Denn die Schubladen sind oft von demjenigen definiert, der in der Situation mehr Macht hat. Historisch war das oft der *hetero-weiße* Mann als ultimativer und universeller Bezugsrahmen. Alles, was in diesem Bezugsrahmen keinen Raum findet, muss erklärt, übersetzt und passend gemacht werden. Dabei geht viel verloren. Opazität, als ein Wert, ein Ideal, bietet Raum für all diese schönen Eigenheiten, die verloren gehen, wenn alles transparent gemacht wird und Sinn machen muss. Und diese Ideen lassen sich auch auf den Filmbereich übertragen. Als Filmemacher:innen sind wir es dem Publikum schuldig, alles zu erklären, alles auf dem Silbertablett zu servieren, damit es als eine Geschichte gut funktioniert, aber viel ausgelassen wird? Oder darf ein Film Fragen stellen, provozieren? Und dann im Gespräch und Austausch die Option bieten, das Terrain gemeinsam zu erkunden?

ML: Der Bedarf an selbstbestimmten Strategien wird in den Filmreihen besonders sichtbar, die stark aus ihren Communities heraus entwickelt sind und sich mit diesen verbinden. Eure Filmreihen haben das aus unserer Sicht besonders stark gemacht, indem sie die Communities zusammengebracht haben und es geschafft haben, z. B. transnationale oder queere Allianzen zu bilden. Ein Grund hierfür ist aber sicherlich, weil sie SİNEMA TRANSTOPIA als einen *safe space* empfinden. Selbstbestimmung und Empowerment sind dabei wesentliche Aspekte. An Eure *un.thai.tled* Festivalprogramme waren jeweils Film- und Podcasting-Workshops angegliedert, in denen professionelle BIPoC-Expert:innen den Communities ihr Wissen zur Verfügung gestellt haben, um weitere Stimmen zu aktivieren.

SU: Ja, genau, schon in der *un.thai.tled*-2020-Ausgabe haben wir einen Filmworkshop für BIPoC angeboten. Pimpaka Towiras Projekt mit thai-malaysischen und muslimischen Jugendlichen im Süden Thailands, die im Rahmen eines Mentorenprogramms die Grundlagen von Medien- und Filmproduktion lernten, hatte uns dabei inspiriert. Wir wollten dazu beitragen, dass mittels Kurzfilmen Geschichten erzählt werden würden, die in den Mainstream-Medien unterdrückt werden. Wir hatten Pimpaka und Benajamaporn Rattanaraungdetch nach Berlin eingeladen. Da Pimpaka wegen der Pandemie nicht nach Deutschland fliegen konnte, entstand eine Art Hybrid-Workshop. Im Rahmen des Filmworkshops wurden vier Kurzfilmprojekte ausgewählt, die gemeinsam entwickelt und produziert wurden. Die Teilnehmer:innen waren queere, weibliche und politisch-aktive Personen, die mit ganz verschiedenen, asiatisch-deutschen, türkisch-deutschen, arabischen, brasilianischen Hintergründen ihre ganz eigenen Perspektiven mitbrachten. Diese Kurzfilme werden bald auf Festivals zu sehen sein. Hier setzen wir den Ansatz um, jenseits von kolonial definierten Grenzen zu arbeiten und daher keinen ‚Thai'-Exzeptionalismus zu betreiben. Gleichzeitig versuchen wir durch dieses Projekt aber auch, neue Diskurse zu unterstützen.

un.thai.tled Film Festival/bi'bak und SiNEMA TRANSTOPIA | Sarnt Utamachote u. a.

CS: Kino schafft einen Raum, der spezifisch für die konkrete Situation einer Vorführung, die jeweilige Zeit, den Film und das Publikum eines Abends gedacht und eben spürbar anwesend ist. Anschließende Diskussionen und Gespräche sind ein fest eingebauter Teil. Hier wird das Publikum aktiv. Die Kurator:innen oder eingeladenen Gäste finden einen Raum, in dem sie den Film reflektieren und weitere Diskussionsebenen über den Film hinaus eröffnen können. Dabei geht es nicht um die Frage, ob der Film gefallen hat oder nicht, sondern was dieser Film in einem bewirkt hat. Das ist etwas, das uns u. a. von den üblichen sog. Arthouse-Kinos unterscheidet. Es ist eben auch ein Raum, in den man kontinuierlich immer wieder zurückkommen kann, und ein Ort, an dem sich dadurch etwas entwickelt, sowas wie eine Community. Das ist in einem Festival nur selten möglich. Die Festivals finden statt und dann ist es vorbei bis zum nächsten Jahr. Oder bei vielen Kinos schaut man den Film und geht dann heim. Auf den ersten Blick könnte man denken, dass unsere Filmreihen jeweils nur ein spezifisches Publikum oder eine Community ansprechen. Abgesehen davon, dass ich bestimmte Qualitäten an dieser Spezifizierung sehe und merke, dass diese Intimität der Community auch ihre Berechtigung hat, beobachte ich immer wieder, dass das Publikum doch auch heterogen bleibt, wenn es ein bestimmtes Verständnis von der transnationalen Gesellschaft teilt – ein junges, kritisches und engagiertes Publikum, das sich z. B. bedingungslos Rassismus und Homophobie entgegenstellt.

RNE: Diskussionen um Identität sind wichtig, aber auch limitierend. Ich muss als PoC auch andere Themen besprechen dürfen. Marginalisierte Menschen müssen ihre eigene Erfahrung nicht fetischisieren für den Konsum von anderen. Eine queere Person muss sich niemandem erklären, erst recht nicht im öffentlichen Raum. Leider wird das allzu oft erwartet, insbesondere von den Institutionen und Förderern. Wir finden, dass jeder die Möglichkeit haben sollte, sich zu Themen wie zum Beispiel der Umweltkrise zu äußern. Aber leider wird von marginalisierten Menschen zu oft erwartet, dass sie nur ihre eigene Marginalisierung zum Thema machen. Nicht, dass an Filmen, die sich mit Identität beschäftigen, etwas falsch ist. Das Problem entsteht erst, wenn es aufgezwungen wird.

ML: Mit dem Programm *Critical Conditions: Handlungsfelder in der Umweltkrise*, ein weiteres Eurer Projekte, in diesem Fall in Zusammenarbeit mit Pia Chakraverti-Würthwein und Eirini Fountedaki, habt ihr als PoC-Kurator:innen auf die Verschiebungen und Fortsetzungen der Machtverhältnisse zwischen dem globalen Norden und Süden fokussiert, indem ihr verschiedene Innenperspektiven aus der Umweltkrise zusammengebracht habt. Die Filmreihe lenkte die Aufmerksamkeit auf die in der Klimakrise verankerten neokolonialen Strukturen, den globalen Konsum von Ressourcen und die Rolle des extraktiven neoliberalen Kapitalismus. Die einzelnen Abende lebten ebenso von Eurem Expertentum in Bezug auf die verschiedenen geografischen und politischen Kontexte wie von Eurem spezifischen und differenzierten Wissen darüber.

RNE: Unsere Zusammenarbeit für *Critical Conditions* ist ein gutes Beispiel dafür, dass wir dieses Ideal auch umsetzen, nicht nur innerhalb von nationalstaatlich definierten Identitäten zu denken. Ich selbst als Künstlerin will nicht so reduziert werden. Ich will, dass meine Arbeit ernst genommen wird, und nicht, dass sie gezeigt wird, weil ich irgendwie die Schubladen ‚Frau' und ‚Asien' bediene. Und genau diesen Respekt, das Ernstnehmen der Arbeiten, das erfordert eine Auseinandersetzung mit den Themen, die nicht nur oberflächlich ist. Ich schreibe gerade meinen PhD zu *community filmmaking* in Indonesien und habe jahrelang mit Filmemacher:innen und Aktivist:innen in Indonesien zusammengearbeitet. Die verflochtenen Folgen von Kolonialismus, Rassismus und Industrialismus sind extrem wichtige Themen für mich und viele Filmemacher:innen. Für *Critical Conditions* habe ich Filme, die diese Themen aus dem globalen Süden (Indonesien, Singapur, Hong Kong und Brasilien) besprechen, ausgewählt. Diese Zusammenarbeit mit den Künstler:innen ist eine langfristige Angelegenheit, es geht nicht nur darum, tolle Filme zu haben, die ein Programm füllen können, sondern vor allem darum, eine dialogische Zusammenarbeit und Solidaritäten aufzubauen. Die Filmfestivals sind in meiner Arbeit eher Knoten in einem viel längeren Prozess. Zusammen mit *The Forest Curriculum*, einer kuratorischen Plattform, die von Abhijan Gupta und Pujita Guha gegründet wurde, organisieren wir Ausstellungen, Lesegruppen und Sommerschulen. Das ist nachhaltiger und respektvoller als nur auf Filme als Objekt oder Produkt zu konzentrieren, es ist aber auch viel schwerer zu finanzieren …

ML: Ja, das stimmt, es gab auch Reihen wie z. B. *How Can We See Each Other?*, kuratiert von Popo Fan, der explizit künstlerische Filmarbeiten von Künstler:innen aus dem asiatischen und arabischen Raum zusammenbrachte und damit die Frage nach

un.thai.tled Film Festival/bi'bak und SİNEMA TRANSTOPIA | Sarnt Utamachote u. a.

den künstlerischen, sozialen und politischen Verbindungen eines ‚Ost-Ost-Bezugs', jenseits von Eurozentrismus, stellte. Durch ‚Cultural Drag', Re-enactments und andere transgressive Strategien eröffneten die Filme einen Raum, in dem kulturelle Identität auf neue Weise konzeptualisiert werden kann, jenseits der Frage nach möglichen Unterschieden und Gemeinsamkeiten. Mit der expliziten Begründung, hier fehle der entwicklungspolitische Zusammenhang, da sei die Rolle des Globalen Nordens zu unbedeutend, wurde eine Förderung seitens unseres langjährigen Partners abgelehnt. Da hat Rosalia dann leider doch recht, dass bestimmten Diskursen eine Emanzipation von eurozentristischen Hilfe-Denkmustern doch nicht zugestanden wird.

SU: Ungeachtet dessen ist das *SİNEMA TRANSTOPIA* wie eine Insel in einer Wüste aus Stahl, Beton und Leere. In der Mitte Berlins direkt am Alexanderplatz ist es von überall relativ einfach zu erreichen, und man kommt gern zu Besuch und fühlt sich sicher.

CS: Wir wollen ja einen festen Ort herstellen, an den man jederzeit zurückkommen kann, mit dem man sich verbinden und identifizieren kann. Ein Ort, der für einen bestimmten Diskurs steht.

ML: Langfristig wollen wir *SİNEMA TRANSTOPIA* zu einem Diskursraum, einem Ort des Zusammenlebens, Arbeitens und Lernens weiterentwickeln. Es soll ein Ort werden, an dem Menschen der Filme wegen zusammenkommen, sich über Ästhetiken und Narrative einer transnationalen Gesellschaft austauschen, mit künstlerischen Formen experimentieren, sowie neue Filme und kuratorische Formate entwickeln können. In dieser Weise soll *SİNEMA TRANSTOPIA* weiterwachsen als Raum, in dem neue Diskurse in den Fokus genommen, Formen der Filmvermittlung erprobt sowie marginalisierte historische Erzählungen entwickelt und vermittelt werden können. Neben kollaborativen kuratorischen Ansätzen soll hier auch praktisch gearbeitet und über die Geschichte und Funktionsweise von analogem und digitalem Filmmaterial, Animationstechniken und künstlerische Formen des Films nachgedacht, diese ausprobiert und erlernt werden können. Es ist von entscheidender Bedeutung, dass das Kino als nichtkommerzieller Kulturort agieren kann, an dem kuratierte Filmprogramme, praktische Auseinandersetzungen mit und Diskussionen über die ästhetische Erfahrung und Geschichte von Film als Plattform für die Filmkunst fungieren können. Habt ihr auch so eine Vorstellung, wie Ihr *un.thai.tled* in den nächsten, sagen wir mal, fünf Jahren weiterentwickeln wollt?

RNE: Im aktuellen Kontext von diversen transnationalen sozialen und ökologischen Krisen, die ein ‚normales' Leben für viele undenkbar machen, gehe ich nicht davon aus, dass wir uns die weltweite Situation in fünf Jahren überhaupt vorstellen können. Das *un.thai.tled* Filmfestival hat immer ganz bewusst auf die aktuellen Situationen reagiert: So hatten wir statt dem geplanten Fokus auf Tourismus in Thailand in der ersten Edition als Reaktion auf die Protestbewegung von Studierenden in Thailand Vertreter:innen der *Thai Democratic People of Germany/Free People Youth Movement* eingeladen und im Jahr 2021 hatten wir ein spontanes Konzert mit dem in Exil lebenden Aktivisten und Soundkünstler Pisitakun organisiert. Wir verstehen das Festival als einen Raum, der auch für unsere Communities da ist und zeitnah Raum für reflektierte Dialoge bieten kann. Natürlich haben wir unsere Grundwerte und Missionen und daran werden wir festhalten, aber darüber hinaus würde ich es eher als einen dialogischen Prozess sehen und nicht als ein von uns definiertes und dann implementiertes Konzept, wo das Ziel schon feststeht.

SU: Hier stimme ich komplett zu. Gerade planen wir für *un.thai.tled* ein großes partizipatives Projekt, zu dem ich neue Mitglieder aus anderen Regionen (insbesondere Westdeutschland, Skandinavien oder Frankreich) einladen werde, um uns über unser interdisziplinäres, intergenerationales sowie interkontinentales Wissen und unsere Erfahrungen auszutauschen. Ich finde es enorm wichtig, dass wir nicht nur ‚Kunst' produzieren, sondern sie auch überliefern, übersetzen und transformieren. Ich wünsche mir auch, dass ich irgendwann eher als eine Impulsgeber:in von *un.thai.tled*, mehr als eine Leiter:in/Organisator:in fungieren kann.

CS: Wir sind uns sicher, dass an vielen Orten Räume wie *SİNEMA TRANSTOPIA* und Initiativen wie *un.thai.tled* dazu beitragen könnten, Menschen durch Filme zusammenzubringen und zu verbinden. Das wäre ein großer hoffnungsvoller Wunsch von uns für die Zukunft.

DOK Leipzig

DOK Leipzig ist ein internationales Festival für Dokumentar- und Animationsfilm und in dieser Verbindung der Gattungen einzigartig. Es präsentiert jedes Jahr stadtübergreifend rund 180 künstlerisch hochwertige Filme und XR-Arbeiten, die Einblicke in vielfältige Lebenswelten geben oder aktuelle politische Diskussionen aufgreifen. *DOK Leipzig* macht es sich zur Aufgabe, diese Werke einem möglichst breiten Publikum zu vermitteln und so zu einem Austausch über Kunst und Wirklichkeit beizutragen, der zu Perspektivwechseln inspiriert und Konfliktlösungen anregt.

DOK Leipzig ist zugleich Publikumsfestival und Deutschlands wichtigster Treffpunkt der internationalen Dokumentarfilmbranche. 1955 wurde das Festival auf Initiative des Ostberliner Clubs der Filmschaffenden als Ort der Begegnung für Filmschaffende aus Ost- und Westdeutschland gegründet und 1960 neu konzipiert als internationales Festival für politisch engagierte Dokumentar- und Kurzfilme. Fortan trafen sich in Leipzig die Größen der Dokumentarfilmszene. Gleichzeitig war die Festivalgeschichte vor der Wende von ideologischen Kontroversen durchzogen. Nach 1989 entwickelte sich *DOK Leipzig* schließlich zu einem international renommierten Festival, in dessen Zentrum die Werte Frieden, Menschenwürde, Teilhabe und Vielfalt stehen.

Cinémathèque Leipzig

Der *Cinémathèque Leipzig e.V.* (gegründet 1991 als *AG Kommunales Kino e.V.*) versteht sich als Ort kultureller und gesellschaftlicher Auseinandersetzung mit und über Film – kunstformübergreifend. Als kollektiv und vernetzend arbeitende Plattform streben wir partizipative, emanzipatorische Kooperationen und kritische Sichtweisen an. Die *Cinémathèque Leipzig* zeigt ausgewählte internationale Filme in (neuen) thematisch-künstlerischen Kontexten und entwickelt in Zusammenarbeit mit Partner:innen Filmreihen, Festivals, Projekte und Diskussionsveranstaltungen. Wir arbeiten hierarchiefrei und treffen Entscheidungen durch basisdemokratische Abstimmung im Team.

Die *Cinémathèque Leipzig* wird gefördert vom Land Sachsen und der Stadt Leipzig und regelmäßig für das Jahresprogramm ausgezeichnet (*MDM, Stiftung Deutsche Kinemathek*). Seit Ende 2012 kämpfen wir für die Umsetzung unserer Vision eines Filmkunsthauses in Leipzig und entwickelten seither drei konkrete Investprojekte. Heute können wir als Teil eines großen Kulturinvestitionsprojektes für Leipzig mit einem Gesamtbudget von 23,1 Millionen € – finanziert von Bund, Land und Kommune – mit Investfördermitteln in Höhe von 10,1 Millionen € für unser Projekt und starkem Support der öffentlichen Hand planen.

Christoph Terhechte, Angela Seidel und Katharina Franck im Gespräch mit
Tanja C. Krainhöfer und Joachim Kurz

Ein Filmkunsthaus für Leipzig und das Verhältnis von Kinos und Festivals

Seit einigen Jahren werden in immer mehr Metropolen die Forderungen nach Film(kunst)häusern laut. Dabei erweisen sich nicht selten Filmfestivals als zentrale Stimme für die Vision eines Orts für die Filmkultur. So engagiert sich in München das *DOK.fest München* sowie die *Filmstadt München e.V.* für eine Spielstätte der Filmfestivals und weiterer Filminitiativen[1], das *LICHTER Filmfest Frankfurt International* für das *Haus der Filmkulturen*[2], die *Berlinale* für das *Filmhaus Berlin*[3], und in Stuttgart hat das *Internationale Trickfilm-Festival Stuttgart* (*ITFS*) maßgeblich zu dem bereits in Planung befindlichen *Haus für Film und Medien*[4] beigetragen. Die *Cinémathèque Leipzig* setzt sich zwischenzeitlich seit rund zehn Jahren unermüdlich für die Errichtung eines Filmkunsthauses ein und hat dabei seit einiger Zeit *DOK Leipzig* als wertvollen Mitstreiter an seiner Seite gewonnen. Bei einem Gespräch erläutern die Macher:innen der beiden filmkulturellen Institutionen die Hintergründe und Ziele ihres Engagements sowie die Etappensiege wie Rückschläge auf dem Weg zu einem Filmkunsthaus in Leipzig.

Tanja C. Krainhöfer (TK): *Bevor wir auf das gemeinsame Engagement für ein Filmkunsthaus zu sprechen kommen, würden wir gerne einen Blick zurückwerfen. Die Cinémathèque Leipzig und DOK Leipzig sind beide als Institutionen stark in ihrer Stadt verwurzelt, haben jedoch ganz unterschiedliche Ursprünge: Das Festival wirkte schon vor dem Mauerfall als wichtiger gesellschaftlicher wie politischer Impulsgeber. Die Cinémathèque entstand als*

---

[1] Vgl. Monika Haas im Gespräch mit Tanja C. Krainhöfer am 8.12.2021.
[2] Vgl. o. N., Haus der Filmkulturen online: https://lichter-filmfest.de/news/haus-der-filmkulturen (letzter Zugriff am 10.6.2022).
[3] Vgl. Deutscher Bundestag: Planungen für Filmhaus Berlin (12.03.2021), https://www.bundestag.de/presse/hib/828028-828028 (letzter Zugriff am 10.6.2022).
[4] Vgl. o. N., Haus für Film und Medien e.V., https://hfm-stuttgart.de/verein#members (letzter Zugriff am 10.6.2022).

politisch intendiertes Graswurzelprojekt nach dem Mauerfall. Was bedeutet dies für das jeweilige Selbstverständnis?

Angela Seidel (AS): Ich war zwar bei der Gründung der *Cinémathèque* selbst nicht dabei, doch ich weiß, dass die Initiative 1991 aus einem Verein, der *AG Kommunales Kino e.V.*, hervorgegangen ist, der sich aus Menschen zusammensetzte, die sehr politisch und sehr cinephil waren und nach der Wende darauf brannten, endlich den ganzen „geilen Scheiß" sehen und zeigen zu dürfen. Sie nutzten hierfür sehr unkonventionelle Settings: Angefangen haben sie im Stadtteil Connewitz, der zu dieser Zeit sehr stark von politischen Unruhen geprägt war, zwischen Links und Rechts. Und dort, inmitten der Punk-Bewegung und den Hausbesetzer-Projekten, in einem total unerschlossenen und rauen Raum, zeigten sie auf Analog-Material Filme. Sie nannten ihn *Lichtwirtschaft*. Aus dieser Initiative entstand ein Verein, in erster Linie um eine Struktur zu schaffen und die Aktivitäten weiter auszubauen. Die Grund-Verve bestand in dem gesellschaftlichen Interesse, Aktivismus und Haltung zu zeigen. Dies bildet bis heute den Grundstein des jetzigen Vereins. 2005 wurde der Verein umbenannt in *Cinémathèque Leipzig e.V.*, um mehr Sichtbarkeit und mehr Aufmerksamkeit zu generieren, insbesondere um uns von unserer Spielstätte, die nicht unsere eigene war, deutlicher abzuheben. Der Name *Cinémathèque* hat nichts mit der ursprünglichen Konnotation einer Kinemathek zu tun, denn das sind wir nicht. Wir sind ein Raum. Wir bespielen diesen Raum mit filmkulturellen Inhalten, kontextualisiert, partnerschaftlich mit anderen Vereinen und Institutionen und wollen Inhalte aus dem Kontext heraus entwickeln. Aber es gibt kein nennenswertes Archiv. Der Name sollte auch eine gewisse Wertigkeit transportieren. Er sollte zeigen, dass wir leben, was wir tun, dass wir kein Kino im klassischen Sinne sind.

Christoph Terhechte (CT): Ich selbst war vor dem Mauerfall nicht in Leipzig. Aber mir ist bewusst, dass das Erbe ein ganz großer Teil der Zukunft des Festivals zu sein hat. Ich sage das so kategorisch, weil ohne sein Erbe kann man dieses Festival gar nicht machen. Es macht keinen Sinn, es seiner Geschichte zu entreißen und sich etwas Neues auszudenken. Es hat, denke ich, auch nur so überlebt und ist dabei durch ganz viele verschiedene Phasen gegangen: *DOK Leipzig* wurde relativ unabhängig gegründet, zu einem Zeitpunkt, als es noch kaum Filmfestivals auf der Welt gab. Also, nach der *Berlinale*, Cannes, Venedig, den eher so mondänen Festivals, die oftmals an Badeorten stattfanden, wo man abends im Smoking und Abendkleid ins Kino ging. Sowas kann man sich ja heute gar nicht mehr unter Festivals vorstellen. Dann gab es aber plötzlich welche wie Biarritz, die eine Agenda, eine filmpolitische Agenda verfolgten. Das war Ende der 1940er Jahre, wahnsinnig früh. Insofern ist ein Festival in der Stadt

Leipzig spannend, das sich Mitte der 1950er Jahre auf die Fahnen schrieb, nicht einfach Glamour zu zelebrieren, sondern sich für eine Sache einzusetzen.

AS: Und das Festival war alles andere als staatsnah. Es war *the place to be* für die Menschen, die gesellschaftlich und politisch aktiv waren und auch kritisch auf das System DDR schauten und auch den Osten und den Kommunismus. Es war der Blick: ein wahnsinnig seltener Blick in die Welt. Man konnte Leute, Regisseur:innen, Filmemacher:innen treffen. Die Menschen haben sich Urlaub genommen für diese Zeit, um dabei sein zu können. Auch politische Aktionen fanden im Rahmen des Festivals statt, zum Beispiel wurden vor den Kinos Sitz-Demonstrationen mit Kerzen abgehalten, die auf die Missstände im Osten hinwiesen, wofür man auch inhaftiert werden konnte, das war also alles hochpolitisch. Und seit der Wende hat dann auch die *Cinémathèque* jahrelang partnerschaftlich mit dem Festival zusammengearbeitet.

CT: Es gab natürlich auch einen Hoheitskampf darüber, wer was zu sagen hatte. Dabei hat das Festival immer versucht, sich so weit wie irgendwie möglich den Interessen der Filmschaffenden zu widmen und sich der Kontrolle zu entziehen. Und das ist, glaube ich, immer wieder in großen Teilen gelungen. Aber es hat sich mehrfach redefinieren müssen, natürlich ganz stark mit dem Mauerfall und der Wiedervereinigung. Dennoch

Filme der Welt – für den Frieden der Welt, DOK Leipzig, 10. Nov. 1969
© Bundesarchiv, Bild 183-H1116-0002-001 / Raphael (verehel. Grubitzsch), Waltraud / CC-BY-SA 3.0.

hat das Festival es geschafft, sich über mehrere Instanzen hinweg neu zu definieren und trotzdem seine Identität zu bewahren. In diesem Bewusstsein bin ich hier angetreten. Ich kenne das Festival erst seit den 1990er Jahren, als ich ein paar Mal auf dem Rückweg von Hof mit dem Zug durch Leipzig gefahren und ausgestiegen bin und mir ein paar Filme angesehen habe. Das erste Mal war ich richtig beim Festival 2001, als mich Fred Gehler in die Jury einlud. Das war noch im alten Capitol, das die Stadt schändlicherweise aufgegeben hat – und da sind wir schon beim Thema – und durch eine Hosenbude ersetzt hat. Das Gebäude steht bis heute verrammelt. Aber es war eben noch dieser Ort, über dem einst das legendäre Banner hing: „Filme der Welt – Für den Frieden der Welt".

Joachim Kurz (JK): Leipzig ist auch und gerade wegen seiner Bedeutung für den Mauerfall und die Wende ein geschichtsträchtiger Ort. Wie spiegelt sich dies in Eurer programmatischen Arbeit wider?
Katharina Franck (KF): Wir greifen diese Themen auf, beispielsweise mit Filmen in einer Reihe, die sich mit dem Thema „Wende" schon kurz danach kritisch auseinandersetzten. Gerade hatten wir interessanterweise auch ein Treffen mit potenziellen Partner:innen, die hervorhoben, dass man in Leipzig ein ganz bestimmtes Gespür bei der Filmarbeit braucht, da kann man nicht einfach aus dem Westen kommen und sagen, „hey, machen wir's hier wie überall". Ich bin jetzt seit dreieinhalb Jahren in Leipzig, ursprünglich komme ich aus Hof, und ich hatte am Anfang auch Bedenken: Welche Filme kann ich ins Programm nehmen und bei welchen frage ich doch besser nochmal bei den Kolleg:innen nach. Aber ich möchte ja auch nicht immer auf diese Ost-West-Differenzierung hinweisen, und ja, da braucht man bestimmt eine gewisse Sensibilität, aber das muss auch nicht ständig in den Fokus gerückt werden.

CT: Ohne dieses historische Bewusstsein kann man ein Festival wie das *DOK Leipzig* heute nicht machen. Wir haben mehrere Programmbestandteile – von der Retrospektive, die sich immer entweder des ostdeutschen Kinos annimmt, dokumentarisch oder Animationskino, oder eben deutsch-deutschen Themen widmet, bis hin zu dieser relativ jungen Reihe, die ich großartig finde: ‚Re-Visionen', die mit Filmen arbeitet, die in früheren Jahrzehnten und Jahrgängen bei *DOK Leipzig* gelaufen sind. Dadurch können wir nochmal einen doppelten Blick auf Themen werfen. In diesem Jahr werden wir ein Programm haben, das sich mit ökologischen Themen beschäftigt. Wir suchen im Moment im Archiv nach Filmen, die diesen Blick schon in früheren Jahren einnahmen und die ihrer Zeit weit voraus waren. Ich finde es toll, dass man auf diese Art und Weise auch immer wieder in die Archive gucken kann. Das ist gewiss ein erheblicher

Bestandteil der Festivalarbeit. Zu DDR-Zeiten war Frieden *das* Thema. Wir vergeben die *Goldene Taube*, Picassos Friedenstaube hat das Signet des Festivals viele Jahre lang bestimmt. Ich finde es nach wie vor toll, dass wir eine Friedenstaube verleihen. Das ist in diesem Jahr mal wieder unerfreulich aktuell geworden. In jüngerer Zeit ist dann das Thema, was wir allgemein Diversität nennen – ich würde eher sagen: Teilhabe und Vielfalt –, dazugekommen. So werden sicherlich auch zukünftige Festivaleditionen versuchen, sich der Zeit anzupassen und gleichzeitig aber fortzuschreiben, was davor bestand.

TK: Da Ihr gemeinsam für ein Filmkunsthaus eintretet, stellt sich die Frage, ob und wie man sich auch programmatisch ergänzt. Ist es so, dass seitens des Festivals Themen eher aus einer internationalen Perspektive und die Cinémathèque mehr mit Filmbeiträgen und Diskussionen möglicherweise ähnliche Themen eher lokal verhandelt?
AS: Aus meiner Sicht ist das überhaupt nicht so, dass wir uns hier sehr voneinander unterscheiden. Es ist im Prinzip die Verknüpfung von zwei Akteur:innen hier in Leipzig, die sich gesellschaftlich, politisch und kulturpolitisch auseinandersetzen mit sich selbst und der Welt. Also, die Welt spielt bei uns genau dieselbe Rolle wie bei einem internationalen Festival. Es geht genau darum, dass wir in den Veranstaltungen einen bestimmten Fokus legen können und den auch kontextualisieren können. Natürlich kann der Fokus auch einmal lokal sein, wenn wir mit Initiativen aus Leipzig zu bestimmten Themen zusammenarbeiten. Aber selbst die sind jetzt nicht speziell nur auf Leipzig oder die Region gelegt. Von daher ist unser Ansatz, dass wir inhaltliche Arbeit auch immer in größeren Zusammenhängen denken, nicht nur im Lokalen.

CT: Ich denke, wenn Du ein Festival machst – es sei denn, es ist ein chinesisches Filmfest, ein französisches Filmfest, das einen klaren Fokus hat –, bist Du grundsätzlich gehalten, es in dem Ort oder der Stadt oder dem Landesteil zu verankern und das dortige Filmschaffen besonders abzubilden und deren Spezifika darzustellen, sonst wirst Du beliebig. Festivals arbeiten ja, stärker als eine Kinemathek oder ein Kommunales Kino, für ein internationales Publikum und sind darauf angewiesen, möglichst viele internationale Gäste anzuziehen. Wenn ich früher für das Forum der *Berlinale* nach Korea zum *Busan International Film Festival* geflogen bin, dann nicht, um mir italienische Filme anzugucken, da wollte ich natürlich erstmal koreanisches Kino sehen, und zwar auch in den retrospektiven Programmen, weil man eine Gesellschaft, die man nicht kennt, sicherlich noch besser begreift, wenn man sich nicht nur die aktuellen Filme ansieht. Das erhellt um einiges mehr. Und dann natürlich asiatische Filme, ostasiatische und südostasiatische Filme. Und ich denke umgekehrt, wenn jetzt ein Koreaner zum *DOK Leipzig* kommt und bei uns spezifisch auch nach deutschen, oder noch spezifischer nach ostdeutschen, Filmen sucht und sie nicht findet, wäre es schon ein wenig seltsam. Da müssen wir auf alle Fälle diesen Spagat hinkriegen, international zu sein und regional und lokal so zentriert zu sein. Sonst ist man weder für das internationale Publikum, für die Filmbranche, noch für das Stadtpublikum interessant.

KF: Wir versuchen aktuell auch, wieder zunehmend ältere Titel mit ins Programm zu nehmen. Zum 1. Mai startet eine Filmreihe, die sich mit dem Thema „Frauen und Arbeit im Film" auseinandersetzt. Da haben wir bei sechs Filmen eine Vorpremiere, zwei aktuellere Titel und der Rest ist restauriert. Diese Form der Programmierung liegt bei uns aber zum Teil auch an der aktuellen Struktur, und damit verbunden an der geringen Planungssicherheit. Ich habe ungefähr ein Zeitfenster von vier oder fünf Tagen zwischen dem Tag, an dem ich erfahre, an welchen Tagen ich den Saal nutzen kann, bei dem wir nur Untermieterin sind, und dem Tag, an dem schon alles an die Presse gehen muss. Deshalb können wir vieles, das langfristigerer Planung bedürfen würde, in dem Rahmen leider gar nicht umsetzen.

CT: Hinsichtlich der Bewahrung und Zugänglichkeit zu unserem Filmerbe sehe ich zukünftig ebenfalls wertvolle Synergien zwischen der *Cinémathèque* und dem Festival. Es ist ja so, dass Du kaum noch Kinos findest, die 35 oder 16 Millimeter abspielen können. Ein Filmhaus, was sich der Filmkunst widmet, hat da ganz andere Perspektiven als das *Cinestar*, in dem der Projektor im Zweifelsfall einfach nur noch im Weg herumsteht und nur noch behalten wird, weil *DOK Leipzig* darauf besteht. In diesem Zusammenhang sprechen einige Gründe dafür, warum es sinnvoll ist, in die Zukunft zu denken und zu überlegen, wie können wir diese Kulturtechnik Kino bewahren in Festivals und in Kommunalen Kinos, die im Normalbetrieb zu verschwinden droht.

JK: *Stichwort Publikum. Wir sehen heute grundsätzlich zwei große Trends: Auf der einen Seite haben wir das Kinosterben zu beklagen, andererseits auch seit Jahren einen deutlichen Zuschauerrückgang. Wie geht Ihr mit diesen beiden Entwicklungen um?*
KF: Da müssen auch wir aus unserer Blase heraus denken: Wir brennen fürs Kino, aber der Großteil der Bevölkerung eben nicht mehr selbstverständlich. Ich habe ja auch lange für Festivals gearbeitet und habe das so gerne gemacht, weil ich es immer schön fand, dass Festivals wirklich durch ihren Event-Charakter und das Rahmenprogramm Leute ins Kino holen, die sonst nicht mehr ins Kino gehen würden. Im Rahmen der

DOK Leipzig und Cinémathèque Leipzig | Chr. Terhechte, A. Seidel und K. Franck im Gespräch

Cinémathèque habe ich gemerkt, dass kann auch abseits eines Festivalprogramms, im regulären Kinobetrieb möglich sein. Indem man Gespräche anbietet, indem man Kooperationen umsetzt, indem man Filme in anderen Kontexten zeigt und nicht nur abspielt. Aber natürlich gehört auch das Zeigen von tollen Filmen aus dem aktuellen Verleihangebot dazu, die man auch ohne Rahmenprogramm zeigt, weil man außerdem gar nicht mehr die Energie hat, alles andere ständig zu organisieren.

AS: Wir haben festgestellt, dass diese konsequente, kuratierte, thematische Programmarbeit dazu beiträgt, dass sich die *Cinémathèque Leipzig* ein Profil erarbeitet hat, das Gäste an das Kino und auch unseren Spielort in der *naTo* bindet, das auch vermittelt, wer man ist, und von uns wird auch einiges erwartet. Das heißt, wir versuchen uns unabhängig zu machen von einem kommerziellen Markt, der natürlich ganz anders handeln muss, auch weil die Kosten, ein Kino zu betreiben, natürlich immens sind. Wir haben den Vorteil und das große Glück, eine institutionelle Förderung zu bekommen für das, was wir tun. Dadurch können wir auch ein Stück weit anders agieren und unserem Anspruch folgen. Doch haben wir unsere Arbeit immer schon so verstanden, auch bevor wir diese nun deutlich höhere Förderung bekamen. Das heißt, wir haben konsequent an dieser programmatischen und kuratorischen, themenbezogenen Arbeit festgehalten und dort ein Profil erarbeitet. Und das sorgt aus meiner Sicht auch dafür, dass eine Besucher:innenbindung auf eine ganz andere Art stattfindet, nämlich inhaltlich.

CT: Bei *DOK Leipzig* muss man sagen: Je lokaler das Angebot ist, desto besser läuft es auch im Kino. Also, der deutsche Wettbewerb ist im Allgemeinen der, was man nicht vermuten würde, der besser besucht ist als der internationale. Weil es ein richtiges Interesse daran gibt, zu schauen, was macht die eigene Filmszene? Das finde ich gut. Es ist jetzt nicht so, als wären die Kinos bei den Filmen aus aller Welt leer, aber es ist gut, dass es auch dieses Interesse dafür gibt, was bilden eigentlich ‚unsere' Filmschaffenden ab?

AS: Ja, genau, das ist ein Punkt. Das war auch ein Fokus unseres virtuellen Programms im Rahmen der Pandemie. Wir nutzten die Möglichkeit, den Fokus auf Filmschaffende aus Leipzig und angrenzende Räume zu legen. Das war und ist ein gutes Mittel, weil wir ja das Filmschaffen in der Stadt auch abbilden möchten. Das können wir nicht vollumfänglich, weil uns hierzu derzeit noch der Raum fehlt, deshalb brauchen wir auch das Haus, damit man das stärker in den Mittelpunkt rücken kann. Und auch bei inhaltlichen Kooperationen und Themensetzungen finden sich solche, die lokal verortet sind, wenn wir ein bestimmtes Thema aufgreifen wollen. Doch es ist nicht so, dass wir von vornherein sagen, es ist nur ein lokaler Fokus. Das ist die Schwierigkeit in dem begrenzten Rahmen, ein relativ umfangreiches und komplexes filmisches Schaffen abzubilden – international, regional, immer im thematischen Zusammenhang.

TK: Zahlreiche Kinoschließungen prägen nach der Wende in den neuen Bundesländern das Bild. Heute findet sich das Kinosterben im Osten wie im Westen selbst in Städten. Parallel dazu findet Filmkultur immer weniger Zugänge zu seinem Publikum. Da verwundert es nicht, dass vielerorts eigene Film(kunst)häuser, als Orte der Filmkultur, gefordert werden. Wann wurde die Idee in Leipzig geboren?

AS: Seit 2013 arbeitet die *Cinémathèque Leipzig* an der Vision des *Filmkunsthaus Leipzig* und verfolgt damit das Ziel, die Akteur:innen der Film- und Medienkunstbranche, kultureller Bildung und Kulturpolitik, sowie ein diverses Besucher:innenspektrum miteinander zu vernetzen und einen dauerhaften gesellschaftlichen Diskurs mit und um das Leitmedium Film zu befördern.

Der schwierigste Schritt dabei ist, eine wertschätzende Gleichwertigkeit des Mediums im zeitgenössischen kulturellen Kanon herzustellen. Das ist ein wesentlicher Aspekt, den wir mit dem Haus anstoßen wollen. Wir haben lange gekämpft, eigentlich sogar bis heute, und wurden immer wieder mit der Frage „Wir brauchen doch aber kein neues Kino?" konfrontiert. Und wir erklären seit neun Jahren, dass dieses Vorhaben weit mehr als ein Kino ist. Allein das zu vermitteln, ist eine unglaublich große Herausforderung. Deswegen ist der Weg auch so lang.

CT: Ich habe hingegen in Berlin erlebt, dass das *Cinestar* wenige Wochen vor der *Berlinale* dicht gemacht hatte, und plötzlich hattest Du da, wo vorher immer der Berliner Bär steppte, gähnende Leere. Das ist natürlich dramatisch für ein Festival. Der nächste Schritt ist jetzt, dass das *CinemaxX* auf der anderen Seite der Potsdamer Straße umbaut, weil diese Schachtelkinos nicht mehr so funktionieren, wie das mal war. Und jetzt soll alles so schön luxuriös gestaltet werden mit so Business-Class-Sitzen, damit man sieht, dass man im Kino mehr Komfort hat als im eigenen Wohnzimmer. Aber das Ergebnis ist, dass die Kinos noch weniger Sitzplätze haben und man da plötzlich keine Premieren mehr feiern kann auf einem so großen Festival wie der Berlinale. Ich wäre naiv, wenn ich sagen würde, ach, das passiert schon nicht, das *Cinestar* hat noch einen langen Mietvertrag und darum kümmern wir uns, wenn wir die Brücke überqueren müssen. Man muss ja in die Zukunft schauen, und da strecken wir unsere Fühler dahin aus, wo sich möglichst innenstadtnah Optionen ergeben, weil sich die internationalen Gäste jetzt nicht in die äußeren Stadtteile begeben werden, wo sonst noch Kinos zu finden sind. Aber natürlich auch fürs örtliche Publikum.

AS: Der Titel ‚Filmkunsthaus' ist ein Arbeitstitel. Die Idee, das Filmkunsthaus als Projekt anzustoßen, und die Vision sind im Prinzip aus einer eigenen Notwendigkeit heraus entstanden, dass wir über kein eigenes Haus verfügen. Auch wenn wir das gerne wollen und es im Ergebnis auch so sein wird, lag der Impuls weniger darin, die Festivalstruktur zu stärken, eine neue Sicherheit oder Perspektive herzustellen. Ein Festival braucht verlässliche Strukturen. Und wie Christoph schon sagte: Premieren, Empfänge, große Sitzplatzanzahl – die vorzuhalten übers Jahr in einem Kino ist ein enormer Kostenfaktor und bedeutet auch ein klares Bekenntnis für eine strukturelle Förderung der kulturellen Institution und der Filmförderung. Ich denke, in diese Richtung muss es gehen. Das Filmkunsthaus ist solch ein Schritt in die Richtung, ganz klar nach außen zu kommunizieren, das Thema Film und das Thema Film im Kino braucht eine exponierte Stelle, ein Zentrum, das wertschätzend ausdrückt, welche Bedeutung dieses Medium im zeitgenössischen künstlerischen Kanon hat. Dafür ist es gut. Es wird aber auch nicht der einzige Ort sein, an dem *DOK Leipzig* stattfindet. Es kann aber der Kristallisationspunkt sein, es kann der Kommunikationsort sein, es kann der Begegnungsraum sein, an dem Dinge stattfinden, und es wird ein authentischer Ort, der für diese Inhalte und Debatten steht, und zwar immer. Das ist die große Bedeutung, die am Ende den Standort, aber auch das Festival stärken kann. Das ist die Idee.

CT: Wenn ich da kurz einhaken darf: Für uns als Festival ist es ja auch wichtig, über den Zeitraum des Festivals, so wie die *Cinémathèque* quasi über den Ort der *Cinémathèque*, den es ja in dem Sinne aktuell nicht gibt, weil sie in der *naTo* beheimatet ist, hinauszugehen und an anderen Orten zu sein. Für das Festival ist es wichtig, übers Jahr hin zu anderen Zeitpunkten Veranstaltungen zu machen. Das hätten wir sehr viel mehr gemacht in der letzten Zeit, ohne Corona. Wir haben zum Beispiel einen *DOK Day* eingeführt, der eigentlich monatlich in einem Leipziger Kino stattfinden sollte. Wir hatten gerade eine Veranstaltung im *Kino Prager Frühling*, wo wir ukrainische Filme zeigten und dann die Eintrittsgelder dem *Docudays Festival* in Kiew stifteten. Wir wollen ja sichtbar sein und bleiben übers Jahr. Auch da gäbe es eine Synergie zwischen einem Filmkunsthaus und dem Festival, Veranstaltungen in Kooperation nicht nur während der sechs Tage Festival, sondern auch ganzjährig.

JK: Wenn man sich wie die Cinémathèque und das DOK Leipzig als Marke versteht, die sich vor allem inhaltlich definiert, wäre es dann nicht gerade vor dem Hintergrund von

Zugang und Teilhabe sinnvoll, durch Leipzig zu wandern, anstatt einen eigenen Ort zu kreieren?

AS: Gute Frage. Das wäre aufgrund von Raumknappheit sicher gar nicht so abwegig. Aber: Es geht ja hier nicht allein darum, die *Cinémathèque* irgendwo unterzubringen, sondern ihrer Arbeit eine Stimme und Perspektive zu geben, Entwicklung möglich zu machen und umfassend abzubilden. Es geht um eine verlässliche Struktur, die Experimente zulässt, die ein Labor zulässt, die dauerhaft Kino auf diese Art zu feiern zulässt, die Partner:innen die Basis für eine stabile und andauernde Zusammenarbeit gibt und Festivals den notwendigen verlässlichen Rahmen ermöglicht. Es ist ja ein Gesamtpaket. Dafür braucht es das eigene Haus; auch um das Thema Medienbildung mit dem Schwerpunkt filmkulturelle Bildung/Medienkunst für z. B. Schulen, KiTas zu leisten, greifbar und erfahrbar zu machen und damit Medienkompetenz zu stärken. Zudem finden ja bereits punktuell Programme auch dezentral statt – z. B. Beispiel in Kooperation mit dem *Grassi Museum für angewandte Kunst*, zu deren Ausstellungsthemen wir eine Filmreihe kuratieren, die dann in Zusammenarbeit mit dem Museum an verschiedenen Orten in der Stadt stattfinden kann, etwa zu *Bauhaus* oder *Together! Die neue Architektur der Gemeinschaft*; oder unser Sommerkino, unser *Open-Air 2cl*. Mit dem Filmkunsthaus wollen wir stärker auf eine Fokussierung der Inhalte an diesem Ort setzen – Stand Konzeption jetzt. Nichtsdestotrotz heißt das für uns aber auch, immer wieder zu schärfen und darüber nachzudenken, wie und wo wir unsere Besucher:innen erreichen.

→

Q&A nach dem Film „Das Forum" im Rahmen der Eröffnung des DOK Leipzig 2019 © Susann Jehnichen
Interims-Spielort der Cinémathèque Leipzig © Sarina Lacaf, Cinémathèque Leipzig
Weg zum DOK Leipzig Spielort im Cinestar © Susann Jehnichen
naTo Kulturzentrum und Hauptspielort der Cinémathèque Leipzig © naTo e.V.
DOK Leipzig Filmvorführung in der Osthalle, Leipziger Hauptbahnhof, 2018 mit Filmemacher Werner Herzog und Kim Busch
(Programmkoordination DOK Leipzig). © Susann Jehnichen
2cl Sommerkino der Cinémathèque Leipzig © Cinémathèque Leipzig

DOK Leipzig und Cinématheque Leipzig | Chr. Terhechte, A. Seidel und K. Franck im Gespräch

CT: Also, diese Marke *DOK Leipzig* ist noch relativ jung. In der Stadt, wenn mich jemand fragt, was machst Du, dann antworte ich nicht, „Ich bin bei *DOK Leipzig*," sondern ich sage, „Ich arbeite für die *Dokwoche*". Auch wenn die meisten Leute dann wissen, was gemeint ist, kommen nicht alle auf die Idee, dann auch teilzunehmen. Mit der Ergänzung zum Festival, die Leena Pasanen, meine Vorgängerin, eingeführt hat, nämlich der Möglichkeit, auch im Hauptbahnhof Filme zu zeigen, die ohne Eintrittsgeld vorgeführt werden, versuchen wir auch eine größere Teilhabe zu ermöglichen. Diese Möglichkeit bringt nochmal eine ganz andere Zuschauergruppe zum Festival, die normalerweise wahrscheinlich nicht auf die Idee käme, sich eine Karte für die *Dokwoche* zu besorgen. Letztes Jahr haben wir noch ein Kino hinzugenommen in Reudnitz, das ist der ‚Leipziger Osten', das ist immer noch in Fußentfernung von der Innenstadt, aber eine Gegend, in der sehr viele Studenten leben. Das hat total gut funktioniert, obwohl wir auch sehr unterschiedliche Programmbestandteile angeboten haben. Das *Regina Kino* zeigt sonst eher so ein Arthouse bis kommerzielles Programm. Aber wir haben gedacht, wir versuchen einfach mal alles, egal ob es die eher publikumsattraktiveren Filme waren oder die ‚schwierigeren'. Aber prinzipiell: ja, natürlich. Wir sollten möglichst präsent sein in den Stadtteilen, nicht nur in den Stadtteilen, sondern am liebsten auch im Umland und in ganz Sachsen. Es gibt Orte in Richtung tschechischer Grenze, wo Leute noch total engagiert Kino machen, wo ich auch immer gedacht habe, wir sollten doch *DOK Leipzig* auch da mal mit einem Charter-Bus hinfahren und Präsenz zeigen und das Festival auch regional stärker verankern.

KF: Auf Basis meiner Erfahrung als Mitarbeiterin bei großen Festivals, mit der Ausnahme der *Berlinale* vielleicht, weiß ich, dass deren Wahrnehmung in der Stadt oft gar nicht so stark ist. Beim *DOK* kommt es mir in Leipzig schon mehr so vor, aber vielleicht auch, weil ich selber in Leipzig im Kino arbeite. Aber ob beim 20. *Filmfest Hamburg* oder beim 30. *Filmfest München*, da ist die ganze Stadt ‚vollgeballert' mit Plakaten und dann stolpert man ständig über Leute, die sagen: „Hä, was macht Ihr denn hier und was ist das, aha, spannend, noch nie gehört." Und hier schafft ein eigenes Haus nochmal eine ganz andere Öffentlichkeit oder Wahrnehmung.

TK: Wenn man sich die Leipziger Bevölkerung ansieht, fällt auf, dass sie im Gegensatz zu einer Vielzahl von Großstädten im Westen mit 16,5 Prozent nur über einen sehr geringen Migrationsanteil verfügt. Ist das auch ein Faktor, der sich auf das Programm niederschlägt?
CT: Leipzig ist vor allem von einer starken „innerdeutschen Migration" gekennzeichnet. Und zum Programm, selbst wenn wir wollten, durch die Produktionen wird fast zu wenig an lokaler Lebenswirklichkeit dargestellt. So ein Film wie Kopf Faust Fahne

zum Beispiel über die Thälmann-Siedlung und das Thälmann-Denkmal in Berlin, der hat sicherlich auch einiges zu erzählen, was zu den Leipzigern spricht. Und nicht nur den alteingesessenen Leipzigern, sondern auch den Zugezogenen. Bei der letzten Bürgermeisterwahl provozierte *Die Partei* mit Plakaten, die mit der Aussage „Leipzig, die Stadt der Zugezogenen" warben.

AS: Es gibt ja jedes Jahr einen statistischen Bericht, wie viele Menschen in die Stadt kommen und wie viele gehen. Nach der Wende, da lagen wir bei einer Bevölkerung von zwischen 450.000 und 500.000. Dann sind die ersten gegangen, weil es wenig Perspektive gab im Osten. Heute haben wir die 600.000-Einwohner-Grenze deutlich geknackt und entsprechend gestaltet sich das auch im Stadtbild und im Sprachbild, was ich sehr angenehm finde.

KF: Da wir ein möglichst breites Publikum ansprechen möchten, zeigen wir auch deutsche Filme englisch untertitelt. Das ist zum Glück immer öfter möglich. Und auch wenn wir Gespräche führen, fragen wir immer vorab, ob jemand im Publikum sitzt, der kein Deutsch spricht, damit wir gegebenenfalls übersetzen. Und das sind in der Regel schon mindestens 5 Prozent des Publikums, für die wir dann das Gespräch übersetzen. Das ist jetzt keine Statistik, aber so kann man das vielleicht in etwa beschreiben.

JK: Wenn man sich die enge Verbindung des Arsenal – Institut für Film und Videokunst e. V. in Berlin und des Internationalen Forums des Jungen Films der Berlinale ansieht, worin bestanden für Dich als Leiter des Forums die größten Vorteile?
CT: Das *Arsenal* hat natürlich eine Sonderrolle: Zum einen ist es nicht das Filmhaus, sondern einer der Mieter in dem Filmhaus, das eine lange Geschichte hat. Das Filmhaus war eine West-Berliner Idee, die in den 1980er Jahren zur Reife geriet, und der Architekt Herman Hertzberger, der ja auch das *Kulturforum* am Potsdamer Platz gestaltet hat, hatte einen fertigen Plan und der Spatenstich stand kurz bevor, als plötzlich die Mauer fiel. Plötzlich war dieses Grundstück da am Rande vom Potsdamer Platz ein Filet-Grundstück, wo man gerade noch dachte, was kann man damit machen, na ja, da kann man ja auch ein Filmhaus bauen, will ja sonst keiner hin. Und so war der alte Entwurf, der auch die Ruine vom Hotel Esplanade in dieses Filmhaus einbeziehen sollte, nicht mehr realisierbar.

AS: So erging es uns in etwa auch. Ich sehe uns als Überzeugungstäter:innen. So haben wir das Projekt Filmkunsthaus von Anfang an komplett selbst finanziert. Zunächst hatten wir mit unserer ersten Immobilie für das Filmkunsthaus den Plan, selbst ein Haus zu kaufen, dies in eine Genossenschaft zu überführen und das genossenschaftlich zu führen, mit Filmschaffenden der Branche, also auch Produzent:innen, Drehbuchautor:innen. Wir hatten im Haus eine Künstlerpension geplant. Wir hätten zwei bis drei Säle gehabt und eine eigene Gastronomie. Das hätte sich im Grunde genommen selbst getragen. Dann hat der Bau- und der Immobilienwahnsinn in Leipzig weiter Raum gegriffen und die Preise für Grund und Boden sind durch die Decke gegangen, so dass dann der Verkehrswert dieses Grundstücks innerhalb von einem Jahr von 860.000 auf 1,4 Millionen gestiegen ist und damit als selbstfinanziertes Projekt natürlich nicht mehr zu stemmen war. Da hätte es einer starken Unterstützung bedurft, und die gab es damals noch nicht.

CT: Die Idee vom Filmhaus am Potsdamer Platz wurde von der Politik damals dennoch nicht aufgegeben, sondern man hat die *DFFB*, die *Stiftung Deutsche Kinemathek* und das *Arsenal* zusammen in einem Haus gedacht, ohne aber die Beteiligten zu fragen, ob sie das auch gut finden oder welche Synergien möglich wären. Das größere Problem war dann aber, dass der Potsdamer Platz einen ganz anderen Charakter bekam, als dieser Ort eigentlich brauchte. Das wird sicherlich auch für die *Cinémathèque* und das Filmkunsthaus in Leipzig eine Frage sein, wie man mit diesem neuen Ort umgeht und wie man einen Charakter schafft, den so ein Ort braucht. Das *Arsenal* war und fühlte sich oft durchaus nur als ein Mieter, der eigentlich ein bisschen ungeliebt war und auch so zwangsverpflichtet worden war. Man hätte diesen Ort sicherlich ansonsten ganz woanders in Berlin gesucht. Super natürlich, einfach nur eine Etage runterzufahren mit dem Aufzug und in der tollsten Filmbibliothek zu sein, die man sich vorstellen kann. Super auch – theoretisch –, dass Filmstudenten im Haus sind, die eigentlich alle ins *Arsenal* hätten kommen sollen, nur dass man die relativ selten dort erblickte, weil Filmstudenten auch nicht mehr automatisch ins Kino gehen. Was aber wirklich gut funktionierte, das war und ist wirklich diese Anbindung Festival und Kino. Nicht die Verknüpfung mit der *DFFB*, leider, und die ich auch als Filmhochschule aus der bundesrepublikanischen Szene nicht wegdenken möchte, auch nicht so sehr mit der *Kinemathek*, auch wenn die sinnvolle Arbeit leistet, sondern die eigentlichen Synergien haben sich ergeben zwischen *Arsenal* und Festival. Und das natürlich, weil es eben diese organisatorische und personelle Verbindung durch die Gregors gab, die sowohl für das von ihnen gegründete *Arsenal* standen als auch für das Forum, das sie anfangs leiteten.

AS: Auch bei uns war es schließlich die Politik, die diese Prozessentwicklung ordentlich befeuerte und große Bewegung reinbrachte. Nachdem der erste und dann ein zweiter Versuch gescheitert waren, konnten wir einige Jahre später im Landtag einen

Abgeordneten gewinnen, einen Fraktionsvorsitzenden, der das Filmkunsthaus im Sinne von ‚Ich möchte in dem Stadtteil, für den ich kandidiere, Dinge anschieben und realisieren' extrem gepusht hat. Das hatte dann plötzlich Dimensionen, die vorher nicht ahnbar waren. Jetzt, nach dem dritten Anlauf tatsächlich, ist es so, dass es plötzlich auf Landesebene und auf Bundesebene eine Stimme gab, die sagt: „Wir könnten uns vorstellen, investive Fördermittel für ein Filmkunsthaus in Leipzig bereitzustellen." Das war zuvor noch niemals dagewesen, dass eine relativ kleine Institution so ein großes Rad dreht. Jetzt ist es so, dass wir Teil eines großen Investitionsprojektes in Leipzig sind, über das mittels akquirierter Bundes-, Landes- und kommunaler Investmittel drei Projekte realisiert werden sollen. Jetzt sind wir soweit, dass man sagt: „Ok, Filmkunsthaus in Leipzig, super, machen wir." Das war möglich, weil wir unser Konzept raumeffizienter skizzieren konnten als ursprünglich geplant. Das Haus in seiner jetzigen Form ist etwas Wunderbares und in den Räumlichkeiten tatsächlich das Minimum, was nötig ist, um die Vielfalt an Formaten und die Komplexität des Themas abzubilden.

TK: Das Haus für Film und Medien in Stuttgart sieht sein großes Plus in seiner Trägerschaft, einem Zusammenschluss von 24 Institutionen aus den Bereichen Bildung, Hochschule, Medienpädagogik, Kunst, Forschung, Wissenschaft, Film- und Medienfestivals, Film- und Kreativwirtschaft sowie Kino-, Medien- und Interkultur. Euer Konzept sieht als zentralen Akteur die Cinémathèque vor, die Vielfalt gezielt über Kooperationen herstellt. Wo liegen hier die Vorteile?
AS: Das hängt immer vom Grundansatz des Hauses ab und wo man hinwill. Ich finde, partizipative Teilhabe fördernde Projekte, die verschiedene Themenfelder oder auch kulturelle Genres abbilden, ebenso interessant. Unser Fokus ist Film. Wir wollen das Thema Film und insbesondere Film im Kino stärken. Deshalb braucht es für das Thema einen eigenen Ort. Wir wollen, sozusagen, mit einer Institution für Film dieses Genre auf Augenhöhe bringen mit dem zeitgenössischen kulturellen Kanon. Dieses Haus ist ein Startpunkt. Es ist ein Beginn in dieser Stadt, dieser Region, der versucht, genau dieses Verständnis mitanzuschieben. Weil von dort aus, als Institution mit einem Gesicht und einer Ausstrahlung, kann man sich auch auf ganz anderen Ebenen in bildungspolitische Debatten einbringen und Themen platzieren. So zum Beispiel frühkindliche Bildung in Schulen, um Anknüpfungspunkte von Filmbildung zu Medienkompetenz zu schaffen. Dazu braucht es Institutionen, die sich ganz klar positionieren und einmischen. Und wir sind trotzdem transparent und zugänglich und auch eine Erfahrungswelt, jeden Tag. Um diesen Punkt zu setzen, deswegen sind wir damals auch losgegangen.

CT: Darf ich kurz ergänzen? Ich finde es gerade richtig, dass mit dieser Haltung ‚das Haus ist die Cinémathèque' auch klargestellt wird, die Kinematheken brauchen Häuser und nicht einfach nur Räume als Mit-Mieter in einem großen Ding, wo alles, was Film ist, unterkommt. Diese Frage wird ja auch im Museum nicht gestellt. Das *MdbK*, dessen Neubau vor ungefähr 20 Jahren errichtet wurde, wurde ja auch nicht aufgefordert, da noch ein paar Räume für Töpferkurse aufzumachen. Oder die Oper. Das stellt keiner infrage, dass die ein Haus brauchen für ihre Aktivitäten. Und genauso sollte es eigentlich auch mit Kino sein, denn es ist eine Kulturtechnik, die es zu bewahren gilt und die gleichrangig mit der klassischen Musik oder dem Jazz und dem Theater und der Malerei zu behandeln sein sollte und nicht so unter „na ja, gut, denen geben wir auch noch ein bisschen Geld", sondern dieses Format auch einfach füllen kann. Deswegen finde ich es toll, dass es in Leipzig ein Filmkunsthaus geben soll, das wirklich diese Hauptaufgabe hat, Filme so zu zeigen, wie sie gedacht sind von denjenigen, die sie gemacht haben.

JK: Und wie weit ist das Filmkunsthaus nun in seiner Umsetzung vorangeschritten? Wann ist der erste Spatenstich?
AS: Wir sprechen hier von einem denkmalgeschützten Ensemble, dem *Alten Zollgebäude*. Es ist in der Struktur nicht aufzubrechen, das heißt, die Struktur ist nicht geeignet, um dort Kinosäle in geeigneter Form unterzubringen. Somit ergänzen wir diesen denkmalgeschützten Altbaubestand mit einem Neubau, in dem die Kinos und die Saalstruktur, plus ein multifunktionaler Raum für Konferenzen und Platz für Ausstellungen und Workshops, untergebracht werden. In die Altbaustruktur integrieren sich dann Nutzungen wie Büros, Technik, Gastronomie und auf jeden Fall auch Workshopbereiche für filmkulturelle Bildung. Es wird das Tor zum neuen *Löwitz Quartier*, einem neuen Stadtteil direkt am Hauptbahnhof Westseite. Man fällt quasi aus dem Zug in das Filmkunsthaus rein, was wunderbar ist.

Spatenstich kann ich noch nicht sagen, weil aktuell die Stadt Leipzig in Zusammenarbeit mit allen Institutionen, die an dem Projekt beteiligt sind, die Einreichung der formlosen Anfrage beim *BKM* erarbeitet und finalisiert. Diese formlose Anfrage ist ein wichtiger formaler Schritt, damit der Bund offiziell prüfen kann, ob dieses Projekt förderfähig ist. Dann fordert das *BKM* auf, einen Fördermittelantrag zu stellen. Und das kann jetzt noch mindestens ein halbes Jahr dauern. Dann können wir den konkreten Antrag auf Fördermittel stellen, mit einer intensiveren Bauplanung, mit einer konkretisierten, vertraglich untersetzen Betreiberstruktur. Das ist eine riesige Herausforderung auf ganzer Linie. Denn einerseits muss man konzeptionelle Freiräume lassen, andererseits kann man auf dieser Förderebene schlecht vermitteln, dass man einen

DOK Leipzig und Cinématheque Leipzig | Chr. Terhechte, A. Seidel und K. Franck im Gespräch

Illustration Filmkunsthaus Leipzig © Cinémathèque Leipzig

experimentellen Raum, ein Labor braucht. Dafür vergibt keiner Fördermittel. Vielmehr erwartet das *BKM* entsprechend der Förderrichtlinien eine Ertragsvorschau für die nächsten 25 Jahre.

Die Stadt Leipzig bereitet aktuell parallel den Ankauf des betreffenden Grundstücks vor, das wir bebauen wollen. Sie ist im Gespräch mit dem Investor. So sieht das alles im Prinzip ziemlich gut aus. Die ersten Gespräche mit dem *BKM* laufen so, dass sie eher positiv reagieren auf das große Projekt. Sie sagen auf jeden Fall, es hat eine gute Perspektive. So weit waren wir noch nie.

TK: Letzte Frage an Euch: Wir schreiben das Jahr 2030. Wozu haben sich das Filmkunsthaus und das DOK Leipzig dann entwickelt?
AS: Das ist eine Frage, die ich ‚fürchte', weil sich die Branche in einem großen Tempo transformiert. Das heißt, einen Ausblick darauf zu geben, wo man meint dann zu stehen, ohne komplett zu spinnen, ist nicht die einfachste Nummer. Im besten Falle, aus meiner Sicht als Gestalterin, Ermöglicherin: Ich will Projekte rocken, die Sinn machen, ich will was Nachhaltiges mit Leuten zusammen aufbauen, und ich würde mir wünschen, dass wir ein etablierter Standort sind, der für viele Menschen im Stadtraum, aber auch überregional, Region Sachsen, aber auch Region Osteuropa, relevant ist. Ich hätte gerne, dass dieses Projekt erstmal steht, denn es könnte ja sein, wir bauen in acht Jahren noch. Das möchte ich jetzt nicht hoffen. Also wünsche ich mir, dass das Projekt steht und dass wir uns als ein neues Team an einem neuen Ort mit neuen He-

rausforderungen gut eingefunden haben und dass wir relevant sind für die Menschen. Dass unsere Themen ansprechen, dass wir Spaß an Film und Kino schüren, dass das Publikum die Begegnungsräume goutiert und uns eben auch zutraut, dass wir tatsächlich das, was wir jetzt ins Konzept schreiben, auch tatsächlich umsetzen — verantwortungsvoll und immer noch visionär. Das ist im Prinzip für mich die kleinste Klammer. Ich würde mir wünschen, dass wir an der Stelle schon wären, uns in die bildungspolitischen Debatten in der Form eingemischt zu haben, dass Filmbildung im Lehrplan einer jeden Schule steht, neben Kunst und Musik. Dass man mit Film als integralem Bestandteil eine vernetzende Bildung realisieren kann.

KF: Ich habe, wie alle in den letzten zwei Jahren, gemerkt, dass es schwierig ist, Pläne zu machen, die über den nächsten Monat hinausgehen. Was ich aber auch gelernt habe, ist, dass wir nach jeder Wiedereröffnung einen volleren Saal hatten als vorher, und hoffe und glaube, dass in acht Jahren, komme was wolle, Leute, die wie ich noch mit dem Kino aufgewachsen sind, und Leute, die mit *TikTok* und was es da auch immer noch geben wird, aufgewachsen sind, Lust auf und Freude an gemeinschaftlichem Kinoerlebnis haben werden. Und, da bin ich jetzt mal Zweckoptimistin, dass das dann der Fall ist.

CT: Zum einen würde ich mir wünschen, dass diejenigen, die jetzt sagen, man kann keinem Steuerzahler erklären, dass man Fördermittel ins Kino steckt, dass diejenigen dann kommen und sich selbstverständlich zu einer Eröffnung von einer Retro ins Filmkunsthaus begeben, wie sie auch zur Eröffnung des Festivals kommen oder eben die Neuinszenierung einer Oper in der Oper Leipzig oder ein großartiges Konzert im Gewandhaus anschauen. Dass diese blöde Unterteilung in E und U endlich mal aufhört. Daran arbeiten wir, glaube ich, alle. Und dass anerkannt wird, welche Arbeit wir alle so lange gemacht haben, um sicherzustellen, dass es Kino auch noch gibt, wenn das kommerzielle Kino zusammengebrochen ist. Ich kann mir gut vorstellen, dass es 2030 immer noch die *Passage-Kinos* gibt, die mit ihrer engagierten Arbeit als Familienbetrieb überleben. Ich kann mir schwer vorstellen, dass die Multiplexe so lange bestehen bleiben. Und ich glaube, dass wir uns 2030 genau darüber unterhalten, was für Visionen wir für 2040 haben. Dass das noch ein Thema sein wird, weil die Frage im Fluss ist und nichts, wo wir einmal einen Status erreichen wollen, sondern immer einen Prozess vorantreiben. Die Aufgabe von Filmfestivals hat sich extrem verändert über die Jahrzehnte. Sie wird weniger sein für den kommerziellen oder auch den semi-kommerziellen Kinobetrieb, immer die Perlen zu finden, als einfach die Bandbreite zu zeigen und stärker das zu sein, was man Abspiel nennt, und stärker zur Grundversorgung gehören. Die Stadt hat ja auch noch andere Filmfestivals, die zum Teil auch in der *Cinémathèque* ihren Ort finden und finden werden. Dass es diesen Ort dann endlich gibt und dass nicht nur in Leipzig, sondern insgesamt ein Umdenken einsetzt, so dass eine Stadt einer gewissen Größenordnung, ich sag jetzt mal so ab 50.000 Einwohnern, genauso wie sie ein Theater auch ein Filmkunsthaus braucht und bekommt. Wenn sich das 2030 herumgesprochen hat, dann sind wir ein ganzes Stück weiter.

AS: Da will ich Dir beipflichten. Wenn das nicht mehr diskutiert werden muss, sondern Realität und klar ist, dass es das braucht, dann sind wir da einen Riesenschritt weiter. Das wäre 2030 schon sehr ambitioniert, wenn wir das bis dahin erreichen. Aber weiter kann ich aus meiner Perspektive ja auch nicht kucken, weil wir haben so hart gekämpft die letzten Jahre für dieses Projekt, dass es überhaupt erstmal entsteht. Das ist unsere Vision – dass es entsteht. Und dass wir endlich anfangen können, weiterzuarbeiten und weiterzuentwickeln. Und dann können wir aus diesen Erfahrungen heraus, in einem eigenen Haus, mit den Akteur:innen, mit dem Festival zusammen, weitere Visionen entwickeln. Das ist mein Ziel: Erstmal machen, auf jeden Fall machen.

LICHTER Filmfest Frankfurt International

Seit 2008 findet das *LICHTER Filmfest Frankfurt International* jährlich im Frühjahr in der Metropolregion Rhein-Main statt. Neben Kurz- und Langfilm-Wettbewerben präsentieren die *LICHTER* regionale, nationale und internationale Filmwerke sowie Videokunst, VR- und AR-Produktionen. Zu der kuratierten Filmreihe *Zukunft Deutscher Film* bildet eine Sektion internationaler Filmproduktionen zu einem jährlich wechselnden Thema wie *Natur*, *Macht* und *Wandel*, im Jahr 2022 *Freiheit*, eine zentrale Säule des Festivalprogramms.

Auf Initiative des Festivaldirektors Gregor Maria Schubert unter dem Namen *LICHTER Filmtage Frankfurt/Rhein-Main* gegründet, wird das Filmfestival heute von ihm und Johanna Süß geleitet, durch ein festes Team, freie Mitarbeiter:innen und eine Gruppe von Freiwilligen veranstaltet und ist als gemeinnütziger Verein organisiert. Anfänglich als Werkschau des regionalen Filmschaffens konzipiert, wurde das Festival 2012 zu einer Plattform internationaler Filmwerke erweitert. Parallel entwickelte sich das Festival von einem improvisierten Kino und 3.300 Festivalgästen zum *LICHTER Filmfest*, das heute bei über 100 Filmen und Veranstaltungen rund 13.000 Besucher:innen zählt. In Kooperation mit der *Hessischen Film- und Medienakademie* und unter der Leitung von Bert Rebhandl und Carolin Weidner ermöglicht der *Lichter Kritikerblog* seit 2014 Studierenden die journalistische Auseinandersetzung mit dem Medium Film.

Wesentliches Merkmal der *LICHTER* sind seit Beginn ihre zentral in Frankfurt gelegenen, wandernden Festivalzentren: Vom alten *atelierfrankfurt* über die ehemalige Diamantenbörse, den *Turmpalast* bis hin zum *VAU*, dem zurzeit ungenutzten Bankgebäude der ehemaligen HypoVereinsbank, hat das Festival hierfür stets städtische Orte als Kulturräume neu interpretiert und belebt. Als kommunikatives Herz des Festivals dienen diese für Diskussionen, Ausstellungen und allabendliche Treffen.

Volker Schlöndorff übernahm 2013 die Schirmherrschaft des Filmfestivals, worauf Leander Haußmann, Edgar Reitz und Doris Dörrie folgten. 2018 gab Edgar Reitz den Impuls, die Zukunft des deutschen Films bei einem parallelen Kongress differenziert zu diskutieren. Dabei erarbeiteten etwa 100 Filmschaffende mit den *Frankfurter Positionen* ein Konzept, das grundlegende Neuerungen in Förderung und Finanzierung, Ausbildung und Filmbildung, Vertrieb und Kinokultur empfiehlt. Mit dem Folgekongress im Jahr 2022, der verstärkt eine europäische Perspektive thematisierte, folgte das *LICHTER Filmfest* seinem Ziel, den Kongress *Zukunft Deutscher Film*, einschließlich der bundesdeutschen Filmreihe *Zukunft Deutscher Film*, als regelmäßigen Termin zu etablieren.

LICHTER Filmfest Frankfurt International | Gregor Maria Schubert u. a.

Gregor Maria Schubert, Johanna Süß, Kenneth Hujer und Pauline Klink

Zukunft Deutscher Film
Eine Kongress-Gründung

I. Da tut sich was?!

„Lasst uns diese Filme sehen!" Mit diesem Satz beendete am 28.3.2016 der Filmemacher Edgar Reitz seine flammende Eröffnungsrede zum 10. *LICHTER Filmfest Frankfurt International*. Reitz war zu diesem Zeitpunkt Schirmherr unseres Festivals und erstaunt über die Fülle an gelungenen, anspruchsvollen Filmproduktionen aus Deutschland, die er in seiner Funktion als Juror im Vorfeld verschiedener Auswahlkommissionen zu sehen bekommen hatte. Der deutsche Film sei besser als sein Ruf, erklärte Reitz, man müsse unbedingt etwas unternehmen, damit dieses deutsche Filmschaffen, offenbar wert gesehen zu werden, auch sein Publikum fände. Edgar Reitz' geradezu wütend formulierte Schlussforderung rüttelte das Publikum auf und euphorisierte es gleichermaßen – und brachte auch uns als Festivalleitung die Gewissheit, dass auf diese Rede unbedingt etwas folgen müsse, damit sie das wird, was sie schon ohnehin war: historisch. Reitz' Diagnose deckte sich in vielen Punkten mit unseren eigenen Überlegungen.

In der Folge entwickelten wir gemeinsam mit Reitz die Idee, einen Kongress zur Zukunft des deutschen Films zu veranstalten, der im Rahmen des *LICHTER Filmfest* Akteur:innen der hiesigen Filmlandschaft aus den unterschiedlichsten Bereichen zusammenbringt: Produktion, Verleih, Regie, Schauspiel, Drehbuch, Kino, Filmtheorie – mit dem Ziel, die bisherigen Strukturen der Filmherstellung und Filmverwertung grundlegend auf den Prüfstand zu stellen, auf dass sich etwas ändert und es um den deutschen Film zukünftig besser steht.

Wir denken, dass es lohnt, den Kongress in seiner Vorbereitung, Veranstaltung und Wirkung an dieser Stelle ausführlicher zu dokumentieren, um so eine Grundlage für die weitere inhaltliche Auseinandersetzung zu schaffen. Ebenso erscheinen uns unsere Erfahrungen mit der Organisation des Kongresses interessant, weil sich aus ihnen gleichsam ein Modellcharakter ergibt, der andere Festivals in ihren Handlungsmöglichkeiten hoffentlich ermutigt und der aufzeigt, welche Dynamiken sie entfalten können.

Einleitend ist es sicherlich hilfreich, einen Blick auf die Entwicklung des *LICHTER Filmfest* zu werfen, um die Rahmenbedingungen des Kongresses zu skizzieren. Ebenso knapp möchten wir daraufhin sowohl die Voraussetzungen erläutern, die eine Stadt wie Frankfurt als Austragungsort für einen Kongress zur Filmpolitik mit sich bringt, als auch die Bedeutung der Räumlichkeiten für unser Festival und den Kongress darlegen – denn auch diese erweiterten bzw. äußeren Rahmenbedingungen sind letztlich nicht unwesentlich, wie wir zeigen werden. Auf den Hauptteil zur Gründung, Organisation und Veranstaltung des Kongresses folgend möchten wir die Auswirkungen, die der Kongress auf die Branche und Politik hatte, darstellen, um schließlich einen kurzen Ausblick auf unsere Ideen für die Zukunft zu geben.

II. Was ist das *LICHTER Filmfest Frankfurt International*?

Unter dem Leitmotiv „Das Festival im Hier und Jetzt" hat sich das *LICHTER Filmfest Frankfurt International* 2008 gegründet. Insgesamt herrschten damals in Frankfurt keine besonders günstigen Voraussetzungen, um den riskanten Schritt einer Festival-Neugründung zu wagen. Das *Internationale Filmfestival Frankfurt* und mit ihm die *Frankfurter Filmschau* wurden zwei Jahre zuvor krachend gegen die Wand gefahren, das für die Filmschau bestimmte Geld war verbrannt und das Misstrauen der heimischen Filmbranche gegenüber der Festivalszene allseits zu spüren. Das Interesse an neuen filmkulturellen Veranstaltungen seitens der Politik war ebenfalls erloschen. Vielleicht war die totale Ahnungslosigkeit der fünf Gründer:innen ein Baustein des Erfolgs. Wir hatten allerdings auch keinen Zweifel daran, dass eine Stadt wie Frankfurt – immerhin die fünftgrößte Deutschlands – über ein eigenes Filmfestival (ohne Länderschwerpunkt) verfügen müsse. Im Sinne dieser Überzeugung wollte *LICHTER* die Filmszene zusammenbringen und ihren Werken beim Publikum vor Ort die verdiente Aufmerksamkeit zukommen lassen. Wir wussten vielleicht wenig über Festivalarbeit, unsere beruflichen Vorerfahrungen – wir waren alle selbst in der Filmbranche tätig und hatten viele Verbündete in der freien Kulturszene über alle Sparten hinweg – begünstigten aber den raschen Erfolg. Und dann war da noch der unbedingte Wille, ungeachtet der schlechten äußeren Umstände an der Verwirklichung dieser Idee zu arbeiten. Vielleicht war unser größtes Plus eine gewisse Umsetzungskompetenz (sture Beständigkeit trifft es auch ganz gut), die schon häufig gegen alle Unwägbarkeiten und Widerstände das Unmögliche zu schaffen vermochte. In unserem Gründungsjahr war das ein zum Kino umgebauter Ausstellungsraum im *atelierfrankfurt*, ein Filmbus

LICHTER Filmfest Frankfurt International | Gregor Maria Schubert u. a.

vor dem Ateliergebäude, die *Filmbar Rex*, ein *Salon des Refusés* im Keller des einst als Polizeipräsidium genutzten Gebäudes sowie die dort ansässige *freitagsküche* als Festivalzentrum. Geld war so gut wie keines da.

Dem Festivalzentrum als kommunikativem Herz der Veranstaltung kam von Anfang an eine besondere Bedeutung zu. Es handelte sich in den Folgejahren meist um verlassene Orte, die mit großem Aufwand ausgestattet werden mussten: das Gebäude einer insolventen Großbank mit einem 78 Meter hohen Atrium, die Kantine einer ehemaligen Diamantenbörse oder die leerstehenden Räume einer dem Film DAS FÜNFTE ELEMENT nachempfundenen Gastronomiefläche, um hier drei Beispiele zu nennen. Dort fand sich auch der unvergessene *Erste Stock*, in dem über mehrere Jahre Konzerte, Lesungen, Partys, Ausstellungen und Filmabende veranstaltet wurden, nicht zuletzt, um liquide Mittel für das Festival zu generieren. Die Belebung des öffentlichen Raums und leerstehender Gebäude wurde schnell zum unübersehbaren Erkennungsmerkmal unseres Festivals. Wir schufen in bester Do-It-Yourself-Tradition Refugien der Gastfreundschaft und waren fortan Teil der Geschichte der Frankfurter Subkulturen.

Was sich mit der Gründung bereits andeutete, wurde vier Jahre später konkret: Die weitere Politisierung des Festivals ging mit seiner Internationalisierung einher. Auf der Grundlage unserer festen Verankerung in der Region öffneten wir das zunächst vor allem dem regionalen Filmschaffen gewidmete Festival für internationale Produktionen. Zu jährlich wechselnden Leitthemen, die immer auch gesellschaftspolitische Fragen berühren, stellen wir seither ein internationales Filmprogramm zusammen, das ein Thema – stets in einem Wort prägnant zusammengefasst – von verschiedenen Seiten beleuchtet. Um ein völlig neues Festival in der Stadt zu etablieren, diente das Leitthema auch dazu, dem Publikum einen Zugang zum Programm zu öffnen. *LICHTER* versteht sich als Debattenfestival, das den gesellschaftlichen Diskurs befördern möchte. Deshalb stehen neben den Filmen inhaltliche Veranstaltungen – nicht zuletzt auch, um die Filme von der Bürde thematischer Vereinnahmung zu befreien. Mit Blick auf die deutsche Filmfestival-Landschaft glaubten wir, unsere Nische gefunden zu haben, die unseren eigenen Ansprüchen entgegenkam und zugleich eine gewisse Unterscheidbarkeit garantierte. Es ging uns darum, Veränderungen nachzuspüren und Filme vorzustellen, in denen gesellschaftliche, vor allem aber auch ästhetische Umbruchprozesse – heute wie in der Vergangenheit – sichtbar werden.

Gründen, wachsen, Wurzeln schlagen: Nach diesem Prinzip haben wir *LICHTER* initiiert und neue Aufgaben und Herausforderungen stets im Auge behalten. Teils aus Neugier, teils, um der drohenden Routine zuvorzukommen. Wir waren nie bereit, Ehrgeiz mit Bequemlichkeit zu tauschen. Spätestens mit dem Einzug in die Büroräume des denkmalgeschützten *Kamphauses* im Jahr 2015 haben sich die logistischen Vor-

Filmfestivals | Krisen – Chancen – Perspektiven

aussetzungen für eine dauerhafte Verstetigung verwirklicht. Der Festivalname, eine Hommage an Charlie Chaplins LICHTER DER GROSSSTADT, hatte seinen festen Platz im Kulturbetrieb der Stadt Frankfurt gefunden.

Seither ist *LICHTER* ein über das ganze Jahr agierender Verein mit ständig wachsenden Tätigkeitsfeldern. Beispielsweise mit dem jährlich stattfindenden, mehrwöchigen *Freiluftkino Frankfurt* und dem *Sommerkino im Altwerk* in Rüsselsheim, die den Ansatz der kulturellen Zwischennutzung im Bereich des Open-Air-Kinos aufgreifen und die Stadt in den Sommermonaten kulturell zusätzlich beleben. Ein neues Projekt ist *High Rise Cinema*, Kino auf wechselnden Dachterrassen inmitten der Frankfurter Skyline.

III. Unbefangenes Frankfurt, kurioses *Zoo Gesellschaftshaus*

Nicht ganz ohne Grund entwickelte Hilmar Hoffmann für Frankfurt die Vision einer Filmstadt: In der Mainmetropole sind das *Deutsche Filminstitut und Filmmuseum* beheimatet, haben die *HessenFilm und Medien GmbH* und der *Bundesverband kommunale Filmarbeit* ihren Sitz. Auch sind das *Filmhaus Frankfurt*, das *Film- und Kinobüro Hessen* sowie die *Kinothek Asta Nielsen* und die *Arbeitsgemeinschaft Dokumentarfilm e. V./AG DOK* hier ansässig. Nicht zu vergessen sind an dieser Stelle freilich die filmstarken Feuilletons der *Frankfurter Rundschau* und der *FAZ*. Anders als in Berlin, Hamburg, München und Köln bildet die Film- und Fernsehindustrie in Frankfurt allerdings keinen zentralen Wirtschaftsfaktor. Es existieren keine Zwänge eines klassischen Medienstandorts. Man könnte auch sagen: In Bezug auf die filmpolitischen wie filmwirtschaftlichen Interdependenzen ist Frankfurt ein unbefangener, fast schon unschuldiger Ort.

Wenn auch eher ein Nebeneffekt, so eignet sich zudem die geografische Lage der Stadt mit ihren Verkehrsanbindungen perfekt, um einen Kongress zu veranstalten, der Menschen aus allen Teilen Deutschlands zusammenbringt. Und wenn sich seit den politisch aufgewühlten Tagen der 1960er und 1970er Jahre auch sicher schon vieles verändert, lebt Frankfurt seine Tradition als Stadt des Protests, Stadt der Diskussion, Stadt der Theorie und Kritik weiter.

Auf dieser Linie der Eigenwilligkeit lag auch die Wahl des Austragungsortes: das in den 1870er Jahren errichtete *Zoo Gesellschaftshaus* im Osten der Stadt, das seither eine mitunter widersprüchliche Geschichte durchlaufen hat, zudem ein altehrwürdiger

Ort mit großer Kino-Vergangenheit ist – bereits in den 1920er Jahren eröffneten dort die *Zoo-Kultur-Lichtspiele*, die den Film als Bildungsplattform verstanden. Anfang der 1950er Jahre zog das *Frankfurter Jugendkino* ein, das über fünf Jahrzehnte Bestand haben sollte und bis in die 1990er Jahre zehntausenden Schüler:innen für wenig Geld ein anspruchsvolles Filmprogramm bot. Sogar der langjährige Frankfurter Zoodirektor Bernhard Grzimek hat einen Kinobezug: Für seinen Dokumentarfilm SERENGETI DARF NICHT STERBEN gewann er 1960 einen Oscar.

Nach der teilweisen Zerstörung des *Zoo Gesellschaftshauses* im zweiten Weltkrieg wurde die repräsentative Schauseite weitgehend wiederhergestellt. Das Innere des Gebäudes und die Rückseite aber wurden zuletzt in den 1980er Jahren stark verändert. Dieser Kontrast aus pompös-repräsentativem Äußeren, vage postmodern angelegtem Inneren und dem Zoo-Setting entfaltet einen besonders kuriosen Charme. Uns kamen bei der Ortswahl die Zeichnungen von Walter Trier aus Erich Kästners Kinderbuch *Die Konferenz der Tiere* in den Sinn, die es schlussendlich auch in unser Programmheft geschafft haben. Die Botschaft des Buches, dass sich die Dinge ganz grundsätzlich wandeln müssen, konnte nicht passender sein.

Hätten wir unsere Konferenz in der Frankfurter Messe abgehalten, wäre das sicherlich einfacher zu organisieren gewesen, da das *Zoo Gesellschaftshaus* bis heute komplett leer steht. Doch waren wir der Überzeugung, dass die Aura eines Ortes, an dem man einen Kongress abhält, diesen ganz grundlegend mitprägt, inspiriert und im besten Fall beflügelt. Das Geheimnisvolle, Fantasievolle, Bizarre, das das *Gesellschaftshaus* mit sich bringt, spiegelt letztlich auch das Potenzial wider, das Filme in sich tragen: Filme verbinden jenseits des Alltags und eröffnen dabei ganz neue Welten und Erfahrungshorizonte. Daran sollte bei den Diskussionen um die Herstellungsbedingungen des Films und seiner Auswertung erinnert werden.

IV. Planung und Organisation

Zu Beginn stand ein Reality-Check oder besser: die Präzisierung möglicher Kongressthemen. Beim *LICHTER Filmfest* 2017 organisierten wir mehrere kleine Runde Tische, um mit verschiedenen Akteur:innen der Filmbranche konzentriert und strukturiert die Probleme abzustecken. Es zeigte sich schnell, dass es unter den Teilnehmenden aus ganz verschiedenen Kontexten von Filmbranche und Filmkultur mitunter überraschende Überschneidungen gab. Die Leitideen dessen, was hinterher die *Frankfurter Positionen* ausmachen würden, kristallisierten sich heraus – der Eindruck, dass die Strukturen des deutschen Films verkrustet seien, ungesunde Abhängigkeiten bestünden, Entscheidungsprozesse zu langsam verliefen und es grundsätzlich an Filmkultur mangele.

Die erarbeiteten Kernthemen bildeten den Ausgangspunkt für die inhaltliche Ausgestaltung des Kongresses. Da in der Vorbereitung offensichtlich wurde, dass der vertrauliche Austausch im geschützten Raum besonders fruchtbar war, um Probleme zu identifizieren und Handlungsmöglichkeiten auszuloten, entschieden wir, dieses Prinzip auch während des Kongresses anzuwenden. Diese ganz bildliche Idee des Hinterzimmers widersprach natürlich eminent dem Gedanken eines transparenten, öffentlichen Austauschs. Die Notwendigkeit, so zu verfahren, resultierte freilich aus den beschriebenen Problemen: Durch die vielfachen Abhängigkeiten der filmpolitischen Akteure untereinander bringt eine öffentliche geführte Diskussion das Risiko mit sich, dass Probleme nicht deutlich genug ausgesprochen werden. Dennoch bestand hier auch eine Chance: Mit den mutigen Ergebnissen eines vielfältig besetzten Kongresses gab es die Möglichkeit, einige der Vorbehalte gegen eine wirklich ehrliche Debatte zu lösen. Zusätzlich zu diesen geschlossenen Sessions sollten die Themen aber parallel auch durch öffentliche Veranstaltungen mit dem Fachpublikum und der interessierten Öffentlichkeit diskutiert werden.

Am Jahresende, kurz vor Weihnachten 2017, beantragten wir für den Kongress Sondermittel beim Land Hessen, dessen Bescheid allerdings auf sich warten ließ. Noch bis in den Februar hinein wussten wir nicht, ob unser Antrag Erfolg haben würde. Dessen ungeachtet liefen die Vorbereitungen für den Kongress bereits auf Hochtouren, denn er sollte im März 2018 parallel zu unserem Festival stattfinden: ein hohes persönliches Risiko, das uns Tag für Tag vor eine immer größere Zerreißprobe stellte. Es galt, alles in die Wege zu leiten, ohne finale Schritte gehen zu können. Dann die Überraschung: Am letzten Abend der Berlinale, unsere Koffer waren bereits gepackt, verkündete der damalige hessische Minister für Wissenschaft und Kunst und jetzige hessische Ministerpräsident Boris Rhein beim Empfang der hessischen Filmförderung für uns vollkommen unerwartet: Das *LICHTER Filmfest* darf sich über eine Kongress-Förderung freuen! Beglückt von der Gewissheit, unsere Pläne nun in die Tat umsetzen zu können, standen wir zugleich vor der bis dahin größten Herausforderung unseres beruflichen Lebens. Es blieben nur sechs Wochen Zeit: zur Einladung von Teilnehmenden, Vorbereitung der Gästebetreuung, zur konkreten Programmgestaltung, zur technischen Umsetzung und zur Bewerbung des Kongresses.

Dass wir das alles – trotz unserer im Vergleich zu großen Festivals begrenzten Kapazitäten – geschafft haben, liegt wohl auch daran, dass die Arbeit in einem kleinen Team und die damit verbundenen flachen Hierarchien und kurzen Kommunikationswege es eher ermöglichen, flexibel zu agieren und Aufgaben spontan zu verteilen. Aber das ist nur die halbe Wahrheit, denn der Enthusiasmus lag nicht nur auf unserer Seite: Uns erreichte in kurzer Zeit eine Welle an Zusagen. Wie bei einem Schneeballsystem wurde die eigentliche Herausforderung, in sechs Wochen 100 Gäste zu-

Filmfestivals | Krisen – Chancen – Perspektiven

sammenzubekommen, zu einem Kinderspiel. Parallel zu unseren Planungen und Einladungen erreichten uns zahlreiche Anfragen mit der Bitte um Teilnahme an unserem Kongress. Es schien so, als hätten alle nur darauf gewartet, dass jemand solch einen Anlass endlich schafft. Die Zeit war offenkundig reif dafür.

V. Die Veranstaltung des Kongresses

Die Aufbruchsstimmung, die in den Wochen vor Kongress-Beginn spürbar war, machte auch vor seiner Veranstaltung keinen Halt, im Gegenteil: So geriet das Hauptpanel reichlich emotional, als Lars Henrik Gass, Laura Walde, Sophia Gräfe und der eingangs bereits genannte Edgar Reitz vor vollem Saal unter der Überschrift „Was wir noch vom Kino wollen" diskutierten. Es ging um die Frage, welche Rolle der Film im Kino noch einnimmt und inwiefern das Kino neu gedacht werden muss. Nicht zuletzt Edgar Reitz machte klar, dass es bei dem Kongress nicht allein um die Frage danach gehe, was machbar ist, sondern sehr viel mehr darum, freie Denkräume ganz neuer Ideen zu betreten. Frei nach Robert Musil: Es sollte weniger um wirkliche Möglichkeiten als vielmehr um mögliche Wirklichkeiten gehen. Es wurde argumentiert, dass die Bedeutung des Films, die dieser in Deutschland unzweifelhaft hat, neue Visionen erfordert, da die bestehenden Strukturen ihm grundlegend nicht gerecht würden. Und in der Tat: Dieser freie Geist bestimmte den Kongress.

Das vielleicht meistbeachtete öffentliche Panel war das *Forum Europa*, moderiert von dem Filmkritiker Rüdiger Suchsland, das in verschiedenen Themenblöcken Expert:innen aus verschiedenen Ländern Europas zusammenbrachte, um sich über die jeweiligen Fördermodelle auszutauschen und voneinander zu lernen. Es sprachen u. a. der Leiter des *Copenhagen Film Fund* Thomas Gammeltoft, Doris Bauer, Co-Direktorin des *Vienna Shorts* und (zu der Zeit) Sprecherin des *Forums Österreichischer Filmfestivals*, die Filmwissenschaftler Andrew Higson und Roderik Smits der *University of York* und der rumänische Produzent Alex Traila, der das *Centrul National al Cinematografiei* in Bukarest in EU-Angelegenheiten berät. Das Panel war als eine Art Fußnote angelegt, die wir unserem Kongress mit der seinem Titel nach bundesdeutschen Ausrichtung bewusst beifügten. Denn auch innerhalb der Filmpolitik sind viele Probleme transnational und erfordern somit eine multinationale Expertise, um sie im besten Fall schließ-

←

Impressionen vom Kongress Zukunft Deutscher Film beim LICHTER Filmfest 2018
© Philipp Godlberg / Philipp Kohler / Dirk Hoy

lich auch transnational lösen zu können. Die große Stärke des Panels war zweifelsohne die gegenseitige Inspiration, zu der es verhalf.

In einem weiteren Panel mit dem Titel *Status Quo Deutscher Film* wurde der aktuelle Zustand der deutschen Filmbranche ohne Rücksicht auf etwaige Befindlichkeiten analysiert. Dabei wurde über Stärken und Schwächen des deutschen Gegenwartskinos gesprochen. Geladen waren die (damalige) Leiterin der Sektion *Perspektive Deutsches Kino* bei der *Berlinale* Linda Söfker, die Leiterin des *Filmfestival Max-Ophüls-Preis* Svenja Böttger und Thorsten Schaumann, Festivalleiter der *Internationalen Hofer Filmtage*. Interessant war hier einmal mehr: Die Teilnehmenden, die sich aufgrund ihrer Tätigkeit als Festivalmacher:innen regelmäßig mit einer großen Bandbreite an Filmen beschäftigen, stimmten in ihrer Diagnose überein, dass gerade künstlerisch anspruchsvolle und interessante Filme außerhalb der Festivals zumeist kaum zu größerer Aufmerksamkeit gelangten.

Der Motor des Kongresses aber waren sicher die drei Runden Tische, die mit jeweils etwa zehn Personen an beiden Tagen zu den Themenfeldern Förderung und Finanzierung, Ausbildung und Nachwuchsförderung sowie Kinokultur und Sichtbarmachung stattfanden. Die Teilnehmenden kannten die Aufgabe: Am Ende des Kongresses Positionen zum Handlungsbedarf in ihren Bereichen zu formulieren. Denn die Erfahrung der Branche, die bei Veranstaltungen häufig über politische Fragen diskutierten, hatte gezeigt: Meist spricht man viel, oft auch gut, aber am Ende verläuft sich doch wieder alles und die zustande gekommenen Einsichten überdauern nicht einmal die Veranstaltung. Dem wollten wir entgegenwirken.

Der Arbeitsauftrag führte zu sehr konzentrierten, zielgerichteten Gesprächen und dem ständigen Versuch, aus mitunter abweichenden Haltungen Kompromisse zu schmieden. Auch die Gäste des *Forum Europa* waren an den Runden Tischen zu Gast und haben durch Impulsvorträge die Debatten angereichert.

Wie es sich für ein Festival gehört, waren aber nicht allein die Arbeitsstunden das Entscheidende. Bei der *CrewCall-Party* des Netzwerks *CrewUnited* im *Zoo Gesellschaftshaus* waren es am Ende über 400 Menschen, die die Ergebnisse des Tages auf andere Weise weiterverarbeiteten. In einem informellen Rahmen tauschte man sich weiter aus, diskutierte und trug die Ideen in die Breite der Filmproduktion wie Filmwirtschaft. Der Kongress wurde so zu einem vereinigenden Moment, der einen kollektiven Geist entfachte, auf den man uns auch nun einige Jahre später immer wieder anspricht.

Am Ende des Kongresses stand eine große öffentliche Abschlussveranstaltung, bei der die Erkenntnisse der Runden Tische zusammengetragen wurden. Auf dem Podium saßen Martin Hagemann, Julia von Heinz, Claudia Dillmann und Alfred Holighaus, die die Ergebnisse der jeweiligen Arbeitsgruppen vorstellten. Dabei ging es darum, so Hagemann, Problematiken zu analysieren und auch ungewöhnliche, zukunftsweisende Lösungen vorzuschlagen. Fast jeder Satz der vorgetragenen Thesen wurde vom Publikum mit Beifall bedacht. Wenige Tage später wurden die *Frankfurter Positionen zur Zukunft des deutschen Films* veröffentlicht und gaben unmittelbar Anlass zu weiteren Diskussionen. Im Rahmen der *Berlinale* wurden sie in Form einer gemeinsam mit anderen Verbänden und Initiativen herausgegebenen Flugschrift *Abschied von gestern* verteilt.

Der Name der Flugschrift *Abschied von gestern*, Filmtitel einer der bedeutendsten Arbeiten Alexander Kluges (1966), erinnert an das von Kluge maßgeblich mitgestaltete *Oberhausener Manifest*. Die *Frankfurter Positionen* sehen sich in dem Aufbruchsgeist des Oberhausener Manifests, treten aber anders auf. Positionen sind nicht fertiggestellt, sondern wollen weitergedacht, kritisiert und fortgeschrieben werden. Die *Frankfurter Positionen* finden sich am Ende des Textes.

VI. Die Nachwehen des ersten Kongresses

In den *Frankfurter Positionen* kristallisierten sich viele Debatten heraus, die an anderen Orten bereits geführt wurden. Eine Reihe neuer Gruppen war im Entstehen. Bereits einige Jahre zuvor etwa hatte *Pro Quote* die Frage der Geschlechtergerechtigkeit aufgegriffen. Kurz nach dem Frankfurter Kongress gründete sich der *Hauptverband Cinephilie* als gewerkeübergreifendes Bündnis, das sich für eine Entwicklung der Filmkultur und ihrer Voraussetzungen einsetzt.

Die *Initiative Zukunft Kino + Film*, kurz: *IZK+F*, ein breiter Zusammenschluss von Berufsverbänden, Interessengruppen und Netzwerken, führt die Arbeit des Kongresses in gewisser Weise fort. Sie löst sich von den bisher ehernen Regeln des filmpolitischen Lobbyismus – dass Verbände immer die Interessen ihres Fachs oder Gewerks vertreten. Nur so sind die grundsätzlichen Probleme und Herausforderungen unverblümt zu benennen und Strukturen nachhaltig zu verändern. Die Initiative hat wechselnde Unterstützer, aber sie bringt den in vielen Verbänden und Gruppen artikulierten Veränderungswillen im Sinne einer lebendigen Filmkultur zusammen: *AG Animation, AG Kurzfilm, Bundesverband kommunale Filmarbeit, Bundesverband Regie, Crew United, Hauptverband Cinephilie, Verband der deutschen Filmkritik* und *Zukunft Deutscher Film*. Eine Initiative dieses Zusammenschlusses war es, im Jahr 2020 an die damalige *Beauftragte der Bundesregierung für Kultur und Medien* (kurz: *BKM*) 18 Fragen insbesondere mit Bezug auf die ‚Nicht-Novellierung' des *Filmförderungsgesetzes* (kurz: *FFG*) zu richten. Als Kernproblematik wurde dabei identifiziert, dass das *FFG* über die Jahrzehnte hinweg zwar immer wieder graduell verändert, jedoch nie grundlegend überarbeitet wurde, und den heutigen Bedürfnissen der Branche unmöglich gerecht wird. Die verschiedenen Personen aus den jeweiligen Verbänden wurden bereits mehrfach in Fokusgruppen und Thinktanks eingeladen, im Rahmen derer mögliche Änderungen diskutiert wurden. Das neue *FFG*, das am 1. Januar 2022 in Kraft trat, wurde zunächst um nur zwei Jahre verlängert, da sich, so die Bundesregierung, die Folgen der Pandemie zum aktuellen Zeitpunkt noch nicht abschätzen ließen und die Novellierung daher noch nicht durchgeführt werden könne. Die seit dem Kongress unermüdliche Auseinandersetzung mit dem Thema verdeutlicht: Eine Überarbeitung des Altbekannten reicht auf Dauer nicht aus, die Positionen der Initiative zielen auf eine grundsätzliche Neufassung des *FFG*. Dass darüber hinaus im jetzigen Koalitionsvertrag neben den Kinos erstmals auch die Filmfestivals explizit genannt werden, ist zwar nicht kausal auf den Kongress zurückzuführen, jedoch auf den deutlichen Bedeutungsgewinn, den Filmfestivals und ihre filmpolitischen Aktivitäten insgesamt in den letzten Jahren erfahren haben.

VII. Perspektive und Fazit

Dass der Frankfurter Kongress 2018 nur ein Anfang gewesen sein konnte, ist aus heutiger Perspektive sonnenklar; welche Formen die Debatte annehmen würde, war allerdings kaum absehbar. Deutlich war aber: Das *LICHTER Filmfest* bietet mit seiner Struktur eine gute Grundlage, um weiter als Plattform zu fungieren. Deshalb folgte 2022 der zweite Kongress.

Nach der langjährigen US-amerikanischen Film-Hegemonie und der Globalisierung der audiovisuellen Märkte gerieten europäische Produktionen nun zusätzlich durch das Streaming zunehmend in die Defensive. Die europäische Filmkultur muss sich politisch organisieren und neue Handlungsperspektiven entwickeln. Dafür braucht es einen intensiven Austausch zwischen den einzelnen Ländern und ihren Filmschaffenden. Vor diesem Hintergrund haben wir entschieden, die im weiter oben genannten Panel *Forum Europa* entwickelte Perspektive auf weite Teile des Kongresses auszuweiten. Unser Beispiel zeigt, dass Filmfestivals ihre filmkulturelle Plattform auch dazu nutzen können, ernsthafte Anstöße für die Gestaltung der politischen Rahmenbedingungen zu geben, mithin die Bedingungen der Möglichkeit der Filmkultur aktiv zu reflektieren. Ein Filmfestival bringt sein Publikum mit allen Ebenen des Films in Berührung, kontextualisiert, bereitet auf, diskutiert. Man könnte auch sagen: Kino ist ein Projektions- oder Sichtungsraum, ein gelungenes Filmfestival darüber hinaus immer auch ein Diskursraum. Im besten Fall setzen Filmfestivals Impulse, die, vom Geist des Ereignisses getragen, auch in den Alltag hineinwirken.

FRANKFURTER POSITIONEN ZUR ZUKUNFT DES DEUTSCHEN FILMS

ERGEBNISPAPIER

LICHTER FILMFEST FRANKFURT INTERNATIONAL

Als Edgar Reitz vor zwei Jahren Schirmherr des LICHTER Filmfest Frankfurt war und grundlegende Reformen im deutschen Filmsystem forderte, machte er öffentlich, was fast allen Beteiligten schon seit längerem bekannt ist: Das System von Filmherstellung und -verbreitung in Deutschland befindet sich in einer Sackgasse. Es ist auf der Produktionsseite von verknöcherten Strukturen, langen Entscheidungswegen und faulen künstlerischen Kompromissen gekennzeichnet und auf der Distributionsseite von einem grundlegenden Wandel der Medienwelt betroffen.

Viele Menschen haben auf Aspekte dieser Herausforderungen Antworten gegeben. Dennoch wird häufig aneinander vorbeigeredet. Missverständnisse und Misstrauen verhindern eine offene Debatte. Wir haben einen anderen Ansatz gewählt. Wir haben in Frankfurt Filmschaffende aus den verschiedensten Bereichen der Branche zusammengebracht und sie darum gebeten, zu diskutieren und konkrete Vorschläge zu erarbeiten. Vorschläge, die ein breites Spektrum von Themen abdecken und dabei deutlich machen, dass an vielen Stellen Grundlegendes verändert werden muss, damit in diesem Land ein Aufbruch in Film und Kino beginnen kann.

Das vorliegende Papier ist das Ergebnis dieses Prozesses. Es wurde in drei Arbeitsgruppen erstellt, die in teilweise wechselnder Zusammensetzung unabhängig voneinander gearbeitet und dabei Impulse aus dem Kongressprogramm aufgenommen haben. Es enthält zahlreiche Positionen zu verschiedenen Aspekten des Filmbetriebs, die naturgemäß nicht von allen Teilnehmerinnen und Teilnehmern des Kongresses geteilt werden.

Wir sind überzeugt, dass dieses Papier einen Weg aufzeigt, in welche Richtung sich die Verhältnisse ändern können. Es versteht sich als Motor für weitere Diskussionen, vor allem aber soll es ein Aufruf zu konkreten Taten sein. In diesem Sinne wünschen wir uns, dass möglichst viele, denen das Kino am Herzen liegt – ob sie am Kongress teilgenommen haben oder nicht – sich diesem Aufruf anschließen, auch wenn sie nicht jeden einzelnen Vorschlag des Papiers unterstützen.

Die VeranstalterInnen

FÖRDERUNG UND FINANZIERUNG

DIE SITUATION

DIE AKTUELLE FINANZIERUNGSPRAXIS BRINGT GREMIENFILME HERVOR UND LÄSST EINEN KINOFILM DER KUNSTFREIHEIT VERMISSEN. DIE FINANZIERUNG DEUTSCHER KINOFILME IST INZWISCHEN KOMPLEXER ALS DIE FILME SELBST! LASST UNS DIE FINANZIERUNG VEREINFACHEN!
Der deutsche Kinofilm ist maßgeblich von seiner Finanzierungsform geprägt. Diese besteht einerseits aus den an vielen Orten stattfindenden Förderungen mit öffentlichen Mitteln und andererseits aus der Beteiligung der öffentlich-rechtlichen Rundfunkanstalten an den Kinofilmproduktionen. Diese Finanzierungsbasis hat in den letzten Jahrzehnten kommerzielle Erfolge und auch künstlerisch wichtige Filme hervorgebracht, wie auch Überschneidungen von beiden. Unbestreitbar ist der Verdienst um die „Neuen deutschen Filme" von den 60er Jahren bis in die 90er des vergangenen Jahrhunderts. Auch der Anstieg des deutschen Marktanteils durch Komödien und andere deutsche Kassenerfolge verdankt sich dieser Finanzierungsform.

Die Entscheidungen, welche Filme entstehen, liegt fast ausschließlich in der Hand von Fördergremien auf der einen, Fernsehredaktionen auf der anderen Seite. In den letzten 20 Jahren sind die Auswahlprozesse zusammengewachsen, in fast allen Gremien sitzen nun auch RedakteurInnen, da sich die Fernsehanstalten immer mehr direkt an der Ausstattung der Filmförderungen beteiligen. Im Gegenzug fordern die Sender mehr Einflussnahme sowie Förderung ihrer eigenen Filme, oft reine TV-Produktionen. Insgesamt ist so ein Förder-TV-Komplex für die Finanzierung deutscher Spielfilme entstanden, um dessen im weltweiten Vergleich üppige finanzielle Ausstattung uns FilmemacherInnen in vielen Ländern beneiden.

Nach unserer Wahrnehmung hat diese Finanzierungsform in den letzten 20 Jahren aber auch immer weniger künstlerische, ambitionierte und gesellschaftlich herausfordernde Filme hervorgebracht. Alleine der Branchen-Hype um die Ausnahme Toni Erdmann (Cannes-Teilnahme, Oscar Nominierung) zeigt, wie viel im deutschen Kinofilm brachliegt. Edgar Reitz und andere sprechen von dem „deutschen Gremienfilm", dessen Produkte durch einen Mangel an Ecken und Kanten, durch die Vermeidung extremer Themen und Atmosphären, durch wenig Diversität, aber auch durch immer ähnlichere Ästhetiken sowie gleiche Dramaturgien voneinander ununterscheidbar und damit für das Publikum uninteressanter geworden sind.

Hinzu kommt, dass mit der Vielzahl der Förderinstitutionen ein enormer Apparat entstanden ist, der selbst sehr viel Geld verschlingt. Die zahlreichen Gremien erzeugen einen absurden (und schlecht entlohnten) Arbeitsaufwand – für jede Fördersitzung müssen ca. 6-10 Leute jeweils um die 60-80 Drehbücher lesen und sich mit den Projekten eingehend auseinandersetzen, was de facto kaum zu leisten ist. Deswegen wird in der Praxis oft einfach das durchgewunken, was von etablierten FilmemacherInnen kommt, was an Bestehendes erinnert oder eben gerade „en vogue" ist.

KLARES BEKENNTNIS ZUM KINOFILM DER KUNSTFREIHEIT, KEIN ETIKETTENSCHWINDEL!
Wir halten es für dringend geboten, gegen die drohende Monokultur des deutschen Gremienfilms wieder einen Kinofilm der Kunstfreiheit zu ermöglichen und entschieden zu stärken – ein Kinofilm, der sich auch in inhaltliche und ästhetische Extreme wagt.

In Deutschland wird diese Art von Filmen oft nicht mehr entwickelt, weil die Entscheidungen in Fördergremien und Fernsehredaktionen seit langem in der Regel für einen Typus Film fallen, der sich am kleinsten gemeinsamen Nenner, einer Art „Middle-of-the-road"-Erzählung und -Ästhetik, orientiert. Das basiert nicht auf „angeordneten" Kriterien – diese Praxis ist die Antwort auf Gremienentscheidungen, die das Extreme, das Ungewöhnliche, das Bodenlose und das ästhetisch Innovative in der Regel ausschließen. Stattdessen werden Filme vor allem am Sujet gemessen und oft, vor allem im Fernsehen, wird ein Element namens „soziale Relevanz" eingefordert, das noch aus dem intellektuellen Mainstream der 1970er Jahre stammt.

Da kommerzielle Kriterien im Gegensatz zu künstlerischen Kriterien sehr leicht quantifizierbar sind, bleiben sie bei allen Entscheidungen in Gremien und Redaktionen präsent. Aus diesem Grund hat die FFA auch 2017 zu dieser „letzten Instanz" gegriffen und in ihren Leitlinien für die Gremien eine Fördergrenze von mindestens 250.000 zu erwartenden ZuschauerInnen definiert. Filme über diesen Erwartungen sind kommerziell akzeptabel und förderbar, alle anderen erhalten keine Förderung, sind also unkommerziell.

Untersucht man die Marktanteile deutscher Filme, so zeigt sich seit 20 Jahren ein sehr stabiles Bild: die Filme mit mehr als 250.000 ZuschauerInnen decken zusammen 85-90% des Marktes für deutsche Kinofilme ab, während die Gesamtheit der Filme unter 250.000 ZuschauerInnen konstant um die 10-15% der Tickets für deutsche Filme ausmacht. Die Anzahl der Filme ist in diesen beiden Gruppen dabei sehr unterschiedlich. Während die nach FFA-Leitlinien erfolgreichen Filme 15-25 Titel pro Jahr ausmachen, gehen in der Gruppe unter 250.000 ZuschauerInnen jedes Jahr 60-90 Filme an den Start.

Geht man nun davon aus, dass der deutsche Film seit 20 Jahren kommerziell in der Gruppe mit über 250.000 ZuschauerInnen erfolgreich ist, der künstlerische Anspruch und ein kultureller „impact" aber verfehlt werden, so liegt dies unserer Meinung nach in erster Linie an dem Gremien-Auswahlverfahren mit seinen inhärenten Schwächen und den schwammigen und intransparenten Kriterien für künstlerische Filme. Da beide Gruppen, Filme über und unter 250.000 ZuschauerInnen aber in den meisten Gremien gemeinsam unter den gleichen Kriterien beurteilt und gefördert werden, kann man feststellen, dass diese Praxis für 15-25 kommerzielle Filme im Jahr funktioniert, jedoch für den künstlerischen, radikalen und nicht an gängigen kommerziellen Mustern orientierten Film (unter 250.000 erwarteten ZuschauerInnen) nicht. Für diese Projekte stellt die aktuelle Vergabepraxis nach gleichen Kriterien einen Etikettenschwindel dar.

Interessanterweise verteilen sich die Fördersummen derzeit ungefähr zu gleichen Teilen auf diese beiden Gruppen.

FILMFÖRDERUNG

50% DER FÖRDERMITTEL FÜR KÜNSTLERISCH ORIENTIERTE FILME
Wir fordern daher: Die deutschen Förderungen sollten das abbilden, was ohnehin der Fall ist, und in zwei Gruppen aufgeteilt werden, so wie es am Anfang der deutschen Fördergeschichte schon einmal war. In einer Gruppe werden 50% der Mittel über ein klar an kommerziellen Zielen ausgerichtetes, stark automatisiertes Auswahlverfahren vergeben. In der zweiten Gruppe werden 50% der Mittel über ein anderes Verfahren vergeben, das primär künstlerisch orientierten Filmen gerecht wird.

Kunst und filmische Innovationen entstehen nicht unter kommerziellem Druck. Der Erfolg dieser Filme kann nicht vorhergesagt und kommerziell eingeordnet werden, für die Beurteilung solcher Projekte bedarf es eines schärferen Sachverstandes, kuratorischer Unabhängigkeit und einer Transparenz, die im bisherigen System nicht gegeben ist.

EINSETZUNG VON KURATOREN IM ROTATIONSPRINZIP
KÜNSTLERISCHE ENTSCHEIDUNGEN SIND INDIVIDUELLE ENTSCHEIDUNGEN. SIE KÖNNEN NICHT VON GREMIEN GETROFFEN WERDEN.
Wir schlagen vor, in jeder Förderung, auf Bundes- wie auf Landesebene, für die kulturellen Filme eine Kuratorin und einen Kurator einzusetzen, die jeweils alleinige Entscheidungsgewalt haben, und deren Stellen nach jeweils 3-4 Jahren neu besetzt werden. Die Kuratorinnen und Kuratoren sollten bei der jeweiligen Förderung von einer Findungskommission eingesetzt werden, die mindestens zur Hälfte aus Kreativen besteht. Die bisherigen Geschäftsführerinnen und Geschäftsführer der Förderungen bleiben für den organisatorischen Ablauf der Förderungen zuständig. Es sollte

auch gewährleistet sein, dass die jeweiligen FörderreferentInnen für eine optimale Vorbereitung der Entscheidung der KuratorInnen beschäftigt bleiben.

ANONYMISIERTE EINREICHUNG BEI DER STOFFENTWICKLUNG SOWIE VERGABE VON 20% DER PRODUKTIONSMITTEL FÜR KULTURELLE FILME IM LOSVERFAHREN

Um eine größtmögliche Chance für ungewöhnliche, innovative Projekte auch von bisher nicht etablierten Filmschaffenden zu gewährleisten, sollte über die anfängliche Stoffentwicklungsförderung auf der Grundlage anonymisierter Anträge entschieden werden.

Darüber hinaus sollen 20% der für die künstlerisch orientierten Projekte zur Verfügung stehenden Produktionsmittel unter den von den KuratorInnen nicht berücksichtigten Projekten verlost werden.

SOFORTMASSNAHMEN

Da ein solcher Systemwechsel sicherlich nur langsam durchsetzbar ist, fordern wir einige Sofortmaßnahmen, um dem Fördersystem, welches sich in 50 Jahren mit unklaren Förderkriterien verselbständigt hat, ein wenig Sauerstoff zuzuführen:

— Die jeweilige Erstförderung eines Projekts verpflichtet sich zu einer Förderung mit 30% des gesamten Projektbudgets. Damit könnten der Fördertourismus und die Finanzierungszeiträume entscheiden verringert werden.

— Der Anteil der Entwicklungs- und Verleihförderung wird massiv erhöht. Die Entwicklungsförderung in Deutschland beträgt seit Jahrzehnten unverändert ca. 4% des gesamten Förderetats. Damit sind wir das Schlusslicht in Europa. Die Verleihförderung ist in den letzten 10 Jahren inflationsbereinigt sogar um 10% gefallen. Das ist ein komplett falsches Signal in Zeiten verminderter Aufmerksamkeit für den einzelnen Kinofilm. Wir sind uns im Klaren, dass dies als Sofortmaßnahme zu Lasten der Produktionsförderung gehen würde.

— Die Regionaleffekte werden abgeschafft oder die Regionalförderungen einigen sich auf eine „Effekt-Tauschbörse".

— Der kalkulatorische Realismus wird anerkannt, vor allem in Bezug auf sozialverträgliche Gagen.

— Die beantragten Summen dürfen nur dann reduziert werden, wenn es „Kalkulationsfehler" gibt.

Alle Gremienförderungen werden aufgefordert, ab sofort ihre Kriterien und die eigene Spruchpraxis offenzulegen. Es muss gewährleistet sein, dass die Gründe für die Ablehnungen der Anträge detailliert mitgeteilt werden. Das bisherige Spekulieren darüber ist unserer Meinung nach der Hauptgrund, dass sich schon in der Stoff- und Projektentwicklung vorauseilend der allgemeinen „Middle-of-the-road"-Entscheidungspraxis gebeugt wird.

DIE BETEILIGUNG DER ÖFFENTLICH-RECHTLICHEN FERNSEHANSTALTEN

BEENDIGUNG DES FINANZIERUNGSMODELLS KINO-KOPRODUKTION

Das zweite Standbein der Finanzierung deutscher Kinofilme ist die Kino-Koproduktion mit den öffentlich-rechtlichen Fernsehanstalten. Zu Recht wird immer wieder daran erinnert, dass diese Form der Zusammenarbeit zwischen dem Fernsehen und der Förderung großartige Filme hervorgebracht hat. Die Entwicklungen seit 20 Jahren sind aber geprägt von schwindenden Etats und Sendeplätzen. Zunehmend ist auch die Übernahme von Kino-Koproduktionen und damit Fördergeldern durch sendereigene Produktionsfirmen zu beobachten. Zu deren Geschäftsmodell gehört auch die Besetzung von Plätzen in Fördergremien durch Fernsehleute. Es ist mehrfach nachgewiesen worden, dass einige Sender die bei der jeweiligen Förderung eingezahlten Gelder (und mehr!) wieder in eigene Kino-Koproduktionen und in Fernsehproduktionen zurückführen. Da nun auch die letzten „klassischen" KinofilmredakteurInnen in den öffentlich-rechtlichen Fernsehanstalten beklagen, dass der Kinofilm in ihren Häusern nicht mehr die gleiche Unterstützung erfährt wie noch vor 20 Jahren, fordern wir die Bundes- und Landespolitik auf, das nostalgisch verklärte Modell Kino-Koproduktion zu beenden. Stattdessen bedarf es eines neuen Beteiligungsmodells der öffentlich-rechtlichen Sender.

BILDUNG EINES STAATLICHEN FONDS ALS AGENTUR FÜR FREE-TV-RECHTE

Es gibt seit einiger Zeit Vorschläge, wie die Gelder der öffentlich-rechtlichen Sender, die bisher über Kino-Koproduktionen und über Einzahlungen der Sender in deutsche Förderungen geflossen sind, anders und effektiver dem Kinofilm zu Nutze kommen können, ohne dass die Projekte vorher durch zahlreiche Gremien und Redaktionen laufen müssen.

Wir schlagen – mit anderen – die Bildung eines staatlichen Fonds vor, der als Rechte-Agentur die Free-TV-Rechte deutscher Filme verwaltet und vertreibt. Der Lizenzanteil für deutsche Free-TV-Rechte liegt in der Regel bei 25-30%, wenn man die nicht nachvollziehbare Teilung der bisherigen Zahlungen in 50% Lizenz- und 50% Koproduktionsanteil vernachlässigt, die in den 1990er Jahren eingeführt wurde.

Ein Fonds, dessen Finanzierung in den Anfangsjahren durch die Länder und den Bund gewährleistet sein müsste, erwirbt automatisch die deutschen Free-TV-Rechte in Höhe von 30% des Budgets, wenn bereits 70% des Filmprojektes finanziert sind. Diese Gelder stellen den Nachweis des Eigenanteils der Produktion in der Finanzierung dar.

Sollte es in Deutschland in der Zukunft wieder zu steuerbasierten Anreizmodellen für die Filmbranche kommen, wäre eine staatliche Garantie für die deutschen Free-TV-Rechte nicht mehr nötig, da sich Filmfonds und einzelne Personen an dem Pool für deutsche Free-TV-Rechte beteiligen könnten.

VERPFLICHTUNG ZU ANKAUF UND AUSSTRAHLUNG IN DEN RUNDFUNKSTAATSVERTRAG

Im Rundfunkstaatsvertrag gilt es zu regeln, dass die öffentlich-rechtlichen Sender einen bestimmten prozentualen Anteil ihres öffentlich erhaltenen Budgets (Haushaltsabgabe) für den Ankauf von Lizenzen aus diesem Pool nutzen und die dazugehörigen Sendeplätze bereitstellen. Die Filme würden die Sender selber auswählen, hierdurch bliebe die verfassungsrechtlich gewährte Programmhoheit gewahrt.

HANDELSFREIHEIT FÜR DEN FONDS

Der Rechte-Pool würde diese Rechte nicht nur an die deutschen öffentlich-rechtlichen Sender verkaufen können. Sollte der Preis eines Lizenzverkaufes die Summe überschreiten, die bei der Finanzierung des Films vorab ausgezahlt wurde, kommt es zu einer Beteiligung der Produktion an diesen Mehrerlösen. So entstünde ein Nachfragemarkt, der sich deutlich vom bisherigen Angebotsmodell deutscher Prägung unterscheidet.

SCHLUSSBEMERKUNG

Wir sind uns einig: über künstlerische Filme kann nicht mehr in intransparenten Gremien mit einer verschwommenen pseudo-kommerziellen Spruchpraxis entschieden werden und genauso wenig nach den Anforderungen eines öffentlich-rechtlichen Fernsehens, das einerseits einem selbst auferlegten Quotendruck folgt und andererseits oft immer noch im sozialpädagogischen Ansatz der 70er Jahre verharrt. In den letzten 20 Jahren – Ausnahmen ausgenommen – ist ein deutsches Kino entstanden, das von Anpassung, Angst und falschen kommerziellen Vorstellungen geprägt ist. Diesen deutschen Gremienfilm gilt es abzuschaffen, wenn das Kino der Zukunft sein Publikum mit interessanten, spannenden, abgründigen und künstlerisch besonderen deutschen Filmen finden möchte.

FÜR DIE ZUKUNFT DES DEUTSCHEN FILMS: MEHR ENERGIE FÜR DIE KUNST, WENIGER DEN VERKRUSTETEN UND ÜBERKOMMENEN STRUKTUREN.

NACHWUCHS UND AUSBILDUNG

VORBEMERKUNG

Film war bereits das Leitmedium des 20. Jahrhunderts und hat im 21. Jahrhundert – gerade auch in durch die technische Entwicklung geschaffenen zusätzlichen Formen – eher noch an Bedeutung gewonnen. Viele junge Menschen zieht es in die Berufe unserer Branche – viel mehr, als im Arbeitsmarkt langfristig ein Auskommen finden können. Ihre Talente, Biographien, Erzählanliegen sind höchst heterogen. Und kaum einmal lässt sich schon frühzeitig der Wert des späteren Beitrags des einzelnen Nachwuchsfilmschaffens für die Zukunft des deutschen Films erkennen. Dementsprechend erscheint es wichtig, möglichst vielen potentiellen Talenten erst einmal eine Chance zu geben.

AUSBILDUNG UND HOCHSCHULEN

BESTANDSAUFNAHME: FÜR EINE VIELFÄLTIGE AUSBILDUNGSLANDSCHAFT
Die heterogene Ausbildungslandschaft mit allein in Deutschland sieben Filmhochschulen von Weltrang, angewandten Medienstudiengängen an Fachhochschulen und Filmklassen an Kunsthochschulen ist grundsätzlich begrüßenswert. Die Vielfalt dieser Ausbildungswege ist geeignet, der Vielfalt der Biographien und künstlerischen Visionen der Auszubildenden zu entsprechen. Darüber hinaus bedeutet sie für die Angenommenen oft eine Finanzierungszusage für eine Reihe von Projekten und den Zugang zu einem Netzwerk aus KommilitonInnen und Alumni, das in einer beziehungsgetriebenen Branche von kaum zu überschätzendem Wert sein kann. Ein wesentlicher Teil der Filmausbildung sollte das praktische Filmschaffen und die Auseinandersetzung mit dem Publikum sein. Dabei müssen neue bzw. alternative Auswertungswege gleichwertig neben klassischen Verwertungsformen wie der Kinoauswertung gedacht werden.

NEUE FORMATE FÜR DEN ABSCHLUSSFILM
Ein virulentes Problem der Filmhochschulen ist die Fixierung der Studierenden auf einen neunzigminütigen Abschlussfilm in Zusammenarbeit mit einem TV-Sender als Visitenkarte für das Entree in die Branche. Künftig sollte der Abschlussfilm nicht an ein Format gebunden sein. Damit besteht auch die Möglichkeit, diese Arbeit unabhängig vom Sender entstehen zu lassen. In der Branche sollte die Arbeit in jedem Format als Visitenkarte gelten.

NACHWUCHSFÖRDERUNG

ROLLE DER SENDER FÜR DIE NACHWUCHSFÖRDERUNG
Dennoch werden die öffentlich-rechtlichen Sender im gegenwärtigen System nicht aus der Pflicht entlassen, sich eindeutig und kontinuierlich um die Förderung des filmischen Nachwuchses zu kümmern. Diese Verpflichtung sollte Gegenstand des Rundfunkstaatsvertrages werden.

QUEREINSTEIGERINNEN UNTERSTÜTZEN
Neben den geordneten Ausbildungsgängen gibt es in unserer Branche schon traditionell auch AutodidaktInnen und QuereinsteigerInnen – als in der Praxis häufig steinigeren, aber unbedingt gleichwertigen Weg. Die durch die

Digitalisierung ausgelöste Demokratisierung hat diesen Weg für eine größere Zahl von FilmemacherInnen gangbar gemacht, weil sich die nicht substituierbaren Kosten weiter reduziert haben.

ERGÄNZUNG DER NACHWUCHSFÖRDERUNG: NACHWUCHSTOPF

Der Vielfalt der Einstiegswege entspricht die Vielfalt von Finanzierungsoptionen für Nachwuchsprojekte. Ein Pluralismus aus Förderinstitutionen, Mäzenen und anderen Finanzierungsquellen gibt auch besonderen Ansätzen eine Chance, einen Finanzierungspartner zu finden, der sich genau hierfür begeistern lässt. Daher erscheint hier nicht Konzentration, sondern eher noch eine Verbreiterung der Möglichkeiten angesagt:

Und zwar ganz konkret dadurch, im Zuge einer Neustrukturierung der Förderinstitutionen einen bundesweiten Nachwuchstopf für Projekte mit knappen Budgets einzurichten, der als Alleinfinanzierungsquelle dienen kann (aber nicht muss). Bei diesem Topf sollten die Projekte von AutodidaktInnen und QuereinsteigerInnen die gleiche faire Chance bekommen wie die von AbsolventInnen der unterschiedlichen Wege der akademischen Filmausbildung und auch Formate jenseits des abendfüllenden Spielfilms Berücksichtigung finden. Dieser Topf kann mit der Möglichkeit der Alleinfinanzierung auch der Entkoppkung von Sendern und Filmförderung dienen.

In einer Projektentwicklungsphase sollen zunächst deutlich mehr Projekte unterstützt werden (Breitenförderung), als schließlich Produktionsförderung erhalten werden.

Grundsätzlich halten wir es aber für unbedingt erforderlich, gerade in dieser Phase erstens einen Akzent auf die Entwicklung von Filmprojekten zu legen (deren Scheitern ausdrücklich eine künstlerische und inhaltliche Option sein darf) und zweitens die EmpfängerInnen der Förderung aus diesem speziellen Topf nicht alleine zu lassen.

Hier gilt es, ein MentorInnenprogramm zu entwickeln, das den TeilnehmerInnen des Förderprogramms Branchenexpertise und künstlerische Kooperation gleichermaßen zugutekommen lässt.

Die Förderkriterien selbst müssen noch entwickelt werden, sollten aber im Geist des Förderprogramms ein hohes Maß an Automatismus besitzen. Dabei setzen wir eine Geschlechterquote als selbstverständlich voraus. Auch Losverfahren und persönliche Vorstellungen der Projekte könnten den klassischen Förderantrag bei einem Nachwuchstopf sinnvoll ergänzen.

Für den Erfolg dieser Förderung gelten eindeutig Kriterien auch jenseits der klassischen Kinoauswertung, weil diese Förderung nicht an eine Kinoauswertung gebunden sein soll.

Es gelten individuelle Erfolgskriterien wie Festivalteilnahmen, Preise, Klickzahlen im Online-Bereich oder Vorführungen in Museen.

KINOKULTUR UND DISTRIBUTION

FILMBILDUNG

FILMBILDUNG STÄRKEN

Kulturvermittlung als solche gewinnt eine immer größere Bedeutung innerhalb der Gesellschaft, die alle Altersklassen und Gruppen der Gesellschaft umfassen muss. Filmbildung sollte bereits im vorschulischen Alter beginnen. Initiativen haben gezeigt, dass bereits vier- bis sechsjährige Kinder dafür offen sind, auch für die Begegnung mit anspruchsvollen Filmformen. Festzuhalten bleibt jedoch, dass im Augenblick geeignete Filme für Vorschulkinder fehlen.

FILM ALS EIGENSTÄNDIGES MEDIUM IM UNTERRICHT VERANKERN
Um die Filmkultur in Deutschland zu fördern, ist es unabdingbar, Film als Leitmedium im Schulunterricht zu verankern und zwar ab der ersten Klasse. Dabei darf Filmbildung nicht im Dienst anderer Fächer stehen, sondern legitimiert sich aus eigenem Recht, weshalb die Ästhetik, das filmische Erzählen, die Vermittlung der Filmgeschichte und der Vielfalt kinematografischer Formen im Mittelpunkt des Fachs stehen müssen.

AUS- UND FORTBILDUNG VON LEHRKRÄFTEN UND GEEIGNETES LERNMATERIAL SIND VORAUSSETZUNG
Für die Filmbildung in den Schulen müssen neue Formen des Lehrens und des Lernens entwickelt werden. Dazu bedarf es der Ausbildung von FilmpädagogInnen sowie der regelmäßigen Weiterbildung von Lehrkräften. Außerdem müssen neue im Internet verfügbare Learning Tools entwickelt werden, mit deren Hilfe sich Filmanalyse und Vermittlung von fundiertem Filmwissen adäquat umsetzen lassen.

In die schulische Bildung sind Festivals und das Kino als außerschulischer Lernort vor Ort einzubinden. Dabei darf diese Art der Filmbildung im Kino finanziell nicht zu Lasten des Kinos selbst gehen. Differenzen zwischen dem Eintrittspreis für die Schulen und dem regulären Ticketpreis sind auszugleichen.

ROLLE DES KINOS

KINO ALS SOZIOKULTURELLEN ERFAHRUNGSORT STÄRKEN
Kino ist ein soziokultureller Ort der Begegnung, der gemeinsamen ästhetischen Erfahrung, des Austauschs, der Reflektion, des Gesprächs, des Zusammenhalts der Gesellschaft und stellt besonders auf dem Land einen wichtigen Standortfaktor dar. In dieser gesellschaftlichen und kulturellen Funktion und Bedeutung sind Kinos stärker als bislang zu fördern, um erstens ihren Bestand in der Fläche zu sichern und ihnen zweitens zu ermöglichen, mit einem langfristig angelegten anspruchsvollen Programm und einem attraktiven Rahmenprogramm ein neues Publikum vor Ort zu gewinnen und zu halten und auf diese Weise zur kulturellen Bildung beizutragen. Kino als soziokulturellen Erfahrungsort zu fördern ist eine Aufgabe von gesamtstaatlicher Bedeutung.

KINOPROGRAMMPREIS DER BKM ERHÖHEN UND AUSBAUEN
Wir begrüßen eine entsprechende Aussage im Koalitionsvertrag der Bundesregierung und fordern, den Kinoprogrammpreis der BKM deutlich zu erhöhen. Er soll dahingehend ausgebaut werden, dass Kinos in die Lage versetzt werden, vor Ort eine nachhaltige Strategie für die Publikumsgewinnung und das Zielgruppenmarketing für ein anspruchsvolles Programm zu entwickeln. Den Kinos wird dadurch ermöglicht, vor Ort mit den ihnen vertrauten Partnern und Organisationen zusammenzuarbeiten. Die BKM soll deutlich mehr Kinos in das Programm aufnehmen. Das soll auch die Förderung von Modellprojekten beinhalten. Das sind Konzepte für Programmierung und Öffentlichkeitsarbeit, die über drei Jahre angelegt sein sollen, damit sie nachhaltiger wirken und so Modellcharakter entfalten können.

KINOS IN DER FLÄCHE FÖRDERN
Aktuelle Tendenzen, neue Kinos insbesondere in der Fläche zu gründen, sind von den Ländern zu unterstützen, indem sie sich an Investitionen beteiligen und auch die notwenigen technischen Umrüstungen bestehender Kinos finanziell fördern.

VERLEIH

FÖRDERUNGEN ENTKOPPELN UND VERLEIHFÖRDERUNG ÖFFNEN
Die verschiedenen Bestandteile der Filmförderung müssen voneinander entkoppelt werden.Wir plädieren dafür, dass Verleihförderungen unabhängig von der Produktionsförderung sind. Das bedeutet: Verleihförderung soll grundsätzlich auch denjenigen Filmen zugutekommen können, die keine Produktionsförderung bekommen haben. Dies

LICHTER Filmfest Frankfurt International | Gregor Maria Schubert u. a.

gilt für deutsche wie auch für internationale Produktionen. Für eine lebendige Film- und Kinokultur ist es wichtig, dass möglichst viele Produktionen die Chance auf diese wichtige Unterstützung für eine Kinopräsenz bekommen.

KINOVERLEIH DARF KEINE VORAUSSETZUNG FÜR PRODUKTIONSFÖRDERUNG SEIN
Ebenso wichtig ist es im Gegenzug, die Produktionsförderung von der Verleihzusage zu entkoppeln. Das gilt für alle Förderinstrumente, insbesondere für den DFFF. Mit der Verbindung von Produktionsförderung und Verleihzusage wird suggeriert, dass alle Filme ins Kino kommen und dort eine gute Auswertung erfahren können. Sie ist auch einer der Gründe für die steigende Zahl der Kinostarts, die zur Folge hat, dass Filme schlechterer Qualität die Kinos verstopfen.

Die Entkopplung von Verleih- und Produktionsförderung entbindet auch Verleihe von der Notwendigkeit, sich an Projekten zu beteiligen, von denen sie nicht absehen können, ob der Film im Kino eine Chance hat.

SPERRFRISTEN AUFHEBEN, KINOS STÄRKEN
Der Kinostart eines Films hat weiterhin die Möglichkeit, Aufmerksamkeit zu erregen, Filme bekannt zu machen und ins Gespräch zu bringen. Mit ihrer Öffentlichkeitsarbeit leisten die Kinos einen wichtigen Beitrag dazu. Deshalb sollten sie in die Online-Auswertung mit einbezogen werden. Sie sollen an den Einnahmen aus dem VOD-Vertrieb beteiligt werden, wobei sich die Höhe der Beteiligung nach der Dauer des Kinoeinsatzes und der erzielten Besucherzahlen richtet. Dafür gibt es verschiedene Modelle, unter anderem die Möglichkeit, dass Kinos den VOD-Vertrieb auf ihren eigenen Homepages anbieten können.

Angesichts des Wandels der Distributionsformen und der stark wachsenden Bedeutung von Onlinevertrieb fordern wir eine Aufhebung der bislang gesetzlich festgelegten Sperrfristen. Stattdessen plädieren wir für die Möglichkeit, flexible und individuelle Regelungen zwischen den Kinos und den VerleiherInnen/ProduzentInnen zu vereinbaren. Das ermöglicht die dringend notwendige Entwicklung alternativer Herausbringungsstrategien, insbesondere an der Schnittstelle zwischen Kino- und VOD-Auswertung.

KONTAKT

info@lichter-filmfest.de

presse@lichter-filmfest.de

http://www.lichter-filmfest.de

www.lichter-filmfest.de/media/frankfurterpositionen_zukunftdeutscherfilm.pdf

LICHTER FILMFEST FRANKFURT INTERNATIONAL

ZUKUNFT DEUTSCHER FILM

Tanja C. Krainhöfer und Joachim Kurz

Eine vorläufige Bilanz

Die vorangegangenen Beiträge machen deutlich, dass Filmfestivals regelmäßig Krisen verschiedenster Art durchlaufen und doch nicht müde werden, diese als Aufgabe zu verstehen. Sie befinden sich in einem andauernden Prozess der Transformation auf einem sich rasch wandelnden Markt, dessen Entwicklung sie zunehmend aktiv mitgestalten.

Über Jahre hinweg wurde der Filmfestivalsektor in erster Linie im Kulturbereich verortet und weniger auch als Teil der Filmwirtschaft betrachtet. Dies hat Festivals – wie die kommunalen Kinos – vor dem Anspruch bewahrt, sich den (bedingt) kommerziellen[1] Zwängen der Filmwirtschaft stellen zu müssen. Selbst wenn sie sich heute als eigenständige Präsentations- und Auswertungsform beweisen, war und ist es ihnen auf dieser Grundlage möglich, als eine Art Labor die Defizite der Film- und Kinowirtschaft zu identifizieren, zu analysieren und Lösungen zu entwickeln, zu erproben, zu optimieren und zu verstetigen. So haben sie sich zu einem höchst ausdifferenzierten und passgenauen Ökosystem und damit gleichzeitig zu einer der letzten Bastionen der Filmkultur entwickelt.

Heute sieht sich die gesamte Kinolandschaft – selbst wenn kurzfristige Blockbuster-Erfolge den Multiplex-Kinos aktuell noch eine andere Perspektive suggerieren mögen – mit einem massiven Rückgang des Interesses der Kinobesucher:innen konfrontiert. Eine Situation, die aktuell aufgrund einer der Pandemie geschuldeten Zurückhaltung und Veränderung des Freizeitverhaltens zweifelsohne weite Teile der gesamten Kulturlandschaft kennzeichnet. Doch das Theater, der Konzertsaal oder das Literaturhaus sind weit weniger mit Bedingungen wie denen eines Film- und Medienmarkts, genauer gesagt mit der Machtkonzentration global agierender Konzerne konfrontiert.

Es ist anzunehmen, dass das Kino mittelfristig nicht aussterben wird. Dennoch ist mit einem deutlichen Verlust an Lichtspielhäusern zu rechnen, wie auch die jüngst veröffent-

---

[1] Bedingt kommerziell deshalb, da die Kinoauswertung für viele Filmproduktionen heute nicht mehr der Generierung von Erlösen, sondern nur noch für eine Veredelung für die Rechteverwertung über die folgenden Auswertungsstufen dient.

lichte Evaluation der *Filmförderungsanstalt (FFA)* demonstriert[1]. Während die Zukunft des Mainstream-Kinosegments weitgehend von millionenschweren Vermarktungsstrategien, der Erweiterung des Programmangebots um Alternativ-Content und der letztendlichen Ausgestaltung des Medien-Oligopols abhängig sein wird, sieht Elisa Alvares, Mitglied der Expertenrunde des *Nostradamus Report 2022*, auf das Arthouse-Kino noch schwierigere Zeiten zukommen: "This is not my preferred outcome, but I honestly don't think there is a sustainable model that would justify the costs of a theatrical release in the future, for arthouse films, as a first window, in the way we have been used to."[2] In dem Maße, in dem die Bedeutung der Kinos bei der Herausbringung von Filmen in Zukunft noch weiter schwinden wird, öffnet sich das Feld für die Filmfestivals, um für die Sichtbarkeit wie auch die Programmvielfalt und damit die Struktur der Filmkultur insgesamt, aber vor allem auch für ihren Zugang in Städten wie in ländlichen Räumen zu sorgen. Diese sowie die vielfältigen weiteren Aufgaben erfordern jedoch eine grundlegende Neubewertung des Filmfestivalsektors und eine entsprechende Neugestaltung der Rahmenbedingungen.

Wir sehen bereits heute, dass die Film- und Kinokultur, wie wir sie bisher kennen, ohne Filmfestivals nicht zu bewahren ist. In Anerkennung dieser Tatsache und bereit, die Filmkultur nicht dem freien Spiel der Marktkräfte zu überlassen, sondern sie als zentralen Teil einer vielfältigen Kulturlandschaft wie Filmwirtschaft zu verstehen, kommt man nicht umhin zu folgern, dass dies unter den bestehenden Voraussetzungen nicht zu leisten ist.

Auf der Basis des regelmäßigen und engen Austauschs mit den Autor:innen und Interviewpartner:innen in den vergangenen Monaten haben sich eine Reihe von Hemmnissen und Problemstellungen herauskristallisiert, die wir im Folgenden konkretisieren und mit möglichen Handlungsempfehlungen ergänzen möchten.

Dieser Darstellung muss jedoch eine grundlegendere Position vorangestellt werden: Noch immer ist der Film und damit auch das Kino als dessen originäres Habitat in Deutschland nicht annähernd gleichgestellt mit den anderen Künsten. Vielmehr muss sich der Film als Kultur- und Wirtschaftsgut stets in erster Linie an wirtschaftlichen Kriterien messen lassen, während seine Stellung als siebte Kunst zunehmend ins Hintertreffen gerät. Und so versteht es sich, wenn Daniel Kothenschulte im Rahmen der Filmpreisgala in Berlin im Juni 2022 Claudia Roth, Staatsministerin für Kultur und

---

[1] Vgl. FFA (Hg.), *Evaluierungsbericht zur Entwicklung des Abgabeaufkommens vor dem Hintergrund der wirtschaftlichen Situation des Filmmarktes in Deutschland gemäß § 171 Abs. 1 FFG*, Berlin 2022, www.ffa.de (letzter Zugriff am 25.7.2022).
[2] Elisa Alvares, zitiert nach Johanna Koljonen, *Nostradamus Report: Transforming Storytelling Together*, Göteborg Film Festival 2021, www.goteborgfilmfestival.se (letzter Zugriff am 25.7.2022).

Medien, beim Wort nimmt[3], wenn sie fordert: „In dieser Zeit brauchen wir Haltung, brauchen wir Künstlerinnen und Künstler, die auch unbequem sind, die herausfordern. (...) Glauben Sie mir, ich werde in meiner Funktion alles versuchen, Ihnen diese Freiräume zu schaffen und zu erhalten."[4]

Doch allein mit diesen inhaltlichen Freiräumen ist es nicht getan. So demonstriert Georg Seeßlen in seinem *Manifest für ein Kino nach Corona*, dass es nichts weniger als einer „Schaffung einer zugleich regionalen und global agierenden, wirklich unabhängigen Mikroökonomie als Alternative zu den großen Traumfabriken" bedarf, und plädiert für eine „neue Kinobewegung"[5]. Neben dieser Forderung eines grundsätzlichen Umdenkens auch der Filmpolitik gibt es zudem zahlreiche konkrete und wirkungsvolle Ansätze, die die weitreichenden Potenziale von Filmfestivals für die Beförderung der Filmkultur sowie zugleich der gesamten Filmbranche freisetzen könnten.

Dabei ist hervorzuheben, dass auch wenn der kulturelle Wert von Filmfestivals mittlerweile unumstritten ist, der filmwirtschaftlichen Bedeutung von Filmfestivals bislang noch kaum Rechnung getragen wird. Trotz ihrer expliziten Nennung im Koalitionsvertrag als Teil der politischen Agenda[6] führen Filmfestivals bis dato in der Filmpolitik auf Bundesebene noch immer ein Schattendasein. Ein anderes Bild offenbart sich zunehmend auf der Länderebene, wenn beispielsweise Baden-Württemberg im Rahmen seiner Filmkonzeption Filmfestivals mit in den Blick nimmt[7] oder der steigende Bedeutungszuwachs zu einer sukzessiven Erhöhung der Fördermittel in Bayern[8] sowie zu einer Verdopplung des Filmfestivalfördervolumens in Hessen[9] führt.

Diese Schritte folgen der Erkenntnis, dass Filmfestivals über die Jahre neben ihrer Qualität als beliebtes Kulturangebot ein passgenaues Instrumentarium für die Stärkung des Film- und Kinomarkts herausgebildet haben. Denn Filmfestivals sind immer die Antwort auf einen Mangel, und so dienen sie heute der Einführung von Talenten in einer vom Fachkräftemangel geprägten Branche, der Entdeckung und Präsentation neuer Filmwerke auch für den nationalen Verleihsektor, der Förderung der Entwicklung der Filmsprache

---

[3] Vgl. Daniel Kothenschulte, „Das Gespenst der Freiheit", in: *filmdienst.de*, 27.6.2022.
[4] Claudia Roth, zitiert ebd.
[5] Georg Seeßlen, *Manifest: Für ein Kino nach Corona. Brauchen wir andere Filme?*, in: *epd Film*, 26.3.2021.
[6] Vgl. SPD, Bündnis90/Die Grünen, FDP (Hg.), *Mehr Fortschritt wagen, Koalitionsvertrag 2021 – 2025 zwischen der Sozialdemokratischen Partei Deutschlands (SPD), Bündnis90/Die Grünen und den Freien Demokraten (FDP)*, Berlin 2021, S. 123.
[7] Vgl. Ministerium für Wissenschaft, Forschung und Kunst Baden-Württemberg (Hg.), *Filmkonzeption Baden-Württemberg 2020*, Stuttgart 2020.
[8] Vgl. FilmFernsehFonds Bayern GmbH (Hg.), *Jahresrückblick 2016*, München 2017. Siehe ebenso die Jahresrückblicke 2017-2021.
[9] Vgl. HessenFilm und Medien GmbH (Hg.), *HessenFilm vergibt 1,2 Millionen Euro an 23 Festivals, Reihen und Veranstaltungen, Verdopplung der Festival-Förderung soll 2022 erreicht werden*, Pressemitteilung vom 29.11.2021.

auch an Schnittstellen zu anderen Künsten, der Unterstützung der Zirkulation der Filmkultur innerhalb der Landesgrenzen und darüber hinaus, der Vermittlung von Filmkompetenz und einer souveränen Mediennutzung nicht allein unter den Jüngsten, bis hin zur Bewahrung wie Präsentation unseres Filmerbes. Entsprechend dieser essenziellen wie umfangreichen Funktionen und Leistungen für die Filmwirtschaft ist es heute unverzichtbar, dass die *AG Filmfestival* als Vertretung des Sektors gleichrangig mit anderen Verbänden der Film- und Kinowirtschaft die Gremien der *FFA* (insbesondere des Verwaltungsrats) sowie der *Spitzenorganisation der Filmwirtschaft (SPIO)* bildet. Zudem gilt es, ihre gegenwärtige Stimme in der Expertenrunde der *Beauftragten der Bundesregierung für Kultur und Medien (BKM)* zum *Filmförderungsgesetz (FFG)* zu verstetigen und die Positionen und Beiträge des Filmfestivalsektors in der politischen Entscheidungsfindung in einer disruptiven Filmlandschaft einzubeziehen.

1. Gleichstellung der Filmfestival- mit der Kinoauswertung deutscher Produktionen

Die statistischen Analysen der *SPIO* zum deutschen Kinomarkt im Jahr 2019 und damit des letzten Jahrs vor der Pandemie zeigen, dass „in deutschen Kinos 692 Langfilme, davon 529 Spielfilme und 163 Dokumentarfilme erstaufgeführt (wurden). Über zehn Jahre betrachtet gibt es insgesamt einen Zuwachs an Erstaufführungen von 36 %. Bei Spielfilmen beträgt die Steigerung 34 %, bei Dokumentarfilmen 43 %."[10] Dabei erreichte 83,6 Prozent des gesamten Filmangebots weniger als 10.000 Zuschauer:innen und damit nur 1,6 Prozent der Gesamtzahl an Besucher:innen.[11] Einen großen Anteil an diesem Segment nahmen 2019 auch Filmwerke unter den 157 erstaufgeführten deutschen Spielfilmen und 108 deutschen Dokumentarfilmen ein[12], die entsprechend der Filmförderrichtlinien als Kinoproduktion zu einem Kinostart verpflichtet sind.

Stellt man bezogen auf die einzelnen Titel deren im Kino und auf Filmfestivals erzielte Besucherzahlen gegenüber, wird offensichtlich, dass Filmfestivals zwischenzeitlich über einen unmittelbaren Wert für die Filmwirtschaft verfügen. Heute trägt der Filmfestivalsektor über die verkauften Tickets oftmals in erheblichem Maße zum Erfolg eines Films bei, wenn nicht sogar das Einspiel auf Seiten der Festivalaufführungen diejenigen im Kino übersteigt. Diese zunehmende Verlagerung des Publikumserfolgs zwischen den beiden Auswertungsformen, bezogen auf das Arthouse-Segment, führt folgerichtig zu der Notwendigkeit, die Filmfestivalauswertung geförderter Filme mit deren Kinostart gleichzustellen. Damit könnte nicht nur einer Vielzahl an Kinoproduktionen erhebliche Mittel für eine unverhältnismäßige deutschlandweite Bewerbung

---

[10] Wilfried Berauer, *Filmstatistisches Jahrbuch 2020*, hg. von Spitzenorganisation der Filmwirtschaft (SPIO), Wiesbaden 2020, S. 16.
[11] Vgl. ebd., S. 22.
[12] Vgl. ebd., S. 18ff.

eines Kinostarts erspart, sondern vor allem auch der Markt mit seinen wöchentlich durchschnittlich 12 Filmstarts[13] in starkem Maße entlastet werden.

2. Erhebung der Filmfestivalbesucher:innen und Neugestaltung der Referenzförderung

Vor dem Hintergrund des anhaltend wachsenden Filmfestivalsektors bei einer gleichzeitigen sukzessiven Steigerung seiner Besucherzahlen zeigt es sich als erhebliches Versäumnis, dass bis heute die über Filmfestivals erzielten Besucher:innen nur in Ausnahmefällen seitens der *FFA* erhoben oder aber bei einer Erfassung über die Kinomeldungen nicht konsequent auch als Festivalbesucher:innen ausgewiesen werden.

So erklärt es sich auch, dass die zurecht von der *AG Filmfestival* kritisierten Parameter der von der *FFA* verwalteten Referenzförderung bereits seit Jahren auf einer fragwürdigen Grundlage basieren. Denn das automatisierte Zuschussfördersystem für „Produzent*innen von erfolgreichen deutschen Kinofilmen"[14], dessen Berechnung einerseits auf dem Kinoeinspielergebnis und andererseits auf der Teilnahme an seitens der *FFA* ausgewählten Filmfestivals beruht, bezieht bisher die Einspielergebnisse der Filmfestivals (in Ergänzung zum Kinoeinspiel) nicht mit ein. Zudem folgt die Auswahl an für Referenzpunkte qualifizierenden „national und international bedeutsamen Filmfestivals"[15] weder einer objektiven und transparenten Systematik, noch berücksichtigt sie bei der Selektion die Gesamtheit des aktuellen Filmfestivalsektors. So konstatiert die *AG Filmfestival*: „Das Referenzsystem beruht noch auf einer Auflistung und einem Umfang an Filmfestivals aus einer Zeit, in der noch nicht fast 400 Festivals allein in Deutschland deutsche Produktionen präsentierten und die Bedeutung von Filmfestivals in der Auswertungskette gegeben war"[16], und fordert folglich eine grundlegende Neukonzeption der Richtlinie. Doch nicht nur die *AG Filmfestival* verurteilt dieses angreifbare Verfahren. Gemeinsam mit acht weiteren Verbänden wurde bereits am 19. Februar 2020 im Rahmen eines gemeinsamen Positionspapiers die Forderung für eine „(g)leiche Bewertung von Festival- und Zuschauer*innenpunkten bei der Berechnung der Schwellenwerte unter Einbeziehung weiterer Festivals und Abspielorte"[17], formuliert.

---

[13] Vgl. Reinhard Kleber, „Zu viele Filme!? Über die wachsende Zahl von Kinostarts und die Folgen, die das für die Branche hat", in: *filmdienst.de*, 8.11.2019.
[14] Vgl. FFA (Hg.), *Referenzfilmförderung, Filmförderungsgesetz (FFG): §§ 73 – 90 FFG*, www.ffa.de (letzter Zugriff am 27.7.2022).
[15] Ebd.
[16] AG Filmfestival (Hg.), *Stellungnahme Filmförderungsgesetz (FFG)*, 22.7.2019.
[17] AG Dok/AG Filmfestivals/AG Kurzfilm/Bundesverband kommunale Filmarbeit/Bundesverband Regie/Crew United/Hauptverband Cinephilie/Verband der deutschen Filmkritik/Zukunft deutscher Film (Hg.), *Rettet die Filmkultur! Positionspapier von neun Interessenverbänden zur FFG Novelle 2022*, 19.2.2020.

3. Regelmäßige Durchführung dezidierter Filmfestival-Marktanalysen

Bereits die *Enquete-Kommission „Kultur in Deutschland"* stellte 2005 fest, dass fundierte Daten eine unverzichtbare Voraussetzung für politische Entscheidungen insbesondere im Hinblick auf die Ausgestaltung von Förderstrategien darstellen.[18] Die *FFA* erhebt Marktdaten und erstellt bzw. beauftragt Studien und Gutachten, die „ausführlich und detailliert über das Zuschauer*innenverhalten in den Kinos sowie über die Strukturen und Perspektiven des Filmgeschäfts"[19] informieren. Analog bedarf es auch einer regelmäßigen und umfassenden Marktanalyse der Filmfestivals, die alle notwendigen Kennzahlen zusammenträgt und erfasst und somit auch der gestiegenen Bedeutung dieses Sektors Rechnung trägt.

Zu diesem Ergebnis kommt auch das *Statistische Bundesamt* im Kontext der von der *Beauftragten der Bundesregierung für Kultur und Medien* sowie der *Kultusministerkonferenz* initiierten *Bundesweiten Kulturstatistik*, wenn es in Anlehnung an die im Jahr 2017 durchgeführte Marktanalyse *Musikfestivals und Musikfestspiele in Deutschland*[20] aussagekräftige Daten ebenfalls zur künstlerischen wie ökonomischen Bedeutung der Filmfestivals in Deutschland fordert.[21]

Parallel zu diesem Desideratum wurde angesichts der Schwerpunktthemen Verankerung in gesellschaftlichen Kontexten, Publikumsansprache und -bindung, Programmvielfalt sowie Nachhaltigkeit, Inklusion und Diversität auf der durch die drei Kinoverbände *AG Kino – Gilde, Bundesverband kommunale Filmarbeit* und *HDF Kino* im Sommer 2022 in Berlin veranstalteten *Cinema Vision* 2030 – *Konferenz zur Zukunft des Kinos*[22] eine weitere große Forschungsleerstelle mehr als offensichtlich. Denn Filmfestivals beschäftigen sich bereits seit Jahren eingehend mit Lösungsansätzen zu Fragestellungen wie der Teilhabe von Publikumsgruppen im Zusammenhang mit dem demografischen Wandel, Zugängen zu einer vielfältigen Filmkultur in urbanen wie in ländlichen Räumen oder praktikablen Optionen zur Umsetzung ökologischer Nachhaltigkeitsstandards und haben hierzu bereits zahlreiche Erfolgskonzepte entwickelt. Bis dato mangelt es jedoch an einer systematischen Evaluation, die diese Neukonzeptionen auf dem Weg zu universellen Erfolgsmodellen begleitet und damit gleichermaßen gewinnbringend für den Filmfestivalsektor wie für den Kinomarkt nutzbar macht.

---

[18] Vgl. Enquete-Kommission „Kultur in Deutschland" (Hg.), *Schlussbericht*, Bundestags-Drucksache 16/7000, 11.12.2007, S. 433.
[19] FFA (Hg.), *Marktforschung und Statistik*, www.ffa.de/marktforschung.html (letzter Zugriff am 27.7.2022).
[20] Vgl. Hessisches Statistisches Landesamt, Musikfestivals und Musikfestspiele in Deutschland, hg. von Statistische Ämter des Bundes und der Länder, Wiesbaden 2017.
[21] Statistisches Bundesamt (Hg.), *Spartenbericht Film, Fernsehen und Hörfunk*, 2019, S. 69.
[22] Vgl. www.cinemavision2030.de (letzter Zugriff am 27.7.2022).

4. Überführung von Projekt- in mehrjährige Basisförderung der Filmfestivals

So heterogen die Filmfestivallandschaft in Deutschland ist, so heterogen sind auch ihre Organisationsformen. So finden sich Festivals, die als internes Projekt oder als externe Gesellschaft der öffentlichen Hand operieren, andere, die als privatwirtschaftliche Unternehmung agieren, wieder andere, die als Teilbereich einer privatwirtschaftlichen oder gemeinnützigen Institution fungieren, oder aber – und das ist die Mehrheit – diejenigen, die als gemeinnützige Organisation in der Rechtsform eines eingetragenen Vereins handeln. Ungeachtet der individuellen Rahmenbedingungen hat sich der Sektor in den vergangenen Jahren insgesamt erheblich professionalisiert und zudem kontinuierlich mehr Leistungen zur Stärkung der Filmkultur sowie der Film- und Medienbranche übernommen. Dabei zeigt sich, dass trotz der variierenden Organisations- und Rechtsformen fast alle Filmfestivals ihre Aufgaben auf Basis eines vielschichtigen Finanzierungsmix bestreiten. Dieser setzt sich in erster Linie zusammen aus Projektmitteln seitens der Gemeinden oder Kommunen, der Länder, des Bundes sowie in Ergänzung hierzu der Filmförderungen auf Länder-, Bundes- und EU-Ebene. Darüber hinaus tragen Mitgliedsbeiträge, Spenden und Stiftungsmittel sowie Eigeneinnahmen wie Werbe- oder Sponsoringerlöse in Ergänzung zu Ticketeinnahmen zur Finanzierung bei. Die wenigsten Filmfestivals verfügen über eine solide Finanzierung, aber noch weniger über die Sicherheit einer Folgefinanzierung der kommenden Festivalausgaben.

Dass der Filmfestivalsektor den Bedrohungen der Pandemie-Jahre bisher weitgehend standhielt, ist beachtlich und vorrangig einem enormen Überlebenswillen geschuldet, aber nicht selten ebenso einer untragbaren Selbstausbeutung. Zudem trugen auch Mittelerhöhungen der Förderpartner, zusätzliche staatliche Förderprogramme und in entscheidendem Umfang ein verstärktes Engagement des deutschen Stiftungssektors zur Rettung der Filmfestivallandschaft bei. Eine Reihe von öffentlichen Förderern haben nun erkannt, dass für eine dauerhafte Existenzsicherung der einzelnen Akteure sowie zum Erhalt und zur Stabilisierung des gesamten Sektors eine Neujustierung der Förderung in Richtung einer mehrjährigen strukturellen Basisfinanzierung nötig ist.[23] Nur so können sich die nachweislich systemrelevanten Effekte der Filmfestivals von wertvollen Impulsen in eine nachhaltige Wirkung wandeln.

5. Einrichtung von begleitenden Sonderförderprogrammen

„Der digitale Wandel verändert unsere Art zu leben, zu arbeiten und zu lernen fundamental und mit rasanter Geschwindigkeit. Wir, die Bundesregierung, wollen diesen

---

[23] Vgl. Svetlana Svystskaya, *Ergebnisse der Umfrage zum Stand der Frankfurter Filmfestivals*, Umfragezeitraum: September bis Dezember 2021, Ein Projekt im Rahmen der Kulturentwicklungsplanung Frankfurt am Main 2022, Kulturamt der Stadt Frankfurt am Main, Veröffentlichung voraussichtlich im Herbst 2022.

Wandel gestalten und unser Land auf die Zukunft bestmöglich vorbereiten."[24] Entsprechend dieser Digitalisierungsstrategie des Bundes, aber ebenso geteilt von den Ländern, wurden in den vergangenen Monaten eine Reihe von Förderprogrammen aufgelegt, die es auch Filmfestivals ermöglichten, digitale Projekte, Produkte und Prozesse zu entwickeln und in der Praxis zu testen. Vergab das Wirtschaftsministerium des Saarlandes an das Filmfestival *Max Ophüls Preis* eine Innovationsförderung zur Erprobung neuartiger Blockchain-Technologien im Bereich der internetbasierten Filmdistribution, ermöglichten manche Landesfilmförderungen selbst lokal agierenden Filmfestivals die Einführung virtueller Formate bis hin zu kompletten Online-Editionen und damit eine zukunftsgerichtete Auseinandersetzung mit und Einarbeitung der Organisation in neue Technologien. Gleichzeitig wurden dadurch deutschlandweit mittels neuer Zugänge neuen Zielgruppen in neuen Kontexten kuratierte filmkulturelle Programme geboten. Außerdem konnte das *Deutsche Kinder Medien Festival Goldener Spatz* mithilfe des Programms *dive.in für digitale Interaktionen* der *Kulturstiftung des Bundes*[25] Kinder über die interaktive Ausstellungsfläche *SpatzTopia* zu einem Besuch in virtuelle Welten einladen, während das *ITFS* für Erwachsene mit dem *ITFS VR Hub* unbegrenzte Möglichkeiten immersiven und interaktiven Erlebens schuf.

Die Digitalisierung prägt den Film heute bereits bei Produktion, Präsentation, Vermittlung, Rezeption, Verbreitung bis hin zur Bewahrung des (film)kulturellen Erbes.[26] Doch beschreibt die digitale Transformation nicht allein die digitale Adaption von analogen Kulturangeboten oder die Kreation digitaler Innovationen, sondern vielmehr einen allumfassenden, fortlaufenden, tiefgreifenden Veränderungsprozess im Kultursektor wie in allen Bereichen der Gesellschaft, kurzum: einen grundlegenden Kulturwandel. Dass dieser Wandel auch gesellschaftlich gelingt, setzt voraus, dass „er von allen gesellschaftlichen Gruppen angenommen wird und seine Chancen allen Gruppen gleichermaßen offenstehen."[27] Filmfestivals üben in Bezug auf Aufgabenstellungen wie Genderparität in der Programmierung, inklusive Öffnung und ökologische wie soziale Nachhaltigkeit eine Vorbildfunktion aus und haben in den letzten Jahren auch die digitale Transformation aktiv mitgestaltet. Diese Leistungen gilt es nun zu verstetigen und mit entsprechender Unterstützung konsequent weiter auszubauen.

---

[24] Presse- und Informationsamt der Bundesregierung (Hg.), *Digitalisierung gestalten, Umsetzungsstrategie der Bundesregierung*, 6. aktualisierte Ausgabe, Berlin 2021, S. 8.
[25] Vgl. Kulturstiftung des Bundes (Hg.), *dive in, Programm für digitale Interaktionen*, o. J., www.kulturstiftung-des-bundes.de (letzter Zugriff am 28.7.2022).
[26] Vgl. Deutscher Städtetag (Hg.), *Digitale Transformation in der Kultur – Herausforderung für die kommunale Kulturpolitik*, Diskussionspapier vom 20.08.2021.
[27] Presse- und Informationsamt der Bundesregierung (Hg.), *Digitalisierung gestalten, Umsetzungsstrategie der Bundesregierung*, 6. aktualisierte Ausgabe, Berlin 2021, S. 148.

6. Verbesserung der Arbeitsbedingungen

„Es gibt kaum ein Festival in Europa, das noch nicht von der Corona-Krise betroffen ist. (...) Besonders betroffen aber sind diejenigen, die auf Basis freier Mitarbeit oder als Dienstleister tätig und ohnehin schon am wenigsten abgesichert sind"[28], so lauten die einleitenden Worte der ersten Pressemitteilung der *AG Filmfestival* infolge der Corona-Krise. Rund zwei Jahre später weist der *Monitoringbericht Kultur- und Kreativwirtschaft (KKW)* für das Jahr 2020 einen Rückgang der Erwerbstätigen von 1,3 Prozent gegenüber 2019 und eine Einbuße an geringfügig Beschäftigten von 11,2 Prozent in der KKW aus.[29] Ob der Filmfestivalsektor bei diesen genannten Daten Berücksichtigung findet, ist fraglich. Ebenso wenig lässt sich gegenwärtig ermitteln, wie viele Beschäftigte des Filmfestivalsektors in den Jahren 2020 und 2021 von einem Verlust ihres Arbeitsplatzes betroffen waren. Die Bemühungen der assoziierten Filmfestivals der *AG Filmfestival* und das nachweislich hohe Aktivitätslevel der Filmfestivals im Jahr 2021 nebst der Förderprogramme des Bundes und der Länder u. a. für Soloselbstständige lassen hingegen vermuten, dass ein Großteil der Filmfestivalbeschäftigten durch ein mehrschichtiges Netz aufgefangen wurde.

Dennoch darf diese Einschätzung nicht über eine weitreichende, strukturimmanente Schieflagen hinwegtäuschen: Die Beschäftigungsstruktur von Festivalarbeiter:innen ist oftmals durch eine Aneinanderreihung von kurzfristigen, prekären Arbeitsverhältnissen bei verschiedenen Filmfestivals geprägt (nicht selten fern vom eigenen Wohnort) oder in Ergänzung von befristeten Zusatz-Beschäftigungen vornehmlich im Kultur- und Kreativbereich. Diese Bedingungen führen dazu, dass zahlreiche Beschäftigte selbst in leitenden Positionen bereits nach wenigen Festivalausgaben oder aber im Laufe ihres Arbeitslebens in andere Branchen wechseln. Große Verluste des organisationalen Wissens gehen damit einher, und es kostet enorme Ressourcen, um diese Einbußen an Kenntnissen, Fertigkeiten und Arbeitsroutinen wieder aufzubauen. Diese Problemsituation zum Anlass nehmend wurde 2020 von der österreichischen Kulturstaatssekretärin ein Projekt für mehr Fairness in Kunst und Kultur initiiert, das sich neben dem geförderten Aufbau einer Struktur der fairen Bezahlung[30] ebenso „Transparenz und Kooperation, Anpassungen im Förderwesen sowie respektvolles Miteinander, Verhinderung von Machtmissbrauch und Diversifizierung"[31] zum Ziel setzt. Vergleichbare Bestrebungen finden sich in der Zwischen-

---

[28] AG Filmfestival (Hg.), *Deutsche Filmfestivals reagieren auf Corona-Krise*, Erklärung der AG Filmfestival vom 18.3.2020.
[29] Bundesministerium für Wirtschaft und Klimaschutz (Hg.), *Monitoringbericht Kultur- und Kreativwirtschaftsbericht 2021*, Berlin 2022, S. 8.
[30] Vgl. Österreichisches Bundesministerium Kunst, Kultur, öffentlicher Dienst und Sport (Hg.), *Fairness Kunst und Kultur in Österreich, Pilotphase Fair Pay 2022*, www.bmkoes.gv.at (letzter Zugriff am 28.7.2022).
[31] Österreichisches Bundesministerium Kunst, Kultur, öffentlicher Dienst und Sport (Hg.), *Fairness Kunst und Kultur in Österreich, Fairness Prozess 2020/2021*, www.bmkoes.gv.at (letzter Zugriff am 28.7.2022).

zeit in Deutschland beispielsweise in Hessen. Hier drängt Anna Schoeppe, Geschäftsführerin der *HessenFilm und Medien GmbH*, darauf, dass mittels eines erhöhten Etats „insbesondere eine faire Entlohnung der engagierten Festivalteams"[32] gewährleistet wird. Dieser Anstoß ist beispielhaft für ein notwendiges Umdenken gegenüber der sogenannten freien Szene und deren Wahrnehmung als wesentliche Säule der Filmkultur.

Auch andere Institutionen sind aufgerufen, sich dieser Position anzuschließen. So auch die *Künstlersozialkasse*, die im Zuge des anhaltend wachsenden Festivalsektors sowie seiner fortschreitenden Professionalisierung auch die Berufsgruppe der Kuratoren in den Kreis der künstlerischen Berufe aufnehmen und entsprechend anerkennen sollte.

7. Aufbau von fundierten Aus- und Fortbildungsstrukturen

Filmfestivals sind äußerst personalintensive Unternehmungen. Außerhalb der Vorbereitung, Durchführung und Nachbereitung agieren sie teilweise nur mit einer Person oder mit einem Kernteam von einigen wenigen Mitarbeitern, die rund um die Veranstaltung auf ein Vielfaches ihrer Zahl anwachsen. Dieser Umstand birgt viele Herausforderungen unter anderem hinsichtlich des Recruitings, der Aufgabenbereiche, der Arbeitsprozesse, des Teambildung oder der gemeinsamen Organisationskultur. Darüber hinaus gestaltet sich das Personalmanagement deshalb als besonders aufwändig, da die meisten der vielzähligen Positionen ein sehr facettenreiches Kompetenzprofil voraussetzen.

Dass Filmfestivals alljährlich für zahlreiche Aspiranten als Eintrittstor für eine Karriere in der Filmbranche fungieren und sich darüber hinaus auch als wertvolle Ausbilder erweisen, ist heute vielseits bekannt. Dass sie zudem für eine steigende Zahl an Festivalmitarbeiter:innen die Rolle eines Jobservice übernehmen, ist vornehmlich das Ergebnis fehlender spezifischer Vermittlungsdienste. Ein nicht unwesentlicher Effekt dieses engmaschigen Stellen-Netzwerks ist die Sicherstellung des eigenen Personalbedarfs insbesondere als Saisonbetrieb, der sich nicht nur auf die Besetzung von Positionen fokussiert, die hochqualifizierte und erfahrene Mitarbeiter erfordern. Dennoch demonstrieren die mehrfachen Ausschreibungen selbst von attraktiven Stellen für leitende Positionen von renommierten deutschen Filmfestivals in den letzten Jahren, dass auch im Filmfestivalsektor ein erheblicher Fachkräftemangel besteht. Fundierte Aus- und Fortbildungsstrukturen gibt es nicht. Und selbst wenn heute eine Reihe von Hochschulen Eventmanagement als Studiengang anbieten, bleiben Filmfestivals mit ihrer engen Verbindung zur Filmwirtschaft bisher größtenteils unberücksichtigt.

---

[32] Anna Schoeppe, zitiert nach HessenFilm und Medien GmbH (Hg.), *HessenFilm vergibt 1,2 Millionen Euro an 23 Festivals, Reihen und Veranstaltungen, Verdoppelung der Festival-Förderung soll 2022 erreicht werden*, Pressemitteilung vom 29.11.2021.

Vergleicht man die Situation der Filmfestival- mit der Kinolandschaft mit seinen rund 25.000 Beschäftigten, so sticht auch hier trotz eines Weiterbildungsangebots[33] eine solide universitäre Aus- und Fortbildungsstruktur als zentrale Schwachstelle hervor. So verweist die Studie „Ansatz zur Stärkung der Mitarbeitergewinnung und -bindung"[34] neben mangelnden Karrierechancen und eines Imageproblems deutlich auf die fehlenden beruflichen Qualifizierungsmöglichkeiten als zentralen Nachteil des Kinos als potenziellem Arbeitgeber. Die Dringlichkeit des Handlungsbedarfs wurde zuletzt seitens der Verbände auf der *CinemaVision 2030* postuliert. Ein gemeinsames Handeln scheint hier mehr als erstrebenswert, bedenkt man eines der wesentlichen Ergebnisse der Konferenz, die Qualität von Filmfestivals bei der Ansprache, Beteiligung und Bindung neuer und diverser Publikumsgruppen.

8. Strukturelle Vernetzung der Filmbildungsangebote von Filmfestivals

Noch nie zuvor bestimmten audiovisuelle Inhalte so sehr unsere Wahrnehmung der Welt, in der wir leben. Um Medien souverän nutzen zu können, ist es deshalb unerlässlich, die Sprache und Grammatik von audiovisuellen Werken zu verstehen. Während andere Künste wie selbstverständlich ihren Platz in den deutschen Lehrplänen einnehmen, nutzt die Schule den Film bis heute nur als begleitendes Lernmittel. Um diesen Missstand auszugleichen, engagieren sich in Deutschland neben den vereinzelten Medienbildungszentren vor allem Institutionen wie *VISION KINO* und die *Bundeszentrale für Politische Bildung*. *VISION KINO* veranstaltet in Zusammenarbeit mit verschiedenen Kultusministerien die *SchulKinoWochen* und platziert deutschlandweit gemeinsam mit der *AG Kino – Gilde* Reihen wie *Britfilms* oder *Cinefête*. Die *Bundeszentrale für Politische Bildung* versucht mittels eines eigens erarbeiteten Filmkanons, „der filmschulischen Bildung in Deutschland neuen Auftrieb zu geben."[35]

Trotz des beachtlichen Erfolgs der *SchulKinoWochen* im Jahr 2019 mit rund 950.000 Schüler:innen erreicht *VISION KINO* mit dieser Maßnahme gerade einmal zehn Prozent der Gesamtheit an Schüler:innen in Deutschland[36] und ist damit fern der Wirkung, die unser Nachbar Frankreich mit seiner schulischen Filmbildung erzielt.[37]

---

[33]Unter der Dachmarke *CinemaCampus* bietet die *rmc medien + kreativ concult GmbH* Weiterbildungsangebote für die Kinobranche, darunter auch das Fernstudium *Filmtheatermanagement/FTM Kauffrau/Kaufmann*. Siehe hierzu www.rmc-medien.de (letzter Zugriff am 28.7.2022).
[34]Johanna von Estorff, *Ansatz zur Stärkung der Mitarbeitergewinnung und -bindung*, Macromedia Hamburg 2019, präsentiert im Rahmen der Veranstaltung „Traumjob Kino – Nachwuchsperspektiven im Kinobereich" auf dem virtuellen Filmtheaterkongress Kino 2021 Digital des HDF e.V. 18./19.5.2021 am 19.5.2021.
[35]Bundeszentrale für politische Bildung (Hg.), *Der Filmkanon*, 29.3.2010, www.bpb.de (letzter Zugriff am 28.7.2022).
[36]Vgl. Jochen Müller, „Rekordbeteiligung an SchulKinoWochen", in: *blickpunkt:film*, 29.3.2021.
[37]Vgl. Simona Gnade, „Das Anti-Hollywood-System: Die Erfolge der französischen Kinoindustrie", in: Bundeszentrale für politische Bildung (Hg.), *Frankreich*, 26.2.2013, www.bpb.de (letzter Zugriff am 28.7.2022).

Eine vorläufige Bilanz | Tanja C. Krainhöfer und Joachim Kurz

Neben *LUCAS*, dem bald mit 50 Jahren ältesten deutschen Filmfestival für ein junges Publikum, dem *Goldenen Spatz*, dem *Schlingel, Mo & Friese, Nautilus, Cinepänz* und *Rabazz* sowie rund 20 weiteren Kinderfilmfestivals präsentieren eine Vielzahl an Filmfestivals über ihre Kinder- und Jugend-Sektionen nicht nur deutschlandweit ein beachtliches Programmangebot für junge Filmfreunde, sondern bieten auch durch eigens geschulte Kuratoren verschiedene Formate zur Förderung der Film- und Medienkompetenz. Zunehmend kooperieren Filmfestivals, um im Falle mangelnder eigener Programme und Konzepte Filmbildungsangebote eines Partnerfestivals beim eigenen Festival anbieten zu können. Eine strukturelle Vernetzung wäre entscheidend, um diese Ansätze der Zusammenarbeit gezielt zu unterstützen und damit alle Kräfte zu bündeln, um den Zugang zu medienpädagogisch begleiteten Filmwerken und damit ein großes Potenzial der filmkulturellen Bildung für Kinder und Jugendliche zu erschließen.

9. Implementierung von Strukturen für Filmfestival-Kino-Kooperationen

Die vorangegangenen Beispiele machen deutlich, wie sehr sich Filmfestivals an der Seite weiterer Akteure gemeinschaftlich für die Begeisterung für, die Stärkung von und den Erhalt der Filmkultur engagieren. Darüber hinaus zeigen die zunehmende Koexistenz verschiedener Formen von Filmprogrammangeboten sowie die seit Jahrzehnten wachsende Filmfestivallandschaft unmissverständlich, dass das reguläre Kinoangebot die fragmentierten Publikumsinteressen neben den verschiedensten Kontextualisierungen eines Filmerlebnisses nicht mehr allein bedienen beziehungsweise herstellen kann. Denn heute spiegelt der Kinobesuch selten die bloße Leidenschaft für eben diese Kulturpraxis wider.

Die originäre Eigenschaft eines Filmfestivals ist es, eine Lücke zu füllen. Hierin liegt eine wesentliche Erklärung für die alljährlichen Neugründungen sowie für die enorme Ausdifferenzierung des Sektors. So bereichern viele der Neugründungen den Sektor mit programmatischem Spezialwissen und gezielt aufgebauten Netzwerken. Darüber hinaus verfügen sie oftmals über eine fundierte Kenntnis ihres Publikums – sofern sie nicht selbst Teil dieser Gemeinschaft sind –, zeichnen sich durch Authentizität und Glaubwürdigkeit in der Zielgruppe und die Fähigkeit aus, das Publikum nicht nur gezielt anzusprechen, sondern ebenso einzubeziehen.

Die große Diversität der Bevölkerung und damit des Kinopublikums aufgrund u. a. von Alter, ethnischen Hintergründen oder sexueller Orientierung fordert heute ganz andere Konzepte als solche, die im Sinne eines Audience Developments potenzielle neue Publikumsgruppen nur adressieren. Formate wie der *Gay Monday*, der *OV-Dienstag* oder das *Kino plus Kaffee* für Senioren am Mittwoch lassen diesen Trend schon seit Jahren erkennen.

Heute sind eine beachtliche Anzahl an Kinos selbst Veranstalter von Filmfestivals oder sind durch Partnerschaften mit den lokalen Filmfestivals eng mit diesen verbunden. Manche Lichtspielhäuser wie das *Babylon* in Berlin scheinen sich förmlich zu Häusern der Filmfestivals gewandelt zu haben. Mit Sicherheit ist dies kein Konzept, das sich erfolgreich auf jedes Kino übertragen lässt, vielmehr ist die Ausgewogenheit des eigenen Programms und von Festivalprogrammen von vielen Faktoren abhängig. Dabei ist eine gezielte Kuration des Programms, unabhängig davon, ob es sich um Kinostarts, Repertoiretitel oder Special-Interest-Produktionen handelt, grundsätzlich unvermeidlich.

Um unsere plurale Gesellschaft auch im Kinoprogramm abzubilden und die Nachfrage einzelner Gemeinschaften zu bedienen, erweisen sich Partnerschaften zwischen Kinos und Filmfestivals als wertvoller Ansatz. Neue Möglichkeiten eröffnen sich hierbei insbesondere auch durch die digitalen Kinosäle, wie es die *Yorck Kinogruppe* in Berlin vorführt.

Feste Strukturen, die die Basis für eine Zusammenarbeit nicht allein auf den Festivaltermin begrenzen, sondern auch über das Jahr hinweg bilden, sind somit dringend geboten. Denn schon heute ist es eine Tatsache, dass die einzelnen Interessengruppen die Filmkultur in vielfacher Weise für ihre Anliegen oder ihre Freude an dem anderen Kino nutzen. Dies tun sie vorzugsweise in einem und gemeinsam mit einem Kino. Doch, sofern sich diese Möglichkeit nicht bietet, auch auf anderen Wegen.

10. Stabilisierung der Filmfestivalinfrastruktur und Erhalt der Kulturpraxis Kino

Auch wenn Filmfestivals mittlerweile die verschiedensten Ausgestaltungen angenommen haben, als Open-Air-Veranstaltungen stattfinden oder als Indoor-Event die überraschenden Orte bespielen, sich als physische, virtuelle, hybride oder duale Editionen präsentieren, eigenständig oder Angebote von Medienunternehmen für sich nutzen, sind die meisten von ihnen verlässlich alljährlich an einem Ort anzutreffen: in ihrem Partnerkino.

Der Grund hierfür liegt nicht zuletzt darin, dass sie hier ideale Bedingungen für die Projektion ihrer sorgfältig kuratierten Filmprogramme vorfinden und an die Kulturpraxis Kino anknüpfend einladen, ein exzeptionelles Filmereignis in der Gemeinschaft zu erleben. Der Sektor der Arthouse-Kinos als originäre Orte der Filmkultur hat in den vergangenen Jahren jedoch insbesondere in den ländlichen Räumen massive Verluste erlitten. Oliver Castendyk betont in der *Kinobetriebsstudie* zurecht, dass das „Kino für die kulturelle Grundversorgung der Bevölkerung umso wichtiger (ist), je weniger vergleichbare Kulturangebote vor Ort vorhanden sind. Unsere Befragung hat ergeben, dass in 23,9 % aller Fälle das Kino die einzige Kultureinrichtung mit regelmäßigen Veranstaltungen ist."[38]

---

[38] Oliver Castendyk, *Kinobetriebsstudie. Daten zur Kinowirtschaft in Deutschland*, HDF KINO e.V. (Hauptverband Deutscher Filmtheater) und Arbeitsgemeinschaft Kino – Gilde deutscher Filmkunsttheater e.V. (Hg.), Hamburg 2014, S. 44.

Doch das Kinosterben hält hier wie in zahlreichen Metropolen mehr und mehr Einzug. Wenn es das Ziel ist, abseits von und in den Metropolen eine (kino-)kulturelle Grundversorgung insbesondere mit Blick auf eine plurale Gesellschaft aufrechtzuerhalten, muss jetzt Sorge dafür getragen werden, dass die noch bestehenden Kinos die aktuellen massiven Herausforderungen überleben. Die Popularität und Zugänglichkeit des Kulturguts Film lässt es darüber hinaus sinnvoll erscheinen, im Sinne einer „Kultur für alle und Kultur mit allen"[39] diejenigen Orte, die über keine Kinoinfrastruktur mehr verfügen oder aber den bestehenden Bedarf nicht mehr bedienen können, dabei zu unterstützen, alte Strukturen zu reaktivieren oder neue zu schaffen.

Ausblick

Dieses Buch entsteht im Laufe des Jahres 2022 in einer Zeit weit entfernt von einer vermeintlichen Rückkehr zu einer ehemaligen oder auch neuen Normalität.[40] Zusätzlich zu möglichen weiteren pandemiebedingten Einschränkungen verhindern kostenintensive Maßnahmen zur Umsetzung ökologischer Nachhaltigkeitskonzepte, die Anhebung des Mindestlohns bei einem zeitgleichen wachsenden Fachkräftemangel sowie weitreichende Folgen der gegenwärtigen weltpolitischen Lage wie einer massiven Energiekrise, exorbitanten Preissteigerungen, starkem Kaufkraftverlust des Publikums eine Entspannung auf dem Filmfestivalsektor und in der Film- und Kinobranche insgesamt.[41]

Die erheblichen „Defizite der Kommunen in den Jahren 2022 und 2023"[42] sowie jüngste Aussagen von Gerd Landsberg, des Geschäftsführers des Städte- und Gemeindebunds, über die unausweichlichen Einsparungen der öffentlichen Hand bei freiwilligen Leistungen wie der „Förderung von Kultur oder Vereinen"[43] weisen auf eine zusätzliche dramatische Verschärfung der Situation der Filmfestivals hin.

In den vergangenen knapp 30 Monaten haben Filmfestivals nicht nur eine beachtliche Resilienz bewiesen, sondern in ihren Transformationen als Orte der Filmkultur, aber ebenso als Motoren der Filmwirtschaft in zahlreichen Bereichen einen enormen Bedeutungszuwachs erfahren. Nun gilt es dieses Potenzial zu sichern, die Entwick-

---

[39] Holger Tepe im Rahmen der Diskussion *Was heißt kommunale Filmarbeit heute?*, 17. Bundeskongress der Kommunalen Kinos in Frankfurt/Main., 17.–19.6.2022.
[40] Weitere Entwicklungen werden auf der Website www.filmfestival-perspektiven.de begleitet.
[41] Vgl. Olaf Zimmermann/Gabriele Schulz: Energiekrise: Kulturbereich steht vor drittem Ausnahmewinter, in: *Politik & Kultur*, Nr. 9/22, September 2022, S. 3.
[42] Deutscher Städte- und Gemeindebund, *Hohe Defizite der Kommunen in den Jahren 2022 und 2023*, Pressemitteilung vom 18.8.2022.
[43] Gerd Landsberg zitiert nach o. N., Landkreistag warnt vor Kürzungen bei Dienstleistungen. www.deutschlandfunk.de vom 23.08.2022 (letzter Zugriff am 26.8.2022).

lungen und Innovationen fortzuführen, weiter zu erproben und zu optimieren. Diese Verstetigung von Zukunftsmodellen dient nicht nur dazu, nachhaltige Strukturen des Filmfestivalsektors zu schaffen, sondern vor allem auch die Film- und Kinokultur als solche zu stützen. Denn heute gilt es, die Kinolandschaft, kommunal wie privatwirtschaftlich, viele Jahre bereits von strukturellen Problemen belastet, von den Auswirkungen der Pandemie zudem geschwächt, vor einem massiven Schaden zu bewahren. Die vielfach geforderte Zeitenwende im Sinne einer „Rettung der Filmkultur" lässt sich nur meistern, wenn sich Filmfestivals und Kinos noch viel stärker als Verbündete begreifen und dabei von den Akteur:innen der Filmwirtschaft partnerschaftlich begleitet werden. Essenziell ist dabei, dass die Verantwortlichen in Politik und Förderinstitutionen eine konsequente Unterstützung leisten. Die folgenden zehn Handlungsempfehlungen dienen als Grundlage für entsprechende Maßnahmen.

Handlungsempfehlungen an Bund, Länder und Kommunen

Auf Bundesebene

1. Repräsentanten der *AG Filmfestival* sind in die ständigen filmpolitischen Gremien der Filmförderungsanstalt (FFA), der *Beauftragten der Bundesregierung für Kultur und Medien (BKM)* und der *Spitzenorganisation der Filmwirtschaft e. V. (SPIO)* zu berufen.
2. Die regelmäßige Bestandsaufnahme zum deutschen Kinomarkt seitens der *FFA* sollte um die Erhebung und Bereitstellung von Kennzahlen des Filmfestivalsektors einschließlich der Entwicklung der Besucher, Standorte, Spielstätten sowie physischen, digitalen und Open-Air-Leinwände systematisch erweitert werden. Die Richtlinien der Referenzförderung sollten auf Basis fundierter Daten zum Filmfestivalsektor überarbeitet werden.
3. Daten über Strukturen und Perspektiven des Filmfestivalsektors sollten regelmäßig mittels Filmfestival-Marktanalysen erhoben und für politische Entscheidungsprozesse sowie Impulse inter- wie transsektoraler Prozesse bereitgestellt werden.
4. Innovationsförderprogramme (vgl. *dive in*) für Produkt- sowie Prozessentwicklungen zur Begleitung von filmwirtschaftlichen Transformationsprozessen sollten verstetigt werden und um Instrumente zur empirisch gestützten Evaluierung wie zur Wissenszirkulation und -valorisierung ergänzt werden.

Auf Landesebene

5. Strukturen zur verstärkten (auch ganzjährigen) Zusammenarbeit zwischen dem Filmfestival- und dem Kinosektor sollten geschaffen sowie Anreizförderprogramme für Maßnahmen zur Unterstützung der deutschen Filmwirtschaft bei der Präsentation von Filmwerken, Vorstellung und Vernetzung von Kreativen und Verbreitung von Neuentwicklungen eingerichtet werden.
6. Ein Hochschulangebot mit zielgenauer Ausrichtung auf das berufliche Anforderungsprofil des Filmfestival- und Kinomanagements sollte aufgebaut werden.
7. Förderkonzepte für eine faire Bezahlung und Strukturen für eine intersektorale Aus-, Weiterbildung und Beschäftigungssicherung sollten geschaffen werden.

Auf kommunaler Ebene

8. Die Förderstrukturen sollten von einjährigen Projektförderungen in mehrjährige (3- bis 5-jährige) strukturelle Basisförderungen überführt werden.
9. Anreizförderprogramme zur Begleitung von gesellschaftlichen Transformationsprozessen sollten eingerichtet werden.
10. Mittels gezielter Konzepte sollten der Erhalt, die Reaktivierung und Schaffung von dauerhaften Spielorten für die Filmkultur konsequent sichergestellt werden. Strukturen zur Ansprache und Zugangserleichterung auch von kulturfernen Bevölkerungsgruppen zu diversen filmkulturellen Programmangeboten sollten ebenso wie Maßnahmen zur Film- und Medienbildung geschaffen werden.

Autor:innen- und Herausgeber:innen-Verzeichnis

Die Herausgeber:innen

Tanja C. Krainhöfer studierte Produktion und Medienwirtschaft an der *Hochschule für Fernsehen und Film München*. Spezialisiert auf den Filmfestivalsektor ist sie heute im Bereich Markt-, Wettbewerbs- und Erfolgsfaktorenanalyse in der angewandten Forschung tätig. Sie berät Festivals bei ihrer strategischen Positionierung und Entwicklung sowie Akteur:innen aus dem öffentlichen, privatwirtschaftlichen und gemeinnützigen Bereich bei ihrer Zusammenarbeit mit diesen. Sie ist Gründerin der interdisziplinären Forschungsinitiative *Filmfestival Studien*.

Joachim Kurz studierte Filmwissenschaft, Theaterwissenschaft, Kunstgeschichte und Philosophie an der *Ruhr-Universität Bochum*. Er gründete 2003 das Online-Portal *Kino-Zeit*, das er bis heute als Herausgeber und Chefredakteur leitet. Er ist Festivalkurator und -macher, Autor mehrerer Bücher und Juror bei verschiedenen Festivals sowie Juryvorsitzender bei der *Filmbewertungsstelle Wiesbaden* (*FBW*).

Die Autor:innen und Interviewpartner:innen

Oliver Baumgarten studierte Film- und Fernsehwissenschaften, Theaterwissenschaft und Germanistik an der *Ruhr-Universität Bochum*. Nach Mitgründung des Filmmagazins *Schnitt* 1995 war er bis Januar 2010 dessen Chefredakteur und veranstaltete über 15 Jahre lang mit *Filmplus* das europaweit einzige Filmfestival für Filmschnitt und Montagekunst. Baumgarten wirkt als Dozent an verschiedenen deutschsprachigen Filmhochschulen und veröffentlicht Beiträge zu aktuellen und historischen Filmthemen in Zeitschriften und Buchpublikationen.

Svenja Böttger leitet seit 2016 das *Filmfestival Max Ophüls Preis* und übernahm 2019 auch die Geschäftsführung der *gGmbH*. Neben Lehrtätigkeiten und Vorträgen an verschiedenen Filmhochschulen und der *Universität des Saarlandes*, nimmt sie Jurytätigkeiten wahr, ist Mitglied des Gremiums Abspiel der *HessenFilm und Medien* sowie Jurymitglied der *Deutschen Film- und Medienbewertung* (*FBW*). Zudem berät sie Filmschaffende zu Festival-Auswertungsstrategien und co-initiierte 2019 die *AG Filmfestival*, die bundesweite Initiative der Filmfestivals in Deutschland.

Autor:innen- und Herausgeber:innen

Sebastian Brose studierte Germanistik, Kunst und Philosophie in Gießen und Bremen. Nach seiner Tätigkeit als freier Kulturmanager gründet er 2005 zusammen mit Hajo Schäfer das *achtung berlin Filmfestival*, das er seit 18 Jahren als Co-Direktor und künstlerischer Leiter begleitet. Heute ist er zudem Kurator für Spiel- und Dokumentarfilme mit Schwerpunkt Deutscher Film, konzipiert Filmprogramme für internationale Events (u. a. beim *Goethe Institut*) und arbeitet seit vielen Jahren als Festival Producer für das *ZEBRA Poetry Film Festival*. Er ist im Vorstand des Netzwerkes der Berliner Filmfestivals *Festiwelt*.

Rosalia Namsai Engchuan (โรสาลียา น้ำใส เอ่งฉ้วน) ist eine zwischen Berlin und Südostasien lebende Sozialanthropologin und Künstlerin. Zurzeit arbeitet sie mit Künstler:innen und kulturellen Akteur:innen in Südostasien zu künstlerisch-theoretischen Interventionen in Problemfeldern der Moderne, die weit über Klimawandel und Umweltkrise hinausgehen. Rosalia war 2021 Goethe-Institut Fellow am *Hamburger Bahnhof – Museum für Gegenwart Berlin*. Sie ist Co-Kuratorin des *un.thai.tled Film Festival* (seit 2019). Ihr Kurzfilm COMPLICATED HAPPINESS wurde in verschiedenen internationalen Kontexten sowie Ausstellungen gezeigt.

Barbara Felsmann arbeitet zum einen als Autorin von dokumentarischer Literatur und Rundfunk-Features, zum anderen als Journalistin für Rundfunk, Fachzeitschriften und Fachpublikationen, insbesondere zum Schwerpunkt Kinder- und Jugendfilm. Das Festival *Goldener Spatz* begleitete sie 20 Jahre lang als Textautorin sowie Redakteurin bei seinen Festivalpublikationen und wirkte als Kuratorin der Retrospektiven mit.

Katharina Franck absolvierte ein Magisterstudium der Theater-, Film- und Medienwissenschaft in Wien und Madrid. Sie war in verschiedenen Bereichen für mehr als ein Dutzend nationale und internationale Filmfestivals unterschiedlicher Größe und Ausrichtung tätig (darunter *Berlinale, Festival de Cortometrajes Móstoles, Chicago International Film Festival*) und arbeitete für *Alamode* und *eksystent Distribution*. Seit 2018 ist sie für das Programm der *Cinémathèque Leipzig* verantwortlich.

Lars Henrik Gass, Leiter der *Internationalen Kurzfilmtage Oberhausen*, schreibt über Film und filmpolitische Themen, u. a. in *FAS/FAZ, filmdienst, Freitag, springerin, Lettre International*. Er ist (Mit-)Herausgeber zweier Bücher zu Hellmuth Costard und der Geschichte von Musikvideos. Als Autor veröffentlichte er die Bücher *Das ortlose Kino. Über Marguerite Duras* (2001), *Film und Kunst nach dem Kino* (2012/2017) und *Filmgeschichte als Kinogeschichte. Eine kleine Theorie des Kinos* (2019).

Matthias Helwig studierte an der *HFF München*. Seit 1986 betreibt er die Breitwand-Programmkinos in Gauting, Starnberg, Schloss Seefeld und Herrsching, erhielt hierbei weit über 100 Auszeichnungen für das herausragende Jahresfilm-, Dokumentarfilm- und Kinderfilmprogramm sowie als bestes Kino Deutschlands (1997/2014). Parallel war er stellvertretender Vorstand der *AG Kino – Gilde* (2009-2015), Mitglied der Drehbuch-Kommission der *FFA* und der Verleihkommission des *BKM*. 2007 gründete er das *Fünf Seen Filmfestival*, das er bis heute leitet.

Johannes Hensen verantwortet seit 2014 das Programm des *Film Festival Cologne*. Zuvor war er im Filmverleih und als freier Kurator und Organisator von Filmreihen und Events tätig. Er sammelte bereits vor seinem Studium vier Jahre Erfahrung als Freelancer für diverse nationale und internationale Filmproduktionen. Er studierte Medienwirtschaft in Köln, Newcastle und Bangkok.

Hanne Homrighausen ist Co-Organisatorin und Co-Programmerin des *Hamburg International Queer Film Festival*, Deutschlands größtem und überwiegend ehrenamtlich organisiertem LGBTIQ*-Filmfestival. Sie ist Vorstandsmitglied von *QueerScope*, dem Verband unabhängiger queerer Filmfestivals in Deutschland. Außerdem engagiert sie sich für die Rechte und die Sicherheit von Geflüchteten und Migrant:innen.

Kenneth Hujer studierte Philosophie und Germanistik in Hamburg, Berlin und Rom, ist freier Autor und schreibt über Popkultur, Stadtentwicklung und Architektur. Zum *Bauhaus*-Jubiläum 2019 war er Mitherausgeber der Publikation Das Haus des weißen Mannes. Eine Lithographie von Johannes Itten (1921). Für *LICHTER* verfasste er 2021 das Konzept für ein *Haus der Filmkulturen* und betreute die Publikation *Das Andere Kino. Texte zur Zukunft des Kinos* (2022).

Frédéric Jaeger studierte Filmwissenschaft und Philosophie an der *Freien Universität Berlin*. Seit 2004 ist er Chefredakteur von *critic.de*. Er publiziert als Filmkritiker unter anderem in *Berliner Zeitung, Spiegel Online, taz, Der Freitag, Die Presse* und *Kolik. Film*. Seit 2013 ist er geschäftsführender Vorstand des *Verbands der deutschen Filmkritik*. Von 2015 bis 2020 war er Künstlerischer Leiter der *Woche der Kritik Berlin*. Beim *IFFMH* ist er seit der 69. Ausgabe für die Programmorganisation und den Wettbewerb *ON THE RISE* verantwortlich.

Autor:innen- und Herausgeber:innen

Nicola Jones begann nach ihrem Studium der Kommunikations- und Medienwissenschaft an der *Universität Leipzig* ihre berufliche Laufbahn als Consultant im Bereich Filmförderung bei der Wirtschaftsprüfungsgesellschaft *PricewaterhouseCoopers*. 2004 wechselte sie als Förderreferentin zur *Filmförderungsanstalt (FFA)* und war ab 2006 als Referentin des *FFA*-Vorstandes auch verantwortlich für internationale Filmbeziehungen sowie für EU-filmpolitische Belange. Im Oktober 2016 übernahm sie die Leitung des *Deutschen Kinder Medien Festivals Goldener Spatz* und die Geschäftsführung der gleichnamigen Kindermedienstiftung.

Dr. Sascha Keilholz leitet seit 2019 als künstlerischer und kaufmännischer Geschäftsführer der *Filmfest Mannheim gGmbH* das *Internationale Filmfestival Mannheim-Heidelberg*. Von 2009 bis 2019 verantwortete er *Heimspiel – Das Regensburger Filmfest*, von 2004 bis 2011 agierte er als stellvertretender Chefredakteur für *critic.de*. Von 2007 bis 2019 arbeitete er als wissenschaftlicher Mitarbeiter am Lehrstuhl für Medienwissenschaft in Regensburg. Zudem war er für das *Filmmuseum Deutsche Kinemathek* sowie die Verleihfirmen *Alamode* und *MFA* tätig.

Pauline Klink studierte Theater-, Film- und Medienwissenschaften sowie Germanistik in Frankfurt am Main. Aktuell widmet sie sich dem Studium der Comparative Literature und dem Weiterbildungsprogramm der Buch- und Medienpraxis. Neben dem Studium absolvierte sie mehrere Praktika im Film-, Literatur- und Kulturbereich und arbeitet als Tutorin in der Schreibdidaktik. Sie unterstützte *LICHTER* 2022 bei der Konzeption und Durchführung des 2. Kongresses *Zukunft Deutscher Film*.

Kathrin Kohlstedde studierte Philosophie und Politikwissenschaften an der *Universität Eichstätt*, wo ihre Begeisterung für das Kino geweckt wurde. Seit 1999 bringt sie ihre Liebe und Leidenschaft für Film, seine Inhalte und das Publikum als Programmleiterin zu *Filmfest Hamburg*. Sie ist Mitglied des Auswahlkomitees des Koproduktionsmarkts der *Berlinale* und der *Europäischen Filmakademie*.

Volker Kufahl verfügt weder über einen Facebook- noch Insta-Account, könnte aber falls nötig noch 35-mm-Kopien vorführen. Neben dem Studium der Politik- und Verwaltungswissenschaft absolvierte er bis 1998 die ‚Schule des Sehens' beim Kommunalen *Zebra Kino* in Konstanz, bevor er von 2001 bis 2013 das *Internationale Filmfest Braunschweig* leitete und sich filmpolitisch im *Film- und Medienbüro Niedersachsen* engagierte. In Braunschweig betreibt er seit 2009 mit anderen das Programmkino *Universum*. Seit 2013 führt er die Geschäfte der *Filmland MV gGmbH* in Schwerin und leitet das *Filmkunstfest MV*.

Jan Künemund ist Filmautor und Kurator in Berlin. Pressearbeit für Kinofilme, Redakteur des Queer-Cinema-Magazins *sissy*, Forschung und Lehre an der *Universität Hildesheim*. Filmkritiken für *Spiegel, taz, Freitag, Tagesspiegel* u. a. Bis 2021 in der Kommission der *Duisburger Filmwoche*, aktuell beim *Dokfest Kassel*, Berater des *Berlinale Forums*. Aktuelle Veröffentlichungen sind *Queer Cinema Now* (hg. mit B. Koll und C. Weber, 2022); „Back to Future – German Queer Cinema 2000–2020", mit S. Loist, in: *Il Cinema Queer Contemporaneo* (hg. von A. Inzerillo, im Erscheinen).

Malve Lippmann ist Künstlerin, Kuratorin und Kulturmanagerin. Sie studierte an der *Staatlichen Akademie der Bildenden Künste Stuttgart* und am *Institut für Kunst im Kontext (UdK)* in Berlin. Als freiberufliche Bühnenbildnerin und Künstlerin zeichnete sie international verantwortlich für die Gestaltung zahlreicher Performances, Opern- und Schauspielproduktionen. Seit 2010 ist Malve Lippmann als Kuratorin und Kulturmanagerin tätig, leitet künstlerische Workshops und Seminare und ist in diversen Kultur- und Community-Projekten aktiv. Sie ist Mitbegründerin und künstlerische Leiterin von *bi'bak* und *SİNEMA TRANSTOPIA* in Berlin.

Tobias H. Petri studierte Bioinformatik an der *Ludwig-Maximilians-Universität* München und promovierte zur Inferenz und Evaluierung komplexer Netzwerke. Als Software-Ingenieur und Data Scientist ist er spezialisiert auf Daten-Integration/Analyse sowie Visualisierungsverfahren mit besonderem Fokus auf Verfahren des maschinellen Lernens im Kontext von Geo-Informations-Systemen (GIS) und räumlichen Daten.

Joachim Post studierte Sozialökonomie an der *Universität Hamburg*. Seit 1997 ist er im Organisationsteam des *Hamburg International Queer Film Festival* (vorher *Lesbisch Schwule Filmtage Hamburg*) und heute außerdem im Vorstand des Vereins *Querbild e. V.*, der das Festival veranstaltet. Zudem ist er im öffentlichen Dienst tätig und arbeitet als freier Journalist und berichtet einmal monatlich in der Sendung *Filmriss* auf *Tide.radio* über aktuelle Kinofilme.

Martina Richter studierte in Münster und promovierte in Publizistik. 1984 gründete sie einen Musikverlag, der u. a. die weltweit erfolgreiche Popgruppe *Alphaville* herausbrachte. Mit Lutz Hachmeister entwickelte sie 1991 die *Cologne Conference*, aus der das *Film Festival Cologne* hervorging. 1995 entstand die bis heute erfolgreiche, international agierende Medienberatung *HMR International*. Um den großen globalen Herausforderungen mit *Stories for Change* zu begegnen, die möglichst viele erreichen und aktivieren, gründete Martina Richter 2019 die *SGP Social Globe Projects* zur besseren Vernetzung der Bewegtbild-Branche mit den entwicklungspolitischen Akteuren.

Autor:innen- und Herausgeber:innen

Gregor M. Schubert studierte an der *Hochschule für Gestaltung* in Offenbach Visuelle Kommunikation mit den Schwerpunkten AV-Medien und Freie Gestaltung. Der gelernte Künstler und Filmemacher arbeitet seit seinen Anfängen im Kontext kritischer Kulturvermittlung und kultureller Bildung. Er ist Gründer und Festivaldirektor des *LICHTER Filmfest Frankfurt International*, bringt Kino regelmäßig an ungewöhnliche Orte und ist Teil der *Initiative Zukunft Deutscher Film*.

Georg Seeßlen studierte Malerei, Kunstgeschichte und Semiologie in München. Er war Dozent an verschiedenen Hochschulen im In- und Ausland und arbeitet heute als freier Autor unter anderem für *Die Zeit, taz, epd-Film, Freitag* etc. und als Kurator von Film/Kunst-Reihen und Ausstellungen. Außerdem hat er rund 20 Filmbücher geschrieben. Zusammen mit Markus Metz arbeitet er an Radio-Features und Hörspielen. Mitglied der *Akademie der Künste, Berlin*. Lebt in Albenga (I) und Kaufbeuren (D).

Angela Seidel, Dipl. Kultur-/Medienpädagogin, verfolgt in ihrer Arbeit den Schwerpunkt der Entwicklung inhaltlich und ökonomisch nachhaltiger Zukunftsperspektiven von Kulturinstitutionen in freier Trägerschaft. Sie verantwortet seit 2012 die Geschäftsführung der *Cinémathèque Leipzig* sowie die Entwicklung und Realisierung eines neuen visionären Standortes filmkultureller Arbeit in „Leipzig – ein Filmkunsthaus (AT), Zentrum für Filmkunst und Medienbildung".

Daniel Sponsel studierte Visuelle Kommunikation an der *HfbK Hamburg* und Regie an der *HFF München*. Nach dem Studium war er als Regisseur, Autor und Kameramann tätig und wirkte zwischen 2002 und 2009 als Dozent an der *HFF München*. Aktuell ist er als Gastdozent mit dem Schwerpunkt Dramaturgie und Stoffentwicklung an der *ZHDK Zürich* und *ZELIG Bozen* tätig. Er ist Autor diverser Textbeiträge und Publikationen zum Thema Dokumentarfilmtheorie und Distributionspraxis. Seit September 2009 ist Daniel Sponsel Leiter des *DOK.fest* München.

Johanna Süß ist Festivaldirektorin des *LICHTER Filmfest Frankfurt International*, studierte in Mainz und Frankfurt Politik, Kunstgeschichte und Theater-, Film- und Medienwissenschaften. Nachdem sie zunächst in der politischen Bildung und Medienpädagogik arbeitete, entwickelte sie mit Gregor Maria Schubert Projekte wie den *Ersten Stock*, das *Freiluftkino Frankfurt*, das *Sommerkino im Altwerk* oder *High Rise Cinema*. Sie ist im Vorstand des *Hessischen Film- und Kinobüros* und in der *Initiative Hessen Film* sowie in der *AG Filmfestival* aktiv.

Autor:innen- und Herausgeber:innen-Verzeichnis

Can Sungu ist freier Künstler, Kurator und Forscher. Er studierte Film, interdisziplinäre Kunst und visuelles Kommunikationsdesign in Istanbul und Berlin. Er unterrichtete Film- und Videoproduktion, kuratierte verschiedene Filmprogramme bzw. Veranstaltungsreihen zu Film und Migration und nahm an zahlreichen Ausstellungen teil. Als Juror und Berater war er u. a. für *Berlinale Forum, Internationale Kurzfilmtage Oberhausen* und *DAAD* tätig. Er ist Mitbegründer und künstlerischer Leiter von *bi'bak* und *SİNEMA TRANSTOPIA* in Berlin.

Christoph Terhechte ist Intendant und künstlerischer Leiter von *DOK Leipzig*. Von 2001 bis 2018 war er Direktor des *Internationalen Forums des Jungen Films* der *Berlinale*. 2018 und 2019 übernahm er die künstlerische Leitung des Internationalen Filmfestivals von Marrakesch. Terhechte wurde 1961 in Münster geboren und studierte in Hamburg Politikwissenschaft und Journalistik. Er war als Filmjournalist in Paris und Berlin tätig.

Sarnt Utamachote (มาณพ อุตมโชติ) ist eine nonbinäre Filmemacher:in und Kurator:in. Sie ist Mitbegründer:in von *un.thai.tled*, ein thailändisch-diasporisches Künstler:innen-Kollektiv, und co-leitet das *un.thai.tled Film Festival Berlin* (seit 2019). Zudem hat das Kollektiv die Intervention *Forgetting Thailand* (2022) im Rahmen der Ausstellung *Nation, Narration, Narcosis* am *Hamburger Bahnhof – Museum für Gegenwart* Berlin präsentiert. Sie wirkte bei der forschungsbasierten Ausstellung *Where is my karaoke? Still, we sing* (2022) und ihre Videoinstallation *I Am Not Your Mother* (2020) wurde beim *International Film Festival Rotterdam* ausgestellt. Derzeit ist sie Mitglied in der Auswahlkommission von *Xposed Queer Filmfestival Berlin* und *Kurzfilmfestival Hamburg* (seit 2022).

Ulrich Wegenast studierte Geschichte und Kunstgeschichte an der *Universität Stuttgart* und Kultur- und Medienmanagement an der *Hochschule für Musik „Hanns Eisler" Berlin*. Er war von 2005 bis 2022 künstlerischer Geschäftsführer der *Film- und Medienfestival gGmbH* (*Int. Trickfilm-Festival Stuttgart*). Neben seiner Tätigkeit als Honorarprofessor für Expanded Animation an der *Filmuniversität Babelsberg „Konrad Wolf" Potsdam-Babelsberg*, berät er die *Schirn Kunsthalle,* das *Filmfest München* und die *DOCUMENTA* in Kassel und hält Vorträge und Workshops weltweit.

Autor:innen- und Herausgeber:innen

Albert Wiederspiel wurde 1960 in Warschau geboren. Infolge antisemitischer Ausschreitungen wanderte die Familie 1969 nach Dänemark aus. Wiederspiel wuchs in Kopenhagen auf und studierte Filmwissenschaft in Paris. Nach Stationen zunächst als Trainee bei *20th Century Fox International*, später als PR- und Marketingleiter bei der *20th Century Fox Deutschland*, als Marketingleiter und General Manager (Theatrical) bei *PolyGram Entertainment* sowie als General Manager (Theatrical) bei *Universal Pictures Germany* und *Tobis StudioCanal* übernahm er 2013 die Leitung von *Filmfest Hamburg*. Er ist Mitglied der *Europäischen Filmakademie* und Träger des *Ordre des Arts et des Lettres* (Ritter).

Andrea Wink studierte Kunstgeschichte in Frankfurt am Main und ist Mitbegründerin wie Teil des Leitungsteams von *exground filmfest*. Neben ihrer ehrenamtlichen Tätigkeit für das Filmfest kuratiert sie Film- und Fortbildungsprogramme. Von 2005 bis 2006 war sie Mitglied im Verwaltungsrat der *Europäischen Koordination der Filmfestivals*. Seit 2013 ist sie Vorstandsmitglied im Bundesverband *AG Kurzfilm* und aktiv in der *AG Filmfestival*, im *Hessischen Festivalverbund* sowie in weiteren Institutionen.

Dank

Im Frühjahr 2020 starteten Tanja C. Krainhöfer und Joachim Kurz einen regelmäßigen Austausch über die aktuellen Bewegungen auf dem Filmfestivalsektor und die kontinuierlich wachsende Zahl an neuen Formaten. Bald entstand die Idee, dass all diese Entwicklungen, Innovationen wie Fehlversuche dokumentiert werden müssten. Dies umso mehr, als sich in all der Aufbruchstimmung in der Filmfestivallandschaft der Kinomarkt so überraschend zurückhaltend zeigte.

Zahlreiche Gespräche mit einzelnen Festivalmacher:innen folgten, aber ebenso mit Kinobetreiber:innen und anderen Vertreter:innen der Filmbranche. Besonders intensiv entwickelten sich die Diskussionen bei regelmäßigen Zoom-Meetings mit dem Festivalkurator und Kinobetreiber Reinhard W. Wolf und der Kulturjournalistin Sofia Glasl. Sehr wertvoll erwiesen sich zudem die regelmäßigen und sehr fundierten Gesprächsrunden der *HvC Filmfestival-Gruppe*, organisiert von Jens Geiger-Kiran und Sarah Adam im Jahr 2020 und 2021. Für all die Anregungen und Einblicke möchten wir uns an dieser Stelle nochmals herzlich bedanken.

Als sich das Konzept für einen Sammelband im Sommer 2021 konkretisierte und einige der Autor:innen ihre Mitwirkung signalisierten, kamen wir nach einer Vernetzung durch Frau Prof. Michaela Krützen von der *HFF München* zu unserem Verlag *edition text + kritik*, wo wir in Dr. Jerome P. Schäfer einen Lektor fanden, der all unsere Ideen und Sonderwünsche wohlwollend mit uns diskutierte. Danke schön an dieser Stelle auch an Ellen Wietstock von *black box* für die Freigabe eines Interviews, das diese Publikation um einen Rückblick in den Oktober 2020 erweitert.

Ebenfalls danken möchten wir unseren Partnern Alexander Curtius von der Grafikagentur *isaraufwärts*, Dr. Oliver Krauss von der Rechtsanwaltssozietät *BAYER KRAUSS HÜBER* sowie der *GOT Intermedia Agency*.

Unser weiterer Dank gilt Anna Schoeppe und David Harth von der *HessenFilm und Medien GmbH*, Dorothee Erpenstein und Birgit Bähr von dem *FilmFernsehFonds Bayern GmbH*, Claas Danielsen und Alexander Kolbe von der *Mitteldeutsche Medienförderung GmbH*, Carl Bergengruen und Max-Peter Heyne von der *MFG Medien- und Filmgesellschaft Baden-Württemberg mbH*, Helge Albers und Claudia Hartmann von der *MOIN Filmförderung Hamburg Schleswig-Holstein* sowie Frau Prof. Michaela Krützen von der *HFF München*.

Dank

Für die Gewährung eines Stipendiums zur Recherche für dieses Buch im Rahmen des NEUSTART-KULTUR-Programms dankt Joachim Kurz der *VG Wort.*

Ohne all diese Wegbegleiter:innen, Impulsgeber:innen und Unterstützer:innen wäre dieses Buch nicht möglich gewesen.

Das Projekt „Filmfestivals: Krisen, Chancen, Perspektiven" versteht sich als duale Publikation, die über diesen Sammelband hinaus mit der Website www.filmfestival-perspektiven.de fortgeführt wird. Wir danken der *Stiftung Kulturwerk* der *VG Bild-Kunst* und hierbei besonders Dr. Britta Klöpfer für die Unterstützung bei dieser digitalen Ergänzung und Vertiefung.

München/Speyer im August 2022

MDM-geförderte Festivals in Mitteldeutschland:

Deutsches Kinder-Medien-Festival Goldener Spatz

Filmfest Dresden

Filmmusiktage Sachsen-Anhalt

Internationales Filmfestival für Kinder und junges Publikum SCHLINGEL

Internationales Leipziger Festival für Dokumentar- und Animationsfilm – DOK Leipzig

KURZSUECHTIG

Neiße Filmfestival

SILBERSALZ Science & Media Festival

Werkleitz Festival

DOK Leipzig, Foto: © Susann Jehnichen

mdm
Mitteldeutsche Medienförderung

www.mdm-online.de

DIE HESSENFILM UND MEDIEN MACHT SICH STARK FÜR EINE DIVERSE FESTIVALLANDSCHAFT UND FÖRDERT DIE VERANSTALTUNG VON FILMFESTIVALS, FILMVERANSTALTUNGEN UND FILMREIHEN.

„Filmfestivals machen Filmkultur lebendig. Ihre Programme inspirieren, mahnen, erheitern oder vereinen. Die HessenFilm und Medien unterstützt sie als Teil der Kulturlandschaft, die so vielfältig ist wie Hessen selbst."

Anna Schoeppe,
Geschäftsführerin, HessenFilm und Medien

MFG
BADEN-WÜRTTEMBERG

Festivals in Baden-Württemberg
In Tradition verbunden

film.mfg.de

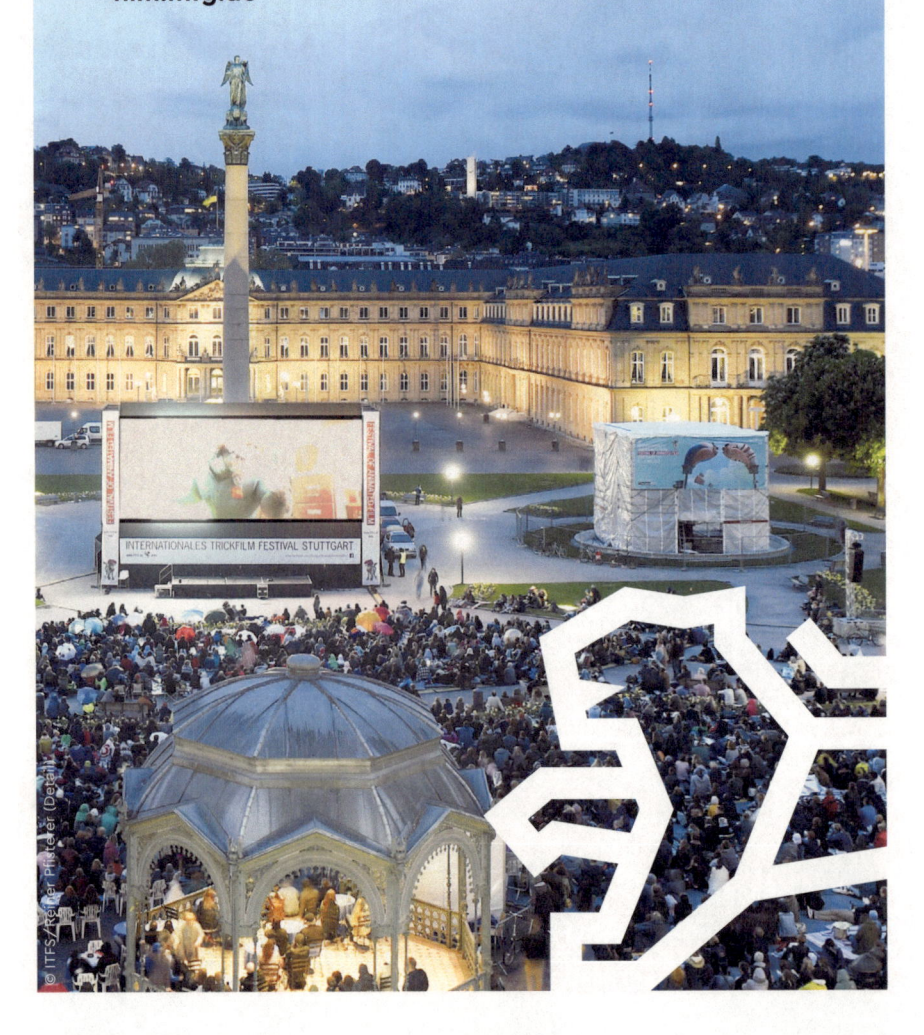

© ITFS / Reiner Pfisterer (Detail)

WIR LIEBEN DIE VIELFALT

FFF Bayern

Bayerisches Staatsministerium für Digitales

GEFÖRDERTE FILMFESTIVALS IN BAYERN:

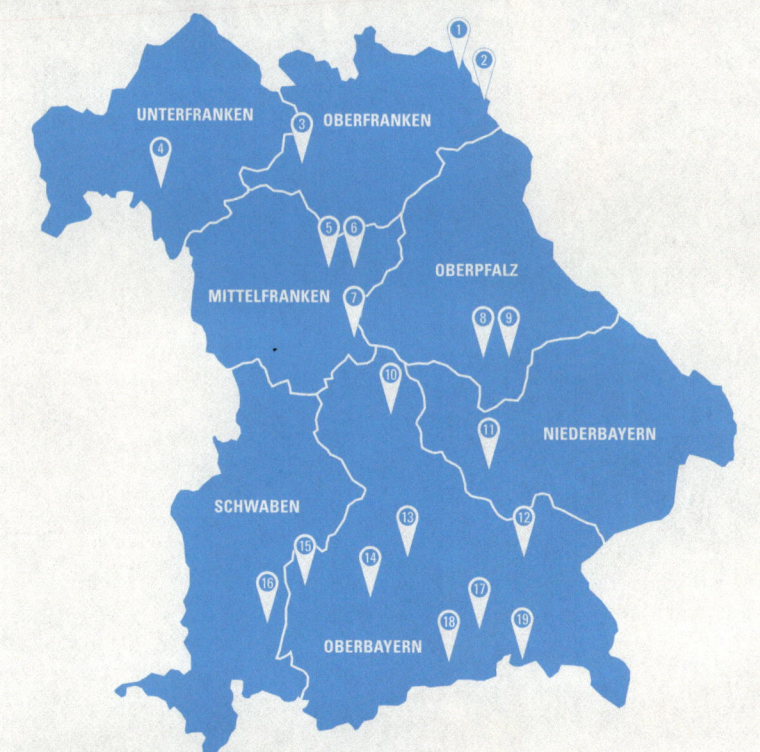

VON NORD NACH SÜD

1. Internationale Hofer Filmtage
2. Internationale Grenzland-Filmtage Selb
3. Bamberger Kurzfilmtage
4. Internationales Filmwochenende Würzburg
5. Filmfestival Türkei Deutschland Nürnberg
6. Internationales Nürnberger Filmfestival der Menschenrechte NIHRF
7. Thalmässinger Kurzfilmtage
8. Internationale Kurzfilmwoche Regensburg
9. HARD:LINE International Film Festival Regensburg (2018 – 2022)
10. 20MINMAX Internationales Kurzfilmfestival Ingolstadt
11. Landshuter Kurzfilmfestival
12. Biennale Bavaria International – Festival des Neuen Heimatfilms Mühldorf
13. Internationales Dokumentarfilmfestival München
14. Fünf Seen Filmfestival Starnberg
15. Snowdance Independent Film Festival Landsberg (2019/2020)
16. filmzeit – Das Allgäuer Autorenfilmfestival Kaufbeuren
17. Nonfiktionale. Festival des dokumentarischen Films Bad Aibling
18. Internationales Bergfilm-Festival Tegernsee
19. Musikfilmtage Oberaudorf

fff-bayern.de

WE ARE MOVING *IMAGES* NORTH

Mit voller Kraft voraus

Gemeinsam mit Filmfest Hamburg und dem International Queer Film Festival treiben wir die Kino- und Festivalbranche im Norden voran.

MO/N Filmförderung Hamburg Schleswig-Holstein

moin-filmfoerderung.de